イランの口承文芸

―― 現地調査と研究 ――

竹原 新

ادبیات شفاهی ایران

- حاصل بررسی میدانی و تحقیق -

Shin TAKEHARA

溪水社
KEISUISHA

© 2001 Shin Takehara
Printed in December, 2001
Published by
Keisuisha Co., Ltd.
1-4 Komachi, Naka-ku, Hiroshima 730-0041
JAPAN
ISBN4-87440-677-7

はじめに

　口承文芸は、それを保持している人々を映し出す鏡である。そこには、伝承する人々のあらゆる価値観、思考や行動の様式が反映しているのである。口承文芸という伝承文化を研究することによって、当該地域の民族の通時的な思想を明らかにすることができると考える。これは筆者が専攻するイラン文化においても例外ではない。

　口承文芸を文化研究の資料とする場合、その資料の正確さが最も重要であると考える。正確な資料を一定量以上蒐集して、はじめて様々な角度から分析できるのである。ところが、イランの口承文芸に関しては、正確な資料が豊富であるとは言えなかった。そこで、現地で自ら調査をして、文化研究において使用に耐えうる資料を作成することになった。本稿は、この考えを理解していただき、また協力していただいた多くの方々のおかげで完成に至った。この場で厚くお礼申し上げたい。

　調査の中心となったターレバーバード村での採録が可能となったのは、テヘラン大学名誉教授のジャヴァード・サフィーネジャード氏が村民を紹介してくださったからである。さらに、同氏を紹介して下さったのは、30年前にターレバーバード村でカナートの調査をされた指導教官の岡崎正孝先生である。岡崎先生にはイランという特殊な環境におけるフィールドワークの諸問題について、調査を前に様々な助言をいただき、調査後には資料の整理法について詳細なご指導をいただいた。森茂男先生には、研究上の諸問題や方向性についてだけでなく、ペルシア語学の立場から適切な指導をしていただいた。アフリカでの豊富な民話採集の経験をお持ちの宮本正興先生には、外国語による民話採集における特有の問題についてご指導いただいた。イラン民俗学に関わる諸問題については、奥西峻介先生にご教授いただいた。藤元優子先生には、ペルシア文学の視点から見た口承文芸の位置に関して貴重な助

言をしていただいた。また、このような分野の学問を志す契機をくださったのは井本英一先生であり、ご指導いただく度に重みのある言葉をいただいてきた。

イラン政府の関係諸機関には、証明書の発行など多くの便宜を図っていただいた。翻字に際しては、イラン国営放送付属民俗学研究所のアフマド・ヴァキーリアン教授をはじめとする研究所員の方々にネイティブチェックをしていただいた。ターレバーバード村の資料に関しては、同村民で中学校教師のメフディー・アクバリー氏に、村の方言や特殊な言いまわしを含めた翻字のチェックに加えて、村に伝わる民話や民俗の解説をいただいた。帰国後の資料整理時には、ハーシェム・ラジャブザーデ先生に方言や俗語の問題の解決を含めた翻字の最終チェックをしていただいた。

専攻分野は別々であるが同じ目的のために共に励まし合ってきた大学院生室の方々、何かと面倒を見ていただいたイランに駐在しておられる大阪外国語大学の大先輩の方々、そして最後に、調査に協力していただいたイランの話者の方々に心より感謝を述べさせていただきたい。

なお、本研究は、日本学術振興会特別研究員が、平成10年度、11年度文部省科学研究費補助金（特別研究員奨励費）及び平成10年度笹川科学研究助成金を用いて得た研究成果の一部である。また、本刊行物は、平成13年度科学研究費補助金（研究成果公開促進費）の交付によるものであることを申し添える。

2001年　仲冬

竹　原　新

目　次

はじめに ……………………………………………………………… i

序　論 ……………………………………………………………… 3
　研究目的 …………………………………………………………… 3
　先行研究 …………………………………………………………… 5
　研究の現状 ………………………………………………………… 7
　調査の必要性 ……………………………………………………… 9
　本研究の意義 ……………………………………………………… 10
　　口承文芸研究における意義　10
　　イラン地域文化研究における意義　11
　本研究の特色 ……………………………………………………… 11

調査について ……………………………………………………… 14
　予備調査 …………………………………………………………… 14
　本調査の経緯 ……………………………………………………… 15
　調査地について …………………………………………………… 17
　資料について ……………………………………………………… 22

分　析 ……………………………………………………………… 26
　ＡＴ番号による分類 ……………………………………………… 26
　伝承状態 …………………………………………………………… 29
　　話者の年齢層　29
　　伝承経路の傾向　29

解　説 ………………………………………………	31
動物寓話 ………………………………………	31
本格昔話 ………………………………………	33
笑話と小話 ……………………………………	34
形式譚 …………………………………………	35
伝　説 …………………………………………	35
現代伝説 ………………………………………	38
歌　謡 …………………………………………	40
伝承遊戯 ………………………………………	42
民間信仰 ………………………………………	42
まとめ …………………………………………	45
資　料	
凡　例 …………………………………………	48
採録資料一覧 …………………………………	49
動物寓話　001-010 ………………………………	57
本格昔話　011-050 ………………………………	111
笑話と小話　051-085 ……………………………	375
形式譚　086-088 …………………………………	529
伝　説　089-134 …………………………………	553
現代伝説　135-158 ………………………………	753
歌　謡　159-171 …………………………………	827
伝承遊戯　172-174 ………………………………	857
民間信仰　175-202 ………………………………	865
参考文献 ………………………………………	933
要　旨 …………………………………………	937(6)
خلاصه …………………………………………	942(1)

イランの口承文芸

―― 現地調査と研究 ――

序　論

研究目的

　筆者は、イラン地域文化において通時的にみられる象徴的イメージを解析することを当面の研究上の目的としている。特に、倫理観、宗教観を含めた古い価値観をイラン人がどのように保持し、また変化させて現代に伝えているかを明らかにしたい。また、通時的に共通してイラン人が持っている思想を理解することによって、人類文化全体におけるイランの民俗思想の相対的位置を把握したいと考える。さらに、将来的には、他地域との比較によって人間の普遍的な行動様式の抽出に発展させたいと考える。この研究を遂行する過程で、イランの口承文芸のもつ重要性に着目するようになった。

　ある民族の文化を理解しようとする場合、書承の資料に加えて、口承の資料を利用する必要があると考える。書承によって伝えられている民話、神話、伝説等は、一般的に当該文書が書かれた時点において既に文化的価値が認められている。書承の文献は、記録された時点において、その物語等が純粋に文化であると認識されるか、または宗教的、政治的などの理由によって保存する必要があるために文字化されたのである。また、基本的にそれまで、いかに変遷を遂げた物語であっても、文字化された時点以降に大きな内容の変化はないのが通例である。書承文芸は、文字化された時点、あるいは文化であると認識された時点で、時代の価値基準に応じた変化を停止してしまうのである。

　これに対して、口承で伝えられる文化は、発生してから現代に至るまで、多かれ少なかれ、時代の価値基準に応じて脈々と変化し続ける性質を持つ。

あまりに時代の状況にふさわしくない内容の物語の中には消滅してしまったものもあるだろう。しかし、現代において伝承されている口承文芸は、改変されている可能性があるとはいえ、少なくとも現代の価値観には合致するものである。言い換えると、書承文芸は、記録された過去のある時点の価値観を反映しているのに対し、口承文芸は、現代を含む通時的価値観を反映しているのである。したがって、ある民族の文化を総体として捉えるには、書承に加えて口承の事例をも研究対象としなければならないのである。そして、書承と口承の資料に共通するものを捉えることによって初めて通時的な価値観を抽出することができると考える。

　口伝えで伝えられる文化の担い手は、自らが文化の担い手であると強く意識して伝承を継承しているわけではない。ごく日常的に、次世代に正しい価値観を教えるために、また娯楽のために伝えているのである。自分の行う行為を芸術や文化であると認識していない点が特徴的である。口承文芸は、いわば無意識の文化なのである。無意識であるがゆえに突飛な変化が過度に意図的に加えられることはない。一部の者にしか理解できない特別なものではなく、伝承が行われる時代の大多数の人々に受け入れられる一般的な価値観に基づく事例が多いと考える。無意識の文化であるから、特別の恣意的なものが入る余地は少なく、その地域の価値観を忠実に反映している可能性が高いと考える。また、口承文芸の担い手は、必ずしも高度に教育を受けた人々ではない。文字を読むことができなくても、口承という手段なら伝承することができる。書承文芸は読み書きの教育を受けた者のみを対象とするのに対し、口承文芸は教育の有無を問題にしない。すなわち、担い手の人数が書承に比べて格段に多くなり、一般性を持つと言える。

　また、口承文芸においては、地理的にも時間的にも普遍性を持った、手を加える必要のないものが伝承されやすいと考える。聞いた時点で面白い、または感動したと感じるものが次に伝承されやすいのは、疑う余地のないことである。

　以上のことから、現代の特定の民族の文化を理解するにあたって、通時的な価値観を内包している口承文芸の研究が、不可欠であると言える。

序論　5

　本研究の目的は、イランで伝承される民話、伝説、歌謡、民間信仰など、口承によって伝承される文化の現状を包括的に把握することにある。この調査は、イランの口承文芸資料を増やすだけでなく、伝承者であるイランの民衆の民俗の理解を通して、当地域の口承文芸の全体像を明らかにするために必要な過程であると認識している。

　これまでの研究によって、イランにおいて民話については存在し、伝承文化として浸透してきことが確認されている。しかし、本格的な調査は20年以上行われていない。本研究によって、現在のイランにおいて民話をはじめとする口承文芸の伝承が続けられていることを確認する。現時点で考えられる質的量的に最高のレヴェルの資料を提示し、頻出する方言や俗語などについても可能な限り注釈に力を注ぐ。

　口承文芸として、一般的には民間説話（民話）、伝説、現代伝説が挙げられる。本研究では、この他に口承文芸と密接にかかわるものとして、歌謡、伝承遊戯、民間信仰も調査対象とした。特に、伝説や現代伝説に関しては、十分存在が推測されるにもかかわらず、これまで体系的な蒐集はなされていなかった。本研究で、相当量の資料と共にその存在を確認する。

　また、年齢、職業、出身地、性別等の話者情報からは、イラン口承文芸の様々な状況を把握することができる。

先行研究

　他の地域と同様に、イランの民話研究も現在までに基礎的なレヴェルに達している。イランの民話の近代的な研究は、Christensen に始まる。1918年にフィールドワークの手法によって54の民話を記録したが、方法は確立されておらず、正確な翻字もなされていない[1]。Christensenは、その後、1958年の

---

[1] Christensen, Arthur. Contes Persans en Langue Populaire. København : Bianco Lunos, 1918.

*Persische Märchen*において、イランの民話の概要を明らかにした[2]。

続いて、Boulvinの研究が挙げられる。1975年にイラン東部のホラーサーン州に伝わる103話の民話をAT方式[3]で分類した[4]。

また、1948年にはイギリスのElwell-Suttonがイランにおけるフィールドワークで民話を集めた。その成果として、英訳の出版に続いて、1995年にイランではペルシア語による117話の民話集が出版された[5]。

イラン国内の研究者では、1959年に33話の民話を集めて発表したṢubhīが初めに挙げられる。Ṣubhīはラジオを通して民話の投稿を呼びかけ、その中からイランの民話として一般的なものを選んで民話集とした[6]。

その後、イランの民俗学者であるAnjavī Shīrāzī（以下、アンジャヴィーとする）は、8巻からなる『民衆文化の宝庫』(Ganjīnah-'i farhang-i mardum)という叢書を編纂し、イラン民衆の習俗・民話・ことわざなどを収録した。その中で、民話を扱った3巻（４冊）からなる『イランの民話』(Qissah'hā-i Īrānī)[7]を1973/4年から1975/6年にかけて出版した。この民話集に収録される250話の民話には、話者もしくは採集者の氏名、年齢、職業、また、採話地、採話年月等が詳細に記録されており、イラン民話の資料として、質、量ともに現在もっとも価値がある。この民話集に収録される民話の多くは、各地方

---

[2]Christensen, Arthur. Persische Märchen. Düsseldorf : Diederichs, 1958.

[3]AT方式とは、フィンランドのA.Aarneが今世紀初頭に考案し、その後アメリカのS.Thompsonによって増補された民話の分類法である。ただし、この分類法は、主にヨーロッパの民話に基づいて考案されたものであり、イランや他の地域の民話に必ずしも当てはまらないと思われる。

[4]Boulvin, A. , and E. Chocourzadeh. Contes Populaires Persans du Khorassan : Analyse thématique accompagnée de la traduction de 34 contes. Travaux de l'Institut d'études iraniennes de l'université de la Sorbonne nouvelle 6-7 . 2 vols. Paris : Librarie C. Klincksieck, 1975.

[5]Elwell-Sutton, L.P. , Ulrich Marzolph, and Ahmad Vakilian. Mashdī Gilīn khānum. Tihrān [Tehran] : Nashr-i Markaz, 1995.

[6]Ṣubhī, Faẕl al-Allāh Muḥtadī. Afsānah'hā. 2 vols.Tihrān [Tehran] : Amīr Kabīr , 1959-1960.

[7]Anjavī Shīrāzī, Sayyid Abū al-Qāsim. Qissah'hā-i Īrānī. 4 vols. Ganjīnah-i farhang-i mardum 3 [2nd ed.] , 5 and 8. Tihrān [Tehran] : Amīr Kabīr, 1973-1974.

の研究協力者に民話の採集を依頼したものである。収録された民話は、採集された民話のごく一部であり、現在、資料の大半は、イラン国営放送付属民俗学研究所(Markaz-i farhang-i mardum-i ṣidā va sīmā-yi jumhūrī-i islāmī-i Īrān)に保管されている。

　これらの民話を統一した基準で分類したのが、ドイツのMarzolphである。1984年に*Typologie des persischen Volksmärchens*において、出典の明らかな約1200話の民話をＡＴ番号に基づいて分類した。これは、今後のイラン民話研究の基礎となるものである[8]。

　また、イラン口承文芸研究史については、Dundes編でRadhayrapetianがまとめた*Iranian Folk Narrative*[9]に詳しい。

研究の現状

　イランの口承文芸学や民俗学を取り巻く環境は整いつつある。テヘラン大学などには、民俗学を専門に扱う学科はない。しかし、イランには民俗学の必要性を説く研究者は少なからず存在する。特に、前出のイラン国営放送付属民俗学研究所においては熱心な研究活動が繰り広げられている。この研究所は、『イランの民話』を編纂したアンジャヴィーによって設立され、現在はVakīliyānが仕事の大部分を引き継いでいる。ペルシア語を母語とする者の他、クルディスターン、ロレスターン、アゼルバイジャン出身の者を研究員として積極的に起用し、イラン全土の民衆文化を総合的に扱う準備を整えつつある。研究所としての現在の仕事は、これまでにアンジャヴィーが中心になって集めた膨大な口承文芸資料を整理することであるという。従って組織的な採話調査を行う状況ではない。しかし、今後のイランにおける民俗学研究は、国営放送付属民俗学研究所を中心に発展していくことは間違いないと

---

[8] Marzolph, Ulrich. Typologie des persischen Volksmärchens. Beirut : Orient-Institut der Deutschen Morgenländischen Gesellschaft, 1984.

[9] Radhayrapetian, Juliet. Iranian Folk Narrative : A Survey of Scholarship. New York : Garland Pub., 1990.

考える。

民話集や伝説集に関しては、資料的価値を別にすれば、毎年のように刊行されている。民間信仰や迷信をあつかった民俗資料については、民俗学という観点から書かれた書物は少なく、地誌や地理書に断片として含まれることが多い。資料的価値の高い民俗学書としては、『誕生から死まで』[10]を1969年に発表したKatirāī及び『ネイランゲスターン』[11]を1963年に発表したHidāyatが挙げられる。

また、口承文芸を含む民俗事象を保存しようという動きも現在に至るまでイラン国内では細々ながら続いているのも事実である。中でも、アンジャヴィーをはじめとするシーラーズ出身の民俗学者たちの学派が最も優れた業績を残している。アンジャヴィーの門下でありシーラーズ出身の前出のVakīliyānは、アンジャヴィーの『寓話とたとえ話』第一巻[12]を引き継いで、第二巻[13]を出版した。Vakīliyānは、他にもMarzolph等と共に前出のElwell-Suttonが集めた民話の出版を手がけるなど、現代のイランの民俗学界において中心的な役割を果たしている。同じく、シーラーズの民俗学研究者であるHumāyūnīは、シーラーズ南東のサルヴェスターンという町を民俗学の観点から観察し、『サルヴェスターン民衆文化』[14]において歌謡や民間信仰を含む民俗事象を網羅した。

Shāmlūによる『下町の書』[15]は、壮大な民俗学用語辞典である。ただ、32文字あるペルシア語のアルファベットのうち、既刊のものは20年をかけて3

---

[10]Katirāī, Mahmūd. Az khisht tā khisht. Intishārāt-i Mu'assisah-i Muṭāli'āt va Taḥqīqāt-i Ijtimā'ī 66. Tihrān [Tehran] : Dānishgāh-i Tihrān [Tehran UP], 1969. 1970年には、A.J.ハーンサーリー（A.ジャマール）の『コルスームナネ』の校訂も手がけた。

[11]Hidāyat, Ṣādiq. Nayrangistān. 3rd ed. Tihrān [Tehran] : Amīr Kabīr, 1963.

[12]Anjavī Shīrāzī, Sayyid Abū al-Qāsim. Tamṣīl va maṣal. vol. 1. Ganjīnah-i farhang-i mardum 1. 2nd ed. Tihrān [Tehran] : Amīr Kabīr, 1973-1974.

[13]Vakīliyān, Aḥmad. Tamṣīl va maṣal. vol.2. Tihrān [Tehran] : Surūsh, 1996.

[14]Humāyūnī, Sādiq. Farhang-i mardum-i Sarvistān. Daftarī-i Markaz-i Farhang-i Mardum 1. Tihrān [Tehran] : Daftarī-i Markaz-i Farhang-i Mardum, 1970.

[15]Shāmlū, Aḥmad. Kitāb-i kūchah. 11 vols. Tihrān : Intishārāt-i māzyār, 1978-1999.

文字目に入ったところであり、完成にはほど遠い。地道な作業であり、経緯を見守りたい。

このようにイランの民俗学、口承文芸学は、着々と進んでいる。そこで、現在、当研究分野で最も必要とされるのは、イラン全土の規模で行われる精密な資料蒐集であると感じる。

調査の必要性

イラン人の価値観を通時的および総体的に理解するためには、書承文芸だけでなく正確な現代の口承文芸の資料が不可欠であることは明らかである。現時点では正確さという観点から最も信頼できる資料は、前記のアンジャヴィーの『イランの民話』であろう。しかし、この民話集が編纂されたのは二十年以上前の1975年である。また、録音という手段を取らず、ほとんどがメモによる記録であろうと思われ、記述に際しては、大半が方言から現代標準ペルシア語に直されている。採話に対する認識の違いがあると思われるが、資料的な価値は決して完全とは言えない。

まず、第一に必要なものは、現代とほぼ同じ価値観の下で伝承されている口承文芸資料である。二十年前は、ほぼ現代であるとも考えられるが、この二十年の間にイランは、イラン革命（1979年）とイラン・イラク戦争（1980-1988年）という大きな二つの事件を経験している。特に革命を知る世代と知らない世代は、全く違う環境で育ったと言っても過言ではない。他の分野と同様、イランの口承文芸に関する革命前の資料は、決して現代の資料とは言えないであろう。そこで、新しい資料を入手する必要があった。

次に、正確な資料が必要である。メモによる記録は、話の流れをつかむことはできる。しかし、微妙な言い回し、特に方言や口語による表現を完全に記録するためには、録音する以外に方法はない。また、方言や口語を標準語に直して表記してしまえば、正確な資料とは言えない。話者の言い間違いや文法的な誤りもそのまま表示することで、本来の民話に近づくことができるのである。歌謡などが音声記録を必要とすることは言うに及ばないが、民話

であっても俗語や方言は重要な要素なのである。

　これまで、革命とイラン・イラク戦争以降の資料で、かつ正確な録音に基づいて記録された口承文芸資料は存在しなかった。この問題を解決するために現地で直接調査を行うことが必要となったのである。口承文芸を文化研究の題材として扱うためには、相当量の一次資料を蒐集し、整理と分析をする必要があることは言うまでもない。本研究は、フィールドワークの手法で蒐集した資料を整理することによって、イランにおける口承文芸の現状を把握することを中心としている。

本研究の意義

口承文芸研究における意義

　本研究では、特に民話の蒐集を主たる目的とする。民話の研究は、20世紀初頭より、ヨーロッパを中心に世界的に進んできている。これはAT方式を考案し、民話を世界的な視野で分析し、分布状況から地理歴史的に民話の伝播状況を理解しようとしたフィンランドのAarneによるところが大きい。この流れに従い、20世紀中頃まで世界中の一次資料が集められた。日本における『日本昔話集成』[16]および『日本昔話通観』[17]もこの流れの影響を少なからず受けている。

　ところが、イランの民話研究は、決して世界的には活発とは言えない。膨大な資料を参照したAarneの『昔話の話型』[18]にも、イランに関する資料は主要参考文献に挙げられておらず、イランの口承文芸学の歴史が浅いことを示している。歴史的には幾度も大国を建設し、地理的にはシルクロードに沿う

---

[16] 關敬吾著.『日本昔話集成』6冊　東京：角川書店, 1950-1957.

[17] 稲田浩二、小澤俊夫編.『日本昔話通観』31冊. 京都：同朋舎, 1977-1998.

[18] Aarne, Antti, and Stith Thompson. The Types of the Folktale. 3rd ed. Helsinki : Suomalainen Tiedeakatemia, 1973.

イランの口承文芸の研究は、他の領域の文化研究においても影響を与えるだろう。ところが、このように、イランの口承文芸に関しては、近代的な方法による調査に基づく一次資料が非常に少なく、口承文芸学上の盲点とも言える領域であった。

このような状況の中、初めてイランの口承文芸を翻字して一次資料を作るということは、非常に意義のあることである。

イラン地域文化研究における意義

イランの人々の伝統的な考え方が含まれる口承文芸の研究は、口承文芸研究において価値があるだけでなく、イラン地域研究に大きく貢献すると考える。イラン人の伝統的な考え方は、これまで主に文字化された文献資料によってしか理解する方法がなかった。11世紀にイランの古代からの神話を叙事詩の形式でフェルドゥースィーが編纂した『シャーナーメ』や同じく11世紀に王のたしなみを息子のために綴ったカイ・カーウースの『カーブースナーメ』をはじめとする古典文学には、イランの伝統的な考え方が表現されており、貴重な文献資料である。ところが、これらの文献資料は、必然的に高度な教育を受けた者によって書かれたものとなり、決して大多数の民衆をも含めたイラン人全体の考え方を代表したものではない。

口承によって代々伝わる民話、伝説、民間信仰などには、時代に流されない伝統的な考え方が含まれているので、文献資料を補うことができる。従って、当研究はイラン地域文化研究に欠かすことのできない基礎的な研究でもある。

本研究の特色

本研究はフィールドワークを中心とするが、過去に200例程度の資料を一つの基準に従って集めた調査例はなかった。イランの口承文芸を包括的に把

握するために、調査地を一地点に限定せず、国内の17地点において幅広く行った。8ヶ月という調査期間をかけてイランの主立った地方を回り、200の事例を集めたのは、初めての試みである。

　これまでのイランの口承文芸研究は、著しく民話に偏っていたが、本研究においては、民話を中心とするが、これに偏ることなく、伝説、歌謡を含む口承文芸全般を対象とした。

　資料は、データベース化することを前提にしている。音声資料は半永久的に劣化しないMDで録音及び保存をし、翻字したデータは、コンピュータに入力している。他地域の資料ではいくつかの事例があるが、イラン口承文芸研究では初めての電子化資料である。

　調査方法は、録音機で録音したものを翻字するという方法を採った。欧州の研究者はElwell-Suttonのようにテープレコーダーに録音するという方法を採った者もいるが、イラン国内では一般的でない。前述のように、Ṣubhīはラジオを通じて投稿を呼びかけて民話を集めた。また、アンジャヴィーは一部の音声保存を除いて、主に地方の研究協力者に採集を依頼し、原稿の形で送らせた。これは音声資料ではなく、書かれたものを資料としたものである。資料の正確さという観点からは、録音による音声保存が勝っていることは言うまでもない。

　調査項目は、資料情報として題名、分類、録音箇所、収録時間、調査日、調査地を選び、また、話者情報として氏名、年齢、性別、職業、住所、出身地、伝承者をペルシア語および日本語で記入している。加えて全ての事例には写真による話者の肖像を添付した。

　方言や口語の言い回し自体も伝承文化であるので、翻字に際しては、言い間違いもそのままにして、話者の語ったままの発音を書き留めている。採集者の意図的な改竄は一切行っていない。これは、アンジャヴィーもしくはṢubhīのような調査では、不可能な方法である。Elwell-Suttonは、できるだけ方言を残す方法を採ったが、本格的な翻字の作業を行っておらず、雰囲気を出す程度に留まっている。

　翻字は、ペルシア文字による保存とこれをローマ字に直した保存の両方を

行った。ペルシア語に翻字する段階で、主にイラン国営放送附属民俗学研究所においてネイティブチェックを受けており、正確さにおいては問題ないと認識している。ペルシア文字は、表音文字ではあるが、母音を表記しない場合が多く、既成の母音記号を使用しても、完全には音を復元できない。また、綴りでは長母音でしか表記できない場合でも、実際には短母音として発音される場合も多々ある。したがって、ローマ字による翻字を同時に行った。ローマ字による翻字法は、アンジャヴィーが音声から翻字した数例の民話の翻字法を採用した。逆に、ローマ字だけでは、ペルシア文字の綴りの復元ができないため、資料として不完全である。さらに、全ての資料に日本語による対訳を付した。

調査について

予備調査

　平成8年2月から3月にかけて、予備調査を行った。イスファハン大学の助力のもと、イスファハン、ナタンズ、シーラーズ、シャーレザーにおいて、民話、伝説、歌謡の蒐集を試みた。この際、メモによる記録と併用してテープレコーダーで録音を行った。この調査では合計で53話の事例を集めることができた。この予備調査によって明らかになった問題点を改めて、今回の本調査に臨んだ。

　予備調査を行うまでは、イランでの民話採集の可否や期待できる成果は未知数であった。しかし、現代ペルシア語による採録調査自体は、あらゆる面から可能であることがわかった。また、さらなるフィールドワークの技量や語学力が求められることを実感した。主に都市部での調査となったが、話者を探す手間に関しては比較的労を要さず、一つの地域には必ず民話や伝説を語ることのできる者がいることもわかった。本調査での日程作成の目安に大いに役立てることができた。予備調査とはいえ、本格的な民話や伝説が含まれ、大規模な調査の必要性が増した。

　録音に関しては、通常のテープレコーダーによる保存であった。テープレコーダーによる保存は、何度も同じ箇所を聞く必要のある翻字の作業に適するとは言えない。保存という観点からも劣化の可能性のあるテープレコーダーによる録音は問題があり、改善の必要が認められた。また、聞き取りながら手書きでメモをとる方法は、音声の録音があっても有効であることがわかった。話者情報の綴りなどを正確に記すため、予め一話ずつ同じ項目をもつ様

式を作成しておく必要性が明らかになった。翻字の作業は、時間が経つに連れて調査の状況の記憶が曖昧になるため、できるだけその日のうちに現地で終えてしまう必要があることも明らかになった。その他、実際に調査をしてみないとわからない細かい事情がわかり、本調査に生かすことができた。

本調査の経緯

　イラン国内において録音機などを使った調査を行うためには、予め関係する公的機関に許可を得る必要がある。これは法的な必要性よりも外国人研究者が現地調査を行う上で礼儀的なものであるという意味合いの方が濃いと認識している。このため、イラン国内での身分を獲得しておく必要があった。一旅行者としては、本格的な長期の調査は現状では難しい。そこで、テヘラン大学付属ロッガトナーメ・デホダー研究所の語学留学生としての身分で調査を行った。

　同研究所より、研究内容と目的、調査期間、調査内容、各公的機関への協力要請を記した証明書の交付を受けた。この文書を携帯しておくことで国内での調査活動における安全は基本的には保障された。

　加えて、地方調査の場合は、旅行関係の事務を管轄する文化・イスラム指導省へ事前に通知した。これにより地方での調査は、文化・教育目的の旅行とされ、宿泊施設における外国人料金が適応されなくなるという実益だけでなく、公的機関や話者からの信用度が大幅に増したと認識する。

　イラン国営放送付属民俗学研究所からも、調査にあたっての「国営放送付属民俗学研究所」の名称使用の許可を受け、録音機材等の使用にあたっての問題はほとんどなくなった。

　都市部から離れた農村、山間部で調査を行う場合は、これとは別に必要に応じて末端の村役場と州や郡レベルの役所へ事前に申し出て、調査の予定を告げた。

　平成10年9月1日よりテヘラン市内において調査を開始した。その後、テヘ

ラン周辺及び、地方都市周辺の調査を経て、81人の話者から合計202例の事例を蒐集した。必ず学術目的の調査であること及び録音することを話者に事前に告げて、基本的には話者の家屋や敷地内で採録した。

9月から11月までは、主にテヘラン近郊の2地区8地点で調査を行った。一つ目は、テヘランから南へ約30kmに位置するターレバーバードを中心とする地区であり、これにガルエノウ、ピーシュヴァー、ダヘイル、レイ市を加えた5地点において行った。もう一つは、テヘランから西へ約40kmにあるキャラジから、さらに北方約30kmに位置する地区であり、この辺りの中心となる村であるバラガーンをはじめ、ソルヘ、サナジの3地点において行った。前者の5地点は、いずれも乾燥した農村地帯にあり、後者の3地点は、アルボルズ山脈の中に位置する山村である。

12月以降は、テヘラン近郊から、調査対象地を広げ、イラン国内の4地域において、調査を行った。カスピ海沿岸のマーザンダラーン州のアーモル、イラン中央部のイスファハン州カーシャーン及びイスファハン、南部ファールス州シーラーズ周辺（ミヤーンデ村、ドゥークーハク村）、ホルモズガーン州バンダレアッバースにおいて短期の調査を実施した。

（表１）イラン口承文芸調査の採話地別分類表

		動物寓話	本格昔話	笑 話	形式譚	伝 説	現代伝説	歌 謡	伝承遊戯	民間信仰	合計
テヘラン及び近郊	テヘラン	3	7	1		4	1		1	4	21
	レイ					1	3				4
	ターレバーバード	6	10	6	3	11	8	5	2	3	54
	ダヘイル			2							2
	ガルエノウ		4	2							6
	ピーシュヴァー			1							1
	ジャリラーバード			1							1
山岳部	バラガーン	1	3	3		6	2	4		1	20
	ソルヘ		4					1			5
	サナジ		2								2
北	アーモル		5	2		6	2	1		7	23
中央	イスファハン		2	4		5		1			12
	カーシャーン		1	2		2				7	12
	シーラーズ						1				1
	ドゥークーハク		1	2			1	1		1	6
	ミヤーンデ					5	3			2	10
南	バンダレアッバース		1	9		6	3			3	22
	合 計	10	40	35	3	46	24	13	3	28	202

調査地について

【ターレバーバード】[19]

(写真) ターレバーバード村の入口

ターレバーバードは、テヘランより南に20kmに位置する農村である。テヘラン市の南方にあるレイ市からヴァラーミーンへ向かう道路の東側にある。農業と畜産を産業の中心とする。現在、農業用水のみカナートを使っており、生活用水はテヘランから購入して、各家屋の上のタンクから供給している。

テヘランから自動車で30分であり、テヘランの文化圏に属する郊外の村であると言える。かつてはシーラーズから移住した者たちが興した農村で、今は三代目もしくは四代目の世代が中心となっている。都市が近いこともあり、現代では兼業農家が目立つ。シーラーズからの移民であることが民話、伝説に表れており、伝播の観点から興味深い資料もある。ここでは、全資料の4分の1にあたる54例を計21名の話者から採録した。

ターレバーバードにかつてシーラーズから移住してきた者の子孫たちを中心に聞き取りを行ったが、話ができそうな村民にはほとんど会って採話した。ここでは調査期間も十分あったので、これ以上の口承文芸の蒐集は、難しいと判断する時点まで調査ができた。ただ、伝承遊戯及び民間信仰については、

---

[19] ターレバーバード村に関しては、Ṣafīnizhād, javād. Ṭālib ābād : nimūnah-'i jām'eī az bar rasī-i yek dih. Dānishkadah-i 'ulūm-i ijtimā'ī va ta'āvun az intishārāt-i mu'assisah-i mutāla'āt va taḥqīqāt-i ijtimā'ī 84. Tihrān [Tehran] : Dānishgāh-i Tihrān [Tehran UP], 1976.に詳しい解説がある。また、本邦では、岡崎正孝著『カナート　イランの地下水路』東京：論創社、1988.に、ターレバーバードを中心としたカナートの研究がある。

残したものがあると感じる。方言は、テヘランの標準ペルシア語とほぼ同じである。ターレバーバードの方言的特徴としては、標準語よりもgofteš（彼［または彼女］は彼［または彼女］に言った）などに見られるšを多用する点と、敬語としての三人称であるīšūn(īšān)をほとんど使わない点などが挙げられる。

(写真) ターレバーバード村の中心部

【ガルエノウ】

　レイの南方のヴァラーミーンからさらに南東へ10kmほどに位置する。ターレバーバードの北方にも同名の地区があるが、これとは別である。ヴァラーミーン地方（郡）ピーシュヴァー地区のガルエノウである。産業は、牧畜を中心とする。

　男性二人と女性一人の話者より、合計6話を採集した。話者がいずれも比較的高齢であったためか、物語としてまとまった事例を採集することができた。また、採録時間も長いものばかりであった。

　ヴァラーミーンの言葉は、テヘランとほぼ同じであるが、テヘランではeの音をここではaに置き換える傾向が強い。lebās（服）はlabāsとなり、emrūz（今日）はamrūzとなるなどである。口承文芸は比較的残存していると感じる地域である。

【バラガーン】

　テヘランから西方に約40kmにあるキャラジから、北方のアルボルズ山脈に約30km、山道を入ったところに位置する山村群である。諸集落を管轄す

るバラガーン村役場は山村群の中で最も標高の低いバラガーンにある。バラガーンから約5km上ったところにソルへという集落がある。さらに20km程上ったところにサナジという小集落がある。

（写真）バラガーン村の全景

バラガーンの人口は、およそ2千人であり、農業、牧畜を産業の中心とする。水が比較的豊富で、村は木々の生い茂る森の中にある。スズカケなどの紅葉の季節には、テヘラン等から多くの人々が観光に訪れる地域でもある。クルミ畑も多い。冬は積雪のために入村が非常に困難になる。バラガーンの中心部は、村役場とモスクを中心として、チャイハネ（茶店）、雑貨屋、肉屋、穀物店等の商店が並んでいる。

バラガーンは、山村とはいえキャラジなどと往来があり、どちらかというと開けた感じを受ける。とはいえ、50代以上の世代では、口承文芸を継承したまま保持していると感じる。ソルへも同様に、高齢層の方々からは違和感なく口承文芸を聞くことができた。サナジに関しては、非常に奥地に位置し、冬が近づいていたこともあり、一度しか訪れることができなかったので、ほとんど調査はできなかった。しかし、当集落では口承文芸が現代も生きており、継承も行われていると感じる。イランには、このように口承文芸が衰退しないで保持されている山村が、数多くあることが容易に推察される。

（写真）バラガーン村の中心部

【アーモル】

　アーモルはカスピ海を北に臨むマーザンダラーン州にある人口約28万人の都市である。緑が多く、郊外は湿度の高い米作地帯である。チャークサル地区およびチャマスターン地区アラブヘイル村で調査を行った。

　マーザンダラーン地方特有の方言が話される地域である。若年層は、標準語を話すことができるが、概ね60歳以上の高齢層は、方言しか話すことができない。調査において、方言の問題に直面した。これに対する暫定的対処として、基本的に若年層の話者には、標準語で話してもらい、歌謡など方言で録音する必要のあるものや高齢者には、方言で話してもらい、テヘラン方言の話せる者に訳してもらった。中でも、アラブヘイル村の78歳の男性話者による6話など、翻字さえできない状態のものがあったが、これらはテヘラン方言の話せる者に語り直してもらった。方言の問題の解決は今後の課題の一つである。

【テヘラン】

　約600万人の人口を有するイランの首都である。完全に都市化しており、家庭内での口承文芸の伝承はほとんど行われていないと認識している。テヘランで収録したものの多くは、地方出身者がそれぞれの出身地の口承文芸を語ったものである。今回の調査対象地ではないが、テヘランの北部のエヴィンなど古くからある地域では、代々伝わるような話が残っている可能性がある。しかし、これも高齢者が知っているだけで、現代も若年世代に継承されているとは考えにくい。

【カーシャーン】

　人口約31万人のイスファハン州第二の都市である。テペ・シアルクやバーゲ・フィンなどがある観光地でもある。周辺に点在する人口500人程度の村落であれば、調査地に適すると感じたが、調査は予定どおり基本的に町中で

行った。地方都市のため、町中でも個人家屋が広く、納屋や鳩小屋など、民話において描写されるものが普通の家庭でも見られた。テヘランやイスファハンとは違い、護符書き（祈祷師）やジンといった民間信仰の事例も町中で見られた。

言葉はファールスィーであるが、テヘランともイスファハンとも違う方言的特徴を見ることができた。特に標準語（口語）でmige（彼［または彼女］は言う）がmiguwa、また、同様にmigan（彼らは言う）がmiguwanになるなどである。聞き取りにはほとんど問題がなかった。

【イスファハン】

イスファハン州の州都で人口約140万人のテヘラン、マシュハドに続くイラン第三の都市である。サファヴィー朝時代の都であり、文化財都市として知られる。サファヴィー朝のアッバース一世にまつわる伝説は、イラン全土に見られるが、今回はイスファハンの当時の偉人伝などを聞くことができた。調査期間は少なく、主にイスファハン在住の3家族から採集した。周辺の村落には行かず、都市部のみの調査とした。

前回の予備調査でも採録したハサン・ハーディヤーン氏は、語り部としての性質を有する話者である。予備調査とあわせて18例の採録を行ったが、当人によれば数百の物語を話すことができるという。

ここでイスファハンの方言の特徴をすべて書くことはできないが、イスファハン方言は、方言の中でもっとも特徴のあるものである。三人称単数の連結詞で繫辞（be動詞等）にあたるbūdanの三人称単数現在astを例に挙げると、標準語におけるketāb astはテヘラン方言ではketābehとなるが、イスファハン方言ではketābesとなる傾向がある。

【シーラーズ周辺】

ファールス州の州都で約130万人の都市である。調査については、シーラーズではほとんど行わず、南東約150kmに位置するミヤーンデという町と北西

約20kmに位置するドゥークーハク村で行った。

ミヤーンデは、農業および牧畜を産業とする一般的な町である。2家族を中心に聞き取り調査を行った。この地域の方言的特徴としては、特に不定を表す接尾辞のīの意味で、ūを多用することが挙げられる。例えば、標準語でgorbeī（ある猫）は、gorbehūとなる。

ドゥークーハクでは、家庭を訪問する形式をとらず、道路や広場での採録となった。そのため、男性からしか採話することができなかった。本格的な民謡を一例採録できた。

【バンダレアッバース】

バンダレアッバースは、ペルシア湾を臨むホルモズガーン州の州都で人口は約38万人である。ここで調査を行ったのは、アンジャヴィーや民俗学研究所長のヴァキーリアン氏などと親交が深いファルホンデ・ピーシュダード氏の一族から採話を行うためであった。彼女の一族は、一世代前からファールス州南部のダルトゥージャーンという村からバンダレアッバースに移住している。言葉は、バンダレ・アッバースの方言ではなく、ファールスィーであるので、調査は比較的容易であった。偶然ラマザン月の明ける頃であったので、家庭内で行われるホセイン殉教を朗読する宗教行事を見ることができた。ペルシア語で読まれる独特の技術が必要な朗読であるが、事前準備不足のため録音はできなかった。バンダレ・アッバースで採集した民話は、ほとんどがピーシュダード氏の語ったダルトゥージャーン村のものである。

ダルトゥージャーンの方言的特徴は、繋辞のbūdanの三人称単数過去形のbūdがbīdとなることが挙げられる。

資料について

音声資料は、MDディスク（74分）が8枚分である。本稿で提示する資料は、音声資料を翻字したものである。各資料は共通の様式からなり、項目に

記入する方式になっている。不必要なものを除いて、ペルシア語と日本語を並記した。題名、分類、AT番号、収録箇所、収録時間、調査日、調査地を資料情報とし、名前、年齢、性別、住所、電話番号（本稿では記載せず）、出身地、伝承者を話者情報とした。話者の写真を全ての資料に添付した。資料は個別に使用する可能性があるため、二つ以上の事例を語った話者の資料でも写真の添付を省略していない。以下に、各項目について説明する。

【題名】

ペルシア語による題名とその日本語訳を記した。ペルシア語の題名に関しては、基本的に話者が直接指示したものを採用した。話者が題名に関して言及しなかった場合は、便宜的に採録者が題名をつけ、「仮題」と表示した。

【分類】

動物寓話、本格昔話、笑話と小話、形式譚、伝説、現代伝説、歌謡、民間信仰、伝承遊戯の9範疇に分類した。このうち、動物寓話、本格昔話、笑話と小話、形式譚は、民話（民間説話）である。伝説は、基本的に特定の、または歴史上の人物や土地等にまつわる話とする。現代伝説は、世間話など現代性を帯びた伝説をいう。不可思議な内容がテーマであることが多く、特に現代性の強い怪談などはこれに分類した。歌謡は、民謡（民間歌謡）の他、労作歌等も含み、旋律を持つ事例を指す。民間信仰は、ジンやアールなどの妖怪について、また風俗や習慣、まじないや迷信など民間で一般的に信仰されているものとする。伝承遊戯は、子供の遊びで、特に代々伝わる性質のもののことである。

【AT番号】

AT番号は、基本的に民話（動物寓話、本格昔話、笑話と小話、形式譚）についてのみ記した。ただし、民話でない場合でも、伝説などで、AT番号に合致すると判断した場合は、参考のため番号を記した。

【収録箇所、収録時間】
　収録箇所は、採録したMDディスクの番号とそのディスクの話番を指す。006-018とあれば、6枚目のMDの18話目を指す。収録時間は、当該資料の録音時間である。

【調査日・調査地】
　調査日は、資料を採録した日である。調査地は、基本的には行政区分上の分類に従った。テヘランやイスファハンなどの大都市の場合は、州名などを省略している。実際に資料を採録した場所であり、住所や出身地とは区別している。

【名前、年齢、性別、職業、住所、（電話番号）】
　話者の個人情報は、できるだけ詳細に記録した。自己申告であるので、空白の場合もある。住所はペルシア語のみとし、調査地と同じの場合は略式表記とした。住所の詳細がわからない場合はわかる限りの情報を記載した（村名しかわからない場合でも村名だけを記載してある）。学術目的でこれらの情報を公開する了解を取ってあるが、電話番号は、本稿では記載していない。

【出身地】
　住所と出身地が異なる場合、特に伝説の場合などは資料としての意義が全く違ってくる場合がある。農村部の女性は、他地域から調査地に嫁いで来ることがよくあり、居住地と出身地の両方の事例を語ることがある。従って、この項目は、下記の伝承者の項目と共に必須項目である。できる限り場所が特定できるようにしたが、出身地が調査地と同じ場合は略式表記とした。

【伝承者】
　ここで言う伝承者は、当該資料を話者に伝えた人物をいう。本で読んだり、

ラジオでのみ聴いたという場合は、口承文芸とは言えないので資料に採用しなかった。また、例えば父親からも聞いたがラジオでも聴いたと答えた場合は、採用している。この項目から分かることは、少なくとも話者に伝わった時点で口伝えになっていた話であるということである。書承のものが、口承になった例もあると考えるが、確認はできない。後述するが、この項目の調査から、現代における口承文芸の実態を把握することができる。

分　析

ＡＴ番号による分類

　9つの範疇に分類した資料のうち、動物寓話、本格昔話、笑話と小話、形式譚の4つは、民話である。これら4つの民話資料に関しては、ＡＴ番号に基づく分類を試みた。前述の通り、ＡＴ番号は主にヨーロッパの民話をもとにして考案されたものであり、現時点では中東などアジアの民話には必ずしも適当な分類法であるとは言えない。1961年に改訂された The Types of the Folktale[20] においても、アラビア、インド、中国、日本などの民話については一次文献が紹介されているが、イランに関する民話にはほとんど触れられていない[21]。しかしながら、既に分類されていれば、一見してその民話のストーリーが分かることから、イラン地域の民話を扱う上でも表示する意

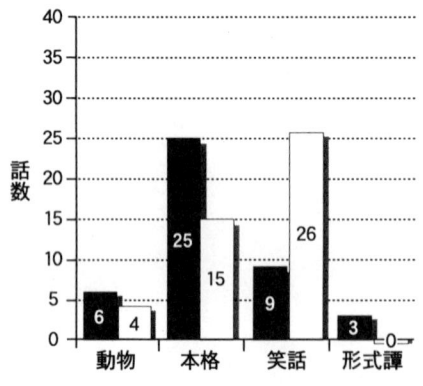

＊それぞれ左がＡＴ方式で分類できた数

（図）ＡＴ分類の可否

---

[20]Aarne, Antti, and Stith Thompson. The Types of the Folktale. 3rd ed. Helsinki : Suomalainen Tiedeakatemia, 1973.

[21]Rosen, G. Tuti-Nameh, das Papageienbuch. Leipzig. 1858.（鸚鵡七十話のドイツ語訳）が挙げられているが、鸚鵡七十話はペルシア語で書かれているが、インドの原典から訳されたものである。

味はある。1984年にUlrich Marzolphが多くのイランの民話に関して、ＡＴ番号に基づいた分類を試みたが、全てのイランの民話をヨーロッパの既存の分類法で処理することは非常に難しいと考える。なぜなら、ＡＴ分類法は、モチーフの構成から分類するため、ＡＴ番号にないイラン特有の民話やモチーフがあった場合には、対処できないからである。今回、イランで採集した202例の資料の中で民話と分類したものは、動物寓話10例、本格昔話40例、笑話と小話35例、形式譚3例の合計88例である。このうち、ＡＴ番号に分類できたのが、動物寓話が10例中6例（60％）、本格昔話が40例中25例（62.5％）、笑話と小話が35例中9例（25.7％）、形式譚が3例中3例（100％）の合計88例中43例（48.9％）である。つまり、約半数がＡＴ方式では分類できなかったことを示している。

　ＡＴ分類法がこのような性質を持つものであるから、ＡＴ番号分類の可否から何かを導き出すことは根本的にできないと考えるが、分かる限りのことについて考察したい。

　本格昔話および笑話と小話は、分類できなかった事例が大幅に多く、これらの中にはイランに特有の民話を多く含むことが推察される。数値を見る限り言えることは、これまでにヨーロッパ、インド、中国、日本などの地域で確認された民話とは違う民話がイランには多く伝承されているということである。特に笑話と小話は、分類できない民話の方が分類できる民話より著しく多く、「笑い」と言うものに関する文化の違いを明確に示している。おそらく、この現象はイランに限ったことではなく、他の国や地域で同様の調査をすれば、似たような結果が出てくると考える。今後の外国民話の研究、特にアジア諸地域の民話研究に期待したい。

　全般的に、ＡＴ方式に分類できた民話は、イラン以外の地域で確認されている話型である。これらの民話は、イランまたは別の場所に起源があり、それが伝播して広がったのかもしれないし、人間に共通する思考方法というものがあって、自然に各地域で伝承されているものかもしれない。民話の起源を探るといったことは、この研究の目的ではないのでここでは触れないが、少なくともこれらの民話が言語や文化や民族の壁を超えて存在することは確

かである。

　ＡＴ方式で分類できなかった民話については、ここで考察の対象となる。分類できないものは、イランに特有の民話である可能性がある。しかし、ＡＴ方式で分類できなかったからといって必ずしもイランに特有の民話であるとは言えない。ＡＴ方式で分類できない原因として、他にも様々な可能性が考えられる。まず、当該話型がヨーロッパなど、既にＡＴ分類法が確立している地域にも存在するが、研究者にはまだ知られておらず、今回の調査で偶然、初めてイランで確認された場合である。この場合、イランに特有の民話であるとは言えないし、確認は難しい。次に、イランを含む中東もしくは中央アジアなどの地域では存在するがヨーロッパなどにはない話型である場合である。最後に、言語や民族は違ってもイスラムやノウルーズの習慣など特定の文化圏でのみ通用する話があることも考えられる。

　残念ながら、分類できないこれらの民話を明確に区別することは難しい。まして、イランに特有の民話を抽出することは現時点では不可能である。例えば、キャチャル（禿）が出てくるからといってイラン文化圏やその周辺にしか存在しない民話であると断定はできない。なぜなら、他地域ではキャチャルの代わりに別のトリックスターが同じ役割をしている同じストーリーの民話が存在する可能性も考えられるのである。地理・歴史的方法を前提にしたＡＴ分類法の限界でもあるが、この程度の変化であれば、ヴァリエーションの一つと見なされ、同じ話型と考えてよいであろう。

　しかし、今回採集した民話の中には決定的な手がかりがあるものもある。例えば、「狼と狐」（通し番号8)という動物寓話がある。この民話はラマザン月の断食が話を構成する重要なモチーフになっているが、イスラム文化圏でのみ通用する民話であることが推察される。また、イランには、新郎となる男の母親や姉が相手の女性の家に行く独特の求婚の風習があるが、この風習が話の重要な要素となる「怠け者のキャリーム」（通し番号46)は、この風習を持たない地域では理解しづらいであろう。

伝承状態

話者の年齢層

調査にあたっては、語ることのできる者であれば、年齢・性別を限定せず採話した。その結果、下記の表のように、50代が男女とも最も多くなっている。

（表２）資料提供者の年齢・性別による分布表

	動物寓話		本格昔話		笑　話		形式譚		伝　説		現代伝説		歌　謡		伝承遊戯		民間信仰		合　計		
	男性	女性	男性	女性	男性	女性	男性	女性	男性	女性	男性	女性	男性	女性	男性	女性	男性	女性	男性	女性	計
10代	2		2		4	1					2				2				12	1	13(7%)
20代			5	3	1				10	1	1	1					4		21	5	26(13%)
30代			3		3		1		5		7						1	1	20	1	21(10%)
40代	3		1		4		1		9		2	1	2		1		5		28	1	29(16%)
50代	3		5	5	3	9		1	2	9	5	1	2	3			4	4	24	32	56(28%)
60代		1	5	4	4	1			1	2	2		1					8	13	16	29(15%)
70代			1	5	1				7		2		2						13	5	16(8%)
80代			1		4														5	0	5(3%)
	8	1	23	17	24	11	2	1	34	12	21	3	7	3	3	0	14	13	136	61	197

注１：年齢不明の５例は含まれていない。
注２：数値は、事例数である。

80代の事例が5例と少ないが、その他の年齢層に関しては、概ね年齢による格差は少ないと言える。口承文芸という性格上、高齢層に事例が偏ると見られがちであるが、上の例から、若年層も口承文芸を知っていることがわかる。これは、口承文芸の伝承が今も継承されていることを示すものである。日本などでは考えられない分布である。

伝承経路の傾向

イランの口承文芸が一般的にどのような経路を通って伝承されているかを明らかにするために、調査項目に伝承者（誰から聞いたか）を加えた。次頁の表を参照されたい。

有効回答の67％が家族や親戚から聞いたという結果になった。現在では、かつて語り部の性格を担っていたとされる托鉢僧などの僧侶から聞いたとす

る例はわずかに3%にとどまり、もはや一般的ではないことを示している。現在のイランでは、口承文芸は主に家庭内で伝承されていることがわかる。

(表3) 伝承経路分類表

		動物寓話	本格昔話	笑話	形式譚	伝説	現代伝説	歌謡	伝承遊戯	民間信仰	合計
家族・親戚等	父親	3	15	4	1	6	6				35(22%)
	母親	1	5	1	1	4				1	13(8%)
	祖父	4	8	1		7	2	3		1	26(17%)
	祖母	2	8	3	2	4	1				20(13%)
	おじ			1		3	1	1			6(4%)
	他の家族		1			1	1				3(2%)
	他の親戚		1								1(0.6%)
その他の知り合い	先生	1	2			1					4(3%)
	上司		1	2							3(2%)
	友人		1	1		2	6				10(6%)
	戦友						1				1(0.6%)
	同僚						3				3(2%)
	遊牧民					1	1				2(1%)
	僧侶			1		4					5(3%)
	老人たち		1							2	1(0.6%)
	隣人			11		10				2	23(15%)
不明	昔の人	1	2	6		4		2			17
	全く不明		2	5		3	3	7	3	22	45
	合計	12	47	36	4	50	25	13	3	28	218

注1:「祖父」か「その他の老人」という回答の場合は、両方の項目に算入したので、合計が話数を上回っている。
注2:括弧内の数字は、不明62を除く有効回答数156を分母とする。

解　　説

動物寓話

動物寓話に分類した10話のうち6話はＡＴ番号に分類できた。そのうちの3話はＡＴ123「狼と子山羊たち」に分類される。この話は、グリム童話の「狼と七匹の子山羊」(KHM5)[22]と同話型であり、ヨーロッパを中心に世界的に知られている。

予備調査においてもこの話型を確認している。既に文字化もされており、イランでは最も一般的な民話の一つである。予備調査のものに加えて今回蒐集した3話でも、子山羊はシャングールとマングール、それにヘッペ・アングール、母山羊は場合によってガンディー[23]という名前がついている。パンジャブの同話型の子猫（山羊ではない）の名前もチャンクとマンクとなっていることから[24]、東方などと関係があると考える。分布の上で最も多いのはヨーロッパであるが、ヨーロッパから直接イランに伝播した、もしくはグリムがイランにおいて受容されたと考えるのは短絡的であると考える。バラガーンで採集した例（通し番号4）では、話者は韻を伴ってこの民話を語った。母山羊が狼を探す場面などの箇所においては、特別の節があり、繰り返しを伴っている。少なくともこの地域では、この民話の語る特別の形式があるこ

---

[22]KHMは、『グリム昔話集』における分類記号。ドイツ語の原書名Kinder-und Hausmärchenの略。

[23]ガンディー(قندی)は、角砂糖という意味であり、白（あるいは白っぽい）山羊であることを示すと思われる。

[24]小澤俊夫編、関楠生訳．『世界の民話　パンジャブ』（「世界の民話」シリーズ 19巻）．東京：ぎょうせい, 1978. pp.163-167.

とが推察される。決して外来のものとは断定できない。

この他、ＡＴ番号に分類できた事例として、ＡＴ122F「私がよく太るまで待って」とＡＴ152A「妻がオオカミに叫ぶ」とＡＴ159B「ライオンと人間の敵意」の3話型が一例ずつあった。いずれも伝承者は祖父等の家族であり、話者はいずれもイランの民話であると意識している。伝承者から判断しても地域で定着している民話であると考える。

前述のように、「狼と狐」(通し番号8)は、モチーフに断食月の習慣が入っている。他のモチーフと入れ替え可能な要素ではないので、イスラム式の断食の習慣がある地域でしか通用しないものである。これは、イスラム教の習慣が重要な話の要素になっている珍しい例であるという価値だけではなく、人々の風俗や習慣が動物寓話の中にも入り込むものであるという証拠としても価値があると考える。語り手、聞き手とも、民話に描写された断食という習慣を無意識に受け入れることができるのは、どちらも断食をごく自然のことと考えているからである。民話には語られる共同体に特有の習俗が無意識に織り込まれていることがある。このため外国の研究者がその地域文化を理解しようとする上で、民話は重要な資料でもある。この事例は、明らかにイスラム教圏でしか通用しない。

動物寓話10話の中で、既に文字化されていることが確認できたものもある。中でもモウラヴィーのマスナヴィー[25]に含まれる「人と熊の友情」(通し番号7)に関しては、書承のものが口承に入り込んだ可能性が高い。今回の調査でも、モウラヴィーの同作品に同じ話があったものが数例あった。モウラヴィーの詩のたとえ話は、イラン人の知識人だけでなく一般大衆にも浸透していると感じる。

動物寓話に描写される動物は、ライオン、狐、狼、熊、山羊、ジャッカルであるが、狐、狼、ライオンが登場しやすい。狼は悪役で、狐がずるがしこいというイメージは、他の諸地域と同様にイランでも明確である。

---

[25] Mawlavī, Mawlānā Jalāl al-Dīn Muḥammad Balxī, Muḥammad Istiʿilāmī, Ed. Maṣnavī. Tihrān [Tehran] : Zavār, 1996 bayt'hā-yi 2129-2145.

本格昔話

　本格昔話に分類した40話のうちAT方式で分類できたのが25話であり、約4割が分類できなかったことになる。分類できたもののうち、複数の地域で採集された話の例として、AT327「子どもと鬼」が3話、AT778*「二本の蝋燭」が4話がある。ATに分類できたものでも、トリックスターとしての子供のキャチャル（禿）など、イラン的な概念が重要な要素になっている例が多い。他地域から伝わったとしても、世代を超えた伝承の中で、イランらしく変化したと考える。AT503「こびとの贈り物」に分類した2つの事例も、ドイツのグリムや日本の「こぶとり爺」と同じ話型であることは明確である。イランの事例では、瘤をとる場所はハンマーム（風呂）であり、瘤をとってくれる者もジンとなっており、ドイツや日本の事例とは異なる[26]。この民話が伝播してイランにやってきたかどうかは分からないが、内容は極めてイラン的なものとなっている。AT778*「二本の蝋燭」に分類される4例も「ビービーセシャンベ」[27]というイラン特有の民間信仰が物語の重要な要素とされている。

　本格昔話でATに分類されるもので、外国の概念を連想させるものはほとんどなかった。もちろん、語り手はAT分類の可否などは意識していないため、口調を変えたりはしない。すべて、イランの民話として語っているのである。

　ATに分類されなかったが、複数の地域で採録した話については、イランである程度普及している可能性が高い。「勇士アフマド」（通し番号36）や「いい男と悪い男」（通し番号41）は、出身地の異なる者から複数聞いた。これら

---

[26]KHM182「こびとの贈り物」では小人が、日本の「こぶとり爺」では鬼が瘤をとる。ドイツでは小人、日本では鬼といずれもそれぞれの場所でごく一般的に異人と見なされる者が瘤をとる。イランでは、ジンが同じ行為をするのである。

[27]ビービーセシャンベは、主に女性が行う儀礼的な民間信仰。民間信仰の項目で解説したので参照されたい。

はＡＴでは未分類であるけれども、イランでは一般的に知られていると推測される。

「熊と結婚した娘」(通し番号38)は、ＡＴに分類不可でかつ複数採録したが、採録地がいずれもバラガーン地区であり、イランで一般性があるかどうかは分からない。しかし、語り手には、知っている民話から順番に語ってもらっているため、当民話はバラガーン地区では比較的よく伝承されている可能性が高い。他では事例がないため、逆に伝説の要素が強い可能性もある。山や洞窟などが出てくるが、民話の中では特定の地名を指していないくても、話者の心の中では具体的な場所をイメージしているのかもしれない。伝説であるという根拠に乏しいためここでは民話の本格昔話に分類した。

いずれにしても本格昔話は、物語として最も完結しているものである。ＡＴに分類できないものはもちろん、分類できるものにもイラン的な発想が随所に見られる。物語中の日常生活の描写には、イラン人の伝統的な生活様式が反映されており、また、超自然的なものの描写には、通時的にイラン人に共通してみられる思想を読みとることができるのである。

笑話と小話

笑話と小話とした35例のうちＡＴ番号で分類できたのは9例であり、ほとんど分類できなかったと言える。話の内容も多岐にわたっており、イランではかなりの種類の笑話が語られていると推測する。少しでも笑いの要素のある話、もしくは短くて気のきいたような話はここに分類した。また、話者が笑話であると言ったときは、ここに入れるほかはないので、中には、何がおもしろいのか分からない話も含まれる。逸話(anecdote)もここに分類されるので、必ずしも笑いを伴うというわけではない。

笑話にも、イラン人の価値観が反映されていると考える。特に、ＡＴなどに分類できない事例からは、イラン人の思想が読みとれる。

「ハサンの話」(通し番号60)はＡＴに分類できないが合計で3例の類話があ

る。ターレバーバード とイスファハンで採話した事例なので、一地域に限定したものではなく、広がりを持っていると推測される。

前述の通り、笑い話と小話は内容が多岐にわたっており、細かい分類ができない。詳細は、個別の資料を参照されたい。

形式譚

形式譚に分類したのは、3例である。歌謡の童歌に分類した5例も形式譚の形をとっているのであるが、韻律を伴う歌であるため、便宜上、形式譚としては分類しなかった。

3例ともAT2023「小さなありが一ペニー見つけて、新しい服を買って戸口にすわる」に分類される。イランではよく知られた民話であり、文字化もされている。形式譚と分類はしたが、ストーリーがあり、3例のうち2例は後日談も付随している。主人公は虫の娘である。この虫の種類は原語khāleh sūskehで、「黄金虫」と「ゴキブリ」の二通りに訳せるが、現地の話者や研究者に聞いても特定はできなかった。そこで、とりあえず「黄金虫の娘」とした。地方による違いは、この民話があまりにも知られすぎているために指摘するのは難しい。

ターレバーバード村では、十数年前まで村人が集まっては民話などの説話を語っていたというが、そのような場で「黄金虫の娘」の話もよく語られていたという。聞き手も物語の内容を知っているのに、最後に主人公が死ぬ場面では、皆泣いたという。筆者は、農村に説話を語り合う機会が設けられていたことに深く興味をひかれた。

伝説

伝説は大きく分けて、人物に関する伝説と場所に関する伝説がある。また、過去に実際に起こったとされることもここに分類した。怪談などで特に場所

との関係が深いものも伝説とした。合計で46例の伝説を採集した。人物伝でも由来伝でも、語って相手に通用するのは基本的にその地域、広くてもイラン国内に限定される。そして、これらは2世代以上にわたって伝承されているものである。つまり、これらの伝説には、世代を超えて共通する価値観が内包されているのである。したがって、イラン人の思考方法が最も表れやすい形態の説話であると考える。

【歴史上の人物に関する伝説】

アヌーシーラヴァーン（ホスロー世）は、ササン朝時代の名君とされ、現代の民衆の心の中にも伝説として生きている。後述するシャー・アッバースに次いで、名君の代名詞である。アヌーシーラヴァーンに関する伝説は2例であるが、いずれも名君としての公正な判断を讃えるものとなっている。伝説では、宮殿に鎖を吊して、人々がそれを揺らすことで、誰でも王に直訴できる制度があったとされる。後述するシャー・アッバースと同様に、町人と混じって世間を視察してまわったとも言われる。真偽はともかく、イランでも、民衆の視点を持つ者が名君とされるのである。

イランにおける名君として第一に挙げられるのが、サファヴィー朝のシャー・アッバース（アッバース一世）であるが、伝説でも様々な方法で名君ぶりが語り継がれている。本調査では、6話の事例がある。シャー・アッバースは、托鉢僧の姿をして町中、あるいは国内を歩き回ったと信じられており、6話のうち5話までがこれを前提としている。ところで、各地を回った弘法大師の伝説のような、土地と深く関わったり奇跡を起こしたりというシャー・アッバースの伝説は今のところない。特に宗教との関わりは強調されないので、日本の弘法伝説とは別の発想に基づく伝説であると考える。

大臣や神学僧なども伝説の題材になる。シェイフ・バハーイーやマジュレスィーなどの伝説は、いかに善行を積んだかという点が重んじられ、聞き手の道徳心を養おうとする性質を持つ。また、サアディーやハーフェズなどの詩人が伝説の題材となるところはイランの伝説の特徴である。

一方、宗教上の聖人の伝説として、アリー、ソレイマン（ソロモン）など

の伝説があるが、奇跡を行うモチーフが話の中心となっているものが多いのが特徴的である。

　歴史上の偉人にまつわる伝説は、王や大臣など為政者にまつわる伝説と聖人に関する伝説に分けられ、俗世の英断や善行を讃える前者と、奇跡を起こしたり信仰を広めたことが伝えられる後者の違いははっきりしている。ただ、カリフは、信仰に関する伝説と俗世の道徳に関する伝説の両方の事例が見られる。いずれにしても、話数が少ないので、さらに事例を集める必要がある。

【場所に関する伝説】

　地名の由来や特定の場所に関わる伝説が7例見られる。「ある場所に財宝が埋まっているけれども守るものがいたり呪いがあるため発見できない。」といった内容の伝説が3例あった。財宝があると言われる場所は3例とも違うので、ヴァリエーションが各地に点在する伝説であることが推測される。

【妖怪に関する伝説】

　ジンや妖精に関するものでも、特に時や場所を限定していると判断できるものは、現代伝説とせず、伝説とした。怪談の要素が濃い。妖怪は、ジン、妖精（パリー）、赤子をさらう妖怪であるアール等があり、これらをアズマーベヘタラーン（我々より優れた者たち）ということもある。これらの区別は曖昧で、同じ話の中でも話者自身が混同している場合がある。ハンマームやカナートの井戸など民俗学上、境界と考えられる場所でジンなどの妖怪に遭遇した話が中心である。

【補足】龍について

　龍が扱われている伝説は、本稿では「ハルボゼ（メロン）の名前の由来」（通し番号89）、「預言者アリーと龍」（通し番号99）、「井戸の龍」（通し番号115）、「遺跡で龍を見た話」（通し番号118）の4例である。龍のいる場所は、山の洞窟、山の中、カナートの井戸、遺跡である。いずれもイランでは、あ

の世とこの世の間とされる場所である。書承の民話資料の例とも一致しており、このような場所に龍が住むという思想がイランにあるのは間違いない。カナートの竪穴があの世への入口であると考えるが、カナートに龍が住むという伝説は特に興味深い。民話などではよく見られるが、イラン人がカナートに龍が住むと考えている可能性が高い。今後の事例の蒐集に力を注ぎたい。カナートでジンが結婚式を挙げるという伝説やジンが化けた猫が逃げ込むという現代伝説も採集したが、これらはカナートが境界的なはたらきを持つことを示している。

遺跡で龍に遭遇するという伝説があるが、ここでは昔の城塞や拝火神殿の遺跡を指す。書かれた民話資料などでは、kharābeh（廃墟）にジンや妖精が出現する事例が多い（今回の調査でも多数確認）。kharābehは具体的には、壊れた家などではなく、少なくとも百年単位前に廃墟になって、石や煉瓦の部分だけが残っているものや、風化して丘のようになっているものを指すと考える。イランでは、このような場所が比較的多く、風化した古い村の城壁や古代の拝火神殿などは、それぞれ固有の伝説があることが推察される。

現代伝説

24例を現代伝説に分類した。伝説や民間信仰との区別が難しいものがあったが、基本的に現代性の濃い世間話や超自然的な怪談をここに分類した。ジンなどの妖怪と遭遇したという事例が多いが、その場所などからさらに細分化できる。

まず、ハンマームで遭遇したというものが4例ある。ハンマームとジンに関する話は、伝説にも3例の事例があるが、現代においてもハンマームは、ジンが出現する場所として人々に怖がられていることがわかる。ジンは一人で現れることもあるが集団でハンマームで結婚式を挙げたりもする。本格昔話のAT503「瘤の上の瘤」もハンマームとジンを題材にしているが、現代伝説では、ハンマームとジンが関係づけられる事例は一般的であり、イラン人のこの思想が民話に影響を与えたのは間違いない。

現代伝説でジンなどの妖怪が現れるのは、ハンマームだけではない。砂漠や、カナートの井戸、墓場の地下などにも現れる。いずれも基本的には伝説の事例と重なり、イランの境界観を探る上で貴重な資料である。

　現代伝説でも、伝説や民間信仰と同様に、ジン、妖精、アールの属性の区別は曖昧である。アールは、赤子に関する事例に見られやすいが、ジンと妖精の明確な区別は難しい。

　ジンと妖精（またはアズマーベヘタラーン）は、いずれも人間型の妖怪で、集団で行動することもあり、社会性を持つとされる。足が羊のような蹄であったり、足に鳥のような羽が生えていたり、また、足首が前後逆についていたりすることによって、この世の者でないことを示している。足の異常によって、神異性を表すというのは、日本の幽霊などと同じ発想であると考える。ここで、蹄や鳥のような足が、トーテムと関係があるかどうかはわからない。人間と違うという意味だけかもしれない。特にジンは小さい人々とされることもある。

　この妖怪たち、特にジンは、動物に取り憑くとされる。現代伝説では、猫、羊、山羊、狐、カラス、蛇など何にでも姿を変えたり取り憑いたりする。特に猫に取り憑きやすいと考えられているようである。地面の下にいるとも考えられている。これは、ハムザード[28]の属性とも重なる。

　イランでは、このジンと日常的に接する人がいると考えられている。この者たちは、イランの社会において異人とされている者と推測される。今回の調査の例では、外国人、精神が正常でない者、赤子、護符書きなどの職業にある者がこれに当たるという。イランでは、このような人々があの世と接することのできる異人として特別視されていることが指摘できる。

　現代伝説は、友人関係、親子、職場仲間など様々な状況で語られる伝承形態をもっている。今回の調査結果でも友人から聞いたという事例が多い。現代伝説の伝承経路は、笑話と並んで家族以外からの伝承の割合が多いことも

---

[28] 子供が産まれてくるとき、同時に何か違うものと一緒に生まれてくるというイランの民間信仰。詳しくは、民間信仰の該当個所を参照されたい。（通し番号195）

わかった。現代伝説は、同時代的に語られる傾向があるので、比較的、世代を超えて伝承しにくい性質を持っているのである。ただし、時代設定は現代であっても、民俗学でいう境界の場所などの法則は、古い伝説のものを踏襲していることを忘れてはならない。イランの現代伝説は、寿命が短いが、イランの古くからある思想の普遍性を含んでいるため、民俗研究の資料として重要である。

歌謡

　口承文芸の調査であったが、期間中には適宜、歌謡の採録も行った。重点を置いて調査したわけではないので事例は少ない。歌謡として分類される資料は、13例あった。内わけは、童歌に分類されるものが5例、子守歌が2例、民謡が1例、聖人などへの賛歌が2例、その他3例である。歌謡は自然に覚える場合が多く、歌い手が意味を深く理解していないこともある。そのため、韻律が重要な要素となる。詩歌を愛する伝統的なイラン人の民族性は、民間の歌謡にも大きな影響を及ぼしていると感じる。ほとんどの歌謡には韻が踏まれている。

　今回採録した歌謡のうち、子供に歌う、または子供が歌う童歌は、「二人の婦人に会った。一人はナンをくれ、一人は水をくれた。ナンは自分で食べて、水は地面に流した。地面は草をくれた。草を山羊に与えた。山羊は乳をくれた・・・」という風に、次々と連なっていく形式で、リズムとメロディーを持つ独特の歌謡が大部分であった。内容から民話の形式譚にも分類できるものであるが、歌として伝承されているため、歌謡に分類した。もちろん、他の形式のものもあると推測されるが、予備調査の事例も含めてこの形式のものが最も多かった。この形式のものは、同地域でもいくつかのヴァリエーションがあり、地域によっても、伝承されている内容や長さは違う。内容に意味がないものもあるが、意味を持ち、かつ聞き手を笑わせるものもある。ターレバーバードでは、4例の童歌を採集した。4拍子のリズムを基本として、笑いをもたらす箇所などでは、4拍子が崩れることがある。近代の

王や歌手の名など、比較的新しい単語や外来語が古くからある概念の単語の中に混じっており、この範疇の歌謡では時代の変化に応じたヴァリエーションや新種が生じやすいと感じた。

　子守歌は、バラガーン村とアーモルで一例ずつ採集した。おそらくイラン全土で共通であると思われるが、「la」の音が連続して使われる特徴がある。歌謡の中でも方言が使われやすいと考えられる。実際、アーモルの事例では、マーザンダラーン方言が著しく、内容については現地で説明を受けないと理解できなかった。また、いずれの子守歌にも家族が歌われている。今回の採話例が少ないが、重点的に子守歌を採集すれば、家族について歌った子守歌を多数蒐集できることが予想され、イラン人の伝統的な家族観を探る上で貴重な資料になるだろう。

　いわゆる民謡と分類できるのは、ドゥークーハクで採集した1例のみであった。結婚を推奨する内容から祝い歌であると考える。特に大人の男性が数人集まったときに歌われる歌謡であろう。農村部での、日常的な寄合などで歌われるような歌は、地域によって独特のものがあると考えられる。今回の事例のように、人間関係や人生一般の喜怒哀楽を歌ったものが多くあると推察される。本格的な歌謡の調査を行えば、イラン人の対人関係や人生についての考え方が明確に表現されているものも多く採集できるのではないかと思う。

　イスラムの聖人たちを讃える賛歌も民間で歌われている。今回はバラガーン村で2例採録したのみである。「ハムデ・アッラー」（通し番号168）では、歌の後に願い事をするといい、民間信仰の一部となっている。体系的な神学に基づくイスラム教とは別に、民間レヴェルでのイスラム信仰がある。これらの賛歌は、完全に民間で生まれたものではなく、祈祷歌集などで文字化されている可能性が高い。しかし、リズムなどを持たせて歌ったり、民間信仰と結びつけたりするのは、民間で始められたものに違いない。

　その他、農作業をしながらハーフェズの詩を労作歌として歌う事例を採録した。リズムとメロディーを伴った歌である。事例は1つだけであるが、いろいろな箇所を歌うという。農作業と詩の内容は関係がなく、リズムに従って作業をするために歌われる。

また、歌詞しか採録できなかったが、ある地区の住民が別の地区の住民をけなすような歌もある。いわゆる愚か村という発想の習俗に基づくと考えられる。採録したイスファハン地域だけではなく、ターレバーバードでも存在を確認している。民謡のように歌われるという。

伝承遊戯

試験的に伝承遊戯も3例採録した。1例は大人が解説するものであるが、2例は実際に遊びを実演してもらった。前者の「アタルマタルトゥトゥーレ」は、日本の「かごめかごめ」に非常に似た遊びでイランで最も知られている遊びである。ターレバーバードで後者の2例を集めたが、いずれも男の子の遊びである。

ターレバーバードの2例のうち、「アラク、ドラク」はやや難しいルールのある遊びであり、小学校の高学年用の遊びである。遊戯の文句は単純であるが、外来のものではなくイランのものである印象を受ける。資料の注に遊びの詳細を記した。もう一例の「アムーザンジール」は、小学校低学年用の遊びである。文句には少し意味があるが、本人たちは特に内容を意識しないで遊んでいるようだ。伝承遊戯については、アンジャヴィーが紹介している[29]。今のイランの男の子の遊びは、サッカーなどに変わってきており、伝承遊戯はやはり廃れてきていると感じる。

民間信仰

口承文芸と密接に関係するものとして民間信仰の採録も場合に応じて行った。現代において信じられている、または、話者が子供の頃に周りの大人が信じていたものを語ってもらうという形式で採集した。民話や伝説に表現さ

---

[29]Anjavī Shīrāzī, Sayyid Abū al-Qāsim. Bāzī'hā-yi namāyishī. Ganjīnah-i farhang-i mardum 4. Tihrān [Tehran] : Amīr Kabīr, 1973.

れる超自然的なモチーフが実際にどのような形で民間信仰として信仰されているかを確認するために必要な作業である。事例は28例であり、一般化するには資料が少ないが、概してどのような民間信仰が信じられているかを確認するには十分である。

　ジンや妖精（パリー）については、9つの事例があった。ここでもジンと妖精は明確な属性の区別が確認できなかった。もちろん、元来は明確な区別をしていたと考えられる。ジンと、子供をさらうアール[30]とを明らかに混同している例もあった。アールとアズマーベヘタラーンを同一視している例もあり、イラン人でもこの4者について明確に区別できる者が少なくなっていることを示す。ただ、混同や同一視で紛らわしい事例があるものの、これまでの分析から、概して以下のようにまとめられる。

　ジンは小さな体を持ち、主に夜に姿を現し、姿は人間と似ているが、足や爪など体の先端部分に人間と違う特徴がある。人をだまして悪さをすることがあり、動物、特に猫や蛇に取り憑くとされる。コーランの最初の一節「慈悲深き神の御名のもとに」と唱えると消えてなくなる。明らかにネガティブな存在である。これに対して妖精は、別世界で人間と同じ様な社会を持っており、王もいる。この世に来るときは、姿を動物などに変えて現れるという。ジンのように身体的な特徴はない。妖精王女が美人であるとか、妖精王子は美しいととれる描写が見られ、どちらかというとポジティブなイメージがある。アールは、産婦や赤子をいじめたり、子供をさらったりする妖怪で、ジンや妖精とは別物である。アズマーベヘタラーンは、妖精やジン、ごく希にアールとも混同される。アズマーベヘタラーンは、こういった妖怪を総称する働きのある言葉であるとも考えられる。敢えてジンをジンと言わないための隠語的な意味合いもあるようだ。

　いずれにしても、ジンや妖精などの妖怪は、魔物として現代でも信じられており、恐れられているのである。

---

[30] アールについては、Eilers, Wilhelm. Die Āl, ein persisches Kindbettgespenst. München : Verlag der bayerischen Akademie der Wissenschaften, 1979. に詳しい。

護符や祈祷など呪術についての事例は、5例ある。護符書きや祈祷師などの呪術師は、現代では廃れつつあるが、数十年前までは普通に信仰されていたようである。これら一種のシャーマンは、庶民の生活において様々な役割を果たしてきた。無くしものを見つけてくれたり、売りに出した家や車が早く売れるように祈ってくれたりというような実際の庶民の生活に関係のあるものから、頭痛を治してくれたり、悩みを聞いてくれたりというような医療や話し相手のようなことまでもする。さらに、死者の霊を祓うようなことも行うのである。レイやカーシャーンの市街地で語られる事例もあり、農村に限った信仰ではないと思われる。イランの人々は、いかなる種類の困りごとや悩みでも、とりあえず護符書きや祈祷師に相談したという。

　イランでは、邪視を持つ者に凝視されると病気になったり不幸になったりすると考えられているので、まず、邪視を持つ者を特定することが必要である。このために行う儀式に関する事例を2例採録した。テヘランとマーザンダラーンの儀式であるが、いずれも卵を使う。儀式によって、邪視を持つ者が特定されても、特に差別を受けたり懲らしめられたりするというわけではない。邪視を持つ当人も自分が邪視を持っているかどうか分からないと言う。青い目を持つ者が邪視を持ちやすいと言われるが、他の者でも持ちうる。青い目を持つ者は、特別視されていて、「鏡伺い」（通し番号187）でも使われる。青い目を持つ者も、実生活において特に差別を受けたり、特別視されたりすることはないという。

　AT778*「二本の蝋燭」に分類される民話などに出てくるビービーセシャンベに代表される女性だけが集まって行う信仰についても採録した。日本で言うお講のような習俗であり、女性だけで行われる。地域の婦人会的な役割を兼ねている特殊な民間信仰である。信仰の対象はイスラム教の女性の聖人であり、名称は地域によって変わることもあると推測される。また、民話において、特別の呪術的な力をもつ食布（ソフレ）が題材となる例は、これまでにアンジャヴィーの『イランの民話』などで数例確認している。

　その他、日本のてるてる坊主に似た迷信や木に紐を結ぶ願掛けなど興味深い風習や迷信を採録している。

まとめ

　口承文芸研究及びイラン地域文化研究の分野において、必要不可欠な基礎研究として本調査研究を行った。先行諸研究の伝統を継承しながらも、必要な新しい技術を取り入れることによって、正確な口承文芸資料を相当量集めることができた。

　ＡＴ分類に基づく分析からは、現代のイランの民話の約半数が分類できないことがわかった。イランは地理的に東洋と西洋の要衝として文化交流を行いながらも、独自の文化を発展させてきたが、民話においても同様の傾向を有していることを示している。つまり、他地域との伝播関係を指摘しうる事例が中心として見られるというより、どちらかというと固有のイラン文化に起因する民話が一般的に語られていることが明らかになった。

　話者の年齢層の分析によって、イランにおいては口承文芸の伝承が今も受け継がれていることが実証された。また、伝承経路の分析によっては、イランでは口承文芸が主に家庭内で伝承されていることが実証された。

　今回蒐集した民話の動物寓話に関しては、同話型がヨーロッパなどに見られるものでも著しくイラン的なものになっていると言える。また、イスラム文化圏以外では通用しない風習に基づく事例もあった。本格昔話は、民話の中でも超自然的な描写が現れやすい。世界的に分布する話型であっても、魔物や異界の観念はイランのものになっており、民俗学の比較研究において重要な資料が多々見られる。ＡＴに分類できない事例だけでなく、分類できる事例にもイラン的な発想が随所に見られた。笑話には、イラン人の価値観が最もよく反映されている。総じて、民話と分類されるものは、イラン的な考え方に基づく内容が中心で、外国からの伝播や外国の思想を直接感じさせる事例はなかった。

伝説に関しては、偉人伝には民衆が規範とすべき道徳観が現れており、聖者伝には奇跡を通じて信仰を広めるという発想が生きている。偉人伝や聖者伝からは、歴史的事実や聖典を民衆がどのように噛み砕いて理解しているかがわかる。

　現代伝説については、その存在の実証が今回の調査の主要な目的の一つであったが、貴重な資料が得られた。時代設定は現代であっても、民俗学でいう境界の場所などの法則は、古い伝説のものを踏襲していることが明らかになった。イランの通事的な価値観を見て取ることができる。

　歌謡、伝承遊戯、民間信仰は、補足的に蒐集したものであるが、民衆文化を理解する上で重要な資料を得た。ジンなどの想像物やまじないが今も人々の生活に根付いていることが分かったのも貴重な成果である。

　現在伝承されている口承文芸の正確な資料の提示に加えて、様々な角度からの分析を行うことによって、イランの口承文芸を包括的に捉えることができた。したがって、イランの口承文芸の現状を把握するという所期の目的は、本調査研究によって十分に達成できたと認識している。

　現在、イランは急速に近代化しており、先進諸国と同様に、口承文芸などの伝承文化も衰退の一途を辿るものと思われる。テレビなどのメディアが伝統的な口承文芸を衰えさせることは十分に考えられる。今回、調査を行ったのはイランのごく一部の地域であるので、さらに、フィールドワークの手法で同様の調査を早急かつ計画的に行う必要を感じる。

　今後は、口承文芸の調査研究を行いつつ、文献資料を含めたイラン地域において通時的に共通してみられる象徴的イメージを扱うことによってイラン文化の深層に迫りたい。

資 料

凡　例

　注は、翻字（ペルシア語）、翻字（ローマ字）、日本語訳、備考のそれぞれに付した。また、翻字（ペルシア語）および日本語訳に関しては、下記の基準で表現を補った。

【翻字（ペルシア語）】
［　］は、著者の補足したものである。
（　）は、話の内容に不必要と著者が判断した箇所である。

【日本語訳】
［　］は、直前の訳について著者が言い直した表現である。
（　）は、補足、もしくは著者が訳として必要と判断して加えたものである。
〈　〉は、訳出したが内容に直接関係ないと判断した箇所である。

　また、資料中には録音箇所と収録時間の記載があるが、本書にはMD等は付属していない。

採録資料一覧

一覧は、通し番号、題名、ＡＴ番号、話者の年齢・性別、採話地、本稿における頁を記載した。民話に関しては、ＡＴ番号の順番で、その他は、扱われる題材ごとにまとめた。

動物寓話

	題　名	ＡＴ番号	年齢	性別	採話地	頁
1	おばあさんとカボチャ	ＡＴ122Ｆ	47	Ｍ	ターレバーバード	59
2	山羊のガンディーの物語	ＡＴ123	47	Ｍ	ターレバーバード	66
3	山羊のガンディー	ＡＴ123	60	Ｆ	ターレバーバード	76
4	シャングール・マングール	ＡＴ123	—	Ｆ	バラガーン	82
5	人間のずるさの話	ＡＴ152Ａ	51	Ｍ	ターレバーバード	88
6	ライオンと人間	ＡＴ159Ｂ	15	Ｍ	ターレバーバード	94
7	人と熊の友情		14	Ｍ	ターレバーバード	98
8	狼と狐		55	Ｍ	テヘラン	100
9	ライオンと狐		55	Ｍ	テヘラン	103
10	ライオンとオオカミとキツネ		43	Ｍ	テヘラン	107

本格昔話

	題　名	ＡＴ番号	年齢	性別	採話地	頁
11	マレク・モハンマド	ＡＴ301Ａ	58	Ｍ	ソルヘ	113
12	ナマキー	ＡＴ311Ａ＊	41	Ｍ	バラガーン	116
13	アルスラーン王	ＡＴ314	65	Ｍ	ガルエノウ	120
14	禿と悪魔	ＡＴ327	65	Ｍ	ガルエノウ	129
15	禿と悪魔の物語	ＡＴ327	37	Ｍ	バラガーン	132
16	禿のハサンと巨人	ＡＴ327	27	Ｍ	アーモル	139
17	妖精の王子	ＡＴ425Ｂ	20	Ｆ	ターレバーバード	146
18	幸運を求めて	ＡＴ461Ａ	50	Ｆ	テヘラン	153
19	瘤の上の瘤	ＡＴ503	20	Ｆ	ターレバーバード	160
20	瘤の上の瘤	ＡＴ503	27	Ｍ	アーモル	163
21	王様と三人の王女（仮題）	ＡＴ510	80	Ｍ	アーモル	169
22	漁師	ＡＴ555	39	Ｍ	イスファハン	177
23	こん棒	ＡＴ563	25	Ｍ	ターレバーバード	192
24	妃を亡くした王様	ＡＴ720	75	Ｆ	ターレバーバード	199
25	放浪の小夜鳴鳥	ＡＴ720	60	Ｆ	ガルエノウ	202

50

26	貧しい娘の物語	ＡＴ778＊	70	F	ターレバーバード	209
27	ビービー、セシャンベ	ＡＴ778＊	75	F	ターレバーバード	215
28	茨掘り	ＡＴ778＊	75	F	ターレバーバード	222
29	母親のいない娘	ＡＴ778＊	50	F	アーモル	233
30	ずるい姉	ＡＴ780	70	F	ターレバーバード	243
31	王女	ＡＴ885Ａ	60	F	ガルエノウ	248
32	母と娘（伺い石）	ＡＴ894	60	F	ターレバーバード	255
33	父親の助言	ＡＴ910	64	M	テヘラン	264
34	アスリーとキャラムの物語	ＡＴ970	55	M	テヘラン	268
35	王の与えた難問	ＡＴ981	65	M	ドゥークーハク	277
36	勇士アフマド		50	F	テヘラン	282
37	英雄ハサン		63	M	バンダレアッバース	288
38	熊と結婚した娘		50	M	バラガーン	296
39	熊の物語		60	F	サナジ	300
40	ヘイルとシャル		14	M	テヘラン	303
41	いい男と悪い男		58	M	ソルヘ	309
42	鱒（ます）		15	M	ターレバーバード	315
43	運命		26	M	テヘラン	318
44	王と乞食		26	M	テヘラン	323
45	運命		50	F	アーモル	335
46	怠け者のキャリーム		74	M	ソルヘ	341
47	羊飼い頭のアフマド		50	F	サナジ	349
48	二人の王の物語		58	M	ソルヘ	356
49	靴の修理屋		38	M	カーシャーン	360
50	青い鳥		26	F	イスファハン	365

笑話と小話

51	行商人	ＡＴ1012	65	M	イスファハン	377
52	三キロの猫	ＡＴ1373Ａ＊	19	M	ターレバーバード	380
53	羊の群れを手に入れる禿	ＡＴ1380	50	F	バンダレアッバース	383
54	なくなった儲け	ＡＴ1430	50	F	バンダレアッバース	395
55	油の壷	ＡＴ1430	50	F	バンダレアッバース	398
56	貧しい家族	ＡＴ1535	67	M	ピーシュヴァー	401
57	ディーズィーハーンの砦	ＡＴ1544	89	M	ダヘイル	405
58	少なすぎず、多すぎず	ＡＴ1696	47	M	ターレバーバード	411
59	両手分と片手分	ＡＴ1696	50	F	バンダレアッバース	419

60 ハサンの話	15	M	ターレバーバード	429
61 ハサンの奮闘	25	M	ターレバーバード	431
62 怠け者のアリー	17	F	イスファハン	436
63 裏切りの結末	34	M	ターレバーバード	441
64 金の卵	13	M	ターレバーバード	447
65 牛への仕返し	48	M	ジャリーラーバード	450
66 お客さん	83	M	ガルエノウ	453
67 坊さんの話	83	M	ガルエノウ	457
68 モッラー・ナスレッディーンの物語	55	M	バラガーン	462
69 いとこ同士の結婚の話	55	M	バラガーン	465
70 嘘つきの狐	52	M	バラガーン	468
71 人喰いの親子	14	M	テヘラン	470
72 王様と農民	78	M	アーモル	473
73 父親とかご	67	F	アーモル	477
74 神学者と神学生	89	M	ダヘイル	480
75 カワウソの夜と暖炉の夜	38	M	カーシャーン	485
76 人の勇敢さ	38	M	カーシャーン	489
77 鸚鵡と商人（仮題）	49	M	イスファハン	492
78 鸚鵡の里帰り（仮題）	49	M	イスファハン	496
79 話をしない競争	65	M	ドゥークーハク	500
80 ジンの物語	65	M	ドゥークーハク	506
81 熊の脂が燃えた話	50	F	バンダレアッバース	510
82 ヒゲのない男と禿	50	F	バンダレアッバース	513
83 そのとおり	50	F	バンダレアッバース	517
84 両刃の代官	50	F	バンダレアッバース	521
85 ヘイダルのお父さん	50	F	バンダレアッバース	525

形式譚

86 黄金虫の娘の嫁入り	AT2023	34	M	ターレバーバード	531
87 黄金虫の娘の物語	AT2023	47	M	ターレバーバード	536
88 黄金虫の娘	AT2023	57	F	ターレバーバード	547

伝説

a．歴史上の人物に関する伝説

89 ハルボゼの名前の由来	50	F	テヘラン	555

90	ナイフの取っ手		50	F	バンダレアッバース	560
91	運命	AT1645A	62	M	バラガーン	564
92	シャー・アッバースと禿		50	F	アーモル	572
93	シャー・アッバースと三人の托鉢僧		78	M	アーモル	578
94	シャー・アッバースのフェルト		27	M	バンダレアッバース	584
95	フェルトを作るシャー・アッバース		50	F	バンダレアッバース	592
96	大地のへそはどこ		50	F	バンダレアッバース	597
97	スレイマンの財産		70	M	バラガーン	616
98	二口半残っている		50	F	バンダレアッバース	619
99	預言者アリーと龍		26	M	ターレバーバード	623
100	天国のリンゴ		26	M	ターレバーバード	627
101	割れない卵		42	M	ミヤーンデ	631
102	首飾り		50	F	アーモル	633
103	肉屋とカリフ		50	F	アーモル	641
104	ゼイノルアーベディーン		24	M	テヘラン	647
105	シェイフ・バハーイーの話		49	M	イスファハン	650
106	シェイフ・バハーイーと神学僧		49	M	イスファハン	653
107	プーリヤーイェヴァリー		26	M	ターレバーバード	656
108	サーディーの死		78	M	アーモル	661
109	ボホルールの物語		78	M	アーモル	663
110	賢者マジュレスィーの結婚		49	M	イスファハン	667
111	ティムール・ラングとハーフェズ		47	M	ミヤーンデ	673
112	賢人ロクマーン		50	F	バンダレアッバース	676

b．場所に関する伝説

113	羊飼いと財宝	26	M	ターレバーバード	688
114	ターレバーバードの遺跡の蛇と財宝	25	M	ターレバーバード	691
115	井戸の龍	38	M	ターレバーバード	693
116	バラガーンの名前の由来	70	M	バラガーン	695
117	老女	70	M	バラガーン	697
118	遺跡で龍を見た話	50	M	ターレバーバード	699
119	金曜の夕方にイスファハンに到着…	49	M	イスファハン	701

c．妖怪に関する伝説

120	産婆とジン	26	M	ターレバーバード	707
121	馬とジン	25	M	テヘラン	712
122	ジンへの挨拶	25	M	テヘラン	714

123 ジンの話	20	F	ターレバーバード	716
124 ジンたちの結婚式	70	F	ターレバーバード	720
125 ハンマームのジン（1）	45	M	バラガーン	723
126 ハンマームのジン（2）	38	M	カーシャーン	725
127 ハンマームのジン（3）	38	M	カーシャーン	728
128 妖精の王女の嫁入り	37	M	レイ	731
129 遊牧民が妖精の王から羊を…	42	M	ミヤーンデ	734
130 アールと赤子	70	F	ターレバーバード	737

d．その他の伝説

131 潅漑人のハサナク	50	M	バラガーン	741
132 アフマドとモハンマド	39	M	イスファハン	744
133 ある娘の話	70	M	ミヤーンデ	747
134 猫の恩返し	42	M	ミヤーンデ	749

現代伝説

a．ジンなど妖怪との遭遇
　　［ハンマームで遭遇］

135 ハンマームのジン（1）	38	M	ターレバーバード	755
136 ハンマームのジン（2）	38	M	ターレバーバード	758
137 ハンマームとジン	78	M	アーモル	760
138 ハンマームの妖怪の結婚	47	M	シーラーズ	762

　　［砂漠で遭遇］

139 鳥の足の妖怪	47	M	ミヤーンデ	765
140 ジンに関する人々の信仰	50	F	バンダレアッバース	770

　　［井戸で遭遇］

141 ジンの話	50	M	ターレバーバード	774
142 ジンの宴会	25	M	テヘラン	777
143 ジンの物語	50	M	ドゥークーハク	779
144 カナートの中でジンが結婚式…	17	M	ミヤーンデ	782

　　［その他の場所で］

145 家具作り場でジンを見た話（1）	37	M	レイ	784
146 家具作り場でジンを見た話（2）	37	M	レイ	787
147 墓場の地下の家具作り場で…	37	M	レイ	789

b．ジンと関係のある人たちについて
148 ジンについての実話　　　　　50　M　ターレバーバード　791
149 ジンの話　　　　　　　　　　20　F　ターレバーバード　794
150 ジン　　　　　　　　　　　　63　M　バンダレアッバース　796

c．ジンと関係のある動物について
151 猫とジン　　　　　　　　　　38　M　ターレバーバード　802
152 ジンと子山羊のこと　　　　　50　M　ターレバーバード　805
153 羊とジン　　　　　　　　　　78　M　アーモル　　　　　808

d．ジンと子供
154 ジンとアールの話　　　　　　50　M　バラガーン　　　　811
155 アール　　　　　　　　　　　63　M　バンダレアッバース　814
156 なくなった首飾り　　　　　　42　F　ターレバーバード　817

e．その他
157 アシュールの話　　　　　　　18　M　バラガーン　　　　820
158 幽霊（仮題）　　　　　　　　35　M　ミヤーンデ　　　　824

歌　謡

a．童歌
159 どんどん走った　　　　　　　47　M　ターレバーバード　829
160 ナンとチーズとピスタチオ　　47　M　ターレバーバード　831
161 二人の婦人（1）　　　　　　57　F　ターレバーバード　833
162 二人の婦人（2）　　　　　　57　F　ターレバーバード　835
163 コレックコレック　　　　　　74　M　ソルヘ　　　　　　837

b．子守歌
164 子守歌（1）　　　　　　　　50　M　バラガーン　　　　840
165 子守歌（2）　　　　　　　　50　F　アーモル　　　　　842

c．民謡
166 昔からの歌（仮題）　　　　　55　M　ドゥークーハク　　844

d．賛歌
167 砂漠に向かって　　　　　　　―　F　バラガーン　　　　847

168 ハムデ・アッラー	—	F	バラガーン	849

e．その他
169 労作歌（ハーフェズの詩）	70	M	ターレバーバード	851
170 羊飼い	—	F	バラガーン	853
171 となり村と疑心	65	M	イスファハン	855

伝承遊戯

172 アタルマタルトゥトゥーレ	45	M	テヘラン	859
173 アムーザンジールの遊び	14	M	ターレバーバード	861
174 アラク、ドラク	15	M	ターレバーバード	863

民間信仰

a．ジンについて
175 水とジンの信仰	50	M	ターレバーバード	867
176 ジンの御利益（1）	50	M	ターレバーバード	869
177 ジンの御利益（2）	50	M	ターレバーバード	871
178 ジンの信仰（1）	40	M	カーシャーン	873
179 ジンの信仰（2）	40	M	カーシャーン	875
180 ジンの信仰（3）	40	M	カーシャーン	877
181 木の下のジン（仮題）	67	F	アーモル	879
182 ジンと蛇	40	M	カーシャーン	881
183 妖精と灰	60	F	ミヤーンデ	883

b．護符書きなどについて
184 レイの護符書き	25	M	テヘラン	885
185 護符書きについて	25	M	テヘラン	888
186 頭痛を治すまじない	67	F	アーモル	890
187 鏡伺い	25	M	テヘラン	892
188 護符書き（仮題）	36	F	カーシャーン	894

c．邪視
189 邪視の信仰（仮題）	67	F	アーモル	896
190 卵を割って病気を治すまじない	25	M	テヘラン	898

d．女性に関するもの
191 ビービーセシャンベ　　　　　　50　F　アーモル　　　　　900
192 エスファンドの迷信　　　　　　50　F　バンダレアッバース　904
193 産婦の迷信　　　　　　　　　　50　F　バンダレアッバース　907

e．子供に関するもの
194 アールと赤子　　　　　　　　　67　F　アーモル　　　　　909
195 地下のかたわれと赤子の笑い　　40　M　カーシャーン　　　913
196 ジンと赤子の話　　　　　　　　50　M　ドゥークーハク　　915

f．その他の風習・迷信
197 求婚の話　　　　　　　　　　　—　F　バラガーン　　　　918
198 月食の信仰（仮題）　　　　　　67　F　アーモル　　　　　921
199 晴天祈願に四十人の禿の名前を…　67　F　アーモル　　　　　923
200 ジャゼ村の木の信仰　　　　　　38　M　カーシャーン　　　925
201 火曜の晩にエスファンドを…　　　60　F　ミヤーンデ　　　　929
202 水曜日に泳ぐ迷信　　　　　　　50　F　バンダレアッバース　931

動物寓話

通し番号：001－010

001

題　　名：خاله پیرزن و کدو ／おばあさんとカボチャ
分　　類：動物寓話
ＡＴ番号：AT122F「私がよく太るまで待って」
録音箇所［収録時間］：001-008［04分38秒］
調　査　日：1998年9月4日
調　査　地：استان تهران، شهر ری، روستای طالب آباد ／テヘラン州レイ市ターレバーバード村

名　　前：محمّد تقی کشاورزی ／モハンマド・タキー・ケシャーヴァルズィー
年齢性別：47才、男性
職　　業：کارمند ／事務員
住　　所：استان تهران، شهر ری، روستای طالب آباد
出　身　地：روستای طالب آباد ／ターレバーバード村
伝　承　者：پدر و پدر بزرگ ／父親と祖父

翻字（ペルシア語）: یکی بود یکی نبود، غیر از خدا هیچ کس نبود. خاله پیر زنی بود یه حیاط داشت (و) قد یه غربیل`[1]` یه درخت سنجد توی این حیاطش داشت، قد یه چوب کبریت. این درخت سنجد سالی یه سنجد میداد.

این خاله پیر زن سالهای سال این سنجدها رو جمع کرد و یه کیسه ای درست کرد و ریخت تو ش و، گذاشت روی سرش، و با یک مقداری نون که به روزهٔ قبل پخته بود، راه افتاد و رفت و رفت و رفت و رفت، که بره خونه دخترش. تو راه که می رفت، بعد از طی کردن مسافتی زیاد رسید به یه شغاله. شغاله سر راهش و گرفت گفت ای خاله پیره زن، کجا میری. میگه که من چند وقتیه غذا نخوردم. خوب اومدی که من تو رو بخورم. گفت نه بذار. من برم به دخترم سر بزنم، یه دیداری تازه کنم، غذاهای خوب خوب هم بخورم، چاق بشم، چله بشم، وقتیکه برمیگردم، تو من رو بخور. گفت، خیلی خوب. اومد و اومد و اومد و بیشه ای رو رد کرد و باغی رو رد کرد و دشتی رو رد کرد و تا رسید به یه گرگه. گرگه سر راش و گرفت و گفتش که خاله پیر زن، تو کجا میری؟ گفت، میرم به دخترم سربزنم. گفت بیا که من تو رو بخورمت. گفتش که نه بذار من برم به دخترم سر بزنم. وقتیکه بر می گردم، چاق و چله ام شده ام، تو منو بخور. گفتش که خیلی خوب. اومد و اومد و باز مسافتی رو طی کرد، تا رسید به آقا شیره. آقا شیره اومد بیرون و گفت که ای خاله پیر زن خوب شد اومدی و من دارم از گشنگی میمیرم. خیلی گرسنمه. بیا که میخوام تو رو بخورم. گفت نه. بذار من برم به دخترم سر بزنم، وقتیکه سر زدم و دیدار تازه کردم و غذاهای خوب خوب اونجا خوردم و چاق و چله شدم، تو منو بخور. اومد و اومد و اومد و رسید به خونهٔ دخترش. پشت در باغ که رسید در زد و نوه هاش اومدن و دره رو باز کردن و پریدن تو بغلش و ذوق کردن و خوش بش کردن و رفتن با هم دیگه خونهٔ دخترش. بعد، بود چند وقتی رو چند روزی رو خونهٔ دخترش مهمان بود و به او نا کمک میکرد از پشم گوسفندائی که چیده بودن نخ درست کرد و نخ ریسید و از نخ ها بلوزای زمستونه درست کرد واسهٔ نوه هاشو کمک شون تو کار های خونه خیلی کمک شون کرد، تا روزی رسید که باید برگرده. گفت من میخوام برگردم حقیقتش تو راه این گرگه وشیره و شغاله سر راه من و گرفتند به من گفتن که ما میخوایم تو رو بخوریمت. من هم یه جوری اینا رو به یه پلوتیکی رد کردم، اما الان موندم که چه کار کنم. دامادش رفت ته باغ یه کدوئی رو پیدا کرد، کدوی بزرگی رو پیدا کرد، در کدو رو بر داشتند و محتوی توی کدو رو خالی کردند و خاله پیرزنه رو گذاشتن توش با سوغاتی

که براش گذاشته بودند. درش رو بستن و طوری که دیگه پیدا نبود. قلش دادنداین کدو همینطوری که قل میخورد اومد و اومد و اومد و اومد تا رسید به آقا شیره. آقا شیره گفت ای کدوقل بزن تو ندیدی یه پیره زن؟ گفت و الله ندیدم. به الله ندیدم. قل بده برم. این قلش داد. این همین طور قل قل قل قل قل زنون اومد و اومد و اومد اومد تا رسید به آقا گرگه. آقا گرگه گفتش که کدو قل بزن شما ندیدی یک پیر زن؟ گفت والله ندیدم، به الله ندیدم. قل بده، برم. اینم قلش داد. این باز همانطور قل قل قل زنون اومد و اومد و اومد و اومد تا رسید به آقا شغاله. شغاله گفتش که کدوقل بزن، تو ندیدی یک پیر زن؟ گفت والله ندیدم. به الله ندیدم. قل بده، برم. این فکر کرد که باید، یک چیزی باشه، تو این کدو، کدو رو بلند کرد و بالا سرش کوبید زمین. کدو از وسط دو نصف شد. خاله پیر زن از میونش اومد بیرون. شروع کرد زوزه کشیدن و گرگه و شغاله[2] هم جمع شدند و اومدند، خاله پیر زن و خوردند. بعد البته جور دیگری هم هستش که داد و فریاد میکنه و از داد و فریاد این کشاورزانی که اون دور بر بودند نزدیک بودن با بیل و داس و اون چیز هائی که، وسایل کشاورزی که، داشتند به داد و فریاد این میرسند واونارو تار میکنند از دور ور اینو بعد خاله پیر زن و روی الاغ یا قاطری مینشونند و میبرنش به خونه اش. بعد هم سال های سالی زنده بوده و بعد از عمری فوت میکند.

۱. غربیل = غربال، ظرفی که در آن غله یا چیز دیگری را می بیزند. ۲. شغاله = شیر [اشتباهی گفت]

翻字（ローマ字） : yekī būd yekī nabūd, qeir az xodā hīč kas nabūd. xāle pīr zanī būd ye hayāt dāšt qadīye qarbīl. ye deraxt-e senjed tūye īn hayātaš dāšt, qad ye čūb-e kebrīt. īn deraxt-e senjed sālī ye senjed midād. īn xāle pīr zan sāl hāye sāl īn senjed hā rō jam kardo ye kīseī dorost kard o rīxt tū šō, gozāšt rū sareš, va bā yek meqdārī nūn ke be rūzeye qabl poxote būd, rāh oftādo rafto rafto rafto raft, ke bere xūneye doxtareš. tū rāh ke miraft, bad az tei kardan-e masāfatī ziyād rasīd be ye šoqāle. šqāle sar-e rāheš o gereft goft ei xāle pīre zan, kojā mirī. mige ke man čand vaqtīe qazā naxordam. xūb ūmadī ke man to rō boxoram. goft bezar.

man beram be doxtaram sar bezanam, ye dīdār-e tāze konam, qazā hāye xūb-e xūb-am boxoram, čāq bešam čelle bešam, vaqtīke bar mīgardam, to man ro boxor. goftm xeilī xob. ūmado ūmado ūmad bīšeī ro rad kardo bāqī rō rad kardo daštī ro rad kardo tā rasīd be ye gorge. gorge sar-e rāšo gerefto gofteš ke xāle pīr zan to kojā mirī? gof, miram be doxtaram sar bezanam. gof biyā ke man to boxoramet. gofteš kena bezer man beram be doxtaram sar bezanam. vaqtīke bar mīgardam, čāq o čelle-am šodeam, to mano boxor. gofteš ke xeilī xob. ūmado ūmado bāz masāfetī ro tei kard, tā rasīd be āqā šīre. āqā šīre ūmad bīrūno goft ke ei xāle pīr zan xub šod ūmadī o man dāram az gošnegī mīmīram. xeilī gorosname. biyā ke mīxām to ro boxoram. goft na. bezar man beram be doxtaram sar bezanam, vaqtīke sar zadamo dīdāre tāze kardamo qazā hāye xub xub unjā xordam o čāq o čelle šodam, to mano boxor. ūmad o ūmad o ūmad o rasīd be xūneye doxtareš. pošt-e dar bāq ke rasīd dar zad o nave hāš ūmadano dare ro bāz kardan o parīdan tū baqaleš o zūq kardan o xoš beš kardan o raftan bā ham dīge xūneye doxtareš. ba'd, čand vaqtī ro čand rūzī ro xūneye doxtareš mehmān būd o be ū nā komak mikard az pašm-e gūsfandāī ke čīde būdan nax dorost kard o nax rīsīd o az nax hā bolūzāye zemestūne dorost kard vāse nave hā šo komak-e šūn tū xūne xeilī komok-e šūn kard, tā rūzī rasīd ke bāyad bargarde. goft man mixām bargardam haqīqateš tū rāh īn gorge o šīre o šogale sar-e rāh man o gereftand be man goftan ke mā mīxāīm boxorimet. man ham ye jūrī īnā ro be ye politikī rad kardam, ammā alān mūnda ke čekār konam. dāmādeš raft tah-e bāq ye kedūī peidā kard, kedūye bozorgī ro peidā kard, dar-e kedū ro bar daštand o mohtavāī tūye kedū ro xālī kardand o xāle pīrzane ro gozāštan tūš bā souqātī ke barāš gozāšte būdand. dareš ro bastan o tūrī ke dīge peidā nabūd. qeleš dādan īn kedū hamīntūrī ke qel mixorad ūmad o ūmad o ūmad o ūmad tā rasīd be āqā šīre. āqā šīre goft ei kedū qel bezan to to nadīdī ye pīr zan? gof vallah nadīdam, bellah nadīdam. qel bede, beram. īn qeleš dād. īn hamīntour qel qel qel qel qel qel zanūn ūmad o ūmad o ūmad o ūmad tā rasīd be āqā gorge. āqā gorge gofteš ke kadū qel bezan šmā nadīdī yek pīre zan. goft vallah nadīdam, bellah nadīdam. qel bede, beram. īn-am qeleš dād. īn bāz hamīnour qel qel qel zanūn ūmad o ūmad o ūmad o ūmad tā rasīd be āqā šoqale. šoqale gofteš ke kadū qel bezan, to nadīdī yek pīr zan? goft vallah nadīdam. bellah nadīdam. qel bede beram. īn fekr kard ke bayad, yek čīzī baše, tū īn kedū, kedū ro boland kard o bālā saraš kūbīd zamīn. kedū az vasat do nesf šod. xāle pīr zan az miyūneš ūmad bīrūn. šrū kard zūze kešīdan o gorge o šoqāle ham jam šodand o ūmadand, xāle pīr zan xordand. ba'd albatte jūr-e dīgarī ham hasteš ke dād o faryād mikone o az dād o faryād-e īn kešāvarzānī ke ūn doure bar būdand nazdīk būdan bā bīl o dās o un čīz haī ke, vasāyel-e kešāvarzī ke, dāštand be dād o faryād-e īn mirasand o ūnārō tār mikonand az dour-e var-e īnō ba'd xāle pīr zan o rūye olāq yā qāterī minešūnand o mibaraneš be xūneaš ba'd ham sāl hāye sālīzende būde o ba'd az omrī fout mikonad.

日本語訳：あったことか、なかったことか、神の他に誰もいなかったころ。篩いほどの大きさの庭をもつ老女がいた。その庭にマッチ棒ほどの大きさのホソバグミの木があった。このホソバグミの木には、一年に一つホソバグミの実がなった。この老女は毎年、このホソバグミの実を集めて、籠に入れていた。それを頭の上に乗せて、前に焼いておいたナンを持って、家を出て、どんどん歩いて、娘の家に向かった。途中、遠い道のりを歩いたあと、ジャッカルに出会った。ジャッカルは道の前に立ちはだかって言った。

「おばあさん、どこへ行くのですか。」

さらに、こう続けた。

「私は長い間、ものを食べていません。ちょうどいい、あなたを食べよう。」

老女は言った。

「ちょっと待って。私は娘に会いに行くのよ。久しぶりに会いたいのよ。とってもおいしいものを食べて、太って、丸々となるわ。帰るときに私を食べるといいわ。」

ジャッカルは言った。

「それはいい。」

さらに、どんどん行って、林を抜けて、畑を過ぎて、荒野を越えて、オオ

カミに出会った。オオカミは道に立ちはだかって、言った。
「おばあさん、どこへ行くのですか。」
老女は答えた。
「娘に会いに行くのよ。」
オオカミは言った。
「さあ、あなたを食べてしまおう。」
老女は言った。
「ちょっと待って。私は娘に会いに行くわ。帰りがけには太って丸々となっているから、その時に食べるといいわ。」
オオカミは言った。
「それはいい。」
また、どんどん進んで、遠い道のりを歩いて、ライオンに出会った。ライオンは前に出て、こう言った。
「やあ、おばあさん、よく来なさった。おなかがすいて死にそうなところだったのです。とてもおなかがすいています。さあ、あなたを食べよう。」
老女は言った。
「ちょっと待って、私は娘に会いに行きます。向こうで娘に会って、久しぶりに会って、とってもおいしいものを食べて、太って丸々となるから、その時私を食べるといいわ。」
どんどん歩いて、娘の家に着いた。庭の扉までやってきて、扉を叩きました。すると、孫たちがやって来て、扉を開けると、そばに飛んできて、喜んで一緒に娘の家に入っていった。そして、しばらく何日かの間、娘の家に泊まり、羊から刈った毛から糸を紡いで、冬用の服を作るのを手伝った。孫たちのために、家事もたくさん手伝った。やがて、帰る日になった。老女は言った。
「私はそろそろ帰ります。実はここに来る途中にオオカミとライオンとジャッカルに出会って、私を食べたいと言いました。その時は、ごまかしましたが、私の帰りを待っています。どうしたらいいでしょう。」
娘の婿は、庭の端からカボチャを見つけてきた。大きなカボチャを見つけ

てきた。カボチャの中身を空にして、老女をおみやげと一緒に中に入れた。扉を閉めると、カボチャにしか見えなかった。カボチャを転がすと、どんどん転がり、ライオンのところまで来た。ライオンは言った。

「転がっているカボチャさん、おばあさんを見かけなかったかい。」

老女は言った。

「さあ、見かけなかったねえ。はて、見かけなかったねえ。さあ、転がして下さい。」

ライオンはカボチャを転がした。また、どんどんどんどん転がっていき、オオカミのところに着いた。オオカミは言った。

「転がっているカボチャさん、おばあさんを見かけなかったかい。」

老女は言った。

「さあ、見かけなかったねえ。はて、見かけなかったねえ。さあ、転がして下さい。」

オオカミもカボチャを転がした。また、また、どんどんどんどん転がっていき、ジャッカルのところに着いた。ジャッカルは言った。

「転がっているカボチャさん、おばあさんを見かけなかったかい。」

老女は言った。

「さあ、見かけなかったねえ。はて、見かけなかったねえ。さあ、転がして下さい。」

ジャッカルもカボチャを転がした。しかし、ジャッカルは「これは何か違うぞ」と思って、カボチャを持ち上げて、地面にたたきつけた。カボチャは真っ二つに割れて、老女が出てきた。ジャッカルは遠吠えを始めてオオカミとライオンも集めた。そして、老女を食べようとした。しかし、この後の話もある。老女の叫び声を聞いた近くの農民たちが、すきやくわなどの農作業の道具を持って、大声を出しながらやって来て、ジャッカルたちを蹴散らした。老女をロバに乗せて、老女の家まで連れて帰った。そして、老女は寿命が来るまで長生きをしたという。

002

題　　名：قصه بزبز قندی／山羊のガンディーの物語
分　　類：動物寓話
ＡＴ番号：AT123「狼と子山羊たち」
録音箇所［収録時間］：001-012［06分36秒］
調　査　日：1998年9月11日
調　査　地：استان تهران، شهر ری، روستای طالب آباد／テヘラン州レイ市ターレバーバード村

名　　前：محمّد تقی کشاورزی／モハンマド・タキー・ケシャーヴァルズィー
年齢性別：47才、男性
職　　業：کشاورز و کارمند／農業と事務員（兼業）
住　　所：استان تهران، شهر ری، روستای طالب آباد
出　身　地：روستای طالب آباد／ターレバーバード村
伝　承　者：مادر و مادر بزرگ／母親と祖母

翻字（ペルシア語）: یکی بود یکی نبود، غیر از خدای مهربون هیچ کس نبود. بزبز قندی بود، سه تا بچه داشت. یکیش بود اسمش شنگول یکی بود منگول، یکی حبه انگور. این بزبز قندی روزا میرفت به صحرا، صبحا

میرفت به صحرا، غروبا پستون پر از شیر می اومد به خونش. یه روز از روزا وقتیکه خواست بره به صحرا، به بچهاش گفت، شنگول من، منگول من، ننه حبه انگور من، مواظب باشین تازگی ها آقا گرگه اومده نزدیک خونهٔ ما لونه درست کرده، اگر یه وقت اومد در زد، گفت من مادر تونم، در باز نکنی نا. گفتن نه، گفت اگر یه وقت مادر تونم شما در باز نکنید. بگین دست و پای مادر ما حنائیه. سفارش زیاد کرد، رفت. همنقدر که رفت و یه مدتی گذشت از رفتنش، آقا گرگه اومد و در خونهٔ بزبز قندی شروع کرد به در زدن. در زد، شنگول من منگول من حبه انگور من، در باز کنین، مادر تون اومده از صحرا. اینا اومدند دم در گفتن مادر ما هیچ وقت به این زودی بر نمی گشت. چه زود برگشته، گفتند که دست و پا تو بکن ببینم چجوریه؟ ا در بکن تو ببینیم چجوریه؟ وقتی کرد دیدن نه گفتند نه، پس دست و پای مامانشون نیست، گفت دست و پای مادر ما، حنائیه. (بزبز) آقا گرگه اومد و رفت و حنایی تهیه کرد و حنا ر مالید به دستشو، وقتی رنگ گرفت و به دستاش مالید وقتی رنگ گرفت پاک کرد و اومد. اومد و دو مرتبه از نو در زد. در زد شنگول من، منگول من، حبه انگور من، در باز کنین. اینا گفتند که دست و پای مامان ما حنائیه. دست و پات بکن تو ببینیم. وقتی دست و پاشو کرد تو دیدن که اره دست و پاش [حنائیه] در باز کردن. آقا گرگه شنگول و منگول گرفت و حبه انگورم فرار کرد رفت ته خونشو لالو[1] تو اون گنجه قایم شد. بزبز قندی غروب که از صحرا برگشت، اومد دید، در خونشون بازه. گفت من چه قدر به این بچه ها سفارش کردم که این در خونه رو باز نذارین، بازم وا گذاشتن. اومد گفت شنگول من، منگول من، حبه انگور من، دید صدایی نمیاد. باز شروع کرد شنگول من، منگول من، حبه انگور من، کجا هستین؟ بیان مامانتون اومده، مامانتون از صحرا اومده با پستون پر از شیر اومده، کجا هستین، چرا نمیاین، دید صدای گریه میداد. صدای گریه حبه انگورم هست. همینجور گفت چرا گریه میکنی؟ شروع کرد گریه کردن دو مرتبه. گفت چرا آخه گریه میکنی تو، گفتش که بعد از رفتن شما آقا گرگه اومد، اینجا در زد، ما گفتیم دست و پای مامان ما حنائیه. بعد دست و پاشو کرد تو دیدم که نه نیستو. رفت و باز دو مرتبه اومد، ما ر گول زد. ما هم در باز کردیم. وقتی باز کردیم شنگول و منگول گرفتو با خودش

برد و منم فرار کردم اومد اینجا قایم شدم. بزبز قندی، اومد و رفت، به هوای[2] چیز آقا گرگه، رفت رو پشتبون آقا گرگه شروع کرد پاش کوبیدن و تق تق کردن رو پشتبون. آقا گرگه گفت کیه کیه؟ تاپ تاپ میکنه. آش بچه های منو پر از خاک میکنه. (گفت منم)، گفت منم منم بزبز قندی، شاخم به هوا سمم بلندی، کی خورده شنگول من، کی خورده منگول من؟ هر کی خورده شنگول من، منگول من فردا بیاد به جنگ من. گفتش که من نخوردم شنگول تو، من نخوردم منگول تو، فردام نمیام به جنگ تو. باز این شروع کرد به چیز کردن، تاپ تاپ کردن. گفت کیه کیه تاپ تاپ میکنه؟ آش بچه های منه پر از خاک میکنه. گفت منم منم بز زنگوله به پا، ور می جم[3] دو پا دو پا، کی خورده شنگول من، کی خورده منگول من. هر کی خورده شنگول من منگول من، فردا بیاد به جنگ من. این دید ول نمیکنه بزبز قندی. گفت من خوردم شنگول تو، من خوردم منگول تو، فردام میام به جنگ تو. بز بز قندی اومد و یه خیکی پر از ماستی که قبلاً تهیه کرده بود و ا شیر خودش و کشک و پنیر و کره اینا ر همه رو آماده کرد و با خودش برد خونهٔ قاضی. داستان زندگیشم برای آقای قاضی تعریف کرد که اره یه هم چین مصیبتی من پیدا کردم. که من رفته بودم به صحرا، آقا گرگه اومده از نبودن من، سوءِ استفاده کرده، بچه من چه کار کرده؟ برده و خورده. (بز)، آقای قاضی هم دلش سوخت و بزبز قندی رو شروع کرد این شاخاشو تیز کردن. تیز تیز کرد برای روز جنگ. از اون ورم[4] آقا گرگه اومد یه دونه از این همبونه[5] ها رو توش باد کرد. باد کرد باد کرد و یه دونه از این نخودام انداخت توش درش بست وگذاشت رو کولشو رفت خونه قاضی. قاضی وقتی که در همبونه ر باز کرد، این باد زد بیرون، این نخوده اومد پرید تو چشمشو چشمشو کور کرد. از این طرف ناراحت شده بود، از دست این آقا گرگه از یک طرفم شنیده بود که همین آقا گرگه شنگول منگول خورده، تمام دندونای آقا گرگه رو دونه دونه کشید. تمام این پنجه هاش ناخنای این پنجه هاشم همه ر کشید. فردای اونروز که قرار بود اینا برن به میدون جنگ، هرچی بز و گرگ بود اومدن و نشستنو آمادهٔ تماشای این دو نفر شدن. خلاصه بز بز قندی، رفت عقب و اومد جلو و هرکاری کرد، یعنی آقا گرگه هرکاری کرد که، بتونه اینه گاز بگیره دندون نداشت اومد پنج باندازه تمام بدنش زخمی کنه، باز ناخن

نداشت، بزبز قندی هم رفت عقب و اومد جلو با این شاخاش زد تو شیکم[۶] آقا گرگه شیکم آقا گرگه رو پاره کرد و شنگول منگول از تو شیکمش اومدن بیرون. بزبز قندی هم شنگول منگولو با خودش ورداشت و برد خونش. قصه ما به سر رسید، کلاغه به خونش نرسید. بالا رفتیم دوغ بود، پایین اومدیم ماست بود، قصه ما راست بود.

۱. لالو = لای ۲. به هوای = به سراغ ۳. می جم = می جهم ۴ از اون ورم = از آن طرف ۵. همبونه =کیسه تو خالی ۶. شیکم = شکم

翻字（ローマ字）：yekiībūd yekī nabūd, qeir az xodāye mehrabūn hīč kas nabūd. bozboz-e qandī būd, se tā bačče dāšt. yekīš būd esmeš šangūl yekī būd mangūl, yekī habbeye angūr. īn bozboz-e qandī rūzā miraft be sahrā, sobhā miraft be sahrā, qorūbā pestūn-e por az šīr miūmad be xūnaš. ye rūz az rūz az rūzā vaqtīke xāst bere be sahrā, be baččehāš goft, šangūl-e man, mangūl-e man nane habbe angūr-e man, movāzeb bāšīn tāzegī hā āqā gorge ūmade nazdīk-e xūneye mā lūne dorost karde, agar ye vaqt ūmad dar zad, gof man mādar-e tūnam, dar bāz nakonī nā. goftan nah, go agar ye vaqt mādar-e tūnam šomā dar bāz nakonīd. begīn dast o pāye mādar-e mā hanāīe. sefāreš-e ziyād kard, raft. hamīn qadr ke raft o ye moddatī gozaPt az raftaneš, āqā gorgeūmad o dar-e xūneye bozboz-e qandī šrū kard be dar zadan. dar zad, šangūl-e man mangūl-e man habbe angūr-e man , dar bāz konīn, mādar-e tūn ūmade az sahrā. īnā ūmadand dam-e dar goftan mādar-e mā hīč vaqt be īn zūdī bar nemigašt. če zūd bar gašte, goftand ke dast o pā tū bokon bebīnam čejūrie?. a dar bokon tū bebīnam čejūrie? vaqtī kard dīdan nah goftan nah, pas dast o pāye māmāšūn nīst, goft dast o pāye mā, hanāie. (bozboz) āqā gorge ūmad o hanāī tahīe kard o hanā re mālīd be dast-ešo, vaqtī rang gereft o be dastāš mālīd vaqtī rang gereft pāk kard o ūmad. ūmad o do martabe az nou dar zad. dar zad šangūl-e man, mangūl-e man, habbeye mangūr-e man, dar māz konīn. īna goftand ke dast o pāye māmān-e mā hannāīe. dast o pāt bokon tū bebīnam. vaqtī dast o pāšo kard tū dīdan ke are dast o pāš dar bāz kardan. āqā gorge šangūl o mangūl gereft o habbe angūr-am farār kard raft tah-e xūnešo lālū tu ūn ganje qāyem šod. bozboz-e qandī qorūb ke az sahrā bargašt, ūmad dīd, dar-e xūnešūn bāze. goft man če qadr be īn bače hā sefāreš kardm ke īn dar-e xūne ro bāz nazarīn, bāz-am vā gozaštan. ūmad goft šangūl-e man, mangūl-e man, habbe angūr-e man dīd dedāī nemiyad. bāz šrū kard šangūl-e man, mangūl-e man, habbe angūr-e man, kojā hastīn? biyā māmān-e tūn ūmade, māmān-etūn az sahrā ūmade bā pestūn-e por az šīr ūmade, kojā hastīn čerā nemiyāīn, dīd sedāye gerie midād. sedāye gerie habbe angūr-am hast. hamīnjūr goft čerā gerie mikonī? šrū kard gerie kardan do martabe. goft čerā āxe gerie mikonī to, gofteš ke bad az raftan-e šmā āqā gorg ūmad, injā dar zad, mā goftīm dast o pāye māmān hanāīe. ba'd dast o pāšo kard tū dīdam ke na tīsto. raft o bāz do martabe ūmad, mā ro qūl zad. mā ham dar bāz kardīm. vaqtī bāz kardīm šangūl o mangūl gerefto bā xodaš bord o manam farār kardam ūmad injā qāyem šodam. bozboz-e qandī, ūmad o raft, be havāye čīz āqā gorgeh, raft rū poštbūn āqā gorge šrū kard pāš kūbīdan o taq taq kardan rū poštbūn. āqā gorge goft kie kie? tāp tāp mikone. āš-e bačče hāye mano por az xāk mikone. gof manam, gof manam manam bozboz-e qandī, šāxam be havā sommam bolandī, kī xorde šangūl-e man, kī xorde mangūl-e man, har kī xorde šangūl-e man mangūl-e man fardā biyā be jang-e man. gofteš ke man naxordam šangūl-e to, man naxordam mangūl-e to, fardā-am nemiyām be jang-e to. bāz īn šrū kard be čīz kardan, tāp tāp kardan. goft kie kie tāp tāp mikone? āš-e bačče hāye mane por az xāk mikone. gof manam manam boz-e zangūl-e be pā, var mi jam do pā do pā, kī xorde šangūl-e man kī xorde mangūl-e man. har kī xorde šangūl-e man mangūl-e man, fardā biyād be jang-e man. īn dīd vel nemikone bozboz-e qandī. gof man xordam šangūl-e to, man xordam mangūl-e to, fardā miyām be jang-e to. bozboz-e qandī ūmad o ye xīkī por az māstī ke qablān tahīe karde būd o a šīr-e xodeš o kašk o kašk o kare inā re hamme ro āmade kard o bā xwdeš bord xūneye qāzī. dāstān-e zendegīš-am barāye āqāye qāzī ta'rīf kard ke are ye hamčīn mosībatī man peidā kardam. ke man rafte būdam be sahrā, āqā gorge ūmade az nabūdan-e man, sū estefāde karde, baččeye man če kaār karde? borde o xorde. boz, āqāye qāzī ham deleš sūxt o bozboz-e qandī ro šrū kard īn šāxašo tīz kardan. tīz-e tīz kard barāye rūz-e jang. az ūn varam āqā gorge ūmad ye dūne az īn hanbūne hā ro tūš bād kard. bād kard bād kard o ye dūne az īn naxordam andāxt tūš daraš bast o gozāšt rū kūlešo raft xūneye qāzī. qāzī vaqtī dar-e hambūne ro bāz kard, īn bād zad bīrūn, īn noxod ūmad parīd tū češmešo češmešo kūr kard . az īn taraf nārāhat šode būd, az dast-e īn āqā gorge az yek taraf-am šenīde būd ke hamīn āqā gorge šangūl mangūl xorde, tamām-e dandūnāye āqā gorge ro dūne dūne kešīd. tamām-e īn panje hāš nāxonāye īn panje hāš-am hame ra kešīd. fardāye ūn rūz ke qarār būd īnā beran be meidūn-e jang, harčī boz o gorg būd ūmadan o nešastanō āmadeye tamā šāye īn do nafar šodan. xorāse bozboz-e qandī, raft o aqab o ūmad jelou o har kārī kard, yanī āqā gorge har kārī kard ke, betūne ine gāz begīre dandūn nadāšt ūmad panj bāndāze tamām-e badaneš zohmī kone, bāz nāxon nadāšt, bozboz qandī ham raft aqab o ūmad jelou bā īn šāhāšo zad tū šikam āqā gorge šikam-e āqā gorge ro pāre kard o šangūl mangūl az tu šikameš ūmadan bīrūn. bozboz-e qandī ham šangūl mangūlo bāxodaš var dāšt o bord xūnaš. qesseye mā be sar rasīd, kalāqe be xūnaš narasīd. bālā raftīm dūq būd, pāīn ūmadīm māst būd, qesseye mā rāst būd.

日本語訳：あったことか、なかったことか。慈悲深き神の他に誰もいなかったころ。山羊のガンディーがいて、三匹の子山羊がいた。子山羊の一匹はシャングールといい、もう一匹はマングール、そしてもう一匹がヘッベ・アングールという名前であった。この山羊のガンディーは、毎日、砂漠に行き、朝に砂漠に行き、夕方に乳房を乳でいっぱいにして家に帰ってくるのだった。ある日、砂漠に行こうとして、子供たちに言った。

「私のシャングール、マングール、ヘッベ・アングール、このところオオカミがこの家の近くにやって来て、巣を作っているから気をつけるのだよ。もし、オオカミが来て、扉を叩いて、お母さんだよと言っても、扉を開けてはいけないよ。そして、こう言いなさい。お母さんの手足はヘンナで染まっている、と。」

　山羊のガンディーはこう十分に言い聞かせて、出ていった。

　しばらくして、オオカミが山羊のガンディーの家にやって来て、扉を叩き始めた。そして、こう言った。

「私のシャングール、マングール、ヘッベ・アングール、扉を開けてちょうだい、お母さんが砂漠から帰ってきたよ。」

三匹は扉の後ろに集まって、こう言った。

「お母さんが、こんなに早くに帰ってきたのは初めてです。早すぎます。手と足を見せて下さい。扉から手と足を見せて下さい。」

オオカミが手と足を見せると、それは、お母さんのものではなかった。そして、三匹は言った。

「お母さんの手と足は、ヘンナで染めてあるんだ。」

オオカミは、帰ってヘンナを用意して、手に塗り始めた。色が染まって、手に塗りつけて、手を洗ってから戻ってきた。もう一度、扉を叩いた。扉を叩いて言った。

「私のシャングール、マングール、ヘッベ・アングール、扉を開けてちょうだい。」

三匹は、言った。

「お母さんの手と足はヘンナで染めてあります。手足を見せて下さい。」

三匹が手足を見ると、ヘンナで染めてあったので、扉を開けてしまった。オオカミはシャングールとマングールを捕らえた。ヘッベ・アングールは逃げて、地下の食器棚の中に隠れた。山羊のガンディーは、夕方に砂漠から帰ってきて、家の扉が開いているのを見た。あんなにも扉を開けるなと言ったのに、扉が開いていた。中に入って言った。

「私のシャングール、マングール、ヘッベ・アングール。」

返事はなかった。山羊のガンディーはさらに続けた。

「私のシャングール、マングール、ヘッベ・アングール、どこにいるの、お母さんが帰ってきたよ。砂漠からお乳をいっぱいにして帰ってきたよ。どこにいるの、どうして出てこないの。」

すると、泣き声が聞こえた。ヘッベ・アングールが泣く声が聞こえた。山羊のガンディーが言った。

「どうして、泣いているの。」

すると、いっそう激しく泣き始めた。山羊のガンディーは言った。

「どうして、泣いてばかりいるの。」

ヘッペ・アングールが答えた。

「お母さんが出て行ってから、オオカミがやって来て扉を叩いたのです。私たちは、お母さんの手足がヘンナで染めてあると言いました。手足を見ましたが、ヘンナで染まっていませんでした。すると、またやって来て、私たちを騙したのです。私たちも扉を開けてしまいました。扉が開くや否や、シャングールとマングールを掴んで、連れていってしまいました。私は逃げてここで隠れていたのです。」

山羊のガンディーはオオカミを探しに出ていった。オオカミの家の屋根で飛び跳ねて、ドンドン鳴らした。オオカミは言った。

「ドンドン音を鳴らしているのは誰だ。私の子供たちのスープを埃だらけにするのは誰だ。」

山羊のガンディーは言った。

「私が山羊のガンディーだ。角は空に突き出て、蹄は大きいぞ。私のシャングールを食べたのは誰だ。私のマングールを食べたのは誰だ。私のシャングールとマングールを食べた者は、明日、私との決闘に来い。」

オオカミは言った。

「私は、シャングールもマングールも食べていないよ。明日、決闘になんか行きません。」

すると、山羊のガンディーは、もう一度ドンドンと飛び跳ねて言った。

「ドンドンと飛び跳ねるのは誰だ。私の子供たちのスープを埃だらけにするのは誰だ。」

山羊のガンディーは言った。

「私が山羊のガンディーだ。角は空に突き出て、蹄は大きいぞ。私のシャングールを食べたのは誰だ。私のマングールを食べたのは誰だ。私のシャングールとマングールを食べた者は、明日、私との決闘に来い。」

オオカミは言った。

「私は、シャングールもマングールも食べていないよ。明日、決闘になんか行きません。」

すると、山羊のガンディーは、もう一度ドンドンと飛び跳ねて言った。

「ドンドンと飛び跳ねるのは誰だ。私の子供たちのスープを埃だらけにするのは誰だ。」

山羊のガンディーは言った。

「私が足に鈴をつけた山羊だ。もっと飛び跳ねてやる。私のマングールを食べたのは誰だ。私のシャングールとマングールを食べた者は、明日、私との決闘に来い。」

オオカミは山羊のガンディーが飛び跳ねるのをやめないので、こう言った。

「ああ、おまえのシャングールとマングールを食べたよ。明日の決闘に行こう。」

山羊のガンディーは、置いてあったヨーグルト（マースト）でいっぱいの革袋と自分の乳と乾燥乳漿とチーズとバターを持って、判事の家に行った。そして、あったことをこう話した。

「私はこんな災難にあった。砂漠に行っている間にオオカミが私の留守中に来て、悪い行いを企てて、私の子供にいったい何をしたか。連れ去って、食べてしまったのです。」

判事もかわいそうに思い、山羊のガンディーの角を研いであげた。決闘の日のためにとがらせてやった。オオカミは、革箱の中におならをして、おならをたくさんして、エンドウ豆の一つを投げ入れて蓋を閉めた。そして、肩に担いで判事の家に行った。判事は革箱の蓋を開けると、おならのにおいがたちこめ、エンドウ豆が飛び出し、目をつぶした。これで判事は気を悪くし、オオカミがシャングールとマングールを食べたと聞いていたので、オオカミのすべての歯を抜いて、爪も全部剥がしてしまった。その次の日、山羊のガンディーとオオカミは決闘の広場にやって来た。山羊たちやオオカミたちもやってきて決闘を観戦した。山羊のガンディーは自在に動き回った。オオカミは歯も爪もないので掴みかかることができなかった。山羊のガンディーは後ろから、前から角で突き、オオカミの腹を破り、シャングールとマングールを取り出した。山羊のガンディーは、シャングールとマングールを取り上げて、家へ連れて帰った。私たちのお話はおしまいである。カラスも家には帰らなかった。上に行ったらドゥーグ[1]になり、下に行ったらマースト[2]にな

り、我々のお話は本当でした。

　注
　1．ヨーグルトを水で薄めた飲物のこと。
　2．ヨーグルトのこと。

003

題　　名：بز بز قندی／山羊のガンディー
分　　類：動物寓話
ＡＴ番号：AT123「狼と子山羊たち」
録音箇所［収録時間］：002-006［03分07秒］
調　査　日：1998年9月25日
調　査　地：استان تهران، شهر ری، روستای طالب آباد／テヘラン州レイ市ターレバーバード村

名　　前：ربابه عبّاسی／ルバーベ・アッバースィー
年齢性別：60才、女性
職　　業：خانه دار／主婦
住　　所：استان تهران، شهر ری، روستای طالب آباد
出　身　地：روستای طالب آباد／ターレバーバード村
伝　承　者：مادر بزرگ／祖母

翻字（ペルシア語）: یکی بود یکی نبود. یه بز بز قندی بود، این چهار تا بچه داشت، تو این لونه. (چهار تا دیگه)، چهار تا پنج تا هم گرگ اون ور بودند. وقتی میخواست بره چرا به بچه هاش به بزاش می گفت به بزبز قندیا میگفت، در وا نکنین گرگ بیا بخرتون. اون امروز که رفت شیکار

گرگه اومد اینا ر هی در زد گفت[1] کیه، گفت من مادر تونم. گفت[2] مادر ما دم داره. دمش چی کرد[3]. گفت[4] سم داره سمش نشون داد. اینا فکر میکردند که این مادرشونه. تا در وا کرد گرگ افتاد بنا کرد اینا ر یکی یکی شنگول و منگول و خورد و حبه انگور رفت تو یه سوراخه قایم شد. این ظهر که گرگ[5] اومد از چرا دید در بازه گفت ای داد بیداد. گرگه اومد گول زد بچه ها رو برد. وقتی اومد صدا کرد شنگول، منگول، حبه انگور. دید انگوره ا اون سوراخه در شد و گفت من اینجایم. گفت پ کو[6] شنگول منگول؟ گفت گرگ اومد برد. بلند شد رفت بالای لونه گرگ بناکرد هی تاپ تاپ زدن. گرگه گفت کیه تاپ تاپ میکنه؟ آش بچه های من وپر خاک میکنه. گفت منم. بز بز قندی، منم بالای بلندی، کی خورده شنگول من، کی خورده منگول من؟ فردا بیا به جنگ من. گفت من خوردم شنگول تو منگولت فردام میام به جنگت. بز بز قندی اومد یک دونه همبونه پر کره و پنیر پر کرد و رفت پهلو نجار. گفت دلم میخواد اینقدر این شاخ های منو تیز کنی. که من همین برسه، بزنم، تو شیکم گرگه و پاره کنم. وقتی وا کردید، همه کره و پنیر و بنا کرد شاخ بز بز قندی تیز کرد. گرگه هم (بلا نسبت شما بی ادبی) یک همبونه پر باد کرد. کرد و درش گرفت، گذاشت کله کولشو. اومد خونه سلمانی. گفت سلمانی دلم میخواد این قدر این دندونای منو تیز کنی که همین برسم چل بندازم و گرگ را خورده باشم. وقتی در همبونه ر وا کرد اووو. (بی ادبی) این قدر فس فس فس کرد، نخوده پرید تو چشه سلمونیه یه چشه شو هم کور کرد بیچاره رو. گفت پدری ازت در بیارم. تمام دندونای این کشید. دندوناش کشید و صبح شد رفتند میدون. بزبز قندی اومد و بزا همه جمع شدن و گرگم اومد، گرگا اومدند. بنا کردند هی پالا پالا پریدن و به حساب دعوا کنند جنگ کنند با هم دیگه. بزبز قندی رفت بالا اومد پایین و هی تُک شاخش و کرد تو شکمش. هی کل[7] انداخت (مثل من که الان دندون ندارم)، هی همچین همچینی کرد دید. دندونش نمیگیره، دندونا ر کندن دیگه. [بز هم] شاخ ر فرو کرد تو شکم اینو شنگول منگول پریدند بیرون. بچه هاش برد تو دریا آب (آب) کشید و اومد خونشون. اومد خونشون به بچه هاش گفت دیگه گول نخورین ده تا گرگ اینجا هست. اگر گول بخورین در وا کنین دیگه این دفعه میخورتون. قصه ما به سر رسید. غلاغه به خونش نرسید.

۱، ۲، ۴. گفت = گفتن ۳. چی کرد = نشان داد ۵. گرگ = بز [اشتباهی گفت] ۶. پ کو = پسر کجا ۷. کل = کلب

翻字（ローマ字）：yekī būd yekī nabūd. ye boz boz qandī būd, īn čahār tā bačče dāšt, tu in lūne. čār tā dīge, čahār tā panj tā ham gorg ūn var būdand. vaqtī mixāst bere čerā be bačče hāš be bozāš migoft be boz boz qandīyā migoft, dar vā nakonīn gorg biyā boxretūn. ūn emrūz ke raft šikār gorge ūmad īnā re hei dar zad gof kie, gof man mādar-e totam. gof mādar-e mā dom dāre. domeš čī kard. gof som dāre someš nešūn dād. īnā faker kard mikardand ke in mādar-e šūne. tā dar vā kard gorg oftād banā kard inā ro yekī yekī šangūl o mangūl o xord o habbe angūr raft tu ye sūrāxe qāyem šod. īn zohr ke gorg ūmad az čerā dīd dar bāze goft ei dād o bīdād. gorge ūmad gūl zad bačče hā ro bord. vaqtī ūmad sedā kard šangūl, mangūl, habbe angūr. dīd angūre a ūn sūrāxe dar šod o gof man injāyam. gof pa kū šangūl mangūl? gof gorg ūmad bord. boland šod raft bālāye lūne gorg banā kard hei tāp tāp zadan. gorge gof kie tāp tāp mikone? āš bačče hāye man o por xāk mikone. gof manam. boz boz qandī, manam bālāye bolandī, kī xorde šangūl-e man, kī xorde mangūl-e man? fardā biyā be jang-e man. gof man xordam šangūl-e to mangūlat fardā-am miyām be janget. boz boz qandī ūmad yek dūne hambūne por kare o panīr por kard o raft pahlū najjār. gof delam mixād enqadr īn šāx hāye mano tīz konī. ke man hamīn borase, bezanam, to šikam-e gorge o pāre konam. vaqtī vā kardīd, hame kare o panīr o banā kard šāx-e boz boz qandī tīz kard. gorge ham balā nesbat-e šomā bī adabī yek hambūne por bād kard. kard o dareš gereft, gozašt kalle kūlešo. ūmad xūne salmūnī. gof salmūnī delam mixād enqadr in dandūnāye mano tīz konī ke hamīn berasam čall beandāzam o gorg rā xorde bāšam. vaqtī dar-e hambūne ro vā kard ū. bī adabī enqadr fes fes fes fes kard, noxode parīd tu češe salmūnīe ye češešo ham kūr kard bīčāre ro. gof pedarī azat dar biyāram. tamām dandūnāye in kešīd. dandūnāš kešīd o sobh šod raftand meidūn. boz boz qandī ūmad o bozā hame jam šodan o gorg-am ūmad, gorgā ūmadand. banā kard ei pālā pālā parīdan o be hesāb da‘avā konand jang konand bā ham dīge. boz boz qandī raft bālā ūmad pāīn o hei tok šāxeš o kard tu šekameš. hei kal andāxt masle man ke alān dandūn nadāram, hei hamčīn hamčīn kard dīd. dandūneš nemigīre, danūnā re kandan dige. šāxe ro frū kard tu šekam-e ino šangūl mangūl parīdand bīrūn. bačče hāš bord tu daryā āb kešīd o ūmad xūnašūn. ūmad xūnašūn be bačče hāš gof dīge gūl naxorīn dah tō gorg injā hast. agar gūl boxorīn dar vā konīn dīge īn dafe mixoratō. qesse mā be sar rasīd. qalāqe be xūne narasīd.

日本語訳：あったことか、なかったことか。山羊のガンディーがいて、巣の中に子供が四匹いた。オオカミも四、五匹近くにいた。山羊のガンディーが荒野へ行くときに、山羊のガンディー家の子供たちに言った。

　「オオカミが来ておまえたちを食べるから、扉を開けてはいけないよ。」

　その日、オオカミが狩りにやって来て、扉を叩いた。すると、子供たちが言った。

　「誰ですか。」

　オオカミは言った。

　「おまえたちのお母さんだよ。」

　子供たちは言った。

　「お母さんには尻尾があるよ。」

　オオカミは尻尾を見せた。子供たちは言った。

　「蹄があるよ。」

　オオカミは手を見せた。子供たちはお母さんだと思ったので扉を開けた。すると、オオカミは次々とシャングール、マングールと食べていった。ヘッベ・アングールは穴に隠れていた。昼に親山羊が荒野から帰ってくると、扉が開いているのがわかった。そこで叫んだ。

　「オオカミが来た。騙して子供たちを連れていってしまった。」

　巣の中で、「シャングール、マングール、ヘッベ・アングール。」と叫ぶと、ヘッベ・アングールが穴の中から出てきて、こう言った。

　「私はここです。」

山羊のガンディーは言った。

「シャングールとマングールはどこなんだい。」

ヘッベ・アングールは言った。

「オオカミが来て、連れていってしまったよ。」

山羊のガンディーは起きあがり、オオカミの住処の上で飛び跳ねた。オオカミは言った。

「飛び跳ねているのは誰だ。子供たちのスープが埃だらけになった。」

山羊のガンディーは言った。

「私だ、山羊のガンディーだ。屋根の上にいるぞ。私のシャングールとマングールを食べたのは誰だ。明日、決闘に来い。」

オオカミは言った。

「シャングールとマングールを食べたのは私だ。決闘に行くぞ。」

山羊のガンディーは、桶にバターとチーズを詰めて大工のところへ行って言った。

「私の角をもっと鋭くしてください。オオカミの腹の中にいる子供たちを助けるのです。」

大工が桶を開けるとバターとチーズであった。大工は山羊の角を研いでやった。

オオカミも桶におならを詰めて蓋を閉めた。肩に担いで、床屋へ持っていった。オオカミは言った。

「山羊を滅多切りにして食べてやるから私の歯を研いでください。」

床屋が桶を開けると、床屋は唸った。ひどく、臭かったのである。エンドウ豆が床屋の目に飛んで入り、かわいそうに目をつぶされた。そして言った。

「目にもの見せてやる。」

床屋はオオカミの歯を全部抜いてしまった。オオカミの歯は抜かれた。そして、朝になり、広場に集まった。山羊のガンディーは仲間の山羊を連れて、オオカミも仲間のオオカミを連れて集まった。お互いに飛びかかり、決闘が始まった。山羊のガンディーは上へ下へと飛び回り、オオカミの腹を角で突いた。オオカミは噛みついたが、歯が〈今の私のように〉なかったので、ど

うしようもなかった。山羊は角をオオカミの腹に突き刺すと、シャングールとマングールが飛び出てきた。子供たちを川へ連れていき、水をかぶらせて住処へ連れ帰った。帰って子供たちに言った。

「二度と騙されてはいけないよ。ここには十頭のオオカミがいるよ。今度騙されて扉を開けると、今度は本当に食べられてしまうよ。」

私たちの話はおしまいである。カラスも家には帰らなかった。

004

題　　名：شنگول منگول／シャングール・マングール
分　　類：動物寓話
ＡＴ番号：AT123「狼と子山羊たち」
録音箇所［収録時間］：004-008［03分26秒］
調　査　日：1998年10月26日
調　査　地：استان تهران، شهرستان ساوجبلاغ، شهر هشتگرد روستای برغان／テヘラン州サーヴォジボラーグ地方ハシトゲルド地区バラガーン村

名　　前：خانم جهانبخش／ジャハーンバフシュ夫人
年齢性別：不明、女性
職　　業：خانه دار／主婦
住　　所：تهران، برغان
出　身　地：برغان／バラガーン
伝　承　者：پدر بزرگ／祖父

翻字（ペルシア語）：یه دونه بزه بوده، یه دونه شنگول، یه دونه منگول با یه دونه گل خربیزک. این شنگول و منگول می رن، می ذاره ما، مامانش بزه می ذاره اینا رو خونه و می ره به صحرا. وقتیکه میره به صحرا، (بده خدم

نکه دارم، وقتیکه میره به صحرا) گرگه میاد در می زنه، های در میزنه. میکه شنکول من، منکول من در باز کن مادرتام. میکه مادر من تو نیسی، سفیده. می ره یه خوده گچ می خره. خودش سفید می کنه.میاد دم در میکه شنکول من منکول من در باز کن مامان تام. میکه بازم تو مامان من نیستی. میکه مامان من سیاست. البته قصه اش اینو برای تون میکم. مامان من سیاه است. میره یه خورده خاک زغال میخره و دو باره خودش رنگ میکنه میاد اونجا. میکه شنکول من منکول من، در باز کن مامان تام. میکه که مامان من تو نیستی. میزنه در حیاط میشکنه میاد میره هو، شنکول و منکول پیرن پر گل اونا اون دو تا ر میخور و اون گل خربیزک هم میره تو تندور، قایم میشه. تا مامانش میاد. مامانش که میاد میکه شنکول من منکول من بیا بزه میاد که شیر بده. میکه که شنکول منکول گرگ اومده خورده وُ، اون شیر میخوره میکه تو باید بیای شیر تو بخور، من برم حسابِ گرگه را برسم. میاد و میره و، اول که میره میره پشتبوم خرسه، های میزنه لقد[1] میزنه البته اینا رو آقاجان میکویه. های لقد میزنه لقد میزنه. اون خرسه میکه کیه کیه تُپ تُپ میکنه آش ما رو شور میکنه، عروس ما رو کور میکنه، زن ما رو بی دندون میکنه. میکه منم منم بزبزا دو شاخ دارم در هوا، کی خورده شنکول من کی خورده منکول من کی فردا میاد به جنک من. میکه با الله نخوردم شنکول تو، بی الله نخوردم منکول تو، بی الله فردا نمیام به جنک تو. از اینجا میره به پشتبوم گرگه. اونجا هم های بنای میکنه پشتبومشنو لقد کردن. میکه کیه کیه تُپ تُپ میکنه، آش ما رو شور میکنه، عروس ما رو کور میکنه، زن ما رو بی دندون میکنه. میکه منم منم بزبزا دو شاخ دارم در هوا، کی خورده شنکول من کی خورده منکول من. میکه با الله خوردم شنکول تو بی الله خوردم منکول تو بی الله فردا میرم به جنک تو. میرن یک جا میدانی حسابی. گرگه، میره هو بزه گرگه ر گول میزنه، میبره جلوی رودخونه جلوی آب. میکه حالا بشینیم آب بخوریم. گرگه لباش میذاره به آب هی میخوره قورت میده آب های رودخونه رو میخوره میمونه به بزه. بزه هم میره لباش و میذاره به آب و نمیخوره. نمیخوره اون وقت میانو میرنو که برم با هم دیگه دعوا کنن. دعوا کنن این میره یک میدان دیگه وا میسته، این میدان دیگه مثل، مانند فوتبال. گرگه میره عقب و عقب و میاد

یک دفعه با شاخش میزنه تو شکم گرگو هو شنگول و منگول دوتای میان بیرون از شکمش. میان بیرون و ور میدارم. اون وقت میبره، دیکه گرگه هم میمیره دیگه. تمام شد. قصهٔ ما به سر رسید، کلاغه به خونه اش نرسید. هاچین و واچین یه پاشو واچین.

۱. لقد = لکد

翻字（ローマ字）：ye dūne boze būde, ye dūne šangūl, ye dūne mangūl bā ye dūne gol xarbīzak. īn šangūl o mangūl miran, mizare mā, māmāneš boze mizare īnā ro xūne o mire be sahrā. vaqtīke mire be sahrā, bede xodam negah dāram, vaqtīke mire be sahrā, gorge miyād dar mizane, hay dar mizane. mige šangūl-e man, mangūl-e man dar bāz kon mādaretām. mige mādar-e man to nīstī, sefīde. mire ye xode gaj mixare. xodeš sefīd mikone. miyād dam-e dar mige šangūl-e man mangūl-e man dar bāz kon māmānetām. mige bāz-am to māmān-e man nīstī. mige māmān-e man siyāst. albatte qesseaš ino barāye tūn migam. māmān-e man siyāh ast. mire ye xorde xāk zoqāl mixare o do bāre xodeš rang mikone miyād ūnjā. mige šangūl-e man, mangūl-e man, dar bāz kon māmān-e tām. mige ke māmān-e man to nīstī. mizane dar hayāt mišekane miyād mire ho, šangūl o mangūl pīran-e por gol ūnā ūn do tā re mixor o ūn gol xarbīzak ham mire tū tandūr, qāyem miše. tā māmāneš miyād. māmāneš ke miyād mige šangūl-e man mangūl-e man biyā boze miyād ke šīr bede. mige ke šangūl mangūl gorg ūmade xorde ho, ūn šīr mixore mige to bāyad biyāī šīr-e to boxor, man meram hesāb-e gorge ra berasam. miyād o mire ho, avval ke mire mire poštbūm-e xerse, hāi mizane laqqat mizane albatte īnā ro āqājān migūye. hāi laqat mizane laqat mizane. ūn xerse mige kie kie top top mikone āš-e mā ro šūr mikone, arūs-e mā ro kūr mikone, zan-e mā ro bī dandūn mikone. migam manam manam bozbozā do šāx dāram dar havā, kī xorde šangūl-e man kī xorde mangūl-e man kī fardā miyād be jang-e man. mige bā llāh naxordam šangūl-e to, bīllāh naxordam mangūl-e to. bīllāh fardā nemiyām be jang-e to. az injā mire be poštebūn-e gorge. ūnjā ham hāi banāi mikone poštbūmešno laqqat kardan. mige kie kie top top mikone, āš-e mā ro šūr mikone, arūs-e mā ro kūr mikone, zan-e mā ro bī dandūn mikone. mige manam manam bozbozā do šāx dāram dar havā, kī xorde šangūl-e man kī xorde mangūl-e man. mige ballāh xordam šangūl-e to billāh xordam mangūl-e to billāh fardā miram be jang-e to. miran yek jā meidānī hesābī. gorge, mire hū boze gorge ro gūl mizane, mibare jelouye rūdxūne jelouye āb. mige hālā bešīnīm āb boxorīm. gorge labāš mizare be āb hai mixore qort mide āb hāye rūdxūne ro mixore mimūne be boze. boze ham mire labāš o mizare be āb o nemixore. nemixore ūn vaqt miyāno mirano ke beram bā ham dīge da‘vā konan. da‘vā konan īn mire yek meidān dīge vā mīsete, īn meidān dīge mesle, mānande fūtbāl. gorge mire aqab o aqab o miyād yek daf‘e bā šāxeš mizane tū šekam-e gorgō hō šangūl o mangūl do tāī miyān bīrūn az šekameš. miyān bīrūn o var mīdāram. ūn vaqt mibare, dīge gorge ham mimire dīge. tamām šod. qesseye mā be sar rasīd, kalāqe be xūneaš narasīd. hačīn o vāčīn ye pāšo vāčīn.

日本語訳：山羊が一匹いた。（山羊には、子供の）シャングールとマングールとゴル・ハルビーザクがいた。シャングールとマングールたちを、母山羊は家に置いたまま荒野へ行ってしまった。（母山羊が）荒野へ行ったとき、オオカミがやって来て扉を叩いた。扉を叩いてこう言ったのである。

「私のシャングール、私のマングール、扉を開けておくれ。お母さんだよ。」

子山羊たちは言った。

「あなたはお母さんではありません。お母さんは白いのです。」

オオカミは、石灰を買いに行った。自らを白く塗って、扉の前まで来て、こう言った。

「私のシャングール、私のマングール、扉を開けておくれ。お母さんだよ。」

子山羊たちはまた言った。

「あなたはお母さんではありません。私たちのお母さんは黒いのです。」

オオカミは、墨の粉を買ってきて、自ら色をつけて戻ってきて言った。

「私のシャングール、私のマングール、扉を開けて下さい。あなたのお母さんですよ。」

子山羊たちは言った。

「あなたはお母さんじゃありません。」

オオカミは、とうとう庭の扉を壊し、中に入ってきた。花柄の服をきたシャングールとマングールの二匹を食べてしまった。ゴル・ハルビーザクは竈の中に隠れていた。やがて、母山羊が帰ってきた。母山羊が帰ってくると、こう言った。

「私のシャングール、私のマングール、お乳をあげますよ。」

ゴル・ハルビーザクが言った。

「シャングールとマングールは、オオカミが来て食べられました。」

そして、（ゴル・ハルビーザクは）お乳を飲んだ。母山羊は言った。

「さあ、お飲み。私は、オオカミに仕返しに行って来ます。」

母山羊は、家を出て、最初に熊の家の屋根に登り、〈おじいさんに、こう聞いた。〉屋根を蹴飛ばして飛び跳ねた。すると、熊は言った。

「ドンドンと飛び跳ねているのは誰だ。スープがまずくなるではないか。花嫁の目が見えなくなるではないか。私の妻の歯がなくなるではないか。」

すると、山羊は言った。

「私は山羊だ。二つの角が空に向かって生えている。私のシャングールを食べたのは誰だ。私のマングールを食べたのは誰だ。明日、私との決闘に来るのは誰だ。」

熊は言った。

「なんだって、私はシャングールを食べていないし、マングールも食べていない。だから、明日の決闘にも行かない。」

山羊は、次にオオカミの家の屋根に登った。そこでも屋根を蹴飛ばして飛び跳ねた。するとオオカミが言った。

「ドンドンと飛び跳ねているのは誰だ。スープがまずくなるではないか。花嫁の目が見えなくなるではないか。私の妻の歯がなくなるではないか。」

山羊は言った。

「私は山羊だ。二つの角が空に向かって生えている。私のシャングールを食べたのは誰だ。私のマングールを食べたのは誰だ。」

オオカミは言った。

「私がおまえのシャングールを食べた。私がおまえのマングールを食べた。明日、私との決闘に来るのは誰だ。」

山羊とオオカミはちょうどいい広場で決着をつけることにした。

オオカミが出ていくと、山羊はオオカミを騙して、川の水の前へ連れていった。そして言った。

「さあ、水を飲みましょう。」

オオカミは、川に口をつけて水をゴクゴクと飲んだ。山羊は飲まなかった。川に口をつけたけれども水を飲まなかった。そして、一緒に決闘をしに向かった。ある広場で決闘をすることにした。フットボール場のような広場である。オオカミは後ろへ後ろへ下がった。山羊が角でオオカミの腹を突くと、シャングールとマングールがオオカミの腹から出てきた。二人は外に出てきて、母山羊が掴んだ。そして、二人を連れて帰った。オオカミはといえば死んでしまった。ハチーンノヴァチン、片足を曲げろ[1]。

注
1. 「アタルマタルトゥトゥーレ」（通し番号172）の最後の部分と同じである。「おしまい」の意味を表す終句として使われている。

005

題　　名：قصه حیلۀ انسان ／ 人間のずるさの話
分　　類：動物寓話
ＡＴ番号：AT152A「妻がオオカミに叫ぶ」
録音箇所［収録時間］：001-015 ［04分18秒］
調　査　日：1998年9月11日
調　査　地：استان تهران، شهر ری، روستای طالب آباد ／ テヘラン州レイ市ターレバーバード村

名　　前：علی اصغر اکبری ／ アリー・アスガル・アクバリー
年齢性別：51才、男性
職　　業：کشاورز ／ 農業
住　　所：طالب آباد خیابان اصلی پلاک ۱۱
出　身　地：روستای طالب آباد ／ ターレバーバード村
伝　承　者：پدر بزرگ ／ 祖父

翻字（ペルシア語）: الاغی از دست انسان به تنگ آمد. تا زمانی که جوان بود، قدرت داشت انسان از او بار کشید. زمانی که پیر شد، رهاش کرد. این حیوان هم توی صحرا و بیابون و جنگل سر گردان میرفت، بر خورد به یه شتر. شتر گفت کجا میری؟ سرگردانی حیرانی. گفت از دست انسان به

تنگ اومدم. تا زمانی که قدرت داشتم از من بار کشید. حال که پیر شدم، مرا رها کرد. گفت این انسان چه جوریه؟ من ندیدم تا به حال. گفت اگر به تور انسان بخوری از پا درت میاره. خلاصه [شتر] به تور انسان خورد. انسان شتر رو گرفت ازش بار کشید، کار کشید، اون هم که پیر شد، رهاش کرد. این هم توی جنگل و تو بیابان و تو کویر سر گردان. بر خورد به یه اسب. اسب هم گفت چی شده؟ گفت از دست انسان فرار کردم. گفت مگر انسان چیه؟ گفت به تورش بخوری. میفهمی. اسب هم به تور انسان خورد. اون هم ازش بار کشد، تا زمانی که قدرت داشت توانائی داشت استفاده کرد. زمانی که ناتوان شد رهاش کرد. رفت توی صحرا، تو جنگل بر خورد به شیر. شیر گفت مگه این انسان چیه؟ اگر من انسان و ببینم از پا درش میارم. من بزرگترین، حیوان جنگل هستم و قدرت دارم و توانائی دارم. خلاصه به تور انسان خورد. انسان حیله ای به کار برد. گفت شیر قویه من و از پا در میاره. به شیر گفتش که حیفه. تو تو جنگل اینجور سرگردانی، بیا من برات یه قفس درست کنم یه خانه ای درست کنم استفاده کن. هر وقت خواستی استراحت کنی، بری تو این قفس. شیر رام این انسان شد. فریب خورد. گفت باشه برام قفس درست کن. این هم رفت یه قفس قوی، محکم درست کرد. شیر و داخل قفس کرد. در قفس و بست. در قفس و بست، به همسرش گفت برام آب جوش حاضر کن. شیر گفت این آب جوش برای چی میخواد؟ آب جوش حاضر کرد از بالای قفس ریخت رو سر شیر. شیر فریاد، ناله آی به دادم برسید. هر کاری کرد از قفس فرارکنه نتونست. این آبجوش و ریخت سوخت. خلاصه هر جور بود با تلاشی که کرده بود. در قفس رو شکست و فرار کرد. فرار کرد و ای توی جنگل میدوید و میگفت آه از دست انسان آه از دست انسان. خلاصه رفت به شیرا گفت به دوستاش گفت جریان اینه یه انسان من و ا پا در آورده. بیایید دست به دست هم بدیم، این انسان وا پا در بیاریم. شیرا همه جمع شدن. همه جمع شدن اومدن به طرف انسان. انسان دید که همه شیرا اومدن. از دست اینا ترسید فرار کرد رفت بالای یه درخت. درخت بزرگی بود ارتفاعش زیاد بود. رفت بالا. این شیر دید که خوب نمیتونه به انسان برسه. گفتش که شما یکی یکی رو پشت هم سوار بشین. برین تا اون انسان و بکشیم پایین. این شیری که سوخته بود، مجروح بود

زخمی بود. اون زیر دولا شد گفت رو بدن من رو پشت من یکی یکی مثل نردبان بریم. این انسان و بکشیم پایین. بدریمش. این شیری که زخمی بود این زیر بقیه شیرا هم رو این یکی یکی سوار شدن تا رسیدن به انسان که انسان و بکیرن این حیله ای به کار برد . گفت الان منو میکیرن میدرن چه کارکنم. یه دفعه گفت همسرم آب جوش بیار تا گفت آب جوش اون شیر اسم آب جوش و شنیده بود چه بلائی به سرش اومده یه دفعه از زیر شیرا فرار کرد. اونا همینجور ریختن پایین. گفت از دست انسان وای از دست انسان حیله گر [و همه پا گذاشتن به فرار].

翻字（ローマ字） : olāqī az dast-e ensān be tang āmad. tā zmānī ke javān būd, qodrat dāšt ensān az ū bār kešīd. zamānī ke pīr šod rahāš kard. īn heivān ham tūye saharā o biyābūno jangal sar gardān miraft, bar xord be ye šotor. šotor goft kojā mirī? sar gardānī heirānī. goft az dast-e ensān be tang ūmadam. tā zamānī ke qodrat dāštam az man bār kešīd. hāl ke pīr šodam, marā rahā kard. gof īn ensān če jūrīe? man nadīdam tā ba hāl. gof agar be tūr-e ensān bexorī az pā darat miyāre. xorāse be tūr-e ensān xord. ensān šotor ro gereft azaš bār kešīd, kār kešīd, ūn ham pīr šod rahāš kard. īn ham tūye jangalo tū biyābūno tū kabīr sar gardān. bar xord be ye asb. asb ham goft čī šode? goft az dast-e ensān farār kardam. gof magar ensān čie? gof be tūreš boxorī. mifahamī. asb ham be tūre ensān xord. ūn ham azaš bār kešad, tā zamānī ke qodorat dāšt tavānāī dāšt estefāde kard. zamānī ke nātavān šod rahāš kard. raft tūye saharā, tū jangal bar xord be šīr. šīr gof mage ensān čie? agar man ensāno bebīnam az pā dareš miyāram. man bozorgtrīn, heivān-e jangal hastamo qodorat dāramo tavānāī dāram. xorāse be tūre ensān xord. ensān hīleī be kār bord. gof šīr qavīe mano az pā dar miyāre. be šīr gofteš ke heife. to tu jangal injūr sar gardānī, biyā man brāt ye qafas dorost konam ye xāneī dorost konam estefāde kon. hr vaqt xāstī esterāhat konī, berī tū īn qafas. šīr rām-e īn ensān šod. farīb xord. gof bāše bram qafas dorost kon. īn ham raft ye qafas-e qavī, mohkam dorost kard. šīro dāhel-e qafas kard. dar-e qafaso bast. dar-e qafaso bast, bah hamsaraš goft brām āb-e jūš hāzer kon. šīr gof īn āb-e jūš brāye či mixād?

āb-e jūš hāzer kard az bālāye qafas rīxt rū sar-e šīr. šīr faryād, nāle āy be dādam berasīd. har kārī kard az qafas farār kone natūnest. īn āb-e jūš rīxt sūxt. xolāse har jūr bud bā talāšī ke karde būd. dar-e qafas ro šekasto farār kard. farār kardo ei tūye jangal midavedo migo āh az dast-e ensān āh az dast-e ensān. xolāse raft be šīrā gof be dūstāš gof jariyān ine yeensān mano a pā dar āvorde. biyāīd dast be dast ham bedīm, in ensān vā pā dar biyārīm. šīrā hame jam šodan. hame jam šodan ūmadan be taraf-e ensān. ensān dīd ke hame šīrā ūmadan. az dast-e inā tarsīd farār kard raf bālāyi ye deraxt. deraxt-e bozorgī būd artefāī ziyād būd. raft bālā. īn šīr did ke xub nemītūne be ensān berarse. gorteš ke šomā yekī yekī ro pošt ham savār bešīn. berīn tā ūn ensān bekešīn pāīn. īn šīrī ke sūxte būd, majrūh būd zaxmī būd. ūn zīr doulā šod gof rū badan-e man ru pošt-e man yekī yekī mesle nardebān berīm. in ensāno bekešīn pāīn. bedarīmeš. īn šīrī ke zaxomī būd īn zīr baqīe šīrā ham ru īn yekī yekī savār šodan tā rasīdan be ensān ke ensāno begīran īn hīleī be kār bord. goft alān mano migīran midaran či kār konam. ye daf'e goft hamsaram āb-e jūš biyār tā gof āb-e jūš ūn šīr esm-e āb-e jūšo šenīde būd če balāī be saraš ūmade ye daf'e az zīr-e šīrā farār kard. ūnā haminjūr rīxtan pāīn. gof az dast-e ensān vāi az dast-e ansān-e hīlegar.

日本語訳：あるロバが人間に飼われているのがいやになった。力がある若いうちは、人間は荷物を乗せて働かせるのだが、年老いてくると放っておくのだった。このロバも、捨てられて、荒野、砂漠、森とさまよっていた。すると、ラクダに出会った。ラクダは言った。

「どこへ行くのですか。そこ行くロバさん。」

ロバは答えた。

「人間というものは、つくづくひどいものだよ。力があるうちは、荷物を背負わせ、年老いてくると、放り出すのだから。」

すると、ラクダは言った。

「その人間というのはいったいどういうものなのですか。私は今まで見たことがありません。」

ロバは言った。

「人間の網にかかったら、破滅だよ。」

やがて、ラクダも人間に捕まった。人間はラクダを捕らえて荷物を背負わせ、働かせ、やがて、老いると放した。ラクダも森や砂漠や塩漠をさまよった。そして、馬に出会った。馬は言った。

「どうしたのですか。」

ラクダは答えた。

「人間の手から逃げてきたんだ。」

馬は言った。

「人間というのはいったい何者ですか。」

ラクダは言った。

「一度、人間に捕まってみるとわかるよ。」

やがて、馬も人間に捕まった。人間は馬にも荷物を背負わせ、力のあるうちは使ったが、衰えると放したのだった。

砂漠をさまよい、森をさまよっていると、ライオンに出会った。ライオンは言った。

「人間とはいったい何者なんだ。もし、私が人間に出会ったら、やっつけてやろう。私は、森で一番強い動物なんだ。力も持っているんだ。」

そして、ライオンは人間の網にかかった。その男は、ライオンを騙すことにした。そして、こう独り言を言った。

「ライオンは強い。（まともに戦っては）負けてしまう。」

そこで、男はこう言った。

「あなたが森でこのようにさまよっているなんて、さあ、私が檻を作りましょう、家を建てましょう。どうぞ使って下さい。」

ライオンもまた人間に言いくるめられて騙された。そしてライオンは言った。

「よし、私に家を建てるがよい。」

男は、檻を強く、しっかり作った。そして、ライオンを檻に入れると、檻

の扉を閉めた。檻の扉を閉めると、その男は妻に言った。
「熱湯を持ってきてくれ。」
ライオンは言った。
「その熱湯をどうするんだ。」
妻が熱湯が持ってくると、（男は）檻の上からその熱湯をライオンの頭に注いだ。ライオンは叫んで、呻いて、大声をあげた。どうやっても檻から逃げることはできなかった。熱湯をかぶって火傷をした。やがて、ライオンはどうにかこうにかがんばって扉を壊して逃げた。森の中を逃げながらこう叫んだ。
「人間にやられた、人間にやられた。」
そして、仲間のライオンたちに言った。
「ある人間にとんでもない目にあわされたんだ。力を合わせて、そいつをやっつけないか。」
ライオンたちは皆集まり、男の方へ向かって行った。男は、ライオンが集まってやってきたのを見て恐れて逃げて、木に登った。大きな高い木だった。その木に男は登った。当のライオンは、男にとどかないとわかったので、こう言った。
「順番に梯子のようにつながろう。そして、男を引きずりおろして、引き裂いてやろう。」
その怪我をしたライオンの上を、仲間たちが次々と梯子のようにつながって登って、騙した男を捕らえようとした。男は、「もうだめだ。捕まる、引き裂かれる。」と思った。そこで、こう叫んだ。
「妻よ、熱湯を持ってきてくれ。」
熱湯という言葉を聞いて、一番下にいた火傷をしたライオンが逃げ出した。そして、次々とライオンたちは崩れていった。そして、こう叫んだ。
「ああ、人間にやられた。ずるい人間にやられた。」
（そして、みんな逃げて行った。）

006

題　　名：شیر و انسان／ライオンと人間
分　　類：動物寓話
ＡＴ番号：AT159B「ライオンと人間の敵意」
録音箇所［収録時間］：001-023［01分03秒］
調　査　日：1998年09月11日
調　査　地：استان تهران، شهر ری، روستای طالب آباد／テヘラン州レイ市ターレバーバード村

名　　前：مهدی مجنونی／メフディー・マジュヌーニー
年齢性別：15才、男性
職　　業：محصّل／学生
住　　所：استان تهران، شهر ری، روستای طالب آباد
出　身　地：روستای طالب آباد／ターレバーバード村
伝　承　者：پدر بزرگ／祖父

翻字（ペルシア語）: قصه شیر و انسان. یه شیر و یه آدم توی جنگلی مدت ها بود با هم زندگی میکردند. یه بار یه بارون عظیمی میاد، این یالای شیره خیس میشه. خیس میشه سر این بو میگیره. اون وقت این دوست انسان که با اون دوست بوده، بهش میگه یالات چقدر بو گرفته من دیگه اصلاً با تو

نمیکردم منو مریض میکنی. اون وقت بعداً شیره یه تبر میاره، میگه بزن تو سر من با این تبر فرار کن. و ایستی (وا ایستی) میخورمت. این میگه نه تو رفیق منی شوخی کردم. میگه نه باید بزنی. میزنه. میگه فرار کن برو و ایستی میخورمت. میزنه و فرار میکنه، میره اون وقت بعداً مدت ها سال ها می گذره اونوقت یه بار میاد جنگل این شیره رو میبینه. میره بالای درخت. ا شیره میترسه شیره میگه پایین کارت دارم. میاد پایین اون وقت شیره به انسان میگه سر من و نگاه کن ببین اثری ا اون زخمه هست. یارو سرش و نگاه میکنه میبینه نه اثری ا اون زخمه نی به شیره میگه نه اثری از اون تبری که من زدم تو سر تو نی. میگه اثری ا اون زخمه تو سر من نی. ولی زخم زبونی که تو به من زدی هنوز تو دلم هست.

۱. و ایستی = وا ایستی

翻字（ローマ字）：qesseye šīr va ensān. ye šīr va ye ādam tūye jangalī moddat hā būd bā ham zendegī mīkardand. ye bā ye bārūn-e azīmī miyād, īn yālāy šīre xīs miše. xīs miše sar-e īn bū migīre. ūnwa īn dūst-e ensān ke bā ūn dūst būde, beheš mige yālāt čeqadr bū gerefte man dǵge aslān bā tō nemīgīram mano marīz mikonī. ūnwa ba'adān šīre ye tabr miyāre, mige bezan to sar-e man bā īn tabr farār kon. vaīstī mixoramet. īn mige na to rafīq-e manī šūxī kardam. mige na bāyad bezanī. mizane. mige farār kon borou vaīstī mixoramet. mizane o farār mikone, mire unwa ba'adān moddat hā sāl hā migozare bālāye deraxt. a šīre mitarse šīre mige pāīn kārat dāram. miyād pāīn ūnwa šīre be ensān mige sareš o negāh mikone mibine na asarī a ūn zaxome hast. yārū saraš o negāh mikone mibine na asarī a ūn zaxome nī be šīre mige na asarī az ūn tabarī ke man zadam tu sar-e to nī. mige asarī a ūn zaxome tu sar-e man nī. varī zaxom-e zabūnī ke to be man zadī hanūz tu delam hast.

日本語訳：ライオンと人間の物語。一頭のライオンと一人の人間が森の中でしばらく暮らしていた。ある時、大雨が降ってきた。ライオンのたてがみが

濡れてしまった。濡れてライオンの頭から、においが出た。ライオンと友達だった人間は、こう言った。

「君のたてがみはなんてくさいんだ。もう、一緒にはいられないよ。私が病気になってしまうよ。」

すると、ライオンは斧を持ってきて、こう言った。

「私の頭をこの斧で殴ってくれ、そして、どこかへ行ってくれ。じっとしていると食べてしまうぞ。」

人間は言った。

「君は私の友達だ。冗談だよ。」

ライオンは言った。

「どうしても、殴るんだ。」

人間は斧でライオンの頭を殴った。すると、ライオンは言った。

「さあ逃げろ、じっとしていると食べるぞ。」

人間は、殴った後、逃げて行った。そして、数年がたち、人間は森の中でライオンを見た。人間は恐れて、木の上に登った。ライオンは言った。

「下りてこい、用がある。」

人間が下りてくると、ライオンは人間に言った。

「私の頭を見ろ。怪我の痕があるだろう。」

人間がライオンの頭をのぞき込んで見たが、痕はなかった。そして言った。

「怪我の痕などないよ。」

すると、ライオンは言った。

「斧で殴られた痕はない。おまえが頭につけた痕はもうない。しかし、おまえが言葉で与えた傷はまだ私の心に残っているのだ。」

備考：アンジャヴィー・シーラーズィー編『寓話とたとえ話』に所収されているように、「悪口は剣より鋭い«زخم زبان بدتر از زخم شمشیر است»」という諺にまつわる話とされる[(1)]。

注

1．Anjavī Shīrāzī, Sayyid Abū al-Qāsim. Tams̱īl va mas̱al. vol. 1. Ganjīnah-i farhang-i mardum 1. 2nd ed. Tihrān [Tehran] : Amīr Kabīr, 1973-1974. 186-196.

007

題　　名：دوستی خرس و انسان (دوستی خاله خرسه) ／ 人と熊の友情
分　　類：動物寓話
ＡＴ番号：-
録音箇所［収録時間］：001-017［00分40秒］
調　査　日：1998年09月11日
調　査　地：استان تهران، شهر ری، روستای طالب آباد ／ テヘラン州レイ市ターレバーバード村

名　　前：ابو الفضل عباسی ／ アボルファズル・アッバースィー
年齢性別：14才、男性
職　　業：محصّل ／ 学生
住　　所：استان تهران، شهر ری، روستای طالب آباد
出　身　地：روستای طالب آباد ／ ターレバーバード村
伝　承　者：معلّم شنیدم ／ 学校の先生

翻字（ペルシア語）：زیر گنبد کبود، یکی بود یکی نبود. دوستی خاله خرسه، اسم قصه شه. یه بار یه یارو تو جنگل یه خرس رو پیدا میکنه. خرس، بچه خرسه بزرگش میکنه یه بار با هم دیگه میرن تو جنگل میخوابن یه پشه میومده رو صورت این یارو مینشسته. یارو گفته من میخوابم هر

کی اومد مزاحم شد خرسه مثلاً بزنش یا چیزش کنه دورش کنه حیوون وحشی اومد. بعداً یه پشه میشینه رو صورت یارو، این خرسه هر کاری میکنه این پشه باز میاد میشینه. هی هر کاری میکنه پشه باز میاد میشینه. آخر یه سنگ ور میداره میاندازه رو پشهٔ و یارو رو میکشه.

翻字（ローマ字）：zīr-e gonbad-e kabūd, yekī būd yekī nabūd. dūstīye xāle xerse, esm-e qesse še. ye bār ye yārū tu jangal ye xerse ro peidā mikone. xers, bačče xerse bozorgeš mikone ye bār bā ham dīge miran tu jangal mixāban ye paše miūmade rū sūrat-e īn yārū minešaste. yārū gofte man mixābam har kī ūmad mozāhem šod xerse masalān bezanaš yā čīzaš kone dūreš kone heivūn vahšī ūmad. badān ye paše mišīne rū sūrat-e yārū, īn xerse har kārī mikone īn paše bāz miyād mišīne. hei har kārī mikone paše bāz miyād mišīne. āxer ye sang var midāre miandāze rū paše o yārū ro mikoše.

日本語訳：群青の天蓋のもと、あったことか、なかったことか。熊との友情が話の題である。あるとき、ある男が森の中で熊（の子供）を見つけた。男はその熊の子を育てていた。ある日、男は熊を連れて森の中で昼寝をしていると、ハエがやって来て、男の顔にとまった。男は「私は昼寝をするから、他の動物なんかが、じゃましに来たら、追い払ってください、叩くなり、なんなりして、追い払って下さい。」そこで、男の顔にハエがとまった。熊がどうやってもハエは逃げなかった。どんなに追いやってもまたやって来て、男の顔にとまった。ついに、石を持ち上げて、男の顔にとまっているハエを叩いた。すると、男も死んでしまった。

備考：モウラヴィーの『マスナヴィー』に所収される[1]。また、アフマド・ヴァキーリアン編『寓話とたとえ話』（第２巻）にもみられる[2]。

注

1．Mawlavī, Mawlānā Jalāl al-Dīn Muḥammad Balxī, Muḥammad Isti‘ilāmī, Masnavī. Tihrān [Tehran] : Zavār, 1996 bayt′hā-yi 2129-2145.

2．Vakīliyān, Aḥmad. Tamsīl va masal. vol.2. Tihrān [Tehran] : Surūsh, 1996.

008

題　　名：گرگ و روباه／狼と狐
分　　類：動物寓話
ＡＴ番号：-
録音箇所［収録時間］：005-009［01分15秒］
調　査　日：1998年11月19日
調　査　地：تهران／テヘラン

名　　前：یدالله فخرجهانی／ヤッドッラー・ファハルジャハーニー
年齢性別：55才、男性
職　　業：کارمند شرکت خصوصی و کارمند بازنشسته وزارت دارائی／
　　　　　会社員、元大蔵省職員
住　　所：خیابان ستارخان خیابان باقرخان خیابان فرزین کوچه کاج پلاک ۴۲
出　身　地：آذربایجان شرقی اهر／東アゼルバイジャン州アハル
伝　承　者：پدر، ابراهیم فخرجهانی／父親のエブラーヒーム・ファハル
　　　　　ジャハーニー氏

翻字（ペルシア語）：یک گرگی بود با یه روباهی دوست شده بودن. روباه یه روز از کنار دهی میگذشت دید که یه تیکه گوشت گذاشتن یه جایی.

فهمید که این یه تله ایه. این گوشتو گذاشتن که اینو به دام بندازن به تله بندازن. در نتیجه، اومد به گرگه گف که من چون روزه دارم روزه هستم، نمیتونم اون گوشتو بخورم. بیا بریم شما بخور. گرگم که خیلی گرسنش بود. گف باشه. گرگه اومد روباه از دور نشون داد که اون ها اون چیزه اون گوشته. تا گرگه پرید که گوشت و ور داره، اون چیزه برگشت و تله برگشت و گردن گرگه افتاد تو تله. بعد گوشت پرید اون ور و روباهه اومد و گوشتو ورداشت و خورد و گف که من ماه و دیدم دیگه روزم باطل شد. بعد گرگه گف که من کی ماه و میبینم. گف اون موقع که صاحب تله بیاد. صاحب تله میاد اینو میکشه فردا.

翻字（ローマ字）：ye gorgī būd bā ye rūbāhī dūst šode būdan. rūbāhe ye rūz az kenāre dehī migozāšt dīd ke ye tīke gūšt gozāštan ye jāī. fahmīd ke īn ye taleīye. īn gūšt o gozaštan ke ino be dām beandāzan be tale beandāzan. dar natīje, ūmad be gorge gof ke man čūn rūze dāram rūze hastam, nemītūnam ūn gūšto boxoram. biyā berīm šomā boxor. gorge-am ke xeilī gorosnaš būd. gof bāše. gorge ūmad rūbā az dūr nešūn dād ke un hā ūn čīze ūn gūšte. tā gorge parīd ke gūšto bar dāre, ūn čīze bar gašt o tale bar gašt o gardn-e gorge oftād tūtale. ba'ad gūšt parīd ūn var o rūbāhe ūmad o gūšto var dāšt o xord o gof ke man mā o dīdam dīge rūz-am bātel šod. ba'ad gorge gof ke man kei māh o mībīnam. gof ūn mouqe ke sāheb-e tale biyād. sāheb-e tale miyād ino mikoše fardā.

日本語訳：キツネと友達のオオカミがいた。キツネはある日、村のはずれを通ったとき、肉が置いてあるのをみた。キツネはそれが罠であることがわかった。肉が罠として置いてあったのであった。そして、オオカミのところへ行ってこう言った。

「私は今断食をしているので、肉を食べることができません。さあ、一緒に来て下さい。そして、肉を食べて下さい。」

オオカミはとてもお腹が空いていたので、「よし、いいだろう。」と言った。オオカミがやって来て、キツネは遠くから「あれが肉だ。」と教えた。

オオカミが肉に飛びついたとき、罠にかかって、オオカミの首は罠に入った。肉は飛んでいき、キツネがやって来て肉をとって食べて言った。

「月が見えた。［新月が見えたので断食は終わりだ］」

そのとき、罠の持ち主がやって来て、次の日オオカミを殺した。

備考：話者はタブリーズ出身なので、話者への伝承時点での言語はアーザリー方言であると思われる。当民話は標準語による採録である。

009

題　　名：شیر و روباه ／ライオンと狐

分　　類：動物寓話

ＡＴ番号：--

録音箇所［収録時間］：005-010［02分11秒］

調 査 日：1998年11月19日

調 査 地：تهران ／テヘラン

名　　前：یدالله فخرجهانی ／ヤッドッラー・ファハルジャハーニー

年齢性別：55才、男性

職　　業：کارمند شرکت خصوصی و کارمند بازنشسته وزارت دارائی ／
会社員、元大蔵省職員

住　　所：خیابان ستارخان خیابان باقرخان خیابان فرزین کوچه کاج پلاک ۴۲

出 身 地：آذربایجان شرقی اهر ／東アゼルバイジャン州アハル

伝 承 者：پدر، ابراهیم فخرجهانی ／父親のエブラーヒーム・ファハルジャハーニー氏

翻字（ペルシア語）：یه شیری بود در یه جنگلی که زندگی میکرد که همه از این حساب میبردن. میگفتن این سلطان جنگله، پادشاه جنگله. این سه تا

بچه داشت. یه روباهی یه روزی اومد این که رفته بود، شیر رفته بود شکار، یکی از بچه های این را خورد. شیر اومد خیلی ناراحت شد. داد و بیداد کرد کی بچه منه خورده؟ کی جرأت کرده بچه منو بخوره. خلاصه، گف که دیگه از اینا مواظبت میکنم. فردا رفت دوباره دنبال شکار، باز روباهه اومد یکی از بچه های دیگشو هم خورد. بعد باز اومد داد و بیداد کرد و گف دیگه از این یکی آخریه خیلی باید مواظبت بکنم. ولی روباه روباه حیله گر روز بعدشم اومد اون یکی بچشم خورد. این خیلی ناراحت شد گف هر کی بیاد جلوی من پدرش در میارم. پوست از کله اش میکنم. کی بچه های من خورده و اینا روباه برای که حرص این شیره رو بخوابونه، رفت به یه گرگی گف که بیا برو این شیره میخواد به یه استانی استاندار بفرسته. بیا برو اگه شما میخوای برو استاندار اونجا. گف بله که میخوام. اومد گف که فقط به یه شرط باید بری پیش شیره. گف به چه شرطی؟ گف شرطش اینه که هر چی به شما گف، شما با سرت بگو که بله، بله. و این تا اومد، شیره گفت که بچه های منو تو خوردی. گف بله، تا گف بله، شیره چنگ انداخت و پوست اینو از کله اش کند تا دمش. بعد این که همینطور فرار میکرد خونریزی میکرد روباه از دور دید که خوب استاندار شدی؟ این لباس از کجا خریدی؟ به این قشنگی که قرمزه. رفت و خونریزی کرد و روباه رفت گرگه هم خورد. داستان مام تمام شد.

翻字（ローマ字）: ye šīrī būd dar ye jangalī ke zendegī mīkard ke hame az īn hesāb mībordan. mīgoftan īn soltān-e jangale, pādešāh-e jangale. īn se tā bačče dāpt. ye rūbāhī ye rūzī ūmad īn ke rafte būd, šīr rafte būd šekār, yekī az bačče hāye īn rā xord. šīr ūmad xeilī nārāhat šod. dād o bīdād kard kī bačče mane xorde? kī jor'at karde bačče mano boxore. xolāse, gof ke dīge az īnā movāzebat mikonam. fardā raft dobāre donbāl-e šekār, bāz rūbāhe ūmad yekī az bačče hāye dīgešo xord. ba'ad bāz ūmad dād o bīdād kard o gof dīge az īn yekī āxerīe xeilī bāyad movāzebat bokonam. valī rūbāh rūbāh-e xīlegar rūzīe ba'adeš-am ūmad ūn yekī bečašm xord. īn xeilī nārāhat šod gof har kī biyād jelouye man pedaraš dar miyāram. pūst az kallaš mikanam. kī bačče hāye man xorde va īnā rūbā barāye ke hers-e īn šīre ro bexābūne, raft be ye gorgī gof ke biyā borou īn šīre mixād be ye ostānī ostāndār befereste. biyā borou age šomā mīxāī borou ostāndār-e ūnjā. gof bale ke mixām. ūmad gof ke faqat be ye šart bāyad berī pīše šīre. gof be če šartī? gof šartaš ine ke har čī be šomā gof, šomā bā sarat begū ke bale, bale. va īn tā ūmad, šīre goft ke bačče hāye mano to xordī. gof bale, tā gof bale, šīre čang andāxt o pūst-e īno az kallaš kand tā domeš. ba'ad īn ke hamīntour farār mikard xūnrīzī mīkard rūbāhe az dūr dīd ke xob ostāndār šodī? īn lebās az kojā xarīdī? be īn qašangī ke qermeze. raft o xūnrīzī kard o rūbāhe raft gorge ham xord. dāstān-e mā-am tamām šod.

日本語訳：ある森の中にライオンが住んでいて、皆ライオンを恐れていた。「森の支配者」、「森の王者」と呼ばれていた。ライオンには三匹の子供がいた。あるキツネはある日、ライオンが狩りに出ているとき、子供の一匹を食べてしまった。ライオンは帰ってきてとても悲しんだ。「誰が私の子供を食べた。」、「誰が私の子供を食べるようなまねができるのか。」と叫んで泣いた。「残った二匹は注意しよう。」と言った。次の日、ライオンが狩りに行っているとき、またキツネがやってきて、また子供を一匹食べてしまった。ライオンは帰ってくると、「最後の一匹は、もっと注意しないといけない。」と泣き叫んで言った。しかし、ずる賢いキツネは、次の日もやってきてもう一匹も食べてしまった。ライオンはとても悲しみ、「私の前に現れた者は、目にもの見せてやる。誰が私の子供たちを食べたのか。」と言った。キツネは、ライオンの怒りを静めるために、オオカミのもとへ行ってこう言った。

　「ライオンが知事を置きたがっていますよ。あなたが望むのなら知事になれますよ。」

　オオカミは言った。

　「知事になりたい。」

　キツネは言った。

　「ただし、ライオンの前に行ってしなければならないことがあります。」

オオカミは言った。

「何をしないといけないのですか。」

キツネは言った。

「ライオンがあなたに何を言っても、はい、と言って頭をふって下さい。はい、はい、と。」

そして、オオカミはライオンのところに行った。ライオンは言った。

「私の子供たちをおまえが食べたのか。」

オオカミは言った。

「はい。」

はい、と言ったのでライオンは爪でオオカミの頭から尻尾まで皮を剥いだ。オオカミは血を流しながら逃げた。キツネは遠くから見ていて、言った。

「知事になれましたか。その服をどこで買ったのですか。真っ赤な綺麗な服ですね。」

キツネは血だらけになったオオカミも食べた。私の話は終わりである。

備考：話者はタブリーズ出身なので、話者への伝承時点での言語はアーザリー方言であると思われる。当民話は標準語による採録である。

010

題　　名：شیر، گرگ و روباه ／ライオンとオオカミとキツネ
分　　類：動物寓話
ＡＴ番号：-
録音箇所［収録時間］：006-018［02分40秒］
調　査　日：1998年12月18日
調　査　地：تهران／テヘラン

名　　前：محمّد خالصی／モハンマド・ハールスィー
年齢性別：43才、男性
職　　業：راننده／運転手
住　　所：تهران
出　身　地：آذربایجان، هادی شهر／アゼルバイジャン州ハーディーシャハル
伝　承　者：قدیمیان／昔の人たち

翻字（ペルシア語）: روزی بود روزی نبود، یک شیر و یک روباه و گرگی در جنگلی زندگی میکردند. روزی از روز ها، هر سه تا به اتفاق هم برای شکار به جنگل رفتن. این سه دوست توانستند یک گاو و یک آهو و یک خرگوش شکار کنن. بعد از این که شکار هاشان را به مقرّ زندگیشون آوردند،

نسبت به تقسیم آن اقدام کردند. شیر که سلطان جنگل است، از گرگ پرسید چه جوری این شکار ها را بین خودمون تقسیم کنیم. گرگ بلا فاصله برگشت گفت، سلطان جنگل، این که کار خوبی، کار آسونی است. مشکلی ندارد. گاو مال تو خرگوش مال روباه و آهو هم مال من مشکلی ندارد. در این حال شیر عصبانی شد، و با مشتِ محکمی به سر گرگ کوبید. و در جا کشته شد. بر گشت به روباه گفت حالا تو تقسیم کن ببینم چه جوری اینا رو تقسیم کنیم و بخوریم. روباه که حیوان حیله گر و مکاریست و در حیله گری خیلی مشهور است، فکری کرد و بعد خیلی آرام گفت سلطان، این که کار مشکلی نیست، شما میتوانید گاو را به هنگام ظهر به عنوان ناهار بخورید. و آهو را به عنوان شام میل فرمایید. و خرگوش را صبحانه میل کنید. شیر برگشت گفت بارک الله، این هوش و فراست از کجا یاد گرفتی، روباه برگشت گفت، از مردن گرگ.

翻字（ローマ字） ：rūzī būd rūzī nabūd, yek šīr va yek rūbāh va gorgī dar jangalī zendegī mīkardand. rūzī az rūz hā, har se tā be ettefāq ham barāye šekār be jangal raftan. īn se dūst tavānestand yek gāv va yek āhū va yek xargūš šekār konan. ba'ad az īn ke šekār hāšān rā be maqarr-e zendegīšūn āvordand, nesbat be taqsīmīe ān eqdām kardand. šīr ke soltān-e jangal ast, az gorg porsīd če jūrī īn šekār hā rā beine xodemūn taqsīm konīm. gorg belā fāsele bargašt goft, soltn-e jangal, īn ke kār-e xūbī, kār-e āsūnī ast. moškelī nadārad. gāv māl-e to xargūš māl-e rūbāh va āhū ham māl-e man moškelī nadārad. dar īn hāl šīr asabānī šod, va bā mošt-e mohkamī be sar-e gorg kūbīd. va dar jā košte šod. bargašt be rūbāh goft hālā to taqsīm kon bebīnam če jūrī īnā ro taqsīm konīm va boxorīm. rūbāh ke heivān-e hīlegar va makkārīst va dar hīlegarī xeilī mašhūr ast, fekrī kard o ba'ad xeilī ārām goft soltān, īn ke kār-e moškelī nīst, šomā mītavānīd gāv rā be hamgān-e zohr bo'onbāne nāhār baxorīd. va āhū rā bo'onbāne šām meil farmāīd. va xargūš rā sobxāne meil konīd. šīr bargašt goft bārkallāh, īn hūš o farāsat az kojā yād gereftī, rūbāh bargašt goft, az mordan-e gorg.

日本語訳：あったことか、なかったことか。ライオンとキツネとオオカミが森に住んでいた。ある日、たまたま三匹が一緒に森で狩りをすることになった。牛と鹿と兎を一匹ずつ狩ることができた。狩りの後、住処にもどることにした。そして、獲物を分けることになった。森の王のライオンは、オオカミに尋ねた。

　「どうやってこの獲物を分けようか。」

　オオカミは直ぐに答えた。

　「森の王様、良い考えがあります。簡単なことです。難しくありません。牛はあなたのもので、兎はキツネのもの、そして鹿は私のものです。問題ないでしょう。」

　すると、ライオンは怒った。そして、拳骨で強くオオカミの頭を叩いて砕いた。その場で、殺してしまった。そして、次にキツネに言った。

　「では、次はおまえが分けてみろ。どのように分けて食べるべきか。」

　キツネは、ずる賢い動物で、そのずる賢さで知られていた。キツネは考えて、ゆっくりと答えた。

　「王様、難しいことではありません。牛を昼に、昼ご飯として食べて下さい。鹿を晩ご飯としてください。そして、兎は朝ご飯にしてください。」

　ライオンは、言った。

　「すばらしい、その知恵と洞察力をどこで身につけたのか。」

　キツネは言った。

　「オオカミの死からです。」

　　備考：話者はアゼルバイジャン州の出身なので、話者への伝承時点での言語はアーザリー方言であると思われる。当民話は標準語による採録である。

本格昔話

通し番号：011－050

011

題　　名：ملک محمّد／マレク・モハンマド
分　　類：本格昔話
ＡＴ番号：(AT301A「失踪した王女を捜しに行く」)
録音箇所［収録時間］：005-022［02分19秒］
調　査　日：1998年12月8日
調　査　地：استان تهران، شهرستان ساوجبلاغ، شهر هشتگرد، روستای برغان، سرخه／
テヘラン州サーヴォジボラーグ地方ハシトゲルド地区バラガーン村ソルヘ

名　　前：عبد الله سید عبد الله حسینی／アブドルセイエドアブドッラー・ホセイニー
年齢性別：58才、男性
職　　業：کشاورز／農業
住　　所：تهران، سرخه
出　身　地：تهران، سرخه／テヘラン州ソルヘ村
伝　承　者：پدر／父親

翻字（ペルシア語）：یک ملک ممدی١ بود در ایران. این یک خواهر داشت.

یک خواهر بودن و یک برادر یه خواهر داشت. بعد روز هایی روزی گذشت و ملک ممد پهلوانی بود. پهلوان بود بعد دیوا حریف این نمیشدن. این روزی روزگاری خواهرش رفت و با یه دیو جفت شد. خواهر ملک ممد رفت دیو جفت شد. (میرزا شما هیچی نگو، میرزا)، بعد، مدت هایی هر کاری میکردن دیوِ حریف ملک ممد نمیشد. بعد اینا چه کار کردن. روز روزگاری، خواهره و با دیو اینه انداختن تو چاه کتک کاری کردن و با خواهره اینه انداختن تو چاه. مدت هایی شد، مدت هایی کشید تو چاه از چاه اومد بیرون و گشت گشت این ور و اون ور، همیشه هم خنجرش کمرش بود، بعد اوّل که رسید تقریباً یه چند روزی (میرزا) بعد چند روزی کشید. بعد اول که اومد سر خواهره ر برید. دیوم که خواب بود. یک دونه شمشیر فرو کرد تو پا دیو. دیو یه اینطِری[2] کرد. دو مرتبه دید نه. دیو حالا اینه. دو مرتبه رفت بالا سر دیو. بالا سر دیو، این سبر[3] با خنجر اینجای دیو زد. همونجا موند، و سر دیو جدا کرد. دیوه جدا کرد، مدت هایی شد و بالاخره، این باز دیگه به جایی رسید و شد همون ملک ممد اولی. حالا خواهر این کارِ میکنه.

۱. ممدی = محمّدی ۲. اینطِری = اینطوری ۳. این سبر = این دفعه

翻字（ローマ字）　: yek malek mammadī būd dar īrān. īn yek xāhar dāšt. yek xāhar būdan o yek barādar ye xāhar dāšt. ba'ad rūz hāī rūz gozašt o malek mammad palevānī būd. pahlevān būd ba'ad dīvā harīf-e īn nemišodan. īn rūzī rūzgārī xāhareš raft o bāye dīv joft šod. xāhar-e malek mammad raft dīv joft šod. (mīrzā šomā hīčī nagū, mīrzā), ba'ad, moddat hāī har kārī mīkardan dīve harīf-e malek mammad nemišod. ba'ad īnā če kār kardan. rūzi rūzgārī, xāhare o bā dīv ine andāxtan tū čā kotak kārī kardan o bā xāhare ine andāxtan tū čā. moddat hāī šod, moddat hāī kešīd tū čā az čā ūmad bīrūn o gašt gašt in var o un var, hamīše ham xanjareš kamareš būd, ba'ad avval ke resīd taqrībān ye čand rūzī (mīrzā) ba'ad čand rūzī kešīd. ba'ad avval ke ūmad sar-e xāhare ro borīd. dīv-am ke xāb būd. yek dūne šamšīr frū kard tū pā dīv. dīv ye īntourī kard. do martabe dīd nah. dīv hālā ine. do martabe raft bālā sar-e dīv. bālā sar-e dīv, īn sabar bā hanjar injāye dīv zad. hamūnjā mūnd, va sar-e dīv jodā kard. dīve jodā kard, moddat hāī šod o bālāxare, īn bāz dīge be jāī resīd o šod hamūn malek mammad-e avvalī. (hālā xāhar īn kār mikone.)

日本語訳：イランにマレク・モハンマドという者がいた。妹が一人いた。二人兄妹であった。マレク・モハンマドは勇者であったが、そのころ悪魔たちがいて、彼とは敵同士であった。ところが、ある時、妹が悪魔の一人と通じてしまった。妹と悪魔が夫婦になってしまったのだ。その後も、（マレク・モハンマドは）どうしても悪魔とは、仲良くなることができなかった。とうとう、悪魔はマレク・モハンマドを妹と共謀して井戸に落とした。マレク・モハンマドは井戸の中で痛めつけられた。しばらくして、マレク・モハンマドは井戸から出てきて、あちこち歩き回った。マレク・モハンマドはいつも短剣を腰に差していた。何日か経って、二人のところにたどり着き、妹の頭を切った。悪魔は眠っていた。まず、悪魔の足を剣で切った。次に、頭を短剣で切った。頭を切り離したのである。そして、もとのところへもどり、マレク・モハンマド一世となった。

備考：「マレク・モハンマドの冒険」（AT301A）として知られる有名な民話を極めて省略して語ったもの、またはその変種と判断する。断片的であり、AT301Aとは類似していないように見えるが、このような理由からこのように分類した。

012

題　　名：نمکی／ナマキー
分　　類：本格昔話
ＡＴ番号：（AT311A＊「ガラスのヒョウタンに逃げる」）
録音箇所［収録時間］：006-004［02分25秒］
調　査　日：1998年11月28日
調　査　地：استان تهران، شهرستان ساوجبلاغ، شهر هشتگرد روستای برغان／テヘラン州サーヴォジボラーグ地方ハシトゲルド地区バラガーン村

名　　前：توحید فرخنده کیش／トーヒード・ファルホンデキーシュ
年齢性別：41才、男性
職　　業：مهندس／技師（建築）
住　　所：تهران
出　身　地：تهران／テヘラン
伝　承　者：مادربزرگ／祖母

翻字（ペルシア語）：یکی بود یکی نبود، غیر از خدا هیچ کس نبود. در زمان های قدیم، یه پیر زنی بود که هفت تا دختر داشت. یه خونه ای ام داشتن که هفت تا در داشت. هر شب نوبت یکی ا این دخترا بود، که در های

خونه رو ببنده. چون اون زمان ها میگفتن که غول بیابونی میاد و ممکنه دخترا رو با خودشون ببره. به خاطر همین مساله هم، همه هم یک ترس و وحشتی داشتن از اون غول بیابونی. یکی ا این دخترا اسمش نمکی بود. یکی از شب هایی که نوبت این میشه که در ها رو ببنده یکی از در ها رو فراموش میکنه ببنده. به خاطر همین، نصف های شب بود که صدای غول بیابونی اومد که داخل خونه شده بود. غول بیابونی اومد داخل خونه و وارد خونه شد، مادر و بچه های دیگه همه ترسیدن این دخترم که خودش باعث شده بود که این در نبنده، خیلی وحشت کرده بود. تا این که غول بیابونی برمیگرده میگه که من گرسنمه، غذا میخوام. مادر دختره میگه که نمکی قرار بود هفت در ببندی نبستی یکیشو باز گذاشتی. پس تو باید به اون غذا بدی. به همین ترتیب ادامه پیدا میکنه هر چی که این غول بیابونی میخواد این دختر براش فراهم می کنه. تا این که در آخر سر غول بیابونی میگه من خود تو رو هم میخوام نمکی. با خودش بر میداره این دخترو میبره. این دختر سال های سال دور بوده از خانواده و از این غول بیابونی بچه دار میشه. بچه هایی خیلی خوب و سر حال و زرنگ. تا این که یک روزی (مادرش) به دیدن مادرش میاد این. مادر میگه از وضع زندگیت چه طوره؟ میگه که باباجان این خیلی خوبه. این یک غول نیست بلکه از خیلی از انسان ها هم انسان تره و من اونو دوسش دارم. و میخوام باهاش همینجوری زندگی بکنم و راضی هم هستم از زندگی.

翻字（ローマ字）：yekī būd yekī nabūd, qeir az xodā hīč kas nabūd. dar zamān hāye qadīm, ye pīr zanī būd ke haft tā doxtar dāšt. ye xūneī-am dāštan ke haft tā dar dāšt. har šab noubat-e ykī a īn doxtarā būd, ke dar hāye xūne ro bebande. čūn ūn zamān hā migoftan ke qūl-e biyābūnī miyād va momkene doxtarā ro bā xodešūn bebare. be xāter-e hamīn masāle ham, hame ham yek tars o vahšatī dāštan az ūn qūl-e biyābūnī. yekī e īn doxtarā esmeš namakī būd. yekī az šab hāī ke noubat-e īn miše ke dar hā ro bebande yekī az dar hā ro farāmūš mikone bebanede. be xāter-e hamīn, nesf hāye šab būd ke sedāye qūl-e biyābūnī ūmad ke dāxel-e xūne šode būd. qūl-e biyābūnī ūmad dāxel-e xūne o vāred-e xūne šod, mādar o bačče hāye dīge hame tarsīdan īn doxtar-am ke xodaš bāes šode būd ke īn dar nabande, xeilī vahšat karde būd. tā īn ke qūl-e biyābūnī bar mīgarde mige ke man gorosname, qazā mixām. mādar-e doxtare mige ke namakī qarār būd haft dar bebandī nabastī yekīšo bāz gozaštī. pas to bāyad be ūn qazā bedī. be hamīn tartīb edāme peidā mikone har čī ke īn qūl-e biyābūnī mixād īn doxtar barāš farāham mikone. tā īn ke dar āxar-e sar qūl-e biyābūnī mige man xod-e to ro ham mīxām namakī. bā xodeš barmīdāre īn doxtaro mibare. īn doxtar sāl hāye sāl dūr būde az xānevāde va az īn qūl-e biyābūnī baččedār miše. bačče hāye xeilī xūb va sar hāl o zerang. tā īn ke yek rūz mādareš be dīdan-e mādareš miyād īn. mādar mige az vaz'e zendegī če toure? mige ke bābā jūn īn xeilī xube. īn yek qūl nīst balke az xeilī az ensān hā ham ensān tare va man ūno dūsteš dāram. va mīxām bāhāš hamīnjūrī zendegī bokonam va rāzī ham hast az zendegī.

日本語訳：あったことか、なかったことか、神の他に誰もいなかったころ。昔々、七人の娘を持つ女がいて、七つの扉がある家に住んでいた。毎日、七人の娘が順番に扉を閉めることになっていた。というのも、砂漠から巨人がやって来て娘を連れ去るかもしれないからであった。砂漠の巨人を皆とても恐れていたのであった。娘の一人の名前はナマキーといった。ある晩、ナマキーが扉を閉める番であったが、扉の一つを閉め忘れてしまった。そして、夜中に、砂漠の巨人の声がして、家の中に入ってきた。母親も他の娘たちも怖がったが、扉を閉め忘れた娘は非常におびえた。巨人は言った。

　「腹が減った。食べ物をよこせ。」

　母親は言った。

　「ナマキー、閉める決まりの七つの扉を閉めず、一つが開いたままだったのだね。おまえが食べ物を渡しなさい。」

　娘は、砂漠の巨人が望むものを次々と用意した。とうとう、巨人は言った。

　「おまえもほしくなった、ナマキー。」

　巨人はナマキーを抱えて連れ去ってしまった。この娘は、何年も家族から離れ、やがて砂漠の巨人の子供を生んだ。とても、元気な子供たちであった。

そして、ある日、ナマキーは母親に会いにやって来た。母親は言った。

「どんな生活をしているのだい。」

ナマキーは言った。

「とても、いい生活よ。彼は、巨人なんかではなく、人間よりもずっと人間らしいわ。私は彼のことを気に入っています。このまま生活を続けていきたいと思っています。暮らしに満足しています。」

備考：この話者はバラガーンに別荘を建てに来ていた人。U. Marzolph : Typologie des persischen Volksmärchans によると、AT311A*に分類されると言うが、再考する必要がある。

013

題　　名：ارسلانِ پادشاه／アルスラーン王
分　　類：本格昔話
ＡＴ番号：AT314「馬に変身させられた若者（金髪の男）」
録音箇所［収録時間］：002-016［06分09秒］
調 査 日：1998年10月02日
調 査 地：استان تهران، شهرستان ورامین، شهر پیشوا، روستای قلعه نو
　　　　　／テヘラン州ヴァラーミーン地方ピーシュヴァー地区ガルエノウ村

名　　前：مشهدی حسین الیکاهی／マシュハディー・ホセイン・アリカーヒー
年齢性別：65才、男性
職　　業：کشاورز／農業
住　　所：استان تهران، شهرستان ورامین، شهر پیشوا، روستای قلعه نو
出 身 地：روستای قلعه نو／ガラエノウ村
伝 承 者：-

翻字（ペルシア語）：یه پادشاهی بود یه دختر داشت. البته دختر دو سه تا داشت. یکیش خوب بود، مثل جوانهای همان امروز ژگول میگشت. ارسلان

شجاع بود و دلاور بود. اما در جائی که میگشت، مثل آدم فقیر و یه آدم همچین خیلی بی رخت[1] و میرخت. کچل بود. این در بیابون که رد میشد یه شکمبه ای بود میکشید به سرش میشد کچل. پادشاه دختری داشت، چشش به ارسلان میخورد میدید اون مثلاً بیموقع ها که خلوت که میشد این در میشد بیرون. در میشد بیرون دختره عاشق این کچل شد و اونم میرفت هر خواهانی که دیه[2]میاوردن که پادشاه. میگفت این کچله به درد تو نمیخوره. میخوام بدمت به فلانی این میگفت نه من فقط همون کچل (رو) میخوام. اِنقدر پایید[3]، پایید (گذشت)، دیه پادشاه کارش به یه جایی رسید که توی اختلاف افتاد. افتاد کچل بلند شد شب یه اسب بادی داشت به قول ما مادیون بادی داشت. اون شکنبه ر کشید به سر شو، کچل نبود ها همون به نام کچل. اون وسایل جنگی که داشتن میتونست به کار بکش، افتاد یه باغی بود بنا کرد به[4] اون شمشیر این درختار[5] ریختن. دختره میپایید دختر پادشاه میپایید. پایید و آمد رد شد و رفت این گذاشت رفت پس[6] کارش. رفت، بعد از مدتی (دیه حاجی برگشت گفت من چی) پادشاه برگشت گفت من مریضم اگر بری شکار بزنی، برای من گوشت شکار بد نی[7] دکتر طبابت کرده که من باید گوشت شکار بخورم. اون، چی، پادشاه دمات[8] دیگه داشت اون، میکم که به ظاهرش خیلی خیلی مث[9]، چی، امرو[10] خودشو میگرفت و، میرفت. این اومد گفت برین یه اسب و با یه خورجین و نمیدونم فلان اسلحه و چیکِ[11] بدین به این، چی، بره به شکار. کچل هم که ارسلان بود، کچلم برگشت به زن خودش گفتَ برو و به باباتم بگو یه قاطر شله لنگی با یه شمشیر شیکسته یه خورجین پاره ام به من بدن منم برم کله پاچه اینه جمع کنم ور دارم بیارم اون شکار میزنه کله پاچشم ما جمع کنیم ورداریم بیاریم بخوریم. گفت خیلی خوب. اینا رفتن. رفتن رفتن خوب اون با جناقش[12] که به حساب خیلی جور بود اون به این کچل محل منظوری نمی ذاشت. اینا رفتن در جایی جنگلبانی دید شکاری اومد رفت این هر کاری کرد که شکار بزنه، تیر خالی کرد تیرش به جایی نخورد. کچلی پیدا شد کچل هدف گرفت دو سه تا شکار زد. دو سه تا شکار زد و خلاصه بار و بندیلشو بست. اما همدیگر (را) نمی شناختن. همدیگر نمی شناختن رفتن یه جا چادر زد ارسلان چادر زد، حالا همین کچل باشه، چادر زد، و بنا کرد گوشتا ر ور داشت آورد دید

باجناقه آمد، دید باجناق آمد. اینه باجناقِ ر میشناخت، این زد (اتفاقاً) و باجناقش اینه ر نمیشناخت. گفت چه کار کنیم چه کار نکنیم، ارسلان برگشت، که همین کچل باشه، گفت کله پاچشه به من بدین، تنشم مال شما، الباقی گوشتش مال شما. این پوست و روده و موده و کله و جیگر و اینا بدرد نخورا اینا (را) بدین به ما. گفت خیلی خوب باشه. اینا قبول کردن و کچل وُساد[۱۳]. کچل وُساد و اون با جناق رفت. باجناق رفت حالا دیگه پادشاه مریض شده به طوری افتاده که دیگه کورم شده مث ما دیگه چشم و چار نداشت. رفت و از این گوشت موشتا. کاسه همساده (همسایه) ما میگیم. ا این کاسه همساده دختره ورداشت برد برا[۱۴] پادشاه و خورد دید این نه. مزه ای نمیده. از این ورم کچل رسید این کله پاچه ر پخت و این کله پاچه ر به زنش ور داشت گفت برو اینه بده به پدرت این کاسه همساده ر برو بهش بده. پادشاه ورداشت برد خورد این هم کور بود هم مریض شفا گرفت، خوب شد. خوب شد و دست کشید به چشمش گفت به به از این کله پاچه عجب مزه ای داره تف به تنش مزه اش به کله اش. یعنی کله ر میگوین اینه پادشاه که مریض بود میگفت. گفت خیلی خوب. اینه ور دارین بیارین، این کچل وردارین بیارین من ازش این بد بخت بود این بیچاره بود این چیطو[۱۵] این قدر دست این کله پاچه خوب مزه داره لذیذ داره این ها. رفت ور داشت آورد گفت کچل ورداشت همین چی ارسلان، ارسلان ورداشت آورد داد گفت خوب این جریون چی طوریه؟ گفت والله جریون اینطوریه. حقیقتشِ صحبت کرد. گفت اون دامادی که تو داشتی (اون بهترین) دخترتِ نمیدونم زینتو فلانو به اون کمک کرد حالا که دیدی منم کچل بودم آدم بدبختی بودم که خوب این کله پاچه ر دادم به اونا ور داشتن آوردن. گفت اره نگفت دومادت. نگفت دومادت. گفت یه همچین شخصی گفت از اون شخص چه نشونی داری. گفت من دو نشونی از اون دارم. گفت نشونیش چیه؟ گفت من یه مهر این ور رونش زدم. یه مهر اون ور رونش زدم. گفت بیبینیش[۱۶] میشناسیش. گفت اره. چی کرد توی مثل این داهات گشتن یارو ر پیدا کردن. آمد دید همین. با جناقش گفت اره همین شخص. گفتن که خوب نشونی گرفتن لختش کردن دیگه. گرفتن لختش کردن دیدن بله این کچل که دارن میگن، نشونیش همینا و[۱۷] درست میکن. داغیش هم از همین داغیا که قدیم (شاید همین الان هم

باشه که لاستیک چی میکردن. چسب میزنن ماشینا ر). لختش کرد دید اره.
برگشت از اونجا گفت خاک بر سر من من با دوماد گرفتنم فقط این کچل به
درد من میخوره و تاج سلطنت ر ور داشت گذشت سر این کچل و گفت شما
به خیر و ما هم به سلامت.

۱. بی رخت = ریخت، زشت است ۲. دیه = دیگر ۳. پایید = نگاه کردن، مواظب بودن ۴.
به = با ۵. درختار = درخت ها را ۶. پس= دنبال ۷. نی = نیست ۸. دمات= داماد ۹.
مث = مثل ۱۰. امرو = امروز ۱۱. چیکِ = چیز ۱۲. جناق = شوهر خواهر زن ۱۳.
وُساد = وا ایستاد ۱۴. برا = برای ۱۵. چیطو = چه طور ۱۶. بیببینیش = ببینیش ۱۷.
همینا و = همین ها هست

翻字（ローマ字）：ye pādešāhī būd ye doxtar dāšt. albatte doxtar do se tā dāšt. yekīš xūb būd, mesle javānhāye hamān emrūz jagūn migašt. arslān šojā būd o delāvar būd. ammā dar jāī ke migašt, mesle ādam-e faqīr o ye ādam hamčīn xeilī bī raxt o miraxt. kačal būd. īn dar biyābūn ke dar mišod ye šekambe ī būd mikešīd be sareš mišod kačal. pādešā doxtarī dāšt, češeš be arslān mixord midīd ūn masalān bīmouqe hā ke xalvat ke mišod īn dar mišod bīrūn. dar mišod bīrūn doxtare āšeq-e īn kačal šod o ūn-am miraft har xāhānī ke dīe miāvordan ke pādešā. mīgoft īn kačale be dard-e to nemixore. mixām bedamet be felānī īn migoft na man faqat hamūn kačal mixām. enqadr pāīd pāīd dīe pādešā kareš rasīd be ye jāī rasīd ke tūye axtelāf oftād. oftād kačal boland šod šab-e ye asb-e bādī dāšt be qoul-e mā mādiyūn-e bādī dāšt. ūn šekanbe re kešīd be sar-e šou, kačal nabūd hā hamūn be nām-e kačal. ūn vasāyel-e jangī ke dāštan mitūnest be kār be keš, oftād ye bāqī būd banā kard be ūn šamšīr īn deraxtār rīxtan. doxtare mīpāīd doxtar-e pādešā mīpāīd. pāīd o āmad rad šod o raft īn gozašt raft pas kāraš. raft, ba'ad az moddatī dīd hājī bargašt goft man čī pādešā bargašt gof man marīzam agar berī šekār šekār bezanī, barāye man gūšt-e šekār bad nī doktor tabābat karde ke man bāyad gūšt-e šekār boxoram. ūn, čī, pādešā domāt-e dīge dāšt ūn, migam ke be zāheraš xeilī xeilī mes, čī amrū xodešū migereftō, miraft, īn ūmad gof berīn ye asb o bā ye xorjīn o nemīdūnam felān aslahe o čīke bedīn be in, čī, bere be šekār. kačal ham ke arslān būd, kačalam bargašt be zan-e xodeš goft borou be bābātam begū ye qāter šalle langī bā ye šamšīr šikaste ye xorjīn pāream be man bedan manam beram kale pāče ine jam konam var dāram biyāram ūn šekār mizane kale pā češim mā jam konīm var dārīm biyāram boxorīm. gof xeilī xūb. inā raftan. raftan raftan xūb ūn bā jenāqaš ke be hesāb xeilī jūr būd ūn be īn kačal mahal manzūr nemīzāšt. īnā raftan dar jāī jangalbānī dīd šekārī ūmad raft īn har kārī kard ke šikār bezane, tīr xālī kard tīraš be jāī naxord. kačalī peidā šod kačal hadaf geref do se tā šekār zad. do se tā šekār zad o xolāse bār o bandīlepū bast. ammā hamdīgar nemīšenāxtan. handīgar nemišenāxtan raftan ye jā čādorī zad arslān čādor zad, hālā hamīn kačal bāše, čādor zad o banā kard gūštā re var dāšt āvord dīd bājenāqe āmad, dīd bājenāq āmad. ine bājenāqe mišenāxt, in zad ettefāqān o bājenāqeš ine re nemišenāxt. goft čekār konīm če kār nakonīm, arslān bargašt ke hamīn kačal bāše, gof kale pāče be man bedīn tanašom māle šomā, albāqī mūšteš māle šomā. īn pūst o rūde o mūde o kale o jīgar o īnā bedard naxorā īnā bedīn be mā. gof xeilī xūb bāše. īnā qabūl kardan o kačal vosād. kačal vostād o ūn bājenāq raft. bājenāq raft hālā d-ge pādešā marīz šode be tourī pftāde ke dīge kūram šode mes mā dīge češm o čār nadāšt. raft o īn gūšt o mūštā. kāse hamsāde mā migīm. a īn kāse hamsāde doxtare vardāšt bord barā pādešā o xord dīd īn na. mazeī nemīde. az īn veram kačal rasīd īn kale pāče re poxt o īn kale pāče re be zaneš var dāšt goft borou īne bede be pedarat īn kāse hamsāde re borou beheš bede. pādešā vardāšt bord xord īn ham kūr būd ham marīz šefā gereft, xūb šod. xūb šod o dast kešīd be češmeš gof bah bah bah az īn kale pāče ajab mazeī dāre tof be tanaš mazeaš ne kale aš. ya'anī kara re migūyan ine pādešā ke marīz būd migoft. gof xeilī xub. ine vardār-m biyārīn, in kačal vardārīn biyārīn man azaš īn bad baxt būd īn bīčāre būd īn čitoin qadr dast in kale pāče xub maze dāre lazīz dāre īn hā. raft var dāšt āvord gof kačal vardāšt hamīn čī arslān, arslān vardāšt āvord dād gof xūb īn jariyūn či tourie? gof vallah jariyūn intourie. haqīqataše sohbat kard. gof ūn dāmādī ke to dāštī ūn behtarīn xoxtarete nemidūnam zīnato folonō be ūn komak kard hālā ke dīdī manam kačal būdam ādam-e badbaxtī nūdam ke xūb in kale pāče re dādam be ūnā var dāštan āvordan. gof are nagoft do mādet. nagof do mādet. gof ye hamčīn šaxsī gof az ūn šaxs če nešūnī dārī. gof man do nešūnī az ūn dāram. gof nešūnīš čie? gof man ye mohr īn var rūneš zadam. ye mohr ūn var rūneš zadam. gof bībīnīš mišenasīš. gof are. čī kard tūye mesle īn dehāt gaštan yārū re peidā kardan. āmad dīd hamīn bājenāqeš gof are hamīn šaxs. goftan ke xūb nešūnī gereftan loxteš kardan dīge. gereftan loxteš kardan dīdan bale īn kačal ke dāran migan, nešūnīš hamīnā o dorost migan. dāqīš ham az hamīn dāqiyā ke qadīm šāyad hamīn alān ham bāše ke lāstīk čī mikardan. časb mizanan māšīnā re. loxteš kard dīd are. bar gašt az ūnjā gof xāk bar sar-e man man bā do mād gereftanam faqat īn kačal be dard-e man mixore o tāj-e soltanat ro var dāšt gozašt sar-e īn kačal o goft šomā be xeir o mā ham be salāmat.

日本語訳：一人の王女のいる王がいた。いや、王女は二、三人いた。そのうちの一人は、美貌の持ち主で、今で言うところの不良娘（原文：ジゴロ）のようであった。アルスラーンは勇敢であった。しかし、人前では貧民のように汚い禿のふりをしていた。砂漠に入って、羊の胃袋をかぶって禿になるのだった。王には娘がいた。王女はアルスラーンを何度か見ていた。暇なときに外へ出ていたのだった。外に出て、この禿に恋をしてしまった。王女はこの禿を王のもとに連れていった。王は言った。

「この禿はおまえにはふさわしくない。嫁いでほしい相手がいるのだよ。」

王女は言った。

「私はこの禿がいいのよ。」

王女が禿の面倒を見ているので、とうとう王は怒ってしまった。禿は風のように走る自前の雌の子馬に乗って、胃袋をかぶって、禿になって出ていった。禿は戦争の道具（剣）も持っていた。庭園に行き、剣で木を切って見せた。王女も追いかけた。追いかけてそのまま続けさせた。しばらくして、王はこう言った。

「私は病に冒されている。誰か私のために狩りをして、獲物の肉をくれないか。肉ならいいと医者が言ったのだ。肉を食べたい。」

王には（別の王女の）婿がいた。（その婿である男は）外見も、今日でいうところの、何というか、とても立派で、高慢であった。この婿が言った。

「鞍のついた馬を一頭と武器を与えて下さい。狩りに行って来ます。」

本当はアルスラーンである禿も妻にこう言った。

「びっこをひいたロバと刃のこぼれた剣と破れた鞍をくれるように王に頼んでください。私も獲物の頭と足を持ってきてキャレパーチェ（煮込み料理）にしましょう。」

妻は言った。

「そうしましょう。」

二人は狩りに行った。婿の方はとても高慢だったため、禿に注意すら払わなかった。婿は森林官のいるところまで行って、獲物を見つけて、弓を放ったがなかなか当たらなかった。禿はというと、次々と獲物を倒し、二、三頭を捕らえた。二、三頭の獲物を捕らえ、荷物をまとめた。本当はアルスラーンである禿と婿はお互い同じ場所であると知らずに天幕を張った。禿は天幕を張って、獲物を見ていると、婿が来た。禿は婿を知っていた。ところが、婿は禿を知らなかった。そこで、婿は言った。

「どうしたものか、全然だよ。」

アルスラーンが化けた禿は言った。

「獲物の頭と足だけは私のものだが、その他の体の部分はあげましょう。肉はあなたのものです。皮、腸、胃袋、頭などの役に立たないところは私のものです。」

婿は言った。

「それはいい。そうしよう。」

二人はそうすることにした。禿は残り、婿は去っていった。婿は、帰った。王はというと、病気で目も見えなくなっていた。その肉を心待ちにしていた。異国の器[1]と我々は言うが、その器を王のもとへ王女が持って行った。王はそれを食べたが、それではないということがわかった。まずかったのである。その後、禿が帰ってきて、頭と足を煮込んだ。この煮込み料理を妻に渡して言った。

「これを持って王のところに行って下さい。異国の器に盛りつけて食べさせて下さい。」

王は、器を持ち上げて食べ始めた。すると、目が見えなかったのも治ってしまった。すっかり良くなり、目をこすり、言った。

「これはうまい。なんてうまいキャレパーチェなんだ。体の肉には唾をはきかけたが、頭はうまい。」

王の病気には、獲物の頭が効いたのである。王は言った。

「よくやった。禿を連れてきなさい。この不幸で憐れむべき禿がどのようにしてこのように美味しいキャレパーチェを作ったのか。」

禿が連れてこられ、つまり、アルスラーンが連れてこられた。王は言った。

「これはいったいどういうことなのだ。」

アルスラーンは言った。

「実はこういうことなのです。」

本当のことを話し始めた。

「あなたは婿を持っていますね。娘を嫁がせた名士の婿が。でも、不幸な禿の私が獲物の頭と足を持ってきたんですよ。」

驚いたことに婿は言った

「何か証拠でもあるのか。」

アルスラーンは言った。

「二つの証拠があります。」

すると、婿が言った。

「証拠とは何か。」

アルスラーンは言った。

「森林官と婿の両太股に判子を押しました。」

婿は言った。

「では、それを確認しに行きましょう。」

アルスラーンは言った。

「どうぞ。」

森林官は見つけだされ、婿もそれを確認した。服を脱がせてみると、禿が言ったとおり、判子が押されてあった。王は、帰って言った。
　「悲しいことに、私には二人の婿がいたが、この禿だけが役に立った。」
　そして、王冠を持って、禿の頭に置いて、こう言った。
　「そなたに幸あらば、私たちも平和である。」

　注
　1．直訳すると「異国の器」であるが、何を指しているのかは不明。

014

題　　名：کچل و دیو ／ 禿と悪魔
分　　類：本格昔話
ＡＴ番号：AT327「子どもと鬼」
録音箇所［収録時間］：002-015［02分00秒］
調　査　日：1998年10月02日
調　査　地：استان تهران، شهرستان ورامین، شهر پیشوا، روستای قلعه نو
　　　　　／テヘラン州ヴァラーミーン地方ピーシュヴァー地区ガルエノウ村

名　　前：مشهدی حسین الیکاهی ／ マシュハディー・ホセイン・アリカーヒー
年齢性別：65才、男性
職　　業：کشاورز ／ 農業
住　　所：استان تهران، شهرستان ورامین، شهر پیشوا، روستای قلعه نو
出　身　地：روستای قلعه نو ／ ガラエノウ村
伝　承　者：-

翻字（ペルシア語）：یکی بود یکی نبود، غیر از خدا هیچ کس نبود. فقط یک کچل بود یه مادر پیری داشت. این مادر (بیرون جلو) یه دونه ماده گاو

داشت. دیوی آمد، این پیر زن و دزدید. مادر این کچل دزدید. ور داشت برد کچل آمد، (مادره آمد به جای فرزند خودش، چی) پسره آمد به جای مادر خودش، خودشو گیر انداخت دست دیو. داد به دیو دیو ور داشت برد این را (به قول ما ها میگیم مطبخ) آشپزخونه. برد توی آشپزخونه، این کچل گذاشت توی دیگ. (چی مادر کچله. مادر کچله گذاشت تو دیگ) [کچل چپوند تو دیگ به حساب پختش کنه بخورتش] کچل می پایید[۱]. کچل می پایید، وقتی دیو در شد دو مرتبه بره، اینو چپوند اونجا به حساب پختش کنه بخورش. این هم این ور اون ور و نگاه کرد دید کسی نیست رفت پیرزنی مادر دیو بود مادر دیو گرفت چپوند توی دیگ یه دو تا چوب هم گذاشت زیرشو. بنا کرد سوختن دیو رفت گردش شو کرد این ور اون ور وقتی آمد، این کچل چه کار کرد، این کچل (یه شمشیر گذاشت یه مقدار یه شمشیر گذاشت یه مقدار نمک رفت تا) خودشو رسوند به اون بالا[۲] رفت. (شمشیر میبره دیگه نمک هم که شور دیگه). این رفت بالا بعداً دیو آمد. دیو آمد بنا کرد گشنش شد، بنا کرد از تو دیگ (بنا کرد) گوشتا رو خوردن. هی میخورد هی مزه مزه دهنش مزه می کرد میگفت به به به. عجب مزه ای میده این گوشت کچل هم گفت اره اره. کچل حقیقتش میگفت این مادر این تو دیگ بود میخورده فکر می کرد این کچله. گفت به به به عجب مزه داره [کچل هم می] گفت اره کس مادرت مزه مزه.

۱. پایید = نگاه کردن، مواظب بودن ۲ . بالا = سقف

翻字（ローマ字）：yekī būd yekī nabūd, qeir az xodā hīč kas nabūd. faqat yek kačal būde ye mādar-e pīrī dāšt. īn mādar bīrūn jelou ye dūne māde gāv dāšt. dīvī āmad, īn pīr zan o dozdīd. mādar-e īn kačal dozdīd. var dāšt bord kačal āmad, mādar āmad be jāī farzand-e xodeš, čī pesare āmade be jāye mādar-e xodeš, xodešo gīr andāxt dast-e dīv. dād be dīv dīv var dāšt bord īn rā be qūl-e mā hā migīm motbax āšpazxūne. bord tūye āšpazxūne, īn kačal gozāšt tūye dīg. čī mādar-e kačale. mādar-e kačale gozāšt tū dīg kačal mipoīd. kačal mipoīd, vaqtī dīv dar šod do martabe bere, inō čapūnd ūnjā be hesāb-e poxteš kone boxoreš. in ham in var un var o negā kard dīd kasī nīst raft pīrzanī mādar-e dīv būūd mādar-e dīv gereft čapūnd tūye dīg ye do tā čūb ham gozašt zīre šou. banā kard sūxt banā kard sūxt dīv raft gardeš šu kard īn var ūn bar vaqtī āmad, īn kačal če kār kard, īn kačal ye šamšīr gozāšt ye meqdār ye šamšīr gozāšt ye meqdār namak raft tā xodešo rasūnd be ūn bālā raft šamšīr mibore dīge namak ham ke šūr dīge. īn raft bālā ba'adān dīv āmad. dīv āmad banā kard gošneš šod, bonā kard az tu dīg banā kard gūštā ro xordan. hei mixord hei maze maze dahaneš maze mikard migoft bah bah bah. ajab mazeī mide īn gūšt-e kačal ham goft are are. kačal haqīqataš migoft īn mādar īn tū dīg būd mixorde fakr mikard in kačale. gof bah bah bah ajab maze dāre gof are kos-e mādarat maze maze.

日本語訳：昔々、神の他に誰もいなかった頃。禿とその母親がいた。母親は雌の牛を持っていた。悪魔が来て、その老女をさらおうとした。禿の母親をさらおうとした。ちょうど、禿が帰ってきて、母親の代わりに、悪魔の手につかまった。悪魔は禿を連れていった。悪魔は禿を台所に連れていった。台所に連れていき、禿を鍋に入れた。［悪魔は料理しようと禿を鍋に入れた。］禿は辺りを見渡した。見渡していると、悪魔は禿を食べようと鍋に入れたまま、もう一度外に行った。さらに、禿があちこちと見ていると、悪魔の母親である老女を見つけた。悪魔の母親を捕まえて、鍋に入れて薪を二つ置いて、火を点けた。悪魔が外から帰ってきたので、禿は天井に隠れた。天井に隠れていると、悪魔が現れた。悪魔はお腹が空いていたので、鍋の肉を食べ始めた。どんどんと美味しそうに食べて、「うまい、うまい、うまい。なんて美味しいんだ。」と言った。そこで禿は、「そうだろう、そうだろう。」と言った。そしてほくそ笑んでいた。鍋の中の母親の肉を禿だと思って食べているわ、と。悪魔が、「なんて美味しいんだ。」と言うたびに、禿は「おまえの母親の陰部はうまいか。」と言った。

015

題　　名：قصه در مورد کچله و دیو (کچل و دیو) ／ 禿と悪魔の物語

分　　類：本格昔話

ＡＴ番号：AT327「子どもと鬼」

録音箇所［収録時間］：002-032［03分25秒］

調 査 日：1998年10月12日

調 査 地：استان تهران، شهرستان ساوجبلاغ، شهر هشتگرد، روستای برغان ／

テヘラン州サーヴォジボラーグ地方ハシトゲルド地区バラガーン村

名　　前：عبّاس خوشخو ／ アッバース・ホシュフー

年齢性別：37才、男性

職　　業：آزاد ／ 自由業

住　　所：استان تهران، شهرستان ساوجبلاغ، شهر هشتگرد، روستای برغان

出 身 地：روستای برغان ／ バラガーン村

伝 承 者：پدر ／ 父親

翻字（ペルシア語）：یکی بود یکی نبود بعد یه زن و شوهر بود[1] (بودند) بچه نداشتن. بچه نداشتن بعد تا یه روزی خدا میاد و میگه که از [به] شوهره میره باغ. [زن] میگه که کجا میری؟ میگه میخوام برم باغ. زنم میگه من نون میبندم[2]. میگه خیلی خوب. میخوای نون ببندی (از) ناهار من هم هر چه درست میکنی بیار باغ بده. میگه باشه. میاد و بالاخره، یه هفتا دونه نخود پاک میکنه که آب گوشت درست بکنه. این هفتا نخود پوست میکنه. [از قدرت خدا] هفتاش میشه پسر. میگه بابا من یه دونه پسر میخوام. هفتا پسر و میخوایم چه کار کنیم. بالاخره اینا رو جارو میکنه و میکنه تو تنور. از این بس[3] ظهر میشه ومیخوان ناهار بخورن و میبینه کسی نیست ناهار بر داره برای باباه ببره. یهو کچله از تو تنور در میاد. میگه ننه ننه من هستم. من ناهار باباه رو میبرم. [ننه خوشحال میشه و] میاد و میگه که پسر جون فلون جا میری، درخت خرماهه. نری درخت خرما، خرما بخوری یه دونه دیو هست میاد میبره تو رو. میگه نه. این میره و میره رو درخت خرما. کچله میره به درخت خرما و خرما میخوره و بالاخره از این برم آقا دیوه میاد. میگه که کچلک یه خرما بده بخوریم. میگه هستکش تو گوشتکش منی[4]. (به زبان روستای میکه. گوشتش مال من هستش مال تو.) بعد [دیو] میگه که جیر[5] میکشم بالا میکشم میبرمتا. میگه هر کاری میتونی بکن. بالاخره دو بار سه بار. بار اول [دیو آن را] میذره تو توره[6] بر میداره میره. (میره و بار اول اونو میذره تو توره بر میداره میره). فلان جا (وسط راه میگه خیلی) کچله از تو توبره میگه دستشویی دارم. میگه باشه بریم دستشویی. این [کچل هم] در کیسه رو وا میکنه میاد پایین، هر چه گَوَن[7] دم دستش بوده میکنه میریزه تو کیسه. کچل کور و مور میره دیگه، (دیگه کور و مور میره دیگه) [دیو هم] میگه اینقدر تیر نزن کچلک. این هیچی نمیگه چون گون که زبون نداره که بر میداره میره. میره میره بالاخره تا این میشه که دیوه بالاخره بایست[8] اینو درست بکنه بخوره دیگه. (میگه خوب گونم میخوایم) [اما وقتی در توبره رو باز میکنه میبینه جا تره و کچله نیست]. دو باره بار دوم میشه [کچله] میاد، میره رو درخت خرما. دیوه میاد میگه (گون) [خرما] بده ندی خودتو میبرم. میگه هستکش منی گوشتکش توی. بالاخره دوباره همون کول میکنه و میبره این سری میبره خونه به ننه

میگه که. ننه میگه چیه؟ میگه پسر کچله رو آوردم. بگو که من میرم بیرون بگو بیا بخواب رو زمین من سرتو شونه بزنم. ال کنم بل کنم[۹] سرشو ببر برای من بار کن ظهر میام بخورم. بالاخره ظهر میشه و (کچل) [دیو] میاد و ناهار بخوره، میره سر دیگ که ناهار بخوره میبینه که ننه تو دیکه[۱۰]. کچله هم دسته کلید ورداشته و به جون دیو که شیشه است، برده رو پست بوم و [دیوه] میگه که اصا[۱۱] ببینیم این گوشته چیه. [هی میخوره و میگه] به به گوشت کچله چه مزه داره نمیدونست که ننش بوده. بالاخره دیوه [میفهمه که این گوشت ننشه] تا میره بالا [کچل] رو بگیره، [کچل] میگه بانا بیای، جونت دست منه شیشه دست منه میزنم پایین میشکنمش این بالاخره میره بالا میره بالا اونم شیشه رو میزنه پایین میشکنه و کچله که یه آس و پاس بوده صاحاب[۱۳] ثروت میشه دیگه. صاحاب خونه و زندگی و دیوه چی میشه دیوه هم میمیره.

۱. بود = بودند ۲. میبندم = میپزم ۳. از این بس = از این طرف ۴. منی = مال من ۵. جیر = فریاد ۶. توره = توبره ۷. گَوَن = یک نوع خار ۸. بایست = بایسته ۹. ال کنم بل کنم = این کار بکنم و اون کار بکنم ۱۰. دیکه = دیگ ۱۱. اصا = اصلاً ۱۲. بانا = بالا ۱۳. صاحاب = صاحب

翻字（ローマ字） : yekī būd yekī nabūd ye zan o šouhar būd bačče nadāštan. bačče nadāštan bad tā ye rūzī xodā miyād o mige ke az šouhare mire bāq. mige ke kojā mirī? mige mixām berem bāq. zanam mige man nūn mibandam. mige xeilī xūb. mixāī nūn bebandī nāhār-e man ham har če dorost mikonī biyār bāq bede. mige bāše. miyād o bālāxare, ye haftā dūne noxod pāk mikone ke ābgūšt dorost bekone. īn haftād noxod pūst mikone. haftāš miše pesar. mige bābā man ye dūn e pesar mixām. haftā pesar o mixāīm če kār konīm. bālāxare īnā ro jārū mikone o mikone tū tanūr. az īn bas zohr miše o mixān nāhār boxoran o mibine kasī nīst nāhār bar dāre barāye bābāh bebare. yahū kačale az to tanūr dar miyād. mige nane nane man hasntam. man nāhār bābāh ro mibaram. miyād o mige ke pesar jūn felūn jā mirī, deraxt-e xormāhe. narī doraxt-e xormā, xormā boxorī ye dūne dīv hast miyād mibare to ro. mige na. īn mire o mire rū deraxt-e xormā. kačale mire be deraxt-e xormā o xormā mixore o bālāxare az īn beram āqā dīve miyād. mige ke kačalak ye xormā bede boxorīm. mige hastakeš to kūštakeš menī. be zabān-e rūstāī mige. gūšteš māl-e man hasteš māl-e to. ba'ad mige ke xīr mikešam bālā mikešam mibarametā. mige har kārī mitūnī bokon. bālāxare dobār sebār. bār-e avval mizare tū tūre bamīdāre mire. mire o bār-e avval ūnō mizare tū tūre ba midāre mire. felān jā mire xeilī kačal az to tūbre mige dastšūī dāram. mige bāše berīm dastšūī. īn dar kīse ro vā mikone miyād pāīn, har če gavan dam-e dasteš būde mikone mirīze tū kīse. kačal kūr o mūr mire dīge, dīge kūr o mūr mire dīge mige īnqadr tīr nazan kačalak. īn hīčī nemige čūn gūn ke zabūn nadāre ke bar midāre mire. mire mire bālāxare tā īn miše ke dīve bālāxare bāīst ino dorost bokone boxore dīge. mige xub gavan-am mixāim. do bāre bār-e dovvom miše miyād, mire rū deraxt-e xormā. dīve miyād mige gavan bede nadī xodeto mibaram. mige hastekeš manī gūštekeš toi. bālāxare dobāre hamūn kūl mikone o mibare īn sarī mibare xūne be nane mige ke. nane mige čie? mige pesar-e kačale ro āvordam. bogū ke man miram bīrūn bogū biyā bexāb rū zamīn man sar-e to šūne bezanam. al konam bel konam īm kār bokonam o ūn kār bokonam sarešo bebar barāye man bār kon zohr miyām boxoram. bālāxare zohr miše o kačal miyād o nāhār boxore, mire sar-e dīg ke nāhār boxore mibine ke nane tū dīke. kačale ham daste kelīd vardāšte o be jūn-e dīv ke šīše ast. borde rū pošt-e būm o mige ke asā bebīnīm īn gūšte čie. bah bah gūšte kačale če maze dāre nemīdūnest ke naneš būde. bālāxare dīve tā mire bālā rū begīre, mige bānā biyāī, jūnet dast-e mane šīše dast-e mane mizanam pāīn mišekanemeš īn bālāxare mire bālā mire bālā ūnam šīše ro mizane pāīn mišekane o kačale ke ye ās o pās būde sāhāb-e serbat miše dīge. sāhāb-e xūne o zendegī o dīve čī miše dīve ham mimire.

日本語訳：あったことかなかったことか。子供のいない夫婦がいた。子供がいなかったが、神のお告げで、夫は庭園へ行った。妻が、「どこへ行くのか。」と尋ねると、夫は、「庭園に行く。」と答えた。

妻は言った。

「私はナンを焼いておきます。」
夫は言った。
「わかった。ナンを焼いたら、何でもいいので料理して庭園に届けておくれ。」
妻は言った。
「いいわよ。」
妻は、七つのエンドウ豆を洗って、アーブグーシュトを料理した。七つのエンドウ豆の皮をむくと、七人の男の子になった。妻は言った。
「男の子を一人だけ欲しいのに、七人もいたらどうしましょう。」
そして、この子たちを箒ではいて竈に入れた。昼になって昼ご飯の時間になり、夫にご飯を届けてくれる者はいないかと思っていると、竈から禿の子供が出てきて言った。
「お母さん、お母さん、僕だよ。僕がお父さんのお弁当を届けます。」
妻は言った。
「坊や、あそこの椰子の木のところに行くのよ。連れていってあげましょう。」
禿は言った。
「一人で行けるよ。」
禿は、椰子の木に向かって行った。そこで椰子の実を食べていると悪魔がやって来た。そして、言った。
「禿よ、私に椰子の実をくれ。一緒に食べよう。」
すると、禿は言った。
「種はおまえのもので、実は俺のものだ。」
悪魔はさらに叫んで言った。
「さらってしまうぞ。」
禿は言った。
「どうぞお好きなように。」
二、三回さらわれるのであるが、最初、悪魔は禿を獲物袋に詰めこんで持

ち上げた。禿は獲物袋の中から言った。

「便所に行きたいです。」

悪魔は言った。

「いいよ、では便所に行こう。」

禿は袋を開けて出てきた。そして、周りにあった茨を袋に詰めた。禿は、こっそりと逃げた。

悪魔は言った。

「禿め、おとなしくなったな。」

茨は口を利けないので静かだったが、悪魔はそれを持って行った。悪魔が料理をして食べようとした。（そして、禿がいないことに気がついた。）そこで、もう一度、椰子の木に行った。悪魔は再びやって来て言った。

「椰子の実をよこせ。さもないとさらっていくぞ。」

すると禿は言った。

「種はおまえのもので実は俺のものだ。」

そして、再び悪魔は禿を担いで、家で首を切ってしまおうとした。悪魔は家に帰って、母親に向かうと、母親は「なんだい。」と言った。悪魔は言った。

「禿の子供を捕まえてきました。外に出てきます。」

悪魔の母親は言った。

「そこで寝ておきなさい。櫛でといてやると言いなさい。」

悪魔は言った。

「では、ああしてこうして私の代わりに頭を切って運んでおいてください。昼になったら食べましょう。」

昼になり、悪魔が昼ご飯を食べようと帰ってきて、禿の代わりに母親が入っている鍋に近づいた。禿は、鍵の束を見つけて、屋根の上から悪魔の魂であるガラスを持ってきていた。

悪魔は肉が母親に変わっていることを知らずこう言った。

「さあ禿の肉だ。おいしそうだなあ。」

でも、母親の肉であることに気づき、禿を捕まえようと屋根の上に上がった。禿は言った。
「上がってこい。おまえの命はこの手の中だ。」
　そして、瓶を下に叩きつけて割った。こうして、一文無しの禿は金持ちになった。家も持ち、人生も花開いた。悪魔はというと、死んでしまった。

016

題　　名：حسن کچل و غول　／　禿のハサンと巨人
分　　類：本格昔話
ＡＴ番号：AT327「子どもと鬼」
録音箇所［収録時間］：004-027［03分44秒］
調　査　日：1998年11月03日
調　査　地：استان مازندران، شهرستان آمل، محلّه چاکسر　／　マーザンダラーン州アーモル地方チャークサル地区

名　　前：جواد وفاخواه　／　ジャヴァード・ヴァファーハーハ
年齢性別：27才、男性
職　　業：برق کار　／　電気工
住　　所：آمل، خ. شهید بهشتی
出身地：آمل　／　アーモル
伝承者：پدربزرگ　／　祖父

翻字（ペルシア語）：آقای حسن کچل، یه جوونه. خیلی بیکارو تببل و تن پروری بود پیش مـادر بزرگش زندگی مـیکرد. اینم روزا رو بیکار و ایلون ویلون[1] میگشت تو خیابونا. بعد، مادربزرگش میگفتش برو دنبال کار فلان اینا. این زد از خونه رفت بیرون. گف آقا من نمیتونم کار کنم فلان اینا از

اینجا رفت. آقا داشت میرفت بیرون، خلاصه یه مسافتی رو رفت یه دو روز سه روز همینطور بیکار و علاف[2] داشت میرفت، تو راه داشت می رفت دید یه اسبی داره اونجا میره. اسب داشت اونجا چرا میکرد تو چراگاه، یه چند تا تار موی دم اسبو میکنه. بعد میذاره به جیبشو. راه میافته میره. میره بعد میبینه، یه قورباغه داره خلاصه یه مسافتی میره میبینه تو یه برکه ای یه قورباغه ای هست، اون قورباغه ر میداره میذاره، میذاره تو جیبشو، راه میافته میره. خلاصه، یه مقدار دیگه که میره یه دو روزی دیگه که راه میره میبینه یه خرده آرد ریخته رو زمین آرد و اینجور چیزا ریخته بود، یه مشت آردم و ورمیداره میذاره تو جیبش و بر میداره میره. خلاصه، یه چند روزی که میگذاره میره، تو این وسط سر راش میخوره به یه غول. یه غول جلوش میگیره ای پسر کجا داری میری. اسمت چیه، فلان. من حسن کچلم. اره، سر گذشته داستانم اینه فلان اینا. گفت نه تو اینجوری اینا ر دروغ من خلاصه باید تو رو بخورم یا مثلاً باید تو رو از بین ببرم یه جوری. گف آقا از کشتن من چه چیز عایدت میشه. بیا با هم مسابقه میذاریم. اگه شما بردی، بیا منو بخور. یا مثلاً من در اختیار شما هستم. اگه نه که هیچی منه ول کن. بذار من برم. گف باشه. گف اولین مسابقمون؟ گف غوله به حسن کچل گف من دست میکنم، توی تنم تو موهای تنم یه دونه ساس[3] در میارم از تو تنم. تو هم دست کن تو تنت یه ساس در بیار ببین مال کی بزرگتره. آقا اون غوله دست میذره زیر بغلشو خلاصه چون کثیف بوده فلان اینا. یه دونه ساس خلاصه به زور پیدا میکنه میاندازه جلوی حسن کچل، حسن کچل میگه بابا اینه ساست؟ اینه ساست؟ میگه بله دیگه. حسن کچل دست میکنه تو جیبش، غورباغه ر در میاره میاندازه بیرون، میگه ساس من اینه. غوله میبینه عجب ساس بزرگی فلان. اینجا عقب نشینی میکنه غوله. خلاصه غوله گفت این سنگو میبینی، گفت من میزنم اینه خوردش میکنم تو هم اون سنگو بزن خوردش کن. حسن کچل گفت باشه. آقا غوله مشتشه میزنه روی سنگ. سنگ خلاصه نرم میشه و ولی خوب اونجور پودر نمیشه. حسن کچل خیلی سریع و فرز وقتی مشتِ میزنه سنگ اون اردار و میریزه پیش سنگ و میگه آقا اِ من زدم این سنگارو آردش کردم فلان خوردش کردم. اینجام از غوله میبره. مسابقه رو. غوله میگه که من دست میکنم موی تنمو میکنم،

مال هرکی بزرگتره. حالا جریانات که من تعریف میکنم، تو یه اتاقی یا یه حموم بزرگی اتفاق افتاده بود، غوله اینو برده بود یه جائی تو اتاق خودش، یه جایی تو یه غاری. خلاصه، میگه من دست میکنم توی تنم یه مو (ور) میکنم از تنم ببینم موی تنِ تو بزرگتره یا مال من. حسن کچل قبول میکنه میگه باشه. آقا این دست میذاره زیر بغلشو خلاصه این ور اون ور یه تار مو از تنش میکنه، میذاره جلوی حسن کچل، حسن کچلم میبینه بابا این موهای تنش خیلی بزرگه چی کار کنه. دست میذاره تو جیبش اون موهای دم اسبی رو که ور داشته بوده رو میکنه. میگه اره، این موی تن منه فلان. اینجام از غوله میبره. خلاصه اینجا غوله عصبانی میشه و خیلی فریاد بزرگی میزنه نعره میکشه طوری که این فشار باد صدای غوله این حسن کچلو پرتاب میکنه میبره طرف در و دیوار و فلان اینا. حسن کچل (میچسبه) میچسبه به سقف. میگه ها چی شد؟ رفتی اون بالا! گف بابا چی میگی تو چی من اون سوراخا رو دارم میگیرم. که وقتی من فریاد کشیدم، تو از این سوراخا در نری. و اینم (داستان) پایان داستان بود.

۱. ایلون ویلون = بیکار و بی برنامه ۲. الاف = علاف ۳. ساس = شپش

翻字（ローマ字）：āqāye hasan kačal, ye javūne. xeilī bīkāro tambal o tan parvarī būd pīše mādar bozorgeš zendegī mīkard. īn-am rūzā ro bīkār o eilūn veirūn mīgašt tū xiyābūnā. ba'ad mādarebozorgeš migofteš borou donbāl-e kār-e felān īnā. īn zad az xūne raft bīrūn. gof āqā man nemītūnam kār konam felān īnā az injā raft. āqa dāšt miraft bīrūn, xolāse ye mosāfetī ro raft ye do rūz se rūz hamīntour bīkār o alāf dāšt miraft, tū rāh dāšt mīraft dīd ye asbī dāre ūnjā mire. asb dāšt unjā čerā mikard tū čerāgāh, ye čand tā tār-e mūye dom-e asbo mikane. ba'ad mizare be jībešo. rāh miyofte mire. mire ba'ad mibīne, ye qūrbāqe dāre xolāse ye mosāfetī mire mibīne tū ye berkeī ye qūrbāqeī hast, ūn dūrbāqe ra midāre mizāre, mizare tu jībešo, rāh miyofte mire. xolāse, ye meqdār dīge ke mire ye do rūzī d-ge ke rāh mire mibīne ye xorde ārd rīxt rū zamīn ārd o injūr čīzā rīxte būd, ye mošt ārd-am o var mīdāre mizāre tū jībeš o bar mīdāre mire. xolāse, ye čand rūzī ke migozare mire, tū īn vasat sar-e rāš mixore be ye qūl. ye qūl jelouš migīre ei pesar kojā dārī mirī. esmet čīe, felān. man hasan kačalam. are, sar gozašte dāstānam ine felān īnā. gof na to injūrī īnā re dorūq man xolāse bāyad to ro boxoram yā masalān bāyad to ro az bein bebaram ye jūrī. gof āqā az koštan-e man če čīz eāyadat miše. biyā bā ham mosābeqe mizarīm. age šomā bordī, biyā mono boxor. yā masalān man dar axteyār-e šomā hastam. age na ke hīčī mane vel kon. bezār man beram. gof bāše. gof avvalīn mosābeqemūn? gof qūle be hasan kačal gof man dast mikonam, tūye tanam tū mūhāye tanam ye dūne sās dar miyāram az tū tanam. to ham dast kon tū tanat ye sās dar biyār bebīn māle kī bozorgtare. āqā ūn qūle dast mizare zīre baqalešou xolāse čūn kasīf būde felān īnā. ye dūne sās xolāse be zūr peidā mikone miandāze jelouye hasan kačal, hasan kačal mige bābā ine sāset? ine sāset? mige bale dīge. hasan kačal dast mikone tū jībeš, qūrbāqe re dar miyāre miyandāze bīrūn, mige sās-e man ine. qūle mibīne ajab sās-e bozorgī gelān. injā aqab nešīnī mikone qūle. xolāse qūle goft īn sango mībīnī, goft man mizanam īne xordeš mikonam to ham ūn sango bozan xordeš kon. hasan kačal goft bāše. āqā qūle mošteše mizane rūye sang. sang xolāse narm miše o valī xūb ūnjūr pūdr nemiše. hasan kačal xeilī sarī o ferz vaqtī mošt-e mizane sang-e ūn ardār o mirīze pīše sang o mige āqā a man zadam īn sangāro ārdeš kardam felān xordeš kardam. injā az qūle mibare. mosābeqa ro. qūle mige ke man mikonam mūye tanemū mikanam, māl-e harkī bozortare. hālā jariyānāte ke man ta'arīf mikonam, tū ye hammūm-e bozorgī ettefāq oftāde būd, qūle ino borde būd ye jāī tū otāq-e xodeš, ye jāye tū ye qārī. xolāse, mige man dast mikonam tūye tanam ye mū var mikonam az tanam bebīnam mūye tan-e to bozorgtar yā māle man. hasan kačal qabūl mikone mige bāše. āqā īn dast mizāre zīre baqalešo xolāse īn var ūn var ye tār-e mū az taneš mikane, mizāre jelouye hasan kačal, hasan kačal-am mibīne bābā īn mūhāye tanaš xeilī bozorge če kār kone. dast mizāre tū jībeš ūn mūhāye dom-e asbī ro ke var dāšte būde rū mikone. mige are, īn mūye tan-e mane felān. īnjām az qūle mibare. xolāse īnjā qūle asabānī miše o xeilī faryād-e bozorgī mizane na'are mikeše tourī ke īn fešār-e bād-e sedāye qūle īn hasan kačalo partāb mikone mibare taraf-e dar o dīvār o felān inā.

hasan kačal mičasbe mičasbe be saqaf. mige hā čī šod? raftī ūn bālā gof bābā čī migī to čī man ūn sūrāxā ro dāram mīgīram. ke vaqtī man faryād kešīdam, to az īn sūrāxā dar narī. va īn-am dāstān-e pāyān-e dāstān būd.

日本語訳：禿のハサンという若者がいた。とても怠け者で、仕事もせずに祖母と一緒に住んでいた。ある日、ハサンが暇そうにぶらぶらと道を歩いていると、彼の祖母が言った。

「仕事をしなさい。」

すると、ハサンは家を飛び出して言った。

「私は仕事ができない。」

そして出ていった。ハサンは出ていき、しばらく歩いているうちに、二日、三日と過ぎたが、仕事もせずぶらぶらとしていた。道の途中で、馬に出会った。馬は牧草地で草を食べているところであった。ハサンは馬の尻尾の毛を数本抜いて、ポケットに入れて、また歩き出した。しばらく歩くと、今度はカエルを見つけた。ハサンはカエルをポケットに入れ、また歩き始めた。二日ほど歩くと、道に小麦粉が一握り落ちていた。ハサンは一握りの小麦粉を掴んでポケットに入れた。数日がたち、道の真ん中で巨人に出会った。（巨人はハサンの）前に立ちはだかって言った。

「少年、どこへ行くのだ。名は何という。」

ハサンは答えた。

「禿のハサンだ。これこれこういうわけでここに来た。」

巨人は言った。

「それは嘘だろう。おまえを食べてやる。殺してやる。」

ハサンは言った。

「私を殺して一体何の得になるのか。さあ、私と勝負をしよう。私に勝ったら私を食べるがいい。言うことを聞きましょう。もし、負けたらあきらめるがいい。私を通してください。」

巨人は言った。

「わかった。」

ハサンは言った。

「最初の勝負を何にしよう。」

巨人は言った。

「体の中に、毛の中に手を突っ込んでシラミを取り出す。おまえも体に手を突っ込んでシラミをとるがいい。大きい方が勝ちだ。」

巨人は、脇の下に、そこが汚いところだったので、手を突っ込み、シラミを一匹無理矢理見つけて禿のハサンの前に置いた。禿のハサンは言った。

「え、これがシラミですか。」

巨人は言った。

「ああ、シラミだ。」

禿のハサンは、ポケットに手を入れて、カエルを取り出して言った。

「これが私のシラミだ。」

巨人は、「なんて大きなシラミだ。」と驚いた。さて、巨人は一歩後退である。巨人は言った。

「この石を見ろ。これを砕いて見ろ。」

禿のハサンは言った。

「いいでしょう。」

巨人は拳で石を叩いた。石はへこんだが、粉々にはならなかった。ハサンは素早く石を叩き、小麦粉を石の前に蒔いて言った。

「それ、この石を叩いて粉にしたぞ、砕いたぞ。」

また、ハサンは巨人に勝った。勝負に勝った。巨人は言った。

「体に手を突っ込んで、毛を抜く。どちらの毛が大きいかで勝負だ。」

さて、この勝負は大きな部屋かハンマームで行われていた。巨人がハサンを連れてきていたのである。洞穴かどこかへ。

巨人は言った。

「手を体に突っ込んで毛を抜くぞ。どちらの毛が大きいかなあ。」

ハサンは了解して言った。

「わかった。」

巨人は体に手を突っ込んで、ごぞごそと探して毛を抜き、禿のハサンの前に置いた。ハサンは、その毛を見て、「大きな毛だ。どうしよう。」と思ったけれども、ポケットに手を突っ込んでみると、馬の尻尾の毛を持っていたのであった。それを取り出して言った。

「これが私の毛だよ。」

　また、ハサンは巨人に勝った。とうとう、巨人は怒りだし、大声で吠えて泣き出した。その声の衝撃で禿のハサンは扉や壁に吹き飛ばされ、天井に張り付いた。巨人は言った。

「そんな高いところで何をしている。」

　ハサンは言った。

「何を言っているのだ。この穴をふさいでいるのだよ。私が叫んで、（驚いて）おまえがここから逃げられないようにね。」

　これでお話はおしまい。

017

題　　名：پسر شاه پریّون／妖精の王子
分　　類：本格昔話
ＡＴ番号：(AT425B「魔法を解かれた夫、魔女の課題」)
録音箇所［収録時間］：004-017［05分11秒］
調　査　日：1998年10月30日
調　査　地：استان تهران، شهر ری، روستای طالب آباد／テヘラン州レイ市ターレバーバード村

名　　前：مهدیه اکبری／マフディエ・アクバリー
年齢性別：20才、女性
職　　業：محصّل／学生
住　　所：استان تهران، شهر ری، روستای طالب آباد
出　身　地：روستای طالب آباد／ターレバーバード村
伝　承　者：قدیمیان／昔の人たち

翻字（ペルシア語）: زمان های قدیم، یه حاکمی بوده. این حاکم سه تا دختر داشته. (یکیشون) از سن ازدواج این سه تا گذاشته بوده. یه روز تصمیم میگیرن سه تا خربزه داخل یه سینی بزرگی میذارن، یکیشون، یکی از اون خربزه ها پلاسیده، یکیشون نیم پلاسیده، یکیشون هم تازه. روی اینا پارچه

میاندازم، میدن به خدمتکار پدرشون و میبره پیش پدرشون. پدرشون از این کار دخترا ناراحت میشه. وزیرشون میگه که احتمالاً اینا یه هدفی داشتن. یه قصدی داشتن از این کارشون. به خاطر همین پیگیری میکنه، جستجو میکنه میبینه قصدشون این بود که اینا هنوز ازدواج نکردن، پیر شدن. پدرشون قرار میذاره یه روزی رو همه جمع میشن دختر اولی ر میده به پسر وزیر سمت راستی. دختر دوم میده به وزیر پسر وزیر سمت چپی، و دختر سومی رم قرار میذاره که یه بازی رو هوا بدن، و اون باز هر جا که (هر) رو شونهٔ هر کسی که نشست، اون نفر همسر این دختر سوم بشه. بازو هوا میدن سه مرتبه. این سه مرتبه رو یه اسبی میشینه. حاکمم ناراحت میشه و دخترشو اون اسب و میبره داخل اصطبل جا میکنه. دختر همینطوری که داشته گریه میکرد از این کار پدرش ناراحت شده بوده، اون اسبه شروع میکنه صحبت کردن میگه نترس من پسر شاه پریونم. مادرم میخواسته منو بده به دختر خالم. من نمیخواستم خودم و شکل اسب در آوردم و فرار کردم. بعد با دختر فرار میکنن و میرن تو داخل یه جنگلی زندگی میکنن، و اون پسر شاه پریون از حالات اسبی بیرون میاد، و شکل یک انسان معمولی میشه. چند مدت میگذره، حاکم، با دو دخترو وزرا و همسرای دختر ایشون، میان جنگل شکار. (دخترا، دختر) دختر ر میبینن و میگن چی شده؟ اره، جریان از این بوده که همسرم خودش و شکل اسب در آورده، حالا از اون شکل بیرون آمده داریم زندگی می کنیم. اونا بهش میگن که پوست اون اسب و بسوزون که شوهرت دیگه به شکل اسب بر نگرده. بعد دختر هم همین کار رو میکنه. وقتی همسرش بر میگرده از این کار دختر ناراحت میشه و میگه که من شکل کبوتر میشه، و بهش میگه که تو باید از هفت عصای آهنی، هفت کفش آهنی بپوسونی تا منو پیدا کنی. و میره. دختر هفت کفش آهنی و هفت عصای آهنی میپوستونه به آخر هفتمی که در حال پوسیدن بوده میرسه. به یه جای برمیخوره دم یه رودخونه ای میرسه، یه دختر بوده داشته با سطل آب میبرده. بعد دختر تا اینو میبینه که زود برو اگه بوی ترو بشنون به مشامشون بخوره ترو میکشن. دختر همین حین که داشتن صحبت میکردن، پسر شاه پریون که همسر این دختر باشه، سر میرسه. و دخترو شکل یه سوزن در میاوره و به یقش میزنه. بعد میرن

(پیش مادر حاکم) پیش مادر پسر شاه پریون، و ایشون میگه که بوی آدمیزاد میاد. (دختر) پسر میگه که نه همچین چیزی نی، مادرش میگه نه بوی آدمیزاد میاد. میگه من یه حقیقت بهت می گم ناراحت نشی کاری نکنی؟ میگه نه. بعد جریان و میگه که این دختر رو شکل سوزن در آورده، دخترو به شکل معمولیش بر می گردونه، یه روزی مادر پسر شاه پریون تصمیم میگیره که دختر رو از بین ببره. به خاطر همین پیغامی رو بهش میده میگه ببر بده به خواهرم این پیغام و ایشون هم یه چیزی بهتون میدن، تو برگردون بیار بده به من. این دختر میره بین راه، شوهرش از تصمیم مادرش را با خبر میشه و دخترو شکل یک درختی در میاره، و خودشو شکل مار. مادر چند نفر میفرسته دنبال اون دو نفر. متوجه میشه که اون دونفر فرار کردن میفرسته دنبال این دو نفر. اینا هرچی میگردن پیدا نمیکنن، برمی گردن، مادر پسر میگه که اینا شکل خودش و پسر من شکل مار در آورده، عروسمو شکل یک درخت در آورده. اینا بر میگردن در همون حین که اینا برگشته، برگردن، پسر خودش و شکل یه رودی در میاره، دختر و شکل کوهی از سوزن. اینا برمیگردن میان هرچی میگردن میبینن درخت و ماری نی، باز برمیگردن. مادر میگه که مادر پسر میگه که دختره شکل کوهی از سوزن در شده پسر من شکل یه رود. اینام میان و پسر خودش و شکل یک پیر مرد در میاره. و دخترو شکل کوهی از نمک. اینا میان چون که قبل از اون از کوه سوزن رد شده بودن، و از کوه میخوان نمک رد شن پاشون می سوزه و برمی گردن. بعد از فکر اون که دیگه دنبال اینا بیان منصرف میشن. و دختر و پسر میرن در همون جنگل زندگی میکنن.

翻字（ローマ字）：zamān hāye qadīm, ye hākemī būde. īn hākem se tā doxtar dāšte. yekīšūn az sen-e ezdevāj-e īn se tā gozašte būde. ye rūz tasmīm mīgīran se tā xarboze dāxel-e ye sīnīye bozorgī mizāran, yekīšūn, yekī az ūn xarboze hā pelāsīde, yekīšūn nīm pelāsīde, yekīšūn ham tāzeh. rūye īnā pārče miandāzam, midan be xedematkār-e pedarešūn vamibare pīše pederešūn. pedarešūn az īn kār-e doxtarā nārāhat miše. vazīrešūn mige ke ehtemālān īnā ye hadafī dāštan. ye qasdī dāštan az īn kārešūn. be xāter-e hamīn peigīrī mikone, jostjū mikone mibīne qasdešūn īn būd ke īnā hanūz ezdevāj nakardan. pīr šodan. pedarešūn qarār mizāre ye rūzī rū hame jem mīšan doxtar avvalī re mide be pesar-e vazīr-e samte rāstī. doxtar-e dovvom mide be vazīr pesar-e vazīr-e samte rāstī. va doxtar sevvomī ra-am qarār mizāre ke ye bāzī ro havā bedan, va ūn bāz har jā ke har rū šūneye har kasī ke nešast, ūn nafar hamsar-e īn doxtar-e sevvom beše. bāzū havā midan se martabe. īn se martabe rū ye asbī mišīne. hākem-am nārāhat miše va doxtarešo ūn asb o mibare dāxel-eestabl jā mikone. doxtar hamīntourī ke dāšte gerie mikard az īn kār-e pedaraš nārāhat šode būde, ūn asbe šrū mikone sohbat kardan mige natars man pesar-e šāh-e pariyūnam. mādaram mixāste mano bede be doxtar-e xālam. man nemīxāstam xodam va šekl-e asb dar āvordam o farār kardam. ba'ad bā doxtar farār mikonan o miran tū dāxel-eye jangalī zendegī mikonan, va ūn pesar-e šāh-e pariyūn az hālāt-e asbī bīrūn miyād, va šekl-e ye ensānī ma'amūlī miše. čand moddat migozare, hākem, bā do doxtaro vozarā o hamsarāye doxtar-e īšūn, miyān jangal šekār. doxtarām doxtare, doxtar re mibīnan o migan čī šode? are, jariyān az īn būde ke hamsaram xodeš o šekl-e asb dar āvorde, hālā az ūn šekl-e bīrūn āmade dārīm zendegī mikonīm. ūnā beheš migan ke pūst-e ūn asb o besūzūn ke šouharat dīge be šekl-e asb bar nagarde. ba'ad doxtar ham hamīn kār ro mikone. vaqtī hamsareš bar migarde az īn kār-e doxtar nārāhat miše o mige ke man šekl-e kabūtar miše, va beheš mige ke tō bāyad haft asāye āhanī, haft kafš-e āhanī bepūsūnī tā mano peidā konī. va mire. doxtare haft kafš-e āhanī va haft asāye āhanī mipūsūne be āxar-e haftmī ke dar hāl-e pūsīdan būde mirese. be ye jāī bar mixorde dam-e ye rūdxūneī mirese, ye doxtar būde dāšte bā satl āb mīborde. ba'ad doxtar tā īno mibīne ke zūd borou age būye torō bešenavan be mašāmešūn boxore toro mikošan. doxtar hamīn hein ke dāštan sohbat mīkardan, pesar-e šāh-e pariyūn ke hamsar-e īn doxtar bāše, sar mirase. va doxtaro šekl-e ye sūzan dr miāvore va be yaqaš mizane. ba'ad miran pīše mādar-e hākem pīše mādar-e pesar-e šāh-e pariyūn, va īšūn mige ke būye ādamīzād miyād. doxtar pesar mige ke na hamčīn čīzī nī, mādareš mige na būye ādamīzād miyād. mige man ye haqīqat behet migam nārāhat našī kārī nakonī? mige na. ba'ad jariyān o mige ke īn doxtar ro šekl-e sūzam dar āvorde, doxtaro be šekl-e ma'amūlīš bar mīgardūne, ye rūzī mādar-e pesar-e šāh-e pariyūn tasmīm mīgīre ke doxtar ro az bein bebare. be xāter-e hamīn peiqāmī ro beheš mide mige bebar bede be xāharam īn peiqām o īšūn ham ye čīzī behtūn midan, to bar gardūn biyār bede be man. īn doxtar mire bein-e rāh, šouhareš az tasmīm-e mādareš ra bā xabar miše va doxtarō šekl-e yek deraxtī dar miyāre, va xodešo šekl-e mār. mādar čand nafar mifereste donbāl-e ūn do nafar. motavajje miše ke ūn donafar farār kardan mifereste donbāl-e īn do nafar. īnā har čī migardan peidā nemikonan, bar mī gardan, mādar-e pesar mige ke īnā šekl-e xodeš o pesar-e man šekl-e mār dar āvorde, arūsemū šekl-e yek deraxt dar āvorde. īnā barmīgardan dar hamūn hein ke īnā bargašte, bargardan, pesar xodešo šekl-e ye rūdī dar miyāre, doxtar o šekl-e kūhī az sūzan. īnā barmīgardan miyān harčī mīgardan mībīnan deraxt o mārī nī, bāz barmīgardan. mādar mige ke mādar pesar mige ke doxtar šekl-e kūhī az sūzan dar šode pesar-e man šekl-e ye rūd. īnam miyān o xodeš o šekl-e yek pīr mard dar miyāre. va doxtaro šekl-e kūhī az namak. īnā miyān čūn ke qabl az ūn az kūh-e sūzan dar šode būdan, va az kūh mixān namak dar šan pāšūn mīsūze o barmīgardan. baʻad az fekr-e ūn ke dīge donbāl-e īn biyān monsaref mišan. va doxtar o pesar miran dar hamūn jangal zendegī mīkonan.

日本語訳：昔々、殿様がいた。この殿様には三人の娘がいた。三人とも、結婚する年齢が過ぎていた。ある日、三人は、大きな盆に三つのメロンを乗せた。一つは十分に熟れていて、二つ目は中ぐらいに熟れていて、三つ目はまだ新しかった。それらのメロンの上に布をかぶせて、召使いを通じて父親に見せることにした。父親は娘たちのこの行いに不機嫌になった。大臣が言った。

「おそらく、彼女たちは何かねらいがあるに違いありません。何か目的があってのことでしょう。」

そして、彼女たちの後を追って探した。彼女たちは、まだ結婚しておらず、年をとってしまった、と言いたかったのである。父親はある日、皆を集め、長女を右大臣の息子に嫁がせることにした。次女を左大臣の息子に嫁がせることにした。三女は、ゲームで決めることにした。鷹を飛ばし、肩にとまっ

た者と娘を結婚させるというものである。鷹は、三度飛ばされた。ところが、三度とも馬の上にとまった。父親は不機嫌になったが、三女を馬と結婚させることとし、馬小屋に住まわせた。三女が、父親の仕打ちに悲しくなって泣いていると、馬が話し始めた。

「怖がらないでください。私は妖精王の王子なのです。母親が私と従姉妹を結婚させせようとしたのですが、私はしたくなかったので、馬に姿を変えて逃げてきたのです。」

そして、二人は逃げだし、森の中に入って生活をした。妖精王子も馬の中から出てきて普通の人間に姿を変えた。しばらくして、殿様は、二人の娘たちと大臣たちと婿たちを連れて、森に狩りに行った。そこで、三女に会った。三女は「どうしたのだ。」と尋ねられると、こう答えた。

「はい、こういうわけなんです。私の夫は馬から今のように姿を変え、二人で一緒に生活しているのです。」

殿様たちは言った。

「二度と馬になれないように馬の皮を燃やしてしまいなさい。」

三女は言われたようにした。王子が帰ってきて、それを知ると、とても怒って言った。

「私は鳩になります。私を見つけたいなら、七本の鉄の杖と七足の鉄の靴をすり減らすまで探すがいい。」

こう言って、王子は行ってしまった。娘は七足の鉄の靴と七本の鉄の杖をすり減らしたとき、あるところにたどり着いた。川べりにたどり着いた。そこで、バケツに水をくんで持って帰る娘に会った。彼女は三女の娘を見るなり、こう言った。

「やつ［妖精王子の母親］の鼻にあなたの匂いが届いたら食べられてしまいますよ。さあ、早く去りなさい。」

娘が話したちょうどその時、夫の妖精王子が現れた。そして、三女を針に姿を変えて、襟に刺して、妖精王子は母親のところへ向かった。母親は言った。

「人間の匂いがするね。」

妖精王子は言った。

「いえ、そんな匂いはしません。」

母親は言った。

「いいや、人間の匂いがする。」

妖精王子は言った。

「では、本当のことを言いますので、怒らないでください。言うようにしてください。」

母親は言った。

「ああ、わかったよ。」

そして、妖精王子は起こったことを話し、娘を針の姿に変えたことも言った。そして、娘を針から元の姿に戻してやった。ある日、母親は娘を殺してやろうと思った。そして、娘にこう言った。

「私の妹にこの伝言を伝えなさい。そして、妹からも伝言をもらって、持って帰ってくるように。」

娘が出発したが、妖精王子は母親のたくらみに気づいたので、娘を木に姿を変えて、自分は蛇になった。母親は、人を遣って二人を追わせたが、どんなに探しても見つけることができなかった。王子の母親は言った。

「二人は姿を変えているぞ。息子は蛇に、娘は木になっておるぞ。」

部下たちがまた（捜索に）戻って来たとき、王子は川に姿を変え、娘を針山に変えた。彼らはどんなに探しても、木も蛇もいなかった。そして、また帰って行った。母親は言った。

「娘は針山に姿を変え、息子は川に姿を変えたぞ。」

今度は王子は老人に姿を変え、娘を塩の山にした。追っ手たちは、針山を通って足に怪我をしていたので、塩の山を通って、足を痛めて帰っていった。母親は、彼らを追うのを断念した。そして、娘と王子は元の森で暮らした。

備考：昔の人から聞いていたが、ラジオでも最近聞いた。「消えた夫の探索」、「女主人公へのむずかしい課題」などAT425Bと部分的に一致する。

018

題　　名：وا دنبال بخت ／幸運を求めて

分　　類：本格昔話

ＡＴ番号：AT461A「助言もしくは返報のために神を求める旅」

録音箇所［収録時間］：001-032［05分25秒］

調 査 日：1998年09月17日

調 査 地：تهران ／テヘラン

名　　前：فرخنده پیشداد ／ファルホンデ・ピーシュダード

年齢性別：50才、女性

職　　業：نویسنده ／作家

住　　所：بندر عبّاس پارک شهر جنب آتش نشانی درب چهارم

出 身 地：بندر عبّاس درتوجان ／バンダレ・アッバース、ダルトゥージャーン

伝 承 者：پدر بزرگ ／祖父

翻字（ペルシア語）：یه آدمی هرچه کار میکرد پول کم در می آورد. اصلاً بخت نداشت. یه روزی ا خشمش از جا بلند شد که بره بخت خودش را پیدا کند. و بتوپش و علت بدبختیش از بختش بخواد. ا (و) همینطو[1] چماقی بر داشت، روهش[2] در راه همینطور که میرفت، یه گرگی که خیلی لاغر بید، و

چاق نمیشد، توراه دید گرگ گفت : ای آدمه، تو کجا میری؟ آدمو گفت که میرم بختمو پیدا کنم. گرگ گفت اگر بختت را پیدا کردی، پیغام مرا (هم) براش برسون. و بگو، بی[3] چی من لاغرم؟ آدمو قبول کرد که قول داد که خب (باشه). راه افتی و رفت تا یه سلطانی رسید. سلطانی (سلطان) گفت خدا براه. آدمو گفت دارم دنبال بختم میگردم. سلطان گفت اگر دیدیش پیغام منم براش برسون. بگو. من مال و لشکر و پله ای [زیاد] دارم، ولی کسی ا من نمیترسه. و فرمونم نمیبره. آدمو به ای سلطان هم قول داد و رفت پی کارش. تا این که رسیدا یه چناری که یه طرفش حسابی سوز[5] بید، یه طرفش خشک. آ آدم پرسید خدا براه. آدمو گفت، میرم بخت را پیدا کنم. چنار گفت اگه دیدیش یه پیغام مرا برسون. منم [پیغامی] دارم براش برسون. بگو چه طور کنم که اون طرف دیگرم سوز بشه؟ به این هم آدمو قول داد و رفت. تو راهش با یه اسبم رسید. اسبو گفت که (هر چی تو داری؟ که) هرچه تو این بیشه پر از علف میچرم، جام خوبه، ولی همیشه لاغرم. تو به بخت منم بگو شاید چاره ای بکنه. مردکه قول داد. گفت رو. همینطور که داشت میرفت، دید داموای[6] مثل آدم دراز دراز وارو به شکم خوابیده. همانطوری که چماقی داشت، پو پیشا گرم کرد. رو کمرش. آدمو جستی کرد و گفت آخر از جون من چی میخوای. آدمو گفت تو بخت خودمی گرفتمت. یا الله بگو علتش چیه هر چه کار میکنم، همینطور فقیرم، بخت گفت برو که سه جا دادمت. آدمو پیغام گرگ، سلطان، چنار و اسب هم رسوند. که به هر کدوم دستوراتی داد. مردیکه از خوشحالی برگشت. [و] رو به راه شد. تا رسید اسب. اسب پرسید ای بختت را دیدی؟ پیغام من رسوندی؟ آدمو گفت بختت گفته که صاحابی بی[7] خود پیدا کن تا هر روز قشوت کنه که تو از بیکاری لاغر شده ای. اسب گفت خودت بیو صاحبم بشو. هم تو سواری میخوری. هم که من چاق میشم. آدمو گفت بختم بی خودم سه جا داده. و رد شد و رفت تا رسیدا چنار. بی[8] چنار هم آدمو گفت که بختت پیغام داده که پای تو گنجی قایمه. کسی پیدا کن که گنجش در بیاره تا پای تو پاش کن بشه. و آو[9] وا گرده. که ای تو گنج کلَ آبم خوب پات نمیاد. چنار گفت پا[10] تو خودت بیا پامو بکن گنج بر دار بی خودت. آدمو گفت بله من میام گنج تو بر دارم؟ بختم به خودم سه جا داده، تو راهش رسید ا سلطان. به سلطانم گفت که بختت گفت که باید تو شوگر[11] کنی. تا

امرت رواج پیدا کنه. سلطان دونست که سرّش دونسته. گفت که خودت بیا شوگرم شو. مال و لشکر و، (مال و لشکر و) این مملکت مال خودت میشه. آدمو قبول نکرد. گفت بختم به خودم سه جا داده. و رفت تا رسیدا گرگ. دیگه شب وا بید این وقت هم داشت با منزل خودش نزدیک میشد. پهلو گرگ نشت، و تمام قصه خودش گفت. و گفت بختت گفته مش[۱۲] کله آدم احمق دوای تویه. گرگ فکر کرد و گفت آدم احمقتر از تو پیدا نمیکنم و پرید روسرشو خوردش.

۱. همینطو = همینطور ۲. روهش = راهش ۳، ۷. نوردش = نوردش ۷. بی = برای ۴. پله ای = پولی
۵. سوز = سبز ۶. داموای = موجود زنده (؟) ۷. بی = برای ۸. بی = به این ۹. آو = آب
۱۰. پا = پس ۱۱. شوگر = شوهر ۱۲. مش = مغز

翻字（ローマ字）：ye ādamī harče kār mikard pūl kam dar miāvord. aslān baxt nadāšt. ye rūzī a xešmeš az jā boland šod ke bere baxt-e xodeš ra peidā kone. va batūbaš va ellat-e bad baxtī az baxtaš bexād. a amīntou čamāqī bar dāšt, rūxeš dar rāh hamīntou ke miraft, ya gorgī ke xeilī lāqar bīd, va čāq nemīšod, tu rā dīd gorg go ei ādame, to kojā mirī? ādamū gof ke miram baxtamo peidā konam. gor go agar baxtat peidā kardī, peiqām-e marā barāš berasūn. va begū, bei čī man lāqaram? ādamū qabūl kard ke qūl dād ke xob. rāh oftī o raft tā ye soltānī rasīd. soltānī goft xodā barā. ādamo goft dāram donbāl-e baxtam migardam. soltān go agar dīdīš peiqām-e manam barāš berasūn. begū. man māl o laškar o palleī ziyād dāram, valī a man nemitarse. va farmūnam nemibare. ādamū be ī soltān ham qoul dād o raft pei kāreš. tā īn ke rasīdā ye čenārī ke ye tarafeš hesābī souz bīd, ye tarafeš xošk. ā ādamī porsīd xodā bereh. ādamo gof, miram baxt rā peidā konam. čenār go age dīdīš ye peiqām-e marā berasūn. man-am dāram barāš berasūn. begū četour konam ke u taraf-e dīgar-am souz beše? be ī ham ādamū qoul dād o raf. tū rāheš bā ye asb-am rasīd. asbū gof ke har čī to dārī? ke har čī tū īn bīše por az alaf mičāram, jām xūbe, valī hamīše lāqaram. tō be baxt-e manam begū šāyad čāreī bokone. mard ke qūl dād. gof rav. hamīntour ke dāšt miraf, dāmūī mesle ādam derāz derāz vārū be šekam xābīde. hamāntour ke čamāqī dāšt, pū pīšā garm kard. rū kamaraš.

ādamū jastī kard o gof āxer az jūn-e man čī mixāī. ādamū go to baxt-e xodemī gereftamet. yā yāllā begū ellateš čie har e kār mikonam, hamīntour faqīram, baxt goft borou ke se jā dādamet. ādamū peiqām-e gorg, soltān, čenār va asb ham rasūnd. ke be har kodūm dastūrātī dād. mardīke az xošhālī bar gašt. rū be rā šod. tā rasīd asb. asb porsīd ei baxtat ra dīdī? peiqām-e man rasūndī? ādamo gofbaxtet gofte ke sāhābī bī xod peidā kon tā har rūz qešout kone ke to az bīkārī lāqer šodeī. asb gof xodet biyou sāhbam bešou. hamto savārī mixorī. ham ke man čāq mišam. ādamū goft bī xodam se jā dāde. va rad šod o raft tā rasīdā čenār. bei čenār ham ādamū gof ke baxtat peiqām dāde ke pāye to ganjī qāyeme. kasī peidā kon ke ganješ dar biyāre. tā pāye to pāš-e kan beše. va wāu vā garde. ī to ganj kal ābam xūb pāt nemiād. čenār gof pā to xodet biyā pāmū bokon ganj bar dār bei xodet. ādamū gof bale man miyām ganj-e to bar dāram? baxt-am be xodet se jā dāde, tū rāheš rasīd a soltān. be soltān-am gof ke baxtat gof ke bāyad to šougar konī. tā amret ravāj peidā kone. soltān donost ke serreš donoste. go ke xodet biyā šūgaram šou. māl o laškar o, īn mamlekat māl-e xodet miše. ādamū qabūl nakard. gof baxtam be xodam se jā dāde. va raft tā rasīdā gorg. dīge šab vā bīd īn vaqt ham dāšt bā manzel-e xodeš nazdīk mišod. pahlū gorg nešt, va tamām-e qesseye xodeš goft. va goft baxtet gofte maš-e kalleye ādam-e ahmaq davāi tūe. gorg fekr kard o gof ādam ahmaqtar az to peidā nemikonam va parīd o rū sareš xordeš.

日本語訳：どんなに働いても、貧乏な男がいた。運も全くなかった。ある日、腹が立ってきて、自分の運を見つけようと思い立った。自分の運から、運が悪い理由を聞き出すことにした。こん棒を持ち、進んで行くと、とても痩せたオオカミに出会った。オオカミは言った。

「人間さん、どこへ行くのだい。」

男は言った。

「私の運を探しにいくのさ。」

オオカミは言った。

「もし、運に会うことができたら、伝えておいてくれないか。どうして、

私はこんなに痩せているのか、と。」

　男は伝えることにし、約束した。どんどん進むと、王に出会った。王は言った。

　「こんにちは。」

　男は言った。

　「私は運を探して回っているのです。」

　王は言った。

　「もし、運に会うことができたら、私の伝言を伝えておくように。私は財産も軍隊もお金もたくさん持っている。しかし、誰も私を恐れないのだ。私の命令に従わないのだ。」

　男は王にも約束し、旅を続けた。やがて、半面は青々としているのに、もう半面は枯れているすずかけの木にたどりついた。その木は男に話しかけた。

　「こんにちは。」

　男は言った。

　「私は運を見つけに行くのです。」

　すずかけの木は言った。

　「もし、運に会ったなら、私の伝言を伝えて下さい。私にも伝えてほしいことがあります。どうして、私は半面だけ茂っているのでしょう。」

　男は約束して、また歩き始めた。途中で馬に出会った。馬は言った。

　「草でおおわれたこの藪は（食料の場として）良いところなのに、いくら食べても私は痩せている。私の運に会ったら言ってください。」

　男は約束した。

　馬は言った。

　「お願いします。」

　荒野を進んで行くと、人間のような生き物が仰向けになって眠っていた。男はこん棒を持って、振り下ろして突きつけ、腹の上に乗った。すると、その生き物は言った。

　「いったい何が欲しいのか。」

男は言った。

「おまえは私の運だ。捕まえたぞ。さあ、言え。どんなに働いても私は貧しいのはなぜだ。」

運は言った。

「さあ、三つの運をやろう。」

男は、オオカミと王とすずかけと馬の伝言を伝えて、助言を聞いてきた。男は喜んで帰った。途中、馬に会った。馬は言った。

「私の運に会いましたか。私の伝言を伝えてくれましたか。」

男は言った。

「君の運はこう言っていたよ。働かないから痩せているのだ。毎日、毛をつくろってくれて、忙しく仕事をさせてくれる主人を見つけなさい。」

馬は言った。

「それでは、あなたが私の主人になってください。そして、私に乗って下さい。そうすれば、私も太ることができます。」

男は言った。

「私の運は、三つの運を与えると言った。」

男は馬には乗らずそこを過ぎ、すずかけの木のところに言った。すずかけにも男は言った。

「あなたの根っこの下に財宝が隠されています。財宝を掘り出してくれる人を探すといいですよ。その財宝が水の流れを止めているのですよ。」

すずかけの木は言った。

「あなたが掘ってくれませんか。財宝はあなたが持っていってください。」

男は言った。

「私が財宝をとっていくとでもいうのですか。私の運は私に三つの運を与えると言いました。」

そして、(財宝をとらずに)そこを去り、王に会った。男は王に言った。

「あなたの運は言いました。王女に婿をとればいい。そうするとあなたの

命令はもっと強いものになるでしょう。」

　王は、この男が秘策を知っているに違いないと思い、言った。

　「おまえが私のところに婿にくればいい。財宝も軍隊もこの国も全部おまえにやろう。」

　男は、それを断った。そして言った。

　「私の運は、私に三つの運をくれるのです。」

　そして、オオカミのところに行った。もう、夜になりかけていた。家のすぐ近くであったが、オオカミの側に座って、起こったことをすべて話した。そして、男はオオカミに言った。

　「君の運は、馬鹿な男の脳がおまえの薬だ、と言ったよ。」

　オオカミは、考えて言った。

　「おまえのような馬鹿なやつは見たことがない。」

　そして、男に飛びかかって、頭にかぶりついた。

　　備考：バンダレアッバース方言による採録。001-031に標準ペルシア語版がある。

019

題　　名：قوز بالا قوز／瘤の上の瘤
分　　類：本格昔話
ＡＴ番号：AT503「こびとの贈り物」
録音箇所［収録時間］：003-019［01分03秒］
調 査 日：1998年10月22日
調 査 地：استان تهران، شهر ری، روستای طالب آباد／テヘラン州レイ市ターレバーバード村

名　　前：مهدیه اکبری／マフディエ・アクバリー
年齢性別：20才、女性
職　　業：محصّل／学生
住　　所：استان تهران، شهر ری، روستای طالب آباد
出 身 地：روستای طالب آباد／ターレバーバード村
伝 承 者：پدر／父親

翻字（ペルシア語）：زمانای قدیم می گفتن در حمام ها، جن و پری زیاد بوده. یک آقایی یه روزی میره حمام بعد می بینه جن و پری ها عروسی دارن. بعد همراه با اونا شادی میکنه، می رقصه، می زنه، می کوبه. بعد، ایشون قوز داشتند. بعد جن و پری ها، به خاطر تشکر از این آقا، قوزشو بر

می دارن. بعد از چند مدت، این آقا که میگذره دوستشون ایشونو میبینه، بهشون می گه که چی شد که قوزت خوب شد. کمرت برجستگیش خوب شد. می گه که من رفتم حمام، اینا عروسی داشتن، زدم و رقصیدم با اینا شادی کردم. بعد اینا قوز من و به عنوان تشکر بر داشتن. این آقا هم قوز داشته. میره حمام، شروع میکنه به زدن و پای کوبی، بعد، اونا بر عکس اون روز عزا داشتن. چون این شادی می کنه، قوز اون آقا رو هم میذارن، رو قوز ایشون. از اون موقع دیگه میگن قوز بالا قوز. ایشون دو تا قوز داشتن.

翻字（ローマ字）：zamān-e qadīm migoftan dar hammām hā, jenn o parī ziyād būde. yek āqāī ye rūzī mire hammām ba'ad mibīne jenn o parī arūsī dāran. ba'ad hamrāh-e bā ūnā šādī mikone, miraqse mizane mikūbe. ba'ad īšūn qūz dāštand. ba'ad jenn o parī hā, be xāter-e tašakor az īn āqā, qūzešo bar mīdāran. ba'ad az čand moddat, īn āqā ke mizare dūstešūn īšūno mībīne, behšūn mige ke čī šod ke qūzet xūb šod. kamaret barjastegīš xūb šod. mige ke man ratam hammām, īnā arūsī dāštan, zadam o raqsīdam bā īnā šādī kardam, ba'ad īnā qūz-e man o be onvān-e tašakor bar dāštan. īn āqā ham qūz dāšte. mire hammām, šrū mikone be zadan o pāye kūbī, ba'ad, ūnā bar aks ūn rūz azā dāštan. čūn īn šādī mikone, qūz-e ūn āqā ro ham mizaran, rū qūz-e īšūn. az ūn mouqe dīge migan qūz-e bālā qūz. īšūn do tā qūz dāštan.

日本語訳：昔、ハンマームには、ジンや妖精がいると言われていた。ある男が、ある日、ハンマームに行くと、ジンや妖精たちが結婚式をしていた。そして、彼らと一緒に喜んで、踊って、手を叩き、足を鳴らして踊っていた。すると、男には瘤があったのであるが、ジンや妖精たちは、感謝の印にその瘤をとってあげた。しばらくして、友人が男を見て、言った。

　「どうしたんだい。瘤が治ったね。腰の出っ張りがなくなったね。」

　男は言った。

　「ハンマームに行ったらね、（ジンや妖精たちが）結婚式をやっていたんだ。手を叩いて踊って喜んでいたらね、感謝の印に私の瘤をとってくれたん

だ。」

　友人にも瘤があった。そして、ハンマームに行って、手を叩いて足を鳴らし始めた。ところが、その日は、この前とは逆に葬式[1]であった。男が喜ぶので、（ジンや妖精たちは）前にとった瘤を男の瘤の上にくっつけた。その時から、「瘤の上の瘤」と言うようになった。その男は、二つの瘤を持つことになった。

　注
　1．「葬式」は原文では«عزا»である。第一義は、「喪」であるが、「葬式」の意味もある。

本格昔話　163

020

題　　名：قوز بالای قوز／瘤の上の瘤
分　　類：本格昔話
ＡＴ番号：AT503「こびとの贈り物」
録音箇所［収録時間］：004-026［03分04秒］
調　査　日：1998年11月03日
調　査　地：استان مازندران، شهرستان آمل، محلّه چاکسر／マーザンダラーン州アーモル地方チャークサル地区

名　　前：جواد وفاخواه／ジャヴァード・ヴァファーハーハ
年齢性別：27才、男性
職　　業：برق کار／電気工
住　　所：آمل، خ. شهید بهشتی
出身地：آمل／アーモル
伝承者：پیرمردا／老人たち

翻字（ペルシア語）: یک روزی تو یه دهی تو یک مکانی یک پیرمردی بود گوژ پشت بود، یعنی پشتش یه قوز داشت. بعد این صبح های زود که میرفت حموم، بعد ایشون هر روز میرفتن صبح زود. یه روز صبح زود که رفته بودن حموم، توی حموم اجنه و جن و پری داشتن میزدن و میرقصیدن. ظاهراً

عروسی یکی از اونها بود. بعد اونا داشتن میرقصیدن، این پیر مرد هم بیچاره دید اونا دارن میرقصن این هم ورداشت اون ظرفی که همراش بود ظرف وسائل حموم اونم ورداشت، دمر گذاشت و آقا شروع کرد به زدن و باهاشون رقصید. یه دو ساعتی رو به این منوال باهاشون گذروند، بعد، یه دو ساعت، اون آقایون جن هائی که اونجا بودند گفتن آقا، شما اومدی با ما همکاری کردی. شما چه خواسته ای داری بگو تا ما برات بر آورده کنیم. این گفت بابا من چند سال پیر مردم دیگه این پشتم یه قوز داره، این قوزشو اگه مرحمت کنین بردارین از رو دوشم، خیلی متشکر میشم. گفتن باشه، همین؟ گفتن بله. آقا اینا قوز این پیر مرده رو بر می دارن، میذارن یه گوشه ای تو اونجا حالا به قول معروف جایی که خودشون میدونستن. این پیر مرده پستش صاف میشه، خیلی خوشحال و خندون، کارش تو حمام انجام میده و میاد بیرون. بعد میره تو محلّه اش میگرده تو خونش، بعد چند روز یه آقای گوژ پشت دیگم تو محلشون بوده. پشتش یه قوز داشته. این شنیده بود که پشتش درست شده قوزش برداشته بودن، رفت پیشش گفت آقا چطور شد این قوزت و بر داشتی؟ به ما هم بگو ما هم بریم برداریم. گف اره سر قضیه اینه. جریانش اینه من رفتم حموم دیدم اونا دارن میزنن و میرقصن منم آقا زدم و رقصیدم، خلاصه با هاشون همکاری کردم. اینام گفتن آقا جریان از این قراره. چطوری چی میخوای؟ ما انجام بدیم. منم گفتم آقا قوزمو بر دارین. آقا قوز منو بر داشتن. گف همین؟ گف اره. آقا اون آقای گوژ پشت دوم هم هی هر روز صبح زود میرفت حموم، که اون جن و پریا رو ببینه. بعد یک هفته ای که میگذره، وقتی میره تو داخل حموم، میبینه یه عده جن و پری دارن عزاداری میکنن. یه نفر مرده و اونا دارن میشورنشو، هی دارن رو سر و کله همدیگه میزنن و خلاصه دارن عزاداری میکنن. این هم به خیال این که خوب، باید همون کاره گوژ پشت اولیه رو انجام بده، برمیداره اون ظرفی که ظرف حمومش همراش بوده ورمیداره، میزنه با هاش یه ریتم میگیره و به قول معروف میزنه و میرقصه. خلاصه اون جنا میبینن تعجب میکنن از این کارش. میگن عجب، فلان اونا حالا اون لحظه کاری به کارش ندارن. کارشون تموم میشه اون مرده رو خلاصه میشورن کارشون تموم میشه. به پیر مرده میگن آقا جریانت چیه فلان برنامت چیه؟

本格昔話 *165*

چی میخوای گفت اره من پشتم قوز داره و اینا ادرس گرفتم اینا. بعد اونا میبیند خوب باهاشون همکاری نکرده بوده چون بعد بر خلاف اونا رفتار کرده بوده اونا هم اون قوزی ر که سری قبل از اون یارو ورداشته بودن گذاشته بودن رو قوز این یارو. آقا این شد جریان قوز بالا قوز. این پیر مرد به جای این که قوز اولشو از دست بده دو قوز شد اومد بالا.

翻字（ローマ字）: yek rūzī tū ye dehī tū yek makānī yek pīrmadrī būd gūž pošt būd, yaʿanī pošteš ye qūz dāšt. baʿad īn sobh hāye zūd ke miraft hammūm, baʿad īšūn har rūz mīraftan sobh-e zūd. ye rūz sobh-e zūd ke rafte būdan hammūm, tūye hammūm ajenne o jenn o parī dāštean mizadan o miraqsīdan. zāherān arūsī yekī az ūnā būd. baʿad ūnā dāštan miraqsīdan, īn pīre marde ham bīčāre dīd ūnā dāran miraqsan īn ham vardāšt ūn zarfī ke hamrāš būd zarf-e vasāyel-e hammūm ūnam vardāšt, damar gozāšt o āqā šrū kard be zadan o bāhāšūn raqsīd. ye do sāʿatī ro be īn manvāl bahāšūn gozarūnd, baʿade, ye do sāʿat, ūn āqāyūn jennhāī ke ūnjā būdand goftan āqā, šomā ūmadī bā mā hamkārī kardī. šomā če xāsteī dārī bogū tā mā barāt bar āvarde konīm. īn goft bābā man čand sāl pīr mardam dīge īn poštam ye qūz dāre, īn qūzešo age marhamat konīn bardārīn az rū dūšam, xeilī motašaker mišam. goftan bāše, hamīn? goftan baleh. aqā īnā qūz īn īn pīr marde ro bar mīdāran, mizāran ye gūšeī to unjā hālā be qūl-e maʿarūf jāī ke xodešūn mīdūnesatan. īn pīre marde pošteš sāf miše, xeilī xošhāl o xandūn, kāreš tū hamām anjām mide o miyād bīrūn. baʿad mire tu alšat migarde tū xūnaš, baʿad čand rūz ye āqāye gūž pošt-e dīga-am tū mahlešūn būde. pošteš ye qūz dāšte. īn šenīde būd ke pošteš dorost šode qūzeš bardāšte būdan, raft pīšeš goft aqā četour šod īn qūzet o bar dāštī? be mā ham begū mā ham barīm bardārīm. gor are sar-e qzīe ine. jariyāneš ine man raftam hammūm dīdam ūnā dāran mizanan o miraqsan manam āqā zadam o raqsīdam, zolāse bā hāšūn hamkārī kardam. goftan āqā jariyān az īn qarāre. četourī čī mixāī? mā anjām bedīm manam goftam āqā qūzemū bardārīn. āqā qūz-e mano bardāštan. gof hamīn? gof are. āqā ūn āqāye gūžpošt dovvom ham hei har rūz sobh-e zūd miraft hammūm, ke ūn jenn o pariyā ro bebīne. baʿad yek hafteī ke migozare, vaqtī mire tū dāxel-e hamūm, mibīne ye eddeh jenn o parī dāran azādārī mikonan. ye nafar morde o ūnā dāran mišūranešo, hei dāran rū sar o kaleh mandīge mizanan o xolāse dāran azādārī mikonan. īn ham be xiyāl-e īn ke xūb, bāyad hamūn kāre gūž pošt-e ūliyā ro anjām bede, barmīdāre ūn zarfī ke zarf-e hammūmaš hamrāhš būde varmīdāre, mizane bā hāš ye rīt-am mīgīre va be qūl ma'arūf mizane o miraqse. xolāse ūn jennā mībīnan ta'ajob mikonan az īn kāreš. migan ajab, felān ūnā hālā ūn lahze kārī be kāreš nadāran. kārešūn tamūm miše ūn morde ro xolāse mišūran kārešūn tamūm miše. be pīr marde migan āqā jariyān čīe falān barnāmat čīe? čī mīxāī goft are man poštam qūz dāre o īnā adres gereftam īnā. ba'ad ūnā mībīnad xūb bāhāšūn hamkārī nakarde būde čūn ba'ad bar xalāf-e ūnā raftār karde būde ūnā ham ūn qūzī re ke sarī qabl az ūn yārū var dāšte būdan gozāšte būdan rū qūz-e īn yārū. āqā īn šod jariyān qūz bālā qūz. īn pīr mard be jāye īn ke qūz avvalešo az dast bede do qūz šod ūmad bālā.

日本語訳：昔、あるところに背中に瘤のある老人がいた。背中に瘤があったのである。老人が朝早くにハンマームに行った。その老人は毎日朝早くにハンマームに行くのであった。ある日、朝早くにハンマームに行くと、ハンマームの中でジンや妖精たちが手を叩いて踊っていた。おそらく、彼らの結婚式であったのであろう。彼らが踊っていると、かわいそうなことに、この老人がそれを見てしまったので、老人は持っていた桶、ハンマームで使う桶を裏返しに持って、一緒に手を叩いて踊り始めた。二時間ほどこのように彼らと過ごした。すると、そこにいたジンたちが言った。

「おじいさん、あなたは一緒に祝ってくれました。何か望みがあれば言って下さい。叶えましょう。」

老人は言った。

「私は老人で、ここ数年背中に瘤があります。もし、お願いできるのでしたら、この瘤を背（原文：肩）から取ってくれたら非常に有り難いのですが。」

ジンたちは言った。

「わかりました。それだけですか。」

老人は言った。

「それだけです。」

ジンたちは、この老人の瘤をとってやり、わかりやすいように角に置いた。老人の背中は平らになった。老人はとても喜んで、笑顔でハンマームで用を済ませて、外に出てきた。そして、住んでいる地域の家に帰った。何日か経って、村にはもう一人背中に瘤のある男がいたのだが、老人の瘤が無くなったことを聞きつけた。男は、老人のもとへ行って、こう言った。

「どうやって、瘤をとったのですか。私にも教えて下さい。私も瘤をとってしまいたいのです。」

老人は言った。

「こういうことだったんだよ。ハンマームに行ったんだ。すると（ジンたちが）手を叩いて踊っていたんだ。それで、一緒に踊ったんだ。すると、こうなったんだ。お返しに何が欲しいか、なんでもあげるよ、と言われて、私は、瘤をとって欲しいと言ったのだ。すると、私の瘤をとってくれたんだよ。」

男は言った。

「それだけですか。」

老人は言った。

「それだけです。」

そして、二人目の瘤をもつ男もジンや妖精に会おうと毎朝早くにハンマームに通った。一週間経ったとき、ハンマームに入ると、数人のジンと妖精が葬式をしていた。一人が死んだので、その体を洗っていたのであった。（悲しみで）頭を叩きながら、葬式をしていたのであった。男は、ちょうどよいと思い、最初の瘤のある男がしたことをした。持っていたハンマーム用の桶を持って、リズムをとって、手を打ちならし、踊った。ジンたちは、この行為に驚いて言った。

「いったい、なんてことをするのだ。やめさせろ、死人を洗っているのだ。やめさせろ。」

そして、老人（男）に向かって言った。
「いったい何のつもりだ。何が欲しいのだ。」
男は言った。
「はい、私には瘤があります。ある男がここを教えてくれたんだ。」
ジンたちは、彼がジンたちと協力しなかったので、前に取った瘤をこの男の瘤の上にくっつけた。これが、「瘤の上の瘤」である。この男は、瘤を取るどころか、二つ瘤になって（ハンマームから）出てきた。

021

題　　名：پادشاه و سه دخترانش ／王様と三人の王女（仮題）

分　　類：本格昔話

ＡＴ番号：AT510「シンデレラといぐさのずきん」

録音箇所［収録時間］：004-025(004-043)［13分20秒(05分22秒)］

調　査　日：1998年11月03日

調　査　地：استان مازندران، شهرستان آمل، محلّه چاکسر ／マーザンダラーン州アーモル地方チャークサル地区

名　　前：غلام علی مرزبان ／ゴラームアリー・マルズバーン

年齢性別：80才、男性

職　　業：کشاورز ／農業

住　　所：آمل، خ. شهید بهشتی

出　身　地：روستای شیخ آباد ／シャイフアーバード村

伝　承　者：دوستان ／友人

翻字（ペルシア語）：یکی بود یکی نبود. پادشاهی سه دختر داشت. پدر دخترانش رو شوهر نمیداد. دخترا از این موضوع خیلی ناراحت بودن. روزی دخترا از باغبان قصرشان خواهش کردن که برای آنها خربزه ای بیاورد. پادشاه١ سه خربزه برای آنها آورد. دختر بزرگتر خربزه را دو قاچ کرد. دختر

دوم خربزه را به سه قاچ کرد. و دختر سوم یک قاچ. آنهارا داخل سینی گذاشتن، و به نزد پادشاه بردند. پادشاه از این کار ناراخت شد، و از آنها توضیح خواست. از وزیرش هم چاره جوئی کرد. وزیر حکمت این کار را برای پادشاه بازگو کرد. گفت اگر دختر اولت را شوهر میدادی، دو بچه میداد. دختر دومت را اگر شوهر میدادی. سه بچه. و دختر سومت دارای یک بچه میشد. پادشاه تصمیم گرفت دخترانش را شوهر بدهد. از جارچی، خواست تا در شهر جار بزند، که دختر پادشاه قصد شوهر کردن دارد. جارچی همین کار را کرد و قضیه را برای مردم شهر بازگو کرد. از همه قشر مردم جمع شدند. پدر از دختر بزرگش سوال کرد که منو چه قدر دوست داری؟ دختر گفت به اندازه ای که قند شیرین است من شمارا دوست دارم. پدر را از این جواب خوش آمد و آن دخترا با عقد پسر وزیر دست راستش در آورد. هفت شبانه روز مطربان میزدند و میرقصیدند و عروسی دختر پادشاه بود. یک هفته بعد، پادشاه برای بار دوم خواست دختر دومش را شوهر دهد. برای همین از جارچی خواست، تا در شهر خبر دهد که عروسی دختر دوم پادشاست. جارچی همین کار را کرد، و مردم در شهر دو باره جمع شدند. پادشاه به دختر دومش گفت، مرا چه قدر دوست داری؟ دختر گفت به اندازه شیرینی نبات. پادشاه از این جواب خوشش آمد و دخترش را به پسر وزیر دست چپ داد. و هفت شبانه روز نیز عروسی او بود. چند هفته بعد قرار شد دختر سومش نیز شوهر کند. جارچی همین کار را در شهر اعلام کرد و مردم زیادی جمع شدند. پادشاه به دختر آخرش گفت مرا چه قدر دوست داری؟ دختر جواب داد به اندازه شوری نمک من شمارا دوست رارم. پدر از این حرف دختر سخت عصبانی شد. و به جلاد دستور داد تا دختر را به یک جنگل برده و او رو بکشد. و یک شیشه از خونش را بیاورد تا خودش بخورد. جلاد دختر را به میان جنگل برد، و خواست او را بکشد. دختر شروع به گریه و زاری کرد، و از او خواست که او را نکشد. انگشتر و گردن طلائی که در دست داشت به جلاد داد، تا از جان او بگذرد و او را نکشد. جلاد هم او را آزاد کرد، و چند پرنده شکار کرد و خون آنها را در شیشه ای ریخت، و بجای خون دختره نزد پادشاه برد، و پادشاه از آن خون خورد تا دلش آرام شد. دختر کم کم در جنگل بزرگ میشود، و پسری که برای (هیزم)، جمع کردن هیزم به جنگل

میاید او را میبیند. پسر، اول میترسد و میخواد فرار کند. ولی دختره از او کمک می خواد، و از او خواهش میکند تا او را به خانه اش ببرد. پسر قبول میکند و به همراه دختر به خانه پسر میروند. دختر از پسر میخواهد که او رو به عقد خودش در بیاورد، تا باهم زندگی کنند. پسر نیز این کار را قبول میکند. در یک کلبه کوچکی زندگی شیرینی را شروع کردند. بعد از نه ماه صاحب فرزندی پسری شدند. بچه کم کم بزرگ شد و وقتی گریه میکرد از چشمانش بجای اشک مروارید میریخت. و وقتی میخندید از دهانش یاقوت میریخت. بعد بچه که راه رفتن را یاد میگیرد در هر قدمی که بر میدارد زیر پایش یک دانه مروارید ظاهر میشود و زیر پای دیگرش الماس. پدر و مادر از این طلا ها جمع میکنند و قصر زیبای برای خودش میسازند. روزی پادشاه که همان پدر دختره باشد، برای جنگل به شکار میرود[۲]. و قصری را از دور میبیند. تعجب میکند از دیدن آن. نزدیک میشود دختر از بالای قصر پدرش را میبیند و از شوهرش میخواهد تا آنهارا برای ناهار به خانه دعوت کند. شوهرش همین کار را کرد. بعد از شکار پادشاه برای ناهار به خانه آنها آمد. و غذای بسیار لذیذی دختر برای آنها درست کرد. ولی برای پادشاه غذاهای بی نمک درست میکرد. و خودش از پشت پرده این صحنه را میدید. پادشاه نمیتوانست غذای بینمک بخورد. دختر وقتی این صحنه را دید، غذا های با نمک برای پدرش آورد. ولی هنوز پدر دخترش را نشناخت. دختر بعد از ناهار از همه خواست تا اتاق را ترک کنند، فقط پادشاه و جلادش در آن اتاق بمانند. دختر به نزدیک پادشاه آمد و خودش را معرفی کرد. و میگوید که من همان دختری هستم که قرار بود جلاد او را بکشد. پادشاه باور نمیکند. و درستی این قضیه را از جلاد میپرسد. جلاد هم به پادشاه گفت که آن روز چه اتفاقی افتاده است. پادشاه خیلی خوشحال میشود از این که دخترش را نکشته. و مقداری جایزه به جلاد میدهد. و تاج پادشاهی خودش را به شوهر دخترش داد و اعلام کرد که چون من پیرو از کار افتاده شدم، از امروز داماد من بجای من پادشاه این سرزمین خواهد بود. و دامادم هم پادشاه انجا بود و زندگی خوبی را دنبال میکردند.

۱. پادشاه = باغبان [اشتباهی گفت] ۲. برای جنگل به شکار میرود = برای شکار به جنگل میرود

翻字（ローマ字）: yekī būd yekī nabūd. pādešāhī se doxtar dāšt. pedar doxtarānaš ro šouhar nemīdād. doxtarā az īn mouzū xeilī nārāhat būdan. rūzī doxtarā az bāqbān-e qasrešān xāheš kardan ke barāye ānhā xarbozeī biyāvarad. pādešā se xarboze barāye ānhā āvord. doxtar-e bozorgtar xarboze rā do qāč kard. doxtar-e dovvom xarboze rā be se qāč kard. va doxtar-e sevvom yek qāč. ānhā rā dāxel-e sīnī gozaštan, va be nazde pādešāh bordand. pādešā az īn kār nārāxat šod, va az ānhā touzīh xāst. az vazīreš ham xāre jūī kard. vazīr-e hekmat-e īn kār rā barāye pādešā bāzgū kard. goft agar doxtar avval rā šouhar mīdādī, do bačče midād. doxtar-e dovvomat rā agar šouhar mīdādī. se bačče. va doxtar-e sevvomat dārāye yek bačče mišod. pādešā tasmīm gereft doxtarāneš rā šouhar nedahad. az jārčī, xāst tā dar šahr jār bezanad, ke doxtar-e pādešā qasd-e šouhar kardan dārad. jārčī hamīn kār rā kard o qazīe ra barāye mardom šahr bāzgū kard. az hame qešr mardom jam šodand. pedar az doxtar-e bozorgaš soāl kard ke mano če qadr dūst dārī? doxtar goft be andāzeī ke qand-e šīrīnī ast man šomā rā dūst dāram. pedar rā az īn javāb xoš āmad va ān doxtarā bā aqd-e pesar-e vazīr-e dast rāstaš dar āvord. haft šabānerūz motarebān mizadand va miraqsīdand va arūsī-e doxtar-e pādešā būd. yek hafte ba'ad pādešā barāye bār-e dovvom xāst-e doxtar-e dovvomeš rā šouhar dahad. barāye hamīn az jārčī xāst, tā dar šahr xabar dahad ke arūsīye doxtar-e dovvom-e pādešāst. jārčī hamīn kār rā kard, va mardom dar šahr dobāre jem šodand. pādešā be doxtar-e dovvomaš goft, marā če qadr dūst dārī? doxtar goft be andāzeye šīrīnīye nabāt. pādešā az īn javāb xošeš āmad va doxtareš rā be pesar-e vazīr-e dast-e čap dād. va haft šabāne rūz nīz arūsīe ū būd. čand hafte ba'ad qarār šod doxtar-e sevvomeš nīz šouhar konad. jārčī hamīn kār rā dar šahr-e a'alām kard va mardam-e ziyādī jam šodand. pādešā be doxtar-e āxeraš goft marā če qadr dūst dārī? doxtar javāb dād be andāzeye šūrīe namak-e man šomā ra dūst dāram. pedar az īn harf-e doxtar saxt asabānī šod. va be jallād dasdūr dgd tā doxtar rā be yek jangal borde o ū ro bokošad. va yek šīše az xūneš rā biyāvord tā xodeš boxorad. jallād doxtar rā be miyāne jangal bord, va xāst ū rā bokošad.

doxtar šrū be gerie o zārī kard, va az ū xāst ke ū rā nakošad. angoštar va gardan-e talāī ke dar dast dāšt be jallāl dād, tā az jān-e ū bogozarad o ū rā nakošad. jallād ham ū rā āzād kard, va čand parande šekār kard va xūn-e ānhā rā dar šīšeī rīxt, va bejāye xūn-e doxtare nazd-e pādešā bord, va pādešā az ān xūn xord tā deleš ārām šod. doxtar kam kam dar jangal bozorg mišavad, va pesarī ke barāye heizom, jam kardan hīzom be jangal miyāyad ū rā mibīnad. pesar, avval mitarsad ba mixād farār konad. valī doxtare az ū komak mixgd, va az ū xāheš mikonad tā ū rā be xānaš bebarad. pesar qabūl mikonad va be hamrāh-e doxtar be xāne pesar miravand. doxtar az pesar mīxād ke ū ro be aqd-e xodaš dar biyāvarad, tā bā ham zendegī konand. pesar nīz īn kār rā qabūl mikonad. dar yek kolbe kūčekī zendegī šīrīnī ra šrū kardan. ba'ad az noh māh sāheb-e farzandī pesarī šodand. bačče kam kam bozorg šod va vaqtī gerie mikard az češmāneš bejāye ašk moruvārīd mīrīxt. va vaqtī mīxandīd az dahānaš yāqūt mīrīxt. ba'ad bačče ke rāg raftan rā yād mīgīrad dar har qadamī ke bar mīdārad zīr-e pāyaš yek dāne morvārīd zāher mišavad va zīre pāye dīgaraš almās. pedar o mādar az īn talā hā jam mikonand va qasr-e zībāī barāye xodeš mīsāzand. rūzī pādešāh ke hamān pedar-e doxtare bāšad, barāye jangal be šekār miravad. va qasrī ra az dūr mībīnad. ta'ajob mikonad az dīdan-e ān. nazdīk mišavad doxtar az bālāye qasr pedaraš rā mībīnad va az šouharaš mīxāhad tā anhā rā barāye nāhār be xāne da'avat konad. šouharaš hamīn kār rā kard. ba'ad az šekār pādešāh barāye nāhār be xāneye ānhā āmad. va qazāye besiyār lazīzī doxtar barāye ānhā dorost kard. valī barāye pādešā qazāhāyi bī namak dorost mikard. va xodeš az pošte parde īn sahne rā mīdīd. pādešā nemītavānest qazāye bī namak boxorad. doxtar vaqtī īn sahne rg dīd, qazā hāye bā namak barāye pedareš āvord. valī hanūz pedar doxtaraš rā našenāxt. doxtar ba'ad az nāhār az hame xāst tā otāq rā tark konand, faqat pādešāh o jallādeš dar ān otāq bemānand. doxtar be nazdīk-e pādešāh āmad va xodeš rā mo'arafī kard. va mīgūyad ke man hamān doxtarī hastam ke qarār būd jallād-e ū rā bokošad. pādešā bāvar nemikonad. va dorostī īn qazīe ra az jallād miporsad. jallād ham be pādešāh goft ke ān rūz če ettefāqī aftāde ast. pādešāh xeilī xošhāl mišavad az īn ke doxtaraš rā nakošteh. va meqdārī jāyeze be jallād midahad. va tāj-e pādešāhī-e xodeš ra be šouhar-e doxtaraš dād va e'edām kard ke čūn man pīrū az kār oftāde šodam, az emrūz dāmād-e man bejāye man pādešāh-e īn sarzamīn xāhad būd. va dāmād-am ham pādešāh anjā būd va zendegīye xūbī rā donbāl mīkard.

日本語訳：あったことか、なかったことか。三人の王女がいる王がいた。王は、王女たちを結婚させなかった。王女たちは、これをいやがっていた。ある日、王女たちは、庭師にメロンを宮殿に持ってくるように頼んだ。庭師はメロンを三つ持ってきた。上の王女は、メロンを二つに切った。真ん中の王女は、メロンを三つに切った。三番目の王女は、切らなかった。そして、それらのメロンを盆に乗せ、王のもとに持っていった。王は、王女のこの行いに不機嫌になり、説明を求めた。大臣たちにも意見を求めた。知恵のある大臣がこの行為を王に説明して言った。

「一番上の王女を結婚させていたら、子供が二人できたでしょう。真ん中の王女を結婚させたら、子供が三人できたでしょう。そして、三番目の王女を結婚させていたら、子供が一人できたでしょう。」

王は、王女たちを結婚させることにした。触れ役に、王女たちが結婚することを伝えさせた。触れ役は、そのとおり、町の人々にそのことを触れてまわった。あらゆる階層の人々が集まった。王は、上の王女に尋ねた。

「私をどれくらい好いているか。」

上の王女は答えた。

「砂糖が甘いように私は父上を好いています。」

王は、この返事に満足した。そして、上の王女を右大臣の息子と結婚させた。七昼夜の間、歌い踊り、それは王女の結婚式にふさわしいものだった。一週間の後、王は、二番目の王女を結婚させることにした。同様に、触れ役を用いて、二人目の王女の結婚を町中に知らせた。町の人々は再び集まった。王は二番目の王女に言った。

「私をどれくらい好いているか。」

二番目の王女は言った。

「氷砂糖が甘いように私は父上を愛しています。」

王はこの返事に満足した。そして、二番目の王女を左大臣の息子と結婚させた。そして、七昼夜の間、結婚を祝った。次に、三番目の王女を結婚させることにした。触れ役は、また同様に触れて回り、多くの人々が集まった。王は、末の王女にこう言った。

　「私をどれくらい好いているか。」

　三番目王女は答えた。

　「塩が辛いのと同じくらい父上を愛しています。」

　王は、この返事にたいそう怒った。そして、刑吏に、この王女を森に連れていき、殺して血をビンに入れて持ち帰るよう命じた。その血を飲むつもりであったのである。王女は泣き始め、刑吏に殺さないように頼んだ。命を助けてもらうかわりにと、持っていた金の指輪や首飾りを刑吏に渡した。刑吏は王女を放してやった。そして、鳥を数羽捕まえて、その血を王女の血の代わりに瓶につめ王のもとへ持って行った。王は、その血を飲んで、怒りはおさまった。王女は、森の中で徐々に成長した。ある時、薪を集めに来ていた少年に出会った。少年は、最初恐れて逃げようとした。しかし、娘が少年に助けを求めて、家に連れていってくれと頼んだので、少年は娘を連れて家に帰ることにした。娘は、少年に結婚して一緒に暮らすよう求めた。少年もそうすることにした。そして、小さなあばら屋で幸福な生活が始まった。九ヶ月が経ち、二人には男の子が生まれた。子供はだんだん大きくなり、泣くと目からは涙の代わりに真珠が、笑うと口からはルビーが降り注いだ。やがて、子供は歩くことを覚え、足跡の一方からは真珠が、もう一方からはダイヤモンドが現れた。（少年の）両親はこの宝石を集めて城を造った。ある日、娘の父親である王が狩りをしに森にやって来た。そして、城を遠くから見て、驚いて、近づいていった。娘は城の上から自分の父親を見ると、夫を呼び、昼ご飯に彼らを招こうと言った。夫は、その通りにした。狩りの後、王は昼ご飯のためにやって来た。娘は、とても美味しい料理を彼らのために作った。しかし、王の分だけ塩を抜いてあった。娘はカーテンの後ろから饗応を見ていた。王は、塩の入っていない料理を食べることができなかった。それを見て、娘は塩の入った料理を王に出した。しかし、まだ王は娘に気づかなかった。娘は、王と刑吏だけを残して部屋から出るように求めた。娘は王に近づ

いて、身を明かし、こう言った。

「私は、刑吏に殺されるはずであったあなたの娘です。」

しかし、王は信じなかった。真偽を刑吏に尋ねた。刑吏は王にその日に起こったことを答えた。王は、娘を殺さなかったことにとても喜んだ。褒美を刑吏に与えた。王冠を娘の夫に与え、布告した。

「私は老いて、仕事ができなくなったので、今日から私の婿がこの地の王になるであろう。」

娘の婿は、王となり、幸福な生活をおくった。

備考：マーザンダラーン方言が分からないため、ファルザード・ヴァファーハーハ氏（アーモル出身）に聞いてもらって標準ペルシア語で語りなおしてもらった。

022

題　　名：ماهی گیر ／漁師
分　　類：本格昔話
ＡＴ番号：AT555「漁師とその女房」
録音箇所［収録時間］：006-028［16分26秒］
調 査 日：1998年12月19日
調 査 地：اصفهان ／イスファハン

名　　前：حسن هادیان ／ハサン・ハーディヤーン
年齢性別：39才、男性
職　　業：کارمند شرکت اتوبوس رانی ／バス会社職員
住　　所：اصفهان
出 身 地：تهران ／テヘラン
伝 承 者：برادر ／兄弟

翻字（ペルシア語）：یکی بود یکی نبود غیر از خدا هیچ کس نبود. زمان های خیلی قدیم، مرد ماهیگیری بود که زندگیشو از صید ماهی گذران میکرد. خودش بود و زنش. تو یه خرابه هم زندگی میکردن. یه چادری زده بودن تو یک خرابه و زندگی میکردن. روزا میرفت کنار دریا ماهی میگرفت ماهی رو میبرد بازار میفروخت و خرج خونش رو اداره میکرد. زنشم تو

همون چادری که زده بودن نشسته بودن ریسندگی میکرد. نخ میریسید. یه روز مثل روزای گذشته رفت کنار دریا و یکی از این قایقای خیلی کوچیک داشت. قایقو سوارش شد و رفت یکی کمی جلوتر و شروع کرد ماهی گرفتن. از صبح تا غروب هرچی قلاب انداخت تور انداخت ماهی صید نکرد. وقتی میخواست دیگه بیاد خیلی هم ناراحت بود. از این که امروز هیچ ماهی صید نکرده. آخرین تورشم انداخت. و وقتی تور و کشید بالا، دید یه ماهی طلای رنگ خیلی قشنگ داخل تورش هست. خیلی این ماهی قشنگ بود. انقدر ماهی قشنگ بود که آدم دلش نمیواومد به هیچ قیمتی این ماهی ر از دست بده. ماهی را وقتی از آب آوردش بالا، ماهی زبان در آورد. و حرف زد. گف ای مرد ماهیگیر تو منو آزاد کن، هر چی بخوای در عوض بهت میدم. فقط روزا یک کمی از میوه های روی زمین داخل سبد بریز برای من بیار، بگو ماهی ماهی بیا که آوردم پیغامی. من هر جایی که باشم سر از آب بیرون میکنم، و هر چی بخوای، بهت میدم. مرد ماهیگیر با تعجب که چرا ماهی حرف میزنه، حالا که ماهی حرف زده قیمتش خیلیه. اگر این ماهی رو من ببرم بازار چون حرف میزنه و خیلی قشنگه داخل آب نگه داری کنم ازش، از من خیلی خوب میخرن. و من اگر این ماهی ر از دست بدم، اشتباه کردم و حتماً این ماهی داره منو گول میزنه. خلاصه، مونده بود توش که آیا ماهی را آزاد کنه، یا نه. فکر می کرد با خودش. تا بالاخره، تصمیم گرفت اصرار زیاد ماهی، ماهیگیر تصمیم گرفت که این ماهی را آزادش کنه. گف ماهی یادت باشه که به من قول دادی. گف خاطرت جمع باشه. فقط کاری که من میگم انجام بده، من هر کاری بخوای برات میکنم. ماهی را دو باره رها کرد و دست خالی اومد طرف خونه. همون چادری که نشسته بودن. اومد اونجا و زنش گف که چیزی نخریدی امشب، چیزی نیاوردی؟ انکار تورتم که چیزی توش نیست. اون صندوقیم که داشتی، چیزی توش نیست. مگر کاری نکردی امروز؟ مگر سر کار نبودی؟ گف چرا، سر کار بودم، و ماهی صید نکردم. وقتی میخواستم بیام، آخرین توری که انداختم، یه ماهی طلایی رنگ قشنگ اومد، و صحبت کرد و داستانُ برای زنش تعریف کرد. زنش گف که تو خیلی اشتباه کردی که اون ماهی را رها کردی. اون ماهی خیلی ارزش داشته، و از ما اون ماهی رو خوب میخریدن. گف اون به من اینطوری گفته و من پیش

خودم گفتم، من که ماهی نگرفتم، این یه ماهیرم فکر میکنم که آخر سر صید نکردم. و فردا میرم ببینم اون به قول خودش وفا میکنه یا نه. زنش گف خوب. فردا برو و بگو اگه راست میگه، یه خونه به ما بده. اون که گفته هرچی بخوای من بهت میدم، ما توی چادر نشستیم، توی خرابه و گف زن آخه اون ماهی خونه که نمیتونه به ما بده. حالا منظورش این بوده که یه چیزایی مثلاً جزئی اگر بخوایمو اینا. گف نه شما برو و بهش بگو. ماهیگیر اومد دم دریا. یه سبد از میوه های روی زمین برد. سوار قایقش شد، یه مقدار رفت جلوتر، و اون گف ماهی ماهی بیا که آوردم پیغامی. ماهی سر از آب بیرون کرد. گف چیه مرد ماهی گیر؟ چی میخوای؟ گفته ای ماهی من خودم میدونم که چیز بزرگی من از شما میخوام. ولی زنم بهم گفته که برو و بگو یه خونه به ما بده. و اون میوه ها را ریخت برای ماهی داخل دریا. ماهی گفتش که ای مرد ماهیگیر، برو و زنت همون جا تو یه خونه نشسته. ماهی گیر خیلی تعجب کرد که آخه چه طور میشه همچین چیزی با عجله اومد رفت دید. بله، زنش تو یه خونه نشسته. گف خوب زن دیدی کارمون درست شد. و ما تا آخر عمر هم نمیتونستیم خونه بخریم. دیگه هیچی از این خدا نمیخوایم. زن ماهیگیر گفتش که تازه شانس رو به ما کرده، وقتی انسان شانس میاد در خونشُ میزنه، باید استفاده کنه. خونرم می گفتی نه، به من نمیده، ولی داد. برو بگو یه خونه دو طبقه به ما بده که بتونیم یه طبقشم اجاره بدیم و در آمدی داشته باشیم. ماهیگیر هی گف زن ناشکری نکن. خدا را شکر کن که این خونه را داری، ما تا آخر عمرمون نمیتونستیم، آخه این چه حرفیه میزنی؟ گ اِ برو این که من بهت میگم برو بگو مرد ماهیگیر اومد و رفت. رفت و دو باره کنار دریا. سوار اون قایق شد و رفت یک کمی جلوتر و دو باره گف ماهی ماهی بیا که آوردم پیغامی. ماهی دو باره سر از آب بیرون کرد. گف چیه؟ گف چیه، مرد ماهیگیر؟ گف که همسرم گفته که یه خونهٔ دو طبقه به من بده. گف باشه برو زنت تو خونه دو طبقه نشسته. اون میوه هارم براش ریخت توی آب. رفت دید زنش. بله، توی خونهٔ دو طبقه نشسته. خیلی خوشحال شد. گف خوب زن، اینم خونهٔ دو طبقه و خدا واقعاً ما رو دوست داره که یه همچین لطفی در حق ما کرد. دیگه هیچی نمیخوایم از این دنیا. زن دو باره چون خیلی طمع داشت گف که اِ مرد، حالا

که قرار این به ما هر چی میخوایم بده، بذار ما هرچی میخوایم ازش بگیریم. اگر قرار بود به حرف تو گوش بدم که تو همون خونرم میگفتی نه. ولی دیدی که الان خونه دو طبقه داریم. هرچی مرد گف، گف نه. برو بگو که بما ماشین و اثاث خونه و اینا هم بده. ما این چیزارم میخوایم. خلاصه، اومد و دوباره دم دریا و یک کمی از اون میوه های به اصطلاح روی زمینم برد و دو باره گف ماهی ماهی بیا که آوردم پیغامی دو باره چیز هایی که زنش بهش گفته بود اثاث منزل و نمیدونم حالا در اون زمان هر نوع ماشینی که بوده، ماشینو خلاصه گف اینا ر ازم خواسته. گف عیبی نداره. برو همه اون چیز هایی که میگی داری. اومد دید همه اون چیزایی که گفته داره. ولی زنش دو باره اینجا قانع نبود. گف خوب اصلاً برو اونجا و بگو که من ملکه بشم. گفت زن، تو رو چه به این حرفا تو هیچی نداشتی، توی چادر زندگی میکردی، الان همه چی داری، چرا انقدر اذیت میکنی؟ بایستی شکر کنی. باز زنش گف که هر چی من بهت میگم همون کارو بکن. تا حالا، گوش به حرف من دادی که دیدی نتیجشم گرفتی. برو و این کارو بکن. مرد ماهیگیر خیلی ناراحت بود از این که چرا زنش قانع نیست. چرا انقدر طمع داره. رفت دو باره دریا و میوه ها رو برد و دو باره ماهی را صدا کرد و ماهی دو باره سر از آب بیرون کرد، و خواستش و گفت. ماهی دوباره گف برو زنت ملکه شده. اومد دید بله زنش ملکه شده و چه تشکیلات و چه برنامه هایی. گف خوب زن، دیگه چیزی تقاضا نکن. دیگه همه چی داری. من دیگه اونجا نمیرم. زن دوباره باهش صحبت کرد و ازش زور شد. و گفت حتماً باید بری. باید بری بگی من ملکهٔ ملکه ها بشم. یعنی من از همه بالاتر باشم. هر چه قدر مرد بهش گفت قبول نکرد. مرد دوباره خیلی ناراحت اومد دریا، و ماهی را صدا کرد و خواستهٔ خانمشو به ماهی گفت. ماهی یه مقدار صبر کرد و گف باشه، برو زنت ملکهٔ ملکه ها شده. اومد خونه، دید بله دوباره زنش ملکهٔ ملکه ها شده و چه قدر ملکه زیر دستش هستند و از این حرفا. گف خوب دیگه به بالاترین مقام رسیدی. دیگه چیزی نمیخوای. گفت چرا، یه چیز دیگه هم میخوام. گف زن، دیگه همه چی داری، دیگه هیچ چیزی نیست که تو بخواهی. گفت برو بگو که خورشید به دستور من باشه. هر وقت من میگم، طلوع کنه، هر وقت میگم غروب کنه. مرد خیلی ناراحت شد. بدنش شروع کرد به

لرزیدن. گف زن این حرفا رو نزن. خورشید فقط به فرمان خدا ست، تو نباید این حرفو بزنی. تو کفر میگی، این حرف درست نیست. گف حرفی که من بهت میزنم انجام بده. خلاصه، اومد و خیلی باهاش حرف زد، ولی اون قبول نکرد. قبول نکرد، و اومد دریا. تا اومد دریا دید آب دریا سیاه شده. خیلی هم طوفانیه. فهمید که این دفعه، با دفعه های دیگه فرق میکنه. هی چند بار اومد، بر گرده. تصمیم گرفت که بر گرده، ولی چون زنش خیلی حاکم بود، تو خونش به اصطلاح زن سالاری بود، مرد میترسید که بیاد. نشست، یه مقدار اونجا نشست، هرچی فکر کرد، باز آخرش سوار قایق شد اومد دریا و شروع کرد ماهی و صدا کردن. یکی دو بار صدا کرد، ماهی سر از آب بیرون نکرد. داد زد دو باره. یه چند بار هی داد زد تا ماهی سر از آب بیرون کرد. گف چیه مرد ماهیگیر؟ دیگه چی میخوای؟ گف که ماهی نمیتونم به زبون بیارم. ولی چاره ایم ندارم. زنم از من خواسته که خورشید به دستور من باشه. تا اینو گفت ماهی رفت زیر آب. یه مقدار طول کشید، سر از آب بیرون کرد. مرد ماهیگیر فهمید که خیلی حرف اشتباهی زده. مرد ماهیگیر گف ماهی جوابی به من ندادی. گف خوب مرد ماهی[1]. برو زنت تو همون خرابه و تو همون چادری که قبلاً نشسته بود، اونجا نشسته. چون خورشید فقط به دستور خداوند هست. و انسان ها آنقدر حریصن. آنقدر طمع کار هستن، که اگر هر چیزیرم داشته باشن، باز یه چیز دیگه ای میخوان. تو موقعیت خوبی داشتی، ولی از دست دادی. برو همون روزگار قبلی که داشتی، همون روزگار نصیبت شده. هرچه قدر دیگه رفت زیر آب ماهی. هر چه قدر صداش کرد، گف من اشتباه کردم، فقط همون خونه ر به ما بده، ما هیچ دیگه نمیخوایم، ماهی دیگه جوابی بهش نداد. اومد، دید زنش مثل همون گذشته، تو همون خرابه، تو اون چادر نشسته، و داره ریسندگی میکنه. گف زن دیدی خونه دار شدی، ماشین همه چی، ملکه شدی، ملکهٔ ملکه ها شدی، هرچه قدر بهت گفتم، گوش نکردی. حالا بسوز و بساز چون حقته. هر چه قدر زن التماس کرد که برو بگو همون خونه رو اینا گف دیگه فایده ای نداره. ماهی هم دیگه به من گفته دیگه سراغ من نیا. قصه ما به سر رسید، کلاغه به خونش نرسید.

۱. ماهی = ماهیگیر

翻字（ローマ字）: yekī būd yekī nabūd qeir az xodā hīč kas nabūd. zamān hāye xeilī qadīm, mard-e māhīgīrī būd ke zendegīšo az seid-e māhī gozarān mīkard. xodeš būd o zaneš. tū ye xarābe ham zendegī mīkardan. ye čādorī zade būdan tį yek xarābe o zendegī mīkardan. rūzā mīraft kenār-e daryā māhī mīgereft māhī ro mībord bāzār mīfurūft va xarj-e xūnašo edāre mikard. zanešam tū hamūn čādorī ke zade būdan nešaste būdan rīsandegī mīkard. nax mīrīsīd. ye rūz mesle rūzāye gozašte raft kenāre daryā va yekī az īn qāyeqāye xeilī kūčik dāšt. qāyequ savāreš šod o raft yekī kamī jeloutar va šrū kard māhī gereftan. az sobh tā qorūb harčī qollāb endāxt tūr endāxt māhī seid nakard. vaqtī mīxāst dīge biyād xeilī ham nārāhat būd. az īn ke emrūz hīč māhī seid nakarde. āxerīn tūreš-am endāxt. va vaqtī tūr o kešīd bālā, dīd ye māhī talāī rang-e xeilī qašang dāxel-e tūreš hast. xeilī īn māhī qašang būd. enqadr māhī qašang būd ke ādam deleš nemiyūmadand be hīč qeimatī īn māhī ra az dast bede. māhī ra vaqtī az āb āvordeš bālā, māhī zabān dar āvord. va harf zad. gof ei mard-e māhīgīr to mano āzād kon, harčī bexāi dar avaz behet midam. faqat rūzā yek kamī az mīve hāye rūye zamīn dāxel-e sabad berīz barāye man beyār, begū māhī māhī biyā ke āvardam peiqāmī. man harjāī ke bāšam sar az āb bīrūn mikonam, va har čī bexāi, behet midam. mard-e māhīgīr bā ta'ajjob ke čerā māhī harf mizane, hālā ke māhī harf zade qeimateš xeilīe. agar īn māhī ro man bebaram bāzār čūn harf mizane va xeilī qašange dāxel-e āb negahbānī konam azaš, az man xeilī xūb mixaran. va man agar īn māhī ra az dast bedam, eštebāh kardam va hatmān īn māhī dāre mano gūl mizane. xolāse, mūnde būd tūš ke āyā māhī ra āzād kone, yā na. fekr mikard bā xodeš. tā belāxare, tasmīm gereft esrār-e ziyād-e māhī, māhīgīr tasmīm gereft ke īn māhī rā āzādeš kone. gof māhī yādat bāše ke be man qour dādī. gof xāteret jam bāše. faqat kārī ke man migam anjām bede, man har kārī bexāi barāt mikonam. māhī rā dobāre rahā kardo dast-e xālī ūmade taraf-e xūne. hamūn čādrī ke nešaste būdan. ūmad unjā va zaneš gof ke čīzī naxarīdī emšab, čīzī nayōvordī? engār tūretam ke čīzī tūš nīst. ūn sandūqīyam dāptī, čīzī tūš nīst. magar kārī nakardī emrūz? magar sar-e kār nabūdī? gof čerā, sar-e kār būdam, va māhī seid nakardam. vaqtī mīxāstam biyām, āxerīn tūrī ke endāxtam, ye māhī talāīye rang-e qašang ūmad, va sohbat kard va dāstāno barāye zanaš ta'arīf kard. zaneš gof ke to xeilī eštebāh kardī ke ūn māhī ro rahā kardī. ūn māhī xeilī arzeš dāšte, va az mā ūn māhī ro xūb mixarīdan. gof ūn be man intourī gofte va man pīše xodam goftam, man ke māhī nagareftam, īn ye māhī-ram fekr mikonam ke āxar sar seid nakardam. va fardā miram bebīnam ūn be qoul-e xodeš vafā mikone yā na. zaneš gof xob. fardā borou va begū age rāst mige, ye xūne be man bede. ūn ke gofte har čī bexāi man behet midam, mā tūye čādor nešastīm, tūye xarābe o gof zan āxe ūn māhī xūne ke nemītūne be mā bede. hālā manzūreš īn būde ke ye čīzāī masalān jozī agar bexāimū inā. gof na šomā borou va beheš begū. māhīgīr ūmad dam-e daryā. ye sabad az mīve hāī rūye zamīn bord. savār-e qāyeqeš šod, ye meqdār raft jeloutar, va ūn gof māhī māhī biyā ke āvardam peiqāmī. māhī sar az āb bīrūn kard. gof čie mard-e māhīgīr? čī mīxāi? gofte ei māhī man xodam mīdūnam ke čīz-e bozorgī man az šomā mīxām. valī zanam beham gofte ke borou va begū ye xūne be mā bede. va ūn mīve hā rā rīxt barāye māhī dāxel-e daryā. māhī gofteš ke ei mard-e māhīgīr, borou va zanet hamūn jā tū ye xūne nešaste. māhīgīr xeilī ta'ajjob kard ke āxe četour miše hamčīn čīzī bā ajale raft dīd . bale, zaneš tū ye xūne nešaste. gof xob zan dīdī kāremūn dorost šod. va mā tā āxer-e omr ham nemītūnestīm xūne bexarīm. dīge hīčī az īn xodā nemixāim. zan-e māhīgīr gofteš ke tāze šāns rū be mā karde, vaqtī ensān šāns miyād dar-e xūneš mizane, bāyad estefāde kone. xūna-ram migoftīm na, be man nemide, valī dād. borou begū ye xūneye do tabaqe be mā bede ke betūnīm ye tabaqeš-am ejāre bedīm va dar āmadī dāšte bāšīm. māhīgīr hei gof zan nāšokčī nakon. xodā rā šokr kon ke īn xūne ra dārī, mā tā āxer-e omremūn nemītūnestīm, āxe īn če harfīe mizanī? go e borou īn ke man behet migam borou begū mard-e māhīgīr ūmad o raft. raft va dobāre kenāre daryā. savār-e ūn qāyeq šod o raft yek kamī jeloutar va dobāre gof māhī māhī biyā ke āvordam peiqāmī. māhī dobāre sar az āb bīrūn kard. gof čie? gof čie, mard-e māhīgīr? gof ke hamsaram gofte ke ye xūne do tabaqe be man bede. gof bāšeh borou zanet tū xūne do tabaqe nešaste. ūn mīve hāram barāš rīxt tūye āb. raft dīd zaneš. bale, tūye xūneye do tabaqe nešaste. xeilī xošhāl šod. gof xob zan, īnam xūneye do tabaqe va xodā vāqaʿān mā ro dūst dāre ke ye mančīn lotfī dar haq mā kard. dīge hīčī nemīxāīm az īn donyā. zan do bāre čūn xeilī tameʿ dāšt gof ke ē mard, hālā ke qarār-e īn be mā har čī mīxāim bede, bezār mā harčī mixāim azeš begīrīm. agar qarār būd be harf-e to gūš bedam ke to hamūn xūner-am migoftī na. valī dīdī ke alān xūne do tabaqe dārīm. har čī mard gof, gof na. borou begū ke bemā māšīn o asās-e xūne va īnā ham bede. mā īn čīzāram mīxāim. xolāse, ūmad o do bāre dam-e daryā o yek kamī az ūn mīve hāye be estelāh rūye zamīn-am bord o do bāre gof māhī māhī biyā ke āvordam peiqāmī do bāre čīz hāī ke zaneš beheš gofte būd asās-e manzel va nemīdūnam hālā dar ūn zamān har nou māšīnī ke būde, māšīno xolāse gof īnā re azam xāsteh. gof eibī nadāre. borou hameye ūn čīz hāī ke mīgī dārī. ūmad dīd hame ūn čīz hāī ke gofte dāre. valī zaneš dobāre injā qāne nabūd. gof xob aslān borou unjā va begū man malake bešam. gof zan, to ro če be īn harfā to hīčī nadāštī, tūye čādor zendegī mīkardī, alān hame čī dārī, čerā enqadr aziyat mikonī? bāyestī šokr konī. bāz zaneš gof ke har čī man behet migam hamūn kāro bokon. tā hālā, gūš be harf-e man dādī ke dīdī natījašam gereftī. borou va īn kāro bokon. mard-e māhīgīr xeilī nārāhat būd az īn ke čerā zaneš qāneʿ nīst. čerā enqadr tamaʿ dāre. raft do bāre daryā va mīve hā ro bord o dobāre māhī ra sedā kard o māhī dobāre sar az āb bīrūn kard, va xāstaš o goft. māhī dobāre gof borou zanet maleke šode. ūmad dīd bale zaneš maleke šode o če taškīlāt o če barnāme hāī. gof xub zan, dīge čīzī taqāzā nakon. dīge hame čī dārī. man dīge unjā nemiram. zand dobāre bāheš sohbat kard o azaš zūr šod. va goft hatmān bāyad berī. bāyad berī begī man balekeye maleke hā bešam. yaʿanī man az hame bālātar bāšam. har če qadr mard beheš goft qabūl nakard. mard dobāre xeilī nārāhat ūmad daryā, va māhī rā sedā kard o xāseteye xānomešo be māhī goft. māhī ye meqdārī sabr kard va gof bāše, borou zanet malekeye maleke hā šode. ūmad xūne, dīd bale dobāre zaneš malekeye maleke hā šode o če qadr maleke zīr dasteš hastand o az īn harf hā. gof xob dīge be bālātarīm maqām rasīdī. dīge čīzī nemixāi. gof čerā, ye čīz-e dīge ham mixām. gof zan, dīge hame čī dārī, dīge hīč čīzī nīst ke to bexāī. goft borou begū ke xoršīd be dastūr-e man bāše. har vaqt man migam, tolū kone, har vaqt migam qorūb kone. mard xeilī nārāhat šod. badaneš šrū kard be larzīdan. gof zan īn harf hā ro nazan. xoršīd faqat be farmān-e xodāst, to nabāyad īn harfo bezanī. to kofr migī, īn harf dorost nīst. gof harfī ke man behet mizanam anjām bede. xolāse, ūmad o xeilī bāhāš harf zad, valī ūn qabūl nakard. qabūl nakard, va ūmad daryā. tā ūmad daryā dīd āb-e daryā siyāh šode. xeilī ham tūfānie. fahmīd ke in dafʿe, bā dafʿe hāye dīge farq mikone. hei čand bār ūmad, bar garde. tasmīm gereft ke bar garde, valī čūn zaneš xeilī hākem būd, tū xūnaš be estelāh-e zan sālārī būd, mard mitarsīd ke biyād. nešast ye meqdār unjā nešast. harčī fekr kard, bāz āxereš savār qāyeq šod ūmad daryā o šrū kard māhī o sedā kardan. yekī do bār sedā kard, māhī sar az āb bīrūn nakard. dād zad dobāre. ye čand bār hei dād zad tā māhī sar az āb bīrūn kard. gof čie mard-e māhīgīr? dīge čī mīxāi? gof ke māhī nemītūnam be zabūn biyāram. valī čāreī yam nadāram. zanam az man xāste ke xoršīd be dastūr-e man bāše. tā ino goft māhī raft zīr-e āb. ye meqdār tūr kešīd, sar az āb bīrūn kard. mard-e māhīgīr fahmīd ke xeilī harf-e eštebāhī zade. mard-e māhīgīr gof māhī javābī be man nadādī. gof xob mard-e māhī. borou zanet to hamūn xarābe o tū hamūn čādorī ke qablān nešasete būd, unjā nešaste. čūn xoršīd faqat be dastūr-e xodāvand hast. va ensān hā ēnqadr harīsan. ēn qadr tamaʿ kār hastan, ke agar har čīzī-ram dāšte bāšan, bāz ye čīz-e dīgeī ham mīxān. to mouqeʿiyat-e xūbī dāštī, valī az dast dādī. borou hamūn rūzgār-e qablī ke dāštī, hamūn rūzgār nasībet šode. har če qadr dīge raft zīre āb māhī. har če qadr sedāš kard. gof man eštebā kardam. faqat hamūn xūne ra be man bede, mā hīč dīge nemīxāīm, māhī dīge javābī beheš nadād. ūmad, dīd zanaš mesle hamūn gozašte, tū hamūn xarābe, tū ūn čādor nešaste, va dāre rīsandegī mikone. gof zan dīdī xūnedār šodī, māšīn hame čī, malake šodī, malekeye malekehā šodī, har če qadr behet goftam, gūš nakardī. hālā besūz o besāz čōn haqqete. har če qadr zan eltemās kard ke borou begū hamūn xūne ro īnā gof dīge fāyede nadāre. māhī ham dīge be man gofte dīge sorāq-e man nayā. qesseye mā be sar rasīd, kalāqe be xūnaš narasīd.

日本語訳：あったことか、なかったことか、神の他に誰もいなかったころ。昔々、漁を生業とする漁師がいた。彼には妻がいて、廃屋に住んでいた。廃屋に天幕を張って生活していたのである。毎日、漁師は海岸に行って魚を獲ってはバザールへ持っていって売って生活費に充てていた。妻は、その天幕のなかに座って糸を紡いでいた。ある日、漁師は、いつものように海岸へ行った。漁師はとても小さな舟を持っていて、それに乗って、少し沖へ出て、漁を始めた。朝から日没まで、どんなに釣り針や網を投げても、魚は獲れなかった。全く釣れないので嫌になってきて、そろそろ帰ろうと思い、最後の網を投げた。網を引き上げてみると、とても綺麗な金色の魚がかかっていた。何に代えても手放したくないと思うぐらい綺麗であった。引き上げると、魚は話し始めた。魚はこう言った。

　「漁師さん、助けて下さい。お礼に欲しいものをなんでも差し上げます。地上の果物を少しだけ籠に入れて持ってきて、魚よ魚よ伝えることがあるから出てきて下さい、と言ってください。私はどこにいようと、水面から顔を出します。そして、欲しいものを差し上げます。」

　漁師は、魚がしゃべるので驚いた。そして、しゃべる魚ならもっと価値があると思った。もし、この魚をバザールに持っていけば、口も利くし、飼って眺めるにも綺麗だし、高く売れるだろうと思った。今、この魚を手放したらきっと後悔するだろうし、魚は私を騙そうとしているのかもしれない。漁師は、魚を捕まえておこうか、放そうか、考えた。ところが、あまりにも魚は強く言うので、漁師は助けてやることに決めて言った。

　「約束を忘れるなよ。」

　魚は言った。

　「私の言った物を持ってくることだけは覚えておいて下さい。そうすれば、何でもしましょう。」

　漁師は、魚を放し、手ぶらで住んでいる天幕の家に向かった。帰ると、妻は言った。

　「今夜は何も買ってこなかったの。網にもかからなかったみたいだね。その箱にも何も入っていないようね。今日は仕事をしてこなかったんじゃない

かい。仕事に行っていないのではないかい。」

漁師は言った。

「行ったとも。仕事をしたんだ。ただ、魚が釣れなかったんだ。ところが、帰ろうと思ったとき、最後に投げた網に綺麗な金色の魚がかかってね。その魚は話をしたんだよ。」

漁師は、出来事を妻に話した。妻は言った。

「魚を放したのは、大きな間違いだね。きっととても価値のある魚だよ。きっと高く売れたにちがいない。」

漁師は魚の言ったことを伝えて言った。

「結局、魚を釣らなかったのだから、明日は魚が約束を守るか破るか見に行こう。」

妻は言った。

「そうですね。明日、行って、もし魚が本当のことを言っているのなら、家を下さいと言っておいてちょうだい。魚は、欲しいものを何でもくれると言ったのでしょう。私たちは、天幕に住んでいるのですよ。廃墟に住んでいるのですよ。」

漁師は言った。

「魚なんだよ。どうして家をくれるものか。魚が言ったのは、きっと小さなもののことだよ。」

妻は言った。

「だめよ。絶対に言ってきてね。」

漁師は、海岸へやってきた。地上の果物を入れた籠を持って行った。小舟に乗り、少し沖へ出て、こう言った。

「魚よ、魚よ、伝えることがあります。」

すると、魚は水から出てきて言った。

「漁師さん、なんですか。何が欲しいのですか。」

漁師は言った。

「魚さん、無理でしょうが大きな物が欲しいのです。妻が、家を下さいと

言えと言うのです。」
　果物を魚のために海に落とした。魚は言った。
　「漁師さん、奥さんは同じ場所で家にいるでしょう。」
　漁師は、そんなことがあるものかと驚いたが、帰ってみると、妻は家に座っていた。漁師は言った。
　「ほら、見てごらん。本当だったでしょう。一生かかっても家なんて手に入るはずなかったんだから。もう、欲しい物はありませんね。」
　漁師の妻は言った。
　「さあ、運は我々に巡ってきたんだよ。運が扉を叩いたら、人はそれを使わないといけない。家なんて無理だと言ったではないの。しかし、魚は家をくれました。次は二階建ての家が欲しいと言ってきてちょうだい。そうすれば、一階を人に貸して、利益を得ることができるね。」
　漁師は言った。
　「どん欲になってはいけない。神に感謝しなくては。一生かかっても建てられないような家を持っているのだよ。なんてことを言うのだい。」
　妻は言った。
　「なんですか。さあ、私の言うとおりにしてちょうだい。」
　漁師は、また海岸へ行って、小舟に乗って、少し沖へ出て、再びこう言った。
　「魚さん、魚さん、伝えたいことがあります。」
　魚は、また水から頭を出して言った。
　「なんですか、漁師さん。」
　漁師は言った。
　「妻が、二階建ての家を欲しいというのです。」
　魚は言った。
　「わかりました。帰りなさい。奥さんは二階建ての家で座っています。」
　漁師は、果物を海に落とした。そして、妻を見に帰った。すると、なんと、二階建ての家に妻はいた。漁師はとても喜んで言った。

「さあ、二階建ての家だよ。このようなものを下さるとは、我々はよっぽど神様に好かれているのだね。もう、この世で欲しい物なんてないね。」

とても欲張りな妻は、こう言った。

「何を言っているのだい。何でももらえるということがわかったじゃないの。あなたのいうことを聞いていてはどうにもなりません。最初の家さえもだめだと言っていたではないの。でも、ごらん。二階建ての家が手に入ったじゃないの。」

漁師がどんなに言っても、妻は聞かなかった。さらに妻は、家具と自動車、もちろん、その時代でのそのようなものであるが、これらが欲しいと言った。漁師は、魚にそれらが欲しいと言うと、魚は「お易いご用です。帰ったら全部家にありますよ。」と言った。漁師が帰ってみると、全部揃っていた。ところが、妻はそれでも満足せず、こう言った。

「さあ、もう一度海岸へ行って、私を女王にするように言ってきてちょうだい。」

漁師は言った。

「妻よ、なんてことを言うのか。何も持たずに天幕に住んでいたのに、今では何でも持っているではないか。どうして、無理を言うんだい。感謝をしなさい。」

すると、また妻が言った。

「私の言ったようにしてちょうだい。私の言うとおりにしたからこのようになったでしょう。さあ、言うとおりにして。」

漁師は、妻が満足せず、どん欲なのに困り果てた。そして、もう一度果物を持って海へ行って、魚を呼んだ。すると、魚は水から顔を出した。漁師は、望みを伝えた。魚は同じようにこう言った。

「家へ帰ると、奥さんは女王になっているでしょう。」

漁師が帰ると、妻は女王になっていた。この上ない者になっていた。漁師は言った。

「さあ、妻よ、もうこれ以上望んではいけません。全てを手に入れたではないか。もう、頼みには行かないよ。」

妻は、またきつく言った。

「必ず行きなさい。私は女王のなかの女王になりたいのよ。つまり、誰よりも偉くなりたいの。」

漁師が言っても、聞かなかった。漁師は困りながら海岸へ行って、魚を呼んだ。そして、妻の望みを伝えた。魚は、少し考えて、「わかりました。」と言った。そして、こう言った。

「帰ると、奥さんは女王のなかの女王になっているでしょう。」

漁師が帰ると、妻は女王のなかの女王になっていて、（他の）女王たちを配下に置いていた。そして、漁師は言った。

「もう、最高の地位に達したではないか。全てを手に入れて、もう望みなどないだろう。」

妻は言った。

「さあ、太陽が私の意のままになるように言ってきてちょうだい。私が望むときに夜が明け、私が望むときに日が暮れるのよ。」

漁師は、とても困った。漁師の体は震えだした。そして、こう言った。

「妻よ、なんてことを言うのか。太陽は、神様だけが意のままにできるのだよ。そんなことは言ってはいけません。神への冒涜です。間違っているよ。」

妻は言った。

「私の言うとおりにしなさい。」

漁師は、何度も説得したが、言うことを聞かなかった。漁師は、海岸へ行った。すると、海の水は黒くなり、嵐になった。今回は、それまでとは違うことがわかった。何度か帰ろうとした。帰ろうとしたけれども、家の中では妻の方が偉くなっていたので、そのまま帰るのが怖かった。しばらくその場で止まって、考えたけれども、結局小舟に乗って、海へ出て魚を呼んだ。一度、二度と呼ぶと、魚は水から頭を出して言った。

「漁師さん、なんですか。次は何が欲しいのですか。」

漁師は言った。

「魚さん、口に出すことができません。しかし、仕方がありません。妻は、

太陽を意のままにしたいと言うのです。」

　すると、魚は水に潜り、しばらくして、水から頭を出した。漁師は、とんでもないことを言ったことに気づいた。漁師は言った。

　「魚さん、答をまだもらっていないよ。」

　魚は言った。

　「漁師さん、奥さんは、昔の天幕の廃墟に座っているでしょう。なぜなら、太陽は神の領域だからです。人間というのはなんてどん欲なのでしょう。なんて、欲にかられるのでしょう。全てを手に入れても、なお別のものが欲しくなる。（その貪欲さゆえに）高い地位をも失うのです。昔の暮らしが、運命なのです。」

　魚は水に潜り、どんなに呼んでも出てこなかった。「私が間違っていました。最初の家だけでいいのでください。他には望みません。」と言っても、魚は返事をしなかった。帰ると、妻は昔のように廃墟の中の天幕で座って、糸を紡いでいた。漁師は言った。

　「妻よ、わかりましたか。家を持ってた。車もなにもかも持ってた。女王にもなった。女王のなかの女王にもなった。あれだけ言ったのに聞かなかったね。これが当然だからこれに耐えてやっていこう。」

　妻は、「最初の家だけでもくれるように言ってきて下さい。」と嘆願したが、漁師は、言った。

　「どうしようもない。魚ももう探すなと言っていた。」

　私たちのお話はおしまいである。カラスも家に帰らなかった。

　備考：1996年3月4日に聞いたものを、再調査した（録音は初めて）。

023

題　　名：مرکوب／こん棒
分　　類：本格昔話
ＡＴ番号：AT563「テーブルとろばとこん棒」
録音箇所［収録時間］：008-001［05分54秒］
調 査 日：1999年01月08日
調 査 地：استان تهران، شهر ری، روستای طالب آباد／テヘラン州レイ市ターレバーバード村

名　　前：(سید) رضا رستگار／レザー・ラステガール
年齢性別：25才、男性
職　　業：مهندس مخابرات／電話交換手
住　　所：استان تهران، شهر ری، روستای طالب آباد
出 身 地：روستای طالب آباد／ターレバーバード村
伝 承 者：پدر زن／義父

翻字（ペルシア語）：یکی بود یکی نبود، زیر گنبد کبود. یه مرد کچلی بود که با مادر پیرش زندگی میکرد. روزگار اینا به سختی میگذشت. مرد تصمیم میگیره که پرنده شکار کنه. یه مقدار قیر می ریزه رو درخت خونش، تا پرنده ها را شکار کنه. یک کلاغ میاد میشینه روی این درخت و به

دام این مـرد کچل می افتـه. مـرد مـیگیـره کلاغ و مـیخـواد سـر ببـره کـه از گوشتش استفاده کنه. بعد کلاغ تقاضا میکنه که سه تا پرشو بکنن، نکشنش. سه تا پرش بکنن، هر دفعه که تنگ دست شدن، هر آرزوی خواستن، یه پرشو به باد بدن هر آرزویی خواستن بر آورده میشه. مادر پسرم قبول میکنه که پسرشم نصیحت می کنه که این کار بکنه. سه تا پر میکنن و کلاغ و آزاد میکنن. چند روز بعد، یکی از این پرا رو به باد میدن و خواهش میکنن که یه ظرفی، یه دیگی به اونا داده بشه که هر غذا میوه خوراکی خواستن توش ظاهر بشه. پرو به باد میدن و اون ظرف واسشون[1] تهیه میشه. یه مدت میگذره، اینا وضعشون رو به راه میشه. بعد، پسر پیر زن میگه که حالا که ما وضعمون خوب شد بهتر فرمان دار رئیس اون شهر فرمان دار اون شهر را دعوت کنیم مهمونی بگیریم. اینو دعوت میکنن و یه غذا و میوه و خوراک مفصل ازش پذیرایی می کنن. وقتیکه فرماندار میخواد بره، میپرسه که چه جوری شما این غذا را تهیه کردی؟ به این خوشمزگی و اینا. پسر پیر زن جریان و واسش تعریف میکنه که به این صورت بود. همون موقع فرماندار دستور میده که مردو بگیرن و دیگ و ازش بگیرن. همین کار و میکنن، یه مدت میگذاره، مجدداً وضع این پیر زن و پسر به تنگدستی می افته. مجدداً پسر میاد (یکی از) یه پر کلاغ دیگه میگیرد از مادرش. این و به باد میده، این دفعه تقاضا میکنه که یه الاغ ظاهر بشه که هر موقع که بهش گفتن هاش، خرجین اون پر از پول و طلا بشه. پر و به باد میدن و همین طور میشه. بعد از چند روز خوب وضع اینا خوب میشه، هر موقع خواهش میکردن پول و طلا و اینا دم دستشون بوده. یه روزی پسر مادرشو سوار الاغ میکنه، میبره حمام خودشم بره بازار خرید. الاغو به حمامی میسپاره. میگه فقط به این کلمه هاش رو نگو. تحویلش میده و میره به بازار. حمامی مشکوک میشه (یعنی چی کلمه اش) میگه که چرا این گفته این کلمه رو نگو. بعد، وقتیکه مرد میره بازار خرید این میگه هاش میبینه خرجین الاغ پر از طلا و پول شد. به همین حاطر الاغ رو میبره یه الاغ شبیه اون میاره میذاره اینجا. بعد از این که پسره از بازار میاد مادرش هم از حمام میاره، سوار میکنه میبره خونه. نگاه خوب که دقت میکنه میبینه اِ الاغش عوض شده. میره از حمامی الاغش و پس بگیره. (کارشون) حمامی پس نمیده و کارشون به دادگاه می

کشه. از طرفی چون حمامی شناخته شده تر بود و معتمدتر بود توی شهر، قاضی حکم و به نفع به (سود) حمامی میده. این دست از پا درازتر بر میگرده خونه. میخواسته پر سوم و بباد بده و یه تقاضای دیگه کنه مادرش جلوش میگیره. میگه اندفعه بذار من این تقاضا رو بکنم. میره و پر به باد میده تقاضا یه مِرکوب میکنه که هر موقع بهش گفتن بکوب هر که جلوش بود بزنه. تقاضا میکنه و مرکوب تهیه میشه و میره دم حمامی رو، میره دم خونه حمامی بهش میگه که الاغ ما رو پس بده. قبول نمی کنه بعد پیر زن میگه مرکوب بکوب! مرکوبم یه چیز مثل چکشه. چکش یا همون مرکوب می افته به جون حمامی و شروع میکنه زدن. دیگه داشته حمامی تلف میشده که میگه صبر کن، الاغ تو پس میدم الاغ و پس میگیره سوار الاغ میشه پیر زن میره دم کاخ فرمانداری. میرسه اونجا به محافظه میگه که من اون دیگچه ام میخوام، اون دیگم و میخوام، پس بگیرم. محافظه به فرماندار میرسونه که یه پیر زنی اومده همچی تقاضایی میکنه. میگه دستگیرش کنید زندانش کنید. تا میان دستگیر کنن باز پیرزن میگه که مرکوب بکوب. اون چکش دوباره به طرف همین محافظین میره و همه رو میزنه و دست و پاشون و میشکنه و میره سراغ فرماندار که دیگچش و بگیره. وقتیکه فرماندار موضوع رو میبینه میترسه. دیگچه رو تحویلش میده پیر زنم الاغ و با دیگ و تحویل میگیره میاد میده به پسرش. یه دستم گل یه دستم نرگس، داغت و نبینم هرگز.

۱. واسشون = برای شان

翻字（ローマ字）：yekī būd yekī nabūd, zīre gonbad-e kabūd. ye mard-e kačalī būd ke bā mādar-e pīraš zendegī mīkard. rūzegār-e īnā be saxtī migozašt. mard tasmīm mīgīre ke parande šekār kone. ye meqdār qīr mirīze ru deraxt-e xūnaš, tā parande hā ra šekār kone. yek kalāq miyād mišīne rūye īn deraxt o be dam-e īn mard-e kačal miofte. mard mīgīre kalāq o mixād sar bebore ke az gūšteš estefāde kone. ba‘ad taqāzā mikone ke se tā parešū bekanan, nakošaneš. se tā pareš bekanan, har daf‘e ke tang dast šodan, har ārezūī xāstan, ye perešo be bād bedan har ārezūī xāstan bar āvarde miše. pādar-e pesar-am qabūl mikone ke pesareš-am nasīhat mikone ke īn kār bokone. se tā par mikanan o kalāq o āzād mikonan. čand rūz ba'ad, yekī az īn parā ro be bād midan va xāheš mikonan ke ye zarfī, ye dīgī be ūnā dāde beše ke har qazā mīve xorākī xāstan tūš zāher beše. parū be bād midan o ūn zarf vāsešūn tahīe miše. ye moddar migozare, īnā vazešūn rū be rā miše. ba'ad, pesar-e pīr zan mige ke hālā ke mā vazemūn xūb šod behtar farmān dār raīs-e ūn šahr farmāndār-e ūn šahr rā da'avat konīm mehmūnī begīrīm. ino da'avat mikonan o ye qazā o ye qazā o mīve o xorāk-e mofassal azaš pazīrāī mikonan. vaqtīke farmāndār mixād bere, miporse ke čejūrī šomā īn qazā ra tahīe kardī? be īn xošmazegī o īnā. pesar-e pīr-e zan jariyān o vāseš ta'arīf mikone ke be īn sūrat būd. hamūn mouqe farmāndār dastūr mide ke mardo begīran o dīg o azaš begīran. hamīn kār o mikonan, ye moddat migozare, mojaddadān vase īn pīr zan o pesar be tangdastī mi ofte. mojaddadān pesar miyād ye par-e kalāq dīge migīrad az mādaraš. ino be bād mide, in daf'e taqāzā mikone ke ye olāq zāher beše ke har mouqe ke beheš goftan hāš, xorjīn-e ūn por az pūl o talā beše. par o be bād midan o hamīntour miše, ba'ad az čand rūz xob vaze īnā xūb miše, har mouqe xāheš mikardan pūl o talā o īnā dam-e dastešūn būde. ye rūzī pesar mādarešo savār-e olāq mikone, mibare hammām xodeš-am bere bāzār xarīd. olāqu be hammāmī misepāre. mige faqat be īn kalame hāš ro nagū. tahvīleš mide o mire be bāzār. hammāmī maškūk miše ya'anī čī kalamaš mige ke čerā īn gofte īn kalame ro nagū. ba'ad, vaqtīke mard mire bāzār xarīd īn mige hāš mibine xorjīn-e olāq por az talā o pūl šod. be hamīn hāter olāq ro mibare ye olāq-e šabīhe ūn miyāre mizāre injā. ba'ad az īn ke pesare az bāzār miyād mādareš ham az hammām miyāre, savār mikone mibare xūne. negāh xūb ke deqqat mikone mibīne e olāqeš avaz šode. mire az hammāmī olāqeš o pas begīre. kārešūn hammāmī pas nemide o kārešūn be dādgāh mikeše. az tarafī čūn hammāmī šenāxte šodetar būd o mo'tamedtar būd tūye šahr, qāzī hokm o be nafe be hammāmī mide. īn dast az pā derāztar bar migarde xūne. mīxāste par-e sevvom o bebād bede o ye taqāzāī dīge kone mādareš jelouš mīgīre. mige endaf'e bezār man īn taqāzā ro bekonam. mire o pare be bād mide taqāzā ye merkūb mikone ke har mouqe beheš goftan bekūb har ke jelouš būd bezane. taqāzā mikone o merkūb tahīe miše o mire dam-e hammāmī ro, mire dam-e xūne hammāmī beheš mige ke olāq-e mā ro pas bede. qabūl nemikone ba'ad pīr-e zan mige merkūb bekūb. merkūb-am ye čīz mesl-e čakoše. čakoš yā hamūn merkūb miofte be jūn-e hammāmī o šrū mikone zadan. dīge dāšte hammāmī talaf mišode ke mige sabr kon, olāq-e to pas midam olāq o pas migīre savār-e olāq miše pīr-e zan mire dam-e kāx-e farmāndārī. mirese unjā be mohāfeze mige ke man ūn dīgče-am mixām, ūn dīg-am o mīxām, pas begīram. mohāfeze be farmāndār mirasūne ke ye pīr-e zanī ūmade hamčī taqāzāī mikone. mige dastgīreš konīd zendāneš konīd. tā miyān dastgīr konan bāz pīrzan mige ke merkūb bekūb. ūn čakoš dobāre be taraf-e hamīn mohāfezīn mire o ham ro mizane o dast o pāšūn o mišekane o mire sorāq-e farmāndār ke dīgčeš o begīre. vaqtīke farmāndār mouzū ro mibīne mitarse. dīgče ro tahvīleš mide pīr-e zan-am olāq o bā dīg otahvīl migīre miyād mide be pesareš. ye dastam gol ye dastam narges, dāqet o nabīnam hargez.

日本語訳：あったことか、なかったことか、群青の天蓋の下でのこと。禿が老いた母親と一緒に住んでいた。苦労をして生活をしていた。禿は鳥を狩ろうとした。少しのタールを家の木にかけて、鳥を狩ろうとした。すると一羽のカラスがやって来て、禿の真上の木の上で罠にかかった。禿はカラスを捕って頭を切って肉を利用しようと思った。ところが、カラスは、三本の羽を抜いて殺さないでくれと頼んだ。

「貧しくなったり、願いがあったりするときは、羽を飛ばしてください。そうすれば、願いが叶うでしょう。」

母親も息子がそうすることを認めた。三本の羽を抜き、カラスを放してやった。数日後、その羽の一枚を風に飛ばし、こうお願いした。

「皿をください。欲しいと思ったときに果物や食べ物が出てくる皿を。」

羽を風に飛ばすと、皿が用意された。しばらくして、暮らしは良くなってきた。老母は言った。

「さあ、私たちの暮らしは良くなった。この町の知事を招きましょう。」

そして、知事たちを招き、豪華な果物や料理でもてなした。知事が帰りがけに尋ねた。

「どうやってこのような食事を用意したのですか。このような美味しい物を。」

母親は「こういうわけである。」とわけを話した。知事は、禿を捕まえて、皿（原文：鍋）を奪うように命じた。手下たちはそのようにした。しばらくして、再び、親子は貧乏になった。そして、（禿は）再びカラスの羽を一本、母親から受け取り、風に飛ばした。今度は、「ハーシュ」とかけ声をかけると鞍袋が金でいっぱいになるロバをくれるようにお願いした。羽を飛ばすと、願いは叶った。数日後、暮らしは良くなり、お願いをしたら金やお金が手に入った。ある日、禿の息子は母親をロバに乗せてハンマームに行き、息子はバザールで買い物をした。ロバを風呂屋に託して、「ハーシュ」とだけは言ってはいけないと伝えた。そして、ロバを渡してバザールへ行った。風呂屋は、どうしてその言葉を言ってはならないのか不思議に思った。そこで、禿がバザールで買い物をしている間に、「ハーシュ」と言うと、ロバの鞍袋は金やお金でいっぱいになっていた。そこで、風呂屋はそのロバを奪い、よく似た別のロバを代わりに置いておいた。息子がバザールから帰ってきて、母親もハンマームから出てきて、ロバに乗って帰った。ところが、よく見ると、ロバは代わっていた。風呂屋から取り戻そうとしたが、風呂屋は逆に判事に訴えた。風呂屋の方が町では良く知られていたし、信頼もされていたので、判事も風呂屋の言い分の方を聞いた。禿はトボトボと家に帰ってきた。そして、三つ目の羽を風に飛ばしてお願いをしようとした。母親が出てきて言った。

「今回は、私がお願いをしてみよう。さあ、羽を飛ばしなさい。」

そして、「殴れ」と言うと、前にいる者たちを殴るこん棒が手にはいるようにお願いした。お願いするとこん棒が手に入った。母親は、風呂屋に行って、こう言った。

「さあ、我々のロバを返せ。」

風呂屋が渡さないので、母親が言った。

「こん棒よ、殴れ。」

こん棒は、ハンマーのような形をしているのだが、風呂屋の方へ向かって

いき、殴り始めた。風呂屋は降参して、「待て、ロバを渡す。」と言った。老母はロバに乗って、今度は知事の城へ向かった。そこに着くと、番人に言った。

「例の皿（原文：鍋）がほしい。受け取りにきた。」

番人は、知事に、老婆がやって来てそういう要求をしていることを報告した。知事は老婆を捕まえようとした。しかし、老婆が「こん棒よ、殴れ。」と言うと、ハンマーのようなこん棒は再び番人たちに向かっていき、全員の手足を殴り倒した。そして、（老婆は）皿（原文：鍋）を取り戻そうと知事を探した。知事は、その状況を見て、怖くなり、皿（原文：鍋）を渡した。老婆は、皿（原文：鍋）もロバも取り返し、息子のために持って帰った。片手に薔薇、もう片手に百合、あなたに悲しみはないでしょう。

備考：最初は「皿」と言っていたが、途中で「鍋」に変わった。

024

題　　名：پادشاه زن مرده ／妃を亡くした王様

分　　類：本格昔話

ＡＴ番号：AT720「母に殺され、父に食べられ」

録音箇所［収録時間］：002-001［01分44秒］

調 査 日：1998年09月18日

調 査 地：استان تهران، شهر ری، روستای طالب آباد ／テヘラン州レイ市ターレバーバード村

名　　前：بتول اسدالله ／ベトゥール・アサドッラー

年齢性別：75才、女性

職　　業：خانه دار ／主婦

住　　所：استان تهران، شهر ری، روستای طالب آباد

出 身 地：روستای طالب آباد ／ターレバーバード村

伝 承 者：مادر بزرگ ／祖母

翻字（ペルシア語）：پادشاهی بود یه پسر داشت یه دختر. مادر این ها مرده بودن. زن دیگه گرفته بود. این زن خیلی حسادت به این بچه ها میکرد. هی میگفت چی کار کنم چی کار نکنم، که این دو تا بچه رو از سر خودم رفع کنم. بالاخره اومد رفت یه دکتری رو دید و گفت من میگم من کمرم درد

میکنه و اینطور اینطور شما بگو که آخرین دردش، بگو باید طبابت کنی این پسر تو بکشی، گوشت این و بار کنی بدی این بخوره تا خوب بشه کمرش. این زنه هم میامد خونه و یک عالمه نون خشک میپیچید و تو بغچه و. میبست به کمرش هی غلت میخورد میگفت آخ، آخ کمرم آخ کمرم. پادشاه هم به خیالش این راست راستی کمرش استخواناش داره میشکنه. دید خیلی خاطر زن هم پیشش عزیز زن مرده بود دیگه، اومد و پسر رو کشت. پسر رو کشت گوشت این و ریختن تو قابلمه بار کردن و این و خوردن. خواهر خیلی ناراخت بود و چاره هم نداشت کاری کنه. بعداً که اینا رو این ها خوردن. خواهر استخونای اینا ر همه رو جمع کرد، برد به آب گلاب غسل داد زیر درخت گل محمّدی اینه چال کرد. استخوان های برادرشو چال کرد. بعداً یه روز بعد از مدتی، پادشاه دیگه این سر و صدا گذشت و اون [زن] هم [از اون گوشت] خورد و کمرش خوب شد واینا، شاه نشسته بود دم این باغچه یا توی باغ که نشسته بود. میبینه یه بلبل داره چه چه میزنه. میگه من بلبل سرگشته. توی کوه کمر گشته این بابا منو کشته این مادر فلون فلون شده منو خورده حالا من شدم بلبل، اشیون[1] در درخت گل.

۱. اشیون = آشیان

翻字（ローマ字）：pādešāhī būd ye pesar dāšt ye doxtar. mādar-e īn hā morde būdan. zan-e dīge gerefte būd. īn zan xeilī hasādat be īn bačče mikard. hei migoft čīkār konam čikār nakonam, ke īn do tā bačče ro az sar-e xodam raf konam. bālāxare ūmad raft ye doktorī ro dīd o goft man migam man kamaram dard mikone o īntour īntour šomā bogū ke āxerīn dardeš, bogū bāyad tabābat konī īn pesar to bekošī, gūšt-e īn o bār konī bedī īn boxore tā xūb beše kamaraš. īn zane ham miyād xūne o yek ālme nūn-e xošk mipičīd o tu baqče o. mibast be kamaraš hei qalt mixord migoft āx, āx kamaram āx kamaram. pādešā ham be xiyāleš īn rāst rāstī kamaraš astxānāš dāre mišekane. dīd xeilī xāter-e zan ham pīšeš azīz-e zan-e morde būd dīge, ūmad o pesar ro košt. pesar ro košt īn o rīxtan tu qābelme bār kardan o īn o xordan. xāhar xeilī nārāxat būd o čāre ham nadāšt kārī kone.

ba'adān ke īnā ro īnā xordan. xāhar ostxūnī īnā re hame ro jam kard, bord be āb-e golāb qosl dād zīre deraxt gol-e mohammadī īne čāl kard. ostxān hāye barādar šou čāl kard. ba'adān ye rūz ba'ad az moddatī, pādešāh dīge īn sar o sedā o ūn ham xord o kamaraš xūb šod īnā, šā nešaste būdad dam-e īn bāqče yā tūye bāq ke nešaste būd. mibine ye bolbol dāre čah čah mizane. mige man bolbol sargašte. tūye kūh kamar gašte īn bābā mano košte īn mādar felūn felūn šode mano xorde hālā man šodam bolbol, ašiūn dar deraxt-e gol.

日本語訳：一人の王子と一人の王女をもつ王がいた。彼らは母親を亡くしていた。王には別の王妃がいた。この女はこの子供たちをとても妬んでいた。どうしようかと考えて、この子たちを目の前からいなくさせようとした。そして、この女は医者のもとへ行き、こう言った。

　「私が腰が痛いと言うから、あなたはこの痛みをなくすためには王子を殺して、その肉を持ってきて食べさせるとよい、と言って下さい。」

　この女は帰ってきて、たくさんの乾いたナンをよじって、腰にくくりつけ、庭でのたうち回って、腰が痛い、腰が痛い、と叫んだ。王は腰の骨が折れたのだと思った。死んだ前妻のこともあり、この妻のことをとても思っていたので、息子を殺した。息子を殺して、肉を鍋に入れて運んでいくと、女はそれを食べた。王女はとても悲しかったけれど、どうしようもなかった。王子が食べられた後、王女は骨を全部集めて沐浴用の薔薇水をかけて、ムハンマドの薔薇の木[1]の下に埋めた。骨を集めて埋めたのだった。しばらくして、騒ぎが終わり、女も肉を食べて腰がよくなったころ、王は庭の側か中で座っていると、小夜鳴鶯がやって来てチッチと鳴いた。その鳥はこう言った。

　「私は放浪の小夜鳴鶯です。山や岩場をさまよいました。お父さんが私を殺し、お母さんはかくかくしかじかで私を食べ、私は小夜鳴鶯になりました。巣は薔薇の木の中にあります。」

注
1. 薔薇水に使うの薔薇のこと。実際には薔薇水を必ず沐浴に使うわけではない。

025

題　名：بلبل سرگشته ／ 放浪の小夜鳴鳥

分　類：本格昔話

ＡＴ番号：AT720「母に殺され、父に食べられ」

録音箇所［収録時間］：002-025［04分19秒］

調 査 日：1998年10月09日

調 査 地：استان تهران، شهرستان ورامین، شهر پیشوا، روستای قلعه نو ／ テヘラン州ヴァラーミーン地方ピーシュヴァー地区ガルエノウ村

名　前：زهرا شریفی ／ ザフラー・シャリーフィー

年齢性別：60才、女性

職　業：دامدار ／ 家畜業

住　所：استان تهران، شهرستان ورامین، شهر پیشوا، روستای قلعه نو

出 身 地：استان سمنان، گرمسار ／ セムナーン州ギャルムサール

伝 承 者：پدر و مادر ／ 両親

翻字（ペルシア語）：یه پسر بود، یه دختر. (مَردِ ای اونوقت پسر، پدر به پسر گفت) بابا زنه به مرد گفت باباجان ما اَمرو گوشتی شدیم. دلمون گوشت میخوام. پدر به پسر گفت تو برو باباجون یه پشته هیزم چیلی (کیلیک) که

پنبه جمع (پنبه) کن. تا من بیام، بیارم. خودتام بخواب. گفت باشه. پسر رفت رفت رفت یه پشته ای گردن کلفت مثلاً هیزم چوب جمع کرد و بست و آمد دوش کنه، دید نمیتونه. خودش خوابید، خودش خوابید و پدره رفت پسره رو سر برید و گذاشت لا چوبا و آورد خونه. آورد خونه و مادرم بلند شد و برنجی و دمی و دستگاهی و درست کرد و دخترم رفته و حمام. حمام آمد و دید برا دختره برنج گذاشتن نهار درست کردن گذاشتن. این آمد که غذاش بخوره دیدید[1]که دست داداشه تو این برنج هست. این آمد و برنج و غذاش که خورد، گفت من شما هر چه غذا میخورین استخوناش جمع کنین بدین به من. اینا هر چی غذا خوردن، استخوناش جمع کردن و دادن به دختر. این هم برد زیر لب آب. یه دستمال ابریشم هم بر داشت. اینا ر هم تمیز شوشت[2] و قشنگ جمع کرد و برد زیر یک درخت گل سرخ دفن کرد. اینم شد یه بلبل. بعد یه چند وقت دیگه اَ خدا ندا آمدی این شد یه بلبل. این رفت بلبل شد و رفت دم یه مغازه ای و لخت بود دیگه. یه جا رفت دید دارن شلوار میدوزن خیاطیه. گفت من بلبلم، بلبل سرگشتیَم، کوه و کمر را گشتیَم پدر کشت، مادر خورد خواهر دل سوزم چین کرد ماچین کرد زیر درخت گل کرد، خدا منو بلبل کرد. اینجو یه شلوار بهش میدن. میره اون مغازه ای که خیاطی پیرنه. گفت من بلبلم بلبل سرگشتیم کوه و کمر گشتیم، پدر کشت مادر خورد خواهر دلسوزم چین کرد ماچین کرد زیر درخت گل کرد خدا منو بلبل کرد. اینجام یه پیرن بهش میدن. میره اونجا کت درست میکنه به خیاطی. میره میگه من بلبلم بلبل سرگشتیم، کوه و کمر گشتیم. پدر کشت مادر خورد خواهر دلسوزم چین کرد ماچین کرد زیر درخت گل کرد خدا منو بلبل کرد. اینجا هم یه پیرن بهش میدن. میره تو کفاشی میگه من بلبلم بلبل سرگشتییم کوه و کمر گشتیم، پدر کشت مادر خورد خواهر دلسوزم چین کرد ماچین کرد زیر درخت گل کرد خدا منو بلبل کرد. اینجا هم کفش بهش میدنو میره. میره میره میره میبینه یه پیرمرده اینجا داره آبیاری میکنه حالا پیرمرد نمی فهمیده که این پسرشه خدا اینجوری درستش کرده، از اول بهتر. میگه من بلبلم بلبل سرگشته ... پدر کشت مادر خورد خواهر دلسوزن چین کرد ماچین کرد زیر درخت گل کرد. اینجا یه گوله زر میندازه گلِ باباهَه، (باباهَه اینجا میمیره). میره میبینه مادر داره نون پخته میکنه. میگه من

بلبلم بلبل سرگشتیم کوه و کمر را گشتیم پدر کشت مادر خورد خواهر دلسوزم چین کرد ماچین کرد زیر درخت گل کرد خدا منو بلبل کرد. این جام یه چپه سوزم داشته اینا رم میده [میاندازه] مادرِ، مادرم اینجا میکشه. میره میره میره یه شهر دیگه میبینه دختر، خواهرش اینجا شوَر کرده دیگه الآن. داره خیاطی میکنه و گریه میکنه. میگه حاج خانم، سلام. میگه و علیک السلام. میگه من بلبلم بلبل سرگشتیم کوه و کمر را گشتیم پدر کشت مادر خورد خواهر دلسوزم چین کرد ماچین کرد زیر درخت گل کرد خدا منو بلبل کرد. میگه که چشماته هم کن. دهن تو وا کن. یه گوله نبات هم میذاره دهان خواهره و خواهر برادر موندن ما آمدیم.

۱. دیدید = دید ۲. شوشت= شست

翻字（ローマ字）: ye pesar būd ye doxtar. mardeī ūn vaq pesare, pedare be pesare go bābā zane be marde go bābājān mā amrū gūštī šodīm. delemūn gūšt mixām. pedare be pesare gof tū borou bābājūn ye pošte hīzom čilī ke panbe jam kon. tā man biyām biyāram. xodetām bexāb. go bāše. pesar raft raft raft ye pošteī gardan koloft masalān hīzom čūb jem kard o bast o āmad dūš kone, dīd nemitūne. xodeš xābīd, xodeš xāvīd o pedara raft pesare ro sar borīd o gozāšt lā čūbā o āvord xūne. āvord xūne o mādar-am boland šod o berenjī o damī o dastgāhī o dorost kard o doxtaram rafte o hammām. hammām āmad o dīd barā doxtara berenj gozāštan nahār dorost kardan gozāštan. īn āmad ke qazāš boxore dīdīd ke dast-e dādāše tū īn berenj hast. īn āmad o berenj o qazāš ke xord, gof man šomā har če qazā mixorīn astexūnāø jam konīn bedīn be man. īnā har čī qazā xordan, estexūnāš jam kardan o dādan be doxtar. īn ham bord zīre lab-e āb. ye dastmāl-e abrīšam ham bar dāšt. īnā re ham tamīz šūšt o qašang jam kard o bord zīre yek deraxt-e gol-e sorx dafn kard. īnam šod ye bolbol. ba'ad ye čand vaqt dīge ā xodā nedā āmadī īn šod ye bolbol. īn raft bolbol šod o raft dam-e ye maqāzeī o loxt būd dīge. ye jā raft dīd dāran šarvār mīdūzan xaiyātīe. gof man bolbolam, bolbol-e sargaštiam, kūh o kamar rā gaštīm pedar košt, mādar xord xāhar del sūz-am čīn kard māčīn kard zīre deraxt-e gol kard, xodā mano bolbol kard. īnjū ye šalvār beheš midan. mire ūn maqāzeī ke xaiyātī pīrāne. gof man bolbolam bolbol-e sargaštīam kūh o kamar gaštīam, pedar košt mādar xord xāhar delsūzam čīn kard māčīn kard zīre deraxt-e gol kard xodā mano bolbol kard. injā-am ye pīram beheš midan. mire unjā kot dorost mikone be xaiyātī. mire mige man bolbolam bolbol-e sargaštīam. kūh o kamar gaštīam. pedar košt mādar xord xāhar delsūzam čīn kard māčīn kard zīrederaxt-e gol kard xodā mano bolbol kard. injā ham ye pīran beheš midan. mire tū kaffāšī mige man bolbolam bolbol-e sargaštīyam kūh o kamar gaštīam, pedar košt mādar xord xāhar dersūzam čīn kard māčīn kard zīre deraxt-e gol kard xodā mano bolbol kard. injā ham kafš beheš midano mire. mire mire mire mibine ye pīrmarde injā dāre ābyārī mikone hālā pīrmarde nemifahmīde ke īn pesareše xodā īnjūrī dorsteš karde, az avval behtar. mige man bolbolam bolbol-e sargašte ... pedar košt mādar xord xāhar dersūzan čīn kard māčīn kard zīre deraxt-e gol kard. injā ye gūle zar miandāze gol-e bābāhe, bābāhe injā mire. mire mibine mādare dāre nūn poxte mikone. mige man bolbolam bolbol-e sar gaštīam kūh o kamar ra gaštīam pedar košt mādar xord xāhar dersūzam čīn kard māčīn kard zīre deraxt gol kard xodā mono bolbol kard. īnjā-am ye čappe sūzam dāšte īnā ram mide mādare, mādaram īnjā mikoše. mire mire mire ye šahr-e dīge mibīne doxtare. xāharaš injā šuar karde dīge alān. dāre xaiyātī mikone o gerie mikone. mige hāj xānom, salām. mige o alīkelsalām. mige man bolbolam bolbol sargaštīam kūh o kamar rā gaštīam pedar košt mādar xord xāhar delsūzam čīn kard māčīn kard zīr-e deraxt gol kard xodā mano bolbol kard. mige ke češmāte ham kon. dahan to vā kon. ye gūle nabāt ham mizare dahān-e xāhare o xāhar barādar mūndan-o mā āmadīm.

日本語訳：男の子と女の子の姉弟がいた。継母は夫に言った。

「あんた、今日はお肉にしましょう。お肉が食べたいわ。」

父親は息子に言った。

「背負えるだけの綿のようによく燃える薪を集めてきなさい。後で迎えに

行ってやろう。それまで寝ているがいい。」
　少年は言った。
　「わかりました。」
　少年はどんどん歩いて、大男が背負えるだけの薪を集めてくくりつけて、背負おうとしたが、重くて背負えなかった。そこで、寝ることにした。寝ていると、父親が来て、少年の首を切り木々と一緒に家に持って帰った。家に持って帰ると、継母は米やピラフなど一式の用意を始めた。娘はハンマームに行っていた。ハンマームから出てくると、娘のために米を与えた。昼ご飯を作って与えた。娘が帰ってきてご飯を食べると、米の中から兄弟の手が出てきた。娘はご飯を食べたあと、こう言った。
　「ご飯を食べ終わったら、骨を集めて私に下さい。」
　継母と父親は、ご飯を食べると骨を集めて娘に渡した。娘は骨をすべて洗って、きれいに集めて、赤い薔薇の木の下に埋めた。すると、この骨は一羽の小夜鳴鶯になった。神のお告げで小夜鳴鶯になったのだった。小夜鳴鶯は、お店の前に行った。裸であった。そこでは、仕立屋がズボンを縫っていた。そこで小夜鳴鶯は言った。
　「私は、小夜鳴鶯です。放浪の小夜鳴鶯です。山や岩場をさまよいました。父親に殺され、母親に食べられ、妹がかわいそうに思って、これこれこういうわけで薔薇の木の下に埋めてくれました。そして、神様が私を小夜鳴鶯に変えたのです。」
　仕立屋は、ズボンを小夜鳴鶯に与えた。次に、服を縫っている仕立屋に行って、こう言った。
　「私は、小夜鳴鶯です。放浪の小夜鳴鶯です。山や岩場をさまよいました。父親に殺され、母親に食べられ、妹がかわいそうに思って、これこれこういうわけで薔薇の木の下に埋めてくれました。そして、神様が私を小夜鳴鶯に変えたのです。」
　ここでも仕立屋は、服を小夜鳴鶯に与えた。そして、上着を縫っている仕立屋に行って、こう言った。
　「私は、小夜鳴鶯です。放浪の小夜鳴鶯です。山や岩場をさまよいました。父親に殺され、母親に食べられ、妹がかわいそうに思って、これこれこうい

うわけで薔薇の木の下に埋めてくれました。そして、神様が私を小夜鳴鶯に変えたのです。」

　ここでも仕立屋は、上着を小夜鳴鶯に与えた。次に、靴屋に行って、こう言った。

　「私は、小夜鳴鶯です。放浪の小夜鳴鶯です。山や岩場をさまよいました。父親に殺され、母親に食べられ、妹がかわいそうに思って、これこれこういうわけで薔薇の木の下に埋めてくれました。そして、神様が私を小夜鳴鶯に変えたのです。」

　ここでも、靴屋は靴を小夜鳴鶯に与えた。そして、どんどん行くと、老人が灌漑をしていた。その老人は、それが自分の息子だとは気がつかなかった。神はそのように仕向けたのだった。その方が幸せだと思ったのである。そして、こう言った。

　「私は、小夜鳴鶯です。放浪の小夜鳴鶯です・・・。父親に殺され、母親に食べられ、妹がかわいそうに思って、これこれこういうわけで薔薇の木の下に埋めてくれました。」

　そこで、小夜鳴鶯は父親に金の首飾りをかけた。すると、父親は死んでしまった。次にナンを焼いている継母のところに行って、こう言った。

　「私は、小夜鳴鶯です。放浪の小夜鳴鶯です。山や岩場をさまよいました。父親に殺され、母親に食べられ、妹がかわいそうに思って、これこれこういうわけで薔薇の木の下に埋めてくれました。そして、神様が私を小夜鳴鶯に変えたのです。」

　そこで、灰を継母に投げた。継母も殺した。どんどん行くと、ある町に妹がいた。そこで、結婚していた。縫い物をしながら泣いていた。小夜鳴鶯は言った。

　「奥さん、こんにちは。」

　すると、妹も言った。

　「こんにちは。」

　小夜鳴鶯は言った。

　「私は、小夜鳴鶯です。放浪の小夜鳴鶯です。山や岩場をさまよいました。

父親に殺され、母親に食べられ、妹がかわいそうに思って、これこれこういうわけで薔薇の木の下に埋めてくれました。そして、神様が私を小夜鳴鶯に変えたのです。」

　そして、こう言った。

　「目を閉じて、口を開けなさい。」

　小夜鳴鶯は、ひと固まりの砂糖を妹の口に入れた。そして、妹と会うことができた。終わり。

026

題　　名：دختر فقیر و سرانجام او ／ 貧しい娘の物語

分　　類：本格昔話

ＡＴ番号：（AT778*「二本の蝋燭」）

録音箇所［収録時間］：001-005［03分12秒］

調 査 日：1998年9月4日

調 査 地：استان تهران، شهر ری، روستای طالب آباد ／ テヘラン州レイ市ターレバーバード村

名　　前：کبری سیف اللهی ／ コブラー・セイフォッラヒー

年齢性別：70才、女性

職　　業：خانه دار ／ 主婦

住　　所：استان تهران، شهر ری، روستای طالب آباد

出 身 地：روستای طالب آباد ／ ターレバーバード村

伝 承 者：پدر بزرگ ／ 祖父

翻字（ペルシア語）：یه دختر خارکن بود. نه پدر داشت نه مادر. پدر و مادرش فوت کرده بودند. پیش یه زن پدر بود. این زن پدر صبح که می شد، یه گوله نخ به این می داد و یه دو سه تا گوسفندم[1] دنبال این می کرد به این می گفت برو بیابون صحرا به چرون. این رفت به بیابون، این پشمه ر[2] می

ریشد وگوسفندارم اونجا بود و خوابش رفت. بغل یه چاهی خوابش رفت و یه وقت بادی هم گرفت و این گوله نخه اینو انداخت به چاه و گوسفندانشم گم شد. یه وقت ا خواب بلند شد دی[3] نه گوسفند و نه گوله نخ و هیچی نداره. نشست سر یه چاهی بنا کرد گریه کردن که خدایا اگر من برم خونه، این زن پدر من رو اذیت می کنه. یه نفر اومد بهش گفتش که دخترجون تو یه پسر وزیر پیدا می شه[4]، ترو می بره. وقتیکه ترو برد، تو یه چیزی من نشون [ت] می دم[5] تو (اون) آش [نذری] رو بپز خدا حاجتت رو می ده. [دختر] همونطو [که] نشسته بود، یهو یه سواری اومد. گفتش که ای دختر چرا گریه می کنی؟ گفت جریونم اینطوریه گوسفندام گم شده و گوله نخم افتاده توی این چاه و من اگر برم خونه زن پدرم منو می زنه. گفت پشو بشین ترک من. اینو نشوند ترکش و بردش خونه. وقتیکه اینو برد خونه، مادرش گفتش که ما وزیریم ما خیلی وضعمون خوبه، تو این دختره گدازاده ر آوردی زنت کنی؟ [پسر] گفته بود باشه می خوام. [دختر به حرف] اون زنم که بهش گفته بود یه آشی بپز خدا حاجتت می ده. ا چند تا در خونه، یه خورده، یه چیز نذری بگیر. یه آشی بپز توی خرابه. این صبح بلند می شه و یه دیگی می ذاره و یه قابلمه می ذاره و این آش ر بار می ذاره. وقتیکه آش را بار می ذاره ننه اش میاد به پسره می گه دیدی من گفتم ما وزیریم این یه دختره گدازاده تو آوردی زنت کنی؟ با لقد می زنه و پسره دیگ قابلمه آش رو می ریزه. وقتی قابلمه آش می ریزه یه دو تا از این آرد این آش می خوره به شلوار این. پسره ناراحت می شه و اسب سوار می شه و یه هندونه و یه خربزه هم می ذاره توی خرجینش می ره شکار. وقتیکه می ره شکار، می گن تو یه شهری، دو تا پسر پادشاه گم شده. هیچی، وقتیکه می گردن می بینند دو تا سر تو خرجین اینه، دوتا سر پسرای پادشاه تو خرجین اینه. وقتی نگاه میکنه میگه نه، این نبوده من هندونه و خربزه [داشتم] وقتی نگاه می کنند می بینند دو تا خربزه و هندونه شده دو تا سر. شلوارشم اون لکه هائی که ریخته بود، شلوارشم خونیه. هیچی، میاد و خلاصه، پسره رو می برن زندون. وقتی پسر ر می برن زندان می گه که ای مادر هر چی بود تو اون آش بود. اون معجز دهنده بود اون آش. من این آش ریختم این دو تا هندونه خربزه، شد سر دو تا پسر پادشاه. هیچی از اونجا می گه که خوب، این دختره به عقد خودش در

میاره، و از زندان اون آش رو دو باره شروع می کنه به پختن پسره هم از زندان آزاد می شه. این قصهٔ ما که مال یه دختر یتیمی بوده.

۱. گوسفندم = گوسفند هم ۲. ر=را ۳. دی= دید ۴. تو یه پسر وزیر پیدا می شه = برای تو یه پسر وزیر پیدا میشه ۵. تو یه چیزی من نشون می دم = من به تو چیزی نشون میدم

翻字 : ye doxtar xārkan būd. na pedar dāšt na mādar. pedar o mādaraš fout karde būdand. pīš-e ye zanpedar būd. īn zanpedar sobh ke mišod, ye gūle nax be īn mīdād o ye do se tā gūsfand-am donbāl-e īn mīkard be īn mīgoft borou biyābūn be čarūn. īn raft be biyābūn, īn pašme re mirīšd o gūsfandār-am unjā būd o xābaš raft. baqal-e ye čahī xābeš raft ō ye vaqt bādī ham gereft ō īn gūle naxe inō andāxt be čāh o gūsfandāš-am gom šod. ye vaq a xāb boland šod di na gūsfand o na gūle nax o hīčī nadāre. nešast sar-e ye čāī banā ke gerie kardan ke xodāyā agar man beram xūne, īn zan pedar man rō aziyat mikone. ye nafar ūmad beheš gofteš ke doxtarjūn tō ye pesar vazīr peidā miše, torō mibare. vaqtīke to ro bord, tō ye čīzī man nešūn midam tō ūn āš ro bepaz xodā hājatat ro mide. hamūnto nešaste būd, yohū ye savārī ūmad. gofteš ke ei doxtar čerā gerie mikonī. gof jariyūnam īntorie gūsfand-am gom šode o gūle nax-am oftāde tūye čā vo man agar beram xūne zanpedaram mano mizane. go pošo bišīn tark-e man. ino nešūnd tarkeš ō bordeš xūne. vaqtīke ino bord xūne, mādareš gofteš ke mā vazīrīm mā xeilī vazemūn xube, tō īn doxtar-e gedāzāde re āvordī zanat konī. gofte būd bāše mixām. ūn zan-am ke beheš gofte būd ye āšī bepaz xodā hajtat mide. a čand tā dar xūne, ye xorde, ye čīz nazrī begīr. ye āšī bepaz tūye xarābe. īn sobh bolan miše o ye dīgī mizare o ye qābelme mizare o īn āš re bār mizāre. vaqtīke āš ra bār mizāre, nanaš miyād be pesare mige dīdī man goftm mā vazīrīm īn ye doxtare gedāzāde to āvordī zanet konī, bā laqad mizane va pesare, dīg qābelme āš ro mīrīze. vaqtī qābelme āš mīrīze ye do tā az īn ārd-e īn āš mixore be šalvār-e īn. pesare narāhat miše o asb savār miše ō ye hendūne o ye xarboze ham mizāre tūye xorjīneš mire šekār. vaqtīke mire šekār migan tu ye šahrī, do tā pesar-e pādešā gom šode. hīčī, vaqtīke migardan mibinand do ta sar tu xorjīn-e ine, do tā sar-e pesarāye pādešāh tu xorjīn-e ine. vaqtī negā mikone mige na, īn nebūde man hendūne o xarboze o vaqtī nega mikonand mībīnand do tā xarboze o hendūne šode do tā sar. šalvāreš-am ūn lakā-ye ke rīxte būd šalvāreš-am xūnīe. hīčī, miyād o xolāse, pesara ro mibaran zendān. vaqtī pesara re mibaran zendān mige ke ei mādar har čī būd tū ūn āš būd. ūn mo'jez dahande būd ūn āš. man īn āš rīxtam in do tā hendūne xarboze, šod sar-e do tā pesar-e pādešā. hīčī az unjā mige ke xūb, īn doxtare be aqd-e xodaš dar miyāre, va az zendān ūn āš ro do bāre šurū mikone be poxtan pesare-am az zendān āzād miše. īn qesse-ye mā ke mal-e ye doxtar-e yatīmī būde.

日本語訳：　茨掘り人[1]の娘がいた。父親も母親もいなかった。両親が死んでしまっていた。娘は死んだ父親の妻［後妻］と一緒に暮らしていた。この継母は、毎朝、娘に糸の固まりを渡し、２，３匹の羊を娘にあずけ、砂漠に放牧をしに行かせるのであった。

ある時、娘が砂漠へ行って、毛糸を紡ぎながら、羊を放しているうちに、眠ってしまった。井戸の縁で眠ってしまったのだった。すると、風が吹いて、糸の固まりが井戸に落ちてしまった。羊たちもどこかへ行ってしまった。眠りからさめた時には、羊も糸の固まりもなくなっていた。しゃがみ込んで、井戸の縁で泣き始めてこう言った。

「どうしましょう。家に帰ったら、あの継母は私をしかりつけるでしょう。」

すると、見知らぬ人がやってきて、こう言った。

「お嬢さん、大臣の息子があらわれて、あなたを連れて行くことになるでしょう。大臣の息子の家についたら、これから私が与えるスープを温めなさい。そうすれば、あなたの望みはかなうでしょう。」

しばらく待っていると、騎士がやってきた。そして、こう言った。

「お嬢さん、どうして泣いているのですか？」

すると、娘は答えた。

「こういうわけなんです。羊たちを逃がしてしまい、糸の固まりもこの井

戸に落としてしまったのです。家に帰ると、継母が私を殴るでしょう。」

騎士は言った。

「さあ、立ちなさい。そして、私の後ろに乗りなさい。」

そして、(騎士は)娘を馬の後ろに乗せると、家に連れて帰った。娘を家に連れて帰ると、騎士の母親はこう言った。

「我々は大臣の家系なのですよ。とても高貴な家柄なのですよ。おまえはこの乞食の娘を嫁にするというのかね。」

息子は言った。

「はい、そうです。」

例の婦人(2)は娘にこう言ったのだった。

「スープを温めなさい。そうすれば願いはかなうでしょう。家の中でそれを少し食べて、願い事をしなさい。廃屋でそのスープを温めるとよいでしょう。」

次の日の朝、起きあがって鍋を用意して、スープを入れた。スープを温めていると母親がやってきて、息子に言った。

「見てごらん、言っただろ。我々は大臣の家なのですよ。まだ、この乞食の娘を嫁にするつもりかい。」

そう言うと、母親は足で鍋を蹴飛ばした。すると、スープの中の具が少し大臣の息子のズボンにとんだ。大臣の息子は、困ってしまった。そして、メロンとスイカを鞍袋に入れて、馬に乗って狩りに出ていってしまった。狩りの途中、ある町へ入ると、その町では、二人の王子がいなくなったとのことだった。しばらくそのまま歩いていると、人々は、大臣の息子の鞍袋の中に、二人の王子の頭が入っているのをみつけた。大臣の息子はそれを見て、こう言った。

「ちがう、私ではない［私が王子を殺したのではない］。これはスイカとメロンだったんだ。」

人々がそれを見たときには、メロンとスイカは王子の頭に変わっており、ズボンについたシミも血に変わっていた。そして、大臣の息子は、牢屋に閉じこめられることになった。牢屋に連れて行かれる途中、大臣の息子はこう

叫んだ。

　「ああ、母さん、すべてあのスープのせいなんだ。あれは魔法のスープなんだ。あのスープがこぼれたからスイカとメロンが王子の頭にかわったんだ。」

　そこで、大臣の息子は、その娘と結婚することにした。そして、もう一度、娘にスープを作らせ、（その魔法のスープを使って）、騎士は牢屋から出ることができた。これが、孤児の娘という私たちのお話である。

　注
　1．茨掘り人とは、荒野や山に生える茨をとる職業。集めた茨は、燃料用にする。
　2．前記の「見知らぬ人」を指す。この部分で、はじめてこの者が女性であることがわかる。

備考：U. Marzolph : Typologie des persischen Volksmärchans によると、AT778*に分類されると言うが、最後が一致するだけで、再考の必要がある。

027

題　　名：بی بی سه شنبه ／ ビービー、セシャンベ
分　　類：本格昔話
ＡＴ番号：（AT778*「二本の蝋燭」）
録音箇所［収録時間］：002-002［04分33秒］
調 査 日：1998年09月18日
調 査 地：استان تهران، شهر ری، روستای طالب آباد ／ テヘラン州レイ市ターレバーバード村

名　　前：بتول اسدالله ／ ベトゥール・アサドッラー
年齢性別：75才、女性
職　　業：خانه دار ／ 主婦
住　　所：استان تهران، شهر ری، روستای طالب آباد
出 身 地：روستای طالب آباد ／ ターレバーバード村
伝 承 者：مادر بزرگ ／ 祖母

翻字（ペルシア語）：دختری بود مادر داشت. مادر زن پدر (یعنی زن پدر داشت). این زن پدر هر روز این و یه گوله پشم میداد بهش با یه دونه گاو. می گفت ببر بیابون این و بچرون. این پشم ها رو هم بریس. این میرفته بیابون. پشم هارو میریست و گاورم خوراک میداده. یه روز باد میگیره و

اون پشم ها این و باد ور میداره میبره تو آب. میشینه به گریه کردن که خدایا خداوندگارا، اگر من برم خونه، زن پدرم من و اذیت میکنه. من و میزنه. چه کار کنم چه کار نکنم؟ میبینه یک صدائی یک سواری داره از دور، داره، میاد. سواره میاد جلو میگه که دختر چرا گریه میکنی؟ میگه اره یک گلوله پشمی داشتم باد زده افتاده تو آب برده. حالا اگر برم خونه، زن پدرم من و اذیت میکنه. میگه بیا پشت ترک من روی اسب سوار شو بریم. از دختره نه و از اون اره و دنبال این میره. این هم پسر پادشاه بوده. میره، پسر پادشاه دختره یه خرده وجیه بوده، خوشگل بوده. دختر ر ور میدار و میبره به بارگاه خودش. میبره تو بارگاه خودش و بعد، مادرش، کنیزش میاد میگه چیه چیه؟ میگه شما کار به این کارا نداشته باشین. شما فقط غذایی چیزی ببرید دم چیز [اطاقش] بذارید و برید. این یه مدتی دختره اونجا بوده. این دختره جلوتر (از) هر وقت گرفتاری داشته. گره به کارش بوده، نذر می کرده که، من، خدایا مراد من و بده، من از این گرفتاری نجات بیایم. این دختر اون روزا، اون نذری که باید داشته باشه نکرده بوده. این و میبرن و اونجا و دختره چیز میکنن، بعداً اون وقت میره، میره و به کنیزاش میگه که کنیز یه خورده آرت[1] بیارین بدین به من، من میخوام آش بپزنم. میره یه خورده آرد میار و این هم مثل خود مون تو بیابون دو تا آجر میذاره و یه قابلمه آب میکنه، میذاره و یه خورده آرت هم میریزه توش میزنه، واسه[2] اینکه وسایل نداشته. میپزه و هول هولکی که بخوره، مادر شاه میاد میبینه که این داره [آش میپزه] میگه که من نگفتم این گدا هست تو نرو بیا. تو دخترای سلطان، این ها، تو رو میخوان. اون وقت یک گدا واسه من آوردی. این همین که میگه پسره میرسه. پسره که میرسه میگه اره، اینه ببین داره آش میپزه چه گدابازی در آورده. باعث آبرو ریزیه. یه لقت همچین میکنه. این پیاله آش این از روی اجاق میافته قابلمه تراشا میشه به شلوار این پسره. یه دقه[3] دیگه، پسره میاد و راه می افتن به اصطلاح خودشون برن مسافرت. برن شکار. میرن شکار با نوکرشو اینا میرن شکار اینا دو سه تا خربزه و اینا میذارن توی خرجین و بر میدارن میرن. میون راه باد سیاه، بادی میگیره و اینا رو هرکدوم تک و تقلا میاندازه. اینا هم که همراش بودن پسرای وزیر بودن و پسرای وکیل بودن و اینا. بعد وقتیکه باد،

که راه این که میشه [از جریان میافته] میوفته، بعد نگاه میکنن اوا[۴] این پسرا که دنبالش بودند نیستند. میگند اینا کجا رفتند؟ نه معلوم نیست. اوا، چکار کنیم جواب باباشون چی بدیم چی ندیم، این ها میرن خربزه رو میارن پاره کنن که یکی شو بخورن خستکیشون در بره میبینن اینا سر بریده است توی خرجین. دو تا سر بریده تو خرجین، اینا وای اینا [را] کی کشته کی نکشته و بالاخره میان میان خونه و این پسرا را چیز میکنن، چی کار بکنن، میبینند پاچهٔ شلوار پسره خونیه. میگه حتماً تو اینها رو کشتی و اینا هم خونه به پای تو. حالا اون آشی که پاشیده شده بوده به پاش به صورت خون در آمده بوده. هیچی این و میگیرن زندان میکنن. زندان میکنن بعد از [مدتی]، میاد به دختره میگه که خوب من اون آشی رو اینجوری کردم، پسر میگه از تو زندان شما اون آشی که من اون روز لقت زدم انداختم، این یک چیزی بوده [مهم بوده]. شما برین آش رو بدین درست کنه لابد عقیده ای بوده. بدین درست کنه. میان و خود شون یه آشو دیگ بزرگی به پا میکنن و همونجوری که اون می پخته آش رو میپزن و هم در حال آش پختن بوده که تقسیم کنند، خبر میارند که (پسر) این پسرا پیدا شدن. پسرای وزیر پیدا شدن میان میرن پسرشاه را از زندان میارن بیرون و هیچی این آش و میکن بی بی سکینه و بی بی نور سکینه، این و میپزن. خدا مراد همتونو بده انشاءلله.

۱. آرت = آرد ۲. واسه = برای ۳. دقه = دقیقه ۴. اوا = ای وای

翻字（ローマ字）: doxtarī būd mādar dāšt. mādar zan pedar ya'anī zan pedar dāšt. īn zan pedar har rūz inō ye gūle pašm mīdād beheš bā yedūne gāv. migof bebar biyābūn īn o bečarūn. īn pašm hā rō berīs. īn mirafte biyābūn. pašm hāro mirīst o gāvr-am xorāk midāde. ye rūz bād migīre o ūn pašm hā īno bād var midāre mibare tu āb. mišīne be gerie kardan ke xodāyā xodāva degārā, agar man beram xūne, zan pedaram mano aziyat minoke. mano mizane. čekār konam čekār nakonam? mibine yek sedāī yek savārī dāre az dūr, dāre, miyād. savāre miyād jelou mige ke doxtar čerā gerie mikonī? mige are yek gulūle pašmī dāštam bād zade oftāde tū āb borede. hālā agar beram xūne, zan pedaram mano aziyat mikone. mige biyā pošt-e tark-e man rūye asb savār šou berīm. az doxtare na o az ūn are o donbāl-e īn mire. īn ham pesar-e pādešā būde. mire, pesar-e pādešā doxtare ye xorede vajīe būde, xošgel būde. doxtar re var midāre o mibare be bārgāh-e xodeš. mibare tu bārgāh-e xodeš o ba'ade, mādareš, kanīzaš miyād mige čīe čīe? mige šomā kār be īn kārā nadāšte bāšīn. šomā faqat qazāye čīzī babarīd dam-e čīz bezārīd o borīd. īn ye moddatī doxtare unjā būde. īn doxtare jeloutar az har vaqt gereftārī dāšte. gere be kāreš būde, nozr mikarde ke, man, xodā yā morād-e man bede, man az īn gereftārī nejāt biyām. īn doxtar ūn rūzā, ūn nozrī ke bāyad dāšte bāše nakarde būde. īn o mibaran o ūn hā o doxtare čīz mikonan, ba'adān ūn vaqt mire, mire o be kanīzāš mige ke kanīz ye xorde ārt biyārīn bedīn be man, man mire ye xord ārt miyār o īn ham mesl-e xod-e mūn tu biyābūn do tā ājor mizāre o ye qābelme āb mikone, mizare o ye xorde ārt ham mirīze o hol holakī ke boxore, mādar-e šāh miyād mibine ke īn dāre mige ke man nagoftam īn gedā hast to narou biyā. to doxtarāye soltān, inā to to mixān. ūn vaqt yek gedā vāse mn āvordī. īn hamīn ke mige pesare mirese. pesare ke mirese mige are, ien bebīn dāre āš mipaze če gedābāzī dar āvorde. bāesīe āberū rīzīe. ye laqat hamčīn mikone. īn piyāle āš īn az rūye ojāq miyofte qābelme tarāšā miše be šalvār-e īn pesare. ye daqe dīge, pesare miyād o rāh miyoftan be estelāh-e xodešūn beran mosāferat. beran šikār. miran šikār bā noukarešo īnā miran šikār īnā do se tā xarboze o īnā mizāran tūye xorjīn o bar mīdāran miran. miyūn-e rāh bād-e siyāh, bādī mīgīre o īnā ro har kodūm tak o taqalā miyandāze. īnā ham ke hamrāš būdan pesarāye vazīr būdan va pesarāye vakīr būdan o īnā. ba'ad vaqtīke bād, ke rāh-e īn ke miše miyofte, ba'ad negāh mikonan evā īn pesarā ke donbāleš būdand nīstand. migand īnā kojā raftand? na maelūm nīst. evā, či kār konīm javāb-e bābāšūn čī bedīn čī nadīm, īn hā miran xarboze ro miyāran pāre konan ke yekī šo boxoran xastegīšūn dar bere mibīnan īnā sar borīde ast tūye xorjīn. do tā sar borīde tū xorjīn, īnā vāi īnā kī košte kī nakošte o bālāxare miyān miyān xūne o īn pesarā ra čīz mikonan, či kār bokonan, mibinand pāče šarvār-e pesare xūnie. mige hatmān to īnhā ro koštīo īnā ham xūne be pāye to. xālā ūn āšī ke pāšīde šode būde be pāš be sūrat-e xūn dar āmade būde.

hīčī īn o mīgīran zendān mikonan. zendān mikonan ba'ad az, miyād be doxtar mige ke xūb man ūn āšī ro injūrī kardam, pesare mige az to zandān šomā ūn āšī ke man unrūz laqat zadam andāxtam, īn yek čīzī būde. šomā berīn āš ro bedīn dorost kone lābod aqīdeī būde. bedīn dorost kone. miyān o xod-e šūn ye āšo dīg-e bozorgī be pā mikonan o hamūnjūrī ke ūn mipoxte āš ro mipazan va ham dar hāl āš poxtan būde ke taqsīm konand, xabar miārand ke pesar-e īn pesarā peidā šodan. pesarāye vazīr peidā šodan miyān miran pesar-e šāh ra az zendān miyāran bīrūn o hīčī īn āš o migan bī bī sekīne o bībī nūr sakīne, īn o mipazan. xodā morād-e hamtūno bede enšāllā.

日本語訳：娘がいて、彼女には母親がいた。継母であった。この継母は、毎日羊毛の固まりと一頭の牛を与えて言うのだった。

「砂漠に行って放牧してきなさい。この羊毛を紡ぎなさい。」

そして、娘は砂漠に行くのだった。「羊毛を紡いで、牛にも食べ物をあげなさい。」と言われたものだった。ところがある日、風が吹き、羊毛が風に乗って飛んで水に浸かってしまった。座ってこう泣いていた。

「ああ神様、家に帰ったら継母にいじめられるわ。殴られるわ。どうしよう。」

すると、一人の騎士が遠くからやってくるのが見えた。騎士が前へやって来て、こう言った。

「どうして泣いているのですか。」

すると、娘は言った。

「羊毛の固まりを持っていましたが、風に飛ばされ水に落ちました。家に帰ったら継母にいじめられるのです。」

騎士は言った。

「私の後ろに乗りなさい、私と一緒に行きましょう。」

娘は断ったが、結局、騎士は娘を馬の後ろに乗せた。この騎士は王子であった。王子はこの娘をちょっとかわいいと思った。美しかったのである。娘を連れて宮殿へ向かった。宮殿へ入ると王妃と女官たちは「いったい誰ですか、

どういうことですか。」と言った。

　王子は言った。

「関係ないよ。少し食べ物をあげて、どこかの部屋に入れておいて下さい。」

　しばらく娘はそこにいることになった。しかし、娘は以前から何かある度にこうお祈りをした。「神様、私にもご加護をください。この囚われの生活から救って下さい。」ところが今回は、そんなお祈りをしていなかった。だから、娘は連れて行かれて捕らわれたのである。娘はこう言った。

「女官の方、少しの小麦を持ってきて下さいませんか。スープを作りたいのです。」

　女官が小麦を持ってくると、娘は我々がよくやっているように煉瓦を二つ並べ、鍋に水を注いで、小麦を少し入れた。鍋しかなかったのである。スープを作って食べようとした。すると、王妃が見に来てそれを見て言った。

「あの娘は乞食も同然だ。しっかりしなさい。王家の娘たちはいくらでも寄ってくるのに。息子は乞食を連れてきた。」

　王子も呼んでこう言った。

「ほら、見てごらん。スープを作っているよ。乞食の娘を連れてきたんだね。」

　王妃は眉をひそめて、鍋を蹴飛ばした。すると、かまどの上の鍋からスープが少し王子のズボンに飛んだ。王子は、旅に出ることにした。お付きを連れて狩りに行った。メロンを二つ三つ鞍袋に入れて、旅立った。途中で嵐になり、それぞれ苦心してしのいでいた。お付きの中に大臣の息子たちがいた。ところが、風が止んだとき、大臣の息子たちがいなくなっていた。王子は言った。

「どこへいったのだろう。わからない。彼らの父親になんと言ったらいいのだろう。」

　そして、残りの者たちが、疲れを取ろうとメロンを食べようと思って（メロンを）割ってみると、鞍袋には生首が入っていた。二つの頭が鞍袋に入っていた。誰が殺したのかということで大騒ぎになり、皆宮殿へ帰った。とこ

ろが、王子の足に血が付いていた。足に血が付いているので、王子が殺したということになった。跳ねたスープが血になったのだった。王子は捕らえられて牢屋に入れられた。牢屋に入れられてしばらくして、王妃は娘のところに行って、こう言った。

「私はここでスープをこうやって蹴った。王子は、私がここで蹴ったスープに何かあると言っているのだ。もう一度、同じスープを作らせよう。きっとそういう信仰があるはずだ。さあ、作ってやってください。」

娘は大きな鍋で同じ方法でスープを作った。スープがふるまわれようとしたとき、いなくなった大臣の息子たちが見つかったとの知らせが入った。王子も牢屋から出された。このスープをビービー・セキーネとかビービー・ヌール・セキーネという。神は娘の望みを叶えてやった。

備考：U. Marzolph : Typologie des persischen Volksmärchans によると、AT778*に分類されると言うが、最後が一致するだけで、再考の必要がある。ビービー・セキーネというのはビービー・セシャンベと同様のものと思われる。女性だけが行う願掛けで、呪力があるとされる。

028

題　　名：خارکن／茨掘り
分　　類：本格昔話
ＡＴ番号：（AT778*「二本の蝋燭」）
録音箇所［収録時間］：002-003［06分47秒］
調　査　日：1998年09月18日
調　査　地：استان تهران، شهر ری، روستای طالب آباد／テヘラン州レイ市ターレバーバード村

名　　前：بتول اسدالله／ベトゥール・アサドッラー
年齢性別：75才、女性
職　　業：خانه دار／主婦
住　　所：استان تهران، شهر ری، روستای طالب آباد
出　身　地：روستای طالب آباد／ターレバーバード村
伝　承　者：مادر بزرگ و پدر بزرگ／祖母と祖父

翻字（ペルシア語）：[مرد خارکنی بود] این مرد خارکن کارش خارکنی بود. یه چند روزی رفت بیابون اومد خارگیریش نیومد که خار بکنه. دست خالی میومد خونش. اینا هی می گفتن چرا، چیز، هیچی نیاوردی؟ می گفتش که خار گیرمون نیامد که من آذوقه بی گیرم¹ بیارم تو خونه. تا یه روزی،

میگیره میشینه میره که بیابون خارگیرش نمیاد، بیاد بیرون عقب در کوچه شون میگیره میشینه، به فکر کردن. زنش اینا میاند میگن که چرا اینجا فکر میکنی؟ ببینه یه [دو تا] سوار داره (اونم) میاد. سوار میاد جلو، میگن که مرد اینجا چه کار میکنی؟ میگه خسته شدم نشستم. میگن این اسب ما رو بگیر، ببر این اسب ما ر خستگیش در کن. اون وقت بیا به ما بده. این پیر مرده هم ذوق و اینا اسب اینه میگیر و بنا میکنه به چروندن این ور و اون ور این دوتا سوار میان. دو تا سواری که میان، این میگه حالا به من لابد یک عالمه پول میدن یک انعامی میدن. یه چیزی به من میدن. میبینه دست میکنه. یه مشت از این ریگای بیابون جمع میکنه میریزه تو دامنش. میگه گوشه دامنتو بگیر. میریزه گوشه دامن این پیرمرده. (پیر مرده) اینا رد میشن سوار میشن میرن جلوی چشمه ای میرن. این پیر مرده میگه این یک کاره چرا ریگ ریخت تو دامن من. این پا میشه ریگا رو همچین میکنه خالی میکنه زمینو یک دونه از این ریگارو بس که این لباسش وصله داشته، یه دونه اش میره لای این وصله این. میاد. میاد میگه خدا یا امروز که نشد من چند روزه چپق هم نکشیدم یه چخماق نداشتم که چپق بکشم. میگیره میشینه. میگیره میشینه و زنش میاد دم در میبینه اینجا نشسته میگه مرد چرا نمیای تو؟ میگه زن روم نمیشه. میگه پاشو بیا تو و ا چرا دامنت داره میسوزه؟ (ا و ا) چرا دامنت داره میسوزه؟ میگه والله دامن من آتیش نداشتم. من چخماق نداشتم که بسوزه دامنم. اینو میاره دامنشو تکون میده، میبینه. یک دونه همچین ریگه یه دونه ریگ چیز بوده. گوهر شب چراغ تو دامن اینه اینه ور میداره. ور میداره میبینه اتاقشون همه روشن شد. میبینه این اتاق اینا همه اش روشن شد، خوب. میگه خدا یا ما چراغ نداشتیم. چند شب بود بی چراغ بودیم. حالا خدا اینو واسه ما رسونده. اینو میذاره رو تاقچه اتاقشون. در همسادگی این خار کن هم یه حاجی بوده. این حاجی هر شب یه غذایی درست میکرده، یه آبی گرم می کرده، یه خورده به اینا میداده. به این خارکن میداده. اون شب اینا اتفاقاً حاجیه کبریت نداشتن که به اصطلاح چراغشونه روشن کنن. (اون وقتها چراغ بوده. چراغ روشن کنن) میان لب دیوار میگن زن آقا همساده یا فلان. اون کبریت تون بدین. ما چراغمون ر روشن کنیم. میگه والله ما هیچی نداریم. اون وقت ها پی سوز

بوده روشن می کردن. اون پی سوز تونو بدین. ما چراغمونه روشن کنیم. میگه ما نداریم. میگه شما چراغتون داره میسوزه. چرا به ما نمیدین. میره به شوهرش میگه من این دفعه هیچی به اینا نمیدم. اینا این قدر بی چشم رو هستن. ما میگم چراغتونو بدین ما چراغ منو روشن کنیم. میگن ما نمیدیم. نداریم. ما دیگه به اینا هیچی نمیدیم. هیچی نمیدیمو. مرده میره تو اتاق. حاجیه میاد میگه من برم ببینم آخه اینا چراغ دارن، چی چی. وقتی میاد نگاه میکنه میبینه، یه همچین ریگی سر بخاری اتاق ایناست. اینا (خاجی) هم آنتیک شناس بوده گوهر شناس بوده. نگاه میکنه اینه برمیداره میگه اینه ا کجا آوردین؟ میگه اینطوره اینطوره میگه چند قیمت و هی اینقده واینقده و اینقده و اینقده بره بالا بره بالا بره بالا، خار کن میشه یه حاجی. یه حاجیه حسابی خارکنه میشه. اسم حاجی در میشه، برای مکه حاجی میخواد بره جمعیت جمع میکنن برای مکه و اینا که حاجی بره مکه. مردم هی میگن ا کجا بوده کجا نبوده، میگه خوب دیگه قسمت شده میریم. هیچی، حاجی هم میاد و فرداش را میافته میره مکه. زنش بوده تو خونه با یه دونه دختر داشته یه دونه دختر تو خونش بوده. دختره رم میسپره به زنشو میره. (میره)، دختره فردا پس فرداش میره حموم. حموم که میره اتفاقاً دختر پادشاهم اون روز میخواسته بیاد حموم. همین که اون حموم بوده، دلاکه میاد به جمعیت میگه بیاین بیرون بیاین بیرون دختر سلطان میخواد بیاد تو بلند شین بلند شین اینا همه میرن، این دختره هم هول هولکی میاد که بیاد سر رختکن. دختر شاه چشش به این میفته میگه نه تو نرو. تو باش اینجا مونس من باش. این نمیره اون می مونه پیش اون. بالاخره خودشون میشورن در موقع اومدن بیرون، به دختره میگه باید بریم خونه ما. دختره میگه نه من مادرم تنها ست مادرم نمیذاره، ناراحت میشه. میگه من آدم میفرستم خونتون اجازت بگیره. خاطر جمع شی. میفرستن اونجا ودختره ر ورمیداره میاره این چند روزی مونس این بوده. دختر پادشاه هم هر روز عادت داشته تو استخر میرفته آبتنی میکرده. با کنیز و منیزش وای میستادن اینا. روزی بوده که دختر پادشاه میخواسته بره به اصطلاح استخر شنا کنه، طو قشو بر میداره به درخت آویزون میکنه. میره توی استخر. تمام کنیزا و ایناشم بودن میره و وقتی میاد بیرون نگاه میکنند میبینن این نیست اوا چطور شده چطور

نشده به کنیزا اینا میکه ما که الاً چند سال پیشه ایشون هستیم اینه که جدید اومده لابد دزدیده. هیچی دختر ر میگیرن میبرنش زندان. دختره والله به خدا من ور نداشتم میگه نه کار کارتو (هست). ما همچین سابقه نداشتیم دختر ر میبرن زندان و اونجا که میبرن، اتفاقاً حاجی هم ا مکه میاد. میپرسه و میگن حال و قضیه از اینطوره. میگه خوب دختر و زن که زندانی نداره که، من خودم میرم زندان. حاجی میاد دختر ر آزاد میکنن و حاجی خودش میره زندان. حاجی هم (حاجی از) آجیل مشکل گشا میگرفته، خیر میکرده آجیل مشکل گشا خیلی خوبه. این آجیل مشکل گشار همچین میکرده. یه نفر میاد از اونجا رد بشه، زندان که بوده، میبینه یه شخصی داره، تو سر خودش میزنه و داره میره. میگه که تو چرا اینجوری میکنی؟ میگه پسرم امشب شب دامادیشه دل درد کرده. رو دست مونه. میگه بدو برو سنار آجیل مشکل گشا بگیر. الان بچت خوب میشه. این هم برای من بگیر. اینم برای من بگیر هیچی اینه میبره میده اونجا آجیل مشکل گشا میگیره پسر آنکه خوب میشه حاجی رم خبر میارن که این [طوق] پیدا شده قلاغ برده بوده. قلاغ دو باره آورده آویزون کرده اون جا. حاجی رم اونجا مرخص میکنن. همچین که اونا به مراد خودشون رسیدند همه برسن.

۱. گیرم = بکیرم

翻字（ローマ字）：īn mard xār kan kāreš xār kanī būd. ye čand rūzī raft biyābūn ūmad xārgīrīš nayūmad ke xār bekane. dast-e xālī miyūmad hūnaš. īnā hei migoftan čerā, čīz, hīčī nayūvordī? mīgofteš ke xār gīremūn nayūmad ke man āzūqe bī gīram biyāram tu xune. tā ye rūzī, mīgīre mišīne mire ke biyābūn xārgīreš nemiyād, biyād bīrūn aqab dar kūče šūn migīre mišīne, be fekr kardan. zaneš īnā miyand migan ke čerā īnjā fekr mikonī? bebīne ye savār dāre ūnam miyād. savār miyād jelou, migan ke mard īnjā če kār mikonī? mige xaste šodam nešastam. migan īn asb mā ra xastegīrīš dar kon. ūn vaq biyā be mā bede. īn pīr marde-am zouq o inā asb-e īnā migīr o banā mikone be čarūndan īn bar o ūn var īn do tā savār miyān. do tā savārī ke miyān, īn mige hālā be man lābod yek āleme pūl midan yek an'āmī midan. ye čīzī be man midan. mibine dast mikone. ye mošt az īn rīgāī biyābūn jam mikone mirīze tu dāmanešun. mige gūše dāman-e to begīr. mirīze gūše dāman-e īn pīr marde. pīr marde īnā rad mišan savār mišan miran jelouye češmeī miran. īn pīr marde mige īn yek kāre čerā rīg rīxt tū dāman-e man. īn pā miše rīgā ro hamčīn mikone xālī mikone zamīno yek dūne az īn rīgārō bas ke īn lebāseš vasle dāšte, ye dūne aš mire lāye īn vasale īn. miyād mige xodāyā emrūz ke našod man čand rūze čopoq ham nakešīdan ye čaxmāq nadāštam ke čopoq bekešam. migīre mišīne. migīre mišīne o zaneš miyād dam-e dar mibīne īnjā nešaste mige mard šerā nemiyāī tū? mige zan rūm nemiše. mige pāšou biyā tū čerā dāmatet dāre mīsūze? a vā a čerā dāmanet dāre misūze? mige valla dāman-e man ātiš nadāštam. man čaxmāq nadāštam ke besūze dāmanam. īno miyāre dāmanešo tekūn mide, mibīne. ye dūne hamčīn rīge ye dūne rīg čīz būde. gouhar-e šab-e čerāq tū dāman-e īne ine var midāre. var midāre mibine otāqešūn hame roušan šod. mibīne īn otāq-e īnā hameaš roušan šod, xub. mige xodāyā mā čerāq nadāštīm. čand šab būd bī čerāq būdīm. hālā xodā īnō vāse mā rasūnde. īno mizare ru tāqče otāqešūn. dar hamsādegī īn xār kan ham ye hājī būde. īn hājī har šab ye qazāī dorost mikarde, ye ābī garm mikarde, ye xorde be īnā mīdāde. be īn xār kan mīdāde. ūn šab īnā ettefāqān hājīe kebrīt nadāštan ke be estelāh čerāqešūn roušan konan. ūn vaqt hā čerāq būde. čerāq roušan konan miyān lab-e dīvār migan zan-e āqā hamsāde yā felān. īn kebrīt-e tūn bedīn. mā čerāqemūn ro roušan konīm. mige vallā mā hīčī nadārīm. ūn vaqt hā pī sūz būde roušan mī kardan. ūn pī sūz-e tono bedīn. mā čerāqemūne roušan konīm. mige mā nadārīm. mige šomā čerāqetūn dāre misūze. čerā be mā nemidīn. mire be šouharaš mige man īn dafe hīčī be īnā nemidam. īnā īn qadr bī češm ro hastan. mā migam čerāqetono bedīn mā čerāqe mano roušan konīm. migan mā nemidīm. nadārīm. mā dīge be īnā hīčī nemidīm. hīčī nemidīmo. marde mire tu otāq. hājīe miyād mige man beram bebīnam āxe īnā čerāq dāran, čīčī. vaqtī miyād negāh mikone mibine, ye hamčīn rīgī sar bexārī ptāq īnāst. īnā ham āntīk šenās būde gouhar šenās būde. negāh mikone ine marmīdāre mige ine a kojā āvordīn? mige īntoure īntoure mige čand qeimat o hei īnqade o īnqade o īnqade o īnqade bere bālā bere bālā bere bālā, xār kan miše ye hājī. ye hājīe hesābī xārkane miše. esm-e xājī dar miše, barāye makke hājī mixād o bere jamiyat jam mikonan barāye makke o īnā kehājī bere makke. mardom hei migan a kojā būde kojā nabūde, mige xūb dīge qesmat šode mirīm. hīčī, hājī ham miyād o fardāš rā miyofte mire makke. zaneš būde tu xūne bā ye dūne doxtar dāšte ye dūne doxtar tū xūnaš būde. doxtar ram miseporde be zanešo mire. mire, doxtare fardāš mire hamūm. hamūm ke mire etefāqān doxtar-e pādešām ūn rūz mīxāste biyād hamūm. hamīm ke ūn hamūm būde, dalāke miyād be jamiyat mige miyāin bīrūn biyāin bīrūn doxtar-e soltān mixād biyād tu boland šīn boland šīn īnā hame miran, īn doxtare ham hol holakī miyād ke biyād sar-e raxtkan. doxtar-e šā češeš be īn miyofte mige na to narou. to bāš īnjā mūnes-e man bāš. īn nemīre ūn mimūne pīš-e ūn. belāxare xodešūn mišūran dar mouqe ūmadan-e bīrūn, be doxtar-e mige bādberīm xūne mā. doxtare mige na man mādaram tanhāst mādaram nemizare, nārāhat miše. mige man ādam miferestam xūnetūn ejāzat begīre. xāter jam šī. miferestan ūnjā o doxtare re varmīdare miyāre īn čan drūzī mūnes-e īn būde. doxtar-e pādešā ham har rūz ādat dāšte to estaxt mirafte ābetanī mikarde. bā kanīz o manīzeš vāi misetādan īnā. rūzī būde ke doxtar-e pādešā mixāste bere be estelāh estaxr šenā kone, tōqešo bar midāre be deraxt āvīzūn mikone. mire tūye estaxt. tamām-e kanīzā o īnāš-am būdan mire ba vaqtī miyād bīrūn negā mikonand mibīnan īn nīst evā četour šode četour našode be kanīzā īna mige mā ke alān čand sāl pīše īšūn hastīm ine ke jadīd ūmade lābod dozdīde. hīčī doxtare ro migīram mibaraneš zendān. vallā be xodā man var nadāštam mige na kār-e kāreto. mā hamčīn sābeqe nadāštīm doxtare re mibaran zendān o ūnjā ke mibaran, ettefāqān hājī ham a makke miyād. miporse o migan hāl o qazīe az īntoure. mige xob doxtare o zan ke zendānī nadāre ke, man xodam miran zendān. hājī miyād doxtar ro āzād mikonan o hājī xodeš mire zendān. hājī ham hājī az ājīl moškel gošā migerefte, xeir mikarde ājīl moškel gošā xeilī xube. īn ājīl moškel gošār hamšīn mikarde. ye nafar miyād az unjā rad beše, zendān ke būde, mibine ye šaxsī dāre, tu sar-e xodeš mizane o dāre mire. mige ke čerā īnjūrī mikonī? mige pesaram emšab dāmādeše del dard karde. rū dast-e mūne. mige boddo borou sanār ājīl-e miškel gošā begīr. alān baččat xūb miše. īn ham barāye man begīr. īn-am barāye man begīr hīčī ine mibare mide ūnjā ājīl moškel gošā migīre pesar ānke xūb miše hājī ram xabar miyāram ke īn peidā šode qalāq borde būde. qalāq dobāre āvorde āvīzūn karde ūnjā. hājī ram unjā morxas mikonan. hamčīn ke ūnā be morād xodešūn rasīdand hame berasan.

日本語訳：茨掘りの男がいた。この茨掘りの男は、茨掘りで食べていた。何日か、掘るべき茨を見つけることができなかった。手ぶらで家に帰ってきた。家族は、どうして何も持っていないのかと尋ねた。茨掘りの男は言った。

「家に持って帰るために必要な茨が採れなかったんだよ。」

ある日、また茨が採れなかったので、家の裏の小道で座って考えていた。すると、男の妻がやって来て、言った。

「どうしてここで考えているのですか。」

すると、騎士たちがやって来て言った。

「ここで何をしているのですか。」

茨掘りの男は言った。

「疲れたので座っているのです。」

すると騎士が言った。

「この馬を連れていって休ませてください。馬に乗って疲れを癒せばいい。しばらくしたら私に渡して下さい。」

この茨掘りの老人は、喜んで馬を受け取り放牧を始めた。やがて、この二人の騎士が来た。二人の騎士がやって来くると、老人は言った。

「私に働いた代金をくれるだろう。こころづけか何かをくれるだろう。」

すると、（騎士は）手を伸ばし、砂漠の砂を集めて服の裾に乗せて言った。

「さあ、あなたも服の裾を持ちなさい。」

そして、老人の服の裾に砂利を注いだ。二人は馬に乗って泉の方へ行った。老人は言った。

「どうして私の服の裾に砂利を注いだのだろう。」

老人は砂を地面に捨てたが、老人の服はつぎはぎだらけだったので、つぎ

はぎの中に小石が一つ残っていた。老人は家に帰った。そして、こうつぶやいた。

「神様、今日も何も採れなかった。もう何日もパイプすら吸っていません。パイプを吸うために火打ち石を打つこともありません。」

そうして家の前で座っていると、扉の前に妻がやって来て言った。

「どうして中に入らないのですか。」

老人は言った。

「仕事に行ったけど、だめだった。」

妻は言った。

「さあ、上がって。ところで、服が焼けていますよ。どうしたんでしょうね。」

老人が言った。

「不思議だな。私の服には火の気なんかありません。火打ち石も持っていないのに。」

服を持って振ってみると、小石は別のものになっていた。夜光石だった。その夜光石を取り上げた。それは、部屋中を明るくするほどだった。部屋中を明るくすることがわかった。そして言った。

「神様、私たちは明かりを持っていませんでした。数日間明かりがありませんでした。神様は私たちのためにこれを下さったのだ。」

そして、部屋の壁龕の上に置いた。

この茨掘りの老人の家の近所にハージー（メッカ巡礼者）がいた。このハージーは毎晩ご飯を作って、お湯を温め、少しずつみんなに分けていた。茨掘りの老人にも与えていた。その夜、ちょうどハージーはマッチがなかった。その当時はランプであった。火でつけるものだった。ハージーの妻は壁際に来て、茨掘りの妻を呼んで言った。

「マッチを貸して下さい。ランプに火を点けるのです。」

茨掘りの妻は言った。

「いや、マッチなんてないですよ。」

当時は油脂灯であった。ハージーの妻は、さらに言った。

「では、油脂灯を貸して下さい。それで家のランプに火を点けます。」
すると、茨掘りの妻は言った。
「家にはありません。」
ハージーの妻は言った。
「明かりが点いているではないですか。どうして貸してくれないのですか。」
ハージーの妻は家に帰って、ハージーに言った。
「茨掘りに今回は何もあげないようにしてください。恩知らずな人たちです。家の明かりを点けるからランプを貸して下さいと言ったのに、家にはない、家にはないというのです。もう、何も与える必要はありません。与えないでください。」
ハージーは部屋に入って言った。
「私が行って見てこよう。とにかく、彼らは明かりを持っているのにね。不思議だ、不思議だ。」
ハージーが茨掘りの家に行ってみると、小石が暖炉の上にあった。ハージーは骨董品や宝石を見る目があった。その石を見て、手に取ってみて言った。
「これをいったいどこから持ってきたのですか。」
茨掘りは、こうしてこうしてとわけを話した。ハージーは言った。
「この石の価値は、とてもとてもとてもとても、高くて高くて高いよ。」
茨掘りはハージーになった。りっぱなハージーの茨掘りになった。ハージーの名を名乗り、メッカに行くために人々を集め、お祝いをした。人々がたくさん集まった。ハージーは次の日、メッカへ向かって行った。さて、ハージーの茨掘りには、妻と一人の娘がいて、家の中にいた。娘を妻に任せて行ったのだった。娘は、その次の日、ハンマームに行った。行ったハンマームで偶然、王女も来ていた。娘がハンマームにいると、三助が来て、皆に言った。
「さあ、外に出ろ、外に出ろ、王女様が入るとおっしゃっている。さあ、立ち上がれ、立ち上がれ。」
ハンマームの客は、皆外に出た。茨掘りの娘も急いで着替え室まで出た。王女はこの娘を見て、「あなたは残りなさい。私と親しくしなさい。」と言っ

た。そして、ハンマームで体を洗って二人で外に出た。王女は娘に言った。
「私のお家にいらっしゃい。」
娘は言った。
「いいえ、私には母親がいます。母親が許しません。きっと怒ります。」
王女は言った。
「私があなたの家に人を送って許可を得ましょう。安心しなさい。」
使者が送られ、王女は娘を連れ帰り、数日の間、仲良く過ごした。王女は、毎日プールで泳ぐことにしていた。女官たちも連れていくのであった。王女がプールで泳ぐときは、馬櫛を木に引っかけて、プールに入るのであった。女官たちも皆そこにおり、王女がプールから出たとき、その馬櫛がなくなっていた。どうしてなくなったのかわからなかったが、女官たちはこう言った。
「私たちは何年もあなたに仕えております。ところがこの娘は最近きたばかりなので、きっとこの娘が盗んだのに違いありません。」
娘は捕らえられ、牢屋に入れられた。娘は、「私は盗っていません。」と言っても「おまえに違いない。娘を牢屋に連れていくなんて今までになかったよ。」と言われた。偶然、ハージーの茨掘りがメッカから帰ってきて、何事かと尋ねた。皆、出来事を説明した。ハージーの茨掘りは言った。
「牢屋は女性の行くところではない。私を代わりに牢屋に入れてくれ。」
ハージーの茨掘りは娘を助けて自らが牢屋に入った。ハージーは困難を解決できる豆を持っていた。善行を行ったので、とてもいい豆を持っていた。この豆を使うと困難が解決するのだった。ある時、人が通り過ぎた。牢屋にいるとある人が自分の頭を叩きながら通り過ぎた。ハージーは言った。
「いったいどうしたのだ。」
男は言った。
「今日は息子の結婚式なんだけれど、息子は腹痛を起こした。」
ハージーは言った。
「この豆を持って急いで帰るんだ。息子さんはよくなるよ。受け取ってくれ。」
男は豆を受け取った。その息子はよくなった。ハージーにも、馬櫛が見つ

かったと知らせがあった。カラスが持っていって、もう一度元の場所にもどしたということだった。ハージーは釈放された。皆が望むようになりますように。

備考：U. Marzolph：Typologie des persischen Volksmärchans によると、この話型はAT778*に分類されるが、この話については再考の必要がある。「困難を解決できる豆」は、まじないに使われる。Cf. Shāmlū, Aḥmad. Kitāb-i kūchah. vol.1. Tihrān : Intishārāt-i māzyār, 1978. p. 269.

029

題　　名：نامادری ／ 母親のいない娘

分　　類：本格昔話

ＡＴ番号：（AT778*「二本の蝋燭」）

録音箇所［収録時間］：004-031［06分09秒］

調 査 日：1998年11月04日

調 査 地：استان مازندران، شهرستان آمل، محلّه چاکسر ／ マーザンダラーン州アーモル地方チャークサル地区

名　　前：طاهره قریب ／ ターヘレ・ガリーブ

年齢性別：50才、女性

職　　業：خانه دار ／ 主婦

住　　所：آمل، خ. شهید بهشتی

出 身 地：آمل ／ アーモル

伝 承 者：پدربزرگ(پدر مادر)، مادر ／ 祖父（母方）と母

翻字（ペルシア語）：یه زنه بود چیز داشت یه سفره بی بی نذر داشت.
اون وقت به دختر خودش که دختر خودش نبود دختر شوهرش بود، یه کاسه
ای داد گفت برو ماست بخر بیار. دختره رفت ماست بخره، زمین خورد و
کاسه شکست و ماستم ریخت. اون وقت این دختره گفت خوب، این نامادری

که اصلاً با من سر سازش نداشت. همش منو کتک میزد، منو دعوا میکرد، مخصوصاً امروز سفره م داره، اون وقت ماست هم من ریختم کاسه هم شکوندم. پس من خونه نمیرم. رفت رفت یه جایی و دید که اینجا پادشاه اومد و شکار و با وزیر و وزراش اومدن شکار و او وقت[1] رفت یه جایی دید (دو تا خانم نشستن) سه تا خانم نشستن (به ای سه تا خانم گفت) که سه تا خانم بهش گفتن دختر کی هستی؟ اینجا چه کار میکنی. گفت جریان من اینجوری شده. من کاسه رو شکوندم و ماست ریختم و میخوام برم خونه از نامادریم میترسم. این سه تا خانم بهش گفتن که کارت در میره دردت حل میشه. تو همیشه سفره بی بی بنداز. (سفر بی بی بذار) این دختر گفت باشه. دردمن درست بشه حل بشه. من سفره بی بی میذارم. اونوقت اومد توی جنگل توی جنگل و دید هوا تیر و تار شد و اون وقت وزیر و پادشاه و اینها اومدند اسب خودشون آب دادن. چون اینکه دختر بوده و اینا مرد بودن از اینا ترسید و رفت بالای درخت. بالای درخت پادشاه اومد که اسب خودش و آب بده دید اسبش آب نمیخوره سرو دولا کرد توی چشمه رو نگاه کرد دید عکس یه دخترن خیلی خوشگله. بعداً گفت دختر تو چرا اونجا هستی؟ گفت که من نمیتونم چادر سرم نیست و من نمیتونم پایین بیام. پادشاه بهش گفت من مانتو[2] خودم و میذارم پایین تو بپوش. ببینم چی هستی برای چی اینجا هستی؟ مانتو پادشاه، مانتو خودشو گذاشت اونجا و خودشم کنار دختره پوشید و پادشاه اومد پیش دختره، گفت که جریانت چیه؟ گفت اره اینجوری شده من کاسه را شکوندم ماست ریختم از نامادره میترسم برم خونه. این پادشاه اینه سوار اسب خودش کرد و آورد خونهٔ خودش. پادشاه هم یه ساختمونی داشت در حدود چهل تا دختر را گذاشت اون تو. از این دخترا پذیرایی می کردن (و پسر پادشاه بود یعنی). اونوقت گفت این دخترم بذارید پیش اونا. این دخترم گذاشتن پیش اونا و مادرش بهش گفت پسر من تو چرا زن نمیگیری؟ گفت چرا میگیرم. گفت کی را میخوای بگو برات درست کنم. گفت همین دختری که آخر از همه آوردم، این دخترا برام درست کنید. گفت این دختر یه ولگردیه تو بیابون بوده تو خیابون بوده تو اینه گرفتی آوردی پدر مادرش معلوم نیست کی هستن این دختر به درد تو ر نمیخوره. گفت نه همین دختر برام بگیرید. هفت شبانه روز تدارک عروسی دیدین و براش

عروسی کردن و ای دختر رو براش گرفتن. گرفتن و اون وقت این دختر زن (پادشاه) پسر پادشاه شد و مدت زمانی گذشت و یادش اومد که اون سفره ای که اون سه تا خانم بهش گفتن که بذار. بذار این یه روزی شد پادشاه و با وزیراش رفتن شکار و این گفت خوب امروز خونه مرد نیست، خونه خلوته پس من این سفره رو میذارم. آتیش کرده هیزم آورد آتیش کرد و شیر بار گذاشت. شیر بار گذاشت و داشت آش میپخت که برای سفره، پادشاه نمیدونم چی یادش رفت باز دوباره برگشت خونه. گفت چیه این آتش و دود واینا چیه؟ مادره بهش گفت هیچی نمیدونم مگه من بهت نگفتم این دختره به درد تو نمیخوره. این دختره یه دختره ولگردیه این رو نگیر خونه ما مگه چی کم بود. این داره آش میپزه. این آش نذری میخواس بپزه. گفت این داره آش می پزه. آش میپزه، این پادشاه اومد با لگد زد این شیر و ریخت و آتشو خاموش کرد و رفت. رفت شکار. رفتن شکارو اینا چند تا آهو زدنو اون وقت گذاشتن توی خرجین خودشونو داشتن میومدن هوا تیره و تار شد و این پسرا سه، چار تا خربزه هم گرفتن و گذاشتن توی خرجین خودشون و هوا تیره تار شد و این پسره دو تا سه تا پسرای وزیرو گم کرده. گم کرد و اومده خونه. اومد و خونه گفتن پسرای وزیر کو؟ گفت من نمیدونم گمشون کردم. گمشون کردم گفت که برو تو خرجین من دو، سه تا خربزه هست و کله آهو اینا هست و بگیر. اینا رفتن که بگیرن دیدن سر پسران وزیره. هیچی گفتن خوب تو پسر پادشاهی تو رو هیچ کار نمیشه کرد. پس تو رو میذاریم زندان. این پسر پادشاه و گرفتن گذاشتن زندان. حالا از این مادرِ پادشاه. مادر پادشاه که اینجا نشسته بود دید چشمش باز یار [و] نور نداره جایی رو نمیبینه. گفت خدا یا من چه کاری کردم که به این درد دچار شدم[۲]. من که پسرای وزیرو نکشتم این خربزه بود توی خرجین من بود. چرا سر وزیر شده. پسرای وزیر شده. اون وقت این چه کار کرده از طرف بالا ندا اومد که برین از عروس خودتون بپرسید که شما چی کار کردین. عروس آوردن و گفتن که تو بگو ما چه کار کردیم. گفت شما من سفره نذر داشتم. نذر سفره بی بی بوده. من میخواستم آش بپزم، شما اون آشو ریختینو اون آتیشو خاموش کردین. پسر پادشاه گفت که خدا یا مشکل من حل بشه، من همه سه شنبه سفره بی بی میذارم. مادر پادشاه هم گفت که خدا یا مشکل من حل

بشه، من همه سه شنبه سفره بی بی میذارم. مادرم اینجا دید چشمش نور ش
اومد و همه جا میبینه پسرای وزیرم اومدن و دیدن این سرم برگشته خربزه
شد و هیچی تمام شد. من (هم) اومدم.

۱. او وقت = اون وقت ۲. مانتو = پالتو ۳. گفت خدا یا من چه کاری کردم که به این درد
دچار شدم = پسره تو زندان گفت خدا یا من چه کاری کردم که به این درد و چار شدم

翻字（ローマ字）: ye zane būd čīz dāšt ye sofre bībī naze dāšt. ūn vaqt be doxtar-e xodeš ke doxtar-e xodeš nabūd doxtar-e šouhareš būd, ye kāseī dād goft borou māst bexare biyār. doxtare raft māst bexare, zamīn xord o kāse šekast o māst-am rīxt. ūn vaqt īn doxtare goft xob, īn nāmādarī ke aslān bā man sar sāzeš nadāšt. hamaš mano kotak mizad, mano da'avā mīkard, maxsūsān emrūz sofre-am dāre, ūn vaqt māst ham man rīxtam kāse ham šekūndam. pas man xūne nemiram. raft raft ye jāī o dīd ke injā pādešāh ūmad o šekār o bā vazīr o vozarāš ūmadan šekār o ū vaqte raft ye jāī dīd do tā xānom nešastan se tā xānom nešastan be ei se tā xānom goft ke ke se tā xānom beheš goftan doxtar kī hastī? injā či kār mikonī. goft jariyān-e man injūrī šode. man kāse ro šekūndam o māst rīxtam o mīxām beram xūne az nāmardī, mitarsam. īn se tā xānom beheš goftan ke kāret dar mire dardet hal miše. to hamīše softe bībī beandāz. sofre bībī bezār īn doxtar goft bāše. dard-e man dorost beše hal beše. man sofre bībī mizāram. ūnvaqt ūmad tūye jangal tūye o dīd havā tīr o tār šod o ūn vaqt vazīr o pādešāh o īnhā ūmadand asb-e xodešūn āb dādan. čūn īnke doxtar būdan o īnā mard būdan az īnā tarsīd o raft bālāye deraxt. bālāye deraxt pādešā ūmad ke asb-e xodeš o āb bede dīd asbeš āb nemixore saro dolā kard tūye češme rō negāh kard dīd aks-e ye doxtaran xeilī xošgele. ba'adān goft doxtar to čerā ūnjā hastī? goft ke man nemītūnam čādor saram nīst o man nemītūnam pāīn biyām. pādešā beheš goft man māntū-e xodam o mizaram pāīn to bepūš. bebīnam čī hastī barāye čī injā hastī? māntū-e pādešā, māntū-e xodešo gozāšt ūnjā o xodeš-am kenār-e doxtare pūšīd o pādešā ūmad pīše doxtare, goft ke jariyānet čie? goft are injūrī šode man kāse ra šekūndam māst rīxtam az nāmādare mītarsam beram xūne. īn pādešā ine savār-e asb-e xodeš kard o āvord xūneye xodeš. pādešā ham ye sāxtemānī dāšt dar hodūd-e čehl tā doxtar rā gozāpt ūn tū. az īn doxtarā pazīrāī mīkardan o pesar-e pādešāh būd ya'anī. ūn vaqt īn doxtar-am bezārīd pīš-e ūnā. īn doxtar-am gozāštan pīše ūnā o mādareš beheš goft pesar-e man to čerā zan nemīgīrī? goft erā mīgīram. goft kī rā bīxāī begū barāt dorost konam. goft hamīn doxtarī ke āxer az hame āvordam, īn doxtar barām dorost konīd. īn doxtar ye velgardīe tū xiyābūn būde tū xiyābūn būde to ine gereftī āvordī pedar mādareš ma'alūm nīst kī hastan īn doxtar be dard-e to re nemixore. goft na hamīn doxtar barām begīrīd. haft šabāne rūz tadārak-e arūsī dīdan o barāš arūsī kardan o ī doxtar ro barāš gereftan. gereftan o ūn vaqt īn doxtar-e zan-e pādešā pesar-e pādešā šod o moddat zamānī gozašt o yādeš ūmad ke ūn softeī ke ūn se tā xānom beheš goftan ke bezār. bezār īn ye rūzī šod pādešāh o bā vazīrāš raftan šekār o īn goft xob emrūz xūne mard nīst, xūne xalvate pas man īn softe ro mizaram. ātīš karde heizom āvord ātīš kard o šīr bār gožašt. šīr bār gozašt o dāšt āš mipoxt ke barāye softe, pādešā nemīdūnam čī yādaš raft bāz dobāre bargašt xūne. goft čīe in āteš o dūd o īnā čīe? mādar beheš goft hīčī nemīdūnam mage man behet nagotam īn doxtare be dard-e to nemixore. īn doxtare ye doxtare velgardīe īn ro nagīr xūneye mā mage čī kam būd. īn dāre āš mipaze. īn āš nazrī mīxās bepaze. goft īn dāre āš mipaze. āš mipaze, īn pādešāh ūmad bā laggad zad īn šīr o rīxt o ātešo xāmūš kard o raft. raft šekār. raftan šekār o īnā čand tā āhū zadan o ūn vaqt gozāštan tūye xorjīn-e xodešūn o dāštan miyumadan havā tīr o tār šod o īn pesarā se, čār tā xarboze ham gereftan o gozāštan tūye xorjīn-e xodešūn o havā tīre tār šod o īn pesare do tā se tā pesarāye vazīr gom karde. gom kard o ūmade xūne. ūmad o xūne goftan pesarāye vazīr kū? goft man nemīdūnam gomešūn kardam. gomešūn kardam goft ke borou to xorjīn-e man do, se tā xarboze hast o kale āhū īnā hast o begīr. īnā raftan ke begīran dīdan sar-e pesarān-e vazīre. hīčī goftan xob to pesar-e pādešāhī to ro hīč kār nemiše kard. pas to ro bezarīm zendān. īn pesar-e pādešā o gereftan gozaštan zendān. hālā mādar-e pādešāh. mādar-e pādešā ke injā nešaste būd dīd češmeš bāz yār nūr nadāre jāī ro nemibīne. goft xodā yā man če kārī kardam ke be īn dard dočār šodam. pesare tu zendān goft xodāyā man če kārī kardam ke be īn dard o čār šodam man ke pesarāye vazīr nakoštam īn xarboze būd tūye xorjīn-e man būd. čerā sar-e vazīr šode. pesarāye vazīr šode. ūn vaqt īn če kār karde az taraf-e bālā nedā ūmad ke berīn az arūs-e xodetūn bepors ke šomā če kār kardīn. arūs āvordan o goftan ke to bogū mā če kār kardīm. goft šomā man sofreye nazr dāštam. nazr sofre bībī būde. man mīxāstam āš bepazam, šomā ūn āšo rīxtīno ūn ātišo xāmūš kardīn. pesar-e pādešā goft ke xodā yā moškel-e man hal beše, man hame se šanbe sofre bībī mizāram. mādar-e pādešā ham goft ke xodā yā moškel-e man hal beše, man hame se šanbe sofre bībī mizaram. mādar-am injā dīd češmeš nūreš ūmad o hame jā mibine pesarāye vazīr-am ūmadan o dīdan īn sar-am bargašte xarboze šod o hīčī tamām šod. man ūmadam.

日本語訳：ビービーの願掛けの集まりを開く女がいた。娘がいたが、その娘は自分の娘ではなく、夫の連れ子であった。器を渡して継子に言った。

「ヨーグルトを買ってきなさい。」

娘はヨーグルトを買いに行ったが、転んでしまい器が壊れてヨーグルトがこぼれてしまった。そして、娘は言った。

「あの継母は、私と仲良くするつもりなんか全くない。何をしても私は殴られて叱られる。特に今日は、食布の願掛けの日なのに、ヨーグルトをこぼして器を壊してしまった。もう、家にはもどらない。」

どんどん歩いていくと、大臣と一緒に狩りに来ている王を見かけた。さらに、三人の女性が座っているのを見た。三人の女性は娘に言った。

「娘よ、あなたは誰ですか。ここで何をしているのですか。」

娘は言った。

「こういうわけなんです。器を壊してしまい、ヨーグルトをこぼしてしまったのです。継母がいるので家に帰るのが怖いのです。」

三人の女性は娘に言った。

「難を逃れることができます。苦痛も解決するでしょう。常にビービーの食布を敷いておくがいい。」

娘は言った。

「わかりました。痛みが無くなって解決するのなら、ビービーの食布を敷きます。」

暗くなってきて、森の中に大臣と王がやって来て馬に水を飲ませることにした。娘は、男が二人来たので怖くなって、木の上に隠れた。王がやって来て、馬に水を飲ませようとしても、飲まなかった。頭を泉に押してやったとき、とても綺麗な娘の姿が水に映った。王は言った。

「娘よ、どうしてそこにいるのか。」

娘は言った。

「スカーフをしていませんし、下へ降りることができません。」

王は言った。

「私のマントを貸してやろう、降りてきてこれを着るがいい。どうしてそんなところにいるのか教えてくれないか。」

王は、マントを置いて脇に行き、娘はマントを着た。王は娘の前に行き、こう言った。

「いったいどうしたというのか。」

娘は言った。

「こういうわけなんです。器を壊してしまい、ヨーグルトもこぼしてしまいました。継母がいるので家に帰るのが怖いのです。」

王は自分の馬に娘を乗せて、連れて帰った。王は約四十人の娘のいる建物を持っていた。この娘もここに入れることにした。娘は迎えられ、王は言った。

「この娘をここにおいてやれ。」

娘を彼女たちのところにおいた。王の母親が言った。

「息子よ、そろそろお嫁さんをもらってはどうだい。」

王は言った。

「そうしようと思います。」

母親は言った。

「誰と結婚したいのだい。言うがよい。用意させましょう。」

王は言った。

「最後に連れてきた娘と結婚するので準備してください。」

母親は言った。

「その娘は砂漠でさまよっていたのでしょう。道ばたにいたのでしょう。それを連れてきたのでしょう。両親が何者かもわからないのにおまえにはふさわしくない。」

王は言った。

「いいえ、その娘と結婚します。」

そして、七昼夜、準備をして、結婚式を挙げた。その娘を嫁にもらったのであった。娘は王妃（原文は王子の妃と言い間違えている）[(1)]になり、しばらくが経った。娘は、三人の女性が言っていた願掛けの食布のことを思い出して、敷こうと思った。ある日、王は大臣たちと一緒に狩りへ行った。娘は言った。

「今日なら家に男たちがいない。家は空だ。さあ、この食布を敷こう。」

薪を集めて火を点けて、ミルクを火にかけた。食布の願掛けのためにスープを作った。ところが、王は知らずに忘れ物を取りに帰ってきた。王は言った。

「この火と煙は何だ。」

母親も王に言った。

「わけがわかりません。だから言ったでしょう。この娘はおまえにはふさわしくないと。この娘はさまよっていた娘でしょう。こんな娘を嫁にしてはいけないと言っただろう。おまえはいったい何の文句があるのだ。スープを作っているよ。願掛けのスープを作ろうとしているんですよ。スープを作っているよ、スープを作っているよ。」

王は、ミルクを足蹴にしてこぼした。火も消して行ってしまった。狩りへ戻ったのだった。狩りで、鹿を何頭かしとめて鞍袋の中に入れた。帰ろうとすると、あたりが暗くなってきた。王は、四つのメロンを採って鞍袋に入れていたのだが、暗くなって、二、三人の大臣の息子たちがいなくなってしまった。見つからないまま帰った。帰ると皆口々に言った。

「大臣の息子たちはどうしたのですか。」

王は言った。

「私は知りません。はぐれてしまったのです。さて、鞍袋に二、三個のメロンと鹿の頭などが入っているので、持ってくるように。」

ところが、鞍袋の中には大臣の息子たちの頭が入っていた。（召使いたちは）言った。

「あなたは王（原文では王子）ですから殺すわけにいきません。牢屋に入ってもらいます。」

王（原文では王子）は捕らえられ、牢屋に入れられた。王の母親はというと、目は開いているがぼんやりとしている息子の前に座っていた。王は言った。

「ああ、神様。なんてことになったのでしょう。こんな困難に出会うなんて。私は大臣の息子たちを殺してなんかいない。鞍袋に入っていたのはメロンだ。どうして大臣の息子たちの頭になったのだ。」

するとその時、どうしたことか天から神の声がした。「おまえがしたことを妻に尋ねよ。」と。

娘が連れてこられ、尋ねられた。

「私たちがいったい何をしたというのか。」

娘は言った。

「私は、願掛けの食布をもっています。ビービーの食布です。スープを作ろうとしていました。あなたはそのスープをこぼし、火を消してしまいました。」

王（原文は王子と言い間違えている）は言った。母親も誓った。

「神様、この困難を解決してください。毎週火曜日にビービーの食布を敷きます。」

母親は、息子の目が見えるようになったのがわかった。大臣の息子たちも帰ってきて、頭もメロンに戻っていた。全てが終わった。私もやって来ました[(2)]。

注
1. 最初、原文では男の主人公は「王」であったが、途中で「王子」に変わった。
2. 「私もやって来ました」と言うのは、文脈とは一致しないので、定型の終句の変種であろう。

備考：U. Marzolph : Typologie des persischen Volksmärchans によると、AT778*に分類されると言うが、最後が一致するだけで、再考の必要がある。ビービーの迷信については通し番号191を参照。

030

題　　名：خواهر حیله گر ／ずるい姉

分　　類：本格昔話

ＡＴ番号：AT780「歌う骨」

録音箇所［収録時間］：001-007［02分39秒］

調　査　日：1998年9月4日

調　査　地：استان تهران، شهر ری، روستای طالب آباد ／テヘラン州レイ市ターレバーバード村

名　　前：کبری سیف اللهی ／コブラー・セイフォッラヒー

年齢性別：70才、女性

職　　業：خانه دار ／主婦

住　　所：استان تهران، شهر ری، روستای طالب آباد

出　身　地：روستای طالب آباد ／ターレバーバード村

伝　承　者：مادر و مادر بزرگ ／母親と祖母

翻字（ペルシア語）：دو تا خواهر بودن. یکیشون مثل تهران بود، یکیشون مثل اینجا. یعنی تو دو تا دهات. اینا یکیشون بچه نداشت، یکیشون دو تا دختر داشت. این دوتا دخترا به مادرشون گفتن ما امروز میخوایم بریم به خونهٔ خالمون. گفته بود چجوری میره[1]، راه دوره و یه دریای وسط و. گفته بود

[گفتند هر طوری] باشه میریم. این دو تا خواهر میان و میرسن به همون دریا. وقتی میریسن به دریا میبینند یه عربی داره اونجا گوسفند میچرونه. میگه که ای دختر شما از این دریا نمیتونین رد شین. من یک دونه [تون] به عقد خودم در میارم. و بعد ا این دریا [را] رد تون میکنم. اون دختر بزرگه میگه باشه، اون خواهر کوچکه میگه نه. من اگه شده باشه غرقم که بشم میزنم به دریا رد میشم. خلاصه این دختر (کوچکه)، بزرگه کول این عربه میشه، میره اون بر دریا. بعد وقتیکه اینا میرن اون بر دریا خواهر کوچکه (بزرگه) به عربه میگه خوب اگه [خواهرم] بره به خونه، منه ر لو میده به پدرم وقتی بگه من و میکشه. میگه که خوب همینجا سرش رومیبریم. اینا زیر اون درخت میخوابن خوابشون که میره این عرب بلند میشه با اون خواهر بزرگه سر خواهر کوچکه را اونجا میبرن. میبرند از خون این میریزه اونجا بغل نی یه نی بلندی سبز میشه و بعد چند وقت دیگه دختر که میاد، پدره میگه پ[2] اون خواهرت کو؟ میگه خونه خالم مونده. میگه خوب. بعد چند وقت دیگه پدره وقتیکه میره [خونهٔ خاله] خالش میگه، نه اون خودش تک اومده اینجا، کسی [رو] همراه نداشت. هیچی بعد وقتیکه [پدره] برمیگرده میبینه یه نی خیلی قشنگی کنار این دریا سبز شده. اون نی ر میچینه. نی ر میچین و میاره و درست میکنه و با این نی بنا میکنه نی زدن. وقتیکه نی میزنه، میبینه که صدای اون دختر تو این نیه. میگه که بزن، بزن، پدرجون، خوب میزنی پدرجون بوسی به عرب داده، سر منو آب داده، (یعنی عربه بوس داده به عرب) اینا سر منو بریدن. میاد و وقتیکه نی رو تو خونه میزنه دختره میفهمه. که ای وای این مال اون خواهرش که خونش ریخته تو اون نی. بلند میشه و شب نیا ر میار و میسوزونه تو یه تنور. میسوزونه و خاک اون تنور در میارن میریزن توی باغچه. وقتیکه میریزن تو باغچه، میبینن که یه دونه هندونه بزرگ تو این باغچه سبز شده. وقتی هندونه را بر میدارن باز میکنن میبینن سر اون دختر تو اون هندونه یه [است]. قصه ما به سر رسید. کلاغ [به] خونش نرسید.

۱. میره = میرید ۲. پ = پس

翻字（ローマ字）：dotā xāhar būdan. yekīšūn mesle tehrān būd, yekīšūn mesle injā. ya'nī tu do tā dahāt. īnā ykīšūn bačče nadāšt, yekīšūn dotā doxtar dāšt. īn do tā doxtarā be mādarešūn goftan mā emrūz mixām berīm be xūneye xālemūn. gofte būd čejūrī mire, rāh dūre o ye daryāī vasate o. gofte būd bāše mirīm. īn do tā xāhar miyān w mirasan be hamūn daryā. vaqtī mirasan be daryā mībīnand ye arabī dāre ūnja gūsfand mičarūne. mige ke ei doxtar šomā az īn daryā nemitunī rad šīn. man yek dūne be aqd-e xodam dar miyāram. vo ba'd a īn daryā rad-e tūn mikonam. ūn doxtar-e bozorge mige bāše, ūn xāhar-e kūčike mige na. man age šode bāše qarqam ke bešam mizanam be daryā rad mišam. xolāse īn doxtar-e (kūčike) bozorge kūl-e īn arabī miše, mire ūn bar daryā. ba'ad vaqtīke īnā miran ūn bar daryā xāhar-e kūčike be arabī mige xūb age bere be xūne, mane re lō mide be pedaram vaqtī bege mano mikoše. mige ke xob hamīnja saraš ro miborīm. inā zīre un deraxt mixāban xābešūn ke mire in arab boland miše bā un xāhar bozorge sar-e xāhar-e kūčike ra unjā miboran. az īn xūn-e īn mīrīze unjā baqal-e nei ye neiye bolandī sabz miše o ba'd čand vaqt dīge doxtar ke miyād, pedare mige pa ūn xāharet kū? mige xūne xālam mūndeh. mige xub. ba'd čand vaqt dīge pedare vaqtīke mire xāleš mige, na ūn xodaš tak ūmade injā, kasī hamrāh nadāšt. hīčī ba'd vaqtīke bar mīgarde mibīne ye nei xeilī qašangī kenāre in daryā sabz šode. ūn nei re mīčīne. nei re mīčīno miyāre o dorost mikone o bā īn nei benā mikone nei zadan. vaqtīke nei mizane, mibine ke sedāye un doxtar tu īn neie. mige ke bezan, bezan pedar jūn, xūb mizanī pedar jūn būsī be arab bede, sar-e mano āb dāde, yānī arabe būs dāde be arab, inā sar-e mano borīdan. miyād o vaqtīke nei ro tu xūne mizane doxtare mifahame. ke ei vāi in māl ūn xāhareš ke xūneš rīxte tu ūn nei. boland miše o šab neiyā re miyār o misūzūne tū ye tanūr. misuzune vo xāk-e un tanūr dar miyārn mirizan tūye bāqče. vaqtī mirizan tu bāqče, mibinan ke ye dūne hendūneye bozorg tū īn bāqče sabz šode. vaqtī hendūne ra bar mīdāran bāz mikonan mibīnan sar-e un doxtar tū un henūneye. qesseye mā be sar rasīd. kalāq xūnaš narasīd.

日本語訳：二人の姉妹がいた。一人はテヘラングらいのところにいて、もう一人はここぐらいのところにいた[1]。つまり、別々の村に住んでいた。片方には子供がいなかった。もう一方は、二人の娘がいた。この二人の娘が母親に言った。

「今日、おばさんのところに遊びに行きたいです。」

母親はかねてから、どうやっていくのかと言っていた。なぜなら、遠いし、間には川があったからである。しかし、娘たちはどうしても行きたいと言っていた。この二人姉妹はこの川にたどり着いた。川に着いたとき、一人のアラビア人が羊を放牧していた。このアラビア人は言った。

「おまえたちはこの川を渡れないだろう。私と結婚してくれた方を渡してやろう。」

姉妹の姉は「いいですよ。」と言ったが、妹は「いやです。たとえおぼれたとしても自分で渡ります。」と言った。結局、この姉はアラビア人の肩に乗って、川を渡った。川を渡りきったとき、姉はアラビア人に言った。

「もし、妹が家に帰って、父親にこのことをばらすと私は殺されます。」

アラビア人は言った。

「それなら、ここでおまえの妹の首を斬ろう。」

三人は木の下で眠り、妹が眠ると、アラビア人は起きあがり、姉と一緒に妹の頭を斬った。斬った時の血が近くに流れ、そこに長い緑の葦が生えてきた。しばらくして姉が家に帰ると、父親は言った。

「妹はどうした。」

すると、姉は言った。

「おばさんの家にいるわ。」

父親は言った。

「よろしい。」

しかし、しばらくして父親はそのおばさんの家に行ったが、おばさんはこう言った。

「いや、（姉は）一人でここまで来ました。誰も一緒じゃなかったわ。」

父親は帰りがけにとても綺麗な大きな葦を川の近くで見つけた。そして、

その葦を摘んで、その葦で葦笛を作り始めた。できあがった葦笛を吹くと、娘の妹の方の声がした。こういうのだった。

「吹いて、吹いて、お父さん、上手に吹いてお父さん、（姉は）アラビア人に口づけをしたわ、私を殺したのよ。二人で私の頭を斬ったわ。」

家に帰ってそれを吹くと娘の姉の方は、妹の血が流れ込んだ葦だとわかった。そして、夜に起きてその葦を窯で燃やしてしまった。燃やして、窯の灰を庭にまいた。灰をまいたとき、庭に大きなスイカが成っていた。スイカを採って、中を開けると、妹の頭がその中に入っていた。私たちのお話はおしまいである。カラスは家に帰らなかった。

注
1. テヘランとターレバーバード村は、約二十キロ離れている。

031

題　　名：دختر پادشاه ／王女
分　　類：本格昔話
ＡＴ番号：AT885A「死んだふりをする」
録音箇所［収録時間］：002-026［04分28秒］
調　査　日：1998年10月09日
調　査　地：استان تهران، شهرستان ورامین، شهر پیشوا، روستای قلعه نو
　　　　　　／テヘラン州ヴァラーミーン地方ピーシュヴァー地区ガルエノウ村

名　　前：زهرا شریفی ／ザフラー・シャリーフィー
年齢性別：60才、女性
職　　業：دامدار ／家畜業
住　　所：استان تهران، شهرستان ورامین، شهر پیشوا، روستای قلعه نو
出　身　地：استان سمنان، گرمسار ／セムナーン州ギャルムサール
伝　承　者：پدر و مادر ／両親

翻字（ペルシア語）：یکی بود یکی نبود غیر از خدا هیچ کی نبود. یه پیر زن بود، پیر زن، شوهر نداشت. یه پسر داشت. پسره می ره مدرسه. یه پادشاه هم بود، دخترش می رفت مدرسه. این¹ (دختر) پسر پیرزن و با این

دختر پادشاه عاشق شدن[2]. عاشق شدن و پسره آمد گفت مادر بیا برو برای ما خواستگاری. گفت مادر جون این شاهه. من گدایم. پیر زنم بد بختم به من نمی دن. گفت باد[3] بری. یه تخته سنگی پادشاه داشت، هر که مطلبی داشت می رفتند رو اون تخته سنگ می نشست. مطلبش می گفت، رفت سر تخت سنگ پیرزن و شاه وزیرشه صدا کرد و آمد و گفت و گفت که من دخترمه[4] به پسر فقیر بیچاره نمی دم. هر که دختر منه می خواد، من مثلاً من خودم شاهم به شاه دیگه می دم. این رفت پسره رفت و رفت مدرسه و دید دختره نیومده. شاه نذاشت دخترش بره. یه جیبش خاکسر رخت[5] یه جیبش هم پول رخت. رفت مدرسه. رفت مدرسه دید دختره نیامده و بچه ها، معلم ها آمد که ا مدرسه در شن [پسر آمد از مدرسه در شه] معلم ها آمدن بگیرنش، یه مشت خاکسر رخت تو چش[6] معلمه [یه] خورده پول هم رخت بر[7] بچه ها که بچه ها پول جمع کنن. خوش[8] در رفت، رفت و دختر پادشاه عاشق (که) این می شه پادشاه دخترش میاو. می کشه. می کشه و این وقتیکه می برن دفنش می کنن دختر پادشاه ر. این گریه می کنو می ره تو قبرستونی توی خرابه ای می شینه. می شینه و اون می ره قبر می کنه و می بینه دختره داره بهش می خنده. تو قبرستونی داره دختره می خنده. خودش می شینه و از قدرت خدا ندا میا و و یه سیدی میاو، می گه که این دختر وردار این مرده رو وردار برو تو فلون خرابه، اونجا زنده می شه. برو لباس بیار براش. اینه تا دو سال ا[9] خونت در نکن. بعد از دو سال، هر جایی می خواهی بفرستی بره بذا بره. حالا پادشاهه می گه دخترم مرده دیگه بردم چالش کردم. هیچی این دو سال دختر ر میاره و می ره لباس می بره و دختره لباس می پوشه و میارش خونه و به مادرش می گه پیر زن، می گه چیه؟ می گه اینه تا دو سال نذاری از خونه درشه. حتی حموم هم نذاری بره. همون حموم خونگی. بعد از دو سال خدا یه اولاد به اینا می ده. خدا یه اولاد به اینا می ده اینه امروز مثلاً گزک[10] زن پادشاه بوده که بیاد حموم. به حموم[11] می گه که حمومه اَمروز[12] خلوت کن. من می خوام بیام حموم. بر عکس این دختره هم که زن پسر بوده بعد از دو سال حالا می خواد بره حموم. این هم می ره حموم. می ره حموم می بینه زن پادشاه هم آمد. حالا بچه این گریه می کند، زن پادشاه هم نگاه می کنه به شباهتی این می بینه دخترشه. خدا دختر من که مرده، چه طور

الان آمده حموم. به حمومی می گه که تو ر خدا این بچه ر کاری نداشته باش این بچه ه ر من دوست دارم اگه گریکه[13] کرد هیچی نگو. زن حمومی هم هیچی نمی گه. هیچی نمی گه و زن پادشاه می ره خونه و می گه که پادشاه قبلهٔ عالم (سلام علیکم) این دختر ما که مرد، امرو ما رفتیم حموم، حموم بود. می گه چطور می گه که اینجوری. پرسن پرسن و می رن خونه این پسره پیر زنه ر گیر میارن. گیر میارن و پادشاه میاد اینا ر دعوت می کنه و می برن، می گه اگه راستشه نگی می کشمت. پادشاه بوده دیگه حرفش خریدار داشته. می کشمتو اینام می شینن و سرگذشتشو نو می گن. می گه من پسر زن بیوه بودم و دختره پادشاه را خواستم و به من ندادن و خودکشی کرد و بردن چالش کردن من رفتم درش آوردمو یک سیدی آمد و گفته بود اینو ببر و زنده می شه و از این حرف ها پادشاه اونجا دیگه با اینا آشتی می کن و دختره ر از سر نو عروسی می کن و می ده به پسره. افسونک ما به سر رسید، کلاغه به خونش نرسید.

۱. این= دختر ۲. پسر پیرزن و با این دختر پادشاه عاشق شدن = پسر پیر زن و این دختر پادشاه عاشق شدن ۳. باد = باید ۴. دخترمه = دختر من است ۵. رخت = ریخر ۶. چش = چشمش ۷. بر = برای ۸. خوش = خودش ۹. ا = از ۱۰. گزک = قرق ۱۱. حموم = حمومی ۱۲. اَمروز = اِمروز
۱۳. گریکه = گریه

翻字：yekī būd yekī nabūd qeir az xodā hīč kī nabūd. ye pīr zan būd, pīr zan, šūhar nadāšt. ye pesar dāšt. pesare mire madrese. ye pādešām būd. doxtaraš mira madrese. īn (doxtar-e) pesar-e pīr zan va bā īn doxtar-e pādešāh āšeq šodan. āšeq šodan o pesare āmad go mādar biyā borou barāye mā xāstgārī. go mādar jūn īn šāe. man gedāyam. pīr-e zanam bad baxtam be man nemidan. go bād berī. ye taxt-e sangī pādešā dāšt, har ke matlabī dašt miraftand rū ūn taxt-e sang mīnešast, matlabiš migū. raft sar-e taxt-e sang pīr zan o šā vazīr sedā kard o āmad o goft o goft ke man doxtarame be pesar-e faqīr o bīčāre nemidam. har ke doxtar-e mane mixād, man masalān man xodam šām be ša dīge midam. īn raft pesare raft o raft madrese o dīd doxtare nayūmade. šā nazāšt doxtaraš bere. ye jībiši xākesar-e raxt ye jībeš-am pūl raxt. ra madrese. raf madrese dīd doxtare nayūmade o bačče hā, mo'alemā āmad a madrese dar šan mo'alemā āmadan begīraneš, ye mošt xakesar raxt tū češ-e mo'aleme xorde pūl-am raxt bar bačče hā ke bačče ha pūl jam konan. xoš dar raft. raft o doxtar-e pādešā āšeq (ke) īn miše pādšā doxtaraš miyō. mikoše. mikoše o īn vaqtīke mibaran dafneš mikonan doxtar-e pādešā re. īn gerie mikon o mire tū qabrestūnī tūye xarābeī mišīne. mišīne o ūn mire qabr mikane o mibine doxtare dare beheš mixande. tū qabrestānī dāre doxtare mixande. xoš mišīne o az qodrat-e xodā nedā miyā o va ye seiyedī miyō, mige ke īn doxtar var dār īn morde ro var dār boro tu felūn xarābe, unjā zende miše. boro labās biyār barāš. īne tā do sāl a xūnet dar nakon. bad az do sāl, har jāī mixaī beferestī bere bezā bere. hālā pādešāe mige doxtaram morde dige bordan čālaš kardam. hīčī īn do sāl doxtar re miyāre o mire labās mibare o doxtare labās mipūše o miyāraš xūne o be mādarš mige pīr zan, mige čie. mige ine tā do sāl nazārī az xūne daraše. hattā hammūm ham nazārī bere. hamūn hammūm xūnegī. bād az do sāl xodā ye oulād be īnā mide. xodā yā oulād be īnā mide ine. amrūz masalān gazak zan-e pādešā būde ke biyād hammūm. be hammūm mige ke hammāme amrūz xalvat kon. man mixām biyām hammūm. bar aks in doxtare ham ke zan-e pesar būde bad az do sāl halā mixād bere hammūm. īn ham mire hammūm. mire hammūm mibine zan-e pādešā-am āmad. hālā bačče īn gerie mikonad, zan-e pādešā ham negā mikone be šabāhat īn mībīne doxtareše. xodā doxtar-e man ke morde. če tōr al ān āmade hammūm. be hammūmī mige ke to re xodā īn bačče re kārī nadāšte bāš īn bačče ha re man dūst dāram age gerige kard hīčī nagū. zan-e hammūmī ham hīčī namige. hīčī namige o zan-e pādešā mire xūne o mige ke pādešā qable-ye ālam (salām aleikom) īn doxtar-e mā ke mord, amrū mā raftim hammūm, hammūm būd. mige četou. mige ke īnjūrī. porsan porsan o miran xūne īn pesare pīr zane re gīr miyāran. gīr miyāran o pādeša miyād inā re da'avat mikon o mibaran, mige age rāstaše nagī mikošamat. pādešā būde dīge harfaš xarīdār dāšte. mikošamatō inām mišīnano sargozaštešo no migan. mige mam pesar-e zan bīve būdam o doxtar-e pādešā ra xāstam o be man nadādan o xodkošī kard o bordan čālaš kardan man raftam daraš āvordam o yek seiyedī āmad o gofte būd inō bebar o zende miše o az īn harf hā pādešā unjā dīge bā inā āštī mikon o doxtara re az sar-e nou arūsī mikono mide be pesare. afsūnak-e ma be sar rasīd, kalāqa be xūnaš narasīd.

日本語訳：　あったことか、なかったことか、神の他にだれもいなかったころ。あるところに、老女がいた。老女は未亡人で、息子がひとりいた。息子は学校へ通っていた。たまたま、王様も王女をその学校へ通わせていた。その老女の息子と王女は恋に落ちてしまった。あまりに好きだったので、息子は母親に言った。

「私のために求婚をしにいってください(1)。」

母親は言った。

「息子よ、あの娘は王女だよ。私たちは貧しいのだよ。私のような不幸な老女には嫁がせませんよ。」

息子は言った。

「どうしても、行ってください。」

王は平らな石を持っていて、望みのある者は皆、その石の上に座って言うのであった。老女はその石のそばまで行った。王は大臣も呼んで、老女にこう言った。

「私は王女をあわれな貧民の息子には嫁がせない。私の娘と結婚したくても、私は王なのだから、例えば他の王に嫁がせるのだ。」

老女は帰ってきた。息子が学校に行くと、王女は来ていなかった。王は娘を学校へ行かせなくなったのだ。少年は、一方のポケットに灰を、もう一方のポケットにお金を入れなおして学校へ向かった。娘は来ておらず、他の生徒たちと教師だけが来ていた。学校へ入ると教師は少年を捕まえようとした。そこで、少年は灰を教師の目に投げつけ、お金をばらまいて生徒たちをお金に群がらせた。少年はそのすきに逃げていってしまった。王は、王女がこの少年に恋をしたと知ったので、王女を殺してしまった。王女の亡骸は、埋葬するために運び出された。少年は泣きながら、墓場へ行って、廃屋にこもった。廃屋にこもって、墓場へ行って、墓を掘りかえしては、笑顔の娘を見た。やがて、天から神の声がした。一人のサイイッド(2)を呼び、その声はこう言っ

た。

「この娘を連れていくがよい。この死人を廃屋で生き返らせよ。少年には娘のために服を用意させ、家から二年間出させないように。二年の後はどこでも好きなところへ行かせるがよい。」

ところで、王は、王女が死んだので埋葬したことにしていた。さて、その二年間、娘は少年の家にいることになった。少年が服を家に持ってきては、娘に与えた。少年は老女に言った。「お母さん。」老女は答えた。「なんだい。」少年は言った。

「この方を二年間家から出さないようにして下さい。外のハンマーム（風呂）にも行かせないように。風呂はこの家の風呂に入るようにさせてください。」

そして、（少年が王女を生き返らせて連れ帰ってから）二年がたち、神の思し召しで二人には子供ができた。神は二人に子供を授けたのだった。

ある日、王妃は町のハンマームに行くことになった。王妃は風呂屋にこう言った。

「今日は、私がハンマームに入りますから、他に誰も入れないように。」

一方、娘は、老女の息子の妻となって二年がたち、この娘も、ちょうどそのハンマームに行こうとしていた。娘もハンマームに行こうとしていたのだった。するとそこに王妃も来ているのがわかった。娘の子供が泣き始めたので、王妃も子供の方を見た。そして、娘が自分の娘と似ているのに気づいた。

「ああ神様、私の娘は死んだのです。どうして、今、ハンマームに来るはずがありましょうか。」

王妃は風呂屋にこう言った。

「この子たちはかまわないわ。この子たちが気に入ったのです。子供を泣かせても叱らないで。」

これを聞いた風呂屋のおかみは、何も言わなかった。王妃もただ二人を見ているだけだった。そして、帰ると王にこう言った。

「陛下、死んだはずの私たちの娘が、今日行ったハンマームにいました。」

王はどういうわけかと尋ねた。王妃は見たことを説明した。王は手を尽くして、老女の息子の家をつきとめた。家をつきとめて、王は少年と娘を招いた。連れてきて、こう言った。

「本当のことを言わないと殺すぞ。」

王だから、えらそうにこう言った。殺すと言われて、二人も本当のことを話した。少年はこう言った。

「私は未亡人の息子です。そして、王女に恋をしました。でも、あなたは王女を私には嫁がせませんでした。そのあと、王女は死んだと聞き、私は彼女が自殺したのだと聞きました。彼女を埋葬したあと、掘り返していたら、サイイッドが現れて、娘を生き返らせてやろうと言ったんです。」

これを聞いて、王はその場で二人と仲直りをして、娘を息子と結婚させることにした。私たちのお話は終わりである。カラスは家に帰らなかった。

注
1．イランでは通常は母親が息子のために求婚しにいく。
2．サイイッドとは、預言者マホメットの子孫、またはその尊称である。イランの民話では、サイイッドは神に近い人間とみなされ、神の使者として表現されることがある。

032

題　　名：مادر و دختر (سنگ صبور)　／　母と娘（伺い石）
分　　類：本格昔話
ＡＴ番号：AT894「残忍な教師と悲しみの石」
録音箇所［収録時間］：002-005［05分27秒］
調 査 日：1998年9月25日
調 査 地：استان تهران، شهر ری، روستای طالب آباد　／　テヘラン州レイ市ターレバーバード村

名　　前：ربابه عبّاسی　／　ルバーベ・アッバースィー
年齢性別：60才、女性
職　　業：خانه دار　／　主婦
住　　所：استان تهران، شهر ری، روستای طالب آباد
出 身 地：روستای طالب آباد　／　ターレバーバード村
伝 承 者：مادر بزرگ　／　祖母

翻字（ペルシア語）: یکی بود یکی نبود. یک مادری بود و یک دختر. این دختر هروقت میرفت بیرون آب بیاره، میومد خونه مادرش بهش میگفت برو بد بخت. هی چند بار این بهش میگفت برو بد بخت، دختر برگشت و گفت که مادر چرا به من میگی بد بخت. گفت مادر پنج شیش تا نون پختم

ور دار، من هم دنبالت میام یه قلقلک آبم ور دار بریم. وقتی ور داشتند دو تا سه تا چهار تا نون و قلقلک آب ور داشتند، رفتند از این شهر به شهر های دیگه. دیدن یه قصریه این قدر بلنده، ولی درش بسته است. درش بسته اینا که رسیدند، مثلی که سحر و جادو بود یه دونه در با شد یه لنگه اش. این نون اولی را غل داد به دختره گفت برو بیار. نون دیومین رو غل داد برو بیار. نون سیومی که غل داد رفت در بسته شده. هرچی دختر اون ور گریه کرد، مادر این ور گریه کرد، در باز نشد. مادر دیگه دید داره شب میشه، برگشت رو به دهشون. دخترم بنا کرد تو این قصر نگاه کردن دید یه جوونی یه طرف خوابیده، ولی به قراری تمام جون این سنجاق کوبیه. گفت خوب من میشینم روزی سه تا چهار تا ا این سنجاقا وا کنم، تا بینم خدا چی میخواد. نشست هر روز بنا کرد دو تا، سه تا، چهار تا، وا کرد، شد چهل روز. روز چهلمی شد، دید پشت این شهریه سر و صدایه رفت بالا از قصر دیدید یه مشت غربتی اومدند اینجا بار انداختند. گفت یه دونه از این دخترا تون به من بفروشین. اینا یه چند مقداری پول گرفتن و این دختر فروختن. دختر از این قصر کشید بالا و، این شد مثلا خانم بود اون کلفت. روز آخری که شد، دیگه چهار تا ا این سنجاقا موند. گفت من میرم حمام، تا از حمام که اومدم، بیا بغچه من و بیار، در این خونه را باز نکنیا. گفت نه من باز نمیکنم. دختر که رفت حمام، بغچش و گذاشت، اومد بره دیگه نرفت بیاره رفت دید یه جوونی. قراری زیبا اینجا خوابیده گفت من میرم الان سه تا سنجاقای اینه در میارم. رفت این سه تا سنجاق، چهار تا سنجاق که در آورد، دید یه عطسه کرد این جوون نشست. گفت تو اینجا چی کار میکنی؟ گفت چند وقت من اسیرم دارم این سنجاقهای تو رو در میارم. حالا نگفت خانم تو حمام بوده، این کلفت بود. سنجاقا ر در آورد. خودش شد حرفبر. جوون بلند شد و گفت پا تو[1] با تو کی اینجا زندگی میکنه؟ گفت من کلفتم در حمامه. دختر هم هرچی نشست تو حموم دید نمیاد کلفت. گفت ای ها گفت گمان کنم این در خونه رو باز کرد. وقتی اومد دید، ها، کلفته نی. صدا کرد فلان کس، کلفت، نوکر، گفت تو خودت نوکری خبر مرگت (امیدوارم که خبر مرگ تو را برای من بیاورند)، تو از صبح رفتی حموم چرا حالا داری ا حموم در میشی؟ گفت ای داد بیداد، دیدی هر زحمتایی که کشیدم مادرم بهم می گفت بدبخت، بد بختیم اینجا بود.

خلاصه اون شد کلفت شد خانم و، خانم شد کلفت. اون تا یک سالی، دو سال کشید [تا یک روز]، تاجر میخواست بره به تجارت. گفت تو چی میخواهی برای تو من بیارم. گفت من هیچی نمیخواهم برای من یه سنگ صبور بیار. رفت که تجارت کرد بعد یک سال اومد. (گفت) به در مغازها، گفت که من یه سنگ صبور میخوام، بر گشتند گفتند تاجر این سنگ صبور و برای کی میخوای. گفت یه کلفتی دارم به من گفته اینجور. گفت این سنگ صبور که خریدی بردی، پشت در که شب این کلفت کاراش و کرد نشست، میشینی گوش میدی. ببینی چی داره میگه با این سنگ صبور درد دل میکنه خانمت هم نمیذاری بیاد. گفت باشه این تجارت کرد و سنگ صبور و خرید و آورد به کلفت. کلفت کارا ش و که کرد و تمام شد، نشست با این سنگ رو نشوند وسط و خودش هم نشست بغل سنگ. گفت ای سنگ صبور تو صبوری یا من صبور، من یه روزی دختری بودم، مدرسه میرفتم، کاری میرفتم، میومدم خونمون مادرم به من می گفت برو بدبخت. من مدتی که گذشت به مادرم گفتم که تو چرا به من میگی بد بخت. گفت نه مادر تو بد بختی. بعد از چند هفته یی گذشت، چهار تا پنج تا نون پختیم، با یه قلقلک ور داشتیم اومدیم پشت این شهر که الان من هستم. ای سنگ صبور تو صبوری یا من صبور؟ نشستیم و (این چی) رفتیم تو خونه گشتیم، دیدیم یه آقایی خوابیده بود، چهل تا سنجاق. ما این را روزی سه تا چهار تا در آوردیم تا روزه چهلمین شد. گفتیم میریم حموم میایم، که ما این سه تا چهار تا رو در آوردیم، دیگه این زنده میشه دیگه. وقتیکه رفتیم، این کلفت رفت سنجاقا رو در آورد و آقا ر ضغط کرد و مام که از حمام اومدیم، دیدیم آقا برده اون ر عقد کرد و کرده نامزدش ما شدیم ویلون. ای سنگ صبور تو صبوری یا من صبور. تو بترک یا من بترکم آقایم، تاجرم، پرید و گفت تو سنگ بترک. سنگ پرید و ترکید هر کدوم یه لقمه اش یه جا رفت. صدا کرد خانم از تو خواب زد. لقت به خانم، خانم بلند شد، گفت این کارا ر این کرده، تو رفتی زن من و ضغط[2] کردی. یک دونه اسب آورد، و گیس خانم بست به دم قاطرو پشت به این شهر و پهن دشت به این بیابون خانم ر هم رفت عقد کرد و آورد رو جاجگاه در هم که وا شد و صاحب پسر دختر و شدن خانم و شوهر. قصه ما به سر رسید، کلاغه به خونش نرسید.

۱. پا تو = پس با تو ۲. ضغط = ضبط

翻字（ローマ字） : yekī būd yekī nabūd. yek mādarī būd o yek doxtar. īn doxtar harvaqt miraft bīrūn āb biyāre, miyūmad xūneye mādaraš beheš migoft borou bad baxt. hei čand bār īn beheš migoft borou bad baxt, doxtar bargašt goft ke mādar čerā be man migī bad baxt. goft mādar panj šīš tā nūn poxtam var dār, man ham dnbālet miyām ye qolqolak ābam var dār berīm. vaqtī bar dāštand do tā se tā čahār tā nūn o qolqolak āb var dāštand, raftand az īn šahr be šahr hāye dīge. dīdan ye qasrīe īn qadr bolande, valī dareš baste ast. dareš baste īnā ke rasīdand, meslī ke sahr o jādū būd ye dūne dar bā šod ye lenge aš. īn nūn avvalī ra qel dād be doxtare goft borou biyār. nūn diyomīn ro qel dād borou biyār. nūn-e siyumīn ke qel dād raft dar basete šod. harčī doxtar ūn var gerie kard, mādar īn bvar gerie kard, dar bāz našod. mādar dīge dīd dāre šab miše, bargašt rū be dehešūn. doxtar-am banā kard tū īn qasr negāh kardan dīd ye javūnī ye taraf xābīde, valī be qarārī tamām jūn-e īn sanjāq kūbīe. goft xob man mišīnam rūzī se tā čahār tā a īn sanjāqā vā konam, tā bīnam xodā čī mixād. nešast har rūz banā kard do tā, se tā, čahār tā, vā kard šod čehl rūz. rūz-e čehelomī šod, dīd pošt-e īn šahrīe sar o sedāīe raft bālā az qasr dīdīd ye mošt qorbatī ūmadand injā bār andāxtand. goft ye dūne az īn doxtarā tūn be man befrušīn. īnā ye čand meqdārī pūl gereftan o īn doxtar frūxran. doxtar az īn qasr kešīd bālā o, īn šod mesla xānom būd ūn kolfat. rūz āxarī ke šod, dīge čahār tā īn sanjāqā mūnd. goft man miram hamām, tā az hamām ke ūmadam, biyā baqče man o biyār, dar īn xūne ra bāz nakoniyā. gof man bāz nemikonam. doxtar ke raf hamām, baqčeš o gozašt, ūmad bore dīge naraft biyāre raft dīd ye javūnī. qarārī zībā injā xābīdeh gof man miram alān se ta sanjāqāye ine dar miāram. raft in se tā sanjāq, čahāl tā sanjāq ke dar āvord, dīd ye atse kard īn javūn nešast. gof to injā či kār mikonī? gof čand vaqt man asīram dāram īn sanjāq hāye to ro dar miyāram. hālā nagoft xānom to hamūm būde, īn kolfat būd. sanjāqā re dar āvord. xodeš šod harfbar. javūn boland šod o gof pā to bā to kī injā zendegī mikone? gof man kolfatam dar hamāme. doxtar ham har čī nešast tu hamām nemiyād kolfat. gof ei hā ge gomām konam in dr xūne ro bāz kard. vaqtī ūmad dīd hā, kolfati nī. sedā kar felān kas, kolfat, noukar, gof to xodet noukarī xabar marget, to az sobh raftī hamām čerā hālā dārī a hamūm dar mišī? gof ei dād o bīdāde, dīdī har zahmatī ke kešīdam mādaram behem migoft badbaxt, bad baxtīm injā būd. xolāse ūn šod kolfat šod xānom o, xānom šod kolfat. ūn tā yek sālī, do sāl kešīd, tājer mixāst bere be tejārat. gof to čī mixāhī barāye to man miyāram. gof man hīčī namīxām barāye man ye sang-e sabūr biyār. raft ke tejārat kard bad yek sāl ūmad. gof be dar-e maqāze hā, gof ke man ye sang-e sabūr mixām, bar gaštan goftand tājr īn sang-e sabūr o barāye kī mixāī. gof ye kolfatī dāram be man gofte īnjūr. gof in sangīe sabūr ke xarīdī bordī, pošte dar ke šab in kolfat kārāš o kard nešast, mišīnī gūš midī. bebīnī či dāre mige bā īn sang-e sabūr dard-e del mikone xānomat ham nemizārī biyād. gof bāše īn tejārat kard o sang-e sabūr o xarīd o āvord be kolfat. kolfat kālāš o ke kard o tamām šod, nešast bā īn sango ro nešūnd basat o xodeš ham nešast baqal-e sang. go ei sang-e sabūr to sabūram yā man sabūr, man ye rūzī doxtarī būdam, madrese miraftam, kārī miraftam, miyumadam xūnemūn mādaram be man migoft borou badbaxt. man moddatī ke gozašt be mādaram goftam ke to čerā be man migī bad baxt. gof ba mādar to bad baxtī. bad az čand hafteī gozašt, čahār tā panj tā nūn poxtīm, bā ye qolqolal var dāštīm ūmadīm pošte īn šahr ke alān man hastam. ei sang-e sabūr to sabūr yā man sabūr? nešastīm o īn čī raftīm tu xūne gaštīm, dīdīm ye āqāī xābīde būd, čehl tā sanjāq. mā īn rā rūzī se tā čahār tā dar āvordīm tā rūze čehlomīm šod. goftīm mīrīm hamūm miyaīm, ke mā īn se tā čahār tā ro dar āvordīm, dīge īn zende miše dīge. vaqtīke raftīm, īn kolfat raft sanjāq ro dar āvord o āqā ro zeqt kard o mā-am az hamām ūmadīm, dīdīm āqā borde ūn ro aqd kard o karde nāmzadeš-e mā šodīm vīlūn. ei sang-e sabūr to sabūr yā man sabūr. to be tarak yā man be tarkam āqāyam, tājer-am, parīd o go to sang be tarak. sang parīd o tarkīd har kodūm ye loqme aš ye jā raft. sedā kard xānom az to xāb zad. laqat be xānom, xānom boland šod, gof in kārā re in karde, to raftī zan-e man o zaqt kardī. yek dūne asb āvord, o gīs xānom bast be dom-e qātero pošt be in šahr o pahan dašt be in biyābūn xānom ro ham raft eqd kard o āvord rū jājgāh dar ham ke vā šod o sāheb-e pesar doxtar o šodan xānom o šouhar. qesseye man be sar rasīd, kalāqe be xūnaš narasīd.

日本語訳：あったことか、なかったことか。母親と娘がいた。娘が水をくみに外へ行くと、いつも母親は娘に「不運な娘よ。」と言った。なんども「不運な娘よ。」と言うので、娘は母親に、「どうしてそんなことをを言うのか。」と言った。すると、母親は言った。

「五、六枚のナンを焼いたので持っていくがいい。私も後から付いて行ってあげよう。水も壺一つ分持っていくがいい。」

（母親と娘は）二、三枚か四枚かのナンと壺一つ分の水を持って、その町から別の町へ行った。途中でとても大きなお城があった。しかし、扉は閉まっていた。ところが、魔法のように扉の片側が開いた。母親は、ナンを一枚娘に転がして「これを持って行きなさい。」と言った。そして、もう一枚転がして「これを持って行きなさい。」と言った。三枚目のナンを転がしたとき、扉は閉まった。娘が扉の内側でどんなに泣いても、母親がどんなに泣いても、扉が開くことはなかった。母親は、日が暮れてきたので村に帰って行った。娘が城の中に入っていくと、静かに眠っている若者がいた。しかし、体中に針が刺さっているのがわかった。娘は言った。

「私が、側で毎日三、四本ずつ抜いていこう。そうするうちに、神が何を望んでいるかもわかるだろう。」

毎日、二本、三本、四本と抜いていき、四十本目の日になった。四十本目の日に町の裏で大きな声がした。宮殿の上から見ると、ジプシーの一団がやって来て、休んでいるのだった。娘は言った。

「娘を一人私に売ってくれませんか。」

ジプシーは、お金をいくらかもらって、娘を売った。娘は城から女中の娘を引き上げた。最後の四十本目の日、四本の針が残っていた。娘は言った。

「私はハンマームに入りますから、出てくるときにこの風呂敷を持ってきて下さい。そして、この家の扉を開けてはいけません。」

女中は言った。

「わかりました。扉を開けません。」

娘はハンマームに行った。女中は、風呂敷を置いて、入ってはいけないというところに入った。すると、そこには若者がいた。静かに眠っていた。女中は言った。

「私が残りの三本の針を抜いてやろう。」

三本か四本の針を抜くと、若者はくしゃみをして起きあがった。そして、言った。

「あなたはここで何をしているのですか。」

女中は言った。

「私は何日もここで付きっきりになって針を抜いていたのです。」

もちろん主人の娘がハンマームにいて、この女は女中であったのだが。針を抜いて、自分が主人であるようによそおった。若者は起きあがって言った。

「あなたは誰と一緒にここに住んでいるのですか。」

女中は言った。

「私の女中が今ハンマームに入っています。」

娘はどんなに待っても女中が来ないので、きっと女中が扉を開けたのだと思った。ハンマームから出てきても、女中はいなかった。「誰か、女中、召使いよ。」と呼んでいると、「あなたが女中でしょ。」と言う声がした。さらにその声はこう言った。

「こいつめ、朝からハンマームに行って、今頃出てきたのかい。」

娘は言った。

「ああ、私がどんなに苦労しても不運であるとお母さんが言ったが、このことだったのか。」

そして、女中は主人になり、主人は女中になった。一年が過ぎ、二年が過ぎた。ある日、若者は商売に行くことになり、女中になった娘に言った。

「あなたは何がほしいですか。私が持ってきてあげよう。」

娘は言った。

「伺い石の他には何もいりません。」

若者は、商売をして、一年の後に帰るとき、店々でこう言った。
「私は伺い石を探しています。」
すると、ある店の人が言った。
「商人よ、伺い石を誰のために求めているのか。」
若者は言った。
「私には女中がいまして、それがほしいと言ったのです。」
するとその人は言った。
「この伺い石を買って帰るなら、夜に女中が仕事を終えたら、していることを盗み聞くがいい。いいかい、その石はね、心に痛みを持つ者のためのものなんだ。その人を放っておいてはいけないよ。」
若者は言った。
「わかりました。」
若者は商売をして、伺い石を買い、女中のために持って帰った。女中は、仕事を終えると、その石を前に置き、自分も座って言った。
「伺い石よ。私が我慢強いかあなたが我慢強いか。私は、昔ある家の娘だった。学校にも通っていた。お使いに行って帰ってくると、お母さんがいつも不運だわ、と言いました。しばらくして、どうしてそんなことを言うのかと尋ねたら、お母さんは私が不運だと言いました。数週間後に、四、五枚のナンを焼いて、壺に水を入れて、この町の裏にやって来ました。伺い石よ。私が我慢強いかあなたが我慢強いか。家の中に入ると、男が眠っていた。四十本の針が刺さっていた。私は毎日三本、四本と抜いていき、四十本目の日になった。ハンマームに入っている間に、あいつが最後の三本、四本を抜いてしまったのだ。すると、男は生き返った。私が行ったときには、女中が針を抜いてしまっていて、男を丸め込んでいた。私がハンマームから帰ってきたときには、男は女中と結婚の約束をしていて、婚約者となっていた。私は無力になってしまった。伺い石よ。私が我慢強いかあなたが我慢強いか。あなたが破裂するか、私が破裂するか。」
商人の若者は、飛び上がって言った。
「石よ、破裂せよ。」

石ははじけて、破裂して、ばらばらになった。そして、若者は結婚した娘を足蹴にして起こした。ジプシーの娘が起きあがると若者は言った。

「なんてことをしたんだ。私の妻を押さえ込んだんだな。」

若者は、馬を一頭連れてきて、ジプシーの娘のお下げ髪を馬の尻尾にくくりつけ、町から、荒野に、砂漠に駆けさせた。そして、女中になっていた娘と婚約し、城へ入れて、結婚して、男の子と女の子ができた。私たちのお話はおしまいである。カラスは家には帰らなかった。

備考：イラン各地に伝わる一般的な民話である。冒頭部分と結末部分は地方によって違いが見られ、異人観の観点から非常に興味深い。この事例は、簡潔なものであり、冒頭に運命を告知する異人が登場しない。また、結末部に娘が石に伺いを立てるときも、特別な場所に入らない。

033

題　　名：پند پدر ／父親の助言

分　　類：本格昔話

ＡＴ番号：AT910「買われた、あるいは与えられた教訓が正しいということがわかる」

録音箇所［収録時間］：005-015［03分32秒］

調 査 日：1998年11月23日

調 査 地：تهران ／テヘラン

名　　前：غلامرضا ستوده ／ゴラームレザー・ソトゥーデ

年齢性別：64才、男性

職　　業：استاد دانشگاه ／大学教授

住　　所：تهران، شمیران ، خ. ولیعصر، ایستگاه پسیان

出 身 地：مشهد ／マシュハド

伝 承 者：پدر ／父親

翻字（ペルシア語）：[در زبان فارسی و در فرهنگ مردم فارسی زبان یه تعداد زیادی داستان هست. میتونیم به اینها میگیم به داستان های تحت عنوان پند پدر. که اغلب پدر، پدر کهنسال یا سالخورده، موقعی که مرگشو نزدیک احساس میکنه و یا در اون اخرین لحظات زندگی فرزندانشو جمع میکنه و به اونها وصیّت میکنه و نصیحت میکنه. چیز هایی رو بهشون میگه که دقیقاً مث (مثل) پند داره و راهنمایی فرزندانش بعد از فوتش،

فـرزنداش راهنمـا اونو راهنمـای زندگی خـودشـون قـرار بدن]. یکی از اون داسـتـانا داسـتـانی پدریست که مـرگشو نزدیک احساس کرد چند پسر داشت فرزندانشو موقع مرگ فرا خواند کنار بسترش کنار بالینش و گفت که ای فـرزندان عـزیز من یک وصـیـتی برای شـمـا دارم، و خـواهش مـیکنم کـه این وصیت رو بعد از مـرگ من حـتـمـاً انجام بدین. [وصیّـتـو حالا تـوضـیح بدم براتون ما در به اصـتلاح آیین اسلام، این مستحب که کسی که مرگشو نزدیک مـیـبینه یا بهر حال حتی قبل از این که احساس پایان زندگی بکنه وصیت مـیکنه یعنی روشن کنه وضیت (وضعیت) بازماندگانشو بعد از خودش. که بعد از من چه کار بکنین من به کسی بدهکار هستم نیستم از کسی طلب کارم، طلب کـار نیـسـتم، وضع رو بـرای بازمندگان روشـن کنه و اگـر کـارایی میخواد بعد از مرگش بکنن حتی تا یک سوم انوالشو میتونه دستور بده که براش خـرج کـنن. خـیـرات کـنن مـبـرات کـنه و ورثـه مـوظفند کـه اون وصـیت و انجام بدن این مـفـهـوم وصـیت.] این پدر بـچـه هاشـو جمع کرد فـرزندانش جمع کـرد و گـف من فقط یه وصیتی می خوام بـه شما بکنم، و اون اینه که این خونه ای رو کـه توش زندگی مـیکنین. اینو قـدرشـو بدونـین تو همـین خـونـه زنـدگی کنین شما اگر یه وقتی خواستید این خونه رو بـفـروشین، من تـوصیـه میکنم که سر در خونه رو خـراب کنین. دو باره بسازین. خوب این چند حُسن داره یکی اینکه خـوب سـردرش نو مـیـشـه خـونه تازه تر بشـه و شـمـا با قـیـمت بیشتری میتونید خونـه رو بفـروشید. حتمـاً این کـار رو بکنید. بعد و مـرد. چند وقـتی گذشت چند ماهی بچه ها به فکرافتادند که این خونه رو بفروشن. اما خوب پدر چون وصیّت کرده بود که سردرو خراب کنن و دو باره بسازن، به وصیت پدر عمل کـردن. سـر درو خـراب کـردند و دو باره شـروع کـردن بـه ساخـتـن سـردر. اینجا فهمیدن که چه قدر سخـتـه و مـشکلـه و خـرج داره و زحمـت داره و خونِجگر داره که یه سـردری رو خـراب کنن و دوباره بسازن. اونـوقت اونـجـا فـهـمـیـدن کـه مـقـصـود پدرشـون چی بوده. پدر خـواسـتـه بگـه کـه من این خونـه رو با چه زحمـتی ساخـتـم. شـمـا یـه سـردرشـو خـراب کـردین و دو بـاره ساخـتـین، چه قـدر زحـمت کشیـدین، چه قـدر خـرج کـردین، من که همه این خـونـه رو ساخـتـم ببینید چه قدر خرج کردم چه قدر زحمت کشیدم. بچه ها اونجا متوجه پند پدر شدند و خوب از فروش خانه منصرف شدن.

翻字（ローマ字）：dar zabān-e fārsī va dar farhang-e mardom-e fārsī zabān ye te'edād-e ziyādī dāstān hast. mītūnīm be īnhā migīm be dāstān hāye tahte onvāne pand-e pedar. ke aqlab pedar, pedar-e kohansāl yā sālxorde, mouqeī ke margešo nazdīk ehsās mikone va yā dar ūn axrīn-e lahzāt-e zendegī farzandānešo jam mikone va be unhā vasiyyat mikone va nasīhat mikone. čīz hāī ro behešūn mige ke daqīqān mese padn dāre va rāhanemāīye farzandāneš ba'ad az fouteš, farzandāš rāhnemā ūno rāhanemāye zendegīye xodešūn qarār bedan. yekī az ūn dāstānā dāstanī pedarīst ke margešo nazdīk ehsās kard čand pesar dāšt farzandānešo mouqe marg farā xānd kenār bastareš kenār bālīneš va goft ke ei farzandān-e azīz man yek vasīyatī barāy šomā dāram, va xāheš mikonam ke īn vasīyat ro ba'ad az marg-e man hatmān anjān bedīn. vasīyato hālā touzīh bedam barātūn mā dar be estelāh-e āīn-e eslām, īn mostahab ke kasī ke margešū nazdīk mībīne yā bahar hāl hattā qabl az īn ke ahsās-e pāyān-e zendegī bokone vasīyat mikone ya'anī roušan kone vazīyat bāzmāndegānešo ba'ad az xodeš. ke ba'ad az man če kār bokonīn man be kasī bedehkār hastam nīstam az kasī talab kāram, talab kār nīstam, baz ro barāye bāzmandegān roušan kone va agar kārāī mīxād ba'ad az margeš bokonan hattā bā yek sevvom anvālešo mītūne dastūr bede ke barāš xarj konan. xeirāt konan mabarāt kone va varase movazefand ke ūn vasiyat va anjām bedan īn mahfūm-e vasīyat. īn pedar bačče hāšo jam kard fanzandānešo jam kard o gof man faqat ye vasīyatī mīxām be šomā bokonam, va ūn ine ke īn xūneī ru ke tūš zendegī mikonīn. ino qadrešo bedūnīn tū hamīn xūne zendegī mikonīn šomā agar ye vaqtī xāstīd īn xūne ro befrūšīn, man tousīh mikonīm ke sar dar-e xūne ro xarāb konīn. dobāre besāzīn. xob in čand hosn dāre yekī īnke xob sardareš tou miše xūne tāzetar beše va šomā bā qeimat-e bīštarī mītūnīd xūne ro befrūšīd. hatmān īn kār ro bokonīd. ba'ad va mord. čand vaqtī gozašt čand māhī bačče hā be fekr aftādand ke īn xūne ro befrūšan. ammā xub bedar čūn basiyat karde būd ke sardaro xarāb konan o dobāre besāzan, be vasiyat-e pedar amal kardan. sardaro xarāb kardand o dobāre šrū kardan be sāxtan-e sardar. injā fahmīdan ke če qadr saxte va moškele va xarj dāre va zahmat dāre va xunejegar dāre ke ye sardarī ro xarāb kone va dovāre besāzan. ūnvaqt unjā fahmīdan ke maqsūd-e pedarešūn čī būdeh. pedar xāste bege ke man īn xūna ro bā če zahmatī sāxtam. šomā ye sardarešo xarāb kardīn o do bāre sāxtīn, če qadr zahmat kešīdīn, če qadr xarj kardīn, man ke hame īn xūna ro sāxtam bebīnīd če qadr xarj kardam če qadr zahmat kešīdam. bačče hā unjā motavajje pand-e pedar šodand va xūb az frūš xāne monsaref šodan.

日本語訳：（前半部略）数人の子供がいて死期を近くに感じている父親の話がイランの民話にある。父親は、死の床に子供たちを呼び寄せて言った。

「かわいい子供たちよ。一つだけ遺言をするぞ。私の死後、必ず実行するのだよ。」

子供たちを集めた父親は、さらにこう言った。

「一つだけ遺言がある。今、住んでいるこの家に住みなさい。これを運命と思うように。そして、もしこの家を売ることになったら、家の玄関を壊しなさい。そして、もう一度作りなさい。玄関を新しくしたら高く売れるという利点があるだろう。必ずだぞ。」（中略）

そして、父親は死んだ。何ヶ月か経って、その家を売ることにした。しかし、父親は、玄関を一度壊して立て直すように遺言をしていたので、そのようにした。玄関を壊して、もう一度作り直したのである。そこでやっと、玄関を壊して立て直すということが、どれだけ大変で、お金がかかり、面倒で、そして悲しいことかがわかった。そして、父親が言いたかったことも理解できた。父親は、「私はこの家を苦労して建てたのだ。玄関を壊して直すだけで、どれだけ苦労するか、どれだけ費用がかかるか、どれだけ面倒かがわかるだろう。私はこの家を全部建てたのだ。どれだけ費用がかかって、苦労もしたかがわかるだろう。」と言いたかったのである。子供たちは、父親の遺言の意味を理解したので、家を売るのをあきらめた。

備考：前半部と途中に説明がある。両方とも、翻字したが訳は省略した。

034

題　　名：قصّه اصلی و کرم／アスリーとキャラムの物語
分　　類：本格昔話
ＡＴ番号：AT970「絡まる枝」
録音箇所［収録時間］：001-001［08分15秒］
調 査 日：1998年09月01日
調 査 地：تهران／テヘラン

名　　前：یدالله فخرجهانی／ヤッドッラー・ファハルジャハーニー
年齢性別：55才、男性
職　　業：کارمند شرکت خصوصی و کارمند بازنشسته وزارت دارائی／会社員、元大蔵省職員
住　　所：خیابان ستارخان خیابان باقرخان خیابان فرزین کوچه کاج پلاک ۴۲
出 身 地：آذربایجان شرقی اهر／東アゼルバイジャン州アハル
伝 承 者：پدر، ابراهیم فخرجهانی／父親のエブラーヒーム・ファハルジャハーニー氏

翻字（ペルシア語）：اصلی یه دختری بوده خیلی خوشگل بوده. و کرمم یه پسری بود که اینو دوست داشته، اینا همدیگه را خیلی دوست داشتند. پدر

اصلیه مخالف ازدواج اینها بود. با این ازدواج مخالف بود. کرمم دست بردار نبود. می گفت من به هر طریقی هست، این (دخ... چیز و) دختره رو باید بگیرم، ازدواج بکنم با این دختره. مادر اصلی ام با این ازدواج موافق بود. مادر اصلی هم می خواست که این ها با هم ازدواج بکنن. فقط پدر اصلی بود که مخالفت می کرد. تا اینکه پدر اصلی، وقتی از خونه می رفت بیرون، کرم می اومد داخل خونه، و با اصلی می شستن[1] صحبت می کردند، (مادر چیزم می دونست، مادر این کرمم می دونست که) مادر اصلی هم می دونست که کرم میاید اینجا، مخالفتی نمی کرد. با هم می نشستند، صحبت می کردند. تا زمانیکه پدر اصلی برسه، یه مدت کوتاهی مونده، به رسیدن اون کرم می ذاشت می رفت از خونه بیرون. و یه مدت اینطوری گذشت. تا اینکه پدر این اصلیه دید که نمی تونه این نو جلوش بگیره، مجبور شد از اون شهر نقل مکان بکنه، بره به یه جای دیگه به یه شهر دیگه، بعد که این کرم متوجه شد که اصلی رو پدرش برداشته برده یه شهر دیگه نمی دونست کجا برده. (این اصلی) کرمم یکِ چیزی داشت، یه لله ای داشت لله بهش می گفتند. لله کسی که بچه نداشته باشه، یه بچه ای رو از بچگی بخواهد بزرگ بکنه، به او می گن لله. یعنی یه نفر، اگه یه خانمی، اگه بچه ای را از زمان کودکیش بزرگش بکنه، مثل بچه خودش دوست داره اونو. با این راه افتادن رفتن، رفتن (تا داشتند می رفتند) به طرف آنکارا. البته شنیدم آنکارا نمی دانم ترکیه بوده، تو یه شهری که سراغش گرفته بوده که اصلی کجا رفته. حتی می گن چون اینقدر این ها با هم دیگه عاشق بوده این کرم، که حتی از این چیز های، بوته های بیابونی (از این بوته ها) می پرسید که اصلی کدوم بر رفته. اون بوته ها می گفتن که از این راه رفته. یعنی این قدر دیگه، چیز بودن[2] که کرم زبون اون بوته ها را می دونست. بله و تا اینکه رفت و رفت زمستون رسید. زمستون رسید یه جائی برف اومد.برف اومد این ها زیر یه سنگی در سایهٔ یه سنگی پناه گرفتند چون اون للهٔ کرم خیلی پیر بود، برف اومد اومد اومد اومد، تا این (موندن دوتاش) موندند زیر برف و اون لله مرد، اون زنه مرد. ولی چون این[3] عاشق دختر بود از عشق اصلی زنده موند. تا این که یه چند ماهی گذشت و برف ها آب شد و یواش یواش این از زیر آب در اومد، از زیر برف در اومد. بعد زود دید توی بیابونیه یه کاروانی رد می شد. یه

کاروانی رد می شد (از اینو دیدنو) [اهل کاروان کرمو دیدنو] و خیلی هم لاغر شده بود و هیچی نخورده بود در عرض یک ماه و بیست روز، اینو دیدن و (گفتن که) شناختنش گفتن تو اینجا چه کار می کنی ، گفت که من دنبال اصلی میرم. (گفتن که به) یه غذا [به کرم] دادنو آذوقه دادن و لباسی نو گرمش دادن با خودشون بردن به اون شهری که اصلی رفته بود (به اون شهر). اون بابای اصلیم دستور داده بود به اون شهر که هر کس خونهٔ منو با زبونش نشون بده، زبونش رو می برم. با انگشتش نشون بده، انگشتش را می برم. بعد با چشمش نشون بده، چشمش در میارم. آدمی بوده که (خیلی چیز بوده) صاحب مقام بوده دیگه، صاحب مقام بوده، هیچ کس نمی تونسته به این جواب چیز[4] بده. بعد [کرم] میاید داخل شهر، وارد شهر که می شه از هر که می پرسه هیچ کی خونهٔ اصلی رو به این نشون نمی ده. بعد یه آقای بوده، یه بچه ای بوده می گه که اینجا بابای اصلی دستور داده هر کس ، اینطوری با زبون نشون بده، زبونش می برم، با چشمش نشون بده، چشمشون در میارم و با انگشتش نشون بده [انگشتشو می بره]، اینه که هیچ کس خونه را به شما نشون نمی ده. ولی من یه رمزی با تو درمیون می ذارم من میرم، تو پشت سر من بیا. هرجا که من دو تا پامو یه جا کوبیدم به زمین، بدون که اون خونه، خونهٔ اصلیه. این پسره رفت و این هم دنبالش رفت، رفت یه جائی این دو تا پایش کوبید زمین و [کرم] فهمید که [او] چیزی، یه پولی از این کرم گرفت و رفت. کرمه اومد در زد. در زد، مادر اصلی دندون پزشک بود. (دندون پزشک بود) بعد، [کرم] گفت من دندونم درد می کنه، اومدم برای دندون پزشک. اینم (اصلی) کرم می دونسته این دندون پزشکه. گفت، اومدم دندونم را بکشم. (بعد) اصلیم تو اون خونه نشسته [بود] بعد، این[5] اومد گفت کدوم دندونته؟ گفت این دندونمه. بعد که این اومد دندون اینو کشید، اصلیم نشسته بود، بعد کرمه گفت که اشتباه کشیدید. این دندونم نبود این یکی دندونم بود. برای اینکه یک خورده بیشتر توی اون خونه باشه، گفت که این یک دندونم بود. یک دندون دیگه اش هم که می خواست بکشه، (کرم اینو)، اصلی اینو شناخت. شناخت گفت مادر این کرمه تو دندون های اینو می کشی؟ حلاصه بعد اینجا فهمیدن و آحر شب بابای این، چیز[6]، باز فهمیده بود، بقیعه داستان زیاد یادم نیست که [همینقدر می دونم که....]، این ها دیگه

آحرش به همدیگه نرسیدند. ها، بعد این قدر موند توی شهر که بابای اینم[۷] مخالفت کرد. اینا نیذاشتن (نگذاشتند) با هم دیگه ازدواج بکنن. تا اینکه زد کرم مرد. کرم مرد و اینو بردند در یه جائی دفنش کردند. گفته بود که (منو) حد اقل، اصلی وقتی مرد بیارید پهلوی من دفنش بکنید، قبرش هم پهلوی هم[۸] باشه. بابای اصلی هم گفته بود که اگر این کار (و) کردید، من اگه مردم باید یه جای من دفن بکنید که (وسط) بین این دو تا قبر باشه. خلاصه، اینا اصلی یه جای دفن شده بود، کرم یه جای دفن شده بود، وسطشونم این بابای چیز[۹] دفن شده بود. هر زمانی از این، قبر این اصلی یه گلی می رویید، یه گلم از روی قبر کرم می رویید، اینا که دو تا می خواستند بیان بهم دیگه برسن این گلها. از وسط این بابای، قبر بابای این اصلیه یه خاری در می اومد وسط این دو تا، اینا رو چیز[۱۰] می کرد حتی بابای چیز[۱۱]، تو قبرم نذاشت اینا هم دیگه عاشق و معشوق باشند. این بود داستان اصلی و کرم.

۱. شستن = نشستند ۲ . چیز بودن = پاکباخته بودند ۳. این = کرم ۴. چیز = رد ۵. این = مادر اصلی ۶. چیز = اصلی ۷. اینم = اصلی هم ۸. هم = من ۹. چیز = اصلی ۱۰. چیز = اذیت ۱۱. چیز = اصلی

翻字（ローマ字）：aslī ye doxtar būde xeilī xošgel būde. va karam-am ye pesarī būd ke ino dūst dāšte, īnā hamdīge rā xeilī dūst dāštand. pedare aslīe moxālefe ezdvāje īnhā būd. bā īn ezdvāj mxālef būd. karam-am dast bardār nabūd. mīgoft man be har tarīqī hast, īn (dox...čīz o) doxtare ro bāyad begīram. ezdvāj bokonam bā īn doxtare. mādare aslī-am bā īn ezdevāj movāfwq būd. mādare aslī ham mīxāst ke īn hā bā ham ezdevāj bokonan. faqat pedare aslī būd ke moxālefat mīkard. tā īn ke pedare aslī, vaqtī az xūne mīraft bīrūn, karam mīūmad dāxere xūne, va bā aslīe mīšastan soxbat mīkardand, mādare čīz-am mīdūnest, mādare īn karam-am mīdūnest ke) mādare aslī ham mīdūnest ke karam miyād īnjā, moxālefatī nemīkard. bā ham mišastand sohbat mīkardand. tā zamānī ke pedare aslī berese, ye moddate kūtāhī mūnde, be rasīdane ūn karam mīzāšt mīraft az xūne bīrūn. va ye moddate īntōrī gozāšt. tā īnke pedare īn aslīe dīd ke nemītūne īnō jelouš begīre, mjbūr šod az ūn šahr naqle makān bokone, bere be ye šahre dīge be ye šahre dīge, ba'd ke īn karam motavaje šod ke aslī rō pedaraš bardāšte borde ye šahre dīge nemīdūnest kojā borde. (īn aslī) karam-am yeke čīzī dāšt, ye laleī dāšt lale beheš mīgoftand. lale kasī ke bačče nadāšte bāše, ye baččeī rō baččegī bexād bozorg bokone, be ū migan lale. yānī ye nafar, age ye xānomī, age baččeī rā az zamān-e kūdakīš bozorgeš bokone, mesl-e bačče xodeš dūst dāre ūnō. bā īn rāh oftādan raftan. raftan tā dāštan miraftan be taraf-e ānkarā. albatte šenīdam ānkarā nemidanam torkie būde, tū ye šahrī ke sorāqeš gerefte būde ke aslī kojā rafte. hattā migan čūn īnqadr īn hā bā ham dīge āšeq būde īn karam, ke hattā az īn čīz hāye, būte hāye biyābūnī az īn būte hā mīporsīd ke aslī kodūm bar rafte. ūn būte hā mīgoftan ke az īn rāh rafte. yānī īnqadr dīge, čīz būdan ke karam zabūn-e ūn būte hā rā mī dūnest. bale o tā īnke raft o raft zemestūn rasīd. zemestūn rasīd ye jāī barf ūmad. barf ūmad īn hā zīr-e ye sangī dar sāye ye sangī panāh gereftand čūn ūn laleye karam xeilī pīr būd, barf ūmad ūmad ūmad ūmad, tā īn mūndan do tāš mūndand zīr-e barf o ūn lalehe mord, ūn zane mord. valī čūn āšeq-e doxtar būd az ešq-e aslī zende mūnd. tā īn ke ye čand māhī gozašt o barf hā āb šod o yavāš yavāš īn az zīr-e āb dar ūmad. bad zud did tūye biyābūnīye ye kārvānī rad mišod. ye kār vānī rad mišod az īno dīdano va xeilī ham lāqar šode būd o hīčī naxorde būd dar arz-e yek māho bīst rūz, īno dīdan va goftan ke šnāxtaneš goftan to īnja če kār mikonī, goft ke man donbāl-e aslī miram. goftan ke be ye qazā dādano āzūqe dādan o lebāsī nō garmeš dādan ba xodšūn bordan be ūn šahrī ke aslī rafte būd be ūn šahr. ūn bābāye aslī-am dastūr dāde būd be ūn šahr ke har kas xūneye manō bā zabūneš nešūn bede, zabūneš ro miboram. bā angošteš nešūn bede, angošteš rā miboram. bād bā češmeš nešūn bede, češmeš dar miyāram. ādamī būde ke xeilī čīz būde sāheb maqām būde dīge, sāheb maqām būde, hīč kas nemītūneste be īn javāb-e čīz bede. bad miyād dāxel-e šahr, vāred-e šahr ke miše az har ke miporse hīč kī xūneye aslī ro be īn nešūn nemide. bad ye āqāī būde, ye baččeī būde mi ge ke injā bābāye aslī dastūr dāde har kas, intourī bā zabūn nešūn bede, zabūneš miboram, bā češmeš nešūn bede, češmešūn dar miyāram o bā angošteš nešūn bede, ine ke hīč kas xūne rā be šomā nešūn nemide. valī man ye ramzī bā to dar miyūn mizaram man miram, to pošt sar man bya. har jā kh man do ta pāmō ye jā kūbīd zamīn, bedūn ke ūn xūneye aslīe. īn pesare raft o īn ham donbāraš raft, raft ye jāī īn do tā pāyaš kūbīd zamīn o fahmīd ke čīzī, ye pūlī az īn karam gereft o raft. karame ūmad dar zad. mādar aslī dandūn pezešk būd. dandūn pezešk būd. ba'ad, goft man dandūnam dard mikone, ūmadam barāye dandūn pezešk. īnam aslī karam mīdūneste īn dandūn pezeške. goft ūmadam dandūnam ra bekešam. bad aslī-am tū ūn xūne nešaste bad, īn ūmad goft kodūm dandūnete? goft īn dandūname. bad ke īn ūmad dandūn īnō kešīd, aslī-am nešaste būd, bad karame goft ke eštebāh kešīdid. īn dandūnam nabūd īn yekī dandūnam būd. barāye īnke yek xorde bīštar tūye ūn xūne bāše, goft ke īn yek dandūnam būd. yek dandūn-e dīgeaš ham ke mīxāst bekeše, (karam inō) aslī inō šenāxt. šenāxt goft mādar īn karame to dandūn hāye inō mikešī? xolāse bad injā fahmīdano āhar šab bābāye īn, čīz , bāz fahmīde būd, baqīe dāstān ziyād yādam nīst ke, īn hā dīge āhareš be hamdīge narasīdand. hā, bad īn qadr mūnd tūye šahr ke bābāy īnam moxālefat kard. īnā nazāštand bā ham dīge ezdebāj bokonan. tā īnke zad karam mord. karam mordo īnō bordand dar ye jāī dafneš kardand. gofte būd ke manō had āqal, aslī vaqtī mord biyārīd pahlūye man dafneš bokonīd, qabreš ham pahlūye ham bāše. bābāye aslī ham gofte būd ke agar īn kāro kardīd, man age mordam bāyad ye jāye man dafn bokonīd ke vasat-e bein-e īn do tā qabr bāše. xorāse, īnā aslī ye jāī dafn šode būd, vasat-e šūn-am īn bābāy čīz dafn šode būd. har zamānī az īn, qabr-e īn aslī ye golī miruīd, ye gol-am az rūy qabr-e karam mirūīd, īnā ke do tā mīxāstand biyām beham dīge berasan īn gol hā. az vasat-e īn bābāye, qabr-e bābāye īn aslīye ye xārī dar miyūmad vasat-e īn do tā, īnā rō čīz mikard hattā bābāye čīz, tū qabr-am nazāšt īnā ham dīge āšeq o māšeq bāšand. īn būd dāstān-e aslī o karam.

日本語訳：アスリーという娘がいた。アスリーはとても美しかった。そして、キャラムというアスリーを好きな少年がいた。二人ともお互いがとても好きだった。アスリーの父親は、二人が結婚することに反対だった。結婚に反対していたのだった。ところが、キャラムはあきらめきれないでいた。そして、こう言っていた。

「私は、どうやってでもこの娘と結婚してやろう。この娘と結婚するのだ。」

アスリーの母親は、この結婚に賛成していた。アスリーの母親も二人が結婚することを望んでいたのであった。アスリーの父親だけが反対していた。アスリーの父親が家から出ると、キャラムがやってきて、アスリーの家に入り、アスリーと一緒に話して過ごすのだった。アスリーの母親もキャラムが家にやってきているのを知っていたが、何も言わなかった。それどころか、母親も一緒に話をするのだった。ある時、アスリーの父親が少しだけ外出することがあった。そして、キャラムがアスリーの家にやってきて、いつものように過ごしていた。そして、アスリーの父親は、二人が会っているのを見てしまった。アスリーの父親は、キャラムが近くにいることに我慢できなかったので、アスリーをその町から連れて出ることにした。別の土地、別の町に連れていった。後になって、キャラムは、アスリーの父親が彼女を連れて、知らない町に行ったことに気づいた。

キャラムには、乳母がいた。乳母は、キャラムに言った。乳母とは、子供がおらず、別の子供を小さい時から育てることを望む者のことである。これを乳母と言う。だから、子供を小さいときから育てた乳母は、その子を自分の子供のように大事に思うのだ。キャラムは、乳母と一緒に旅に出ることにした。そして、アンカラの方へ向かっていった。アンカラとは、もちろんトルコかどこかのことである。ある町で、二人はアスリーを探していた。キャラムはアスリーをとても好きだったので、つまり、お互いに恋人同士だったので、砂漠に生える木々にまで、「アスリーを知りませんか。」と聞いたのだった。すると、木々は「あっちに行った。」と答えた。キャラムは、木々の言葉がわかるくらい心のきれいな者であった。どんどん歩いて行くうちに冬になり、雪が降ってきた。雪が降り、二人は岩の下に隠れた。キャラムの乳母はとても年をとっていたので、どんどん雪が降ってきて、とうとうその乳母は死んでしまった。しかし、キャラムは例の娘を愛していたので、愛の力によって生き続けた。数ヶ月が過ぎ、やがて雪は解けた。そして、ゆっくりゆっくりキャラムは雪から出てきた。雪の中から現れたのだった。そして、荒野の彼方に隊商民が通りかかるのを見た。隊商民が通りかかり、[隊商の者たちがキャラムを見つけ]彼がとても痩せていて、ひと月と２０日の間、

何も食べていないのがわかった。そして、こう言った。

「ここで何をしているのだ。」

するとキャラムはこう言った。

「私はアスリーを探しているのです。」

隊商民は食べ物を少し与え、暖かい服も与えた。そして、アスリーが行った町に連れていった。アスリーの父親は、こう命じていた。「私の家を教えた者は、舌を切る。指で教えた者は、指を切る。また、目で教えたものは、目をくり抜く。」アスリーの父親は権力者であったので、誰もアスリーの家を教える者はいなかった。キャラムが町に入って、アスリーの家を誰に聞いても、教える者はいなかった。ある男がいて、この男は少年だったが、こう言った。

「ここではアスリーの父親が、口で教えた者は舌を切り、目で教えた者は目をくり抜き、指で教えた者は指を切ると命じているんだよ。だから、誰も教えないのだよ。しかし、私が別の暗号で教えてやろう。後ろからついて来るがいい。私が両膝を地面につけたところこそがアスリーの家だ。」

この少年が、歩き出し、キャラムも後に続いて歩き出した。あるところで少年は両膝を地面につけた。そして、キャラムはそこがアスリーの家だとわかった。そして、その少年はキャラムからお金をもらい去っていった。キャラムはその家の戸を叩いた。戸を叩いたのだった。アスリーの母親は歯医者であった。キャラムは、こう言った。

「歯が痛いのです。診て下さい。」

キャラムは、アスリーの母親が歯医者であることを知っていた。だから、歯を診てほしいと言ったのであった。アスリーは家の中に座っていた。アスリーの母親は言った。

「どの歯ですか。」

キャラムは答えた。

「この歯です。」

すると、その歯は抜かれた。アスリーは、そばに座っていた。キャラムは言った。

「間違って抜かれました。その歯ではありません。別の歯です。」

少しでも長い間その家にいたかったので、別の歯だと言ったのだった。もう一つ別の歯を抜いてほしいと言ったとき、アスリーはそれがキャラムであることに気づいた。そして、母親に言った。「この人はキャラムです。歯を抜かないでください。」そして、母親も彼がキャラムであることに気がついた。

・・・これ以上は、覚えていない。まだ最後ではないのだが、一緒になることができなかった。そうだ、思い出した。

アスリーの父親はキャラムが町にいると知って、怒った。結婚をさせることはなかった。そして、キャラムを殴り殺してしまった。キャラムが死んだので、あるところに埋めに行った。キャラムはこう言い遺していた。「アスリーが死んだら、隣に埋めて下さい。隣に墓を建ててください。」アスリーの父親は、その後こう言っていた。「それなら、私が死んだら、二人の間に埋めるように。」結局、アスリーとキャラムの間にアスリーの父親が埋められた。アスリーの墓から、花が咲き、キャラムの墓からも花が咲き、二つの花がくっつこうとすると、アスリーの父親の墓から棘が出てきて、花を引き裂くのであった。墓に入ってからも二人が愛し合うのを邪魔したのであった。これが、アスリーとキャラムの物語である。

備考：話者はタブリーズ出身なので、話者への伝承時点での言語はアーザリー方言であると思われる。当民話は標準語による採録である。

035

題　　名：امتحان کردن شاه ／ 王の与えた難問
分　　類：本格昔話
ＡＴ番号：（AT981「隠されている老人の知恵が王国を救う」）
録音箇所［収録時間］：007-002［03分06秒］
調　査　日：1999年01月01日
調　査　地：استان فارس، شیراز، محلۀ دوکوهک ／ ファールス州シーラーズ、ドゥークーハク村

名　　前：میرزا دوکوهکی ／ ミールザー・ドゥークーハキー
年齢性別：65才、男性
職　　業：کشاورز ／ 農業
住　　所：فارس، شیراز، محلۀ دوکوهک
出　身　地：فارس، شیراز، محلۀ دوکوهک ／ ファールス州シーラーズ、ドゥークーハク村
伝　承　者：قدیمی ها ／ 昔の人たち

翻字（ペルシア語）：یه پادشاهی، پادشاه ایران یه دختری داشت خیلی زیبا بود. خیلی زیبا بود، و پادشاه خارج به خاطر ای دختر خواسگارش[1] بود و خواهونش بود، پادشاه ایران نمیخواست بهش بده. اینا بهانه کردن که برید

بهانه کنید به پادشاه ایران که ما مشکلی داره اگه مشکل ما ر حل کردی، ما دست از دخترت میکشه اگه نکردی، دختر تو به هر عنوانی باشه میبریم. اومدن ایلچی[۲] فرنگ اومد در ایران و رفتن در بارگاه سلطنتی و اظهار کرد که ما همچی[۳] عقیده ای داریم. پادشاه گف که باشه ما مشکل شما ر حل میکنیم، اگه حل کردیم که هیچی اگر حل نکردیم دختر بهت میدیم. اومدن و درخواست دادن تو مملکت که هر کس میتونه، وارد هست مشکل این آقا ر چی کنه اگر حل کنه، بیاد جلو. وقتی یه مشت گشتن کسی پیدا نشد، تا یه نفر گف که بله من مشکلشه حل میکنم. خواستنشو اومد، ایلچی فرنگم اومد و این ها گفت خواستت چی چیه؟ گفت خواسته من اینه دو تا اسب هست یکیش مادره یکیش پسره. بچشه. اگر گفتی کدومش بزرگتره کدومش کوچکتره. گف خیلی خوب چه عیب داره. بعداً چوبی هست اگر گفتی کدوم سر چوبی هست و کدوم ته چوب هست. باز هم که مشکل ما ر حل کردی. اون شخص اومد و گف که یا الله، حاضر بشین. حاضر شدن اینا دو من جو گرفت و اومد و رِخت جلو دو تا اسب. او که بچه بود زودتر از مادرش خورد. جو ر زودتر از مادرش خورد گوشش گرفت گف ای بچه است، او مادر. ایلچی فرنگ قبول کرد گف بله درست میگی. بعد چوبه، چوب هم برد بالای بوم. وسط چوب ر گرفت پرت کرد پایین، ته چوب که سنگینتر بود اومد پایین. گفت بله این تهش هست او سرش هست. (پادشاه) ایلچی فرنگ گف بله درست میگه. این جا شد که خوب ایلچی فرنگ نتونست سوءِ استفاده بکنه، اینها بعد اون شخصی که این مشکل رو حل کرد، پادشاه خواسش که دخترشه عقد کنن بهش بدن. وزیر و وزرا عدالت پیش آوردن، نذاشتن. گفتن حیفه دختر شما که بدین به این آقا و فلان و بیسال یه آدم مثلاً از اینه. بینشون بر هم خورد. بینشون بر هم خورد.

۱. خواسکارش = خواستگارش ۲. ایلچی = یل، مأمور اروپایی ۳. همچی = همچین

翻字（ローマ字） : ye pādešāī, pādešāh-e īrān ye doxtarī dāšt xeilī zībā būd, xeilī zībā būd, va pādešāh-e xārej be xāter-e ī doxtar xāstgāreš būd o xāhūneš būd, pādešāh-e īrān nemīxāst beheš bede. īnā bahāne kerdan ke berīd bahāne konīd be pādešāh-e īrān ke mā moškelī dāre age moškel-e mā re hal kerdī, mā dast az doxtarat mikeše age nakardī, doxtar-e to be har envānī bāše mibarīm. ūmadan o ilčī farng ūmad dar īrān o raftan dar-e bārgāh-e saltanatī o ezhār kard ke mā hamčī aqīdeī dārīm. pādešā gof ke bāše mā moškel-e šomā ra hal mikonīm, age hal kerdīm ke hīčī ager hal nakardīm doxtare behet midīm. ūmadan o dar xāst dādan tū mamlekat ke har kas mītūne, vāred hast moškel-e īn āqā re čī kone agar hal kone, biyād jelou. vaqtī ye mošt gaštan kasī peidā našod, tā ye nafar gof ke bale man moškeleše hal mikonam. xāstanešo ūmad, ilčī farangam ūmad o īn hā gof xāstat čī čīe? gof xāste man ine do tā asb hast yekīš mādare yekīš pesare. baččeše. agar goftī kodūmeš bozorgtare kodūmeš kūčektare. gof xeilī xob če eibī dāre. ba'adān čūbī hast agar goftī kodūm sar-e čūbī hast va kodūm tah-e čūb hast. bāz-am ke moškel-e mā re hal kerdī. ūn šaxs ūmad o gof ke yā allah, hāzer bešīn. hāzer šodan īnā do man jou gereft o ūmad o rext jelou do tā asb. ū ke bačče būd zūdtar az mādareš xord. jū re zūdtar az mādareš xord gūšeš gereft gof ei bačče ast, ū mādar. ilčī farang qabūl kard gof bale dorost migī. ba'ad čūbe, čūb ham bord bālāye būm. vasat-e čūb ra gereft part kard pāīn, tah-e čūb ke sangīntar būd ūmad pāīn. gof bale īn taheš hast ū saraš hast. pādešāhe īlčī farang gof bale dorost mige. injā šod ke xob eičī farang natūnest sū'e estefāde bokone, inhā ba'ad ūn šaxsī ke īn moškel ro hal kerd, pādešā xāseš ke doxtareše aqd konan beheš bedan. vazīr o vozarā adālat pīš āvordan, nazāštan. gotan heife doxtar-e šomā ke bedīn be īn āqā o ferān o bīsāl ye ādam masalān az īne. beinešūn bar ham xord. beinešūn bar ham xord.

日本語訳：イランに、とても美しい王女のいる王がいた。ある外国の王が王女に求婚していた。ところが、イランの王は娘をこの王に嫁がせたくなかった。とうとう、その外国の王は要求を突きつけてきた。もし、提示する問題を（イランの王が）解ければ王女から手を引き、もし解けなければ、あらゆる手段で王女を略奪するというのであった。ヨーロッパの使者がイランに来て、王宮でその考えを表明したのである。イランの王は言った。

「わかりました。問題を解きましょう。もし解けたら、あなたが娘から手

を引き、解けなければ、私は娘を渡しましょう。」

　そして、国中でこの男の出す問題を解くことができる者を探した。なかなか見つからなかったが、とうとう問題を解くという者が一人現れた。そして、その者とヨーロッパの使者が呼ばれた。「問題とは何か。」と尋ねると、使者は言った。

　「問題はこうです。二頭の馬がいるとします。一頭は母親でもう一方は子供です、どちらがどちらかわかりますか。」

　解答者は答えた。

　「よろしい、問題ありません。」

　使者は続けた。

　「次に、棒があるとします。どちらが棒の先で、どちらが根でしょうか。さて、この問題を解けますか。」

　解答者は言った。

　「さあ、準備してください。」

　そして、二マンの大麦が準備されて二頭の馬の前に注がれた。子供は母親より先に食べ始めた。解答者は母親より先に食べはじめた子馬の耳を掴んで言った。

　「こちらが子供で、あちらが母親です。」

　ヨーロッパの使者は納得して言った。

　「そのとおりです。」

　次は棒であった。棒が屋根の上に乗せられた。解答者は棒の真ん中を持って下に落とした。棒の根は重いので下側になった。そして言った。

　「こっちが下で、そっちが上です。」

　ヨーロッパの使者は言った。

　「そのとおりです。」

　ヨーロッパの使者もこれ以上汚いことができなかった。問題を解いた男は、王に気に入られ、王女と結婚することになった。ところが、大臣たちが反対して言った。

「このようなどこの者とも分からない者と王女を結婚させるのですか。」
こうして、喧嘩になった。

備考：AT981とは、難題を解決する一連のモチーフが一致する。

036

題　　名：احمد پهلوان／勇士アフマド
分　　類：本格昔話
ＡＴ番号：-
録音箇所［収録時間］：001-36［04分26秒］
調 査 日：1998年09月17日
調 査 地：تهران／テヘラン

名　　前：فرخنده پیشداد／ファルホンデ・ピーシュダード
年齢性別：50才、女性
職　　業：نویسنده／作家
住　　所：بندر عبّاس پارک شهر جنب آتش نشانی درب چهارم
出 身 地：بندر عبّاس درتوجان／バンダレ・アッバース、ダルトゥージャーン
伝 承 者：پدر／父親

翻字（ペルシア語）：احمد پهلوان، یه پسری مسخره کن و شوخی بید. یه روزی تبرش دادن آهنگر، تا روش بنویسه منم احمد پهلوان که با یک نیزه میکشم سیصد جوان. یعنی که سیصد تا مگسُ میکشم، نه اینکه آدما رو. و این تبر [را] همیشه با خودش میبرد هیزم شکنی. مردم کم کم میدیدن اول

فکر میکردن که شوخیه. پهلوان مسخرش می کردند، پهلوان پهلوان. ولی همین پهلوان پهلوان، جدی شد. همه فکر میکردن پهلوانه. جا افتید صداش میکردند پهلوان. این پهلوان آوازه اش، پیچید کم کم رفت این ده به این ده تا رسید به گوش شاه. شاه هم که پهلوان نداشت، مرتب حمله میشد به کشورش. این پرکِ ولاتش[1]، اون پرک ولاتش میبردن پهلوان نداشت. فکر افتاد که این پهلوان به درد من میخورد. باید ایی بیارم پایتخت. سوار فرستاد و (یه) با احترام خاصی که برن بیارنش بگن شاه بتو خواسته. رفتن پیش احمد پهلوان، که شاه برا تو خواسته. گفت من پهلوان نیستم بابا اینا شوخی کردن رو [این] تبرم نوشتم، مردم میگن پهلوان. گفت نه اگه تو نیای، اولاً که وظیفته که از کشورت دفاع کنی، به درد مردمت بخوری. در ثانی اگه نیای شاه میکشتت. میگه چرا نمیایی برای پایتخت. خوب. مجبور شد قبول بکنه گفت میرم پیش شاه خودش به شاه میگم که من پهلوان نیستم شاید اونو قبول بکنه. رفت پیش شاه، همین که تعظیم کرد، شاه که قبلاً نقشه کشیده بود که (به) احمد پهلوان تو پایتخت نگاه بداره. دختر خودش را بده به همین تو [تا] همین جا از نسل این پهلوانم برای پادشاه پهلوان های دیگه درست بشه به[2] کشور. تا اومد (پهلوان بگه که) احمد پهلوان بگه که من پهلوان نیستم، شاه گفت که اینجا باید بمونی [و] دخترم رو بگیری. احمد پهلوان صداش شنیده نشد یعنی پادشاه نفهمید که میگه میخواست بگه که من اصلاً بلد نیستم، پهلوانی. شاه نذاشت [این] حرف بزنه. شاه گفت آگه قبول نکنی میکشمت، یعنی که دخترم [رو] قبول نکنی اینجا بمونی فوری میکشم. پهلوان هم از ترسش ناچار قبول کرد. که بره جنگ، ولی برای اینکه نیفته از روی اسب میگه منو ببندید محکم رو اسب ببندید. مردم فکر کردند که یه فن پهلوانیه، بستن روی اسب. که تا حالا هیچکه بلد نبوده این بلده. این نو محکم به اسب بستن. (اش) دو طرف سپاه حاضر شد که برای آماده جنگ. که البته این طبل. نواختن که کم کم یعنی جنگ میخواد شروع بشه. طبل که نواختن اسب احمد پهلوان رم کرد از صدای طبل تا حالا نشنیده بود تا حالا پهلوان هم نمیتونست اسبش [رو] رام کنه بلد نبود. یه دفعه صدای طبل که شنید، ازجا کنده شد. رفت همینطور که فرار بکنه درست تو دل وسط میدون مال همین دشمن. هم طوری[3] که [دارد] میره، چون بلد نیسته

احـمـد پهلوان نمـینونه سـواری بکنه، این بر و اون بر داشت نگاه کـرد کـه دستـش [به یک] چیزی بگیره، که نیفتـه. همینطور که داشت دستـش میبرد (فراموش کرده کسی که زنی)، یه چیزی بگیره [یه] درخت بزرگی کنار اون راه بود. این و همین تا[۴] گرفت که شاید اسبش بایسته پای ای درخت (و) [که] نره فرار نکنه که درخت گز از جا کنده شد. این درخت گز تو بغل احمد پهلوان رفت. احمد پهلوان هم رو اسب بود، همینطور اسب هم تاخت میرفت تو قلب دشمن. دشمن قبلاً شنیده بود که پادشاه یه پهلوان جدیدی آورده و خیلی پهلوانه. تا دیدن که یه هم چون هیبتی یا (یک) هم چون چیزی (دارد) به طرفشون میاد. پا گذاشتن به فرار ساز و برگشون ول کردن و رفتن. احمد پهلوان اینجا شانس آورد. پادشاه هم دیگه بیشتر بهش احترام گذاشت.

۱. این پرکِ ولاتش =این طرف ولایتش (مملکتش) ۲. به = برای ۳. هم طوری = همینطوری ۴. همین تا = همینطور

翻字（ローマ字）: ahmad-e pahlavān, ye pesar-e masxare kon o šūxī bīd. ye rūzī tabareš dādan āhangar, tā rūš benevise manam ahmad pahlavān ke bā yek nīze mikošam sīsad javān. ya'anī ke sīsad tā magaso mikošam, na īnke ādamā ro. va īn tabar hamīše bā xodeš mibord hīzom šekanī. mardom midīdan avval fekr mikardan ke šūxīe. pahlavān masxaraš mikardand, pahlavān pahlavān, valī hamīn pahlavān pahlavān, jeddī šod. hame fekr mikardan pahlavāne. jā oftīd sedāš mikardand pahlavān. īn pahlavān āvāzaš, pīčīd kam kam raft īn deh be īn deh tā rasīd be gūš-e šāh. šā ham pahlavān nadāšt, morattab hamle mišod kešvareš. īn park-e valāteš, ūn park-e valāteš mibordan pahlavān nadāšt. fekr oftād ke īn pahlavān be darde man mixorad. bāyad ī buyāram pāyetaxt. savār ferestād o ye bā ehtrām xāsī ke beran biyāraneš began šāh beto xāste. raftan pīše ahmad pahlavān, ke šāh barā to xāste. goft man pahlvān nīstam bābā īnā šūxī kardan rū tabarum neveštam, mardom migan pahlavān. go na. age to nayāy, āvalān ke vazīfat-e ke az kešvaret defā konī, be dard-e mardomat bexorī. dar sānī age nayāī šāh mikošatet. mige čerā nemiyaī barāye pāyetaxt. xob. majbūr šod qabūl bokone goft miran pīše šāh xodeš be šāh migam ke man pahlavān nīstam šāyad uno qabūl bokone. raft pīše šāh, hamīn ke ta‘azīm kard, šāh qablān naqše kešīde būd ke be ahmad pahlavān tū pāyetaxt negāh be dāre. doxtar-e xodeš ra bede be hamīn to hamīnjā az nasl-e īn pahlavān-am barāye pādešāh pahlavān hāye dīge dorost beše be kešvar. tā ūmad pahlavān bege ke ahmad pahlavān bege ke man pahlavān nīstam, šāh gof ke īnjā bāyad bemūnī doxtaram ro begīrī. ahmad-e pahlavān sedāš šenīde našod yanīpādešāh nafhmīd ke mige mixāst bege ke man aslān balad nīstam, pahlavānī. šāh nazāšt harf bezane. šāh gof āge qabūl nakonī mikošamet, yanī ke doxtaram qabūl nakonī injā bemūnī fourī mikošam. pahlavān ham az tarseš nāčār qabūl kard. ke bere jang, valī barāye īnke nayofte az rūye asb mige mano bebandīd mohkam rū asb bebandīd. mardom fekr kardand ke ye fanne pahlavānie, bastan rūye asb. ke tā hālā hīčke balad nabūde īn balade. īn no mohkam be asb bastan. aš do taraf sepāh hāzer šod ke barāye āmāde jang. ke albatte īn tabl navāxtan ke kam kam yanī jang mixād šrū beše. tabl ke navāxtan asb-e ahmad-e pahlavān ram kard az sedāye tabl. tā hālā našenīde būd tā hālā pahlavān ham nemitūnest asbeš rām kone balad nabūd. ye daf‘e sedāye tabl ke šenīd, az jā kande šod. raft hamīntour ke farār bokone dorost tu del-e vasat-e meidūn-e māl-e hamīn došman. ham tourī ke mire, čūn balad nīste ahmad pahlavān nemītūne savār bokone, īn bar ūn bar negāh kard ke dasteš čīzī begīre, ke nayofte. hamīntourī ke dāšt dasteš mibord farāmūš karde kasī ke zanī, ye čīzī begīre deraxt-e bozorgī kenār-e ūn rāh būd. īn o hamīn tā gereft ke šāyad asbeš beīste pāye ī deraxt o nare farār nakone ke deraxt-e gaz az jā kande šod. īn deraxt-e gaz tū ahmad-e pahlavān raft. ahmad-e pahlavān ham rū asb būd, hamīntour asb-am tāxt miraft to qalb-e došman. došman qablān šenīde būd ke pādešāh ye pahlavān-e jadīdī āvorde o xeilī pahlavāne. tā dīdan ke ye ham čūn heibatī yā ham čūn čīzī be tarafešūn miyād. pā gozaštan be farār sāz o bargošūn vel kardan o raftan. ahmad-e pahlavān īnjā šāns āvord. pādešāh ham dīge bīštar beheš ehtrām gozašt.

日本語訳：勇士アフマド。おどけ者でいたずらな少年がいた。ある日、斧を鍛冶屋に渡し、刃に「私は槍一本で三百人の若者を倒す勇士アフマドである」

と書いてもらった。本当は、ハエなら殺せるが、人間など殺せないのだが。その斧をいつも一緒に持って歩いて、木を刈りにいった。人々にもそれがだんだんと知れ渡った。最初は冗談だと思っていたが、おどけて「勇士、勇士」と言っているうちに本当になってしまった。皆、彼を勇士だと思うようになった。やがて、勇士と呼ばれるようになってしまった。勇士の名は、村から村へ伝わり、ついに王の耳にも入った。ちょうど、王のもとには勇士がいなかった。ちょうど、外国からも攻められていて、総督たちにも応援を求めたが、勇士はいなかった。そこで、この勇士がちょうどいいかもしれないと思い、都に呼び寄せることにした。一人の騎士を送って、特別の敬意とともに「王様がお呼びです。」と言わせて連れて来させることにした。騎士は勇士アフマドのところに行き、こう言った。

「王様があなたをお呼びです」

アフマドは言った。

「私は勇士ではありません。彼らは冗談を言っているのです。斧に書いてあるのを見て、勇士と言っているだけです。」

騎士は言った。

「そういうわけにはいきません。まず第一に、国を守るのがあなたの務めです。人々の役に立って下さい。第二に、もし断ると、王はあなたを殺します。さあ、都へ来て下さい。」

アフマドは、言った。

「わかりました。」

仕方なく応じた。そして、こう独り言を言った。

「王の前に行って、自ら自分が勇士でないことを説明しよう。きっと、わかってくれるだろう。」

そして、王の前に出るとお辞儀をした。王は、すでにこの勇士に都を守らせようと決めていた。王女を嫁がせ、勇士に王の子孫を残させ、国内の他の勇士たちを率いさせようと考えていた。ところが、その勇士が来てみると、自分は勇士ではないと言う。それでも、王はこう言った。

「ここに留まり、王女を娶るがいい。」

王は、アフマドに全然話をさせなかった、だから、アフマドが勇士ではないと言ったのがわからなかった。王はアフマドに何も言わせずにこう言った。
　「言うことを聞かないなら殺すぞ、王女と結婚しないならここで直ちに殺すぞ。」
　勇士も怖いので仕方なく結婚することにした。そして、戦争に行くことになった。馬から落ちないように、馬上から自分の体を強く馬にくくりつけるように言った。そして、馬上にくくりつけられた。やがて、両軍は戦争の準備を整え、戦いの太鼓が鳴り響き、戦闘が始まろうとしていた。太鼓が叩かれると、勇士アフマドの馬はこれまで太鼓の音を聞いたことがなかったので驚いた。アフマドもどうやって馬をおとなしくさせるか知らなかった。太鼓の音が鳴るやいなや、アフマドの馬は、走り始めた。逃げようと思ったが、ちょうど、敵の陣の真ん中に突っ込んでいった。馬は突っ込み、アフマドは馬の乗り方を知らなかったので、あちこち探して、落馬しないようにものに掴まった。そうこうするうちに、前方に大きな木を見つけ、それに掴まろうとした。その木に掴まれば、きっと馬は止まるだろうと思った。しかし、その御柳（ぎょりゅう）の木は、根っこから抜けてしまった。御柳の木は勇士アフマドの脇に抱えられ、勇士アフマドも馬の上にいて、そのまま敵の心臓部に切り込んでいった。敵軍も、王が新しいとても勇敢な勇士を雇っていることを聞いていたので、一人で突っ込んでくる者を見て怖くなって、逃げだし、去っていってしまった。勇者アフマドは、期せずして勝ってしまった。王もその後、勇士アフマドに敬意をはらうようになった。

037

題　　名：پهلوان حسن　／　英雄ハサン
分　　類：本格昔話
ＡＴ番号：-
録音箇所［収録時間］：008-026［06分29秒］
調　査　日：1999年01月11日
調　査　地：استان هرمزگان، بندر عباس　／　ホルモズガーン州バンダレアッバース

名　　前：علی اکبر پیشکاری　／　アリーアクバル・ピーシュカーリー
年齢性別：63才、男性
職　　業：کارمند بازنشسته دولت　／　元公務員
住　　所：بندر عباس
出身地：مازندران　／　マーザンダラーン
伝承者：پدر　／　父親

翻字（ペルシア語）：یکی بود یکی نبود. در روز های قدیم، پیر زنی بود، در مونده و ناتوان. پسری داشت، این پسرش اسمش حسن بود. این به اندازه ای تنبل بود، که نهایت نداشت. تمام قوت و لایموت این پسر وسیله همین پیر زن با توجه به اینکه این ناتوان بود تهیه و تأمین میشد. روزی (این)

فرزند این پیر زن کچل بود. برای قضای حاجت به دستشویی میره. در اون موقع دستشویی هاشون (در) در مجاورت طبیت بود. این موقع که نشسته بود برای قضای حاجت، چند مگس دور سر این جمع میشه. و این با دست خودش دست میزنه و چند تا از مگسا رو میکشه و میشمره. میشمره مثل که تعدادش به چهل تایی میرسه. حالا یا بیشتر یا کمتر. این از اونجا خوشحالانه میاد میره پیش آهنگری که در نزدیکی خونه اینا آهنگری داشت، با آهنگر سلام میکنه میگه آهنگر میخوام برای من یه گرزی درست میکنی که روی اون بنویسی پهلوان حسن چهل شیر را به ضربت رسوند (به ضربت کشت). آهنگر به رخساره (این) این حسن نگاه کرد که این قدرت اینکه بتونه یک دونه شیرم بزنه نداره. ولی مع الوصف تو چه کار داری، تو پولتو می خوای تو اینو بنویس. یه گرزی درست کرد و روی اون گرز نوشتش که پهلوان حسن با یک ضرب چهل شیر را به ضربت رسوند. این گرز درست میکنه و میده به اینو پولش میگیره و این میاد خونه و از مادره خدا حافظی میکنه. مادره میگه کجا داری میری؟ مادره که از خدا میخواست این از خونه بره بیرون ولی با این حالت گف کجا میری؟ گف من میرم پی سرنوشت خودم. رفت و یه چند مدتی رفت و زیر یه درختی گرز و گذاشت زیر سرش و خوابید. پادشاهی در همون نزدیکی زندگی میکرد. نفرات پادشاه از اونجا از شکار گاه در میومدن که برن برای، (برن برای) خونه ها شون میان میرن۱ یه نفر زیر درختی خوابیده. نگاه کردن دیدن که یه جوانکی خوابیده و یه چیزی هم زیر سرشه. نگاه کردن دیدن یه گرزیه، گرز آهنی روی گرزه چیزی حک شده است. خودن دیدن که نوشته که پهلوان حسن با یک ضرب چهل شیر را به ضربت رساند. آمدن به شاه مژده دادن که شاه یه چینین پهلوانی را پیدا کردیم، اگر بتوانیم این پهلوان ما بیاریم به بارگاه ما کلی استفاده میکنیم. پادشاه قبلاً جنگی با (یکی از) یکی از پادشاه های نزدیک خودش داشت که این پسر اون پادشاه چیز همسایه خواستار دختر این بود. و اگر میگفت دخترت به من ندی، من از در جنگ با تو در میام. در نتیجه، این، این بیچاره حسن آمدن با چنین دبدبه و کبکبه۲ بیدارش کردن و و این که آقا بیدار شو. بیدار شد و بالاخره آوردن، آوردن پیش شاه و شاه خیلی بهش محبت کرد و بعد اینکه غذای خوبی داد و فلان و یه چند روزی (از) زندگی

کرد، گفتش که من با فلان پادشاه جنگ میخوام بکنم. اگر تو مایلی که با اون جنگ بکنی، به اون پیروز بشی، دختر منه که پسر اون پادشاه میخواد میدم به تو. گفت خیلی خوب. در دلش نه جنگی دیده بود. نه فلانی دیده بود، بهمدانی دیده بود، ولی مع الوصف دل به دریا زد گف حالا هرجور که شد باشه. بالاخره گفتش که من یه اسب میخوام. هر اسبی که میاره دست میزنه، به کپل اسب، کپل اسب تکون که میخوره این میگه که به درد نمی خوره. اومدن بهش گفتن پادشاه همه اسباتو آوردیم به این دادیم این قبول نکرد. گف هیچ اسب دیگه نداریم. گف چرا، یه اسب خاصهٔ خودتون که اونجا هستش، این مال خودتون اونجا. گف اونه بیار. آورد و دست زد گف ها این خوبه. این اسب خاصیت اینه داشت که تکان میخورد، اگر بهش نهیب میزدی مثل، مثل پرنده پرواز میکرد. خلاصه آوردنو دستور داد که یک مقدار قیر روی زین این اسب چیز بکنن. قیر آب کردن و ریختن رو زین اینو نشست روی زین. نشست روی زین چسبید. چسبید و نهیبی زد به این اسب، اسب رفت رو آسمان. از اون برم این پادشاه که اعلان جنگ داده بودن اینا اومدن. اینا اومدن که جنگ بکنن. در نتیجه به محض این که رسیدن به این دیدن که این یک نفر بالای اسب سواره و اسم پسر اون پادشاه که با اینا جنگ میخواست بکنه (با اینا جنگ میخواست بکنه)، آسومار بود. آسمار. این دهنه اسب افتاده بود پایین ای فقط دلش میخواست که یه کسی بیاد کمک بکنه، این آفسار این اسب بهش بده. این از ترس داد میکرد که می گفتش که کسی پیدا بشه این افسار به من بده. اینا فکر می کردن که همه این پسره با این پسره پادشاه فقط کار داره. و چه کار کردن بالاخره اون فرار کرد. پسره اون پادشاهی که با اینا جنگ داشت فرار کرد و و تسلیم این پادشاه شد. و غنائم زیادی از او مملکت به این پادشاه رسید، بعد صلح بر قرار شد، قرار دادی بین همدیگه بسته شد که اونا هیچ بار دیگه با اینا جنگ نکنن و اینم دختر اون پادشاه ر به زنی گرفت. قصه ما تمام شد.

۱. میرن =میبینن ۲. دبدبه و کبکبه = یک حالت پر زرق و برق، فوق العاده

翻字（ローマ字）：yekī būd yekī nabūd. dar rūz hāye qadīm, pīr zanī būd, dar mūnde o nātavān. pesarī dāšt, īn pesareš esmeš hasan būd. īn be andāzeye tanbal būd, ke nahāyat nadāšt. tamām-e qūt o lāyemūt-e īn pesar vasīleye hamīn pīr zan bā tavajjo be īnke īn nātavān būd tahīe o tamīn mišod. rūzī īn farzand-e īn pīr zan kača būd. barāye qazāye hājat be dastšūī mire. dar ūn mouqe dastšūī hāšūn dar dar mojāverat-e tabiyat būd. īn mouqe ke nešaste būd barāye qazāye hājat, čand magas dour-e sar-e īn jam miše. va īn bā dast-e xodeš dast mizane o čand tā az magasā ro mikoše va mišomore. mišomore mesle ke te'edādeš be čehl tāī mirese. hālā yā bīštar yā kamtar. īn az unjā xošhālāne miyād mire pīš-e āhangarī ke dar nazdīkī xūne āhangarī dāšt, bā āhangar salām mikone mige āhangar mīxām barāye man ye gorzī dorost mikonī ke rūye ūn benevīsī pahlevānān-e hasan čehl šīr rā be zarbat rasūnd. āhangar be roxsāre īn īn hasan negāh kard ke īn qodrat īnke betūne yek dūne šīr-am bezane nadāre. valī malvasf-e to che kār dārī, tp pūleto mixāī to īno benevīs. ye gorzī dorost kard o rūye ūn gorz nevešteš ke pahlavān hasan bā yek zarb čehl šīr ra be zarbat rasūnd. īn gorz dorost mikone o be ino pūleš migire o īn miyād xūne o az mādare xodā hāfezī mikone. mādare mige kojā dārī mirī? mādare ke az xodā mīxāst īn az xūne bere bīrūn valī bā īn hālat gof kojā mirī? gof man miram pei sarnevešt-e xodam. raft o ye čand moddatī raft o zīre ye deraxtī gorz o gozāšt zīre saraš o xābīd. pādešāhī dar hamūn nazdīkī zendegī mikard. nafarāt-e pādešā az unjā az šekārgāh dar miyūmadan ke beran barāye, beran barāye xūnehāšūn miyān miran ye nafar zīre deraxtī xābīde. degāh kardan dīdan ke ye javānkī xābīde o ye čīzī ham zīre sareše. negāh kardan dīdan ye gorzīe, gorz-e āhanī rūye gorze čīzī hak šode ast. xūndan dīdan ke nevešte ke pahlevān-e hasan bā yek zarb čehel šīr rā be zarbat rasānd. āmadan be šā možde dādan ke šā ye čīnīn pahlevānī rā peidā kardīm, agar betavānīm īn pahlevān-e mā biyārīm be bārgā mā kolī estefāde mikonīm. pādešā qablān jangī bā yekī az yekī az pādešā hāye nazdīke xodeš dāšt ke pesar-e ūn pādešāh-e čīz hamsāye xāstār-e doxtar-e īn būd. va agar migoft doxtaret be man nadī, man az dar-e jang bā to dar miyām. dar natīje, īn, īn bīčāre hasane āmadan bā čonīn dabdabe o kabkabe bīdāreš kardano va īn ke āqā bīdār šou. bīdār šod o bālāxare ābordan, āvordan pīše šā va šā xeilī beheš mohabbat kard o ba'ad īnke qazāye xūbī dād o felān o ye čand rūzī az zendegī kard, gofteš ke man bā felān pādešā jang mixām bekonam. agar to māyelī ke bā ūn jang bekonī, be ūn pīrūz bešī, doxtar-e mane ke pesar-e ūn pādešā mixād midam be to. gof xeilī xob. dar deleš na jangī dīde būd. na felānī dīde būd, behamdānī dīde būd, valī malvasaf del be daryā zad gof hālā har jūr ke šod bāše. bālāxare gofteš ke man ye asb mixām. har asbī ke miyāre dast mizane, be kapal-e asb, kapal-e asb tekūn ke mixore īn mige ke be dard nemixore. ūmadan beheš goftan pādešā hame asbāto āvordīm be īn dādīm īn qabūl nakard. gof hīč asb dīge nadārīm. gof čerā, ye asb-e xāseye xodetūn ke ūnjā hasteš, īn māl-e xodetūn unjā. gof une biyār. āvord o dast zad gof hā īn xūbe. īn asbxāsiyat ine dāšt ke takān mixord, agar beheš nahīb mizadī mesle, mesle parande parbāz mikard. xolāse ābordano dastūr dād ke yek meqdār qīr rūye zīn-e īn asb čīz bokonan. qīr āb kardan o rīxtan rū zīn-e ino nešast rūye zīn. nešast rūye zīn časbīd. časbīd o nahībī zad be īn asb, asb raft rū āsemān. az ūn beram īn pādešā keeʻelān-e jang dāde būdan īnā ūmadan. īnā ūmadan ke jang bekonan. dar natīje be mahz īnke rasīdan be īn dīdan ke īn yek nafar bālāye asb savāre o esm-e pesar-e ūn pādešā ke bā īnā jang mīxāst bokone āsūmār būd. āsmār. īn dahene asb oftāde būd pāīn ei faqat deleš mixāst ke ye kasī biyād komak bekone, īn afsār-e īn asb beheš bede. īn az tars dād mikard ke migofteš ke kasī peidā beše īn afsār be man bede. īnā fekr mikardan ke hame īn pesare bā īn pesare pādešā faqat kār dāre. va če kār kardan bālāxare ūn farār kard. pesare ūn pādešāhī ke bā īnā jang dāšt farār kard o va taslīm-e īn pādešā šod. va qanāim-e ziyādī az ū mamlekat be īn pādešā rasīd, baʻad solh bar qarār šod, qarār dādī bein hamdīge baste šod ke ūnā hīč bār dīge bā īnā jang nakonan va īn-am doxtar-e ūn pādešā re be zanī gereft. qesseye mā tamām šod.

日本語訳：あったことか、なかったことか。昔々、弱って働くこともできなくなった老女がいた。その老女には息子がいた。息子はハサンという名前であった。ハサンは救いようのない怠け者であったため、食事の面倒はこの老女がしていた。老女の息子は禿であった。ある日、ハサンが便所に行ったとき、当時は外で用を足していたのだったが、用を足そうと座っていると、ハ

エが集まってきた。ハサンはハエを手で殺してそれを数えてみると、四十匹にもなった。そのぐらいになったのである。うれしくなって鍛冶屋に行き、こう言った。

「鍛冶屋さん、こん棒を作って下さい。それで、そのこん棒に『英雄ハサン、四十頭のライオンを殺した者』と書いて下さい。」

鍛冶屋はハサンの顔を見て、ライオンなど一頭も殺せそうにないと思ったが、ハサンが「あなたには関係ないでしょう。お金を払うから書いて下さい。」と言ったので、仕方なく鍛冶屋はこん棒を作った。そのこん棒には、「英雄ハサン、一撃で四十頭のライオンを倒した者」と書かれた。鍛冶屋は、そのこん棒を作って、お金を受け取った。ハサンは家に帰って、母親に別れの挨拶をした。母親は言った。

「どこに行くのだい。」

母親は早く独り立ちしてほしいと思っていたが、尋ねたのだった。ハサンは言った。

「自分の運を試しに行くのです。」

そして、出ていき、しばらく歩いて、ある木の下にこん棒を置き、こん棒を枕にして寝た。近くに王宮があった。兵士たちが獲物を家に持ち帰るために狩りをしにやってきた。すると、木の下で眠っている者がいた。よく見ると、若者が眠っていて、頭の下に何かあった。それは鉄のこん棒で、何か刻んであることがわかった。読むと、「英雄ハサン、一撃で四十頭のライオンを倒した者」と書いてあった。そこでその兵士は王に「このような勇士を見つけました。」と報告をし、「この勇士を王宮に招いて、我々のために働いてもらいましょう。」と言った。

折しも、近隣の王が自分の息子とその国の王女を結婚させたいと申し出てきていて戦争になりかけていた。「もし、王女を渡さないなら、戦争を始めるぞ。」と言ってきたのであった。結局、ハサンは壮麗なお迎えによって起こされた。「起きて下さい。」と言われて、起きると、ハサンは王の前に連れて行かれた。王は、ハサンをたいそう気に入り、ご馳走をして、しばらくの間、もてなした。そして、王はハサンに言った。

「我々は、ある王と戦争をすることになるだろう。もし、あなたにその気

があるのなら、奴らと戦ってくれないか。もし勝ったら、王女と結婚させよう。」

ハサンは言った。

「いいでしょう。」

戦争など見たこともなかったが、仕方なく「はい」と言うしかない状況であった。ハサンは言った。

「馬を頂けませんか。」

ところが、どんな馬を持ってきても、ハサンは馬の尻を叩いてみて、馬が揺れると、「これはだめだ。」と言うのであった。王は、持っている全ての馬を持ってきたが、ハサンは満足しなかった。王は言った。

「もう、他に馬はありません。」

ハサンは言った。

「あるでしょう。あなたの馬があるでしょう。それを持ってきて下さい。」

ハサンは、馬が連れてこられると、叩いて言った。

「これならいい。この馬は、いい揺れ方をする。この馬なら叩けば鳥のように空も飛ぶだろう。」

その馬を連れていき、ハサンは（家来に）命じた。

「この馬の鞍にアスファルトを塗っておいてください。」

アスファルトが鞍に溶かされ、ハサンはそこに乗った。つまり、アスファルトを溶かして鞍に塗り、その上に座ったのであった。すると、ひっついた。馬を打つと、馬は空へ飛んでいった。さて、宣戦布告をした王が攻めてきた。軍隊が到着すると、敵軍には馬に乗っている一人の騎士がいた。それは、攻めてきた国の王子でアースマールという名前であった。ハサンは手綱を落としてしまった。誰かに拾ってもらおうと思い、恐ろしさから「誰か手綱を拾ってくれ。」と大声を出した。すると、大声を聞いた敵軍は、ハサンが王子との一騎打ちを挑んでいると思い、逃げてしまった。王が引き連れてきた軍隊は逃げ出した。降参したのである。多くの戦利品が敵国から届いた。そして、和平した。以後お互いに戦争しない約束をした。ハサンは王女と結婚した。

私たちの話は終わりである。

038

題　　名：آقا خرسه ／熊と結婚した娘

分　　類：本格昔話

ＡＴ番号：-

録音箇所［収録時間］：003-013［01分51秒］

調 査 日：1998年10月21日

調 査 地：استان تهران، شهرستان ساوجبلاغ، شهر هشتگرد روستای برغان ／テヘラン州サーヴォジボラーグ地方ハシトゲルド地区バラガーン村

名　　前：رضا سخائی ／レザー・サハーイー

年齢性別：50才、男性

職　　業：کاسب قصّاب ／肉屋

住　　所：تهران، برغان

出 身 地：برغان ／バラガーン

伝 承 者：مادر بزرگ، پدربزرگ ／祖父、祖母

翻字（ペルシア語）：در زمان قدیم یه زنه میره کوه سبزی[1]. بعد میره میفته گیر یه خرسه. خرسه اینو بلند میکنه و خرسه [او را] کولی میکنو میبره توی غار نگرش میداره. چندین سال نگه میداره. از این زنه بچه دار

میشه، بعد، عسل و نمیدونم گوسفند و این چیز هارو از بیابون جمع میکن[2] و واسه زن میبره. پای زنه را اینقدر لیس میزنه که زن دیگه نتونه راه بره. بعد از چند سال زنه و این پشما[3] رو جمع میکنه و ریسمان نخ درست میکنه. میبینه دیگه دست کسی بهش نمیرسه این نخ و تو غار ول میکنه پایین. نخه میاد و میاد و میاد همینجوری میاد میرسه به آبادی. مردم جمع میشند این نخو پیدا میکنن [میکن] این نخ از کجا اومده. همینجور گولّش میکنن و میرن و میرن توی غار می بینن زنه تو غاره. خرس برده تو غار نمیتونه راه بیاد. جمع میشن و زنه رو ور میدارن، میارن ده. بعد از زمانی (هر شب) این از این چندین سال در پیش خرسه بوده، [همان طوری که تعریف کردن، بعد از چندین زنه] از خرس بچه دار میشه. خرسه به عنوان اینه که بچه اش گریه میکنه هر شب بچه اشو کول می کنه و میاره روبروی آبادی. دهی که [زن] زندگی میکنه. میگه به به له له هووو... گیره[4] میکنه بیا بچه ها تو وردار برو. خلاصه می بینن این [وضع] زن خرسه خیلی ناجوره. این هر شب این کارو می کنه. بعد اهل آبادی جمع می شن میرن خرسه رو می زنن و می ره. حالا این به این خاطره [بوده] که زن [ها] با اون بچه کوچولو هائی که دختر بودن از خونه بیرون نرند این قصّه را درست کرده بودن که اونا تو خونه بشینن. دیگه جرأت نکنن برن بیرون. اگر بیرون برن خرسه میبره زیر پاشو نو لیس میزنه دیگه جرأت نمیکنه بیان. این هم یه قصهٔ محلی بود که سر بچه ها رو گرم می کردن.

۱. میره کوه سبزی = میرود کوه سبزی بچیند ۲. میکن = می کند ۳. پشما = پشم های گوسفند ها ۴. گیره = گریه

翻字（ローマ字） : dar zamān-e qadīm ye zane mire kū sabzī. ba'ad miran miyofte gīr ye xerse. xerse ino boland mikone o xerse kūlī mikono mibare tūye qār negareš midāre. čandīn sāl negah midāre. az īn zane baččе dār miše, ba'ad, asal o nemīdūnam gūsfand o in čīz hā ro az biyābūn jam mikon o vāse zane mibare. pāye zane ra īn qadr līs mizane ke zan dīge natūne rāh bere. ba'ad az čand sāl zane o īn pašmā ro jam mikone o rīsmān nax dorost mikone. mibīne dīge dast-e kasī beheš nemirase īn nax o tū qār vel mikone pāīn. naxeh miyād o miyād o miyād hamīnjūrī miyād mirase be ābādī. mardom jam mišand īn naxo peidā mikonan īn nax az kojā ūmade. hamīnjūr gūlleš mikonan o miran o miran o tūye qār mibīnan zane tū qāre. xers borde tū qār nemitūne tāh biyād. jam mišan o zane ro var mīdāran, miyāran deh. ba‘ad az zamānī har šab īn az īn čandīn sāl dar pīše xerse būde, az xers bačče dār miše. xerse be onvān īnke baččeaš gerie mikone har šab baččeašo kūl mikone o miyāre rū be rūye ābādī. dehī ke zendegī mikone. mige bah bah lala hū... gīre mikone biyā bačče hā ta vardār morou. xolāse mibīnan īn zan-e xerse xeilī nājūre. īn har šab īn kār o mikone. ba‘ad ahl-e ābādī jam mišan miran xerse rū mizanan o mire. hālḪ̮ īn be īn xātere ke zan bā ūn bačče kūčūlū hāī ke doxtar būdan az xūne bīrūn narand īn qesse ra dorost karde būdan ke ūnā tū xūne bešīnan. dīge jor‘at nakonan beran bīrūn. agar bīrūn beran xerse mibare zīre pāšō no līs mizane dīge jor‘at nemikone biyān. īn ham ye qesseye mahlī būd ke sar-e bačče hā ro garm mikardan.

日本語訳：昔々、ある女が野菜を収穫しに山へ行った。そこで熊に出会った。熊はその女を持ち上げて、担いで洞穴まで連れて帰って捕らえておくことにした。数年間、捕らえていた。女は子供を産んだ。熊は、蜂蜜や、また羊などを女のために持って帰った。熊が女の足をなめすぎたので、外へ出ることができなくなっていた。女は何年もかかって羊毛を集めて、糸を紡いだ。誰も自分に気づかないことがわかったので、その糸を洞穴から転がして落とした。糸はどんどん転がり、うまい具合に村に届いた。人々が集まり、糸を見て、「この糸はどこから来たのだろう。」と口々に言った。糸を辿って巻きながら、洞穴へ行くと、中に女がいた。熊が連れてきて外に出られなかったのであった。人々は力を合わせて女を持ち上げて村に連れて帰った。長い間熊といて女には子供がいたのであるが、しばらくして、毎晩、熊は泣く子供を肩に担いで村にやってくるようになった。女の住んでいる村にやってくるようになった。熊は、「バハバハ、ララー、ウウー・・・。」と泣いて「さあ、子供たちと一緒に帰ろう。」と言った。なんともかわいそうなのはその女であった。毎晩、熊がやって来たのであった。結局、村人たちが集まって、熊を追っ払った。

母親たちは、小さい女の子たちが家から外へ出ないようにこの話をしている。外には出ようとは思わないのである。もし、外へ出たら、熊がさらって、足をなめるぞというのである。そうすれば、外へは出ようとしないのである。これが、この地域の話で子供たちをとりこにしたものである。

039

題　　名：قصه حرسه ／熊の物語

分　　類：本格昔話

ＡＴ番号：-

録音箇所［収録時間］：006-003［01分14秒］

調 査 日：1998年11月28日

調 査 地：استان تهران، شهرستان ساوجبلاغ، شهر هشتگرد، روستای برغان، سنج ／

テヘラン州サーヴォジボラーグ地方ハシトゲルド地区バラガーン村サナジ

名　　前：فحدوم باستانی ／ファハドゥーム・バースターニー

年齢性別：60才、女性

職　　業：خانه دار ／主婦

住　　所：استان تهران، روستای سنج

出 身 地：روستای سنج ／サナジ村

伝 承 者：پدربزرگم ／祖父

翻字（ペルシア語）：سه چهار پنج تا دختر بودن. رفتن به یه صحرا، یه دختر گم شده. گم شد و رفیقا اومدن و دختره پیدا نکردن. پیدا نکردن و شب

شد و دختر نیامد. هی اینا داداشا گفتن دختره چه شد. گفت دختره رف. یه روزی شد تا سال شد. سال شد و یک سالی شد و رفتن دربالای کوه. رفتن کوه دیدن که یه تا (دانه) گوله از اون بالا اومده پایین. ور داشتن این گوله تا گوله رو گوله کردن رفتن تا یک غار. رفتن دم یک غار دیدن که یک دختره در اینجا نشسته. نشسته گفتن تو چرا این حالا داری. گفت که من آمدن اینجا و گرفتار خرس شدم و پای منه این قدر وریسیده (لیسیده). یه بچه دارم شدم. تن پایینش بچه بوده تن بالاش خرس بوده. گفت که این بچه ها را اینا اومدن و اینجا داداش گفتن دختره اینجا بوده تو برو وردار بیار. داداشا رفتن و دختره ورداشتن و آوردن. شب شد یه دفعه خرسه اومد و این سر چیز بابام هی صدا زده. پری لولو (موجودی خیالی برای ترس بچه ها) بچه هوهوهو. هی اینا گفتن که این خرسه اومده که میخواد دختره دوباره ببره. گفتن که نه دیگه نمیاد ببره. دیگه دختره نگه داشتن تا سر سال شد دختر مرده.

翻字（ローマ字）：se čahār panj tā doxtar būdan. raftan be ye sahrā, ye doxtar gom šode. gof šode o rafīqā ūmadan o doxtare peidā nakardan. peidā nakradn o šab šod o doxtar nayāmad. hei īnā dādāšā goftan doxtare če šod. gof doxtare raf. ye rūzī šod tā sāl šod. sāl šod o yek sālī šod o raftan darbālāye kūh. raftan kū dīdan ke ye tā gūle az ūn bālā ūmade pāīn. var dāštan īn gūle tā gūle ro gūle kardan raftan tā yek qār. raftan dam-e yek qār dīdan ke yek doxtare dar injā nešaste. nešaste goftan to čerā īn hālā dārī. goft ke man āmadan injā o gereftār-e xerse šodam o pāye mane ēn qadr varīside. ye baččе dāram šodam. tan-e pāīneš bačče būde tan-e bālāš xers būde. goft ke īn bačče hā rā inā ūmadan o injā dādāš goftan doxtare injā būde to borou vardār biyār. dādāšā raftan o doxtare vardāštan o āvordan. šab šod ye daf'e xerse ūmad ho īn sar-e čīz bābā-am hei sedā zade. parī rurū, bačče huhuhū. hei īnā goftan ke īn xerse ūmade ke mixād doxtare dobāre bebare. goftan ke na dīge nemiyād bebare. dīge doxtare negah dāštan tā sar-e sāl šod doxtar morde.

日本語訳：三人か四人か五人の娘がいた。娘たちは荒野に行き、一人がいなくなった。仲間たちもやって来て探したが、いなくなった娘は見つからなかった。見つからないまま、夜になった。（いなくなった娘の）兄弟たちは「娘はどこへ行ったか。」と言ったが、娘たちは「どこかへ行ってしまった。」としか言えなかった。一日がやがて一年となった。そして、それから一年目に（若者たちが）山へ行くことになった。山に行ってみると、糸玉が上から落ちてきているのに気がついた。糸玉をたぐって行くと、洞穴へたどり着いた。その洞穴の中に娘が座っていた。若者たちが尋ねた。

　「あなたはここで何をしているのですか。」

　娘は言った。

　「私はここで熊に捕まっています。熊は私の足をひどくなめました。そして、子供も一人できました。子供の下半身は人間で、上半身は熊なのです。」

　山に行った者たちは、娘の兄弟たちのところへ行き、「娘が洞穴にいるから、連れ帰るように。」と言った。兄弟たちは娘を連れ帰った。ところが、夜になると、熊が来るのであった。そして、熊は「パリー、ルルー・・・」と叫ぶのであった。人々は、「再び熊がやって来て娘を捕らえようとしている。」と言ったものだ。しかし、「娘を渡さない。」と言って娘をかばった。しかし、一年後には、娘は死んでしまった。

040

題　　名：خیر و شر／ヘイルとシャル
分　　類：本格昔話
ＡＴ番号：-
録音箇所［収録時間］：004-016［04分41秒］
調　査　日：1998年10月28日
調　査　地：تهران، تجریش／テヘラン州テヘラン市タジュリーシュ

名　　前：حمید خلفایی／ハミード・ホラッファーイー
年齢性別：14才、男性
職　　業：دانش آموز／学生
住　　所：تهران، تجریش
出身地：تهران／テヘラン
伝承者：معلّم／先生

(ペルシア語) **翻字**：یکی بود یکی نبودش. دو تا رفیق و دوست بودن، یکی اسمش خیر بودش یکی اسمش شر. این دو تا رفیق یه روزی تو یه بیابونی بودن داشتن راه میرفتن. این بیابونم خیلی خیلی هواش گرم بود و داغ بود و آفتاب شدیداً میتابید. بعد این خیر ذخیره آبیش تمام میشه، آبش تمام میشه. اما از اونجا که میدونستش که رفیقش همون شر آدم خیلی بد جنسیت

هستش، بهش نمیگفت که به من آب بده، چون میدونست که آب نمیده. بعد از یه مدتی بود دیگه خیلی تشنش میشه و مجبور میشه که به دوستش همین شر، بگه که یکمی[1] بمن آب بده. بعد این خیر دو تا سنگِ خیلی قیمتی داشته. که به همین شر میگه که من این دوتا سنگُ بتو میدم، تو یکمی به من آب بده. شر قبول نمیکنه و میگه که نه (تو اگه بخواهی) تو اگه این دو تا سنگِ به من بدی، وقتیکه ما رسیدیم به شهر اینا ر ازم میگیری. یه چیزی به من بده که دیگه نتونی از من بگیری. بعد خیر میگه که چی به تو بدم، شرم میگه تو چشماتو باید به من بدی. اگه چشمات به من بدی من به تو آب میدم. بالاخره مجبور میشه خیر که چشش بده، شر میره و چاقو ور میداره و چشاشو در میاره از کاسه چشش. بعد ول میکنه و سنگ ها رو ور میداره و فرار میکنه شر. یه مدتی میگذره و یه چوپانی با دخترش از اون نواحی سر داشتن در می آوردن، (داشتن) راه شون به اون نواحی میرسه. بعد دختر چوپان میره از دم چشمه آب بیاره این صدای ناله ر میشنوه، میره طرف صدای ناله و میرسه به خیر. خیرو میبره خونشون و چشماش میبنده و پدرش میاد معالجش میکنه و اینا بعد از یک مدتی خیر حالش خوب میشه، چشاشم خوب میشه. بعد از یه مدتی که چشاش خوب شدش چون که این پسره یعنی خیر از دختر چوپان خوشش اومده و میخواسته با اون ازدواج بکنه. اما میترسیده که چوپان به اون اجازه نده. بالاخره، به چوپان میگه که من به دختر تو علاقمند شدم میخوام با هاش ازدواج کنم، چوپانم اجازه میده که ازدواج کنه. بالاخره اونا یه مراسم عروسی میگیرن و با هم دیگه ازدواج میکنن. بعد از یه مدتی این چوپان و این خیر بلاخره خیر هم چون که داماد چوپان شده بود، یه پولی به دست آورده بود و یه سرمایه ای وقتیکه میخواستن از اونجا کوچ بکنن برن به طرف شهر، همونجا همون موقعی که میخواستن کوچ بکنن خیر یه دونه میره کنار یه درختی میرسه و از برگ اون درخت که باسه[2] معالجۀ کسای که غش (بیهوشی) می کردن و این ها مفید بوده و اونا رو خوب میکرده یه چند تا برگ از اون درختا ور میداره. ور میداره داخل کیسه میکنه اینا میرن به طرف شهر. اتفاقاً دختر پادشاه شهرم مبتلا بوده به بیماری غشی. و خیلی از پزشکا اومده بودن پیش دخترش ولی نتونستن اونو معالجه بکنن. (پسر پادشاه میره پیش، دختر، پسر) داماد

چوپان میره پیش دختر چوپان[۲] و اتفاقاً کمی از اون برگا رو داخل آب میکنه مخلوط میکنه به اون میده و دختر پادشاه خوب میشه. پادشاه خیلی خوشحال میشه و میاد و پسر یعنی خیر و شاه زاده خودش میکنه و به عنوان پسر خودش قبولش میکنه و بسیار پولدار میشه و ثروتمند میشه این خیر. بعد از یه مدتی که خیر توی با افرادش داشته تو جنگل شکار میرفته. خیر اون رفیق قدیمیش یعنی همون شر و میبینه بعد میگه که بیا اینجا به شر میگه که بیا طرف من، ازش پرسید که تو کی هستی؟ میگه که من مثلاً مبشر هستم نام خودشو دروغ میگه. بعد خیر میگه که نه تو مبشر نیستی تو همون شری هستی که چشم من و در آوردی به من آب ندادی منو اونقدر اذیت کردی. شر هم متوجه اون پادشاه میشه و به گریه زاری می افته به التماس که منو ببخش. بلاخره خیر هم در نهایت شر و میبخشه و اونو آزادش میکنه. ولی چون که اون چوپان میبینه که این شر آدم بدی هستش و باعث اذیت و ازار دیگران هم ممکن بشه، سرش و با شمشیر میزنه و به زندگی اون خاتمه میده.

۱. یکمی = یک کمی ۲. باسه = برای ۳. دختر چوپان = دختر پادشاه [اشتباهی گفت]

翻字（ローマ字）：yekī būd yekī nabūdeš. do tā rafīq o dūst būdan, yekī esmeš xeir būdeš yekī esmeš šar. īn do tā rafīq ye rūzī tū ye biyābūnī būdan dāštan rāh miraftan. īn biyābūn-am xeilī xeilī havāš garm būd o dāq būd o āftāb šadīdān mītābīd. ba'ad īn xeir zaxīre ābīš tamām miše, ābeš tamām miše. ammā az ūnjā ke mīdūnesteš ke rafīqeš hamūn šar ādamīe xeilī bad jensiyat hasteš, beheš nemigofte ke be man āb bede, čūn mīdūnest ke āb nemide. ba'd az ye moddatī būd dīge xeilī tešneš miše o majbūr miše ke be dūsteš hamīn šar, bege ke yekamī beman āb bede. ba'ad īn xeir do tā sang-e xeilī qeimatī dāšte. ke be hamīn šar mige ke man īn do tā sango be to midam, to yekamī be man āb bede. šar qabūl nemikono mige ke na to age bexāī to age īn do tā sange be man bedī, vaqtīke mā rasīdīm be šahr īnā re azam migīrī. ye čīzī be man bede ke dīge natūnī az man begīrī. ba'ad xeir mige ke čī be to bedam, šar-am mige to česmātū bāyad be man bedī. age česmāt be man bedī man be to āb midam. bālāxare majbūr miše xeir ke češeš bede, šar mire o čāqū var mīdāre o češāšo dar miyāre az kāse češaš. ba'ad val mikone o sang hā ro var midāre o farār mikone šar. ye moddatī migozare o ye čūpānī bā doxtareš az ūn navāhī sar dāštan dar mī āvordan, dāštan rāh-e šūn be ūn navāhī mirase. ba'd doxtar-e čūpān mire az dam-e češme āb biyāre īn sedāye nāle re mišenave, mire tarafe sedāye nāle o mirese be xeir. xeirū mibare xūnešūm o češmāš mibande o pedareš miyād mo'ālejaš mikone o īnā ba'ad az yek moddatī xeir hāleš xūb miše, češešāšam xūb miše. ba'ad az ye moddatī ke češāš xūb šodeš čūn ke īn pesare ya'anī xeir az doxtar-e čūpān xošeš ūmade o mīxāste bā ūn ezdevāj bokone. ammā mitarsīde ke čūpān be ūn ejāze nade. bālāxare, be čūpān mige ke man be doxtar to elāqemand šodam mixām bāhāš ezdevāj konam, čūpān-am ejāze mide ke ezdevāj kone. bālāxare ūnā ye marāsem-e arūsī mīgīran o bā ham dīge ezdevāj mikonan. ba'ad az ye moddatī īn čūpān o īn xeir bālāxare xeir ham čūn ke dāmād-e čūpān šode būd, ye pūlī be dast āvorde būd o ye sarmāyeī vaqtīke mīxāstan az ūnjā kūč bokonan beran be tarafe šahr, hamūnjā hamūn mouqe'ī ke mīxāstan kūš bokonan xeir ye dūne mire kenār-e ye deraxtī mirese o az barg-e ūn deraxte ke bāse mo'ālejeye kesāī ke qaš mī kardan o īn hā mofīd būde va ūnā ro xūb mīkarde ye čand tā barg az ūn deraxt var mīdāre. var mīdāre dāxel-e kīse mikone īnā miran be tarafe šahr. ettefāqān doxtar-e pādešāh-e šahr-am mobtalā būde be bīmārīye qašī. va xeilī az pezeškā ūmade būdan pīše doxtaraš valī natūnestan ūno mo'āleje bokonan. pesar-e pādešāh mire pīše, doxtare, pesare dāmād-e čūpān mire doxtar-e čūpān o ettefāqān kamī az ūn bargā ro dāxer-e āb mikone maxlūt mikone be ūn mide o doxtar-e pādešāh xūb miše. pādešāh xeilī xošhāl miše o miyād va pesar ya'anī xeir o šāhzādehye xodeš mikone va be onvāne pesar-e xodeš qabūleš mikone o besiyār pūldār miše o servatmand miše īn xeir. ba'ad az ye moddatī ke xeir tūye bā afrādeš dāšte tū jangal šekār mirafte. xeir ūn rafīq qadīmīš ya'anī hamūn šar o mibīne ba'ad mige ke biyā injā be šar mige ke biyā tarafe man, azaš porsīd ke to kī hastī? mige ke man masalān mobašer hastam nām-e xodešo dorūq mige. ba'ad xeir mige ke na to mobašer nīstī to hamūn šarī hastī ke čašm-e man o dar āvordī be man āb nadādī mano ūnqadr aziyat kardī. šar ham motavajje ūn pādešāh miše o be gerie zārī miyoft be eltemās ke mano bebaxš. balāxare xeir ham dar nahāyat šar o mibaxše va ūno āzādeš mikone. valī čūn ke ūn čūpān mibīne ke īn šar ādam-e badī hasteš va bāes-e aziyat o azār-e dīgarān ham momken beše, sareš o bā šamšīr mizane va be zendegīe ūn xāteme mide.

日本語訳：あったことか、なかったことか。二人の友人たちがいた。一人はヘイルという名前で、もう一人はシャルという名前であった。この友人たちが、ある日、砂漠を歩いていた。砂漠はとてもとても暑く、焼けそうで、強い日差しが射していた。ヘイルは水の蓄えが無くなってしまった。水が無くなったのである。ところが、友人のシャルはとても性悪であった。水をくれないことがわかっていたので、ヘイルはシャルに「水を私にくれないか。」とは言わなかった。しばらくして、とても喉が乾いてきて、友人のシャルに「少しだけ、私に水をくれないか。」と言わざるを得なくなった。ヘイルはとても価値のある石を二つ持っていた。ヘイルはシャルに言った。

「この二つの石をあげるから、水を少しだけくれないか。」

シャルはそれを断って、言った。

「いやだ。もし、その石をくれたとして、町に着いたら私から奪い返すだろう。私から取り返すことのできないものをわたすがいい。目を私にくれたら、水をあげてもいい。」

ヘイルは仕方なく、目を渡すことにした。シャルはナイフでヘイルの目をくり抜いた。そして目玉を捨て、石も取り上げてシャルは逃げていった。しばらくして、羊飼いの男が娘と共に、向こうの方からやって来た。羊飼いの娘は泉のわきから水を持ってきて、うめき声が聞こえる方へ行き、ヘイルの方へやって来た。ヘイルを家に連れていき、目に包帯を巻いてやり、父親は治療してやった。ヘイルはしばらくすると、良くなった。目も良くなった。さらに時が経って、ヘイルはこの娘のことが気に入ったので、結婚したくなった。しかし、羊飼いが許さないのではないかと恐れていた。結局、ヘイルは羊飼いに言った。

「私は、お嬢さんが好きになりました。結婚したいのです。」

羊飼いも二人が結婚することを許した。

そして、結婚式をあげた。また、しばらくして、ヘイルは羊飼いの婿になっていて、お金も貯まっていたので、羊飼いとヘイルは町の方に引っ越すことになった。引っ越ししようとしたとき、ヘイルはある木を見つけた。その木の葉は、失神したときの治療に役立ち、良くするのであった。その木の葉を数枚採った。それを箱の中に入れて町へ向かった。たまたま、町の王の王女は病気であった。気を失っていた。多くの医者が娘を治療しようとしたが、治すことはできなかった。羊飼いの婿は、王女のところへ行き、葉の何枚かを水に浸して混ぜた。そして、それを王女に与えると、王女は良くなった。王はとても喜んで、その少年、つまりヘイルを自分の王子にした。そして、自分の息子として受け入れた。ヘイルはとてもお金持ちになった。また、しばらくして、ヘイルはお付きの者たちと森へ狩りに行くことになった。そこでヘイルは昔の友人、つまりシャルに会った。そしてシャルに言った。

「ここへ来きてください。」

そして、尋ねた。

「あなたは誰ですか。」

シャルは答えた。

「私は、モバッシェルといいます。」

シャルが自分の名を偽ったので、ヘイルは言った。

「あなたはモバッシェルではない。私の目をくり抜いた上に水も与えず、私を痛めつけたシャルだ。」

シャルもヘイルが王になったことがわかったので、泣いて許しを乞うた。結局、ヘイルはシャルを許して、解放してやった。しかし、羊飼いは悪人のシャルを見て、また誰かに悪事を働くかもしれないと思い、シャルの頭を剣で切り落として殺した。

041

題　　名：مرد و نامرد ／いい男と悪い男

分　　類：本格昔話

ＡＴ番号：-

録音箇所［収録時間］：005-021［05分39秒］

調 査 日：1998年12月8日

調 査 地：استان تهران، شهرستان ساوجبلاغ، شهر هشتگرد، روستای برغان، سرخه ／

テヘラン州サーヴォジボラーグ地方ハシトゲルド地区バラガーン村ソルヘ

名　　前：عبد الله سید عبد الله حسینی ／アブドルセイエドアブドッラー・ホセイニー

年齢性別：58才、男性

職　　業：کشاورز ／農業

住　　所：تهران، سرخه

出 身 地：تهران، سرخه ／テヘラン州ソルヘ村

伝 承 者：پدر ／父親

翻字（ペルシア語）：دو تا مرد بودن، یکی مرد یکی نامرد. همراه شدنو

رفتن برای صحرا کار کنن. همراهی که رفتن، یکیشون گفتن که اون نامرد گفت که اول بیا نون مرد ر بخوریم. نون مرد ر که خوردن، شب شد و نامرد رفت پی کارش. این یکی، دوم از این، مرده اونجا خوابید یه کمانم داشت. شب خوابید و از لحاظ جانور و حیواناتو جمع شدن، روباه و خرس و پلنگ و همه چی. بنا کردن قصه گفتن. قصه گفتن و گفتن اینجا، یک موشی است یک دست پولی داره میاره روزا باد میده و چه کار کنیم و دختر پادشاه هم دیوونه شده. بعد، مدت هایی شد و این بالا بود. (روباه) روباه آدم موذی بود. گف که اینجا بوی آدمیزاد میاد. فهمید که اینجا آدمیزاد هست. بعد روباه اینطوری پرید و این ور و اون ور و سلطان جانوران همه چی هستش دیگه. بعد گفت که اینجا بوی آدمیزاد میاد. این کمان این یارو بینگ بینگ میکنه، این کار کرد این بینگ کرد اینا گذاشتن رفتن. رفتن بعد فردای بعد شد و مرده اومد و دید اون موشه درسته. پول میاره باید میده. اینم با سنگ زد موش ر کشت و پولا رو ور داشت. یه خرجینم دوشش بود. بعد خرجینه ر ورداشت و رفت توی جنگل، سر یه درخت. یه درخت نشست. پس از اون، اونجا رم گشت و گف دیدنو اون جانورا باز اومدن زیر اون درخت. باز همین قصه ر گفتن. یه خرده هم از اون برگ اون درخت گرفت و خشکشه کوبید و گذاشت تو جیبش. بعد، رفت پشت یه گوسفندی بود، یک سگ سیاهی داشت. سگ سیاهی به این چوپانه یه مقدار پول داد، نون و آب و شیر گرفت ازش خورد و سگ اینه خرید. سگه رو برد و خفش کرد و سرشو برید و گذاشت توی خرجینو ورداشت برد. برد رسید به منزله مثلاً رسید به تهران. رسید به تهران گف که من دکتری هستم دختر پادشاه دیوونه شده من خوبش میکنم. گفتن اگر نکنی تو ر پادشاه میکشه. بعد، خبر رسید به پادشاه. به پادشاه رسید و بعد گفتن که یه کسی هست دکتری هست، میاد که دخترتُ خوب میکنه. اول که رسید به پادشاه سلام و حال و احوال و بفرما و همه اینا نشست. گفت اول باید این دختر عقد کنی بمن بدی. دختر عقد کنی بمن بدی، من این دختر خوبش میکنم. بعد مدت هایی طول کشید. امروز فردا امروز فردا مدت هایی طول کشید، این دختره با خودش برد تو حموم. حموم برد و بعد، (اینه کرد) دختر پادشاه لخت کرد. اینو تنشو شست و کیسه و بعد، اون مخ اون سگ گرفت. مالید به تن این دختر. دختر یهو بلند شد، یهو نگا

(نگاه) کرد یک مشت زد زیر گوش شوهره. گف چه کار میکنی؟ گف که من اینجا شوهر توام. تو زن منی. تو دیوونه شده بودی، من تو ر خوبت کردم. پس از اون، از خود در حمام، فرش کردن از اینجا رو فرش اینا رفتن تو خونه. مدت هایی نشست و کم کم پادشاه دید هر کاری میخوا بکنه، نمیتونه از این خلاص بشه. بعد چه کار کرد؟ پادشاه مریض شد. اینم آورد وزیرش کرد. وزیر دست راستش کرد. بعد باز مدت هایی طول کشید و چند روزی و ده روزی و بیست روزی و یک ماهی، دو ماهی، سه ماهی، کم کم پادشاه مرده شد. مرد. بعد، این شد پادشاه. پادشاه گف من برم رو قصر بالای قصریه تماشا کنم، ببینم چه طوره. بعد دید اون رفیقی که بهش نامردی کرده اون ور کار میکنه. یه اینطوری کرد نامرد چه طوری؟ همان نامرد موند. نامرد اون به پادشاهی رسید نامرد شب دو مرتبه برگشت جای همین مرد خوابید. دو مرتبه اون حیونات اومدن. حیونات اومدن او ر کشیدن وسط خوردن.

翻字（ローマ字）：do tā mard būdan, yekī mard yekī nāmard. hamrāhe šodano raftan barāye sahrā kār konan. hamrāhī ke raftan, yekīšūn goftan ke ūn nāmard goft ke avval biyā nūn-e mard ra boxrīm. nūn-e marda ra ke xordan, šab šod o nāmard raft peikāreš. īn yekī, dovvom az īn, marde unjā xābīd ye kamān-am dāšt. šab xābīd o az lahāz-e jānevar o heivānāto jam šodan, rūbāh o xers o palang o hame čī. banā kardan qesse goftan. qesse goftan o goftan injā, yek mūšī ast yek dast pūlī dāre miyāre rūzā bād mide va če kār konīm va doxtar-e pādešā ham dīvūne šode. ba'ad, moddat hāī šod o īn bālā būd. rūbāh rūbā ādam-e mūzī būd. gof ke injā būye ādamīzād miyād. fahmīd ke injā ādamīzād hast. ba'ad rūbā intourī parīd o in var o un var o soltān-e jānevarān hame čī hasteš dīge. ba'ad goft ke injā būye ādamīzād miyād. īn kamān-e īn yārū being being mikone, īn kār kard īn being kard īnā gozāštan raftan. raftan ba'ad fardāye ba'ad šod o marde ūmad o dīd ūm mūše dorste. pūl miyāre bād mide. īnam bā sang zad mūš ro košt o pūlā ro vardāšt. ye xorjīnam dūšeš būd. ba'ad xorjīne ro vardāšt o raft tūye jangal, sar-e ye deraxt. ye deraxt nešast. pas az ūn, unjā ram gašt o gof dīdano ūn jānevarā bāz ūmadan zīre ūn deraxt. bāz hamīn qesse ra goftan. ye xorde ham az ūn barg-e ūn deraxt gerext o xoškeše kūbīd o gozāšt tū jībeš. ba'ad, raft pošt ye gūsfandī būd, ye sag-e siyāhī dāšt. sag-e siyāhī be īn čūpāne ye meqdār pūl dād, nūn o āb o šīr gereft azaš xord o sage ine xarīd. sage ro bord o xaffaš kardo sarašo borīd o gozāšt tūye xorjīno vardāšt bord. bord rasīd be manzele masalān rasīd be tehrān. rasīd be tehrān gof ke man doktrī hastam doxtar-e pādešā dīvūne šode man xūbeš mikonam. goftan agar nakonī to re pādešā mikoše. ba'ad xabar rasīd be pādešā. be pādešā resīd o ba'ad goftan ke ye kasī hast doktrī hast, miyād ke doxtaret xūb mikone. avval ke rasīd be pādešā salām o hāl o ahvāl o befarmā o hem īnā nešast. goft avval bāyad īn doxtar aqd konī be man bedī. doxtar aqd konī be man bedī, man īn doxtar xūbeš mikonam. ba'ad moddat hāī tūr kešīd. emrūz fardā emrūz fardā moddat hāī tūr kešīd, īn doxtare bā xodeš bord tū hammūm. hammūm bord o ba'ad, ine kard doxtar-e pādešā loxt kard. ino tanešo šosto kīse o ba'ad, ūn mox-e ūn sage gereft. mālīd be tan-e īn doxtar. doxtar yahū boland šod, yah negā kard ye mošt zad zīre gūšeye šouhare. gof če kār mikonī? gof ke man injā šohar-e toam. to zan-e manī. to dīvūne šode būdī, man to re xūbet kardam. pas az ūn, az xod-e dar-e hammām, farš kardan az injā ru farš raftan tū xūne. moddat hāī nešast o kam kam pādešā dīd har kārī mixā bokone, nemītūne az īn xalās beše. ba'ad če kār kard? pādešā marīz šod. īn-am āvord vazīreš kard. vazīr-e dast rāsteš kard. ba'ad bāz moddat hāī tūl kešīd o čand rūzī o dah rūzī o bīst rūzī o yek māhī, do māhī, se māhī, kam kam pādešā morde šod. mord. ba'ad īn šod pādešā. pādešā gof man beram rū qasr bālāye qasrīe tamāšā konam, bebīnam četoure. ba'ad dīd ūn rafīqī ke beheš nāmardī karde ūn var kār mikone. ye īntourī kard nāmard če tourī? hamān nāmard mūnd. nāmard ūn be pādešāhī rasīd nāmard šab do martabe bargašt jāye hamīn mard xābīd. do martabe xeivānāt ūmadan. heivānāt ūmadan ū ra kešīdan vasat xordan.

日本語訳：二人の男がいた。一人は善良で、もう一人は性悪であった。二人は、一緒に砂漠で仕事をしていた。性悪の方が言った。

「最初におまえのナンを食べよう。」

二人は、善良な男のナンを食べた。夜になり、性悪の男は仕事に行った。善良な方は、キャマーン(1)を持ってそこで眠っていた。すると、動物たちが集まってきた。キツネや熊やヒョウなどすべてである。そして、皆が物語を語り始めた。（ネズミが話し始めた）「お金持ちのネズミがあらわれる。王女の気がふれている。そして、高いところに登るだろう。」ずるいキツネがいて、言った。

「人間のにおいがするぞ。ここに人間がいるぞ。」

キツネは、動物の王をはじめ、あらゆる動物のいる前で飛び跳ねて言った。

「人間の匂いがするぞ。」

善良な男は、キャマーンをビンビンとならして、去っていった。次の日、ネズミの話は本当であることがわかった。ネズミはお金を持っているはずであった。男は、石でネズミを殺し、お金を得た。ネズミは肩に鞍袋を持っていたので、それをもって森へ入った。すると、木があった。その木のまわりを歩きまわっていると、木の下に動物たちがまたやって来たのを見た。また、同じ話をしていた。男は、木の葉っぱを少しちぎり、乾かして粉々にしてポケットに入れた。歩いていくと、羊がいた。黒い犬もいた。羊飼いにお金を渡し、ナンと水と乳をもらって食べた。黒い犬も買った。そして、絞め殺して、頭を鞍袋に入れた。さらに進んでテヘランのようなところに着いた。テヘランについて、男は言った。

「私は、医者です。病気の王女を私が治しましょう。」

すると、人々は言った。

「もしできなければ、王はあなたを殺しますよ。」

知らせが王に届いて、こう伝えられた。

「医者だという者がいます。王女様を治すということです。」

男は、皆の前で挨拶をして言った。

「まず、私と王女様を結婚させて下さい。そうすれば、治します。」

しばらくして、つまり、何日かが経ち、王女をハンマームに連れていった。王女を裸にして、体を洗い、垢すりをした。そして、犬の脳を王女の体にこすりつけた。王女は、突然起きあがり、夫の耳の下を拳で殴って言った。

「何をしているの。」

男は言った。

「私はあなたの夫です。あなたは私の妻です。あなたは気がふれていたのです。私が治したのです。」

そして、絨毯がハンマームから宮殿まで敷かれ、王女は召使いたちに宮殿へ連れて帰らされた。しばらくして、王は病気になり、何をしようにもできなくなってしまった。そこで、男を右大臣にした。男を連れてきて右大臣にし、数日、十日、二十日、一ヶ月、二ヶ月、三ヶ月とたち、とうとう王は死んだ。やがて、右大臣が王になった。そして、（新しい）王はこう言った。

「宮殿の上へ行って、あたりを見物したい。」

宮殿の上から、かつてこの王を騙した、性悪な男を見つけた。性悪な男はどうなったかというと、やっぱり性悪のままであった。性悪な男は、王のもとに再び現れ、泊まることになった。すると、動物たちがやって来て、性悪な男を真ん中に引きずり出して食べてしまった。

注
1．キャマーンチェ（チェロのような楽器）のことか。

備考：七王妃物語にも類話がある。

042

題　　名：ماهی قزل آلا ／ 鱒（ます）
分　　類：本格昔話
ＡＴ番号：-
録音箇所［収録時間］：001-020［01分12秒］
調 査 日：1998年09月11日
調 査 地：استان تهران، شهر ری، روستای طالب آباد ／ テヘラン州レイ市ターレバーバード村

名　　前：مهدی مجنونی ／ メフディー・マジュヌーニー
年齢性別：15才、男性
職　　業：محصّل ／ 学生
住　　所：استان تهران، شهر ری، روستای طالب آباد
出 身 地：روستای طالب آباد ／ ターレバーバード村
伝 承 者：معلّم ／ 学校の先生

翻字（ペルシア語）：قصه ماهی قزل آلا. یه پادشاه بود که سه تا بچه داشت. یه بار این پادشاه میره تو جنگ تیر میخوره تو چشش، این یه چشش نابینا میشه. اون وقت این سه تا بچه هاش می برنش این و دکتر پیش دکتر، اون وقت دکتر میگه این و باید خون ماهی قزل آلا بهش بدین بریزین

تو چشش خوب شه. اونوقت یه دونه ا پسراش رو با آذوقه میفرسته دریا که بره ماهی قزل آلا را بگیره. این پسرش نمیتونه، نمیگیره، این پسر رو میکشه. اون وقت پسر دومیه میفرسته، دومیه میفرسته اینم نمیتونه این و [هم] میکشه. پسر سومیه رو میفرسته، این میره اونوقت ماهی قزل آلا رو میبینه میگیرش[۱]، تور میاندازه میگیرش. میبینه این خیلی بچه ماهی کوچلو داره. اون وقت این نو نمیکشه. میره به باباش میگه من این رو نگرفتم، نتونستم. باباش این و ا خونه بیرونش میکنه. این میره توی یه شهری، اونوقت اونجا دیگه بدبخت میشه. میره اونجا پیش یه خیاطه کار میکنه بعداً وضعش خوب میشه، بعداً اون وقت بهش میگن چه جوری شد وضعت خوب شد، میگه من بابام من و ا خونه بیرون کرد، اون وقت پیش خیاط کار میکنه، میگه که چه جوری تو من و آوردی اینجا؟ کار کردم میگه که من همون ماهی قزل آلا هستم که تو من و نجات دادی، منم اینجا تو رو از بد بختی نجات دادم.

۱. میگیرش = میگیردش

翻字（ローマ字）：qesseye māhīye qezelalā. ye pādešā būd ke settā bačče dāšt. ye bār īn pādešā mire tu jang tīr mixore tū češeš, īn ye češeš nābīnā miše. ūnwa īn seta bačče hāš miraneš in o doktor pīše doktor, ūnwa doktor mige in o bāyad xūn-e māhīye qezelalā beheš bedīn berīzīn tū češeš xūb še. ūnwa ye dūne a pesarāš ro bā āzūqe mifereste daryā ke bere māhīye qezelalā ra begīre. īn pesrareš nemītūne, nemigīre, īn pesar ro mikoše. ūnwa pesar-e dovomīnyā mifereste, dovomiyān mifereste in-an nemitūne ino mikoše. pesar-e sevomīnyā ro mifereste, in mire unwa māhīye qezelalā ro mibine migiraš, tūr miandāze migiraš. mibine īn xeilī bačče māhī kūčūlū dāre. unwa ino nemikoše. mire be bābāš mige manin ro nagereftam, natūnestam. bābāš ino a xūne bīrūneš mikone. īn mire tū ye šahrī, unwa ūnha dīge badbaxt miše. mire unjā pīše ye xaiyāte kār mikone badān baz'eš xūb miše. badān ūnwa beheš migan če jūtrī šod vazeš xūb šod, mige man bābām man o a xūne bīrūn kard, ūnwa pīše xayāt kār mikone, mige ke čejūrī to man o āvordī injā? kār kardam mige ke man hamūn māhīe qezalalā hastam ke to mano nejāt dādī, man-am injā to ro az bad baxtī nejād dādam.

日本語訳：鱒の物語。三人の子供のいる王がいた。この王は、ある時、戦争に行って矢を目に受けた。それで片目が見えなくなった。その時、三人の子供が王を医者に連れて行くと、医者はこう言った。

「鱒の血をとってきて、血を目に注ぎなさい。そうすれば良くなるでしょう。」

息子の一人が弁当をもって、海へ鱒を捕らえに行った。しかし、この息子は鱒を捕まえることができなかったので、王はこの息子を殺してしまった。次に、二番目の息子が行くことになった。二番目の息子も鱒を捕まえることができなかったので、殺した。三番目の息子が行ったとき、鱒を見つけて捕らえた。網を投げて捕まえた。ところが、この鱒には、小さな子供がいることがわかった。三番目の息子は、この鱒を殺すことができなかった。そして、王のもとに行き、こう言った。

「私も捕らえることができませんでした。」

王は三番目の息子を追放した。息子は、ある町に入った。そこで庭師の弟子になった。だんだん暮らしは良くなっていった。そして、庭師にこう言った。

「私は家を追い出された者です。どうして私を拾ってくれたのですか。」

すると庭師は言った。

「わたしは、あなたが助けた鱒です。だから私もあなたを不幸から助けてあげたのです。」

備考：「三人の王子を持つ王」、「庭師に助けられる」といったモチーフは他の民話に見られるものがあるが対応するAT番号がない。

043

題　　名：تقدیر／運命
分　　類：本格昔話
ＡＴ番号：-
録音箇所［収録時間］：002-011　［4分42秒］
調 査 日：1998年9月27日
調 査 地：تهران／テヘラン

名　　前：فرزاد وفاخواه／ファルザード・ヴァファーハーハ
年齢性別：26才、男性
職　　業：دانشجو ادبیات فارسی دانشگاه ورامین／ヴァラーミン大学学生（ペルシア文学）
住　　所：مازندران، آمل، خ. شهید بهشتی، خ. راه و ترابری کوچه ملکی
出 身 地：استان مازندران، آمل／マーザンダラーン州アーモル
伝 承 者：پدر بزرگ／祖父

翻字（ペルシア語）：یکی بود یکی نبود، پادشاهی ستمگری در یکی از سرزمین های جابرگاه حکومتی داشت، و شبی خوابی ترسناک میبینه. تمام کسانی که، دانشمندانی که در قصر بودند رو جمع میکنه، و میخواهد که این خواب رو برایش تعبیر کنند. آنها به این نتیجه رسیدند که خوابش

سرنوشت شومی خواهد داشت. او توسط یکی از برادر زاده هایش کشته خواهد شد. برادرزاده ای که چند ماه بعد متولد خواهند شد. به همین جهت او برادر زنش را که حامله نیز بود، تحت مراقبت، مراقبت ویژه قراد داد، تا موقع زایمانش فرا رسد. در موقع زایمان هنگامی که (فرزند) فرزندی دنیا آمد، اتفاقاً دوقلو بودند. دو تا پسر خوشگل و قشنگ. او به دستور دانشمندان قصر بچه ها را از برادرش میدزده و توی جنگلی آنها را گم میکنه. اتفاقاً یکی از بچه ها به دست سیمرغی میافته تا اون و بزرگ کنه. یه بچه دیگری که تو جنگل افتاده بود به دست کشاورزی می افته، و اون هم دلش برای بچه میسوزه و میخواد که اون و بزرگ کنه. به همین جهت، یک برادر نزد دهقان میمونه و دیگری پهلوی سیمرغ میخواد بزرگ شه. چند سال بعد، این برادر بزرگ میشوند. و به قصد شکار هر دو به جنگل میایند. و در جنگل هر دو هم دیگه رو میبینند، و به علت تشابه بسیار زیادی که از لحاظ چهره به هم داشتند. با هم دوست میشوند. غافل از این که هر دو برادر هم دیگه بودند. دوستیشان شدت پیدا میکند، و این قضیه به گوش عموی ستمگرش میرسه. و میفهمه که برادرزادهاش نمرده اند، بلکه زنده اند و بزرگ شده اند. به همین جهت، به قصد دستگیری برادر، برادرای دوقلو، تمام کشور زیرپا میذاره. یکی از برادرها را پیدا میکنه. و اون و زندانی خونش میکنه. بسیار به وضع فجیع و اسفناک. برادر دیگر در جنگی که با سربازان پادشاه میکنه دستگیر میشه، و اون هم به قصر پادشاه آورده میشه. (شرط پیروزی)، شرط آزادی، (ببخشید) شرط آزادی یکی از برادران اینه که با کسی که پادشاه انتخاب کرده بجنگه. اگه پیروز شد، میتونه آزادش کنم (بشود). و پادشاه کلاه خودی میذاره سر هر دو برادرا، به طوری که فقط چشمشان مشخص. شبیه کلاه گلادیوتور ها. و آنها را به میدان جنگ میفرسته. برادرا غافل از این که هر دو برادر هم دیگه هستند، با هم میجنگند، مدتی و بعد، شمشیر برادری به سر کلاه برادر دیگری میخوره، و کلاه از سرش می افته. و تازه متوجه میشه که این برادرشه. و با هم توانی[1] میکنند که به جنگ پادشاه برند. مدتی جنگ مصنوعی راه میاندازن تا پادشاه از این قضیه بی خبر باشه. و در همین هنگام، دو تا برادر به سوی پادشاه حمله میکنند، و به جنگ با سربازان پادشاه و عموی خویش که پادشاه

جبار همون مملکت بود می پردازن. در این میان، مادرشان، مادر این دو برادر که مدتی از حالشان غافل بوده است، پا در میانه میکند، و نمیگذارد که عمویشان به دست این دو برادر کشته شود. ولی عمو از غفلت این برادر ها استفاده میکند و یکی از آنها را به ضرب شمشیر میکشد. (پدر این برادر که مرد، میشه برادر پادشاه ستمکر)، [برادر دیگر] به خونخواهی (پسر با) برادرش میجنگه. و در جنگ خونینی پیروز میشه. و این (برادر)، یه برادری که زنده میمونه، (انتقام خودشو از) انتقام برادرش و از عموش میگیره. و اونو از بالای برج به زمین میزنه[۲] و اون و میکشه.

۱. توانی = تبانی ۲. میزنه = میاندازد

翻字（ローマ字）：yekī būd yekī nabūd, pādešāhī setamgarī dar yekī az sarzamīn hāye jāborqā hokūmatī dāšt, va šabī xābī tarsnāk mībīne. tamām-e kesnī ke, dānešmandānī ke dar qasr būdand ro jam mikone, ke īn xāb ro barāš ta'bīr konand. ānhā be īn natīje rasīdan ke xābaš sarnevešt-e šūmī xāhad dāšt. ū tavasot-e yekī az barādar zāde hāš košte xāhad šod. barādarzādeī ke čand māh ba'ad motavalled xāhad šod. be hamīn jahat ū barādar-e zanaš rā ke hāmere nīz būd, taht-e morāqebat, morāqebat vīje qarār dād, tā mouqeye zāyemānaš farā rasad. dar mouqe zāyemān hengāmī ke farzand farzandī donyā āmad, ettefāqān doqolū būdand. do tā pesar-e xošgel o qašang. ū be dastūr-e dānešmandān-e qasr bačče hā rā az barādaraš midozde o tūye jangalī anhā ra gom mikone. ettefāqām yekī az bačče hā be dast-e sīmorqī miyofte tā ūn o bozorg kone. ye baččeye dīgarī ke tū jangal oftāde būd be dast-e kešāvarzī miyofte, va ūn ham deleš barāye bačče misūze o mixād ke un o bozorg kone. be hamīn jahat, yek barādar bazd-e dehqān mimūne ba dīgarī bahlūi sīmorq mīxād bozorg še. čand sāle ba'ad, īn barādar bozorg mišavand. va be qasd-e šekār har do be jangal miyāyand. va dar jangal har do ham dīge ro mibīnand, va be ellat-e tašāboh-e besiyār ziyādī ke az lehāz čehre be ham dāštand. bā ham dūst mišavand. qāfal az īn ke har do barādar ham dīge būdand. dūstīšān šeddat peidā mikonad, va īn qazīe be gūš-e amūye setamgar mirase. va mifahme ke barādarzādehāš namordeand, balke zendeand va bozorg šodeand. be hamīn jahat, be qasd-e dastgīrī barādar, barādarāye doqolū, tamām-e kešvar zīr pā mizare. yekī az barādar hā ra peidā mikone. va uno zendānīe xūnaš mikone. bes-yār be vaze fajī o asafnāk. barādar-e dīgar dar jangī ke bā sarbāzān-e pādešāh mikone dastgīr miše, va ūn ham be qasr-e pādešāh āvorede miše. šart-e pīrūzīe, šart-e āzādīe, (bebaxšīd) šart-e āzādīe yekī az barādaran ine ke bā kasī ke pādešāh entehāb karde bejange. age pīrūz šod, mītūne āzādeš konam. va pādešā kolā xūdī mizare sar-e har do barādarā, be tourī ke faqat češmešān mošaxxase. šabīhe kolāh-e gulādīutūr hā. va anhā rā be meidān-e jang mifereste. barādarā qāfel az īn ke har do barādar ham dīge hastand, bā ham mijangad, moddatī va ba'ad, šamšīr-e barādarī be sar-e kolāh barādar-e dīgarī mixād, va kolā az sareš miyofte. va tāze motavajje miše ke īn barādareše. va bā ham tavānī mikonan ke be jang-e pādešā berand. moddatī jang-e masnūī rā miandāzan tā pādešā az īn qazīe bī xabar bāše. va dar hamīn hengām, do tā barādar be sūye pādešā hamle mikonand, va be jang bā sarbāzān-e pādešā va amūye xīš ke pādešā jabār-e hamūn mamlekat būd mipardāzan. dar īn miyān, mādar-e šān, mādar-e īn barādar ke moddatī az hālešān qāfel būde ast, pā dar miyāne mikonad, va nemigozārad ke amūyešān be dast-e īn do barādar košte šavad. valī amū az qeflat-e īn barādar hā estefāde mikonad ba yekī az ānhā rā be zarb-e šamšīr mikošad. pedar-e īn barādar ke mord, miše barādar-e pādešāh-e setamgar, be xūnxāhīe pesar-e bā barādareš mijange. va dar jangīe xūnī pīrūzī miše. va īn barādar-e ye barādarī ke zende mimūne, enteqām-e xodešo az enteqām-e barādareš o az amūš migīre. va uno az bālāye borj be zamīn mizane va uno mikoše.

日本語訳：あったことか、なかったことか。ある国で圧政をしく王がいた。ある夜、王は怖い夢を見た。宮殿にいたあらゆる学者たちを集めて、その夢の解釈をさせた。学者たちは、その夢が不吉な兆候であると結論づけた。王がいずれ甥の一人によって殺されるであろうというものであった。ちょうど、甥が数ヶ月後に生まれるところだった。そこで、王は身ごもっている弟の妻を子供が産まれるまで特別の監視下に置いた。子供が産まれたが、それは双

子であった。二人の美しくかわいい男の子であった。王は、宮殿の学者たちに、生まれた子供を森の中に捨てるように命じた。双子のうち一人は偶然、（神話上の霊鳥である）スィーモルグによって育てられた。もう一人は、農夫に拾われて、かわいそうに思った農夫はその子を育てることにした。つまり、双子の一人は村で、もう一人はスィーモルグのもとで育てられることになった。何年かが経ち、この二人の兄弟は大きくなったとき、狩りをしようと二人とも森へ入った。そして、森の中で出会った。お互いがとても似ていたので、つまり、容貌が同じであったので、友達になった。しかし、二人が兄弟であるということには気が付かなかった。お互いが友達になったということが、おじである暴君の耳に入った。王は、甥たちが死なずに、生き残り、成長したことに気づいた。そこで、この双子の兄弟を捕まえるために、国中を捜した。兄弟の一人が見つかり、牢屋に入れられた。それは、想像もできないくらい辛い状況であった。兄弟のもう一人は、王のもとで戦争に行くように命じられた。ある時、王の命令で二人が王の前に連れてこられた。二人のうちどちらかが、王の選ぶ者と戦って勝てば、自由になることになった。王は兄弟を騙したのであった。二人とも目だけの出た兜をかぶせられ、戦いの広場に連れてこられた。二人は、相手が兄弟であることに気が付かなかったので、戦いを始めた。しばらくして、一人の剣がもう一人の兜を割り、兜は落ちた。そこで初めて兄弟であることに気が付いた。二人は一緒に王を倒すことにした。王に気取られないように、しばらく、見せかけの戦いを続けていた。そして、二人は見計らって王の方へ向かっていった。王でありおじであり国中に圧政をしいていた王の軍隊と戦った。見ていた母親はしばらく気が付かなかったが、走り寄り、王が二人を殺すのをやめさせようとした。しかし、王は不意をついて兄弟の一人を剣で殺してしまった。残った方は、敵討ちを挑んで、勝った。兄弟は一人だけが生き残ってしまった。おじに復讐したのだった。そして、王を塔から落とし、殺した。

備考：Cf. H151.10"Combat of unknown brothers bring about recognition" (Thompson, Stith. Motif Index of Folk Literature. 6 vols. Indiana : Indiana UP, 1955.)

044

題　　名：شاه و گدا／王と乞食
分　　類：本格昔話
ＡＴ番号：-
録音箇所［収録時間］：002-012［08分43秒］
調　査　日：1998年09月27日
調　査　地：تهران／テヘラン

名　　前：مهرداد موسوی／メヘルダード・モウサヴィー
年齢性別：26才、男性
職　　業：عکّاس／写真家
住　　所：استان مازندران، آمل، میدان ۱۷ شهریور اول خیابان هراز
出　身　地：استان مازندران، آمل／マーザンダラーン州アーモル
伝　承　者：مادر بزرگ／祖母

翻字（ペルシア語）：یه دختری بود خیلی فقیر بود. یه روزی میره، دم در خونه یه پادشاه و تقاضای کمک میکنه. ولی پادشاه هیچ اعتنایی به اون نمیکنه و، وقتی بهش، اعتنا نمیکنه دختره خیلی از ته دل ناراحت میشه. پس رو میکنه به پادشاه و میگه، الهی روزی به درد من دچار بشی، اون وقت میفهمی که من چی کشیدم. خلاصه پس از اینکه از پیش پادشاه میره میرسه

به یه جنگلی. از اونجایی که خوب خیلی راه رفته و خیلی خسته بوده، چون هوا خیلی تاریک بوده، به ناچار تو جنگل گم میشه. خلاصه بعد از چند مدت، تو جنگل گشتن از راه خیلی دوری نوری فانوس خیلی کوچکی رو میبینه. پس خیلی امیدوار میشه. پس میره، پیش اون نور بعد از دور میبینه که بله یه خونه است. پس وقتی کنار اون، خونه میرسه، در میزنه. بعد از یه چند مدتی یه پیرزنی در باز میکنه. این خیلی با دختره خیلی با ناراختی میگه خانم من فقیرم بیچاره ام کسی رو ندارم، تو این جنگل گم شدم. شما فقط امشب به من راه بدین من فردا صبح از این جا میرم. پیر زن میگه دختر خانم، ما اینجا چیزی نداریم، من خودم فقیرم، یه پسری دارم یه هیزم شکنه رفته هیزوم بشکنه، هیزما ر ببره شهر بفروشه و بیاد ما یه حد اقل با این پولی که به دست میاد، یه نون و غذایی رو تهیه کنیم بخوریم. خلاصه پیر زنه قبول نمیکنه و این دختره رو از خودش میرونه. میگه خانم تو برو، من یه پسر دارم پسرم جوونه نمیشه تو برو. خلاصه این دختره میره و میره ا تو این جنگل و از پیش پیر زنه میره، میبینه از لای یه دونه درختی یه صدایی میاد. بعد میگه دختر خانم کجا میری. میگه که صدا تو کی هستی؟ تو چی هستی از جون من چی میخوای؟ من خودم فقیرم من خودم بیچاره ام، تو از جون من چی میخوای؟ صدایه بر می گرده بهش میگه من میدونم تو کی هستی چه زجری کشیدی. حالا میخوای تو وضت[1] خوب بشه، بهتر بشه، پولی به دست بیاری. دختره یه دفه[2] خوب میگه خوب چه چیزی بهتر از این. پس صدا برمیگرده، از همین راهی که اومدی، شیش[3] قدم بر میگردی، سمت راست، دو متر میری جلو. تو این دو متری رو به یه درخت سیاهی شیش تا خونه هست. تو این شیش تا خونه، (نه) خونه اول نه، خونه دوم نه، خونه سوم نه، خونه شیشمو در میزنی، میگی من از روح خدا آمدم. میگی من از روح خدا آمدم، در باز کن. اگه این حرفُ نزنی در خونه باز نمیشه. خلاصه این دختره میره و به همون خونه که رسید، در شیشمو در میزنه و همین حرفُ میزن و در باز میشه. وقتیکه در باز میشه، انقدر پول و طلا و جواهر، این میاد بیرون که این دختره تو این پول و جواهر غرق میشه. متقابلاً که نمیدونه چیکار کنه. یه دو سه تا سکه از اون طلا رو میگیره و میاد پیش پیر زنه. وقتی میاد پیش پیر زنه دو باره در میزنه. پیر زنه ا لای پنجره نگاه

میکنه میبینه باز همین دختره هست. هی دو سه بار دختره وقتیکه در میزنه، پیر زنه در واز[4] نمیکنه. بار پنجم شیشم خلاصه این (دختره، پیر زن ببخشید) پیر زن در واز میکنه. میگه خانم، من دو تا سکه طلا دارم، این دو تا سکه طلا ر میتونیم ببریم بفروشیم، یه نونی یه چیزی بگیریم با هم بخوریم. پیر زنه اتفاقاً خیلی خوشحال میشه و پیر زنه با این دختره تو همون شب چی کار میکنن؟ میرن بیرون. خلاصه به هر زحمتی هست این طلا ها رو می فروشن و یه مقدار نون و یه مقدار پنیر و یه چیز هائی که حد اقل بتونن امشب و سر کنن (سپری کنند) و میخرن. بعد میان خونه. میان خونه بعد شروع میکنن به پختن غذا و اینا پسر پیر زنه که تازه رفته بود جنگل و خلاصه به هر بدبختی و جون کندنم بود و یه هیزمی و از فروختن، هیزم یه مقداری پول به دست آورده بود و با یه مقدار نونی اینا خریده بود که بیاد. وقتی میرسه به خونش میگه که خدا یا، دم در خونش خونش خیلی پر نوره چراغای فانوس خیلی روشن از اجاقشون خیلی بوهای خیلی خوبی میاد. متقابلاً در میزنه و میره ببینه چیه، میاد پیش مادرش. میگه مادر جریان چیه؟ ما که چیزی نداشتیم، چرا خونه اِنقد[5] پر نوره اِنقد نون و غذا های خوشمزه اینجا است. میگه اره جریان اینه. این دختره آمد و از این برنامه ها. خلاصه این دختر فردا صبح زود که میخواد بره، پیر زنه میگه خوب تو نرو الان میخوای بری کسی رو نداری کجا میخوای بری. چی کار میخوای بکنی. خلاصه میمونه. بعده چند روزی میمونه، دختره میخواد بگه که من مقداری پول یا طلا به دست آوردم میترسه، میگه خوب اگه من بگم اینا این پولُ از من میگیرن من میشم گرفتار. خلاصه بعد بعد چند روز بودند، پیر زنه به این دختر خیلی علاقمند میشه. در نتیجه میخواد این دختره رو برای پسرش درست کنه. با دختر صحبت میکنه میگه که دختر حالا که تو اینجا هستی. پسر منم که جوونه، پس ببین[6] شما دو تا با هم عروسی کنین. هما[8] صاحب نوه و نبیره و اینا میشم. هم شما از تو بد بختی در میایین. خلاصه، این دختره با این پسره ازدواج میکنن. بعد جریان طلا و سایر این برنامه هایی که پیش اومده رو برای شوهرش تعریف میکنه. به شوهرش میگه که تو باید ده تا شتر هر جوری هست تهیه کنی، ما بریم این طلا ها رو ور داریم بیاریم، بعد ثروتمند بشیم. خلاصه فردای اون روز میرن

دو باره، یه ده تا شتر میارن به اتفاق شوهرش و با مادر شوهرش میرن این طلا ها رو میارن. این طلا ها رو میارن خلاصه به هر طریقی هست کار به جایی میکشه اینا خونه ای میسازن که یه خشتش طلاست یه خشتش فقط نقره. این ساختن این خونه به قدری توی اون شهر و کشور میپیچه. این حرف به گوش پادشاه میرسه. که اره دختری هستش توی فلان شهری هست، کاخی ساخته، از طلا و نقره، که شما با اون همه شاه بودنت نتونستی. این شاه یه وزیری داشته که خیلی وزیر خوبی بوده. همون موقعیکه دختر خانم اومده بود (برای) از پادشاه برای کمک کردن، وزیره به پادشاه گفته بود تو این دخترو کمک کن ولی خوب چون اون پادشاه خیلی مغرور بوده قبول نکرد. این پادشاه و این وزیر، لباس خودشونو به شکل یه آدم فقیری در (میاد) میارن دم در خونه همین دختره. در میزنن اره میگن ما فقیریم هرجوری هست ما رو کمک کنین. دختره از پشت پنجره وقتیکه این پادشاه و وزیر رو میبینه میشناسه. بعد به نوکراش میگه اره شما این پادشاه و وزیرو بیارین تو یه اتاقی بذارین، بهشون غذا بدین موقع رفتن بهشون بگین شما هرچی شما خوردین ظرفاش که از طلا و نقره هست ور دارین ببرین. ور دارین ببرین مال خودتون اگه هم خیلی پافشاری (کردن) گفتن میخوایم بریم بازم اینا رو راه ندین [نذارید برن] من باهاشون کار دارم. (این شاه و این گدا)، این شاه و این وزیرش میان با هم مینشینن غذا ر میخورن موقعی که میخوان برن، خدمتکاره میگه شما اولاً که یک نباید برین دوم باید اگر میخواین برین باید این بشقابایی که توش غذا بود خوردین که همه از طلا (است) ور دارین ببرین. بعد خدمت کاره میگه که پس شما باشین. پادشاه و با وزیرش تو یه اتاق میشینن، بعد تو این اتاق طوری بوده که وسطش پرده بوده. متقابلاً (این) خانم این خونه که الان وضش[۸] خوب شده به قول معروف سر ور این خونه شده. پشت اون پرده قرار میگیره میگه شما که (آدم) فقیر و بد بخت هستین، من قصهٔ زندگی خودمو بهتون میگم، شما هم قصهٔ زندگی خودتونو بگین. اون وقت ببینیم که چی بچیه. پادشاه میشینه از روزگار زندگی خودش میگه اره. میگه من الکی حالا این حرف ها ر الکی میگه اره من آدم خیلی فقیر هستم چیزی ندارم و هیچی هم ندارم. از روی (زندگی) ناچاری اومدم به فقارت[۹]. دختره هم بر میگرده، این

قصه ای که من به شما گفتم و براش تعریف میکنه و اره من فقیر بودم. خلاصه این چیزا رو به دست آوردم. بعد دو باره این حرفا رو میزنه پرده ر میزنه کنار میگه (شما) شما که شاه هستین، شما هم که وزیر هستین. احتیاج نیست که دیگه به من دروغ بگین. خلاصه از اون جائی که این شوهر همین سرور همین خانواده که همین خانم، دختر خانمی که وضش خوب شده، چون یه مقدار کچل بوده، متقابلاً با پادشاه صحبت میکنه، میگه من این شوهرم و ازش جدا میشم چون کچل ازش جدا میشم یه مقدار پولی به مادرش میدم، این میره من و شما ازدواج میکنیم. (ما) متقابلاً همینجور پیش میاد و این از شوهرش جدا میشه و بعد با شاه ازدواج می[۱۰] و زندگی خوبی رو باهم میسازن.

۱. وضت = وضعت ۲. دفه = دفعه ۳. شیش = شش ۴. واز = باز ۵. اِنقد = اینقدر ۶. بیین = بیایین ۷. هما = هم من ۸. وضش = وضعش ۹. فقارت = فقیری کردن ۱۰. می = میکند

翻字（ローマ字）：ye doxtar būd xeilī faqīr būd. ye rūz mire, dam-e dar-e xūneye pādešā o taqāzāi komak mikone. valī pādešā hīč etnāī be ūn ūn nemikone o, vaqtī beheš, etenā nemikone doxtare xeilī az tah-e del nārāhat miše. pas rū mikone be pādešā mige, elahī rūzī be dard-e man dočār bešī, ūn vaqt mifahmī ke man čī kešīdam. xolāse pas az īnke az pīše pādešā mire mirese be ye jangalī. az ūnjaī ke xub xeilī rā rafte o xeilī xaste būde, čūn havā xeilī tārīk būde, be nāčār tu jangal gom miše. xolāse ba'ad az čand moddat, tu jangal gaštan az rāh-e xeilī dūrī tūrī fanūs xeilī kūčik ro mibine. pas xeilī omīdvār miše. pas mire, pīš-e ūn nūr ba'ad az dūr mibīne ke bale ye xūne ast. pas vaqtī kenār-e ūn, xūne mirese, dar mizane. ba'ad az ye čand moddatī ye pīr zan dar bāz mikone. īn xeilī bā doxtare xeilī bā nārā xatī mige xānom man faqīram bīčāream kasī ro nadāram, tū in jangal gom šodam. šomā faqat emšab be man rāh bedīn man fardā sobh az īnjā miram. pīr zan mige doxtar xānom, mā injā čīzī nadārīm, man xodam faqīram, ye pesarī dāram ye hīzom šekane rafte heizom bešekane, hīzomā re bebare šahr befrūše o biyād-e mā ye hadde aqal bā in pūlī ke be dast miyād, ye nūn o qazāī ro tahīe konīm boxorīm. xolāse pīr zane qabūl nemikone o īn doxtare ro az xodeš mirune. mige xānom to borou, man ye pesarī dāram pesaram javūne nemiše to borou. xolāse īn doxtare mire o mire a tū īn jangal o az pīš pīr zane mire, mibine az lāye ye dūne deraxtī ye sedāī miyād. ba'ad mige doxtar xānom kojā mirī. mige sedā to kī hastī? to čī hastī az jūn-e man čī mixāī? man xodam faqīram man xodam bīčāram, to az jūn-e man čī mixāī? sedāīe ba migarde beheš mige man midūnam to ki hastī če jazarī kešīdī. hālā mihāī to bazet xūb beše, behtar beše, pūlī be dast biyārī. doxtare ye dafe xub mige xub če čīzī behtar az īn. pas sedā barmīgarde, az hamīn rāhī ke ūmadī, šiš qadam bar mi gardī, samt-e rāst, do metr miri jelou. to in do metrī rū be deraxt-e siyāhī šīš tā xūne hast. tu in šīš tā xūne, na xūne avval na, xūne dovvom na, xūne sevvom na, xūne šīšomo dar mizanī, migī man az rūh-e xodā āmadam. migī man az rūh-e xodā āmadam, dar bāz kon. age īn harfo nazanī dar-e xūne bāz miše. xolāse in doxtare mire o be hamūn xūne ke rasīd, dar šīšomo dar mizane o hamīn harfo mizan o dar bāz miše. vaqtīke dar bāz miše, enqadr pūl o talā o javāher, in miyād bīrūn ke in doxtare tū īn javāher qarq miše. motaqābelān ke nemīdūne čikār kone. ye do se tā sekke az ūn talā ro migīre o miyād pīše pīr zane. vaqtī miyād pīše pīr zane do bāre dar mizane. pīr zane a lāye panjare negāh mikone mibīne bāz hamīn doxtare hast. hei do se bār doxtare baqtīke dar mizane, pīr zane dar vāz nemikone. bār-e panjom šīš-am xolāse in, doxtar-e pīr zan bebaxšīd pīr zan dar vāz mikone. mige xānom, man do tā sekke talā dāram, īn do tā sekke talā re mitūnīm bebarīm befrūšīm, ye nūnī ye čīzī begīrīm bā ham bexorīm. pīr zane ettefāqān xerlī xošhāl miše o pīr zane bā in doxtare tū hamūn šab či kār mikonan? miran bīrūn. xolāse be har zahmatī hast īn talāhā ro mifrūšan o ye meqdār panīr o ye šīz hāī ke hadde aqal betūnan emšab o sar konan o mixaran. ba'ad miyan xūne. miyān xūne ba'ad šrū mikonan be poxtan-e qazā o īnā pesar-e pīr zane ke tāze rafte būd jangal o xolāse be har bad baxtī o jūn kandan-am būd o ye hīzum o az frūxtan, hīzom ye meqdārī pūl be dast āvorde būd o bā ye meqdār nūnī īnā xarīde būd ke biyād. vaqtī mirase be xūneš mige ke xodā yā, dam-e dar-e xūnaš xeilī por nūre čerāqāye fānūs xeilī roušan az az ojāqešūn xeilī būhāi xūbī miyād. motaqābelān dar mizane o mire bebīne čie, miyād pīše mādaraš. mige mādar jariyān čie? mā ke čīzī nadāštīm, čerā xūne enqad por nūre enqad nūn o qazā hāye xušmaze īnjā ast. mige are jariyān ine. in doxtare āmad o az in barnāme hā. xolāse in doxtar fardā sobh-e zūd ke mixād bere, pīr zane mige xūb to narou alān mixāī berī kasī ro nadārī kojā mixāī berī. čī kār mixāhī bokonī. xolGse mīmūne. bade čand rūzī mimūne, doxtare mixād bege ke man meqdārī pūl yā talā be dast āvordam mitarse, mige xūb age man begam inā in pūlo az man migīran man mišam gereftār. xolāse ba'ad bad čand rūz būdand, pīr zane be īn doxtare xeilī alāqemand miše. dar natīje mixād in doxtare ro barāye pesareš dorost kone. bā doxtar sohbat mikone mige ke doxtar hālā ke to injā hastī. pesar-e manam ke javūne, pas bebīn šomā do tā bā ha arūsī konīn. hamā sāheb-e nave o nabīre o inā mišam. ham šomā az to bad baxtī dar miyāīn. xolāse, īn doxtare bā īn pesare ezdevāj mikonan. bad jariyān-e Talā o sāyer sāyer īn barnāme hāī ke pīš ūmade ro barāye šouharaš ta'arīf mikone. be šouharaš mige ke to bāyad dah tā šotor har jūrī hast tahīe konī, mā berīm īn talā hā ro var dārīm biyārīm, ba'ad servatmand bešīm. xolāse fardāye ūn rūz miran do bāre, ye dah tā šotor miyāran be ettefāq šouhareš o bā mādar-e šouhareš miran īn talā hā ro miyāran. īn talā hā ro miyāran xolāse be har tarīqī hast kār be jāī mikoše īnā xūneī mīsāzan ke ye xešteš talāst ye xešteš faqat noqre. īn sāxtan-e īn xūne be qadrī tūye ūn šahr o kešvar mipīče. īn harf be gūš-e pādešā mirese. ke are doxtarī hasteš tūye felān šahrī hast, kāxī sāxte, az talā o noqre, ke šomā bā ūn hame šāh būdan natūnestī. īn šāhe ye vazīrī dāšte ke xeilī vazīr xūbī būde. hamūn mouqeī ke doxtar xānom ūmade būd barāye az pādešā barāye komak kardan, vazīre be pādešā gofte būd to in doxtaro komak kon valī xūb čūn ūn pādešā xeilī maqrūr būde qabūl nakard. īn pādešā o īn vazīr, lebās-e xodešūno be šekl-e ye ādam-e faqīrī dar miyād miyāran dam-e dar-e xūne hamīn doxtare. dar mizanan are migan mā faqīrīm har jūrī hast mā ro komak konīn. doxtare az pošte panjare vaqtīke īn pādešāh o vazīr ro mibīne mišnāse. ba'ad be noukarāš mige are šomā īn pādešāh o vazīro biyārīn tū ye otāqī bezarīn. behešūn qazā bedīn mouqe raftan behšūn begīn šomā harčī šomā xordīn zarfāš ke az talā o noqre hast var dārīn bebarīn. var dārīn bebarīn māl xodetūn age ham xeilī pāfešārī goftan mīxām berīm bāzam īnā ro rāh nadīn man bāhāšūn kār dāram. īn šāh o īn gedā, īn šāh o īn vazīreš miyān bā ham minešīn qazā re mixordan mouqeī ke mixān beran, xedematkār mige šomā avvalān ke yek nabāyad berīn dovvom bāyad agar mīxāīn berīn bāyad īn bošqābāī ke tūš qazā būd xordīn ke hame az talāst var dārīm bebarīn. ba'ad xedemat kāre mige ke pas šomā bāšīn. pādešāh o bā bazīreš tūye otāq mīšīnan, ba'ad tū īn otāq tūrī būde ke basateš parde būde. motaqābelān īn xānom īn xūne ke alān vazeš xūb šode be qūl-e sar var-e īn xūne šode. pošte ūn parde qarār migīre mige šomā ke ādam-e faqīr o bad baxt hastīn, man qesseye zendegī xotemū betetūn migam, šomā ham qesseye zendegī xotetūno begīn. ūn vaqt bebīnī, ke čī bečīe. pādešā mišīne az rūzgār zendegī xodeš mige are. mige man alekī hālā īn harf hā re alekī mige are man ādam-e xeilī faqīr hastam čīzī nadāram o hīčī ham nadāram. az rūye zendegī náčārī ūmadam be faqārat. doxtare ham bar mīgarde, īnqesseī ke man be šomā goftam o barāš ta'arīf mikone o are man faqīr būdam. xolāse īn čīzā ro be dast āvordam. bad dobāre īn harfā ro mizane parde re mizane kenār mige šomā (šomā) ke šāh hastīn, šomā ham ke vazīr hastīn. ehtyāj nīst ke dīge be man dorūq migīn. xolāse az unjāīke in šouhar-e hamīn sarvar hamīn xānevāde ke hamīn xānom, doxtar xānomī ke vazeš xūb šode, čūn ye meqdār kačal būde, motaqābelān bā pādešā sohbat mikone, mige man in šouharam o azeš jodā mišam čūn kačale azeš jodā mišam ye meqdār pūlī be mādareš midam, in mire man o šomā ezdevāj mikonīm. mā motaqābelān hamīnjūr pīš miyād o īn az šouharaš jodā miše o bad bā šāh ezdevāj mi o zendegī-e xūbī ro bā ham mosāzan.

日本語訳：一人の貧しい娘がいた。ある日、王の宮殿に行き、助けを求めた。しかし、王は娘を気にも留めなかった。娘は、それを見て、心の底から腹が立った。娘は王に向かって、こう言った。

「一度、私の痛みを経験してみるといいです。どんなに苦しいかわかるでしょう。」

娘は、宮殿を出て森に着いた。歩きに歩いて、とても疲れてきた。辺りも暗くなってきたので、森の中で道に迷ってしまった。しばらく森の中を歩い

ていると、小さな明かりが見えた。うれしくなって、光の方へ向かっていった。遠くから見ると、一軒の家があった。娘は家の近くまで行って、扉を叩いた。しばらくすると、老女が扉を開けた。娘は、とても惨めに言った。

「ご婦人、私は貧しいのです。惨めなのです。身よりもないのです。この森で迷子になってしまいました。今夜だけでも泊めてください。明日の朝には出ていきます。」

老女は言った。

「お嬢さん、私は何も持っていません。私たち自身も貧しいのです。息子がいるのですが、今、薪を刈りに行っています。薪を町で売って、そのお金で最小限のものを手に入れるのです。ナンや食料を買って食べているのです。」

老女は断ろうと、娘に向かって言った。

「お嬢さん、行きなさい。私には若い息子がいるので、だめです。行きなさい。」

この娘は、また森を歩き、老女のもとから去って行った。すると、娘はある木の中から声がするのを聞いた。その声は言った。

「お嬢さん、どこへ行くのですか。」

娘は言った。

「その声は、いったい誰なの。何なの。私に何の用なの。私は貧乏な娘です。惨めな娘です。私にいったい何の用なの。」

その声は、返事して言った。

「私はあなたが誰か知っています。どんなに苦しんできたか知っています。幸せになりたいだろう。お金が欲しいだろう。」

娘は言った。

「それに勝るものはありません。」

その声は言った。

「あなたが歩いてきた道を六歩戻って右へ行きなさい。二メートル前へ行ったら、六つの黒い家があります。その六つの家の、一つ目ではなく、二つ目でもなく、三つ目でもなく、六つ目の扉を叩いて、私は神の命で来た、と言

いなさい。神の命で来た、扉を開けよ、と言いなさい。こう言えば、扉が開きます。」

娘は、その家々に着き、六つ目の扉を叩き、言われた通りに言うと扉が開いた。扉が開くと、お金や金や宝石があり、そのお金や宝石でおぼれそうになった。何が何だかわからなかった。金貨の二、三枚を取って、老女のもとへ行った。老女のもとへもう一度行き、扉を叩いた。老女が、窓から見ると、また同じ娘だった。二度、三度と扉を叩いたが、老女は扉を開けなかった。五度、六度目にやっと扉を開けた。娘は言った。

「ご婦人、二つの金貨があります。この二つの金貨を売って、ナンなどを買って食べましょう。」

老女はとても喜んで、その晩はいったいどうしたかというと、外へ出て行ったのだった。なんとかその金を売り、ナンとチーズとその夜に必要なものを買って帰った。家に帰ってご飯を作り、森へ行っていた老女の息子は、ほとんど収穫がなく、わずかのお金を得てナンなどを買って帰ってきた。家に帰ってくると、「なんてことだ。」と言った。扉の前では、明かりがもれ、とても明るく、かまどからはいい匂いがした。扉を叩いて、何事かを見ようとして、母親のもとへ行って、こう言った。

「おかあさん、これは何事ですか。私たちは何も持っていなかったのに、どうして家はこんなに明るく、こんなにナンとおいしそうな料理があるのですか。」

母親は言った。

「ああ、こういうわけだよ。この娘がやってきて、こうなったのだよ。」

この娘は、次の日早くに出て行こうとしたが、老婆は言った。

「行かないでおくれ。誰も身寄りがないのに、いったいどこへ行くというのだ。いったいどうするというのだ。」

娘は残ることになった。数日間残って、こう思った。「私がお金や金を持ってくると言いたいが、もし、それを言ったら、老女は私からお金を奪って、私は囚われの身になるだろう。」そして、数日がたった。老女はこの娘を気に入った。そして、自分の息子と一緒にさせようと思った。老女は娘にこう言った。

「おまえはここにいるし、私の息子も若い。どうだ、結婚しないかね。私も孫や曾孫が欲しいんだよ。おまえも不幸ではなくなるだろう。」

娘は、この息子と結婚することにした。そして、前に起こった金の出来事などの話を夫に話した。そして、夫に言った。

「十頭のラクダを用意してください。財宝を取りに行きましょう。そして、お金持ちになりましょう。」

その次の日、出発することになった。十頭のラクダと夫と老婆と一緒に金を取りに行った。財宝を取ってきて、金と銀の煉瓦で家を造った。この家のことは王の耳に入った。ある町に娘がいて、どんな王でも造れないような金と銀で宮殿を造ったいうことだった。王は、とても優秀な大臣を持っていた。娘が助けを求めて王に会いにやって来たときも、大臣は助けるように言ったのだが、王が高慢なため助けなかったのだった。この王と大臣は、貧民のような格好をして娘の家に行った。扉を叩いて言った。

「我々は貧しい者です。どうにかして我々を助けて下さい。」

娘は窓から王と大臣を見たとき、すぐに気がついた。そして、下僕に言った。

「王と大臣を部屋に通しなさい。食べ物を与えて、帰りたいと言ったときには、金銀の食器も持って帰るように言いなさい。さらに、その場を離れようとしたときは、私は彼らに用があります。」

王と大臣は一緒にやってきて、食事をとった。食べ終わって出ていこうとするとき、下僕は言った。

「まだ帰らないで下さい。もし、よければ、この食器も持っていかれてはいかがですか。全部、金でできています。持っていってください。」

さらに下僕は続けて言った。

「もっとここにいてください。」

王と大臣は、真ん中が幕でしきられている部屋に入った。金持ちになったこの家の夫人は、この成り上がった夫人は幕の後ろから言った。

「貧しく不幸な者よ、私の半生を言いますから、あなた方も自分のことを言ってください。それから、どうしようか考えよう。」

王は自分の半生を語りだした。

「私は貧しい何もない男です。貧しさゆえにここに来ました。」

娘もこれまでのことを語り始めた。

「私は貧しかったが、最後にはこの裕福さを手に入れたのです。」

そして、幕を取っ払って言った。

「あなたは王です。そして、そちらの者は大臣です。嘘をつく必要などありません。」

この娘の夫はすこし禿であったので、娘は王とある策略をねった。娘が言った。

「あの夫と別れてやる。少しのお金を母親に与えて、王と結婚するようにしましょう。」

こうして、娘は夫と別れ、王と結婚し、幸せに暮らした。

045

題　名：سرنوشت ／運命

分　類：本格昔話

ＡＴ番号：-

録音箇所［収録時間］：004-029［03分25秒］

調 査 日：1998年11月03日

調 査 地：استان مازندران، شهرستان آمل، محلّه چاکسر ／マーザンダラーン州アーモル地方チャークサル地区

名　前：طاهره قریب ／ターヘレ・ガリーブ

年齢性別：50才、女性

職　業：خانه دار ／主婦

住　所：آمل، خ. شهید بهشتی

出 身 地：آمل ／アーモル

伝 承 者：پدر و مادر ／両親

翻字（ペルシア語）：یه پادشاه بود، زنش حامله بود. اونوقت زایمان کرد. زنش زایمان کرد. زایمان کرد، یه کارگری داشت درِ خونه نشسته بود. این زنه اینجا زایمان کرد این کارگرِ در خونه نشسته بود یهو دید یه نفر اومد و فرار کرد داره در میره. زد و دستش گرفته گفت تو کی بودی؟ کجا بودی؟

توی اون اتاقی که زاوو بود تو چی کار میکردی؟ زنه گفت تو منه ول کن و گفت اگر نگی تو را میدم دست پادشاه پادشاه تو رو بکشه. اون وقت گفت من سرنوشتم. گفت سر دختر پادشاه نوشتی؟ گفت اره. گفت چی نوشتی؟ گفت این تهمت به دزدی میخوره و میبرنش سرش میتراشنو روی خر سوار میکننو تو بازار میگردوننش. اون وقت این دست سرنوشت و ول کرد و سرنوشت خودش رفت. رفت و این دید که این دختره بزرگ شد و میرفته مدرسه و میومده هیوده، هجده ساله شده. میرفته مدرسه و میومده، این زنه کارگرش همش اینه میدیده گریه میکرد و ناراحتی میکرد. اونوقت این دختر یه روز اومد پیشه کارگره گفت ای زن چیه؟ تو چرا منو میبینی گریه میکنی و ناراحتی میکنی؟ گفت هیچی نیست. گف به خدا قسم به جقه[1] پدرم قسم اگر نگی تو رو میدم دست پدرم تو رو میدم بکشه. بگو جریان چیه که تو من میبینی گریه میکنی. گفتش که راستش میخوای سرنوشت سرتو نوشت من دستشو گرفتم، این راز ترا به من گفته. (تو تهمت به دزدی میخوری)، تهمت به دزدی میخوری میروی زندان اینا. این گفت خوب، من اینجا تهمت به دزدی بخورم و برم زندان و خر سوار بشم ابروی پدر من بره، من این کشور و ول میکنم. (مثلاً میرم ژاپن) رفت (مثلاً ژاپن) (ژاپن) اونا داشتن پادشاه (ژاپن) داشت برای پسر خودش عروسی میکرد. یک کلاخودِ طلا برای عروس گفتن یه کسی ببافه. همه گفتن ما بلد نیستیم. این تو خیابون داشت می گشت، گفت من بلتم[2]. من بلدم گفتن این دختره هم بر داریم بیاریم. دختر ر آوردن خونه. گفتن طلا و جواهر و پیشش ریختن و این کلاه خود ت بباف. این کلاه خود این بافته. یه پرده ای تو اتاق زده بود. روی پرده عکس کبوتر توش بود. یه مرتبه این کلاه خود اینجا گذاشت، آماده کرد که بیارن بذارن سر عروس یا داماد، این کبوتر اومده این کلاه خود گرفته خورده. گفت خدا یا. منم هر چی قسم بخورم که من نکردم این کارو این کبوتر اومد خورده، اینا مگه قبول میکنن. اینا باور نمیکنن حالا خودم برای هر کاری آمده میکنم دیگه. این با خودش و برای هر کاری آمده کرد اینا اومدن کلاخود ببرن دیدن کلاه خود نیست و گفت این کبوتر خورده. گفتن یعنی چه مگه میشه که عکس کبوتر بیاد این کلاه خود بخوره، بگیرین این دزده و بگیرین اینا سرش بتراشین. سرش تیغ کردن و ماست زدن و روی

خر سواری کردن و درست تو کوچه خیابون گردوندن. آوردن باز همون جایی که (اینه پیاده کردن) سوار کردن همینجا پیاده کردنش. پیاده کردن یهو کبوتر از دیواره اومد پایین و این کلاه خود انداخت، پس این تهمت خودش خورده. باز دو باره بر گشت رفت کشور خودش.

۱. جقه = جد ۲ . بلتم= بلدم

翻字（ローマ字）：ye pādešāh būd, zaneš hāmele būd. ūnvaqt zāyemān kard. zaneš zāyemān kard. zāyemān kard, ye kārgarī dāšt dar-e xūne nešaste būd. īn zane injā zāyemān kard īn kārgare dar-e xūne nešaste būd yahu dīd ye nafar ūmad o farār kard dāre mire. zad o dastaš gerefte goft to kī būdī? kojā būdī? tūye otāqī ke zāyū būd to čī kār mikardī? zane goft to mane vel kon o goft agar nagī to rā midam dast-e pādešā pādešā to ro bokoše. ūn vaqt goft man sarneveštam. gof sar-e doxtar-e pādešā neveštī? goft are. goft čī neveštī? goft īn tohmat be dozdī mixore yō mibaraneš sarešo mitarāšnō rūye xar savār mikonano tū bāzār migardūnaneš. ūn vaqt īn dast sarnevešt o vel kard o sarnevešt xodeš raft. raft o īn dīd ke īn doxtare bozorg šod o mirafte madrese o miumade hīvde, hijde sāle šode. mirafte madrese o miumade, īn zane kārgareš hamaš ine midīde gerie mikard o nārāhatī mikard. ūnvaqt īn doxtar ye rūz ūmad pīše kārgare goft ei zan čīe? to čerā mano mibīnī gerie mikonī o nārāxatī mikonī? goft hīčī nīst. gof be xodā qasam be jeqqe pedaram qasam agar nagī to ro midam bokoše. begū jariyān čie ke to man mibīnī gerie mikonī. gofteš ke rāstaš mixāi sarnevešt sar-e to nevešt man dastešo gereftam, īn rāz torā be man gofte. to tohmat be dozdī mixorī, tohmat be dozdī mixorī miravī zendān inā. īn goft xob man injā tohmat be dozdī boxoram o beram zendān o xar savār bešam abrūye pedar-e man bere, man īn kešvar o vel mikonam . masalān miram žāpon raft masalān žāpon žāpon ūnā dāštan pādešāh-e žāpon dāšt barāye pesar-e xodeš arūsī mīkard. yek kalāxode talā barāye arūs goftan ye kasī bebāfe. hame goftan mā balad nīstīm. īn xiyābūn dāšt mīgašt, goft man balatam. man baladam goftan īn doxtare ham bar dārīm biyārīm. doxtar ra āvordan xūne.

goftan talā o javāher o pīšeš rīxtan o īn kolāh-e xod te bebāf. īn kalāh-e xod īn
bāfte. ye pardeī tū otāq zade būd. rūye parde aks-e kabūtar tūš būd. ye martabe īn
kalāh-e xod īnjā gozāšt, āmāde kard ke biyāran bezāran sar-e arūs yā dāmād, īn
kabūtar ūmade īn kolāh-e xod gerefte xorde. goft xodā yā. manam har čī qasam
boxoram ke man nakardam īn kāro īn kabūtar ūmad xorde, īnā mage qabūl mikonan.
īnā bāvar nemikonan hālā xodam barāye har kārī āmade mikonam dīge. īn bā
xodeš o barāye har kārī āmade kard īnā ūmadan kalāxod bebaran dīdan kolāh-e
xod nīst o goft īn kabūtar xorde. goftan ya'anī če mage miše ke aks-e kabūtar
biyād īn kolāh-e xod boxore, begīrīn īn dozde o begīrīn īnā sareš betarāšīn. sareš
tīq kardan o māst zadan o rūye xar savārī kardan o dorost-e tū kūčeye xiyābūn
gardūndan. āvordan bāz hamūn jāī ke īne piyāde kardan savār kardan hamīnjā
piyāde kardaneš. piyāde kardan yahū kabūtar az dīvāre ūmad pāīn o īn kolāh xod
andāxte, pas īn tohmat xodeš xorde. bāz do bāre bargašt raft kešvar-e xodeš.

日本語訳：身重の妻を持つ王がいた。やがて、出産した。王妃は出産したのだった。召使いが扉の前に座っていると、誰かがやって来て扉から逃げていくのを見た。召使いはその者を捕まえて言った。

「おまえは誰だ。どこから来た。産婦のいるところで一体何をしていた。」

すると、その女が言った。

「放して下さい。」

召使いは言った。

「もし言わないなら、王の前に引いていくぞ。きっと死刑になるだろう。」

すると、女は言った。

「私は運命（の女神）です。」

召使いは言った。

「王女の運命を決めたのか。」

女は言った。

「そうです。」

召使いは言った。

「どう決めたのだ。」

女は言った。

「この子は泥棒の嫌疑を掛けられて、頭を剃られてロバに乗せられ市場でさらし者にされるでしょう。」

そして、召使いは運命（の女神）の手を放してやった。彼女は行ってしまった。やがて、王女は大きくなり、学校へ行くようになった。そして、十七、八才になった。学校への行き帰り、その召使いの女は王女を見ては泣いて、苦しんだ。ある時、王女は召使いのもとへ行ってこう言った。

「いったい何ですか。どうして私を見て泣いて苦しむのですか。」

召使いは言った。

「何でもありません。」

王女は言った。

「神に誓って、父に誓って、もし、あなたが言わないのなら、父に言ってあなたを殺させます。さあ、私を見て泣くわけを言いなさい。」

召使いは言った。

「本当のことを知りたいのなら言います。あなたの将来を決める運命（の女神）がやってきて、私がその手を掴んだのです。そして、秘密を私に言ったのです。あなたが泥棒の嫌疑を掛けられて牢屋に入れられるということを。」

王女は言った。

「よろしい。もし、私がここで泥棒の疑いをかけらて、牢屋に入り、ロバに乗るのなら、父親の恥となるのなら、私はこの国を捨てます。」

こう言って、例えば日本[1]、日本に行った。日本では、王が王子を結婚させようとしているところだった。結婚式のために金で冠を織るように言ったのだが、誰もその方法を知らなかった。ところが、王女がちょうど通りを通って、こう言った。

「私は知っています。」

知っていると言ったので、娘を連れて行った。そして、金や宝石を目の前に置いて、織るように命じた。部屋をカーテンで仕切って、娘はそれで冠を織ることにした。カーテンには鳩の絵が描いてあった。冠をそこに置いて、新郎か新婦に載せる準備ができた。すると、その鳩が出てきて、冠を取って食べてしまった。王女は言った。

「ああ神様、どれだけ私がやったのではなく鳩が来て食べたのだと言っても、信じてもらえるとは思えない。どうなっても覚悟するしかない。」

王女が覚悟をしているところに（使いの者たちが）冠を持っていこうとやって来た。そして、冠がないのがわかった。王女は言った。

「冠は鳩が食べました。」

（使いの者たちは）言った。

「つまり、絵の鳩が冠を食べたというのだな。引っ捕らえろ、この盗人を引っ捕らえろ、頭を剃ってしまえ。」

そして、剃刀で頭が剃られ、ヨーグルトを塗られ[2]、ロバに乗せられて町中でさらし者にされた。一周してきたところでロバから下ろされたとき、鳩が塀から降りてきて、冠を落とした。えん罪であったことがわかった。そして、王女は再び自分の国へ帰っていった。

注
1．日本という言葉が出てきたのは、聞き手（著者）が日本人だからである。元は、中国であると推測する。
2．イランの慣習では、罪人などがロバに乗せられ、頭を剃られ、ヨーグルトを頭に塗られて辱められてさらし者にされることがあったという。

046

題　　名：کریم تنبل ／ 怠け者のキャリーム

分　　類：本格昔話

ＡＴ番号：-

録音箇所［収録時間］：004-061［04分11秒］

調 査 日：1998年11月11日

調 査 地：استان تهران، شهرستان ساوجبلاغ، شهر هشتگرد، روستای برغان، سرخه ／

テヘラン州サーヴォジボラーグ地方ハシトゲルド地区バラガーン村ソルへ

名　　前：محمّد ابراهیم رئیسی ／ モハンマドエブラーヒーム・ライースィー

年齢性別：74才、男性

職　　業：کشاورز ／ 農業

住　　所：تهران، سرخه

出 身 地：تهران، سرخه ／ テヘラン州ソルへ村

伝 承 者：پدر ／ 父親

翻字（ペルシア語）：یه پیرزنی یه پسر داشت. از این تنبل و تنبل کریم

تنبل بهش میگفتن. کریم تنبل. (صبر کن اِ) کریم تنبل بود، اسمش. (گف من پسر پادشاه رو میخوام). چی دختر پادشاه ر میخوام. گف که بابا جان تو هنوز نان و (برای نون) گریه میکنی. تو کریم تنبل بهت میگن. تو از زیر کرسی بلند نمیشی. چه جوری میگی که من دختر پادشاه رو میخوام. میگه که نه، نه خود نداره. من دختر پادشاه را میخوام. عرض کنم که مادره رو گ تو باید برین در خانه پادشاه. مادره رفت در خانه پادشاه. هی امروز و فردا، امروز و فردا، تا یک هفته جارو پارو کرد از این ور اون ور، بعد گف که (این پیر زن) پادشاه برگشت گف که این پیر زن چه کاره هست؟ رو به کلفته[1] کرد. گف این پیر زن چه کار هست اینجا. در نمیره. گف صاف نمیدانم قربان این پیر زن کجا، از کجا آمده از کجا و چه کار داره. گف که پیر زن صدا کن بیاد جلو. صدا کرد اومد جلو، گف که پیر زن شما چه کار هستین. گف که قربان ما یه پسر داریم کریم تنبل بهش میگن. میگه دختر پادشاه را میخوام. من نمیدانم حالا منظور شما چی باشه منظور من چی باشه. میدی یا نمیدی. گف خوب پسرت کجاست؟ گف از زیر کرسی بلند نمیشه. زیر کرسی بلند نمیشه. گف خوب بگو بیاد اینجا، من بهش میدم. گف اصلاً پسرم بلند نمیشه که من بگم بیا اینجا. نونی که من میدم او ر یواش بلند میکنم، نونو می ذارم [تو] دهنش (دهانش) می خوره اینقدر تنبله. گف خوب نمیدانم دختر صدا کن بیاد. دختر صدا کردن آمد جلو. گف که دختر جون، یه کریم تنبل هست پسر این پیر زن هست، گفته من دختر پادشاه را میخوام. میخوای یا نمیخوای؟ دخترم گف قربون اختیار من دست شما ست. دست شماست خودتون میدانی. میدین بدین نمیدین ندین من میخوام. خلاصه دختره درست کردن برای کریم تنبل. دختره آمد خونه. عروسی کردنو آورد خونه و دید که این کریم تنبل زیر کرسی بلند نمیشه. عروسه برگشت گف که کریم تنبل. گف بله. گف بلند شو این آب بگیر ببینم. گفت من نمیتونم. نه تو بلند شو من میارم جلوتر. کم کم یواش یواش یواش، کریم تنبل و بلند کرد آب و داد. آب و داد و خورد و بعد گفت خوب کریم تنبل، من زن تو هستم. گف من دختر پادشایم زن تو هستم تو چی میخوای؟ گف که من چیزی نمیخوام، فقط من عاشق تو بودم. گف خوب (من) عاشق من بودی من ترو بردم، وقتی که من هرچی میگم تو گوش میکنی یا نمیکنی. گف گوش میکنم چرا نمیکنم.

گف بلند شو نونو بخور. یواش یواش اینو بلند کردن و نونو خورد و کم کم کم بلند شد گف که تو بلند شو اون کاسه را بر دار بیار. یواش یواش کریم تنبلِ راه انداخت و رفت کاسه رو آورد. گف برو اون ظرف دیگه رو بیار. یواش رفت اون ظرف دیگه آورد. کم کم کم کم کریم تنبل راه افتاد دختره راه انداخت قشنگ راه افتاد و بعداً گف که امشب میخوایم بریم پیش پدرم. پیش پدرم پادشاه. گف که خوب بریم. یواش یواش رفتنو پیش پدرش. پدرش بر گشت و گف که بابا جون. گف چیه؟ گف که کریم تنبل اینه. شوهر من اینه. این از زیر کرسی بلند نمیشد. من کم کم راه انداختم و او رو کم کم راهورش کردم و آوردمش. آوردم به دیدن شما. گف ؟هیچ معنی نداره. خیلی پسر خوبی ست. جوان خوبیست ولی هر چی که دختر من میگه شما گوش کنید. کریم تنبل گفت چشم قربان. هرچی که گف من گوش میکنم. یواش یواش کریم تنبل شد وزیر دست راست شاه و دخترشاه هم زن چیز شد زن کریم تنبل شد.

۱. کلفته = مستخدمه زن

翻字（ローマ字）：ye pīrzanī ye pesar dāšt. az īn tanbal va tanbal kerīm tanbal beheš migoftan. kerīm tanbal. sabr kon e. kerīm tanbal būd, esmeš. gof man pesar-e pādešā ro mixām. čī doxtar-e pādešā ra mixām. gof ke bābā jān ro hanūz nān o gerie mikonī. to kerīm tanbal behet migan. to az zīre korsī boland nemišī. če jūrī migī ke man doxtar-e pādešā ra mixām. mige ke na, na xod nadāre. man doxtar-e pādešā ra mixām. arz konam ke mādare ro go to bāyad berīn dar-e xāne pādešā. mādare raft dar-e xāne pādešā. hai emrūz o fardā, emrūz o fardā, tā yek hafte jārū pārū kard az īn var ūn var, ba‘ad gof ke īn pīre zan pādešā bargašt gof ke īn pīre zan če kāre hast? rū be kolfate kard. gof īn pīr zan če kār hast īnjā. dar nemire. gof sāf nemīdānam qorbān īn pīr zan kojā, az kojā āmade az kojā o če kār dāre. gof ke pīr zan sedā kon biyad jelou. sedā kard ūmad jelou, gof ke pīr zan šomā če kār hastīn. gof ke qorbān mā ye pesar dārīm kerīm tanbal beheš migan. mige doxtar-e pādešā ra mixām. man nemīdānam hālā manzūr-e šomā čī bāše manzūr-e man čī bāše. midī yā nemidī. gof xūb pesarat kojāst? gof az zīre korsī boland nemiše. zīre korsī boland nemiše. gof xob bogū biyād injā, man beheš midam. gof aslān pesaram boland nemiše ke man begam biyā injā. nūnī ke man midam ū re yavāš boland mikonam, nūno mizaram dahanaš mixore enqadre tanbale. gof xob nemidānam doxtar sedā kon biyad. doxtar sedā kardan āmad jelou. gof ke doxtar jūn, ye kerīm tanbal hast pesar-e īn pīr zan hast, gofte man doxtar-e pādešā ra mixām. mixāī yā nemixāī? doxtar-am gof qorbūn extyār-e man dast-e šomā st. dast-e šomā st xodetūn midānī. midīn bedīn nemidīn nadīn man mixām. xolāse doxtare dorost kardan barāye kerīm tanbal. doxtare āmad xūne. arūsī kardan o āvord xūne o dīd ke īn kerīm tanbal zīr-e korsī boland nemiše. arūse bargašt goft ke kerīm tanbal. gof bale. gof boland šou īn āb begīr bebīnam. goft man nemītūnam. na to boland šou man miyāram jeloutar. kam kam yavāš yavāš yavāš yavāš, kerīm tanbal o boland kard o āb dād. āb o dād o xord o ba'ad goft xob kerīm tanbal, man zan-e to hastam. gof man doxtar-e pādešāyam zan-e to hastam to čī mixāī? gof ke man čīzī nemixām, faqat man āšeq-e to būdam. gof xob man āšeq-e man būdī man toro bordam, vaqtī ke man harčī migam to gūp mikonī yā nemikonī. gof gūš mikonam čerā nemikonam. gof boland šou nūno boxor. yavāš yavāš yavāš ino boland kardan o nūno xordo kam kam kam boland šod gof ke to boland šou ūn kāse ra bardār biyār. yavāš yavāš kerīm tanbale rāh andāxt o raft kāse ro āvord. gof borou ūn zarf-e dīge ro biyār. yavāš raft ūn zarf-e dīge āvord. kam kam kam kam kerīm tanbal rā oftād doxtare rā andāxt qašang rā oftād o ba'adān gof ke emšab mixām berīm pīše pedaram. pīše pedaram pādešā. gof ke xob berīm. yavāš yavāš raftano pīše pedaraš. pedaraš bargašt o goft ke bābā jūn. gof čie? gof ke kerīm tanbal ine. šouhar-e man ine. īn az zīre korsī boland nemišod. man kam kam rā andāxtam o ū ro kam kam rāhūreš kardam o āvordameš. āvordam be dīdan-e šomā. gof hīč ma'anī nadāre. xeilī pesar-e xūbīst. javān-e xūbīst valī harčī ke doxtar-e man mige šomā gūš konīd. kerīm tanbal gof čašm qorbān. harčī ke gof man gūš mikonam. yavāš yavāš kerīm tanbal šod vazīr-e dast-e rāst-e šāh o doxtar-e šā ham zan-e čīz šod zan-e karīm tanbal šod.

日本語訳：ある老女に息子がいた。とても怠け者だったので怠け者のキャリームと呼ばれていた。怠け者のキャリーム、そう怠け者のキャリームという名前だったんだ。さて、怠け者のキャリームは王女と結婚したいと言った。すると、母親は言った。

「ぼうや、おまえはまだナンをねだって泣くじゃないか。皆には怠け者のキャリームと呼ばれているし、炬燵からも出てこないじゃないか。どういうつもりで王女と結婚したいなんていうのだい。」

怠け者のキャリームは言った。

「我慢できない。王女と結婚したいのです。」

そして、母親に言った。

「王宮へ（求婚をしに）行ってきて下さい。」

母親は王宮へ行った。そして、一週間あちこちを掃除した。やがて、王がやって来て召使いに向かって言った。

「あの老女は何をしているのだ。ここでじっといて何をしているのだ。」

召使いが答えた。

「この女がどこから来て何をしているのかよくわかりません。」

王は言った。

「老女をここへ呼んできなさい。」

老女は王の前に連れてこられた。王は言った。

「おばあさん、あなたはここで何をしているのですか。」

老女は答えた。

「私には息子がいます。人は怠け者のキャリームと呼びます。王女と結婚したいと言うのです。あなたのお考えはわかりません。私も何を言っているのかわかりません。結婚させてくれるのですか。させてくれないのですか。」

王は言った。

「あなたの息子さんはどこですか。」

老女は言った。

「炬燵から出てきません。」

王は言った。

「よかろう、ここに来れば王女と結婚させるので来るように言うように。」

老女は言った。

「ここへ来るように言っても息子は起きてこないのです。ナンを与えるとゆっくり起きあがってきて、ナンを口に入れてやらなければ食べないのです。それくらい怠け者なんです。」

王は言った。

「よし、王女を呼んできなさい。」

王女が呼ばれた。王は言った。

「娘よ、この老女に怠け者のキャリームという息子がいる。王女と結婚したいと言っているそうだ。おまえは結婚したいか。それともいやか。」

王女は言った。

「私は父上の言うことを聞きます。ご存じでしょう。行けとおっしゃるなら喜んで行きますし、行くなとおっしゃるなら行きません。」

そして、王女に怠け者のキャリームへの嫁入りの支度をさせた。王女は老女の家にやって来た。結婚式をしにやって来たのだが、怠け者のキャリームは炬燵から出てこなかった。新婦が近寄って言った。

「怠け者のキャリームさん。」

怠け者のキャリームは言った。

「はい。」

新婦が言った。

「起きあがって下さい。この水を飲んで下さい。」

怠け者のキャリームは言った。

「いや、できません。」

新婦が言った。

「だめよ。起きなさい。引っぱり出すわよ。」
　怠け者のキャリームは、ゆっくりゆっくりゆっくりゆっくり起きあがると、王女は水を与えた。怠け者のキャリームは水を飲むと、王女は言った。
「私はあなたのお嫁さんよ。王女よ。あなたのお嫁さんになったのよ。何がほしいの。」
　怠け者のキャリームは言った。
「何もほしくありません。ただ、あなたが好きだったのです。」
　王女は言った。
「私を好きなら、私の言いなりね。私の言うことを聞くの、聞かないの。」
　怠け者のキャリームは言った。
「聞きます。聞きますとも。」
　王女は言った。
「じゃ、起きて、ナンを食べなさい。」
　ゆっくりゆっくりゆっくり、起きてきて、ナンを食べた。そして、また少しずつ起きてきた。王女は言った。
「起きあがって、このお椀を持って来なさい。」
　ゆっくりゆっくり起きあがり、お椀を持っていった。王女は言った。
「もう一つの入れ物も持って来なさい。」
　怠け者のキャリームは入れ物も持った。ゆっくりゆっくり怠け者のキャリームは歩き出し、王女もそろって歩き出した。そして、王女が言った。
「今夜はお父様のところに行くのよ。王様のところに行くのよ。」
　怠け者のキャリームは言った。
「はい、行きましょう。」
　ゆっくりゆっくり、王のもとへ行った。王のもとで王女は「父上。」と言った。王は「何だ。」と返事した。王女は言った。
「これが怠け者のキャリームです。私の夫です。炬燵からなかなか出てきませんでした。私はゆっくり歩き出し、彼をゆっくり連れてきました。父上

に見せにやってきました。」

　王は言った。

　「問題ないじゃないか。いい少年だ。いい若者だ。しかし、私の娘の言うことは何でも聞くのだよ。」

　怠け者のキャリームは言った。

　「わかりました。王女の言うことを聞きます。」

　やがて、怠け者のキャリームは右大臣になり、王女は怠け者のキャリームの妻として暮らした。

047

題　　名：احمد سر چوپان ／羊飼い頭のアフマド

分　　類：本格昔話

ＡＴ番号：-

録音箇所［収録時間］：006-002［04分05秒］

調 査 日：1998年11月28日

調 査 地：استان تهران، شهرستان ساوجبلاغ، شهر هشتگرد، روستای برغان، سنج ／

テヘラン州サーヴォジボラーグ地方ハシトゲルド地区バラガーン村サナジ

名　　前：خورشید اردهی ／ホルシード・アルダヒー

年齢性別：50才、女性

職　　業：خانه دار ／主婦

住　　所：استان تهران، روستای سنج

出 身 地：روستای سنج ／サナジ村

伝 承 者：پدر ／父親

翻字（ペルシア語）：یه احمد سر چوپان بود. میشو در یه کوهستانی یه سر چشمه. مینه[1] یه دانه مار سفید یه مار سیاه را عقب میکنه. این یه دانه

تیر، برای شکار بر داشته بوده و یه تیر خالی میکنه برای مار سیاه. مار سیاه پاش زخم میشه. میره. میره و میا این خونشو، میبینه که یه نفر مأمور میاد دنبالش. دنبالش میگه که شما اینجا خواستن شکایت کردن از دستتان. میگه که من کار نکردم و از دستم شکایت کردن. میگه که ما دستهٔ پریانیم، ما دستهٔ پریانه. (اون دختر، پسر پادشاه بوده.) (دختر) مار سفید دختر پادشاه بوده، مار سیاه پسر وزیر بوده. اون دنبالش کرده که میخواسته دست درازی به اون دختر کنه، اون دختره یه جیغه کشیده رفته. شما تیر خالی کردین اون پسر وزیر بوده. حالا اومده اونجا گفته که پای من این مار پسر وزیر دست درازی به من کرده. گفته که دروغ میگی. گفته که نشانش احمد سر چوپان با تیر زده، پاشِ زخم کرده. آوردن دیدن که بله پا این زخم است. احمد سر چوپان میگه که (من چیزی) بیام اونجا چه کار کنم. میگه اگر که اومدی اونجا، فقط که هر چی دادن بگو من نمیخوام. فقط یه چیکه آب دهانتانه. هر غذاییم آوردن، از یخه[۲] پایین میکنی. از گلو پایین نمیکنی. احمد سر چوپان میره اونجا، میبینه که بله اینا اینجا یه جشنی دارن و پسر هم پای زخم اونجا نشسته و میگه که (من) نظر من دیگه نمیگه مار بودی میگه من اشتباه کردم یه تیر خالی کردم پای تو ر زخم کردم. میگه که عیبی نداره. فقط این پسره گفته دروغ میگی، دختره گفته که احمد سر چوپان اونجا بوده که نشانهٔ حرف راستی ر که دختره زده. میگه که بله اینا عقد میکنن دختر و پسر رو پا میشه تا هر چی جواهر میدن میگه که من جواهر لازم ندارم. میگه پ[۳] چی میخوان؟ بیا یه چیکه آب دهن. یه چیکه آب دهنش ور میدارن میریزن تو دهان احمد سرچوپان، احمد سر چوپان میاد تو خونه. میبینه مثلاً یه مکس صحبت میکنه حالیش میشه یه گوسفند صحبت میکنه حالیش میشه. هرچی میگه حالیش میشه. حالیش میشه و میاد اینجا، خونه میبینه که زنش اونجاست و میگه که بیا بریم عروسی. (بیا این جلوتر) بیا بریم عروسی میگه که من شب شده نمیتونم. میگه که مادیان مونه سوار شدم دو تائکی میریم. مادیان ماده هم آبستن بوده. آبستن بوده و زنه سوار میشه مادیانم نره مرده. زنه همچون با زنجیر میزنه بغل دست مادیانه میگه که پدر سگ چشم کره مادیان کور کردی. میگه که تو چی میدونی چشم کره مادیان راستش کور شده. میگه اره من میدونم. اینام میان خونه میبینن

که بله مادیان زایمان میکنه و چشم کره اش چپش کور. کوره میگه این زن با مرد دعواشان میشه. میگه که تو یه لومی[4] داری که این حرف منه میدونستی که این چه کار کرده هسته که گفتی[5]. میگه که من هیچی نیستمو زنه و مرده ما بینشان شکراب میشه و. هر روز دعوا میکنن. یعنی زن احمد سر چوپان و با شوهر. تا یه روز می شه سر گوسفند میبینه که یه دانه بز کل[6] یه بز ماده ر دنبال کرده. یه فرته[7]) میکنه حالیش میشه میگه مکه من احمد سر چوپانم هر چیزی پیسی به سر من بدی من هیچی نکم. من میرن یه زن دیکه میگیرم و احمد سر چوپان برمیکده میاد تو خونه و با زنش دعوا میکنه. میگه چیه. میگه من اندازه بزم نیستم تو این همه حرف به من میزنی. میگه چه کار کردم. میگه که تو با من دعوا میکنی، هیچی، دعواشان میشه و تلاق زن ر میده.

۱. مینه = میبینه ۲. یخه = یقه ۳. پ = پس ۴. لومی = لم یا فن ۵. این حرف منه میدونستی که این چه کار کرده هسته که گفتی = تو یک فنی بلد هستی که از کار های نامعلوم آگاه هستی ۶. بز کل = بز نره ۷. فرته = یک صدای بز

翻字（ローマ字） : ye ahmad-e sar čūpan bah. mišū dar ye kūhestānī ye sar češmeh. mine ye dāne mār-e sefīd ye mār-e siyā ra aqab mikone. īn ye dāne tīr, barāye šekār bar dāšte būde o ye tīr xālī mikone barāye mār-e siyā. mār-e siyā pāš zaxm miše. mire. mireho miyā īn xūnašo, mibine ke ye nafar māmūr miyād donbāleš. donbāleš mige ke šomā injā xāstan šekāyat kardan az dastetān. mige ke man kār nakardam va az dastam šekāyat kardan. mige ke mā dasteye pariyānīm, mā dasteye pariyāne. ūn doxtar, pesar-e pādešā būde. doxtare mār-e sefīd doxtar-e pādešā būde, mār-e siyā pesar-e vazīr būde. ūn donbāleš karde ke mixāste dast-e derāzī be ūn doxtar kone, ūn doxtare ye jīqe kešīde rafte. šomā tīr xālī kardīn ūn pesar-e vazīr būde. hālā ūmade ūnjā gofte ke pāye man in mār-e pesar-e vazīr dast derāzī be man karde. gofte ke dorūq migī. gofte ke nešāneš ahmad-e sar čūpān bā tīr zade, pāš zaxm karde. āvordan dīdan ke bale pā īn zaxm ast. ahmad-e sar čūpān mige ke man čīzī biyām unjā če kār konam. mige agar ke ūmadī unjā, faqat ke har čī dādan begū man nemīxām. faqat ye čīke āb dahānetāne. har qazāī-m āvordan, az yaxe pāīn mikonī. az galū pāīn nemikonī. ahmad-e sar čūpan mire unjā, mibine ke bale inā injā ye jašnī dāran o pesar ham pāi zaxm unjā nešasteho mige ke man nazar-e man dīge nemige mār būdī mige man eštebāh kardam ye tīr xālī kardam pāye to ra zaxm kardam. mige ke eibī nadāre. faqat īn pesare gofte dorūq migī, doxtare gofte ke ahmad-e sar čūpān unjā būde ke nešāneye harf-e rāstī re ke doxtare zade. mige ke bale inā aqd mikonan doxtar o pesar ro pā miše tā har čī javāher midan mige ke man javāher lāzem nadāram. mige pa čī mixān? biyā ye čīke āb-e dahan. ye čīke āb dahanaš var midāran mirīzan tū dahān-e ahmad-e sar čūpān, ahmad sar čūpān miyād tū xūne. mibīne masalān ye magas sofba mikone hālīš miše ye gūsfand sohbat mikone hālīš miše. harčī mige hālīš miše. hālīš miše o miyād injā, xūne mibine ke zaneš unjāst o mige ke biyā berīm arūsī. (biyā īn jeloutar) biyā berīm arsūsī mige ke man šab šode nemītūnam. mige ke mādiyān mūne savār šodam dotāikī mirīm. mādiyān-e māde ham ābestan būde. ābestan būde va zane savār miše mādiyān-am nare marde. zane hamčūn bā zanjīr mizane baqale dast-e mādiyāne mige ke pedar sag češm-e koreye mādiyān-e kūr kardī. mige ke to čī midūnī češm-e koreye mādiyān-e rāstaš kūr šode. mige are man mīdūnam. īnam miyān-e xūne mībīnan ke bale mādiyān zāyemān mikone o češm-e koreš čapeš kūr. kūre mige īn zane bā marde daʻavāšān miše. mige ke to ye loumī dārī ke īn harf-e mane mīdūnestī ke īn če kār karde haste ke goftī mige ke man hīčī nīstīmo zane o marde mā beinešān šekarāb miše o. har rūz daʻavā mikonan. yaʻanī zan-e ahmad-e čūpān o bā šouhar. tā ye rūz miše sar-e gūsfand mibīne ke ye dāne boz-e kal ye boz-e māde ra donbāl karde. ye ferte mikone hālīš miše mige mage man ahmad-e sar čūpānam har čīzī pīsī be sar-e man bedī man hīčī nagam. man miran ye zan-e dīge migīram o ahmad-e sar-e čupān bar mīgarde miyād tū xūne o bā zaneš daʻavā mikone. mige čie. mige man andāze bozam nīstam to īn hame harf be man mizanī. mige če kār kardam. mige ke to bā man daʻavā mikonī, hīčī daʻavāšān miše o talāq-e zane ra mide.

日本語訳：羊飼いのアフマドがいた。ある山の泉のほとりに行った。そこで、

黒い蛇が白い蛇を追いかけているのを見た[1]。アフマドは狩りのための矢を取り出して、黒い蛇目がけて射った。すると、矢は黒蛇の尻尾に当たった。その後、アフマドは家に向かった。すると、官吏が一人ついてくるのがわかった。そして、アフマドに言った。

「あなたが悪事をはたらいたと訴えられているのですが。」

アフマドは答えた。

「私は何もしていません。」

官吏は言った。

「私は妖精の者です。白い蛇は王女で、黒い蛇は大臣の息子です。大臣の息子は王女を追いかけ、王女は叫んでいた。あなたが矢を放ったのは大臣の息子なのです。王女が帰ってきて、『大臣の息子に追いかけられていた。』と言うと、大臣の息子に『嘘をつくんじゃない。』と言われたので、『羊飼いの頭領のアフマドが矢を放って、大臣の息子の足を傷つけたのが証拠です。』と王女が言った。そこで、大臣の息子の足を見ると、けがをしていたというわけです。」

アフマドは言った。

「私はそこへ行って何をすればいいですか。」

官吏は言った。

「我々のところへ行ったら、どんな料理が出ても水だけが欲しいと言いなさい。料理は襟から落としなさい。［食べたふりをしなさい。］飲み込んではいけません。」

羊飼いの頭領のアフマドは、妖精たちのところへ行った。そこでは、お祭りのようなことをしており、足をけがした大臣の息子も座っていた。そこで（アフマドは大臣の息子に）言った。

「蛇に変身していたことをばらすつもりはありませんが、あなたの足に矢を放ってしまいました。間違いでした。」

（それを聞いていた）王女は言った。

「かまいません。ただ、彼は私を嘘つきと言ったのです。」

羊飼いの頭領のアフマドがそこにいたので王女の言葉は本当であることが

わかった。その日は、王女と大臣の息子の結婚式であった。王女と大臣の息子は立ち上がって宝物をやろうとした。ところがアフマドは言った。

「私は財宝はいりません。」

王女は言った。

「では、何が必要か。」

アフマドは言った。

「一口の水が欲しいです。」

王女は、水をアフマドの口に注いでやった。アフマドは家に帰ってみると、ハエのしゃべっていることや羊がしゃべっていることなど、すべての動物の言葉がわかるようになっていた。妻が言った。

「今日は結婚式がありますよ。さあ、行きましょう。」

アフマドは言った。

「もう遅いから私は行きません。」

妻は言った。

「では、雌馬に乗って行きます。」

その雌馬は妊娠していた。妻が乗って、あまりにも鎖で殴ったので、（あとで）雌馬が言った。

「こんちくしょう。私の子供の目をつぶされた。」

後で、アフマドが言った。

「なんて事をしたんだ。子馬の右目がつぶれたそうじゃないか。私には分かるのだ。」

家に帰って見てみると、本当に子馬の目がつぶれていた。夫婦は喧嘩を始めた。雌馬が言った。

「あなたは我々の言葉がわかる秘術を持っているのですね。」

アフマドは妻に言った。

「いったい何をやったのだい。」

妻と夫は不仲になった。それから毎日、羊飼いの頭領の夫妻は喧嘩をした。やがて、ある日、この羊飼い頭のアフマドは、山羊の雄が雌を追いかけてい

るのを見た。すると雄が怒ってこう言ったのだった。

「私を羊飼い頭のアフマドと同じとでも思っているのか。もう我慢できない。別の女と結婚してやる。」

アフマドは、家に帰ってまた、妻と喧嘩した。妻は言った。

「なんだい。」

アフマドは言った。

「私は、山羊とは違うぞ。好き勝手なことを言いやがって。」

妻は言った。

「何をしたというの。」

アフマドは言った。

「私と喧嘩をした。」

こうして、喧嘩して、アフマドは、妻を離縁した。

注
1. 原文は「白い蛇が黒い蛇を追いかけているのを見た」であるが、言い間違えたものと判断した。

048

題　　名：قصه دو پادشاه ／二人の王の物語

分　　類：本格昔話

ＡＴ番号：-

録音箇所［収録時間］：005-020［03分01秒］

調 査 日：1998年12月8日

調 査 地：استان تهران، شهرستان ساوجبلاغ، شهر هشتگرد، روستای برغان، سرخه ／
テヘラン州サーヴォジボラーグ地方ハシトゲルド地区バラガーン村ソルヘ

名　　前：عبد الله سید عبد الله حسینی ／アブドルセイエドアブドッラー・ホセイニー

年齢性別：58才、男性

職　　業：کشاورز ／農業

住　　所：تهران، سرخه

出 身 地：تهران، سرخه ／テヘラン州ソルヘ村

伝 承 者：پدر ／父親

翻字（ペルシア語）：عرض بشه به حضور شما یه پادشاهی بود. پادشاه

یک دختـر داشت وزیرا رو جـمع کـرد، بـعـد چه کـار کـرد؟ بـعـد یـک غـلامـی هـم داشت. غـلام درویش بـود. درویـش بـود. مـوقـعـی کـه دخـتـره رو پـادشـاهـی دیـگـه اومد واسـه پسر درست کرد، بـعـد ایـن غلامـم، این غلام هم همراه این دختر کرد. بـخـشـیـد بـه دخـتـر. مـدتـی شـد، اینـا از اونـجـا جـهـازی بـار کـردن رفـتـن بـرای شـهـرسـتـان دیـگـه پـادشـاه بـود. بـعد اونـجـا اونـجـا نـشـسـتـن. بـعد ایـن غـلامـه بـردن بـا عروس فرسـتـاد (دخـتـرش بـخـشـیـده) غـلامـو بـخـشـیـده بـود بـه دخـتـرش پـادشـاه. بـعـد اونـجـایـی کـه رسـیـدن، ایـن غـلام گـفـت کـه ای دخـتـر پـادشـاه یـک چـیـزی از تـو مـن مـیـخـوام. گـف کـه چـی مـیـخـواهـی؟ گـف کـه یـک چـرخـی مـیـگـرده یـک مـیـخـی مـیـخـوام بـکـوبـم کـه ایـن چـرخ تـا قـیـام قـیـامـت بـمـونـه. مـدت هـایـی شـد. بـعـد مـدت هـایـی شـد و جـنـگ شـد و در مـا بـیـن اون پـادشـاه بـا پـادشـاه کـشـور دیـگـه. بـعـد چـه کـار کـرد؟ بـعـداً ایـنـه کـرد ایـن (تـاجـرم تـاجـره ر) بـخـشـیـد. ایـن غـلامـو. غـلامـو بـخشید غلام رفت یـه سـرمـایـه ای گـرفـت و رفـت تـجـارت کـرد. غـلام رفـت تـجـارت کـرد. پـس از اون، غـلام مـدتـی دیـد هـمـون دخـتـر پـادشـاه بـه شـکـل گـدا در اومـده. اومـد در مـغـازه ایـنـطـوری دسـت پـیـش دسـت (دسـت دراز کـرد) کـه پـول بـگـیـره. غـلام اونـه شـنـاخـت. ایـن غـلامـه نـشـنـاخـت. بـعـد گـف کـه ای زن کـجـا هـسـتـی کـجـا مـیـری؟ گـف کـه مـمـلـکـت مـا جـنـگ شـد، و پـا شـدم (بـه دسـت) فـرار کـردم اومـدم رو بـه گـدایـی. بـعـد ایـن درویـشـه ایـنـه بـرد غـلامـه بـرد خـونـش. ایـنـه پـذیـرایـی کـرد بـعـد چـه کـار کـرد؟ ایـنـو نـگـر داشـت. گـفـت اون چـیـزی کـه مِـن مـیـخـواسـتـم نـشـد. یـعـنـی اون مـیـخـی کـه بـکـوبـم ایـن چـرخ هـمـیـن روی ایـن پـای بـمـانـد.

翻字（ローマ字）：arz beše be hozūr-e šomā ye pādešāhī būd. pādešā ye doxtar dāšt vazīrā ro jam kard, ba'ad če kār kard? ba'ad ye qolāmī ham dāšt. qolām darvīš būd. darvīš būd. mouqeī ke doxtare ro pādešāhīye dīge ūmad vāse pesar dorost kard, ba'ad īn qolām-am, īn qolām ham hamrāh-e īn doxtar kard. baxšīd be doxtar. moddatī šod, injā az unjā jahāzī bār kardan raftan barāye šahrestān-e dīge pādešā būd. ba'ad ūnjā unjā nešastan. ba'ad īn qolāme bordan bā arūs ferestād doxtareš baxšīde qolāmo baxšīde būd be doxtareš pādešāh. ba'ad unjā ke resīdan, īn qolām goft ke ei doxtar-e pādešā yek čīzī az to man mixām. gof ke čī mixāī? gof ke yek čarxī mīgarde yek mīxī mīxām bekūbam ke īn čarx tā qiyām-e qiyāmat bemūne. moddat hāī šod. baʻad moddat hāī šod o jang šod o dar mā beine ūn pādešā bā pādešāh-e kešvar-e dīge. baʻad če kār kard? baʻadān ine kard īn tājer-am tājere re baxšīd. īn qolāmo. qolāmo baxšīd qolām raft ye sarmāye- gereft o raft tejārat kard. qolām raft tejārat kard. pas az ūn, qolām moddatī dīd hamūn doxtar-e pādešā be šekl-e gedā dar ūmade. ūmad dar-e maqāze īntourī dast pīš dast ke pūl begīre. qolām une šenāxt. īn qilāme našenāxt. baʻad gof ke ei zan kojā hastī kojā mirī? gof ke mamlekat-e mā jang šod, va pā šodam be dast-e farār kardam ūmadam rū be gedāī. baʻad īn darvīše ine bord qolāme bord xūnaš. ine pazīrāī kard baʻad če kār kard? ino negar dāšt. goft ūn čīzī ke men mexāstam našod. yaʻanī ūn mīxī ke bekūbam īn čarx-e hamīn rūye īn pāī bemānad.

日本語訳：お話を始める。王がいた。王には娘がいた。ある時、王は大臣たちを集めた。また、召使いがいた。召使いの托鉢僧である。王は、王女のために婿を探すことにしたが、召使いが王女のお供をすることにした。しばらくして、王女は別の町の王に嫁入り道具を運んだ。そして、そこに留まることになった。召使いも王女について行った。その町に着くと、この召使いは言った。

　「王女様、一つだけお願いがあります。」

　王女は言った。

　「何ですか。」

　召使いは言った。

　「車輪と釘が欲しいです。動乱が起こらないように車輪を強く釘で打ち付ける[1]のです。」

　しばらくして、戦争になった。その国の王と別の国の王が戦争をしたのだった。その後、召使いはやがてお金を得て、商売を始めた。ある時、召使いは、かつての王女が乞食をしているのを見た。王女は、手を前に出して店にやってきてお金を受け取った。召使いは王女に気がついたが、王女は召使いに気がつかなかった。召使いは言った。

　「ご婦人、どこから来て、どこへ行くのですか。」

王女は言った。

「私の国は戦争になり、逃げてきて、乞食をしているのです。」

召使いの托鉢僧は、王女を連れて帰った。もてなして、家に置くことにした。そして言った。

「わたしが望んでいたように車輪に釘を打ち付けていたらよかったのに。」

注
1．願掛けの一種である。

049

題　　名：پینه‌دوز ／ 靴の修理屋
分　　類：本格昔話
ＡＴ番号：-
録音箇所［収録時間］：006-011 ［02分40秒］
調 査 日：1998年12月11日
調 査 地：استان اصفهان، شهرستان کاشان ／ エスファハン州カーシャーン

名　　前：مجید شعبانی ／ マジード・シャアバーニー
年齢性別：38才、男性
職　　業：بنا ／ 大工
住　　所：کاشان، کوی آزادگان، کوچهٔ صاحب الزمان
出 身 地：کاشان ／ カーシャーン
伝 承 者：استاد بنا ／ 大工の師匠

翻字（ペルシア語）: یه شخصی بوده در زمان قدیم، گیوه میدوخته. گیوه هم کفشیه که با نخ دوخته میشه نخای محکم واون وقت تهشم با چرم برای رعیتی بیشتر استفاده میکنن. این گیوه میدوخته ستو، عالم خودش کار می کرده. یه جوانی اومد آ بغلش رد شه، خیلی هم قشنگ و با زره و اینا بوده.

شمشیر هم داشته. گفته ای پیر. چه قدر تو زحمت میکشی تو چند سال عمر ا خدا گرفتی. دیگه بسته کار، کار نکن. پیر میگوید که نه من تا زنده هستم باید بره خونوادم زحمت بکشم کار بکنم آرا حلال[۱]، آرا درست برا اونا چیزی فراهم کنم. این بهش میگه من کاری میکنم که تو از این کار نجات پیدا کنی. میگه چه میکنی؟ میگه الان بهت میگویم. میشیندو دستشو میزنه. به این کفشا همون گیوه ای که میدوزه گیوه ها طلا میشه. موقعی که گیوه ها طلا میشه، این بهش میگووه که چرا این کارو کردی من میخوام مثل اولش کنی. میگووه نه من این کار و کردم که تو بری بفروشی تا آخر عمرت راحت غذا بخوری و راحت زندگی کنی. میگوود نه من از همو راهی که قبلاً زندگی میکردم میخوام زندگی کنم ا راه درست فدا کاری، صحیح. میگوود که بره من مثل اولش کن. گیوش کن. میگه من نمیتونم این کار و بکنم. میگوود نه اینه حتماً مثل اولش بکن. من نمیخوام اینا طلا باشه. اینا امونت دست من باید برم بفروشم باید بدم به صاحبش. یا هم درست کنم کفش بدم به صاحبش. هی اصرار میکنه که یالّا اینو مثل اولش کن. اونم همچین قدرتی نداره که اینو مثل اولش کنه. خود پیر دست بهش میذاره، مثل اولش میشه همون، کفش دوز. مثل اولش میشدو او یارو تعجب میکنه. میگه تو که این کارو بلدی پس چرا طلاش نمیکنی؟ طلا باشه بری بفروشی. میگوود نه من همچین قدرتی دارم ا راه درست خدا قدرتو داده که اینو طلا بکنم یا کارای دیگه بکنم که بتونم پول در آرم. ولی من میخوام از راه حقیقت زندگی کنم. اونوقت بهش میگوود که خوب این راه و نشون من بده چه جوری این ها رو بر گردوندی مثل اولش کردی. میگوود به یه شرط من این راه و یادت میدم. به شرطی که درست زندگی کنی با مردم زور نگوی. کسی را آزار ندی. من این کار و یادت میدم. میگه چه باید بکنم، میگه اگه میخواهی که این کار و بلد باشی. اگه چیز رو طلا کردی دوباره هی مثل اولش برگردونی. هیچ وقت به راه کج نرو. همیشه راه صحیح و درست و برو جلو تا به این کار برسی. اون هم از کارای گذشتش توبه میکند و شاگرد همین کفش دوز میشد و با هم ا راه درست با رزق و روزیِ زندگی میکنن.

۱. آرا حلال = از راه حلال

翻字（ローマ字）: ye šaxsī būde dar zamān-e qadīm, gīve midūxta. gīve ham kafsīe ke bā nax dūxte miše naxāye mohkam va ūn waqt tešam bā čarm barāye ra'iyatī bīštar estefāde mikonan. īn gīve midūxte sutū, eālem-e xodeš kār mikarda. ye javānī ūmad ā baqalaš rad ša, xeilī ham qašang o bā zere o īnā būda. šamšīr ham dāštah. gofta āī pīr. če qadr to zahmat mikešī to čand sāl omr a xodā gereftī. dīge besta kār, kār nakon. pīr migūwad ke na man tā zende hastam bāyad bere xūnevādam zahmat bekešam kār bokonam ārā halāl, ālā dorost barā ūnā čīzī farāham konam. īn beheš mige man kārī mikonam ke tō azī kār nejāt peidā konī. mige če mikonī? mige alān behet migūwam. mīšīned o dastešo mizane. be īn kafšā hamūn gīveī ke mīdūze gīvehā talā miša. mouqeī ke gīve hā talā miša, īn beheš migūwe ke čerā īn kārū kardī man mixām mesl-e avvaleš konī. mīgūve na man īn kār o kardam ke to berī befrūšī tā āxer omret rāhat qazā boxori o rāhat zendegī konī. mīgūwad na man az hamū rāhī ke qablān zendegī mīkardam mīxām zendegī mīkardam mixām zendegī konam a rā dorost fedā kārī, sahīh. mīgūwad ke bere man mesle avvaleš kon. gīvaš kon. mige man nemītūnam īn kār bokonam. mīgūwad na ine hatmān mesle avvaleš bokon. man nemīxam īnā talā bāša. īnā amūnat dast-e man bāyad beram befrūšam bāyad bedam be sāhebaš. yā ham dorost konam kafš bedam be sāhebaš. hei esrār mikone ke yallā īno mesle avvaleš kon. ūnam hamčīn qodratī nadāre ke īno mesle avvaleš kone. xod-e pīr dast beheš mizara, mesle avvaleš miše hamūn, kafš dūz. mesle avvaleš mišdo ū yārū ta'ajob mikone. mige to ke īn kāro baladī pas čerā talāš nemikonī? talā bāpe berī befrūšī. migūwad na man hamčīn qodratī dāram a rāh-e dorost xodā qodrato dāde ke ino talā bokonam yā kārāye dīge bokonam ke betūnam pūl dar āram. velī man mīxām az rāh-e haqīqat zendegī konam. ūnwaq beheš migūwad ke xob īn rāh o nešūn-e man bede če jūrī īn hā ro bar gardūndī mesl-e avvaleš kardī. mīgūwad be ye šart man īn rāh o yādat midam. be šartī ke dorost zendegī konī bā mardom zūr bagūi. kasī rā āzār nadī. man īn kār o yādat midam mige če bāyad bokonam, mige age mixāī ke īn kār o balad bešī. age čīz ro talā kardī dobāre hei mesle avvaleš bargardūnī. hīč vaqt be rāh-e kaj narou. hamīše rāh-e sahīh o dorost o borou jelou tā be īn kār berasī. ūn ham az kārāī gozaštaš toube mikonad o šāgerd hamīn kafš dūz mišod o bā ham a rāh-e dorost bā rezq o rūzī zendegī mikonan.

日本語訳：昔、綿靴職人がいた。綿靴というのは、強い糸で縫ってあって底は革でできている靴のことで、主に民衆が履いていた。この職人は一人で仕事をしていた。ある時、若者が側を通った。とても美しい若者で、鎧などを着ていた。剣も持っていた。若者は言った。

「おじいさん、なんてきつい仕事をしているのですか。神は何年の命を与えたというのでしょう。もう、そんな仕事はやめたらどうですか。」

老人は言った。

「私は死ぬまで働くよ。家族が迷惑するだろう。仕事をするのが道理だし、まだまだ家族を養えるよ。」

若者は言った。

「私がその仕事から解放してあげましょう。」

老人は言った。

「何をするのかね。」

若者は言った。

「今にわかります。」

若者が座って手を打つと、作って並べてあった綿靴は黄金に変わった。綿靴が金に変わると、老人は言った。

「どうしてこんなことをするのだ。もとにもどせ。」

若者は言った。

「おじいさん、これを売って死ぬまで楽に食べて暮らしてもらおうと思ってしたのです。」

老人は言った。

「いいや、私はこれまで通り暮らしたい。もとにもどせ。綿靴にもどすのだ。」

若者は言った。

「もどし方を知らないのです。」

老人は言った。

「なんとしてでも、もとにもどせ。金なんてほしくないんだ。これは客のために売らないといけないものなのだ。」

老人がもとにもどすように強く言うのであるが、若者はもどし方を知らないのであった。すると、老人は、手を金の上において、元通りの靴にもどした。若者は驚いて言った。

「この技をご存知だったのですか。ならば、どうして金にしないのですか。金なら売ることができるのに。」

老人は言った。

「私はこの技を知っておる。だが、正しい行いのために神がこの技を授けたのである。もちろん、これでお金を得ることができる。しかし、私は誠実に暮らしたいのだ。」

若者は言った。

「わかりました。ところで、元にもどす方法を私に教えてくれませんか。」

老人は言った。

「それには条件がある。誠実に生きなさい。人々に無理を言ってはならない。また、人々を押さえつけてはならない。そうすれば、この技を教えてやろう。」

若者は言った。

「いったいどうすればいいのですか。」

老人は言った。

「もし、この技を身につけたいのなら、金に変えたものをもう一度もとにもどしたいのなら、常にまっすぐと生きなさい。常に真実の正しい道を行きなさい。そうすれば、体得できるだろう。」

若者は、過去の行いを悔やんで、この靴職人の弟子になった。そして、共にこつこつと暮らした。

050

題　　名：پرندهٔ آبی／青い鳥
分　　類：本格昔話
AT番号：-
録音箇所［収録時間］：006-029［06分51秒］
調 査 日：1998年12月19日
調 査 地：اصفهان／イスファハン

名　　前：ناهید دهقان／ナーヒード・デヘガーン
年齢性別：26才、女性
職　　業：خانه دار／主婦
住　　所：اصفهان
出 身 地：اصفهان／イスファハン
伝 承 者：مادر／母親

翻字（ペルシア語）：یکی بود یکی نبود زیر گنبد کبود. یه روز یه پادشاهی بود بچه دار نمیشد. بعد، این خیلی غصه میخوردن با زنش. (یه روز پیر مردی میاد در خونشون)، یه روز پیر مردی میاد در خونشون، بعد بهش میگه که بهش میگه که حالا که شما که بچه دار نمیشین من یه سیب بهت میدم، این سیب و نصفشو خودت بخور، نصفشو بده به خانمت بخوره.

بعد هر زمان که بچه دار شدی، تا شیش ماه این بچه رو روی زمین نگذار. اینا همین کار میکنن سیبُ میخورند و بعد از اینکه بچه دار شدن، تا شیش ماه میخوان این بچه ر نذارن زمین نمیشده که این بچه ر به زمین نگذارن. [آن] وقت یه روزی یه عروسی بوده اینا میرن عروسی. تا اینکه میرن خوب یه کنیزا این بچه ر بغل کرده بود. این یه کار فوری براش پیش میاد. میاد بره، بچه ر میده به اون یکی، میگه که این بچه ر بگیر تا من برم و بیام به زمین نذاریشا. اون یکی هم حواسش نبوده و خلاصه بچه ر میذاره روی زمین. بعد که میان میبینن بچه نیست. بچه غیب شده. خلاصه اینا ناراحت میشند و اون کنیزو میکشندو دیگه، تا چند وقتی ناراحت بودن و سیاه پوشیده بودند، خلاصه همین یه بچه هم داشتن پسرم بود بچه شون. و خیلی هم قشنگ بود. بعد می گذره و سال های یه بیست سال بعدش میگذره. یه پادشاهی دیگه بوده تو یه شهر دیگه. اون وقت این یه دختر داشته، اونم دخترش خیلی خوشگل بوده اون وقت این دختر یه روز میبینه که هر روز برا پرنده ها دونه میپاشیده. برا پرنده ها. اون وقت یه روز یه پرنده میاد میبینه که یه پرنده تو این پرنده ها خیلی قشنگه، آبیه. ولی اون چهل تا پرندۀ دیگه همه سفیدن. این خیلی پرنده ر دوست داره. بعد یه روز یه آلنگوش میذاره دم پنجره تا پرنده میاد. پرنده النگوش ور میداره و میره. این ناراحت میشه و به هوایی که مثلاً دنبال این آلنگو بره پرنده ر بگیره، میره و خلاصه پرنده غیب میشه. دیگه هم پرنده نمیاد. این خیلی ناراحت میشه و مریض میشه دختر پادشاه. تا اینکه هر چی میبرن دکتر، هر کاریش میکنن میبینن فایده ای نداره (این پرنده). این دختر خوب نمیشه. اون وقت دیگه میگن خوب حالا که خوب نمیشه هر چی دکتر میارن میگن یه حمام بسازین تو ده. بجایی که مردم پول بدن، بیان یه قصه برای این دختر بگن تا این دختر یه خرده حالش خوب بشه. اون وقت دیگه همه قصه ها تموم شده بوده. هر کسی که مثلاً قصه بلد بوده میرفته میگفته قصه تکراریم نباید میگفتن. اون وقت یه روز یه کچلی بوده، کچلی بوده این کچل چند وقت بود حمام نرفته بود. (بعد) بعدش (این کچل میگه که خوب) (ها) مادرش بهش میگه برو بیرون یه چیز جدید یاد بگیر یه قصه ای یه چیزی یاد بگیر. بیا برو حمام که بگی. همینجوری که میره بیرون، میبینه که یه کاروان شتری

داره میاد. دنبال این کاروان میره. میبینه (بارای شتر) بار روشه و میوه و همه چی روی این شتر هست. دنبال اینا میره بعد میبینه که این شتر را همینجور بدون ساربون هم هستن. تا این که میره دنبالشون میبینه یه در چوبی باز شد و میره دنبال این شترا میره تو. میره و خلاصه، میبینه که چه قد[۱] جای خوبیه. یه استخریه و چند تا اتاق (آی) میره تو اتاقه قایم میشه. میبینه شترا باراشونه خالی کردن میوه، خوراکی، چیزای خوراکیا ر خالی میکنند خودش میره توی اتاق قایم میشه پشت رختخوابای اون خونه. میگه بذار ببینن تو این خونه چه خبره. بعد از این که شب میشه میبینه که چهل تا پرنده اومدن پرنده سفید. اومدند و یه پرنده آبی هم اومد. اون چهل تا پرنده لباسشون در آوردن شدن انسان. پریدن همشونم زنن، دخترن. پریدن تو این آبا. استخر شنا کردن. اون وقت یه لحظه یهو دید که یه پرنده آبی هم هست، این پرنده یهو لباسشو در آورد دید یه مرده. یه پسر تقریباً چقدم[۲] خوشگله و زیبا. دید جا نمازه شو، انداخت جلوشو وایساد[۳]نماز خوند و یه النگو هم توی جا نمازش بود. داشت نماز می خوند می گفت خدا یا صاحب این النگو و به من برسون. امن از این چهل پرنده میترسم. اون چهل پرنده زن عاشق این یه پرنده مرد یعنی بودن. خوب جا نمازشُ خلاصه، جمع کرد و اینم خوب شد یه قصه برا خودش، یه خرده خوراکیارم ور داشت و بعد از اینکه پرنده ها رفتن. اومدو رفت تو حمام. اومد که برا دختر پادشاه یعنی قصه ر بگه. تا که رسید به پرنده آبی دختر پادشاه خوب غش کرد. بعد این فکر کردن مثلاً یه وقت این یه کاریش کرده که اون غش کرده. اینقده[۴] اون کچل رو زدندش بعد خوب، انداختنش بیرون، بعد تا به هوش اومد دختر پادشاه گفت که نه. این کچل ر بیاریندش. بیاریندش این یه حرف خوب به من زد و من حالم خوب میشه اگه این بدونه اون جاش کجاست. تا بقیهٔ قصه ر گف. گف این قصه است. یا اینکه واقعیت گف واقعیت من دیروز رفتم یه همچیزیو دیدم. بعد تا که رفت میره باهاشون و خلاصه دختره هم میره پشت اینجا قایم میشه پشت رختخواب. میبینه اره چهل پرنده اومدند و یه پرنده ها آبی بود و اون پرنده آبی. همون پرنده ایه که خودش دوست داشته. بعد از اینکه یهو میاد جلو میگه تو که صاحب این النگو میخوای من صاحب النگوام. بعد میگه چرا من ترو دوست دارم. ولی از ترس اینکه این چهل

پرنده ترو نکشن من دیگه نیومدم پیش تو. خلاصه تا اینکه بهش میگه برو حالا. من میام پیشت. فقط باید یه کاری کنیم این چهل پرنده رو بکشیم، اگر نه این چهل پرنده ترو میکشن و اینا زنن همه. خلاصه میانو یه تنوری درست میکنن و میگه که من خودم به یه راهی از این تنور برا من درست کنین. که من فرار میکنم تنور پر آتیش هم هست. اگه من بگم من خودمو میکشم، این پرنده هام به خاطر من از بس من دوست دارن خودشونو میکشن. خلاصه این پرنده میگه من میخوام خودم بکشم. میپره تو تنور، از اون راه میاد بیرون ولی اون پرنده ها همه میسوزن. همشون میمیرن. بعد دیگه خلاصه این دو تا به هم میرسنو بعد از مدت ها اون وقت یهو خودش چون میدونسته این همون بچه بچه ای بوده که روی زمین گذشته بودندش دیگه غیب شده بوده. با اون همسرش میرن در خونه پدر و مادرش. و پدر و مادرشم که پادشاه بودن خوشحال میشن و این دوتا به هم میرسن.

۱. قد = قدر ۲. چقدم = چه قدر هم ۳. وایساد = وا ایستاد ۴. اینقده = این قدر

翻字（ローマ字）：yekī būd yekī nabūd zīr-e gonbad-e kabūd. ye rūz ye pādešā būd bečče dār nemišod. ba‘ad, īn xeilī qosse mixordan bā zaneš. ye rūz pīr mardī miyād dar-e xūnašūn, ye rūz pīr-e mardī miyād dar-e xūnešūn, ba‘ad beheš mige ke beheš mige ke hālā ke šomā ke bačče dār nemišīn man ye sīb behet midam, īn sīb o nesfešo xodet boxor, nesfešo bede be xānomet boxore. ba‘ad har zamān ke bačče dār šodī, tā šīš mā īn bačče ro rūye zamīn nagozār. īnā hamīn kār mikonan sīb mixorand o ba‘ad az inke bačče dār šodan, tā šīš mā mixān īn bačče ra nazāran zamīn nemišode ke īn bačče re be zamīn nagzaran. vaqt ye rūzī ye arūzī būde īnā miran arūsī. tā īn ke miran xob ye kanīzā īn bačče ra baqal karde būd. īn ye kār fourī barāš pīš miyād. miyād bere, bačče ra mide be ūn yekī, mige ke īn bačče re begīr tā man beram o biyām be zamīn nazarīšā. ūn yekī ham havāseš nabūde o xolāse bačče re mizāre rūye zamīn. ba‘ad ke miyān mibīnan bačče nīst. bačče qeub šode. xplāse īnā nārāxat mišand o ūn kanīzo mikošando dīge, tā čand vaqtī nārāhat būdan o siyā pūšīde būdand, xplāse hamīn ye bačče ham dāštan pesaram būd baččašūn. va xeilī ham qašang būd. baʻad migozare o sāl hāye ye bīst sāl baʻadaš migozare. ye pādešāhī dīge būde tū ye šahr-e dīge. ūn vaqt īn ye doxtar dāšte, ūn-am doxtar-e xeilī xošgel būde unvaqt īn doxtar ye rūz mibīne ke har rūz barā barande hā dūne mipašīde. barā parande hā. ūn vaqt ye rūz ye parande miyād mibīne ke ye parande tū īn parande hā xeilī qašange, ābie. valī ūn čehel tā parandeye dīge hame sefīdan. īn xeilī parande re dūst dāre. baʻad ye rūz ye ālangūš mizāre dam-e panjare tā parande miyād. parande alangūš var midāre o mire. īn nārāhat miše o be havāī ke masalān donbāl-e īn ālangū bere parande ra begīre, mire o xolāse parande zeib miše. dīge ham parande nemiyād. īn xeilī nārāhat miše o marīz miše doxtar-e pādešā. tā īn ke harčī mibaran doktor, har kārīš mikonan mībīnan fāyedeī nadāre īn parade. īn doxtar xūb nemiše har čī doktor miyāran migan ye hammām besāzīn tū deh. bejāī ke mardom pūl bedan, biyān ye qesse barāye īn doxtar began tā īn doxtar ye xorde hālaš xūb beše. ūn vaqt dīge hame qesse hā tamūm šode būde. har kasī ke masalān qesse balad būde mirafte migofte qesse tekrārīm nabāyad migoftan. ūn vaqt ye rūz ye kačalī būde, kačalī būde īn kačal čand vaqt būd hammām nafarfte būd. baʻad baʻadaš īn kačal mige ke xob hā mādaraš beheš mige borou bīrūn ye čīz-e jadīd yād begīr ye qesseī ye čīzī yād begīr. biyā borou hammām ke begī. hamīnjūrī ke mire bīrūn, mibīne ke ye kārevān-e šotrī dāre miyād. donbāl-e īn kārevān mire. mībīne bārāye šotr bār rūše o mīve o hame čī rūye īn šotr hast. donbāl-e inā mire baʻad mibīne ke īn šotor ra hamīnjūr bedūn-e sārbūn ham hastan. tā īn ke mire donbālešūn mibīne ye dar-e čūbī bāz šod o mire donbāl-e īn šotorā mire tū. mire o xolāse, mibine ke če qad jāye xūbīe. ye estaxrīa o čand tā otāq-e āi mire tū otāqe qāyem miše. mibine šotrā bārāšūne xālī karde mīve, xorākī čīz hāye xplākiyā re xālī mikonand xodaø mire tūye otāq qāyem miše pošte raxtexābāye ūn xūne. mige bezār bebīnan tū in xūne če xabare. baʻad az īn ke šab miše mibine ke čehl tā barande ūmadan parande sefīd. ūmadand o ye parandeye ābī ham ūmad. ūn čehl tā parande lebāsešūn darāvordan šodan ensān. parīdan hamašūn-am zanan, doxtaran. parīdan tū īn ābā. estaxr šenā kardan. ūn waqt ye lahze yoho dīd ke ye parande ābī ham hast, īn parande yoho lebāsešo dar āvord dīd ye marde. ye pesare taqrībān čeqad-am xošgel o zībā. dīd jā namāzešo, endāxt jeloušo vāīsād namāz xūnd o ye lengū ham tūye jā namāz būd. dāšt namāz mixūnad mīgoft xodā yā sāheb-e īn alangū o be man berasūn. aman az īn čehl tā parande mitarsam. ūn čehl parande zan āšeq-e īn ye parandeye mard ya'anī būdan. xūb jā namāzeš xolāse, jam kard o īnam xob šod ye qesse barā xodeš, ye xorde xorākiyā-am var dāšte o ba'ad az īnke parande hā raftan. ūmad o raft tū hammām. ūmad ke barā doxtar-e pādešā ya'anī qesse ra bege. tā ke resīd be parande ābī doxtar-e pādešā xūb qaš kard. ba'ad īn fekr kardan masalān ye vaqt īn ye kārīš karde ke ūn qaš karde. inqade ūn kačal ro zadandeš ba'ad xūb, andāxtaneš bīrūn, ba'ad tā be hoš ūmad doxtar-e pādešā goft ke na. īn kačal re biyārīndeš. biyārīndeš īn ye harf-e xūb be man zad o man hālam xūb miše age īn bedūne ūn jāš kojāst. tā baqīe qesse ra goft. gof īn qesse ast. yā īnke vāqiyat gof vāqiyat-e man dīrūz raftam ye hamčīzīo dīdam. ba'ad tā ke raft mire bāhāšūn o xolāse doxtara ham mire pošte injā qāyem miše pošte raxtexāb. mībīne are čehl parande ūmadand o ye parande hā ābī būd o ūn parande ābī. hamūn parande ī ke xodeš dūst dāšte. ba'ad az īnke yaho miyād jelou mige to ke sāheb-e īn alangū mixāī man sāheb-e alangūam. ba'ad mige čerā man tora dūst dāram. valī az tars-e īnke īn čehl parande toro nakošan man dīgenayūmadam pīš-e to. xolāse tā īnke beheš mige borou hālā. man miyām pīšet. faqat bāyad ye kārī konīm īn čehl čehl parande ro bokošīm, agar na īn čehl parande toro mikošan o īnā zanan hame. miyāno ye tanūrī dorost mikonan o mige ke man xodam be ye rāhī az īn tanūr barā man dorost konīn. ke man farār mikonam tanūr por az ātiš ham hast. age man begam man xodemū mikošam, īn parande hām be xāter-e man az bas-e man dūst dāran xodešuno mikošan. xolāse īn parande mige man mixām sodam bokošam. mipare tū tanūr, az ūn rāh miyād bīrūn valī ūn parande hā hame mīsūzan. hamašūn mīmīran. ba'ad dīge xolāse īn do tā be ham miresano ba'ad az moddat hā ūn vaqt yoho xodešo čūn mīdūneste īn hamūn bačče baččeī būde ke rūye zamīn gozašte būdandeš dīge qeib šode būde. bā ūn hamsareš miran dar xūne pedar o mādareš. va pedar o mādareš-am ke pādešā būdan xošhāl mišan o īn do tā be ham mirasan.

日本語訳：あったことか、なかったことか、群青の空の下でのことである。子供ができない王がいた。王妃とともにとても悲しんでいた。ある日、ある老人が王宮に来て、王に言った。

　「今、王様には子供ができませんが、リンゴをあげましょう。このリンゴを半分にして、一つをご自身で食べてください。残りの半分を王妃様に食べさせてください。そして、子供ができてから六ヶ月の間、決して子供を下に置いてはいけません。」

　二人は、老人の言うとおりにリンゴを食べた。すると、子供ができた。老人は、子供を六ヶ月の間地面に置いてはならないと言ったので、地面に置かないように気をつけていた。ある日、結婚式があったので、王と王妃は外出することになった。その間、女中に子供を抱いていてもらうことにした。女中を急に呼びつけて命じた。子供を渡してこう言った。

　「私が帰ってくるまで、地面に置いてはなりませんよ。」

　ところが、この女中は、不注意で子供を地面に置いてしまった。そして、子供はいなくなってしまった。消えてしまったのである。王と王妃はとても悲しみ、この女中を死刑にし、しばらくふさぎこんで、喪に服していた。いなくなった子は、男の子で、とてもかわいらしかったのである。そして、時が経ち、二十年が過ぎた。

　別の町に、ある王がいた。その王には、とても綺麗な王女がいた。その王女は、毎日、鳥たちのために餌をまいてやっていた。ある時、王女は、鳥たちの中にとても綺麗な一羽の青い鳥が混じっているのを見た。残りの四十羽の鳥たちは白かった。王女はとても鳥が好きだったのである。ある日、腕輪を窓の下に置いて鳥が来るのを待っていた。すると、その青い鳥が腕輪を持って行ってしまった。王女は困ってしまい、腕輪を取り戻そうと手を伸ばしたけれども、鳥は消えてしまった。その後、その鳥は来なくなってしまった。王女はとても悲しみ、病気になってしまった。医者へ連れていったが、何をしても良くならなかった。医者は、「村にハンマームを建てて、人々からお金を取る代わりに、王妃に物語を語ってもらえば、良くなるだろう。」と言った。そして、皆、ハンマームへ行っては物語を語り、やがてもう語る物語が

なくなってしまった。同じ話をしてはいけないとのことであったが、人々は知っている話をしてしまった。ところで、一人の禿がいた。この禿は長い間ハンマームに行っていなかった。禿の母親は、言った。

「外へ行って何か覚えてきなさい。お話か何かを覚えてきなさい。そして、ハンマームに行ってお話をしなさい。」

禿は外へ行くと、隊商がラクダと共にやってくるのを見た。禿はその後をついて行った。旅の荷物や果物などを全てラクダに乗せているのであった。後ろをついて行くと、その隊商にはラクダ追いがいないのがわかった。さらについていくと、木の扉が開き、入っていったので、禿も一緒に入っていった。中へ入ると、そこはすばらしいところであった。プールがあって、いくつかの部屋があった。禿は、部屋の一つに隠れた。ラクダに乗せていた果物や食料などの荷物は下ろされた。禿は、その建物の部屋の一つのベッドの下に隠れた。そして、何が起こるか見ていた。夜になると、四十羽の白い鳥がやって来た。青い鳥も一羽やって来た。四十羽の鳥が羽を脱ぐと、人間が出てきた。人間になった四十羽は皆、女性であった。そして、水に飛び込み、プールで泳いだ。青い鳥もいて、羽を脱ぐと美しい若い少年になった。少年はその場でお祈りをした。腕輪を持ってお祈りをしていた。そしてこう言った。

「神様、この腕輪の持ち主を教えてください。私はこの四十羽の鳥たちがこわいのです。」

この四十羽の鳥は少年の愛妻たちであった。お祈りを終えた。禿にとって、話の種にはちょうど良い出来事であった。鳥たちが去ってから、禿はハンマームへ行った。そして、王女のために見たことを話した。物語が青い鳥のところまで行くと、王女は気絶した。周りの者たちは、禿が何かをしたために気絶したのだと思い、よってたかって殴って、外へ放り出した。王女が気を取り戻して言った。

「勘違いです。あの禿を呼んできてください。いいお話をしてくれました。気分も良くなり、その場所を彼が知っていたらいいのですが。話の続きを聞かせてください。」

禿は言った。

「これは本当にあったお話です。昨日、見たことなんです。」

そして、その場所に王女も一緒に行くことになった。そして、ベッドの下で隠れていると、同じように四十羽の鳥がやって来た。そして、青い鳥もやって来た。それは王女が好きだった青い鳥だった。王女は、出ていってこう言った。

「あなたは腕輪の持ち主を探しているのですね。私が腕輪の持ち主です。」

青い鳥は言った。

「私もあなたが好きですが、四十羽の鳥があなたを殺すかもしれないので、あれ以来あなたの前には姿を現しませんでした。さあ、行きなさい。私には仕事が残されています。この四十羽の鳥を殺さないといけないのです。そうしないと、この四十羽の鳥があなたを殺すでしょう。四十羽とも妻なのです。」

そして、青い鳥は竈を作らせた。そして、こう言った。

「私はあることのためにこの竈を作らせた。私は、ここから出ていきます。竈は火が焚かれています。私が自殺すると言えば、鳥たちも私のことを好きなので、竈に入って自殺するでしょう。こうやって逃げましょう。」

こうして、鳥たちは焼かれてしまった。そして、二人は一緒になることができた。やがて、青い鳥は、昔、下に置かれたために消えてしまった子供だということがわかった。王女は、夫と一緒に夫の家に行った。両親は王家の者だったので、喜んだ。二人は仲良くすごした。

笑話と小話

通し番号：051－085

051

題　　名：مرد دستفروش／行商人
分　　類：笑話と小話
ＡＴ番号：(AT1012「子供のはらわたをとる」)
録音箇所［収録時間］：006-023［03分22秒］
調　査　日：1998年12月19日
調　査　地：اصفهان／イスファハン

名　　前：حسین صراحی／ホセイン・ソラーヒー
年齢性別：65才、男性
職　　業：استاد دانشگاه／大学教員
住　　所：اصفهان
出身地：اصفهان／イスファハン
伝承者：عمو／おじ

翻字（ペルシア語）：یکی بود یکی نبود، غیر از خدا هیچ کی نبود. مردی دوره گردی میکرد. در خانه ها چیز هایی را برای فروش عرضه میکرد. در خانه ای را زد، که کالا را بفروشد. زن داخل خانه گفت من کاردارم بیرون باید بروم. شما بیا داخل، مواظبت و نگهداری از بچه من بکن. مرد وارد خانه شد، و کنار گهوارهٔ کودک مشغول نگهداری بچه شد. دید بچه گریه میکند و

خواب نمیرود. به رسم قدیم که برای خواب کردن بچه ها مقدار خیلی کمی تریاک به بچه ها می دادند ایشان چون وارد نبود تریاک زیادی به بچه داد که بچه بخوابد. و در واقع بچه با این تریاک مرده بود. از آن طرف بعد از این که بچه خواب رفت خود مرد راحت شد و در خانه گردش کرد. دید مرغ ها تخم گذاشته اند. تخم مرغ گذاشته اند. دو سه تا از تخم مرغ هارا بر داشت و زیر کلاه خودش روی سر مخفی کرد. بعد از ساعتی زن به خانه رسید و وارد شد، نگاه به بچه کرد دید بچه مرده است. بعد با خشم و عصبانیت رو به مرد کرد که بچه را کشته ای و با دو دست به سر مرد کوبید که خاک بر سرت بچه ام را کشتی در اینجا تخم مرغ ها شکست و به صورت مرد ریخت و مسأله افشا شد. مرد پا به فرار گذاشت زن هم شیون کنان دنبال او حرکت میکرد.

翻字（ローマ字）：yekī būd yekī nabūd, qeir az xodā hīč kī nabūd. mardī doure gardī mīkard. dar-e xāne hā čīz hāī rā barāye furūš arze mīkard. dar-e xāneī rā zad, ke kālā rā befrūšad. zan-e dāxel-e xāne goft man kār dāram bīrūn bāyad beravam. šomā biyā dāxel, movāzebat va negahdārī az bačče man bekon. mard vāred-e xāne šod, va kenāre gahvāreye gahvāreye kūdak mašqūl-e negahdārīye bačče šod. dīd bačče gerie mikonad va xāb nemiravad. be rasm-e qadīm ke barāye xāb kardan-e bačče hā meqdār-e xeilī kamī taryāk be bačče hā mīdādand īšān čūn vāred nabūd taryāk-e ziyādī be bačče dād ke bačče bexābad. va dar vāqe bačče bā īn taryāk morde būd. az ān taraf ba'ad az īn ke bačče xāb raft xod-e mard rāhat šod va dar xāne gardeš kard. dīd morq hā toxm gozašte and. toxm-e morq gozašte and. do se tā az toxm-e morq hā rā bardāšt va zīr-e kolāh-e xodaš rūye sar maxfī kard. ba'ad az sā'atī zan be xāne rasīd va vāred šod, negāh be bačče kard dīd bačče morde ast. ba'ad bā xašm va asabāniyat rū be mard kard ke bačče rā košteī va bā do dast be sar-e mard kūbīd ke xāk bar sarat baččeam rā koštī dar injā toxm-e morq hā šekast va be sūrat-e mard rīxt va mas'ale efšā šod. mard pā be farār gozašt zan ham šīvan konān dnbāl-e ū harkat mikard.

日本語訳：あったことか、なかったことか。神の他に誰もいなかったころ。ある男が行商をしていた。家々で物を売っていた。家の扉を叩いては品物を売っていた。ある家の婦人が言った。

「私は用事があってでかけます。中へ入って子供の子守をしてくれませんか。」

男は家に入り、子供の揺りかごの側で子守をした。子供が泣いて眠らないので、少しだけ阿片を子供に与えた。ところが、阿片についてよく知らなかったので、たくさん食べさせてしまった。子供は阿片を食べたために死んでしまった。男は、子供が寝たと思って安心して、家の中を見て回った。ニワトリたちが卵を生んでいた。そこで、卵を二、三個取って自分の帽子の下に隠した。しばらくして、婦人が帰ってきた。そして、子供が死んでいるのがわかった。「恥知らずめ、よくも私の子供を殺したわね。」と言って両手で男の頭を殴った。すると、卵が割れて男の顔に流れてきて悪事がばれた。男は逃げて、女は泣き叫んで追いかけていった。

備考：長い民話の冒頭部分。子供を泣きやませるために阿片を使うという行為は、よく行われていたという。AT1012と類似する。

052

題　　名：گربه سه کیلو گوشت／三キロの猫
分　　類：笑話と小話
ＡＴ番号：AT1373A*「妻は猫が肉を食べたと言う」
録音箇所［収録時間］：002-029［00分44秒］
調 査 日：1998年10月09日
調 査 地：استان تهران، شهر ری، روستای طالب آباد／テヘラン州レイ市ターレバーバード村

名　　前：حسین سارانی／ホセイン・サーラーニー
年齢性別：19才、男性
職　　業：محصّل／学生
住　　所：استان تهران، شهر ری، روستای طالب آباد
出 身 地：روستای طالب آباد／ターレバーバード村
伝 承 者：بزرگان／年長者

翻字（ペルシア語）：در زمان های دور مردی زندگی میکرد بنام جها که طبعی شوخ داشت شوخ طبع بود. بعد روزی این مرد سه کیلو گوشت خرید و به زنش داد گفت. این گوشت را برای من درست کن شب. بعد، [زن] از قضا اون روز برای زن مهمون آمد، مهمون های زن واسش[1] اومدن. فک و فامیلای

زنش. این سه کیلو گوشته این زن درست کرد داد به مهموناش خوردن. بعد، شب که شد شوهرش اومد گفت شوهرش گفتش پس گوشتا کو؟ بعد، گفتش گوشتا ر گربه خورده. بعد (مرده همینکه) جها رفت گربه را گرفت وزنش کرد کشید دید سه کیلوه گفت اگه این گربه است، با[2] گوشتش کو؟ و اگه گوشته گربه اش کو؟

۱. واسش = برای او ۲. با = پس

翻字（ローマ字）：dar zamān hāye dūr mardī zendegī mīkard be nām-e johā tabi'ī šūx dāšt šūx tab būd. ba'ad rūz īn mard se kilo gūšt xarīd o be zaneš dād goft. īn gūšt rā barāye man dorost kon šab. ba'ad az qazā ūn rūz barāye zan mehmūn āmad, mehmūn hāye zan vāseš ūmadan. fak o fāmilāye zanaš. īn se kilo gūšte īn zan dorost kard dād be mehmūnāš xordan. ba'ad, šab ke šod šouharaš ūmad goft šouharaš gofteš pas gūštā kū? ba'ad gofteš gūštā ra gorbe xorde. ba'ad marde hamīnke johā raft gorbe ra gereft vazneš kard kešīd dīd se kiloe gof age īn gorbe ast, bā gūšteš kū? va age gūšte gorbeaš kū?

日本語訳：遠い昔、ジャハーという陽気な男がいた。ある日、男は三キロの肉を買って、妻に渡して言った。

「今夜、この肉を私のために料理しておくように。」

ちょうどその日、妻にお客さんが来た。そこで、その三キロの肉を料理して客に出して、食べてしまった。夜になって夫が帰ってくるとこう言った。

「さあ、肉はどこだい。」

妻は言った。

「猫が肉を食べてしまいました。」

ジャハーは出ていって猫を捕まえてきて重さを量った。すると三キロであった。そして、言った。

「もし、この猫なら、肉はどうなったのだ。もし、これが肉なら、猫はどうなったんだ。」

備考：話者によると、高校３年の教科書にも載っているが、ターレバーバードで最初に聞いたという。モウラヴィーの『マスナヴィー』やナスレッディーン・ホジャの物語の一つとして語られるという。

053

題　　名：گله آوردن کچل ／羊の群れを手に入れる禿

分　　類：笑話と小話

ＡＴ番号：(AT1380「不貞の妻」)

録音箇所［収録時間］：008-024［09分36秒］

調 査 日：1999年01月11日

調 査 地：استان هرمزگان، بندر عباس ／ホルモズガーン州バンダレアッバース

名　　前：فرخنده پیشداد ／ファルホンデ・ピーシュダード

年齢性別：50才、女性

職　　業：نویسنده ／作家

住　　所：بندر عباس پارک شهر جنب آتش نشانی درب چهارم

出 身 地：بندر عباس درتوجان ／バンダレ・アッバース、ダルトゥージャーン

伝 承 者：همه همسایگان ／（村の）隣人たち

翻字（ペルシア語）：اینم قصه کچله. کچل یه مقداری گله میاره خونه. تو یه داستان های درتوجانیان، کچل به معنای زرنگ و باهوش و موقیت شناس و بد جنس معرفی میشه. وقتیکه یه کسی میبینن بد جنسه میگه مگه

نمیدونه کچله ندیدی کله کچله شو که گول این و خوردی. یعنی وقتیکه کچل میبینن، باید حواسشون جمع باشه که کلاه نذاره سرشون. کچل برای گدایی در خونه زنی میره. اون زن با مردی رابطه داشته. شوهرش نبوده. اون مرد در اون زمان داخل خونه میشه. کچل اینو میبینه. میره پشت رختخوابا مخفی میشه. خونای قدیمی میبینی که کوچکه مثل کلبه مانند. همه وقتی کسی درش وایساده[۱] همه جاشو میبینه. حالا برای اینکه زن فوراً میبینه که رفیقش اومد، برای اینکه به گدا زودتر دست بدر[۲] کنه، بلافاصله یه کاسه ارزن میاره میده به گدا که زودتر بره. (ارزن میدونی چیه؟ یه نوع غلاته. مثل ذرته، مثل گندم، جو. ارزنم یه نوع غلات). گدا که نمیخواسته بره، فهمیده بوده که الان یه هوای دیگه ای هست، عمدی دستش شل میگیره، ارزن میریزه زمین. بعد میشینه، دونه دونه ارزن بون ریزی[۳]، از زمین بچینه. زن بهش میگه برای چی اینه که ریختی زمین میچینی، بیا من یکی دیگه بهت بدم. میگه نه، اونه نمیخوام. این حیفه. من اینو میچینم. زن میفهمه که دنبال بهانه میگرده بهش محل نمیذاره. ولش میکنه میره. میره ظاهراً رد گم کنه، مثلاً میره تو آشپزخونه. یه کار دیگه ای بکنه تا کچل ولش کنه بره. کچل وقتیکه میبینه که زن حواسش نیست، میره روغن داغ میکنه، وقتیکه صاف و زلال شد، میره دست اون اون آدمی که مخفی شده بوده پشت رختخوابا. بهش میگه بخور آب. صداش نازک میکنه میگه بخور آب. این فکر میکنه اون زن داره بهش آب میده. تشنه اش بوده کاسه ر میگیره خورد میکشه گلو، دهان همه میسوزه دستش میسوزه و میمیره. وقتی میمیره کچل داد میزنه آی پدرم مرد. مردم به دادم برسید پدرم مرد. زن متوجه میشه که توی خونه اگر مردم داد این بشنفن[۴] و بیان و این مرد و ببینن که تو خونه، برای چه تو خونه مرده، میفهمن که رفیق داشته. میفهمن که کار بدی میکرده. فوری، دویست تمن[۵] بهش میده میگه این دیویس[۶] تمن ور دار و برو خاکش کن. از اینجا برو شرط بکن سر و صدا نکن. بعد کچل پول که میگیره مرده رم سوار الاغ میکنه و میبره با خودش. و محکم تو الاغ میبندش که داری (انگاری) صاف رو الاغ وایساده، مثل یه آدم زنده. میره توی مزرعه گندم ول میکنه. و خودش دور وای میسه قایم میشه. صاحب مزرعه، داد میزنه آی بنده خدا الاغ تو از تو مزرعه ببر بیرون داره گندم

میخوره. گوش نمیده. اون مرده که نمیفهمه. اون اونجا خودش پشت قایم شده نیست. این مرده اینجوری بسته شده با الاغ. اون فکر میکنه این زنده است سوار الاغه آدم زنده ایه. که داد میزنه آی من آی آدم آیفلان آی بنده خدا، میبینه کسی بهش توجه نمیکنه. ناراحت میشه میاد، همینطور که این سوار سوار الاغ بوده، میره الاغ میزنه. صاحب مزرعه الاغ میزنه. الاغ که میزنه الاغ رم میکنه مرده از اون بالا می افته پایین. وقتی می افته پایین، فوری کچل از پشت چاله چوله ها میاد بیرون، داد میزنه آی پدرمو کشتن. آی مردم به دادم برسید، پدرمو کشتن. اون صاحب مزرعه بلا فاصله به التماس در را خدا منو ببخشین این پول بگیر، برو پدرتو خاک کنی یه جایی این کفّاره[7] پدرت. اینم پول خون اینجا رو میگیره و مرده رم میره جایی میندازه و میره سایه یه درختی میشینه که استراحت کنه. سایه درخت بسیار بزرگی بوده، سایه خیلی خوبی داشته. تو وسط راه بوده و مردمای دیگه هم قافله زمانی که میخواستن استراحت کنن اونجا سایه بزرگی بوده، مینشستن. همونجا داشته با خودش، بازی میکرده. پولای که گرفته بوده اینطوری می چسبونده بوده به تنه درخت. میچسبنده به تنه درخت. ببینه چه قدر پول گیر آورده. چه استفاده هایی کرده از این کاری که شیطنت کرده. قافله میاد میبینه اِ این درخت همش پر پوله تنه درخت تمام پوله. میگه کچل این چیه؟ میگه که این درخت شیش ماهی یک بار پول، پول ثمر میکنه. ثمرش، میوش پوله. من شیش ماه صبر کردم اینجا، تا این پولا را ثمر داده. من دیگه کار کاسبی نمیکنم. هیچ کاری نمیکنم. من فقط اینجا میشینم این درخت میوش پوله من پولا ر جمع میکنم. بعد، اونه چیزا را به قدری ساده و قشنگ میگه اونا فکر میکنن درست میگه. میان نگاه میکنن به تمام زحمتی که کشیدن، رفتن از هندوستان، این همه بار آوردن، به ارزش این همه پول نمیشه. پس ما بشنیم این درخت از این بخریم، بشینیم پای این درخت تو بهمون پول بده چرا زحمت بکشیم بریم این ور اون ور تجارت کنیم یه راس[8] میریم ضررم بکنیم. به کچل میگن درخت بفروش. میگه درختم میفروشم، به تمام این باراتون. هر چی دارین به شرطی که این الان ثمر کرده مال خودم. شما اینجا بشنین تا شیش ماه به بعد، ثمر بکنه برای شما. اونا باز هم قبول میکنن. خیلی پول بوده. بازم قبول میکنن. کچل پولارو میگیره و میره. میره

توی ده زندگی خودش بکنه. بعد اونا شیش ماه اونجا میشینن. هرچیم داشتن دادن به کچل چیزی هم نداشتن، منتظر بودن گشنه و تشنه که این درخت پول بیاره این ها پولاشو جمع کنن. میبینن که شیش ماه شد، یه سال شد خبری نیست این درخت دیگه ثمر نمیده دیگه پول نمیده. فهمیدن که کلک خوردن و کچل گولشون زده. گفتن بریم بگردیم کچلا پیدا کنیم، بکشیمش. تلافی خودمون بگیریم. همینطور که داشتن دنبال کچل میگشتن کچل متوجه میشه که دیگه باید فرار کنه. وقتشه که [فرار بکنه]. دیگه درخت ثمر که نمیده که گول زده. همینطور که داشته فرار، اونم دنبالش می کردن اینم فرار میکرده، یه چوپانی تو راه میبینه. چوپان میگه کچل (برا فرار) برای چه فرار میکنی؟ میگه مادرم به من میگه تو (زن) داماد پادشاه بشو میخوان دختر پادشاه ر به من بدن. من دختر پادشاه را نمیخوام. یعنی که دختر پادشاه میخوان به زنی بدن به من. اون چوپان میگه که کاش که دختر پادشاه به من میدادن. مگه بده آدم دختر (داماد) پادشاه بشه؟ میگه تو خوشت میاد داماد پادشاه بشی؟ میگه آره. میگه بیا گله تو بده به من، لباس من بپوش و فرار کن اونا دنبالت میان میگیرنتو ترا میدن به دختر پادشاه. اون چوپانم گول این میخوره. لباسشو لباس چوپانی شو میده به کچل، کچلم لباس خودشو میده برای چوپان، چوپانم اینطوری میدوه. اونا میان میرسن بهش فکر میکنن چوپانه. میگیرنشو میندانش تو دریا. که تلافی خودشونو گرفته باشن. از این ور که میبینن که بعداً کچل تو ده اومد و دنیا گله داره. ای کچل این گله از کجا آوردی مگه ما تو را تو دریا ننداختیم؟ گف بله شما منو به دریا انداختین. ولی جایی انداختین که پر از گله گوسفند بود. تازه منو این نزدیک ساحل انداختین این همه آوردم. اگه اون برتر می انداختین تو عمق دریا میانداختین خیلی اونجا گله بود من می آوردم. دوباره اینا گول خوردن. فکر کردن که راست میگه. گفتن اِ پس بچه های ما رم بنداز همونجای که خودت بودی، تا بچه های مام گله بیارن. هر که بچه ای داشت پیر زن پیر مردی هر که بچۀ کوچولو موچولو داشت، همه رو داد کچل بندازه تو دریا. و این هم بچه های همه را انداخت تو دریا. بچه ها دارن خفه می شن میرن بالا و لالالا اینجوری میکنن، آی فریاد میکنن، دوره مامانشون نمیفهمن چی میگن. به کچل میگن اینا چی میگن؟ اینجوری میکنن اینجوری میکنن چی میگن؟

داره (خوابش گرفت) داشت به مادر بچه میگه که پسرت صدا میکنه که من شاخدار بیارم یا بدون شاخ. بعد مادره میگه بگو بدون شاخ بیاره که شاخدار پیرنمو پاره میکنه. اینجوری کلاه سر همه شون گذاشت. قصه ما اینجا تمام شد.

۱. وایساده = ایستاده ۲. دست بدر = دست به سر ۳. بون ریزی= به اون ریزی ۴. بشنفن= بشنوند ۵ تمن = تومان ۶. دیویس = دویست ۷. کفّاره = سزای گناه ۸. راس = یک راست، یک دفعه

翻字（ローマ字）: īn-am qesseye qačale. kačal ye meqdārī gale miyāre xūne. tū ye dāstān hāye dartūjāniyān, kačal be ma'anāye zerang o bāhūš o mouqiyat šenās o bad jens mo'arafī miše. vaqtīke ye kasī mībīnan vad jense mige mage nemīdūne kačale nadīdī kalle kačale šou ke gūl-e in naxordī. ya'anī vaqtīke kačal mībīnan, bāyad havāsešūn jam bāše ke kolāh nazāre sarešūn. kačal barāye gedāī dar-e xūne zanī mire. ūn zan bā mardī rābete dāšte. šouhariš nabūde. ūn mard dar ūn zamān dāxel-e xūne miše. kačal ino mībīne. mire pošt-e raxtexābā maxfī miše. xūnāī qadīmī mibine ke kūčeke mesle kolbe mānande. hame vaqtī kasī dareš vāīstāde hame jāš mībīne. hālā barāye īnke zan fourān mībīne ke rafīqeš ūmad, barāye īnke be gedā zūdtar dast bedar kone, balāfāsele ye kāse arzan miyāre mide be gedā ke zūdtar bere. arzan mīdūnī čie? ye nou qallāte. mesle zorate, mesle gandom, jou. arzan-am ye nou qalāt. gedā ke nemīxāste bere, fahmīde būde ke alān ye havāye dīgeī hast, amdī dasteš šol migire, arzan mirize zamīn. ba'ad mīšīne, dūne dūne arzan būn rīzī, az zamīn bečīne. zan beheš mige barāye čī ine ke rīxtī zamīn mīčīnī, biyā man yekī dīge behet bedam. mige na, ūne nemixām. īn heife. man ino mīčīnam. zan mifahme ke donbāl bahāne migarde beheš mahal nemizare. valeš mikone mire. mire zāherān rad gom kone, masalān mire tū āšpaz xūne. ye kār-e dīgeī bokone tā kačal veleš kone bere. kačal vaqtīke mibine ke zan havāseš nīst, mire rouqan dāq mikone, vaqtīke sāf o zolāl šod, mire dast-e ūn ūn ādamī ke maxfī šode būde pošte raxtexābā. beheš mige boxor āb. sedāš nāzok mikone mige boxor āb. īn fekr mikone ūn zan dāre beheš āb mide. tešneaš būde kāse re migīre xord mikeše galū, dahān hame mīsūze dasteš mīsūze va mīmīre. vaqtī mimire kačal dād mizane āi pedaram mord. mardom be dād-am berasīd pedaram mord. zan motavajje miše ke tūye xūne agar mardom dād īn bešenafan o biyān va īn mard o bebīnan ke tū xūne, barāye če tū xūne morde, mifahman ke rafīq dāšte. mifahman ke kār-e badī mikarde. fourī, devīst toman beheš mide mige īn divīs tuman vardār o borou xākeš kon. az injā borou šarat bokon sar o sedā nakon. ba'ad kačal pūl ke mīgīre morde ram savār-e olāq mikone va mibare bā xodeš. va mohkam tū olāq mibandaš ke dārī sāf ro olāq vāīsāde, mesle ye ādam-e zende. mire tūye mazra'eye gandom vel mikone. va xodaš dūr vāimise qāyem miše. sāheb-e mazrae, dād mizane āi bandeye xodā olāq-e to az tū mazrae bebar bīrūn dāre gandom mixore. gūš nemide. ūnke morde ke nemifahme. ūn unjā xodeš pošt qāyem pode nīst. īn morde injūrī baste šode bā olāq. ūn fekr mikone īn zende ast savār-e olāqe ādam zende īe. dād mizane āi man āi ādam āi felān āi bande xodā, mibine kasī beheš bavajjo nemikone. nārāhat miše miyād, hamīntour ke īn savār-e savār-e olāq būde, mire olāq mizane. sāheb-e mazrae olāq mizane. olāq ke mizane olāq ram mikone morde az ūn bālā miofte pāīn. vaqtī miofte pāīn, fourī kačal az pošte čāle čūle hā miyād bīrūn, dād mizane āi pedaramo koštan. āi mardom be dādam berasīd, pedaramu koštan. ūn sāhab-e mazra'e balā fāsele be eltemās dar rā xodā mano bebaxšīn īn pūl begīr, borou pedar-e to xāk konī ye jāī īn kaffāre pedaret. īnam pūl-e xūn-e injā ro migire o morede ram mire jāī moandāze o mire sāye ye deraxtī mišīne ke esterāhat kone. sāyeye deraxt besiyār bozorgī būde, sāye xeilī xūbī dāšte. tū vasat-e rā būde va mardmāye dīge ham qāfele zamānī ke mixāstan esterāhat konan unjā sāye bozorgī būde, minešastan. hamūnjā dāšte bā xodeš, bāzī mikarde. pūlāī ke gerefte būde intourī mičasbūnde be taneye deraxt. mičasbande be taneye deraxt. bebīne če qadr būl gīr āvorde. če estefāde hāī karde az īn kārī ke šeitanat karde. qāfele miyād mibine e īn deraxt hameš por-e pūle tane deraxt tamām-e pūle. mige kačal in čīe? mige ke īn deraxt šīš māhī yek bār pūl, pūl samar mikone. samareš, mīvaš pūle. man šīš māh sabr kardam injā, tā in pūlā ra samar dāde. man dīge kār-e kāsebī nemikonam. hīč kārī nemikonam. man faqat injā mišīnam īn deraxt mīvaš pūle man mūlāre jam mikonam.

ba'ad, ūne čīzā ra be qadrī sāde o qašang mige unā fekr mikonan dorost mige. miyān negāh mikonan be tamān-e zahmatī ke kešīdan, raftan az hendūstān, īn hame bār āvordan, be arzeš-e īn hame pūl nemiše. pas mā bešīnīm īn deraxt az īn bexarīm, bešīnīm pāye īn deraxt to behemūn pūl bede čerā zahmat bekešīm berīm īn var ūn var tejārat konīm ye rās mirīm zararam bokonīm. be kačal migan deraxt befurūš. mige deraxtam mifurūšam, be tamām-e īn bārātūn. harčī dārīn be šartī ke īn alān samar karde māl-e xodam. šomā injā bešīnīn tā šīš mā be ba'ad, samar bokone barāye šomā. ūnā bāz ham qabūl mikonan. xeilī pūl bude. bāz-am qabūl mikonan. kačal pūlār o migīre o mire. mire tūye deh zendegīe xodeš bokone. ba'ad ūnā šīš mā unjā mīšīnan. harčī-am dāštan dādan be kačal čīzī ham nadāštan, montazer būdan gašte o tešne ke īn deraxt pūl biyāre īn hā pūlāšo jam konan. mībīnan ke šīš māh šod, ye sāl šod xabarī nīst īn deraxt dīge samar nemide dīge pūl nemide. fahmīdan ke kalak xordan va kačal gūlešūn zade. goftan berīm begardīm kačalā peidā konīm, bokošīmeš. talāfī xodemūn begīrīm. hamīntour ke dāštan donbāle kačal migaštan kačal motavajje miše ke dīge bāyad farār kone. vaqteše ke. dīge deraxt-e samar ke nemide ke gūl zade. hamīntour ke dāšte farār, ūn-am donbāleš mikardan īn-am farār mikarde, ye čūpānī tū rā mībīne. čūpān mige kačal barāye če farār mikonī? mige mādar-am be man mige to zan-e dāmād-e pādešā bešou mixān doxtar-e pādešā re be man bedan. man doxtar-e pādešā ra nemixām. ya'anī ke doxtar-e pādešā mixān be zanī bedan be man. ūn čūpān mige ke kāš ke doxtar-e pādešāh be man mīdādan. mage bade ādam doxtar-e dāmād-e pādešā beše? mige to xošat miyād dāmād-e pādešā bešī? mige are. mige biyā galle at bede be man, lebās-e man bepūš o farār kon ūnā donbālat miyān migiraneto torā midan be doxtar-e pādešā. ūn čūpān-am gūl-e īn mixore. lebāsešo lebās-e čūpānī šo mide be kačal, kačalam lebās-e xodešo mide barāye čūpān, čūpān-am intourī midove. ūn-am miyān mirasan beheš fekr mikonan čūpāne. migiranešo miandāneš tu daryā. ke talāfīe xodešuno gerefte bāšan. az īn var ke mibīnan ke ba'adān kačal tū de ūmad o donyā galle dāre. e kačal īn galle az kojā āvordī mage mā to ra tū daryā nandāxtīm? gof bale šomā mano be daryā andāxtīn. valī jāī andāxtīn ke por az galle gūsfand būd. tāze mano īn nazdīk-e sāhel andāxtīn īn hame āvordam. age ūn bartar miandāxtīn tū omq-e daryā miandāxtīn xeilī unjā galle būd man miāvordam. do bāre īnā gūl xordan. fekr kardan ke rāst mige. goftan e pas bečče hāye mā ram beandāz hamūnjāī ke xodet būdī, tā bačče hāye mā-am galle biyāran. har ke baččeī dāšt pīr zan pīr mardī har ke baččeye kūčūlū mūčūlū dāšt, hame ro dād kačal bandāze tu daryā. va īn ham bačče hāye hame ra andāxt tū daryā. bačče hā dāran xaffe mišan miran bālā o lālālā injūrī mikonan, āī faryād mikonan, dūre māmānešūn nemifahman čī migan. be kačal migan īnā čī migan? injūrī mikonan injūrī mikonan čī migan? dāre xābeš gerefte dāšt be mādar-e bačče mige ke pesaret sedā mikone ke man šāxdār biyāram yā bedūne šāx. ba'ad mādare mige begū bedūn-e šāx biyāre ke šāxdār pīranemū pāre mikone. injūrī kolāh-e sar-e hamašūn gozāšt. qesseye mā injā tamām šod.

日本語訳：これも禿の話である。羊の群れを手に入れる禿の話である。ダルトゥージャーンの民話では、禿は賢く、機知に富み、性悪とされる。性悪な者がいると、「禿頭を見なかったのか、騙されるなんて」などと言ったものである。ある禿が、乞食としてある女の家の扉を叩いた。偶然、女は浮気の最中であった。相手が夫ではなかったのである。その男が、家に入って行くところを禿が見たのである。男はふとんの下に隠れていた。昔の家というのは小屋のようだったのだが、家の中に誰かがいるとすぐにわかった。女は、（浮気相手の）男が来ているときに乞食が来たので、さっさと行ってもらうように急いでキビの入った入れ物を乞食に渡した。乞食は行こうとしなかった。乞食は行こうとはしなかった。ただならぬ空気を察したのである。わざと手の力を緩めてキビをこぼした。そして、かがんで一粒ずつキビをつまんで拾った。女は言った。

「どうしてこぼしたのに拾っているの。もう一回あげます。」

乞食は言った。

「いいえ、これがほしいのです。そんなもったいない。これを拾います。」

女は家へ入ることにした。無視すれば、たぶんやめるだろうと思い、台所

へ行った。禿があきらめて行ってしまうまで、別のことをしようとした。禿は、女が注意を払っていないすきに、油を熱くして、なめらかになって澄んでくると、ふとんの後ろに隠れていた男のところへ行って、こう言った。

「水をあげましょう。」

声を細くして言った。

「水を飲みなさい。」

男は、女が水をくれるのだと思い、のどが渇いていたので入れ物を持って飲み込んだ。すると、口は全部焼け、手も焼け、死んでしまった。男が死ぬと、禿は大声で言った。

「お父さんが死んだ。」

近所の人にも「お父さんが死んだ。」という声が聞こえた。女は、もしこの声を聞いて誰かが家に入ってきたら、人々は「どうして家の中で男が死ぬか。」と思うだろうし、彼らに浮気をしていたことがばれてしまい、悪行がばれてしまうと思った。そこで、とっさに禿に二百トマンを渡して言った。

「死体を埋めてきて。大声を出さないで。」

禿はお金を受け取り、死体をロバに乗せた。死体は生きている人のようにまっすぐに立つようにロバにくくりつけられた。そして、麦畑を横切った。禿は遠くで隠れていた。すると、畑の持ち主が大声で叫んだ。

「おおい、おまえのロバは畑を歩いているぞ。外へ出ていけ。ロバが麦を食べているではないか。」

その声は届かなかった。死人には聞こえなかったのである。禿は陰で隠れていた。死体はロバにくくられたままであった。麦畑の持ち主は、ロバに乗っている人は生きていると思い、叫んだ。

「おおい、そこの人、おおい、旦那。」

ところが、気付きもしないので、怒ってロバもろとも殴った。麦畑の持ち主はロバを殴った。ロバは驚いて、男はロバから落ちた。落ちたのを見ると、禿が穴から出てきて、叫んだ。

「お父さんを殺した。」

人々に「お父さんを殺した。」という声が届きそうなくらいだったので、

畑の持ち主は、とっさに嘆願した。

「このお金をあげますから許して下さい。お父さんを埋めてきて下さい。これは賠償金です。」

禿はそのお金を受け取り、死体を埋めて、ある木の陰に座って休んでいた。とても大きな木の陰であった。とてもいい木陰であった。隊商の人々もちょうどその陰で休もうとしていた。禿は、また一計を案じた。もらったお金を木の幹に張り付けた。どれだけお金を得たかを眺めた。いたずらで大金を集めたのである。そこに隊商がやってきて言った。

「この木はお金だらけではないか。木の幹中お金だらけではないか。禿さん、これはなんですか。」

禿は答えた。

「この木は、六ヶ月に一回お金が成るのです。私は六ヶ月ここで何もせずに待ちました。私はここで何もしないで待っているだけで、お金が成るのを待って集めるのです。」

禿は、真顔でまじめに言ったので、隊商たちは信じてしまった。苦労してインドまで物を運んでも、そんなに儲かることはなかったのである。そしてこう言った。

「この木を禿から買って、この木の下でじっとしていよう。そうしているだけで儲かるのに、どうして苦労してあちこち行って商売をしないといけないのか。一度行ったら、損害もある。」

そして、禿に言った。

「木を売ってくれませんか。」

禿は言った。

「売ってもいいですよ。あなたがたの全財産とひきかえにならいいですよ。あなたがたの持ち物全部です。ただし、今、成っているお金は私のものです。ここで六ヶ月座っていてください。その時に成ったお金はあなた方のものです。」

隊商たちはそれを承諾して大金を払った。禿はお金を持って、村で暮らし始めることにした。ところで、隊商たちは木の下で六ヶ月を過ごした。禿に

全財産を渡してしまったので、何も持っていなかった。腹を減らし、のどを渇かせながら金の成る木に実が成って集めるのを心待ちにしていた。ところが、六ヶ月が経っても一年が経っても何の変化もなかった。お金などその木には成らなかった。そこで、禿に騙されたことに気づいた。隊商たちは言った。

「禿を見つけて、殺してやろう。仕返ししてやろう。」

隊商たちが禿を探しはじめたので、禿は逃げることにした。もちろん、木に金が成るわけがなく、騙したのであった。隊商たちは追いかけ、禿は逃げた。禿は途中で羊飼いに会った。羊飼いは言った。

「どうして逃げているのですか。」

禿は言った。

「私の母親は、王の婿になって王女と結婚しろというのです。私は、王女となんか結婚したくないのです。王は、私と王女を結婚させたがっているのです。」

羊飼いは言った。

「つまり、王女の夫になるというのか。」

禿は言った。

「もし、あなたが望むのなら、王女と結婚しますか。」

羊飼いは言った。

「するとも。」

禿は言った。

「では、羊の群れを私にください。そして、私の服を着て逃げて下さい。追っ手たちは、あなたを追いかけて捕まえて、王女に引き渡すでしょう。」

羊飼いも騙された。羊飼いは、服を禿に渡した。禿も自分の服を羊飼いに渡した。そして、羊飼いは走り出した。隊商たちが来たが、禿を羊飼いと思った。そして、羊飼いを捕まえて海に放り投げた。仕返しをしたと思った。ところが、後に村で禿が羊の群れを追っているのを見た。そして言った。

「禿さん、どこで羊の群れを手に入れたのか。おまえを海に投げ込んだはずではなかったのか。」

禿は言った。

「はい、あなた方は私を海に投げ込みました。ところが、落ちたところは羊の群れの中だったのです。海岸から近いところに落ちたので、羊の群れがいたのです。だから、この群れを全部連れてきました。」

また、禿は隊商を騙した。隊商は本当のことを言っていると思い、こう言った。

「それでは、我々の子供たちをそこへ投げて、羊の群れを連れてこさせよう。」

小さな子供のいる者ならみんな、おじいさんからでもおばあさんからでも子供を集めて、禿に渡して海に投げさせた。そして、子供たちを皆海に投げてしまった。子供たちは、おぼれて、上を向いて「ワーワー」と叫んでいたが、遠くにいた母親達は何を言っているのかわからなかった。そして、禿に言った。

「あの子達は何を言っているのですか。あんな動作をして。何を言っているのでしょう。」

禿は母親達に言った。

「子供達は、角があるのを見つけたぞ、角がないのを見つけたぞ、と言っているのです。」

母親達は言った。

「では、角のないやつを持ってきてくれと言って下さい。角があるのは、我々の服を破くからね。」

こうやって、禿は皆を騙した。我々の話は終わりである。

備考：U. Marzolph : Typologie des persischen Volksmärchans によると、この話型AT1380に分類されるが、この話に関しては再考の必要がある。

054

題　　名：بار پنبه ای ／なくなった儲け

分　　類：笑話と小話

ＡＴ番号：AT1430「空想にふける夫婦」

録音箇所［収録時間］：008-016［01分21秒］

調 査 日：1999年01月11日

調 査 地：استان هرمزگان، بندر عباس ／ホルモズガーン州バンダレアッバース

名　　前：فرخنده پیشداد ／ファルホンデ・ピーシュダード

年齢性別：50才、女性

職　　業：نویسنده ／作家

住　　所：بندر عباس پارک شهر جنب آتش نشانی درب چهارم

出 身 地：بندر عباس درتوجان ／バンダレ・アッバース、ダルトゥージャーン

伝 承 者：همه همسایگان ／（村の）隣人たち

翻字（ペルシア語）：اسم این قصه بار پنبه ایه. یک داهاتیه بیپول و فقیر با زنشون مشورت میکردن. و راهی برای پولدار شدنشون پیدا میکردن. خر بنده گف سر راه (ما) اشترا که میان رد بشن. شترا رد بشن، خار میذاریم.

خار بزمین نسب میکنیم. تا شترا که میان برن، پشماشون گیر بکنه به خارا کنده بشه. ما پشماشونه جمع میکنیم، ظرف یک سال خیلی میشه پشم. میریم میفروشیم و یه خر دیگه میخریم. تا بشه خرامون دو تا خر. بعد کم کم میریم تجارت میکنیم میریم خرید و فروش میکنیم. وقتی من برگشتم بارِ خر خیلی سنگینه. فوری بارشو بنداز اگه من عقبم خر جلو اومده من دنبالم، فوری بار خرو بنداز خر خسته نشه گناه دار بد بخت. زنش گف ا شاید من در حالیکه خمیر دارم میکنم. دستم تو خمیره. بار خرتو بندازم خسته بشه که به درک. همینطور همینطور دعوا رفت بالا، مرد چوب ور داشت، دنگ زنشو زد. زنشو که زد، بعد متوجه شد که بابا داریم خیال میکنیم داریم مشورت میکنیم با هم دعوامون شده.

翻字（ローマ字）: esm-e īn qesse bār-e panbeīe. yek dāhātīe bīpūl o faqīr bā zanešūn mašvarat mīkardan. va rāhī barāye pūldār šodanešūn peidā mikardan. xar bande gof sar rā mā oštorā ke miyān rad bešan. šotrā rad bešan, xār mizārīm. xār be zamīn nasb mikonīm. tā šotorā ke miyān beran, pašmāšūn gīr bekone be xārā kande beše. mā mašmāšūne jam mikonīm, zarf-e yek sāl xeilī miše pašm. mirīm mifurūšīm va yek xar-e dīge mixarīm. tā beše xarāmūn do tā xar. baʻad kam kam mirīm tejārat mikonīm mirīm xarīd o furūš mikonīm. vaqtī man bargaštam bār-e xar xeilī sangīne. fourī bārešo beandāz age man aqab-am xar jelou ūmade man donbālam, fourī bār-e xaro beandāz xar xaste naše gonāh dār-e bad baxt. zaneš gof e šāyad man dar hālīke xamīr dāram mikonam. dastam tū xamīre. bār-e xareto beandāzam xaste beše ke be derak. hamīntour hamīntour daʻavā raft bālā, mard čūb vardāšt, dang-e zanešo zad, zanešo ke zad, baʻad motavajje šod ke bābā dārīm xiyāl mikonīm dārīm mašvarat mikonīm bāham daʻavāmūn šode.

日本語訳：この民話の題は、「なくなった儲け」である。貧乏な村人が妻と相談した。男は、金持ちになる方法を見つけたというのだった。このロバ飼いの男は言った。

「うちの前にはラクダがよく通る。茨を地面にまいておこう。ラクダが通

ると、毛が抜けて絡みつく。その毛を集めて一年もすると、籠一杯ぐらいの相当な量になるので、それを集めて売りに行き、その金でロバを買おう。そうすると、うちのロバは二頭になる。それから、商売を少しずつ続けよう。私が帰ってきたときは、ロバの荷は一杯であろう。もし、ロバが前で私が後ろにいたら、ロバが疲れないようにロバの荷を捨ててやろう。」

　すると妻が言った。

　「私が、粉をこねて手を粉だらけにしているのに、ロバが疲れるぐらい何よ。」

　このように喧嘩が激しくなり、男は棒を持ってバンと殴った。そこで、やっと相談が喧嘩になったことに気が付いた。

055

題　　名：جهلهٔ روغنی ／ 油の壺

分　　類：笑話と小話

ＡＴ番号：AT1430「空想にふける夫婦」

録音箇所［収録時間］：008-017［01分01秒］

調 査 日：1999年01月11日

調 査 地：استان هرمزگان، بندر عباس ／ ホルモズガーン州バンダレアッバース

名　　前：فرخنده پیشداد ／ ファルホンデ・ピーシュダード

年齢性別：50才、女性

職　　業：نویسنده ／ 作家

住　　所：بندر عباس پارک شهر جنب آتش نشانی درب چهارم

出 身 地：بندر عباس درتوجان ／ バンダレ・アッバース、ダルトゥージャーン

伝 承 者：همه همسایگان ／ （村の）隣人たち

翻字（ペルシア語）：جهلهٔ[1] روغنی. جهله ظرفیست سفالی، مدوّر داره یه دهانه گشاد که در اون آب میریزن و جا به جا میکنن به جایی از آب از چاه به خونشون میبرن. و این خنک میکنه چون سفال آب خنک میکنه میتراوه. اما

مردی یک جهله ای پر از روغن محلی پیدا میکنه. داشته فکر میکنه با زنش مشورت میکنه که با این جهله، منتهای استفاده بکنن مثلاً یه جایی بفروشن که از پولش خیلی ارزش داشته باشه. پول گیرشون بیاد. این قدر تو این فکرو خیال پیش میرن که جهله رو به کجا میبریم میفروشیم و از فروش اون چی میخریم همینطور یه دفه[۲] عصبانی میشه، تو حین این فکر چوبی رو که داشته، میکوبه به جهله. جهله شکسته میشه روغنا ریخته میشه. و مرد متوجه میشه که چه اشتباه بزرگی کرده با فکرو خیال روغنا ر از بین برده.

۱. جهله = امکان دارد که جعله هم درست باشد. ۲. دفه = دفعه

翻字（ローマ字）：jahleye rouqanī. jahale zarfīst sofālī, modavvar dāre ye dahāne gošād ke dar ūn āb mirīzan va jā be jā mikonan be jāī az āb az čā be xūnešūn mibaran. va īn xonak mikone čūn sofāl-e āb xonak mikone mitarāve. ammā mardī yek jahleī por az rouqan-e mahallī peidā mikone. dāšte fekr mikone bā zaneš mašvarat mikone ke bā īn jahle, montehāye estefāde bokonan masalān ye jāī befurūšan ke az pūleš xeilī arzeš dāšte bāše. pūl gīrešūn biyād. īn qadr tū īn fekro xiyāl pīš miran ke jahle ro be kojā mibarīm mifurūšīm va az frūš ūn čī mixarīm hamīntour ye daf‘e asabānī miše, tū hein-e īn fekr-e čūbī ro ke dāšte, mīkūbe be jahle. jehle šekaste miše rouqanā rīxte miše. va mard motavajje miše ke če eštebāh-e bozorgī karde bā fekroxiyāl-e rouqanā re az bein borde.

日本語訳：油の壺（ジャハレ）。壺（ジャハレ）とは土器でできた容器である。丸くて口が開いており、井戸から家へ水を入れて運んだりする。土器は水を冷たくするのであるが、漏れる。ある時、ある男が、あるところで油で一杯の器を見つけた。男は、考えて妻に相談した。

「この壺をもし売れば、良い値になるだろう。儲かるだろう。」

この壺を何処で売ろうか、売った金で何を買おうかと考えているうちにいらいらしてきて、持っていた棒で壺を割ってしまい、油が流れ出た。そして、

400

男は油のことを考えているうちに、大きな過ちをしてしまったことに気づいた。

056

題　　名：خوانواده فقیر ／ 貧しい家族

分　　類：笑話と小話

ＡＴ番号：（AT1535「金持ちの百姓と貧しい百姓」）

録音箇所［収録時間］：002-017［01分48秒］

調 査 日：1998年10月02日

調 査 地：استان تهران، شهرستان ورامین، شهر پیشوا ／ テヘラン州ヴァラーミーン地方ピーシュヴァー地区

名　　前：رحمت کریمی ／ ラフマト・キャリーミー

年齢性別：67才、男性

職　　業：کشاورز ／ 農業

住　　所：تهران، پیشوا، جلیل آباد

出 身 地：-

伝 承 者：به نقل از قدیمی ／ 古くからの言い伝え

翻字（ペルシア語）：یکی بود یکی نبود غیر از خدا هیچ کس نبود. یه پیر زنی بود یه خواهر داشت یه دختر داشت با یه پسر. پسرک زمستون که گرفت گفت خوب خدا یا گشنه موندیم. چه کار کنیم چه کار نکنیم. یه گاو هم داشت. البته گفت خوب، به مادره گفت چه کار کنم. مادر گفت خوب کاری

نمیتونیم بکنیم این گاو رو میکشیم و (عرض کنم که) تو که پیر هستی میمیری و خواهر رو هم شوهرش میدیم میره. من میمونم و من گاو رو خلاصه کشت و گفت میدیم به این مردم بخورند و شبی خونه یکی شون میریم. خلاصه گاو و کشت و یه حلیمی درست کرد و داد به این مردم خوردن. داد به این مردم خوردن و بعداً دید خوب، مادره که پیر شد پیر نمرد و خواهره هم که کسی نبرد. چکار کنیم چکار نکنیم امشب رفت فرض سر یه کوچه ای نشست در خونه یه نفر و هرچی نشست خیر تعارفی کسی بهش نکرد. گفت چکار کنم برم پهلو مادره خجالت میکشم پاشد یخه[۱] خودش و پاره کرد و رفت. رفت خونشون مادره گفت مادرجون چرا خودت و اینطوری کردی گفت اره فلان کسک یخه منه گرفت بکشه ببره خونش من روم نشد برم خلاصه یخه ام پاره شد. خلاصه اش، این شب دیگه شد، باز رفت هرچی نشست دید کسی محلش نکرد. بازم پیرنش پاره کرد و رفت مادره گفت چرا دوباره؟ گفت اره فلانی میخواست. منو ببره من نرفتم خلاصه تا سه بار (خلاصه) همین کار و کرد. دید فایده نداره دیگه. خلاصه، نه مادرش مرد و نه خواهرش شوهر کرد و زمستون گرفت ویلوون هم موند. افسونه ما به سر رسید، قلاقم خونه اش نرسید.

۱. یخه = یقه ۲. ویلوون = سرگردان

翻字（ローマ字）：yekī būd yekī nabūd qeir az xodā hīč kas nabūd. ye pīr zanī būd ye xāhar dāšt ye doxtar dāšt bā ye pesar. pesarak zemestūn ke gereft gof xūb xodā yā gošne mūndīm. če kār konīm če kār nakonīm. ye gāv ham dāšt. albatte gof xob, be mādare gof če kār konam. mādar gof xob kārī nemītūnīm bokonīm īn gāv ro mikošīm o arz konam ke to ke pīrī hastī mimīrīxāhar ro ham šouharaš midīm mire. man mimūman o man gāv ro xolāse košt o gof midīm be īn mardom boxorand o šabī xūne yekī šūn mirīm. xolāse gāv o košt o ye halīmī dorost kard o dād be īn mardom xordan. dād be īn mardom xordan o ba‘adān dīd xūb, mādare ke pīr šod pīr namord xāhare ham ke kasī nabord. čekār konīm čekār nakonīm emšab raft farz-e sar-e ye kūčeī nešast dar xūne ye nafar o harčī nešast xeir taʿarīfī kasī beheš nakard. gof čekār konam beram pahlū mādare xejālat mikešam pāšod yaxe xodeš o pāre kard o raft. raft xūnešūn mādare goft mādar jūn čerā xodet o intourī kardī go are folūn kasak yaxxe mane gereft bakeše bebare xūneš man rūm našod beram xolāse yexeam pāre šod. xolāseaš, īn šab dīge šod, bāz raft harčī nešast dīd kasī mohaleš nakard. bāz-am pīraneš pāre kard o raft mādare goft čerā dobāre? go are ferūnī mixāst. mano bebare man naraftam xolāse tā se bār xolāse hamīn kār o kard. dīd fāyede nadāre dīge. xolāse, na mādareš mord o na xāhareš šouhar kard o zemestūn gereft vīlūn ham mūnd. afsūneye mā be sar rasīd, qalāqe-am xūneaš narasīd.

日本語訳：あったことか、なかったことか、神の他に誰もいなかった頃。老女が妹と娘と、娘の息子と一緒に住んでいた。冬になると、少年は言った。

「ああ、おなかが空いた。どうしましょう。」

牛を持っていたのであるが、母親に言った。

「どうしましょう。」

母親は言った。

「どうしようもないから、この牛を殺しましょう。老女は年老いて死ぬでしょうし、妹も嫁にやりましょう。私は残ります。」

そして、この牛を殺して言った。

「人々にこの肉を分けましょう。そして、誰かの家に泊めてもらいましょう。」

そして、牛を殺して、ハリーム（料理の一種）を作って人々に食べさせた。人々はそれを食べたのだが、老いた母は死なず、妹も誰も連れていかなかった。［嫁のもらい手がなかった。］どうしようもなく、その夜は道ばたで（乞食をしようと）座っていた。家の前に座っていても誰も助ける者はなかった。そして、言った。

「どうしよう、母親の前で恥ずかしい。」

立ち上がって、自分の襟を破って立ち上がった。そして、家へ帰った。家で母親がこう言った。

「いったいどうしたのだい。」

娘は言った。

「誰かが来て私を（助けて）家に呼んでくれようとしたが、そのときに襟が破れました。」

次の日の晩、どんなに座っていても誰も注意しなかった。今度は服を破った。母親は言った。

「またかい。」

娘は言った。

「はい、また私をさらおうとしたのです。」

三度同じことをした。でも無駄であった。母親は死なないし、妹は嫁に行かないし、冬になり、放浪するしかなかった。私たちのお話はおしまいです。

備考：AT1535とは、断片的に一致するのみである。登場人物の関係が分かりにくいが、老女、老女の妹、老女の娘（＝少年の母親）、老女の娘の息子（＝少年）である。

057

題　　名：قلعۀ دیزی خان ／ディーズィーハーンの砦

分　　類：笑話と小話

ＡＴ番号：（AT1544「一晩泊めてもらった客」）

録音箇所［収録時間］：005-004［03分17秒］

調 査 日：1998年11月13日

調 査 地：استان تهران، شهر ری، روستای ده خیر ／テヘラン州レイ市ダヘイル村

名　　前：علی اکبر صفری ／アリーアクバル・サファリー

年齢性別：89才、男性

職　　業：کناره گیری ／無職（隠居）

住　　所：استان تهران، شهر ری، روستای ده خیر

出 身 地：استان تهران، شهرستان ورامین، روستای خاتون آباد ／テヘラン州ヴァラーミーン地方ハートゥーンアーバード村

伝 承 者：قدیمی ها ／昔の人たち

翻字（ペルシア語）：یه مسافر بود. شب آمد توی آبادی. غروب شد دید جا نداره کجا بره. التماس کرد کسی من جا بده من یه نفر گف که بیا بریم خونه ما. اینه برد منزلشو زنه ناراحت شد. گف چرا اینا آوردی؟ اینم یه غاز

گرفته بود. تو دیزی بار کرده بود. غاز هم گوشتش خوشمزه. غاز ر بار کردن گذاشتن زیر کرسی و نشستن و مهمان گف خوب حالا شام میارن یه ساعت شام میارن، (بیا تو). گف که شما مگه شام نمیخورین. گفتن نه ما همون آفتاب داره غروب شام مونه میخوریم دیگه شام نمیخوریم. این هم گرسنه، غریب چی کار کنه خوابیدن. خیلی نشستن و خوابیدن. خوابیدن یارو نگاه کرد گرسنه است و چی کار کنه دید زیر کرسی یه غاز تو یه دیزی هست. بلند شد سر پا یه ظرف آورد و آبشه ریخت و نونم ریخت تهیه کرد خورد و گوشتاشم خورد و میگم یه دونه نونم آورد باقی گوشتا ر گذاشت لا نونشو بست به کمرش. این چارق پاش بود. چرم گاو بود چارق درست می کردن. این چارق ر گذاشت تو دیزی. در دیزی ر گذاشت و گف که من میخوابم. خروس خون اول منه صدا کن. من برم. رام دوره. خیل خوب. این یه خرده میخوابید هی صدا میکرد صاب[1] خونه میگف بابا چیه. میکف خروس نخونده؟ گف نه. این زنه هم ذلّه شد گف بابا بکو خونده بذار بره این. خیلی خسته شد ذله شد. بلند شد گف که خروس نخونده؟ گف که چرا؟ خروس خوند، خروس خون اوله. گف من برم پس. گف که تو (اون) چند سال از عمرت میره گف من مثلاً هشتاد سال. گف اون سالی که چارق شاه آمد قلعه دیزی خان گرفت یادته. گف که همچین سلطانی یادم نمیاد. خیلی خوب. رفت. خدا حافظ کرد و اون بست به کمرش و بنا کرد رفتن. زنه گف که پاش و شام بیاریم بخوریم ما گرسنکی مردیم، سر شب تا حالا شام نخوردیم. گفتیم خوب حالا این میره شام میخوریم. پا شدن ظرف آوردن و نون آوردن و سفره ر آوردنو که حالا شام بخورن. دیدن چیزی ا تو دیزی؟ خانمه گف چارقه چرمه دیگه پاش بوده کرده اون تو. آبش یه مقداری مزه نداره نمیشه بخوری. گفتن (گوشتش چه قدر) گوشتش؟ دیدن چرم اومد بیرون. گفتن ها این چارقی که پاش بوده گفته چارق شاه آمد قلعه دیزی خانه گرفت. اینه میگفته. ما حالیمون نبوده. چارق شاه، قلعه دیزی خانو گرفت. ایشونم رفت غازرم خورد و اینا به غازه هم نرسیدن این قضیه این بود که چرا به این شام ندادن گفتن ما شام خوردیم این بلار به سرتون میارم غاز ر میخورم. که دیگه شوم شام نداشته باشین.

١. صاب = صاحب

翻字（ローマ字）：ye mosāfer būd. šab āmad tūye ābādī. qorūb šod did jā nadāre kojā bere. eltemās kard kasī man jā bede man ye nafar gof ke biyā berīm xūneye mā. ine bord manzelešo zane nārāhat šod. gof čerā īnā āvordī? īnam ye qāz gerefte būd. tū zīzī bār karde būd. qāz ham gūšteš xošmazeye. qāz re bār kardan gošaštan zīre korsī o nešastan o mehmān gof xob hālā šām miyāran ye sā'at šām miyāran, (biyā tū) gof ke šomā mage šām nemixorīn. goftan na mā hamūn āftāb dāre qorūb šām mūne mixorīm dīge šām nemixorīm. īn ham gorosne, qarīb čī kār kone xābīdan. xeilī nešastan o xābīdan. xābīdan yārū negāh kard gorosne ast o čī kār kone dīd zīre korsī ye qāz tū ye dīzī hast. boland šod sar pā ye zarf āvord o ābeše rīxt o nūn-am rīxt tahīe kard xord o gūštāš-am xord o migam ye dūne nūn-am āvord bāqī gūštā re gozāšt lā nūnešo bast be kamaraš. īn čāroq pāš būd. čarm-e gāv būd čāroq dorost mīkardan. īn čāroq ro gozāpt tū dīzī. dar-e dīzī re gozāšt o gof ke man mixābam. xorūs-e xūn-e avval mane sedā kon. man beram rā-am dūre. xeil xob. īn ye xorde mīxābīd hei sedā mikard sābxūne migof bābā čie. migof xorūs naxānde? gof na. īn zane ham zalle šod gof bābā begū xūnde bezār bere īn. xeilī xaste šod zelle šod. boland šod gof ke xorūs naxūnde? gof ke čerā? xorūs xūnd, xorūs xūn-e avvale. gof man beram pas. gof ke to čand sāl az omret mire gof man masalān haštād sāl. gof ūn sālī ke čāroq šā āmad qal'e dīzī xān gereft yādete. gof ke hamčīn soltānī yādam nemiyād. xeilī xub. raft. xodā hāfez kard o ūn bast be kamaraš o banā kard raftan. zane gof ke pāš o šām biyārīm boxorīm mā gorosnegī mordīm, sar-e šab tā hālā šām naxordīm. goftīm xub hālā īn mire šām mixorīm. pā šodan zarf āvordan o nūn āvordan o sofre ra āvordano ke hālā šām boxoran. dīdan čīzī a to dīzī? xānome gof čāroqe čarme dīge pāš būde karde ūn tū. ābeš ye meqdārī maze nadāre nemiše boxorī. goftan gūšteš če qadr gūšteš? dīdan čarm ūmad bīrūn. goftan hā īn čāroqī ke pāš būde gofte čāroq šā āmad qal'e dīzī xāne gereft. īne migofte. mā hālīmūn nabūde. čāroq šā, qal'e dīzī xāne gereft. īšūnam raft qāzar-am xord o īnā be qāze ham narasīdan īn qazīe īn būd ke čerā be īn šām nadādan goftan mā šām xordīm īn balār be saretūn miyāram qāze re mixoram. ke dīge šūm šām nadāšte bāšīn.

日本語訳：旅人がいた。夜に村に入っていた。日が暮れていて、行くところがなかったので、「誰か泊めて下さい。」と頼んで回った。すると、ある男が言った。

「私の家に来て下さい。」

そして、旅人を家に連れて帰った。ところが、妻はいやがって言った。

「どうして、連れてきたのですか。」

ちょうど妻は、ガチョウを土鍋（「土鍋」はペルシア語で「ディーズィー」）にかけていたところだった。ガチョウの肉はとてもうまいのである。そこで、土鍋にかけたガチョウをこたつの中に隠して、座った。客人は言った。

「さて、夕御飯の時間ですね。食べましょう。夕食はないのですか。」

夫婦は言った。

「私たちは日が沈む頃に食べます。その時しか食べません。」

旅人は空腹であった。夫婦も寝てしまった。かなり起きていたが寝てしまった。夫婦が寝てしまうと、旅人は空腹で、ふとこたつの下を見ると、土鍋に入ったガチョウがあった。起きあがって、皿を持ってきて、汁を入れてナンを入れて用意をして食べた。肉も食べた。そして、ナンを持ってきて、残っていた肉もナンでくるんで腰に巻き付けた。代わりに草履（チャーロク）を土鍋に入れた。そして言った。

「さて、寝よう。一番鶏が鳴いたら出よう。道のりは長い。そうしよう。」

旅人は少しだけ寝た。そして、「ご主人。」と呼びかけた。男は、「何ですか。」と答えると、旅人は言った。

「一番鶏は鳴きましたか。」

男は言った。

「いいえ。」

妻もうんざりして言った。
「鳴いたと言って、行かせたらいいじゃないですか。」
妻は、疲れてうんざりとしていた。旅人は起きあがって言った。
「まだ、鳴いていませんか。」
男は答えた。
「鳴いたとも。一番鶏は鳴きました。」
旅人は言った。
「では、私は出るとしましょう。」
旅人は言った。
「あなたは年はいくつですか。」
男は言った。
「私は八十才ぐらいです。」
旅人は言った。
「それでは、チャーロク王がディーズィーハーンの砦を奪ったのを覚えていますか。」
男は言った。
「そんな王様はしりません。」
旅人は言った。
「そうですか。」
そして、行ってしまった。お別れを言って、例のものは腰にくくりつけたまま歩き始めた。そして、妻が言った。
「ご飯を用意して食べましょう。お腹が空いて死にそうです。夕方から朝まで何も食べていないのですからね。」
男は言った。
「旅人も行ったし、ご飯を食べましょう。」
起きあがって皿やナンや食布を持ってきて、食べようとしたとき、土鍋（ディーズィー）の中に入っているものを見た。妻は言った。

「皮草履が入っています。」

男は、「肉はどうした。」と言って、見ると皮が土鍋から出ていた。男は言った。

「草履（チャーロク）と言えば、奴は、チャーロク王はディーズィーハーンの砦を奪った、とか言っていたな。チャーロク王がディーズィーハーンの砦を奪ったという言う意味が私にはわからなかった。奴は私たちのガチョウを食べたので私たちはガチョウにありつけなかったのだ。もとはと言えば、食べていないのに食べたと言ってご飯をあげなかったから、怒ってガチョウを食べたんだな。我々のご飯はなくなってしまった。」

備考：ペルシア語の同音異義語が笑いの要因になっている。AT1544と似た筋である。

058

題　　名：نه کمترک نه بیشترک ／ 少なすぎず、多すぎず
分　　類：笑話と小話
ＡＴ番号：AT1696「どう言えば（すれば）よかったの？」
録音箇所［収録時間］：002-007［05分28秒］
調 査 日：1998年9月25日
調 査 地：استان تهران، شهر ری، روستای طالب آباد ／ テヘラン州レイ市ターレバーバード村

名　　前：محمّد تقی کشاورزی ／ モハンマド・タキー・ケシャーヴァルズィー
年齢性別：47才、男性
職　　業：کشاورز و کارمند ／ 農業と事務員（兼業）
住　　所：استان تهران، شهر ری، روستای طالب آباد
出 身 地：روستای طالب آباد ／ ターレバーバード村
伝 承 者：مادر ／ 母親

翻字（ペルシア語）：یکی بود یکی نبود، غیر از خدای مهربون هیچ کس نبود. یه روز یه روستایی اومد، رفت شهر. کارهایش انجام بده، وقتیکه خواست برگرده بیاد دهشون، یه دیزی با خودش خرید و آوُرد، گفت من اینو

ببرم خونه، خواسته باشیم غذائی درست بکنیم، آب گوشتی درست بکنیم، تو این دیزی بپزیم. وقتیکه اومد خونشون، خانمش برگشت بهش گفتش که ای مرد تو این دیزی رو خریدی، اون که دیزی فروش بود، بتو نگفت که چه قدر تو این نخود لوبیا ما باید بریزیم. چه قدر گوشت بریزیم، چه قدر نمک بریزیم، گفت نه و الله من نپرسیدم ازش که چقدر توش بریزیم. گفت پس برو اینو بپرس. این اومد و اومد و اومد و رفت شهر. به اون دیزی فروشه گفتش که آقای دیزی فروش، ما این دیزی رو که از تو خریدیم، به ما نگفتی که ما تو این چه قدر نخود و لوبیا و گوشت بریزیم و نمک بریزیم. گفت این که دیگه کاری نداره همین قذر. دستش اینجوری کرد، نشون داد. گفت همین قذر یه مشت، نه کمترک، نه بیشترک. این همینطور که میومد با خاطر اینکه یادش نره، توراه که میومد، توراه که میومد، رسید به جائی که کشاورزا داشتند، گندم و بذر می پاشیدن، کشاورزی بکنند، اون کشاورز وقتیکه داشت کشاورزی میکرد و داشت بذر میپاچید، تو کشاورزا عادتِ که میگن یک به هزار، یعنی یک دون که من میریزم هزار تا بر دارم. یکی به هزار. این رسید گفت، همین قذر نه کمترک نه بیشترک. اون کشاورز بهش بر خورد. من دارم میگم، یکی به هزار، یه دونه بکارم، هزار تا وردارم، این میگه همین قذر نه کمترک نه بیشترک. شروع کرد اینو زدن. این حرف ها چیه؟ چرا میگی که همین قذر نه کمترک نه بیشترک. بگو یکی به هزار، یکی به هزار. این هم همینطور اون حرف اول و یادش رفت، همین قذر. توراه که می رفت اومد گفتش که یکی به هزار یکی به هزار یکی به هزار یکی به هزار. رسید به یه دهی، سر راه اون ده، یه نفر مرده بود، همه داشتن گریه میکردند، تو سر و کلشون میزدند شیون میکردن و داشتند میرفتند. این هم رسید گفت یکی به هزار، یکی به هزار، یکی به هزار. اونا که ناراحت بودند، از این وضع (که این) ناراحت بودن که یک نفرشون مرده، این هم میگه یکی به هزار، یعنی این که مرده هزار تا دیگه هم بمیره، یعنی یکی به هزار شروع کردن این و دِ بزن. چرا میگی یکی به هزار؟ بگو همین باشه، دیگه نباشه، همین باشه دیگه نباشه. این هم اون حرف و یادش رفت. توراه که میرفت همینطور میگفت همین باشه دیگه نباشه، همین باشه دیگه نباشه، همین باشه دیگه نباشه. تا رسید جایی بود عروسی بود. داشتند میپریدن بالا

میپریدن پایین و میرقصیدن و این رسید گفت همین باشه دیگه نباشه. شروع کردن چوبا رو در آوردن د بزن. شروع کردن اینو زدن. گفتن تو عوض اینکه بگی که عوضی که بپری بالا بپری پایین شادی کنی بخندی بشکن بزنی برقصی بعد میگی که همین باشه دیگه نباشه مگه مخالف عروسی هستی. این بنده خدام مونده بود. شروع کرد دیگه اون حرف یادش رفت شروع کرد. همینطور میپرید بالا میپرید پایین بشکن میزد میرقصید میرفت، تا رسید به جائی که یه نفر شکارچی نشونه رفته بود یه کبوتری بزنه. این همینطوره میپرید بالا میپرید پایین، این کبوتره پرواز کرد و رفت. این هم با قنداق تفنگ شروع کرد این یارو رو زدن. گفت این چه کاریه؟ مرتیکه تو بجایکه دولا دولا راه بری، دولا دولا راه بری، میپری بالا میپری پایین بعد این کبوتر پرواز کنه، بره؟ دولا دولا برو. این همینطور که داشت دولا دولا میرفت ده بعدی یه جا دزدی کردن محله دنبال دزد میگشتند این همینطور که داشت دولا دولا میرفت. اینا فکر کردند این دزده. گرفتند این د بزن. شروع کردند اینه زدن، فکر کرد، گفت والله به خدا قسم. من دزد نیستم حقیقتش ده بالایی اینجوری به من گفتند یه نفر داشت کبوتر شکارمیکرد به من گفت دولا دولا برو. گفت نه تو که دزدی نکردی، سر تو بگی بالا مثل یک مرد راه برو. چرا دولا دولا میری. رسید به یه جا و بعد دید یه جا که داشتند قرآن و میخوندن و کتابی میخوندن واین حرف ها این هم سرش بالا نفهمیدش پا گذاشت رو این کتاب های قرآن و این حرف ها با اینا شروع کردند بزدن. سرت و (با) بیاند از پایین رو زمین و نگاه کن ببین آخه چیه عوض این که هر کجا یه تیکه قرآن پاره پیدا میکنی، ماچ کنی. بذاری توی سوراخی و نمیدونم این کار کنی. تو چیز میکنی، بعد، لقت میکنی. خلاصه، این همینطوری راست (چی کرد) راه که میرفت، بعد خلاصه هر کجا هر چی پیدا میکرد، ور میداشت ماچ میکرد میریخت توی سوراخ موراخ میکرد که نمیتونم بگم چکار میکرد این جا دیگه. بعد آخر رسید ده، آخر رسید ده خودشون به خونه خود شون، که دیگه طاق خونهٔ کوتاه بود. همینطور سرش بالا بود، زنش گفت دولاشو گفت نه دولا نمیشم طاق خونه رو خراب کن که من بیام تو. قصه ما به سر رسید، کلاغ به خونه نرسید.

۱. میپاچید = میپاشید

翻字（ローマ字）: yekī būd yekī nabūd, qeir az xudāye mehrabūn xīč kas nabūd. ye rūz ye rūstāī ūmad, raft šahr. kārāš anjām bede, vaqtīke xāst bargarde biyād dehšūn, ye dīzī bā xodaš xarīd o āvord, goft man ino bebaram xūne, xāste bāšīm qazāī dorost konīm, āb gūšt dorost bekonīm, tū īn dīzī bapazīm. vaqtīke ūmad xūnašūn, xānomaš bargašt beheš gofteš ke ei mard to īn dīzī ro xarīdī, ūn ke dīzī frūp būd, beto nagoft ke če qadr to īn naxod lūbiyā mā bāyad berīzīm. če qadr gūšt berīzīm, če qadr namak berīzīm, goft na vallah man naporsīdam azaš ke čeqadr tūš berīzīm. gof pas borou ino bepors. īn ūmad o ūmad o ūmad o raft šahr. be īn dīzī frūše gofteš ke āqāye dīzī frūš, mā īn dīzī ro ke az to xarīdīm, be mā nagoftī ke mā to īn čeqadr naxod o lūbiyā o gūšt berīzīm o namak berīzīm. goft īn ke dīge kārī nadāre hamīn qazak. dastaš injūrī kard, nešūn dād. gof hamīn qazar ye mošt, na kamtarak, na bīštarak. īn hamīntour ke miyūmad bā xāter īnke yādaš nare, tū rā ke miyūmad, tūrā ke miyūmad, resīd be jāī ke kešāvarzā dāštand, gandom o bazr mipāšīdan, kešā varzī bekonand, ūn kešāvarz vaqtīke dāšt kešāvarzī mikard o dāšt bazr mipāčīd, to kešāvarzā ādate ke migan yek be hezār, yaʻanī yek dūn ke man mirīzam hezār tā bar dāram. yek be hezār. īn rasīd goft, hamīn qazar na kamtarak na bīštarak. ūn kešāvarz beheš bar xord. mandāram migam, yek- be hezār, ye dūne bekāram, hezār tā vardāram, īn mige hamīn qazar na kamtarak na bīštarak. šrū kard ino zadan. īn harf hā čie? čerā migī ke hamīn qazar na kamtarak na bīštarak. begū yek be hezār, yeki be hezār. īn ham hamīntourī ūn harf-e avval o yādaš raft, hamīn qazar. tū rā ke miraft ūmad gofteš ke yeki be hezār yeki be hezāryeki be hezār yeki be hezār. rasīd ye dehī, sar-e rāh ūn deh, ye nafar morde būd, hame dāštan gerie mikardand, tu sar o kal-ešūn mizadand šīvan mikardan o dāštand miraftand. īn ham rasīz goft yeki be hezār, yeki be hezār, yeki be hezār. ūnā ke nārāhat būdand, az in vaze ke īn nārāhat būdan ke yek nafrūšan morde, in ham mige yeki be hezār, yaʻanī īn ke morde hezār tā dīge ham bemire, yaʻanī yeki be hezār šrū kardan īn o de bazan. čerā migī yeki be hezār? begū hamīn bāše, dīge nabāše, hamīn bāše dīge nabāše. īn ham ūn harf o yādaš raft. tū rāh ke miraft hamīntour migoft hamīn bāše dige nabāše, hamīn bāše dīge nabāše, hamīn bāše dīge nabāše, tā rasīd jāī būd arūsī būd. dāštand miparīdan bālā mibarīdan pāīn o miraqsīdan o in rasīd goft hamīn bāše dīge nabāše. šrū kardan čūbā ro dar āvordan de bezan. šrū kardan ino zadan. goftan to avaz inke begī ke avazī ke bapparī balā bepparī pāīn šādī konī bexandī bešekan bezanī beraqsī bad migī ke hamīn bāše dīge nabāše mage moxālef-e arūsī hastī. īn bande xodā-am mūnde būd. šrū kard dīge ūn harf yādaš raft šrū kard. hamīntour miparīd bālā miparīd pāīn bešekan mizad miraqsīd miraft, tā rasīd be jāī ke ye nafar šekārčī nešūne rafte būd yekabūtarī bezane. īn hamīntoure mipparīd balā mipparīd paīn, īn kabūtare parvāz kard o raft. īn ham bā qondāq-e tofang šrū kard īn yārū ro zadan. goft īn če kārīe? martīke to bejāī ke dollā dollā rā berī, dollā dollā rā berī, mipparī bālā mipparī pāīn bad īn kabūtar parvāz kone, bere? dollā dollā borou. īn hamīntour ke dāšt dollā dollā miraft deh badī ye jāī dozdī kardan mahle donbāl dozd migaštand īn hamīntour ke dāšt dollā dollā miraft. ina faker kardand in dozde. gereftand in de bezan. šrū kardand ine zadan, fekr kard, gof vallah be xodā qasam. madn dozd nīstam haqīqataš deh bālāī injūrī be man goftand ye nafar dāšt kabūtar šekār mikard be man goft dollā dollā borou. gof na tō ke dozdī nakardī, dar to begī bālā mesl-e yek mard rā borou. čerā dollā dollā mirī. rasīd be ye jā o bad dīd ye jā ke dāštand qorān o mixūndan o ketābī mixūndan o īn harf hā īn ham sareš bālā nafahmīdaš pā gozāšte rū īn ketāb hāye qorān o īn harf hā bā inā šrū kardand bezadan. sarat o bā biyād az pāīn rū zamīn o negāh kon bebīn. sarat o bā biyānd az pāīn rū zamīn o negāh kon bebīn āxe čie avaz īn ke har kojā ye tike qorān bāre peidā mikonī, māč konī. bezārī tūye sūrāxī o nemīdūnam īn kār konī. tū čīz mikonī, bad laqat mikonī. xolāse, īn hamīntourī rāst čī kard rā ke miraft, bad xolāse har kojā har čī peidā mikard, var mīdāšt māč mikard mirīxt tūye sūrāx mūrāx mikard ke nemītūnam begam čikār mikard īn jā dīge. bad rasīd deh, āxer rasīd deh xodešūn be xūne šūn, ke dīge tāq xūneye kūtāh būd. hamīntourī saraš bālā būd, zaneš goft dūllāšū gof na dūllā nemišam tāq xūne ro xarāb kon ke man biyām tū. qesseye mā be sar rasīd, kalāqe be xūne narasīd.

日本語訳：あったことか、なかったことか。慈悲深き神の他に誰もいなかった頃。ある日、田舎者の男が町に行った。仕事をして、村に帰るとき、土鍋を買って持って帰ることにした。男は言った。

「これを持って帰ったら、料理を作ろうとしたときに、アーブグーシュトでも作ろうとしたときに、この鍋で作りたくなるだろうなあ。」

家に着くと、男の妻が言った。

「この土鍋を買ったとき、土鍋売りが、どれくらいのエンドウ豆とインゲン豆が必要で、どれくらいの肉が必要で、塩がどれくらいいるとか教えてくれなかったのかい。」

男は言った。

「どれくらい材料を入れるのかは尋ねなかったよ。」

妻は言った。

「じゃあ、行って聞いてきてよ。」

男は、どんどん歩いて町に行った。買った土鍋売りに言った。

「土鍋売りさん、この鍋を買ったのだが、どれだけエンドウ豆やインゲン豆や肉を入れて、どれだけ塩を入れるのか教えてくれませんか。」

土鍋売りは言った。

「簡単なことだよ。このくらいだよ。」

手をこのように丸めて、示した

男はこれを忘れないために、道の途中で言った。

「一握りぐらい、多すぎず、少なすぎず。」

途中で、農作業をしている男に出会った。農夫は農作業や種まきをしながら、「一つが千に。」と言う習慣があった。つまり、一粒の種から千の実がなるように、という意味である。そこへ男がやってきて言った。

「このくらい、少なすぎず、多すぎず。」

農夫は男に出くわした。

「俺は、一つが千に、一粒から千の収穫を、と言いながら植えているのに、

こいつは、このくらい、少なすぎず、多すぎず、と言いやがる。」

と言って、男を殴り始めた。

「おまえは何を言うんだ。このくらい、少なすぎず、多すぎず、とはいったい何だ。一つが千に、一つが千に、と言え。」

男は、このくらい、というはじめの言葉を忘れてしまった。「一つが千に、一つが千に、一つが千に、一つが千に」と言いながらさらに進んでいくと、ある村にたどり着いた。その村の端で死人が出たところだった。皆泣いているところだった。自分たちの頭を叩いて、泣き叫んでいるところだった。そこへ男がやってきて、「一つが千に、一つが千に、一つが千に」と言った。すると、皆、怒った。一人が死んだところに、「一つが千に」と言ったので、千人死ねという意味に聞こえたので、怒って、叩き始めた。

「どうして、一つが千に、と言うのか。もう十分、もういらない、と言え。」

男は、「もう十分、もういらない。もう十分、もういらない。」と言いながら、結婚式をしているところにやってきた。上へ下へと飛び跳ねて、踊っているところにやってきて、「もう十分、もういらない。」と言ったものだから、棒で叩かれた。皆叩き始めた。

「上へ飛び、下へ跳ね、喜べ、笑え、跳ねろ、手をたたけ、踊れ、と言い変えろ。もう十分、もういらない、とは何事だ、結婚式に文句をつけるのか。」

この忠実な神の僕はそれまで言っていた言葉を忘れ、「上へ飛び、下へ跳ね、跳ねろ、手をたたけ、踊れ。」と言って踊りながら歩き続けた。このように上へ下へと飛び跳ねて、手を叩いて踊りながら行くと、鳩を狩ろうとしている人がいた。そこへ、上へ下へと飛び跳ねて男がやって来たので、鳩は逃げてしまった。鳩を狩っていた人は、銃床でこの男を殴り始めて言った。

「何をしてくれるんだ。私が腰をかがめて歩いているのに、同じように歩かないか。上へ下へ飛び跳ねるから、鳩が逃げたではないか。腰をかがめて歩け。」

腰をかがめて歩いて行くと、村に着き、村人たちはちょうど泥棒が入って、泥棒を捜しているところだった。男が腰をかがめて歩いていたので、村人は

この男を泥棒だと思って、殴り始めた。そして、男は言った。

「神に誓って私は泥棒ではありません。この先の村で鳩を狩っている男に、腰をかがめて歩くように言われたんだ。」

村人たちは言った。

「泥棒でないなら、普通に頭を上げて歩けばいいじゃないか。どうして、腰をかがめて歩くのだ。」

男は、人々がコーランや本を読んでいるところを通った。上を向いて歩いていたので男にはそれがわからず、コーランなどの本を踏んでしまった。本を読んでいた人々は男を殴り始めて言った。

「ちゃんと地面を見て、歩きなさい。コーランを見つけたら口づけをしなさい。そして、踏まないように壁の穴に入れるんだ。」

男はどんどん進み、コーランを見つけるたびに手にとって口づけをして、壁の穴に戻しておいた。そして、最後に村に帰ってきた。自分の村に帰ってきた。家の鴨居は低かったのだが、頭を上げていると、妻が言った。

「腰をかがめて入って下さい。」

男は言った。

「いいや、腰をかがめて入らない。鴨居を壊して下さい。それから入ります。」

私たちの話は終わりです。カラスは家には帰らなかった。

059

題　　名：یه گوگ یه چاپول ／ 両手分と片手分

分　　類：笑話と小話

ＡＴ番号：AT1696「どう言えば（すれば）よかったの？」

録音箇所［収録時間］：008-025［07分30秒］

調 査 日：1999年01月11日

調 査 地：استان هرمزگان، بندر عباس ／ ホルモズガーン州バンダレアッバース

名　　前：فرخنده پیشداد ／ ファルホンデ・ピーシュダード

年齢性別：50才、女性

職　　業：نویسنده ／ 作家

住　　所：بندر عبّاس پارک شهر جنب آتش نشانی درب چهارم

出 身 地：بندر عباس درتوجان ／ バンダレ・アッバース、ダルトゥージャーン

伝 承 者：همه همسایگان ／ （村の）隣人たち

翻字（ペルシア語）：[یه گوگ] یه چاپول. اندازه دو دست که اینطوری باهم چسبیده باشه و بخواد آبو برداره یا یه چیز دیگه ورداره، میگن یه گوگ. و نصف اون که یک دست اینطوری کف گرفته باشه، چیزی رو بخواد برداره

میشه یه چاپول. حالا قصه زنی که رابطه نامشروع داشته. زنی با مردی رابطه نامشروع داشت و قرار گذشته بودند که با هم بگذرانند. یه نوکری داشتن که ممکن بود سر از کار اونا در بیاره. تصمیم گرفتن که اونو از خونه دورش کنن. به نوکرش گف برو نمک بگیر بیار که نمکمون تمام شده، تا آب گوشت درست کنیم و بخوریم. نوکر گف من بلد نیستم چه قدر نمک بگیرم. نوکرش سادهم بود نوکر بسیار ساده ای بود. گف دست هات اینطوری بگو یک گوگ یه چاپول. همینطور تکرارکن تا یادت نره. اینم همیشه می گف یه گوگ یه چاپول او میرفت. یه گوگ یه چاپول. همینطور که داشت می رفت، رسید به جایی که گندمشو درو کرده بودن، خرمن کرده بودن کوبیده بودن میخواستن توی جوال بکنن. توی ظرفا بکنن. رسم که وقتی وزن می کنن ببینن چه قدر گندم درست شده کاشتن میکِشن و دعا میخونم ورد می خونن صلوات بر محمّد و آل محمّد میفرستن. و حرفای خوشایند میزنن. این دید که یه همچین جریانیه وایساد[1] نگاه بکنه خوشش اومد. ولی برای اینکه فراموش نکنه. چقدر باید نمک بگیره خودش مرتب تکرار میکرده، یه گوگ یه چاپول. یه گوگ یه چاپول. این وردو شنیدن اونهایی که داشتن گندم و وزن کردن با دعا و که خدا برکت بده. دیدن بالای سرشون و ایساده نگاشون میکنه هی میگه یه گوگ یه چاپول. این یه گوگ یه چاپول، به دلشون اومد، فکر کردن شگون نداره. این داره میگه اینقدر و اینقدر. یعنی گندمای ما اینقدر بی برکت بشه اینقدر بشه. گرفتن کتکش زدن. این گف برای چی میخواین منو کتک بزنین. برای چی زدین منو. من که کاری ندارم به شما. من میخواستم برم نمک بگیرم. برای این که فراموش نکنم گفتن یه گوگ یه چاپول. بهش گفتن نه از این به بعد باید بگی هزار بیش، هزار بیش و صلوات بفرستی. یعنی این که برکت بده به کار تون. بالای سر کسی که گندم بلند میکنه اینجوری نگی یه گوگ یه چاپول. گف خیلی خوب کتک خورد و گف خیلی خوب. تکرار کرد و هزار بیش، هزار بیش، هزار بیش، دیگه یه گوگ و چاپول و ولش کرد. رفت رسید به جایی که همینطور داشت میرفت نمک بگیره رسید به جایی که دارن تشییع جنازه میکنن، دارن مرده میبرن. جوونی مرده بود داشتن تشییع میکردن. این وایساد[2] و نگاهشون کرد، برای اینکه یادش نره که باید بگه گف هزار بیش هزار بیش هزار بیش که

فراموش نکنه. یک دفه[3] شنیدن و اومدن زدنش، که این یکی جوان از ما مرده کمه که تو میگی هزار تا بیش. مرد حسابی چه گناهی ما به تو کردیم چه کار کردیم. این گف با با والله بالله من داشتم میگفتم یه یه گوگ یه چاپول به من گفتم بگو هزار بیش اونجا کتکم زن، شما هم که کتکم میزنین، گف نه هر کجا که رفتی دیدی اینجوریه تشییع جنازه میکنن، بگو این یکی رفت خدا حیات باقی مانده ها بده. یعنی این یکی که رفته که هیچی خدا بقیه رو زنده نگه داره. این خوب گف خیلی خوب تکرار کرد این یکی رفت و خدا حیات باقی مانده ها بده. همینطور رفت. وقت رفت به رسید داشت به عیش و تماشای عروسیه. مرده با چه دم ساز و آوازی و چه شادی کنانی و، رقصی، دامادو سوار شتر کردن که ببرنش حمامش کنن سر رودخونه، سر چاه. یک شور و حالی داره یه همچی اون[4] (همچون)، صحنه ای این صحنه که دید خواست تماشا کنه. ولی ترسید که یادش بره. شروع کرد گف آهی کشید هی هی این یکی که رفت خدا حیات باقی مانده ها بده. این جمله که گف اونا شنیدن. بهشون بر خورد که این یکی رفت یعنی چی مگه مرده که میگی این یکی رفت مردم شادی میکنن، صلوات میفرستن، صدای شادی میدن کل[5] میکشن. تو بر میداری میگی این یکی رفت خدا حیات باقی مانده ها بده. حسابی کتکش زدن، این گریه کرد خدایا چی بگم چی نگم، هر کجا میرم کتک میخورم. آخه یه چیزی یاد من بده که هیچ وقت اشتباه نکنم. همونو بگم. گفتن هر کجا رفتی اینطوری روی پا برقص، دستمال بازی کن، و بگو بر محمّد و آل محمّد صلوات دولولون دیلیلین. کل بکش شادی بکن صدای دول از این بند بساتا. که تو عروسیا مرسومه. این هی امتحان کرد و پا بازی کرد و رقصید تا یاد گرفت. همینطور داشت میرفت، دید که یه عده ای نشستن صیادن دام زدن دام گذاشتن که یه نوع پرنده ای به اسم چکل بگیرن پرنده ای بسیار خوشگوشته. ممکنه مثل کبک خوشمزه باشه گوشتش. این همین که چشش به اینا افتاد، فکر نکرد اونا چی کار دارن میکنن. شروع کرد گف بر محمّد و آل محمّد صلوات ها هی شلوغ مثل سر عروسی. شادی کنان و شروع به رقصیدن. اونا پرنده هاشون پرواز کردن رفتن. نتونستن صید کنن. عصبانی شدن اومدن حسابی کتکش زدن. مگه عروسی مادرت که سر و صدا راه می اندازی. عروسی کیه که این کار میکنی؟ حسابی کتکش زدن. گف خدا

یا من چه کار کنم. آخه یه کاری یاد من بدین که من هر کجا میرم کتک میخورم. چیز درست حسابی یادم بدین که دیگه کتک نخورم. اونا بهش اونا (هر کس) هر کس آنچه که خودش لازم داشت به این یاد میداد. این یکی لازم داشت که سکوت اختیار کنن که جایی رو (گرفتار) دام گذاشته بودن دیگه سر و صدا نباشه تا بتونن پرنده ها رو بگیرن. بهش یاد دادن که هر کجا رفتی که دیدی کسیه یواش یواش پاورچین پاورچین یا دولّا دولّا برو. که کسی فرار نکنه کسی ر اذیت نکنی. گف چشم، رفت رفت رفت دید یه قافله ای یجا[۶] منزل گرفتن قافله که میدونین منظورم کسایی که باهم مسافرت می کردن و با حیوانات وسایل حمل و نقلشون بود. میگفتن قافله حالا یا با شتر، یا اسب یا الاغ اینا مسافرت میکردن از این شهر به این شهر به اینا میگن دسته جمعی میگن قافله. قافله اومده خسته شده یه جایی اتراق کرده که استراحت کنه، متوجّه شدن که یکی اینطوری دولّا دولّا پاورچین پاورچین یواشکی از کنارشون داره رد میشه. فکر کردن که دزده. میخواد اموالشونو ببره، فریاد کردن و گرفتن و همدیگرو محاصره کردن اینو گرفتن. حسابی کتکش زدن. ما بالاخره نفهمیدیم که این نمک گرفت به جای رسید یا نه این داستان این آدم ساده همینطور ادامه پیدا کرده. ما نمیدونم کجا تموم شد.

۱. ایساد = ایستاد ۲. وایساد = وا ایستاد ۳. دفه = دفعه ۴. همچی اون = همچون ۵. کل = هل هله ۶. ای یجا = یک جا

翻字（ローマ字）：ye čāpūl. andāzeye do dast ke īntourī bāham časbīde bāše o be xād ābo bardāre yā ye čīz dīge vardāre, migan ye gūg. va nesf-e ūn ke yek dast īntourī kaf gerefte bāše, čīzī ro bexād bardāre miše ye čāpūl. hālā qesseye zanīe ke rābeteye nāmašrū dāšte. zanī bā mardī rābete nāmašrū dāšt va qarār gozašte būdand ke bā ham bogozarānand. ye noukarī dāštan ke momken būd sar az kār-e ūnā dar biyāre. tasmīm gereftan ke ūno az xūne dūreš konan. ne noukareš gof borou namak begīr biyār ke namakemūn tamām šode, tā āb gūšt dorost konīm boxorīm. noukar gof man balad nīstam če qadr namak begīram. noukareš sāde ham būd noukar-e besiyār sādeī būd. gof dast hāt īntourī begū yek goug ye čāpūl.

hamīntour tekrār kon tā yādet nare. īn-am hamīše migof ye goug ye čāpūl ū miraft. ye goug ye čāpūl. hamīntour ke dāpt miraft, ye goug ye gandomešo daru karde būdan, xarman karde būdan kūbīde būdan mīxāstan tūye javāl bokonan. tūye zarfā bokonan. rasm ke vaqtī vazn mikonan bebīnan če qadr gandom dorost šode kāštan mikešan va doʻā mixūnam verd mixūnan salvāt bar mohammad o āl mohammad miferestan. va harfāi xošāyand mizanan. īn dīd ke ye hamčīn jariyānīe vāīsād negā bokone xošeš ūmad. valī barāye īn ke farāmūš nakone. čeqadr bāyad namak begīre xodaš morattab tekrār mikarde, ye goug ye čāpūl. ye gog ye čāpūl. īn verdo šenīdan unhāī ke dāštan gandom o vazn kardan bā doʻā o ke xodā barkat bede. dīdan bālāye sarešūn o īstāde negāšūn mikone hei mige ye gog ye čāpūl. īn ye gog ye čāpūl, be delešūn ūmad, fekr kardan šegūn nadāre. īn dāre mige īn qadar o īn qadar. yaʻanī gandomāye mā īnqadr bī garkat beše īnqadr beše. gereftan kotakeš zadan. īn gof barāye čī mixāin mano kotak bezanīn. barāye čī zadīn mano. man ke kārī nadāram bā šomā. man mīxāstam beram namak begīram. barāye īn ke farāmūš nakonam goftan ye gog ye čāpūl. beheš goftan na az īn be baʻad bāyad begī hezār bīš, hezār bīš va salavāt beferestī. yaʻanī īn ke barakat bede be kāretūn. bālāye sar kasī ke gandom boland mikone injūrī nagī ye gog ye čāpūl. gof xeilī xob kotak xord o gof xeilī xob. tekrār kard hezār bīš, hezār bīš, dīge ye goug o čāpūl veleš kard. raft rasīd be jāī ke hamīntour dāpt miraft namak begīre rasīd be jāī ke dāran tašī jenāze mikonan, dāran morde mibaran. javūnī morde būd dāštan tašī mikardan. īn vāīsād o negāhešūn kard, barāye īnke yādeš nare ke bāyad bege gof hezār bīš hezār bīš hezār bīš ke farāmūš nakone. yek dafʻe penīdan o ūmadan zadaneš, ke īn yekī javān az mā morde kame ke to migī hezār tā bīš. marde hesābī če gonāhī mā be to kardīm če kār kardīm. in gof bābā vallā bellā man dāptam migoftam ye ye gog ye čāpūl be man goftam begū hezār bīš ūnjā kotakam zan, šomā ham kotakam mizanīn, gof na har kojā ke raftī dīdī injūrīe tašī jenāze mijkonan, begū īn yekī raft xodā hayātī bāqī mānde bede. yaʻanī īn yekī ke rafte ke hīčī xodā baqīe ro zende negah dāre. in xub gof xeilī xub tekrār kard īn yekī raft o xodā hayāt-e bāqī mānde bede. hamīntour raft. vaqt-e raft be rasīd dāšt be eiš o tamāšāye arūsīe. marde bā če dam sāz o āvāzī va če šādī konānī o, raqsī, dāmādo savār šotor kardan ke bebaraneš hammāmeš konan sar-e rūdxūne, sar-e čā. yek šūr o hālī dāre ye hamčī ūn hamčīn, sahneī īn sahna ke dīd xāst tamāšā kone. valī tarsīd ke yādeš bere. šrū kard go āhī kešīd hei hei īn yekī ke raft xodā hayāt-e bāqī mānd hā bede. īn jomle ke gof ūnā šenīdan. behešūn bar xord ke īn yekī raft ya'anī čī mage morde ke migī īn yekī raft mardom šādī mikonan, salavāt miferestan, sedāye šādī midan kel mikešan. to bar mīdārī migī īn yekī raft xodā hayāt-e bāqī mānde bede. hesābī kotakeš zadan, īn gerie kard xodāyā čī begam čī nagam, har kojā miram kotak mixoram. āxe ye čīzī yād-e man bede ke hīč vaqt eštebāh nakonam. hamūno begam. goftan har kojā raftī īntourī rūye pā beraqs, dastmāl bāzī kon, va begū bar mohammad salavāt dolulūn dililīn. kal bekeš šādī bokon sedāye dūl az īn band besātā. ke tū arūsiyā marsūme. īn hei emtehān kard o pā bāzī kard o raqsīd tā yād gereft. hamīntour dāšt miraft, dīd ke ye eddeī nešastan siyādan dām zadan dām gozāštan ke ye nou parandeī be esm-e čakol begīran parandeī besiyār xošgūšte. momkene mesle kabk xošmase bāše gūšteš. īn hamīn ke čišeš be inā oftād, fekr nakard ūnā čī kār dāran mikonan. šrū kard gof bar mohammad o āl mohammad salavāt hā hei šrū mesle sar-e arūsī. šādī konan o šrū be raqsīdan. ūnā parande hāšūn parbāz kardan raftan. natūnestan seid bokonan. asabānī šodan ūmadan hesābī kotakeš zadan. mage arūsī-e mādaret ke sar o sedā rāh miandāzī. arūsī-e kī ke īn kār mikonī? hesābī kotakeš zadan. gof xodāyā man če kār konam. āxe ye kārī yād-e man bedīn ke man har kojā miram kotak mixoram. čīz dorost hesābī yādam bedīn ke dīge kotak naxoram. ūnā beheš ūnā har kas har kas ānče ke xodeš lāzem dāšt be īn yād midād. īn yekī lāzem dāšt ke sukūt exteyār konan ke jāī ro gereftār dām gozašte būdan dīge sar o sedā nabāše tā betūnan parande hā ro begīran. beheš yād dādan ke har kojā raftī ke dīdī kasīe yavāš yavāš pāvarčīn pāvarčīn yā dollā dollā borou. ke kasī farār nakone kasī re aziyat nakonī. gof čašm, raft raft raft dīd ye qāfeleī ijā manzel gereftan qāfele ke midūnin manzūr-am kesāī ke bāham mosāferat mikardan va bā heivānāt-e vasāyel haml o naqlešūn būd. migoftan qāfele hālā yā bā šotor, yā asb yā olāq īnā mosāferat mikardan az īn šahr be īn šahr be īnā migan daste jamī migan qāfele. qāfele ūmade xaste šode ye jāī atrāq karde ke esterāhat kone, motavajje šodan ke yekī īntourī dollā dollā pāvarčīn pāvarčīn yavāšegī az kenārešūn dāre rad miše. fekr kardan ke dozde. mixād amvālešūno bebare, faryād kardan o gereftan o hamdīgaro mohāsere kardan inō gereftan. hesābī kotakeš zadan. mā bālā xare nafahmīdīm ke īn namak gereft be jāī rasīd yā na īn dāstān īn ādam-e sāde hamīntour edāme peidā karde. mā nemīdūnam kojā tamūm šod.

日本語訳：両手分と片手分。水などを運ぶために両手をこうしてひっつけて入る量を両手分（ゴウグ）という。そして、片手でこうして底を作って何かを運ぶときは、それを片手分（チャープール）という。さて、不貞な女の話をする。ある女が男と通じていたが、ある時、二人で会うことにした。召使いが一人いたが、秘密がばれるかもしれないので、家から追い出すことにした。女は召使いに言った。

「塩がなくなったから塩を買ってきてちょうだい。アーブグーシュトを作って食べましょう。」

召使いは言った。

「どのぐらい塩がいるのかわかりません。」

召使いはとても純朴な者であった。女は言った。

「手をこうして、両手分と片手分と繰り返し忘れないように言いながら行きなさい。」

召使いはずっと「両手分と片手分」と言いながら歩いていると、小麦を収穫しているところを通った。小麦を積み上げて、粉にして、袋に詰めていた。小麦の収穫量を量るとき、まじないを言う習慣があった。コーランの一節を唱えて楽しい話をしたものである。召使いは、それを見て楽しくなったが、塩の量を忘れないために繰り返し「両手分と片手分、両手分と片手分」と言っていた。まじないを言いながら小麦を量っていた者達が召使いの文句を聞いた。召使いは、彼らのそばに立って、「両手分と片手分、両手分と片手分」と言ったのである。そして、彼らの真ん中へ入っていった。彼らは、召使いが「不運を祈る。恵みを授からずにこれだけになれ。」と言ったと思い、召使いを殴り始めた。召使いは言った。

「どうして私を殴るのですか。あなた方に用はありません。塩を買いに行くのです。忘れないために両手分と片手分と言っているだけです。」

人々は言った。

「いいや、これからは、千になれ、千になれと言って、さらに、コーランの一節を唱えろ。」

つまり、恵みがありますように、小麦を育てる者達に「両手分と片手分」などと言うなということである。召使いは言った。

「わかりました。」

叩かれたので、「わかりました。」と言った。「千になれ、千になれ」と繰り返し、「両手分と片手分」は忘れてしまった。塩を手に入れようと歩いていくと、葬式をしていて、死体を運んでいるところを通った。召使いは、忘れないために「千になれ、千になれ」と言いながら、葬式を見ていた。すると、葬式をしている人たちがやって来て殴り始めて言った。

「我々の若者が死んだんだ。少ないというのか。千になれ、とは何事か。我々があなたにいったい何をしたというのだ。」

召使いは言った。

「なんてことだ。私は前には、両手分と片手分と言っていたら、殴られて、千になれ、と言うように言われたのに、あなた方も殴るのですか。」

一人が言った。

「葬式をしているところに出会ったら、あの人は死んでしまった、彼が残した分の命をください、と言え。」

つまり、「あの人は死んだが、残りの者の命を守ってください。」という意味である。召使いは、上手に「あの人は死んでしまった、彼が残した分の命をください」と繰り返して言った。歩いて行くと、結婚式をやっていた。新郎が、友人達と共に歌って、祝って、踊っていた。新郎はラクダに乗せられ、川のそばか井戸のそばに身を清めに行くところであった。皆とても気持ちが高ぶっているようだった。召使いは、高台があったのでそこで見物することにした。しかし、忘れないように、ため息をつきながら言った。

「あの人は死んでしまった、彼が残した分の命をください。」

それを彼らが聞いてしまった。その中の一人が言った。

「何を言っているのだ。祝いの場で死人に向かって言うようなことを言って、皆、歓声をあげているのに。あの人は死んでしまった、彼が残した分の命をくださいと言うのをやめなさい。」

人々は、召使いを殴った。召使いは泣き出して言った。

「いったい、何を言ったらよくて、何を言ってはいけないのか。どこへ行っても殴られる。何処へ行っても大丈夫な文句を教えて下さい。それを言います。」

人々は言った。

「何処へ行っても、このように飛び跳ねて、手を振り回して、モハンマドよ、モハンマドの一族よ、ドロローン、デレレーン、と言いなさい。歓声をあげて、喜びなさい。」

そして、召使いが覚えるまで、踊りやステップを教えた。そうやって、進んでいくと、チャコル(1)という名前の美味しい鳥を捕まえようと罠をはっている人たちがいた。シャコのように美味しい鳥であった。召使いは、彼らを見たが、何をやっているかわからなかったので、結婚式の喧騒で、「モハンマドよ、モハンマドの一族よ」と言った。そして、勢いよく踊り始めた。母親の結婚式であるかのように大声で歩いた。

「誰の結婚式だというのだ。」

と言って、人々は召使いに殴りかかった。

「なんなのですか。私が何をしたというのですか。何処へ行っても殴られるのです。殴られない方法を教えて下さい。」

皆、自分たちに都合のいいように教えたのである。この者達は、罠をはっているので、鳥を捕るために静寂を保っていないといけないのである。そこで、誰にも殴られないためには、何処へ行っても抜き足差し足忍び足でゆっくりゆっくり歩くことだと教えた。

召使いは言った。

「わかりました。」

どんどん歩いていくと、あるところで隊商に出会った。隊商とは、知って

いるね。動物に荷物を乗せて、集団で旅をする者たちのことである。ラクダや馬やロバで町から町へ隊列を組んで移動する者たちである。それを隊商というのだ。隊商は疲れていたので、休むために野営をしていた。すると、抜き足差し足忍び足で側を通ろうとする者がいることに気づいた。隊商は、荷物を盗もうとしている泥棒だと思い、大声を出して、取り囲んで捕まえた。そして、殴り始めた。さて、この男が塩を手に入れることができたかどうだかわからない。この純朴な男は、こんな調子だったということである。どこで終わるのか私は知らない。

注
1．具体的な鳥の名称は不明である。

060

題　　名：کار حسنی ／ハサンの話

分　　類：笑話と小話

ＡＴ番号：-

録音箇所［収録時間］：001-018［00分40秒］

調 査 日：1998年09月11日

調 査 地：استان تهران، شهر ری، روستای طالب آباد ／テヘラン州レイ市ターレバーバード村

名　　前：میثم حیدری ／ミーサム・ヘイダリー

年齢性別：15才、男性

職　　業：محصّل ／学生

住　　所：استان تهران، شهر ری، روستای طالب آباد

出 身 地：روستای طالب آباد ／ターレバーバード村

伝 承 者：مادر بزرگ ／祖母

翻字（ペルシア語）：یه حسنی بود. با پدر و مادرش زندگی میکرد. بعد، یه بار پدرش میگه برو کار کن نمیره کار کنه، مادرش بهش پول میده، میگه برو بازی کن بر گرد. بعد این شب میاد خونه پول میده به پدرش پدرش میاندازه. تو کوره. دست [حسنی] نمیره طرف کوره پدرش می فهمه نرفته

کارکنه تا دو سه روز همینجوری میگذره بعد یه بار پدرش میگه برو کار کن میره توی [آسیاب که] (آرد آرد) آرد درست میکنند. کار میکنه، (تو) آسیاب. بعد این پول میگیره میاره. بعد پدرش میگیره میاندازه تو کوره. دستشو میکنه تو کوره و پدرش میفهمه کار کرده.

翻字（ローマ字）：ye hasanī būd. bā pedar o mādaraš zendegī mikard. ba'ad, ye bār pedaraš mige borou kār kon nemire kār kone, mādaraš beheš pūl mide, mige borou bāzī kon bar gard. ba'ad īn šab miyād xūn pūl mide be pedaraš pedaraš miandāze. tū kūre. dast nemire baraf-e kūre pedaraš mifahme narafte kār kone tā dose rūz hamīnjūrī migozare ba'ad ye bār pedaraš mige borou kār kon mire tūye ārd dorost mikonand. kār minone, āsiyāb. ba'ad īn pūl migīre miāre. ba'ad pedaraš migīre miandāze tū kūre. dastešo mikone tu kūre va pedaraš mifahme kār karde.

日本語訳：ハサンという少年がいた。父親と母親と一緒に住んでいた。ある時、父親は言った。

「さあ、仕事をしなさい。」

しかし、ハサンは仕事には行かなかった。母親がハサンにお金を与え、こう言った。

「遊んで帰ってきなさい。」

そして、夜に帰ってきてお金を父親に渡すと、父親はかまどに投げ入れた。ハサンは、かまどに手を伸ばそうともしなかった。父親には、ハサンが仕事に行ったのではないことがわかった。二、三日同じようなことがあった。父親は、もう一度言った。

「仕事に行きなさい。」

ハサンは今度は小麦を挽く水車小屋へ行き、そこで働いた。そして、お金をもらって帰ってきた。父親は、そのお金をまたかまどに投げ入れた。今度は、ハサンは手をかまどに突っ込んだので、父親はハサンが仕事をしてきたことがわかった。

061

題　　名：تلاش حسنی／ハサンの奮闘

分　　類：笑話と小話

ＡＴ番号：-

録音箇所［収録時間］：001-019［02分25秒］

調　査　日：1998年09月11日

調　査　地：استان تهران، شهر ری، روستای طالب آباد／テヘラン州レイ市ターレバーバード村

名　　前：مهدی اکبری／メフディー・アクバリー

年齢性別：25才、男性

職　　業：معلّم／教師（中学校）

住　　所：استان تهران، شهر ری، روستای طالب آباد

出　身　地：روستای طالب آباد／ターレバーバード村

伝　承　者：پدر／父親

翻字（ペルシア語）: یکی بود یکی نبود، غیر از خدای مهربون هیچ کس نبود. یه پسری تو یک روستائی زندگی می کرد، به نام حسنی. این حسنی درس نمیخوند. به همین خاطر، باباش، یا همون پدرش بهش گفت باید بری کار کنی. مادر حسنی، دلش برای حسنی سوخت. گفتش که تو برو بیرون

432

بازی کن من یک مقدار بهت پول میدم. بعد از ظهر که اومدی خونه، اون پولت را به بابات بده، و بگو من (با) رفتم کار کردم این مزدمه. پسر رفت بیرون بازی کرد و بعد از ظهر اون پولی رو گرفت و اومد خونه و به باباش گفت که من امروز رفتم کار کردم. باباش پول را از حسنی گرفت و انداخت توی تنور توی آتش. و گفت تو امروز کار نکردی. باید فردام بری باز کار کنی. فردام باز می خواست بره کار کنه، مادرش همین که میخواست از خونه بیرون [بره]، مقداری پول به حسنی داد گفت برو امروز هم بازی کن نرو سر کار خسته بشی. بعد از ظهر بیا این پول رو باز بده به پدرت بگو من کار کردم. بعد از ظهر که حسنی اومد، پدرش پول رو گرفت و باز انداخت توی تنور. مرتب روز سوم، روز چهارم، روز پنجم، حسنی میرفت از مادرش پول میگرفت، و وقتی بعد از ظهر میاومد میخواست بده پدرش، پدرش پول می گرفت و میانداخت توی آتیش و حسنی گریه میکرد که چرا پدرش این کار میکنه. خلاصه خسته شد حسنی. یه روز تصمیم گرفت، که واقعاً بره چه کار کنه. (کار کنه). تو یه آسیابی رفت مشغول کار کردن شد و سختی کشید و زحمت کشید و مقداری پول از صاحب کارش اون روز دست مزد گرفت به عنوان اجر کاری که کرده بود. بعد از ظهر که به خونه اومد، پدرش گفت خوب امروز کار کردی؟ گفت اره امروز رفتم واقعاً کار کردم زحمت کشیدم. این هم پولی که صاحب کارم از روی اون کار بهم داده. پدرش پول گرفت و باز انداخت توی تنور. حسنی وقتی دید پولی که براش زحمت کشیده توی تنور افتاده، دوید و پول را از تنور خواست در بیاره و دستش سوخت. پدرش خندید و گفت روز های قبل که من پول و می انداختم تو تلاش نمیکردی پول و از تنور در بیاری ولی امروز تلاش کردی و معلوم شد که رفتی برای این پول چکار کرد؟ زحمت کشیدی و کار کردی. این بود قصه ما.

۱. آتیش = آتش

翻字（ローマ字） : yekī būd yekī nabūd, qeir az xodāye mehrabūn hīč kas nabūd. ye pesarī tū yek rūstāī zendegī mikard, be nām-e hasanī. īn hasanī dars nemixūnd. be hamīn xāter, bābāš, yā hamūn pedareš beheš goft bāyed berī kār konī. mādar-e hasanī, deleš barāye hasanī sūxt. gofteš ke to borou bīrūn bāzī kon man yek meqdār behet pūl midam. ba'ad az zohr ke ūmadī xūne, ūn pūlat ra be bābāt bede, va begū man raftam kār kardam īn mozdame. pesar raft bīrūn bāzī kard o ba'ad az zohr ūn pūlī ro gereft o ūmad xūne o be bābāš goft ke man emrūz raftam kār kardam. bābāš pūl ra az hasanī gereft o endāxt tūye tanūr tūye ātīš. va goft to emrūz kār nakardī. bād fardā-am berī kār konī. fardā-am mixāst bere kār kone, mādareš hamīn ke mixāst az xūne bīrūn, meqdārī pūl be hasanī dād goft borou emrūz ham bāzī kon narou sar-e kār-e xaste bešī. ba'ad az zohr biyā īn pūl ro bāz bede be pedarat begū man kār kardam. ba'ad az zohr ke hasanī ūmad, pedaraš pūl gereft o bāz endāxt tūye tanūr. morattab rūz-e sevvom rūz-e čahārom, rūz-e panjom, hasanī miraft az mādareš pūl migereft, va vaqtī ba'ad az zohr miyūmad mīxāst bede pedaraš, pedaraš pūl migereft o miendāxt tūye ātīš va hasanī gerie mikard ke čerā pedareš īn kār mikone. xolāse xaste šod hasanī. ye rūz tasmīm gereft, ke vāqeān bere če kār kone. tū ye āsiyābī raft mašqūl-e kār kardan šod va saxtī kešīd o zahamat kešīd va meqdārī pūl az sāheb-e kāreš ūn rūz dast mozd goreft be onvān ajr-e kārī ke karde būd. ba'ad az zohr ke be xūne ūmad, pedareš goft xob emrūz kār kardī? goft are emrūz raftam vāqeān kār kardam zahmat kešīdam. īn ham pūlī ke sāheb kāram az rūye ūn kār behem dāde. pedareš pūl gereft o bāz endāxt tūye tanūr. hasanī vaqtī ke dīd pūlī ke barāš zahmat kešde tūye tanūr oftādeh, dowīd o pūl ra az tanūr xāst dar biyāre ba dasteš sūxt. pedaraš xandīd va goft rūz hāye qabl ke man būl o miandāxtam tū talāš nemikardī pūl o az tanūr dar biyārī valī emrūz talāš kardī va ma'arūm šod ke raftī barāye īn pūl čekār kard? zahmat kešīdī va kār kardī. īn būd qesseye mā.

日本語訳：あったことか、なかったことか。慈悲深き神の他に誰もいなかった頃。ある村にハサンという名前の少年がいた。このハサンは、勉強をしなかった。そこで、父親はハサンにこう言った。

「働いてきなさい。」

ハサンの母親は、ハサンをかわいそうに思い、こう言った。

「外へ行って遊んで来なさい。お金を少しあげましょう。午後に家に帰ってきたら、そのお金をお父さんに渡しなさい。そして、仕事をしてきました、これが給料です、と言いなさい。」

少年は外に行き、遊んで、午後に帰ってきた。そして、父親に言った。

「今日、働いてきました。」

父親は、お金を取り上げて、かまどの火の中に投げ入れた。そして、こう言った。

「今日、おまえは働いてはいない。明日、もう一度働いてきなさい。」

その次の日も、働きに行こうとして、家を出ようとすると、母親がお金を少し与えて言った。

「今日も遊んでおいで。働いて疲れなくてもいいよ。午後に帰ってきて、このお金をお父さんに渡して、働いてきました、と言いなさい。」

ハサンは、午後に帰ってきて、父親がお金を受け取ると、またかまどにお金を投げ入れた。そして、三日目、四日目、五日目とハサンは母親からお金を受け取り、午後になって家に帰り、父親にお金を渡し、父親はお金を受け取って火の中に投げ入れるということが続いた。ハサンはどうして父親がそんなことをするのかと泣いた。ある日、ハサンは本当に働こうと決めた。ある水車小屋で働いて、苦労して、わずかのお金を、つまりその日の給料を水車小屋の頭領からもらい、午後に家に帰った。父親は言った。

「さあ、今日は仕事をしたのかい。」

ハサンは言った。

「はい、今日は本当に働いて苦労をしました。これが、仕事をしたところの頭領からもらった給料です。」

父親は、お金を取り上げると、またかまどに投げ入れた。ハサンは、苦労して得たお金がかまどに落ちるのを見て、かまどに飛びついてお金を拾った。そして、手に火傷をした。父親は笑って言った。

「これまで私がお金をかまどに投げ入れた時は、おまえはかまどに飛びついてお金をとらなかったじゃないか。しかし、今日は飛びついたからこのお

金のために何をしたかわかった。おまえは苦労をして働いたのだ。」
　これが我々のお話である。

062

題　　名：علی تنبل ／ 怠け者のアリー
分　　類：笑話と小話
ＡＴ番号：-
録音箇所［収録時間］：006-030［02分39秒］
調 査 日：1998年12月19日
調 査 地：اصفهان ／ イスファハン

名　　前：ناهید هادیان ／ ナーヒード・ハーディヤーン
年齢性別：17才、女性
職　　業：محصّل ／ 学生
住　　所：اصفهان
出 身 地：اصفهان ／ イスファハン
伝 承 者：مادربزرگ ／ 祖母

翻字（ペルシア語）： یکی بود یکی نبود، یه روزی یه پیر مرد و پیر زن، با پسرشون زندگی میکردن. یه دونه پسر داشتن فقط. پسر اصلاً نمیرفته مثلاً کار کنه. فقط میگرفته میخوابیده تنبل بوده. هیچ کاری نمیکرده فقط میخورده و میخوابیده. بعد یه روزی پدرش بهش میگه که خوب نیست انقدر تنبل باشی. باید بری کار کنی زحمت بکشی یه کاری داشته باشی.

نمیشه که فقط بخوابی توی خونه. مرد باید کار کنه. این گوش نمیکرده. هر چی بهش میگفتن گوش نمیکرده. یه روز پدره ا خونه بیرونش میکنه. میگه برو بیرون وقتی کار کردی پول آوردی مزد کارت گرفتی من تو خونه رات[1] میدم. در غیر این صورت نباید دیگه تو این خونه بیای. پسره ناراحت میشه چی کار کنم اینا مادرش پولی بهش میده میگه تو برو شب بیا خونه بگو من کار کردم. پول گرفتم نشون بابات بده که رات بده تو خونه. پسره شب میره و خسته میشه و یه خرده میدوه[2] و یعنی من کار کردم خسته شدم اینا. شب میاد خونه. پدره میگه که خوب رفتی و اینا میگه بله من رفتم کار کردم زحمت کشیدم این پولمه. بعد پدره پول میگیره میندازه تو آتیش. بعد پسره مثلاً براش اشکالی نداشته که مثلاً چون کار نکرده بوده، زحمت نکشیده بوده، نمیره سراغ پول. دوباره پدره میگه ببین خودت تلاش نکرده بودی. بعد فردا صبح دوباره میگه که باید بری دوباره کار کنی. دوباره پسره ر از خونه بیرونش میکنه. پسره میره دوباره مادرش پول میده میگه برو اِندفه[3] یخرده دیرتر بیا بگو من خیلی کارکردم و اینا شاید قبول کنه پدرت. پسره میره و شب میاد دوباره خسته و اینا میاد خونه میگه پدر من انقدر کار کردم زحمت کشیدم این پول و گرفتم. پدره دوباره پولش و میندازه تو آتیش. میبینه پسره بازم مثلاً اشکالی براش نداشت چیزی نگفت. دو باره فردا صبح بیرونش میکنه میگه برو هر موقع کار کردی زحمت کشیدی بیا تو این خونه تو. فایده نداره که انقدر تنبل هستی. پسره اندفه دیگه میره خودش میره دنبال کارش انقدر کار میکنه زحمت میکشه تلاش میکنه میره مثلاً توی نونوایی جایی کارمیکنه، آخر شب مزدی که بهش میدن و شب میاره خونه. میاد خونه و پدرش دوباره پولِ میگیره و میندازه توی آتیش. پسره چون رفته بوده زحمت کشیده بوده، میره تو آتیش پول ر ور داره دستش میسوزه. بعد پدرش میگه الا فهمیدم که خودت کار کردی زحمت کشیدی چون دست رنج خودت بود، رفتی از تو آتیش بر داشتی. ولی اونا ر اصلاً زحمتی براش نکشیده بودی پسره یاد میگیره که از این به بعد باید تلاش کنه زحمت بکشه تا مزد کار و زحمتی که کرده را به دست بیاره. ا پدر و مادرشم تشکر میکنه که اونا خوشحال شدن از این که پسرشون دیگه تنبل نیست پسر خوبیه کار میکنه زحمت میکشه.

۱. رات = راه تو ۲. میدوه = میدوید ۳. اِندفه = این دفعه

翻字（ローマ字） : yekī būd yekī nabūd, ye rūzī ye pīr mard o pīr zan, bā pesarešūn zendegī mikardan. ye dūne pesar dāštan faqat. pesar aslān nemirafte masalān kār kone. faqat migrefte mixābīde tanbal būde. hīč kārī nemikarde faqat mixorde va mīxābīde. ba'ad ye rūzī pedareš beheš mige ke xūb nīst enqadr tanbal bāšī. bāyad berī kār konī zahmat bekešī ye kārī dāšte bāšī. nemiše ke faqat bexābī tūye xūne. mard bāyad kār kone. īn gūš nemikarde. har čī beheš migoftan gūš nemikarde. ye rūz pedare a xūne bīrūneš mikone. mige borou bīrūn vaqtī kār kardī pūl āvordī mozd-e kārat gereftī man tū xūne rāt midam. dar qeir-e īn sūrat nabāyad dīge tū īn xūne biyāī. pesare nārāhat miše čī kār konam īnā mādareš pūlī beheš mide mige to borou šab biyā xūne begū man kār kardam. pūl gereftam nešūn-e bābāt bede ke rāt bede tū xūne. pesare šab mire o xaste miše o ye xorde midave o ya'anī man kār kardam xaste šodam īnā. šab miyād xūne. pedare mige ke xob raftī o īnā mige bale man raftam kār kardam zahmat kešīdam īn pūlame. ba'ad pedare pūl mīgīre miandāze tū ātīš. ba'ad pesare masalān barāš eškālī nadāšte ke masalān čūn kār nakarde būde, zahmat nakešīde būde, nemire sorāq-e pūl. dobāre pedare mige bebīn xodet talāš nakarde būdī. ba'ad fardā sobh dobāre mige ke bāyad berī dobāre kār konī. dobāre pesare re az xūne bīrūneš mikone. pesare mire dobāre mādareš pūl mide mige borou endaf'e yexorde dīrtar biyā begū man xeilī kār kardam o īnā šāyad qabūl kone pedaret. pesare mire o šab miyād dobāre xaste o īnā miyād xūne mige pedar-e man enqadr kār kardam zahmat kešīdam īn pūl o gereftam. pedare dobāre pūleš o miyandāze tū ātiš. mībīne pesare bāz-am masalān eškālī barāš nadāšte čīzī nagoft. do bāre fardā sobh bīrūneš mikone mige borou har mouqe kār kardī zahmat kešīdī biyā to īn xūne to . fāyede nadāre ke enqadr tanbal hastī. pesare endaf'e xodeš mire donbāl-e kāreš enqadr kār mikone zahmat mikeše talāš mikone mire masalān tūye nūnvāī jāī kār mikone, āxer-e šab mozdī ke beheš midan o šab miyāre xūne. miyād xūne o pedareš dobāre pūle migīre o miandāze tūye ātīš. pesare čūn rafte būde zahmat kešīde būde, mire tū ātīš pūl re var dāre dasteš misūze. ba‘ad pedareš mige alā fahmīdam ke xodet kār kardī zahmat kešīdī čūn dast ranj xodet būd, raftī az tū ātiš bar dāštī. valī ūnā re aslān zahmatī barāš nakešīde būdī pesare yād mīgīre ke az īn be ba‘ad bāyad talāš kone zahmat bekeše tā mozdīe kār o zahmatī ke kardī rā be dast biyāre. a pedar o mādareš-am tašakor mikone ke ūnā xošhāl šodan-e az īn ke pesarešūn dīge tanbal nīst pesar-e xūbīe kār mikone zahmat mikeše.

日本語訳：あったことか、なかったことか。昔、老人と老女が息子と一緒に暮らしていた。子供は一人しかいなかった。ところが、息子は全く働かなかった。寝ているだけの怠け者であった。何もせずに食べて寝てばかりいた。ある日、父親が息子に言った。

「そんなに怠けていてはいけない。働きなさい。何か仕事を持ちなさい。家の中で寝てばかりではいけない。人は働かないといけないのだよ。」

息子は、聞く耳をもたなかった。何を言っても聞かなかった。とうとうある日、父親は息子を外へ追い出した。そして、言った。

「外へ出て仕事をしてお金をもらってきたら、家に入れてやろう。」

息子が困っていると、母親がお金を渡して言った。

「さあ行きなさい。夜になったら帰ってきなさい。そして、仕事をしてお金をもらったと言って、このお金をお父さんに見せなさい。そうしたら家に入れてくれるよ。」

少年は、少し走って疲れて夜に帰ってきて父親に言った。

「仕事をして、疲れました。」

夜に帰ってきたのであった。父親は言った。

「仕事してきたのかい。」

息子は言った。

「はい、仕事をしてきました。働きました。これがお金です。」

すると、父親はお金を掴んで火の中に入れてしまった。息子は、仕事をし

て得た金ではなかったので、平気だった。お金を追おうとはしなかった。再び父親は言った。

「ほら、自分で苦労をしていないのだね。明日、もう一度働いてきなさい。」

そういって、（次の日）また息子を家から追い出した。すると、母親がまたお金を与えて、言った。

「さあ、今日は少し遅くに帰っておいで。そして、とても仕事をしたと言いなさい。そうすれば、きっとお父さんも納得するよ。」

少年は、夜に疲れて家に帰ってきて、こう言った。

「お父さん、私はとても働きました。そして、このお金を稼ぎました。」

父親は、またお金を火の中に入れた。息子は、また平気で何も言わなかった。父親は次の日、また息子を追い出し、「苦労をして仕事をしたら家に帰ってこい。どうしようもない怠け者だな。」と言った。少年は、今度は本当に仕事をして、働いて、努力をした。ナン焼き場で仕事をして、夜に給料をもらい、家に帰った。帰ると、父親はまたお金を掴み、火の中に投げ入れた。息子は、苦労をして得たお金だったので、火の中に手を突っ込んで火傷をしてしまった。すると、父親は言った。

「これまでは自分で働いたお金ではなかったが、今日は、自分で仕事をしてきたということがわかった。自分で苦労をしたから火の中に手を突っ込んででも取り戻そうとしたのだ。」

少年は、お金を稼ぐためには苦労をしなくてはいけないということがわかった。そして、両親に感謝をした。両親は、息子がもはや怠け者ではなく、勤勉ないい息子になったので喜んだ。

063

題　　名：سرانجام خیانت کار ／ 裏切りの結末
分　　類：笑話と小話
ＡＴ番号：-
録音箇所［収録時間］：001-014［05分07秒］
調　査　日：1998年09月11日
調　査　地：استان تهران، شهر ری، روستای طالب آباد ／ テヘラン州レイ
　　　　　　市ターレバーバード村

名　　前：قاسم اکبری ／ ガーセム・アクバリー
年齢性別：34才、男性
職　　業：استاد دانشگاه ／ 大学教授
住　　所：استان تهران، شهر ری، روستای طالب آباد
出　身　地：روستای طالب آباد ／ ターレバーバード村
伝　承　者：مادر بزرگ و پدر بزرگ ／ 祖母と祖父

翻字（ペルシア語）: یکی بود یکی نبود. غیر از خدای مهربون هیچ کس نبود. یه پادشاهی بود که یه وزیر خیانت کاری داشت. همه مردم روزگار از دست وزیر به تنگ اومده به پادشاه شکایت میکردند. پادشاه همیشه فکر میکرد که چه کار کنه که وزیرش و مجازاتی بکنه که برای همه خیانت کارا

تو مملکتش درس عبرت بشه. تو همین فکرا بود. روز روزگاری پادشاه که به شکار کردن علاقه داشت، برای شکار به صحرا رفت. توی صحرا از دور گلۀ گوسفندی رو دید، که مشغول چرا بودند. پادشاه به همراهان خودش گفت بیایید نزدیک گله گوسفند بشین ببینیم این چوپون چی کار میکنه. وقتی نزدیک شدن، دید که چوپان یک سگی رو در کنار گله خودش به دار آویزون کرده. سگ رو کشته بعداً دارش زده. پادشاه خیلی تعجب کرد. که چطور شده. یه چوپان اون هم تو این صحرا که حیوانات درنده زیاد وجود دارند، اومده سگ گله خودش رو دار زده. این یک رازی شد برای پادشاه. پادشاه دستور داد چوپان رو پیش خودش آوردند. از چوپونه سوال کرد که باید به من بگی که چرا سگ گله خودت رو اعدام کردی دارش زدی. چوپون یک فکری کرد و گفت میدونی چرا؟ گفت چرا؟ گفت چند وقتی بود که هر شب یه دونه گوسفند از گله من کم میشد. من هر چی فکر کردم که چه حیوونی جرات میکنه میاد گوسفند گله من و میبره. چیزی پیدا نکردم. تا اینکه یک شب تا صبح بیدار موندم. نیم های شب دیدم یه گرگی به گله من نزدیک شد. دیدم این گرگ قبل از این که بیاد به گله من هجوم ببره اومد پیش همین سگی که الان من دارش زدم. از باب رفاقت، یه یک ساعتی رو پیش سگ بود. من متوجه شدم که این گرگه با سگ من رفیق شده، سگ با گرگ همدستی میکنه، گرگ هر شب میاد یه دونه گوسفند از گله میبره. من وقتیکه این خیانت سگ رو دیدم، خیلی فکر کردم که چی کار کنم که این سگ رو طوری مجازات کنم که برای سگای دیگه هم عبرت بشه که خیانت نکنند. میگه بعد از اینکه خیلی فکر کردم، به این نتیجه رسیدم که یه چوبۀ دار تو همین صحرا کنار گله گوسفند درست کنم. سگ رو به این چوبۀ دار آویزون کنم. کـــه هم برای سگای دیگه درس عبرت بشه که اگر خیانت کنند به همین بالا گرفتار میشن. هم دیگه گرگ و حیوون درندۀ دیگه ای جرات حمله کردن به گله من و پیدا نکنه. پادشاه فکری کرد و گفت خوب وقتیکه سگ رو دار زدی بعدش چی شد. گفت بعدش از اون زمان به این طرف دیگه هیچ کدوم از گوسفندای گله من کم نشدن. چون هم سگاها هواسشونو جمع کردند اگر خیانت کنند به سرنوشت این سگ گرفتار میشن. و هم گرگا و حیوونهای درنده صحرا دیگه جرات نمیکنن به گله من نزدیک بشن. چون سگای من دیگه با قدرت از گله دفاع میکنن. پادشاه

یه فکری کرد و پیش خودش گفت پس وزیر ما هم که خیانت میکنه، باید یه طوری مجازاتش کنیم که برای همه تو مملکت من درس عبرت بشه. پادشاه سفرشو نیمه کاره گذاشت. از همونجا به ولایت خودش برگشت. دستور داد در دربازه شهر یه چوبه دار آویزون کردند. و وزیرش رو به این چوب دار آویزان کرد. بعد داد با خط درشت نوشتن که در این مملکت، در این ولایت، هر کس خیانت کنه، هر کس بد مردم و بخواد سرنوشتش جز این نیست. قصه ما به سر رسید، کلاغه به خونش نرسید.

翻字（ローマ字）: yekī būd yekī nabūd, qeir az xodāye mehrabūn hīč kas nabūd. ye pādešahī būd ke ye vazīr-e xiyānat kārī dāšt. hameye mardom rūzgār az dast-e vazīr be tang ūmade be pādešāh šekāyat mīkardand. pādešāh hamīše fekr kard ke če kār kone ke vazīreš o mojāzātī bokone ke barāye hameye xiyānat kārā tu mamlekateš dard-e ebrat beše. tū hamīn fekrā būd. rūz-e rūzgārī pādešāh ke be šekār kardan alāqe dāšt, barāye šekār be sahrā raft. tūye sahrā az dūr galleye gūsfandī ro dīd, ke mašqūl-e čerā būdand. pādešāh be hamrāhān-e xodeš goft biyāīd nazdīk-e galleye gūsfand bešīn bebīnīm īn čūpūn či kār mikone. vaqtī nazdīk šodan, dīd ke čupān yek sagī ro dar kenār-e galleye xodeš be dār āvīzūn karde. saga ro košte baʻadān dāreš zade. pādešāh xeilī taʻajob kard. ke četour šode. ye čūpān un ham tū in sahrā keheivānāt-e darande ziyād vojūd dārand, ūmade sag-e galleye xodeš ro dār zade. īn yek rāzī šod barāye pādešāh. pādešāh dastūr dād čūpūn ro pīše xodaš āvordand. az čūpūne soāl kard ke bāyad be man begī čerā sag-e galleye xodet ro eʻedām kardī dāreš zadī. čūpūn yek fekrī kard o goft mīdūnī čerā? goft čerā? goft čand vaqtī būd ke har šab ye dūne gūsfand az galleye man kam mīšod. man har čī fekr kardam ke če heibūnī jorʻat mikone miyād gūsfand-e galleye man o mibore. čīzī peidā nakardam. tā yek šab tā sobh bīdār mūndam. nīm hāye šab dīdam ye gorgī be galleye man nazdīk šod. didam in gorge qabl az īnke biyād be galleye man hojūm bebare ūmad pīše hamīn sagī ke alān man dāreš zadam. az bāb-e refāqat, ye yek sāʻatī ro pīše sag būd. man motavajje šodam ke in bā sag-e man rafīq šode, sag bā gorge hamdastī mikone,

gorg har šab miyād ye dūne gūsfand az galle mibare. man vaqtīke in xiyānat-e sag
ro dīdam, xeilī fekr kardam ke či kār konam ke īn sag ro tourī mojāzāt konam ke
barāye sagāye dīge ham ebrat beše ke xiyānat nakonad. mige baʻad az īnke xeilī
fekr kardam, be īn natīje rasīdam ke ye čūb-e dār tu hamīn sahrā kenār-e galleye
gūsfand dorost konam. sag ro be īn čūbeye dār āvīzūn konam. ke ham barāye
sagāye dīge dars-e ebrat beše ke agar xiyānat konand be hamīn bālā gereftār
mišan. ham dīge gorg o heivūn darandeye dīgeī jorʻat hamle kardan be galleye
man o peidā nakone. pādešāh fekrī kard o goft xob vaqtīke sag ro dār zadī baʻadaš
či šod. baʻdeš az ūn zamān be īn taraf dīge hīč kodūm az gūsfandāye galleye man
kam našodan. čūn ham sagā hā havāsešūn jam kardand agar xiyānat konand be
sarnevešt-e īn sag gereftār mišan. va ham gorgā o heivūn hāye darandeye sahrā
dīge jorʻat nemikonan be galleye man nazdīk bešan. čūn sagāye man dīge bā
qodrat az galle defāʻ mikonan. pādešā ye fekrī kard o pīš-e xodaš goft pas vazīr-e
mā ham ke xiyānat mikone, bāyad ye tourī mojāzādeš konīm ke barāye hame tu
mamlekat-e man dars-e ebrat beše. pādešā safar-e šūn nīme kār gozāšt. az hamūn
jā be velāyat-e xodeš bargašt. dastūr dād dar darbāzeye šahr ye čūbeye dār āvīzūn
kardand. va vazīreš ro be īn čūbe dār āvīzān kard. baʻad dād bā xatt-e dorošt
neveštan ke dar in mamlekat, dar īn velāyat, har kas xiyānat kone, har kas bad-e
mardom o bexād sarnevešteš joz īn nīst. qesseye mā be sar rasīd, kalāqe be xūnaš
narasīd.

日本語訳：あったことか、なかったことか、慈悲深き神の他に誰もいなかった頃、謀反を企てようとする大臣のいる王がいた。人々はみな、大臣に不満を持っていて、王に不平を言っていた。王もどのようにして大臣を罰し、人々の教訓としようかといつも考えていた。そうこうするうちに日は過ぎていった。ある日、狩りの好きな王は、荒野へ狩りに行くことにした。荒野で、無心に草を食べている羊の群れに出会った。王はお付きの者たちに言った。

「さあ、羊の群れのそばに座って、羊飼いが何をするか見よう。」

一行が近寄ったとき、一頭の犬を群れの近くに吊していた。犬を殺して、

吊していたのだった。王はとても驚いた。羊飼いにとって砂漠には獰猛な獣がたくさんいるのに、自分の群れの犬を殺したのだった。それは王にとって謎であった。王は、羊飼いを連れてくるように命じた。そして、羊飼いに尋ねた。

「どうして自分の群れの犬を殺して吊すのか言いなさい。」

羊飼いは少し考えて言いました。

「どうしてだか、わかりますか。」

王は言った。

「どうしてなのだ。」

羊飼いは言った。

「しばらくの間、毎晩羊が一匹ずつ少なくなっていったのです。どんなに考えても、どんな動物が私の群れから羊を盗むのかわかりませんでした。何も見つけることができなかったのです。ある晩、朝まで起きて見張っていました。すると、夜中にオオカミが一匹現れて、私の群れに近づいてきました。すると、そのオオカミは群れに襲いかかる前に私が吊したその犬に近づき、友人のように一時間ぐらい犬の前にいました。そこで私は気がついたのです。このオオカミは私の犬と仲良くなり、犬はこのオオカミに協力して、オオカミは毎晩一匹の羊を持って帰っていたのだと。この犬の裏切りを見たとき、他の犬たちの教訓ともなるように、どうやって罰しようかと考えました。長い間考えた末、羊の群れのそばの砂漠に首吊り台を作って、ここに犬を吊すことにしました。他の犬たちも、もし裏切ったらこうなるということを見せることができたからです。もちろん、オオカミや他の猛獣たちにも私の群れを襲わせないためでもありました。」

王は少し考えて言った。

「それで、犬を吊してから、どうなったのか。」

羊飼いは言った。

「そのときから羊の数が少なくなることありません。オオカミも他の砂漠の猛獣たちも私の羊の群れをねらうことはなくなりました。というのも、犬たちも真面目に群れを守るようになったからです。」

王はまた少し考えて、こうひとりごとを言った。
　「私の大臣も私を裏切っている。人々の教訓となるような方法で罰さなければならない。」
　王は狩りを途中でやめて国へ帰り、町の門の前に首吊り台を作るように命じた。そして、大臣をその首吊り台に吊した。大きな字でおふれを出した。「この国で、謀反を企てた者、そそのかした者はこのようになる」私たちのお話は終わりである。カラスも家には帰らなかった。

064

題　　名：تخم طلایی／金の卵
分　　類：笑話と小話
ＡＴ番号：-
録音箇所［収録時間］：001-21［01分44秒］
調　査　日：1998年09月11日
調　査　地：استان تهران، شهر ری، روستای طالب آباد／テヘラン州レイ市ターレバーバード村

名　　前：امیر روستا طالب آبادی／アミール・ルースター・ターレバーバーディー
年齢性別：13才、男性
職　　業：محصّل／学生
住　　所：استان تهران، شهر ری، روستای طالب آباد
出　身　地：روستای طالب آباد／ターレバーバード村
伝　承　者：پدر／父親

翻字（ペルシア語）：یکی بود یکی نبود، غیر از خدای مهربون، هیچ کس نبود. یه پیر مرد و یه پیر زن بودن که در یک دهکده ای زندگی میکردند که فقیر بودن. هر روز که پیر مرد میرفت خار میاورد و میفروخت و (همین)

پولی به دست می آورد و نونی، چیزی میخرید و میخوردند. (روزی)، یه روز وقتیکه میخواست بره خار بکنه، دید که یک مرغ اونجا (همین) نشسته. این و آورد تو خونه اون وقت فردا صبحش که میخواست بره، دید زیرش یه تخم طلائیه. رفت اون و به یه نفر نشون داد. گفت خیلی قیمتش بالایه. وقتی رفت به اون نشون داد، اون و فروختش بعد آورد (آمد) از مزرعه خیلی چیز های دیگه خرید. بعد هر روز که میخواست بره، یک تخم طلائی این از زیر مرغ بر می داشت. بعد دیگه این قدر مغرور شده بود که دوست نداشت یه مرغ یک تخم هر روز بکنه. دوست داشت خیلی تخم بکنه. بعد به زنش گفتش که بیا سرش رو ببریم، همین تخم ها رو یه جا بر داریم. زنش هرچی (به هرچی به) زنش گفتش که نه همین نمیخواد، همون یه دونه ام بسه، همون یدونه بسه. هم اون مرد (چیز)، حرف پیر زن گوش نداد و سر مرغ را برید و دل روده مرغ بیرون آورد و وقتی دید هیچی تو دل مرغ نی و آ اون به بعد دیگه اون پیر زن و اون پیر مرد باز همون فقیر موندن.

翻字（ローマ字） : yekī būd yekī nabūd, qeil az xodāye mehrabūn, hīč kas nabūd. ye pīr mard o ye pīr zan būdan ke dr yek dehkadeī zendegī mīkardand ke faqīr būdan. har rūz ke pīr mard miraft xār miāvord o mīfrūxt va hamīn pūrī be dast miāvord va nūnī, čīzī mixarīd va mīxordand. rūzī ye rūz vaqtīke mixāst bere xār bekane, dīd ke yek morq ūnjā hamīn nešasteh. ino āvord tuū xūne ūnwa fardā sobheš ke mixāst bere, dīd zīreš ye toxm-e talāīe. raft un o be ye nafar nešūn dād. gof xeilī qeimataš bālāe. vaqtī raft be ūn nešūn dād, uno frūxteš ba'ad āvord az mazra'e xeilī čīz hāye dīge xarīd. ba'ad har rūz ke mixāst bere, yek toxm-e talāī īn az zīr-e morq bar mīdāšt. ba'ad enqadar maqrūr šode būd ke dūst nadāšt ye morq ye toxm har rūz bokone. dūst dāšt xeilī toxm bokone. bad be zaneš gofteš ke biyā sareš ro beborīm, hamīn toxmhā ro ye jā bar dārīm. zaneše harčī be har čī be zaneš gofteš ke na hamīn nemixād, hamūn yedūne-am basseh, hamūn yedūne basseh. ham ūn mard čīz, harf-e pīr zan gūš nadād ba sar-e morq rā borīd va del rūde morq bīrūn āvord va vaqtī dīd hīčī tū del-e morq nī va ā ūn be bad dīge ūn pīr zan o pīre mard bāz hamūn faqīr mūndan.

日本語訳：あったことか、なかったことか。慈悲深き神の他に誰もいなかったころ。ある村に老人とその妻の老女がいて、貧しい生活をしていた。毎日、老人は茨を採ってきて、それを売ってお金を得て、ナンなどを買って食べていた。ある日、茨を採りに行くと、ニワトリを見つけた。ニワトリを持って帰り、次の日、また家を出ようとすると、ニワトリの下に金の卵を見つけた。それを別の人に見せたところ、こう言われた。

「これはとても高価なものだ。」

その人に見せて、金の卵を売ることにした。そして、畑へ行って、色々なものを買ってきた。その後、家を出ようとすると、いつも一つの金の卵がニワトリの下にあった。ところが、老人は欲深くなってしまって、毎日一つの卵では満足できなくなった。もっとたくさんの卵が欲しくなった。そこで妻に言った。

「さあ、こいつの首を切ろう。卵を全部出してしまおう。」

妻がどんなに、「これ以上はいらない、一日一つで満足でしょ。」と言っても、聞く耳を持たず、首を切ってしまった。そして、ニワトリの心臓や腸を取り出したが、何も出てこなかった。そして、この老人と老女は、再び貧乏になった。

065

題　　名：انتقام از گاو ／牛への仕返し

分　　類：笑話と小話

ＡＴ番号：-

録音箇所［収録時間］：002-018［01分04秒］

調 査 日：1998年10月02日

調 査 地：استان تهران، شهرستان ورامین، شهر پیشوا، جلیل آباد ／テヘラン州ヴァラーミーン地方ピーシュヴァー地区ジャリーラーバード

名　　前：فتح الّله شوری ／ファトッラー・ショウリー

年齢性別：48才、男性

職　　業：بقّال ／雑貨店主

住　　所：استان تهران، شهرستان پیشوا جلیل آباد

出 身 地：شور ／ショウル

伝 承 者：داستان واقعی ／実際にあった話

翻字（ペルシア語）：شخصی دامداری داشت. در حدود پنجاه تا گاو. بعد، مقداری از این گاو هارا فروخته بود. دو تا دونه گاو مونده بود. این گاو ها یه دونش خیلی زیاد چاق بود. ایشون یه روز رفت که این گاو ها رو که این

دو تا رو بیاره به حساب بفروشه، یه دونش، خیلی چاق و چیز بود [قوی بود] اینا حمله کرد اینو زد. زد و انداختش و حالا کار نداریم که بعد، نزدیک بود بدنش و مثلاً مجروح کنه که حتی مجروح هم کرد. (چند بار هم بیمارستان بود. چند بار هم بیمارستان بود.) بعد، یه بنده خدایی به دادش رسید گاو رو تا کرد¹. بعد از چند روز یه پسرش گاو را فروخت. ایشون گلگی می کرد. چرا گاو را فروختی؟ گفت که چرا نفروشم. گفت من میخواستم برم حالا بزنمش اونی که منو زده بود من هم میخواستم اونو بزنمش.

۱. تا کرد = دور کرد

翻字（ローマ字）: šaxsī dāmdārī dāšt. dar hodūd-e panjā tā gāv. ba'ad, meqdārī az īn gāv hā rā frūxte būd. do tā dūne gāv mūnde būd. īn gāv hā ye dūneš xeilī ziyād čāq būd. īšūn ye rūz raft ke īn gāv hā ro ke in do tā ro biyāre be hesāb befrūše, ye dūnaš, xeilī čāq o čīz būd īnā hamle kard ino zad. zad o endāxteš o hālā kār nadārīm ke ba'ad, nazdīk būd badaneš o masalān majrūh kone ke hatā majrūh ham kard. čand bār ham bīmārestān būd. čand bār ham bīmārestān būd. ba'ad, ye bande xodāī be dādeø rasīd gāv ro tā kard. ba'ad az čand rūz ye pesaraš gāv rāfrūxt. īšūn gelegī mikard. čerā gāv rā frūxtī? goft ke čerā nafrūšam. goft man mixāstam beram hālā bezanameš ūnī ke mano zade būd man ham mīxāstam ūno bezanameš.

日本語訳：ある牛飼いの男がいた。約五十頭の牛を持っていた。その牛を少しずつ売っていった。最後に二頭の牛が残った。そのうちの一頭がとても肥えていた。ある日、これらの牛を売りに行こうとした。ところが肥えて強い方が男をやっつけて、打ちのめした。そして、男はたいそうけがをした。叫んで（近くにいた）誰かが助けてくれた。数日後、その息子が牛を売った。男は怒って言った。

「どうして牛を売ったのだ。」

息子は言い返した。

「どうして売ってはいけないのですか。」
男は言った。
「私を打ちのめした牛に仕返しがしたかったのに。」

066

題　　名：مهمانی ／ お客さん

分　　類：笑話と小話

ＡＴ番号：-

録音箇所［収録時間］：002-027［01分17秒］

調 査 日：1998年10月09日

調 査 地：استان تهران، شهرستان ورامین، شهر پیشوا، روستای قلعه نو ／ テヘラン州ヴァラーミーン地方ピーシュヴァー地区ガルエノウ村

名　　前：خداوردی الیکوهی ／ ホダーヴァルディー・アリークーヒー

年齢性別：83才、男性

職　　業：کشاورز ／ 農業

住　　所：استان تهران، شهرستان ورامین، شهر پیشوا، روستای قلعه نو

出 身 地：روستای قلعه نو ／ ガラエノウ村

伝 承 者：هم محّلی ها ／ 近所の人

翻字（ペルシア語）：(من عرض کنم که) یه نفر میخواست بره مهمونی. یکی دعوتش کرد بود این بین راه، (عرض کنم،) بر خورد به یک دوستش. این دوستش گفت کجا میری؟ گفت من میرم مهمانی. گفت من را هم با خودت

ببر. گفت بابا منو دعوت کرده. په من بکم چی؟ گفت شما بشین طفیلی من. گفت خیلی خوب. این طفیلی. رفت اون سرتر[۱]. یه دوست دیگه بهش بر خورد. گفت که کجا میخواهی بری. گفت فلانجا دعوت داریم. گفت خوب من رو هم با خودت ببر. گفت بابا من یه نفر دعوت دارم. یه نفر هم طفیلی دارم. به شما را بکم چی؟ گفت بکو قفیلی. رفت و اون سرتر. یه رفیق دیگه داشت. این رفیقش گفت که خوب کجا میری شما سه نفر. گفت ما فلون جا دعوت داریم. گفت من رو هم با خودتون ببرین. گفت بابا ما یه طفیلی داریم. یه قفیلی، گف، اون گفت که صاحب خونه اسم منو بلده، اون رفیقش [هم]. خوب رفتن (و یه نفر دعوت داشتش،) صاحب خونه گفت بفرمائین این کیه؟ این طفیلیه و اون گفت [اون] یکی کیه؟ گفت این قفیلی. گفت این قرمساق کیه؟ این رفت توی خونه گفت ای نکفتم اسم من و بلده.

۱. سرتر = طرفتر

翻字（ローマ字）: man arz konam ke ye nafar mixāst bere mehmūnī. yekī da'avataš kard būd, īn bein-e rāh, arz konam, bar xord be ye dūsteš. īn dūsteš goft kojā mirī? gof man miram mehmānī. gof man ra ham bā xodet bebar. gof bābā mano da'avat karde. pa man begam čī? gof šomā bešīn tofeilī man. gof xeilī xūb. īn tofeilī. raft ūn sartar. ye dūst-e dīge beheš bar xord. gof ku kojā mixāhī berī. gof felānjā da'avat dārīm. gof xob man ro ham bā xodet bebar. gof bābā man ye nafar da'avat dāram. ye nafar ham tofeilī dāram. be šomā rā begam čī? gof bogū qofeilī. raft o ūn sartar. ye rafīq dīge dāšt. īn rafīqeš gof ke xūb kojā mirī šomā se nafar. gof mā felūn jā da'avat dārīm. gof man ro ham bā xodetūn bebarīn. gof gof bābā mā ye tofeilī dārīm. ye qofeilī, gof, ūn gof ke sāheb-e xūne esm-e mano balade, ūn rafīqeš. xūb raftan o ye nafar da'avat dāšteš, sāheb xūne gof befarmāīn, īn kie? īn tofeilīe o ūn gof yekī kie? gof īn qofeilī. gof īn qormsāq kie? īn raft tūye xūne gof ei nagoftam ke esm-e man o balade.

日本語訳：ある男がお呼ばれに行った。別のある人から招かれたのである。

道の途中、友人の一人に出会った。この友人は言った。
「どこへ行くんだい。」
男は言った。
「お呼ばれに行くところなんだ。」
友人は言った。
「私も連れていっておくれよ。」
男は言った。
「だめだよ、私が招かれたんだから。どうしろと言うんだい。」
男は続けて言った。
「じゃあ、居候として付いてきな。」
友人は言った。
「そうするよ。」
友人は付いてくることになった。
さらに、しばらく行くと、別の友人に会った。この友人は言った。
「どこへ行くのだい。」
二人は言った。
「あるところで招かれているんだよ。」
友人は言った。
「私も一緒に連れていっておくれよ。」
男は言った。
「だめだよ、一人だけで招かれているんだけれども、仕方なくもう一人連れていくことになったんだよ。どうしろと言うんだい。」
友人は言った。
「居候の付き添いと言えばいいじゃないか。」
さらに、歩いていくと、別の友人に出会った。この友人は言った。
「やあ、三人でどこへ行くんだい。」
三人は言った。

「あるところで招かれているんだよ。」
友人は言った。
「私も連れていっておくれよ。」
男は言った。
「私には、すでの居候で来ている者とその付き添いがいるんだ。」
すると、友人は言った。
「招いた人は私の名前を知っているよ。」
男は言った。
「いいだろう。」
四人は歩いていった。
そして、招待した家の主人は言った。
「どうぞ。ところで、この人は誰ですか。」
（最初に付いてきた）男は言った。
「居候です。」
主人は言った。
「もう一人は誰ですか。」
（二番目に付いてきた）男は言った。
「居候の付き添いです。」
主人は言った。
「じゃあ、このヒモ男[1]は一体なんなんだ。」
（最後に付いてきた）男は家の中に入っていき、こう言った。
「ほら、私がヒモ男であると知っているだろう。」

注
1．原文は«قرمساق»。「妻を売春させる男」のこと。

067

題　　名：قصهٔ آخوند ／坊さんの話

分　　類：笑話と小話

ＡＴ番号：-

録音箇所［収録時間］：002-028［02分43秒］

調 査 日：1998年10月09日

調 査 地：استان تهران، شهرستان ورامین، شهر پیشوا، روستای قلعه نو ／テヘラン州ヴァラーミーン地方ピーシュヴァー地区ガルエノウ村

名　　前：خداوردی الیکوهی ／ホダーヴァルディー・アリークーヒー

年齢性別：83才、男性

職　　業：کشاورز ／農業

住　　所：استان تهران، شهرستان ورامین، شهر پیشوا، روستای قلعه نو

出 身 地：روستای قلعه نو ／ガラエノウ村

伝 承 者：قدیمی ها ／昔の人たち

翻字（ペルシア語）：[یه] آخوند بود تو یه آبادی. این دوره انداخته بود که همه آبادی شبی یک نفر اینو دعوت میکرد. یه نفر مثال من کم وسع بود. نمیتونست چون این آخوند زیاد میخورد. نمیتونست آخونده دعوت کنه. این

آخوند هم زیر نظر داشت دید همه دعوت کردند اینه رو این یه نفر مونده. رفت اینجا لب جوب دست نماز بگیره اون یکی میخواست این دستنماز بگیره، پایینتر داشت دست نماز بگیره. دید این دعوتش نکرده گفت خدایا امشب کسی ما را دعوت نکنه ما شام بخور نیستیم. این برگشت برگشت آمد، [به] (پسرش گفت) من امشب میخوام آخوند دعوت بگیرم. به خانمش. (اون زمان زن میگفتن حالا میگن خانم.) گفت که بابا تو حریف این آخوند نمیشی. گفت نه آخوند امشب شام بخور نیست. گفته من نمیخورم. این یه هفت هشتا بچهٔ خوب توارزو(حریص برای خوردن غذا) بودن نداشت بخره بده به اینا، خیلی توارزو و خوراک و این چیز ها بودن. یه خونه هم داشت مثل خونه من درش لاونیم لا[2] شکسته بود. عرض کنم که این آمد و رفت عرض کنم یه چیزی برد گرو گذاشت و یه یک من برنج تهیه کرد، یه خروس خوبی داشت یه دونه خروسه داشت. این خروس رو کشت و به زنش گفت که این درست بیاد این شوم بخور نی. آخوند دو تا لقمه میخوره، میره کنار. وقتی این رفت کنار اونوقت بچه ها بخورن. باشه. این شب رفت رفت عرض کنم گفت که آقا امروز شما دعوت ما باشین. گفت باشه میام. اینا رفتن و عرض کنم اینم برای این سرفراز باشه. میان تموم آبادی. بهتر دعوت گیرون (این رو) کرده باشه تمام این برنج و کشید و یک مجمعه (بزرگ مجمعه میگن مسای بزرگ بود). کشید آورد گذاشت این وسط. گفت بسم الله عرض کنم دورش گرفتن و این دید دو تا لقمه خورد بچه هم رفت پشت در. گفت اوخ اوخ، خلاص شد. چه طور شد؟ گفت من و که شد بس صاحب خونه گفت اون گفت من که میخورم تا هست. این هی سرخ شد سفید شد. خورد دیگه خلاص شد گفت بخور. چی ر بخورم. منو پدر سوخته رو بخور. مس (وسط) بخور. این زن بچه گرسنه رو بخور. بلا نسبت دیوس بخور دیگه تو میگی من شام بخور نیستم

۱. اینه = این ۲. لاونیم لا = نیمه باز

翻字（ローマ字） : ye āxond būd tū ye ābādī. īn doure andāxte būd ke hame ābādī šabī yek nafar inō da'avat mikard. ye nafar masāl-e man kam vase būd.

nemītūnest čūn īn āxond ziyād mixord. nemītūnest āxonde daʿavat kone. īn āxond ham zīre nazar dāšt dīd hame daʿavat kardand ine ro in ye nafar mūnde. raft injā lab-e jūb dast namāz begīre ūn yekī mixāst īn dastnamāz begīre, pāīntar dāšt dast namāz begīre. dīd īn daʿavataš nakarde gof xodāyā emšab kasī mā rā daʿavat nakone mā šām boxor nīstīm. īn bargašt bargašt āmad, pesareš gof man emšab mīxām āxond daʿavat begīram. be xānomeš. ūn zamān zan mīgoftan hālā migan xānom. gof ke bābā to harīf-e īn āxond nemišī. gof na āxond emšab šām boxor nist. gofte man nemixoram. īn ye haft haštā baččeye xūb tavārzū būdan nadāšt bexare bede be īnā, xeilī tavārzū o xorāk o īn čīz hā būdan. ye xūne ham dāšt mesl-e xūne man daraš lāvonīm lā šekaste būd. arz konam ke īn āmade o raft arz konam ye čīzī vord gerou gozašt o ye yek man berenj tahīe kard, ye xorūs-e xūbīdāšt ye dūne xorūse dāšt. īn xorūs ro košt o be zanaš goft ke īn dorst biyād īn šūm boxor nī. āxond to tā loqme mixore, mire kenār. vaqtī īn raft kenār ūnwa bačče hā boxoran. bāše. īn šab raft rafr arz konam gof ke āqā emrūz šomā daʿavat gīrūn karde bāše tamām īn berenj o kešīd o yek majme bozorg majme mesāye bozorg būd. kešīd āvord gozāšt īn vasat. goft besmellāh arz konam doureš gereftan o īn dīd to tā loqme xord bačče ham raft pošte dar. gof aux aux, xalās šod, če tour šod? gof man o ke šod pas sāheb xūne gof ūn gof man ke mixoram tā hast. īn hei sorx šod sefīd šod. xord dīge xalās šod gof boxor. čī ro boxoram. mano pedar sūxte ro boxor. mes vasat boxor. īn zan-e bačče gorosne ro boxor. balā nesbat-e dīūs boxor dīge to migī man šām boxor nīstam.

日本語訳：ある村に、坊さんがいた。そのころは、毎晩、誰かがその坊さんを招くことになっていた。ある男がいて、私のように貧乏であった。この坊さんに多くを食べさせることができなかった。坊さんを招くことができなかった。坊さんも、みんなに招かれたのにその男だけが残っていることに気づいていた。坊さんが礼拝前の沐浴をしようと小川の側に行った。沐浴をしようとすると、その男も下のほうで沐浴をしていた。坊さんは、その男がまだ自分を招いていない者だとわかった。そして、言った。

「今晩は誰も私を招かないといいなあ。食べたい気分じゃない。」

男は、帰っていって、妻に言った。

「今晩、坊さんを招こう。」

妻は言った。

「坊さんには歯が立たないよ。」

男は言った。

「今晩、坊さんは多くは食べないよ。食べないと言っていたよ。」

男には、食べ盛りの七、八人の子供がいて、たくさん食べるのに満足に与えることができなかった。家はあったが、私の家のようにあばら屋で壊れかけていた。男は、手頃なものを質に入れて、一マンの米を用意した。いいおんどりを持っていた。おんどりは持っていたのだった。このおんどりを殺して、妻に言った。

「これで用意するように。坊さんは少ししか食べないからね。坊さんは二口食べたら、わきへ下がって、もう食べないよ。坊さんが席から離れたら、子供たちに食べさせるがいい。」

妻は言った。

「わかりました。」

男は、その晩、歩いて行って、坊さんにこう言った。

「旦那様、今晩あなたを我が家にお招きいたします。」

坊さんは言った。

「はい、行きましょう。」

坊さんは、大喜びであった。これで村中から招かれたことになったのである。坊さんは、お盆から米を全部取った。そして、（お皿を）前に置いて、お祈りをした。家族が周りに集まった。二口食べると、扉の後ろで子供たちがこう言うのが聞こえた。

「ああ、ああ、食べ終わったか。どうなった。」

坊さんは主人に言った。

「私は、全部食べますよ。」

主人は真っ青になりながら、坊さんが食べ終わると、また、「もっとどうぞ。」と言うのだった。坊さんが「（もう食べるものがない）何を食べると言うのか。」と言うと、男は、「このまぬけの私を食べろ。銅皿を食べろ。腹を減らした妻と子供を食べろ。なんて悪いやつだ。自分は少ししか食べないと言ったくせに。」と言った。

068

題　　名：قصه ملا نصر الدین ／モッラー・ナスレッディーンの物語

分　　類：笑話と小話

AT番号：-

録音箇所［収録時間］：002-030［00分39秒］

調 査 日：1998年10月12日

調 査 地：استان تهران، شهرستان ساوجبلاغ، شهر هشتگرد، روستای برغان ／

テヘラン州サーヴォジボラーグ地方ハシトゲルド地区バラガーン村

名　　前：محمّد رئیسی ／モハンマド・レイスィー

年齢性別：55才、男性

職　　業：گردوفروش ／胡桃売り

住　　所：استان تهران، شهرستان ساوجبلاغ، شهر هشتگرد، روستای برغان

出 身 地：روستای برغان سرخه ／バラガーン村ソルヘ

伝 承 者：قدیمی ها ／昔の人たち

翻字（ペルシア語）：[ملا] زنش حامله بود. زن ملا گفت که ملا برو قابله بیار. برو قابله بیار. ملا رفت هرجا قابله بیاره، قابله گفت دو تومن[۱] میگیرم. ملا برگشت و اومد. رفت یه گردوفروش پیدا کرد. سه تا دونه گردو خرید. سی شاهی[۲]. برگشت و اومد. زن گفت ملا من دارم ناراختی میکشم درد میکشم. فکری به حال من کن. ملا گردو را گذاشت گوشهٔ اتاق و گفت که زن یه ده دقیقه صبر کنید، بچه برای خاطر گردو بازی خودش میاد، دیگه قابله نمیخواد.

۱. تومن = تومان

翻字（ローマ字）：zaneš hāmele būd. zan-e mollā gof ke mollā borou qābele biyār. borou qābele biyār. mollā raft harjā qābele biyāre, qābele gof do tomān mīgīram. mollā bargašt o ūmad. raft ye gerdūfrūš peidā kard. se tā dūne gerdū xarīd. sī šeī. bargašt o ūmad. zane gof mollā man dāram nārāxatī mikešam dard mikešam. fekrī be hāl-e man kon. mollā gerdū ra gozāšt gūšeye otāq o gof ke zan ye dah daqīqe sabr konīd, bačče barāye xāter-e gerdū bāzī xodeš miyād, dīge qābele nemixād.

日本語訳：モッラーの妻は身重であった。モッラーの妻は言った。

「産婆を呼んできて下さい。」

モッラーは産婆を連れてこようとあちこちと探した。産婆は言った。

「二トマンいただきます。」

モッラーは、家に戻った。すると、クルミ売りを見つけたので、クルミを三つ買った。三十シャーヒーであった。そして、家に帰った。妻はこう言った。

「陣痛が始まったようだわ。痛いのよ。私のことを心配してよ。」

モッラーはクルミを部屋の端に置いて言った。

「十分ほど待っていなさい。子供はクルミ遊びがしたくなって出てくるよ。これなら、産婆がいらない。」

備考：シャーヒーは、カージャール朝時代の貨幣の単位であり、一シャーヒー硬貨も指す。一トマンは二百シャーヒーに相当する。文中の二トマンは四百シャーヒーである。

069

題　　名：قصه ازدواج دختر عمو و پسر عمو ／いとこ同士の結婚の話

分　　類：笑話と小話

ＡＴ番号：-

録音箇所［収録時間］：002-031［00分45秒］

調 査 日：1998年10月13日

調 査 地：استان تهران، شهرستان ساوجبلاغ، شهر هشتگرد روستای برغان ／テヘラン州サーヴォジボラーグ地方ハシトゲルド地区バラガーン村

名　　前：محمّد رئیسی ／モハンマド・レイスィー

年齢性別：55才、男性

職　　業：گردوفروش ／胡桃売り

住　　所：استان تهران، شهرستان ساوجبلاغ، شهر هشتگرد، روستای برغان

出 身 地：روستای برغان، سرخه ／バラガーン村ソルヘ

伝 承 者：-

翻字（ペルシア語）：[پسر] عمویی دختر عمو رو میخواست. دختر عمو نمیخواست. بعد عمه ای داشت رفت پیش عمش. گفت عمه. گفت بله. گفت من

دختر عمو رو میخوام دختر عمو منو نمیخواد. چه کار کنم؟ گفت برو بالای کوه. گوسفندان رو بچرون. یه خیک ماست هم با خودت ببر. برنامه ای را اجرا کن. دختره میاد تو رو میخواد. بعد رفتن کوه، آقا، پسر عمو خیک ماست در آورد و گذاشت زمین و برنامه اش را گذاشت تو ماست. دختر آمد گفت که پسرعمو چکار میکنی. [پسر عمو] گفت دل من آتش گرفته. [آلتم را] گذاشتم تو ماست دلم خنک بشه. [دختر] گفت خوب مال منم ناراحته. چه کار کنم؟ [پسر عموگفت] صبر کن [خیک ماست] مال من بخوره مال تو را هم میده.

翻字（ローマ字）：amūī doxtar amū ro mixāst. doxtar amū nemīxāst. ba'ad ammeī dāšt raft pīše ammaš. go amme. go bale. gof man doxtar amū ro mixām doxtar amū mano nemixād. če kār konam? gof bālāye kūh. gūsfandān ro bečarūn. ye xīkīe māst ham bā xodet bebar. barnāmeī rā ejrā kon. doxtare miyād to ro mixād. ba'ad raftan kūh, āqā, pesar amū xik-e māst dar āvord o gozāšt zamīn o barnāmeaš rā gozāšt tū māst. doxtar āmad gof ke pesar amū čekār mikonī. gof del-e man ātīš gerefte. gozaštam tū māst delam xonak beše. gof xūb māl-e manam nārāhate. če kār konam? sabr kon māl-e man boxore māl-e to ra ham mide.

日本語訳：従姉妹を好きになった少年がいた。従姉妹は少年を好きではなかった。少年が「おばさん。」というと、おばさんは「なんだい。」と返事した。少年は言った。

「私は従姉妹が好きなのですが、その娘は私を好きではないのです。どうしたらいいでしょう。」

おばさんはこう答えた。

「山に登り、羊の放牧をしなさい。ヨーグルトの革袋も持って行きなさい。それで、気分を押さえなさい。すると娘がやってきて、おまえを好きになるでしょう。」

そして、山へ登り、少年はヨーグルトの革袋をとりだして、地面に置いて、一物をヨーグルトの中に突っ込んだ。すると、従姉妹がやって来て言った。

「何をやっているの。」

少年は言った。

「気分が高ぶっているんだ。だから、（生殖器を）ヨーグルトに突っ込んで気分を落ち着けているんだ。」

娘は言った。

「あら、私のも同じよ。どうしようか。」

少年は言った。

「ちょっと待て、ではヨーグルトの革袋でしているのと同じことを、君のものでもしよう。」

備考：艶笑譚はかなり語られていると思われるが、調査者が外国人であることなどにより採話には労を要する。採録は、きわめて珍しい。

070

題　　名：روباه دروغ گو ／嘘つきの狐

分　　類：笑話と小話

AT番号：-

録音箇所［収録時間］：004-013［00分27秒］

調 査 日：1998年10月26日

調 査 地：استان تهران، شهرستان ساوجبلاغ، شهر هشتگرد روستای برغان ／テヘラン州サーヴォジボラーグ地方ハシトゲルド地区バラガーン村

名　　前：محمّد حسن سخائی ／モハンマドハサン・サッハーイー

年齢性別：52才、男性

職　　業：کاسب قصّاب ／肉屋

住　　所：تهران، برغان

出 身 地：برغان ／バラガーン

伝 承 者：یه قدیمی ／ある昔の人

翻字（ペルシア語）：یه روبائی مریض بود. رفت پیش یه دکتر. گف من مریضم. گ باید تو بری خاک یه کوه رِ برداری بیاری. گف کدوم کوه رِ. گ[۱] اون کوهی که تو نرفته باشی. گفت من تمام این کوها رفتم. اونجا را ریدن.

دیگه جا نیست که من نشاشیده باشم.

۱. گ = گفت

翻字（ローマ字）：ye rūbāhī marīz būd. raft pīše ye doktor, gof man marīzam. go bāyad to berī xāk-e ye kūh re bardārī biyārī. gof kodūm kūh re. go ūn kūhī ke to tarafte bāšī. gof man tamām-e īn kūhā raftam. ūnjā ra rīdan. dīge jā nīst ke man našāšīde bāšam.

日本語訳：狐が病気になった。狐は医者に行って、こう言った。

　「病気になりました。」

　すると、医者は言った。

　「山から土をとって持ってくるがいい。」

　狐は言った。

　「どの山からですか。」

　医者が言った。

　「まだ、おまえが行ったことのない山だ。」

　狐が言った。

　「私は、この辺りの山は、全部行ったことがあります。そして、用を足しました。私が小便をしてないところはありません。」

071

題　　名：پدر و پسر آدم خور ／ 人喰いの親子
分　　類：笑話と小話
AT番号：-
録音箇所［収録時間］：004-015［01分11秒］
調 査 日：1998年10月28日
調 査 地：استان تهران، شهر تهران، تجریش ／ テヘラン州テヘラン市タジュリーシュ

名　　前：حمید خلفایی ／ ハミード・ホラッファーイー
年齢性別：14才、男性
職　　業：دانش آموز ／ 学生
住　　所：تهران، تجریش
出 身 地：تهران ／ テヘラン
伝 承 者：یکی از دوستان ／ 友人の一人

翻字（ペルシア語）：دو تا آدم خور بودند یکی پدر و یکی پسر. یه روز داشتن تو یه جنگل راه میرفتن، پسره خیلی گشنش بودش. به پدرش میگه که بابا من خیلی گشنمه. باباه میگه که باشه پسرم. به اولین خانمی که رسیدیم خانم ر میخوریم. میرن و میرن تا به یک پیر زن میرسن. پسره به

باباش میگه بابا این پیر زن خوبه، همینِ میخوریم. بعد، باباهِ میگه نه، صبر کن یه خود میریم یه خود دیگه بریم جلوتر وقتی به یه خانم جوونتر رسیدیم اون یکی ر، اونو میخوریم (حتماً). میرن و میرن، تا به یه خانم میانسال میرسن. پسره به باباش میگه که بابا این دیگه خیلی خوبه. اینو هرطوری شده، باید بخوریم اینا. باباهِ میگه نه. نه پسرم صبر کن. یه خورده دیگه راه بریم گشنهٔ گشنت که شد، به یه خانم خوشکل جوون رسیدیم اون یکی و می خوریم دیگه. میرن میرن تا به یه خانم جوون و خوشکل و هجده ساله میرسن. بعد، پسره به باباش میگه که بابا اینه دیگه حتماً باید بخوریم من خیلی گشنمه. باباه میگه باشه، اینه میبریم خونه به جاش مامانتو می خوریم.

翻字（ローマ字）：do tā ādam xor būdan yekī pedar o yekī pesar. ye rūz dāštan tu ye jangal rāh miraftan, pesare xeilī gošnaš būdeš. be pedareš mige ke bābā man xeilī gošname. bābā mige ke bāše pesaram. be avvalīn xānomī ke rasīdīm xānom ra mixorīm. miran o miran tā be yek pīr zan mirasan. pesare be bābāš mige bābā īn pīr zan xūbe, hamīne mixorīm. ba'ad bābāhe mige na, sabr kon ye xod mirīm ye xod dīge berīm jeloutar vaqtī be ye xānom-e javūntar rasīdīm ūn yekī ra, uno mixorīm hatmān. miran o miran, tā be ye xānom miyānsāl mirasan. pesare be bābāš mige ke bābā īn dīge xeilī xube. inō hartourī šode, bāyad boxorīm īnā. bābāh mige nah. na pesaram sabr kon. ye xorde dīge rāh berīm gošneye gošnat ke šod, be ye xānom xošgel-e javūn rasīdīm ūn yekī o mixorīm dīge. miran miran tā be ye xānom javūn o xošgel o hijdah sāle mirasan. ba'ad, pesare be bābāš mige ke bābā ine dīge hatmān bāyad boxorīm man xeilī gošname. bābāh mige bāše, īne mibarīm xūne be jāš māmāneto mixorīm.

日本語訳：二人の人喰いがいた。一人は父親で、もう一人は息子であった。ある日、（二人で）森の中を歩いていると、息子はとてもお腹が減ってきた。そして、父親に言った。

「お父さん、とてもお腹が減りました。」

父親は言った。

「そうか、息子よ。最初に会った婦人を食べよう。」

どんどん歩いて、一人の老女に出会った。息子は父親に言った。

「この老女でいい、食べましょう。」

すると、父親が言った。

「いいや、もう少し歩いて、もう少し先に行って、もっと若いのを食べよう。」

また、どんどん歩いていくと、中年の婦人に出会った。息子は言った。

「お父さん、これがいい。言ったとおりになった。食べましょう。」

父親は言った。

「いいや、息子よ、もう少し待とう。もっと若くて美しい女性に出会ったら食べよう。」

二人は、さらに歩いて行くと、若くて美しい十八才ぐらいの女性に出会った。そして、息子は父親に言った。

「さあ、食べましょう。とてもお腹が減りました。」

父親は言った。

「よし、いいだろう。彼女は家へ連れて帰って、おまえの母親を食べよう。」

072

題　　名：شاه و دهقان ／ 王様と農民
分　　類：笑話と小話
ＡＴ番号：-
録音箇所［収録時間］：004-040(004-046)［01分02秒(02分26秒)］
調　査　日：1998年11月04日
調　査　地：استان مازندران، شهرستان آمل، محله چمستان، روستای عرب خیل ／
マーザンダラーン州アーモル地方チャマスターン地区アラブヘイル村

名　　前：علی حسین پور ／ アリー・ホセインプール
年齢性別：78才、男性
職　　業：کشاورز و دامدار ／ 農業、牧畜業
住　　所：مازندران، چمستان، روستای عرب خیل
出　身　地：روستای عرب خیل ／ アラブヘイル村
伝　承　者：درویش ／ 托鉢僧

翻字（ペルシア語）：یک روزی یک پادشاه از یک جاده ای میرفته با وزیر

و وزرا و بعد همراهانش یک پیره مردی را در اون جاده میبینه. بعد پیره مرد هم داشته برا خودش تفریح میکرده تو اون جاده. راه میرفته قدم میزده. پادشاه بهش سوال میکنه که کلمه سه رو به نه نزدیک کردی؟ یعنی کلمه سه رو به نه زدی؟ بعد پیره مرده جواب میده که زدم قربان ولی نشد. بعد از اون سوال میکنه از پیره مرده سوال میکنه پادشاه از دور چه چیزی میبینی. بعد میگه نزدیکه. نزدیکه بعد سوال میکنه قطار چیه؟ قطار میبینی؟ گفت قطار ساویده[1] شده. پادشاه به پیره مرده انعام میده و میرن. یه مقدار که جلوتر میرن، وزیر از پادشاه خودش سوال میکنه که شما یه سری حرف های بی معنی زدی، این پیره مرده ام بی معنی جواب داد و شما بهش انعام دادی، بهش پول دادی. دلیلش چی بود؟ بعد پادشاه به وزیره رومیکنه و میگه اون پیره مرده از روی منطق به من جواب داد. شاید حرف های من بی معنی بود. ولی اون پیره مرده از روی منطق به من جواب داد من، واسه همین بهش جایزه دادم بهش پول دادم. من ازش پرسم[2] سه رو به نه زدی یعنی که نه ماه از سال و کار کردی؟ نه ماه از فصل خوب سال و کار کردی که سه ماه زمستون که هوا سرده، استراحت کنی. گفت که من سعیمو کردم ولی نشد که این سه ماه رو استراحت کنم مجبورم این سه ماه رو هم کار کنم که چی، زندگیمو بگذرونم. بعد، دومین جمله ای که میگم بهش اینه که از دور چه میبینی؟ گفت نزدیکه. یعنی این که من چشمام چیه؟ نزدیک بینه از دور هیچی ر نمیبینم اون هر شیئی هر آدمی میاد، باید بیاد نزدیک تا من ببینم چیه. پس نتیجه میگیره که حرف دومش معنیه اینو میده که پیره مرده چشماش نزدیک بین بوده. بعد، بهش میگه که قطار چی؟ قطار میبینی؟ گفت قطار ساویده شده. قطار منظورش همون دندون هاش بوده که چی، همه چون پیره مرد بوده دندوناش ریخته بوده میگه قطار نه، قطار ساویده شده و ریخته. دیگه قطاری در کاری نیست.

۱. ساویده = سابیده ۲. پرسم = پرسیدم

翻字（ローマ字）：yek rūzī yek pādešā az yek jāde ī mirafte bā vazīr o vozarā o ba‘d hamrāhāneš yek pīr mardī rā dar ūnjā mībīne. ba‘ad pīre mard ham dāšte xodeš tarfīh mīkarde tū ūn jāde. rāh mirafte qadam mizade. pādešāh beheš so'āl mikone ke kalameye se ro be no nazdīk kardī? ya'anī kalameye so ro be noh zadī? ba'ad pīr marde javāb mide ke zadam qorbān valī našod. ba'ad az ūn so'āl mikone az pīr marde so'āl mikone pādešā az dūr če čīzī mībīnī. ba'd mige nazdīke. nazdīke ba'd so'āl mikone qatār čīe? qatār mibīnī? goft qatār sāvīde šode. pādešāh be pīre marde an'ām mide o miran. ye meqdār ke jeloutar miran, vazīr az pādešāh-e xodeš so'āl mikone ke šomā serī harf hāye bī ma'anī zadī, īn pīre mardeam bī ma'anī javāb dād va šomā beheš an'ām dādī, beheš pūl dādī. dalīleš čī būd? ba'ad pādešā be vazīre rū mikone o mige ūn pīr marde az rūye manteq be man javāb dād. šāyad harf hāye man bī ma'anī būd. valī ūn pīre marde az rūye manteq be man javāb dād man, vāse hamīn beheš jāyeze dādam beheš pūl dādam. man azaš porsam se ro be no zadī ke noh māh az sāl o kār kardī? noh māh az fasl-e xūb sāl o kār kardī ke se māh-e zemestūn ke havā sarde, esterāhat konī. goft ke man sa'īyamū kardam valī našod ke īn se mā ro esterāhat konam majbūram īn se mā ro ham kār konam ke čī, zendegīmū begozarūnam. ba'ad, dovvomīn jomleī ke migam beheš īne ke az dūr če mibīnī? goft nazdīke. ya'anī īn ke man češmām čīe? nazdīk bīne az dūr hīčī re nemībīnam ūn har še'ī har ādamī miyād, bāyad biyād nazdīk tā man bebīnam čie. pas natīje migīre ke harf-e dovvomeš ma'anīe ino mide ke pīre marde čašmāš nazdīk bīn būdeh. ba'ad, beheš mige ke qatār čī? qatār mibīnī? goft qatār sāvīde šode. qatār manzūreš hamūn dandūn hāš būde ke čī, hame čūn pīre mard būde dandūnāš rīxte būde mige qatār na, qatār sāvīde šode o rīxte. dīge qatārī dar kārī nīst.

日本語訳：ある日、ある王が大臣たちを連れて歩いていた。お付きの者が、道で老人を見かけた。老人も道を散歩していたのだった。王は老人に尋ねた。

「三を九に近づけたか。つまり、三を九にしたのか。」

老人は答えた。

「試みましたが、できませんでした。」

王はさらに尋ねた。

「遠くから何が見えるか。」

老人は答えた。

「近くが見えます。」

さらに尋ねた。

「列はどうだ。列は見えるか。」

老人は答えた。

「列はばらばらです。」

王は老人に心付けを渡して、去った。少し前へ進んで、大臣が王に尋ねた。

「先ほど、あなたはよくわからないことをおっしゃって、老人もよくわからないことを答えましたが、あなたは、心付けを与えました。お金を与えました。どういうわけですか。」

王は、大臣に顔を向けて言った。

「あの老人は、筋を立てて答えた。私の言葉には意味がなかったかもしれない。ところが、あの老人はきちっと理屈通りに答えた。だから彼に褒美を与えた。お金を与えたのである。私は、彼に、三を九にしたか、と尋ねた。つまり、九ヶ月は、仕事をするのに良い季節で、三ヶ月は寒い冬なので休まないといけないのである。すると、老人は、試みたけれどもできなかった、と答えた。つまり、三ヶ月の方も休まずに働いて過ごさなければならいというのである。二つ目の文は、遠くから何が見えるか、と言った。すると、老人は、近くが見える、と答えたのである。つまり、老人は、近眼なのだ。遠くが見えないのである。何かが近づいてきても、誰かが近づいてきても、近くに来るまで見えないのである。そこで、老人は近眼であるということが二つ目の文からわかった。さらに、私は、列はどうか、列は見えるか、と尋ねた。すると、老人は、列はばらばらである、と答えた。列というのは、歯並びのことである。つまり、老人は歯が抜けてばらばらだったのである。だから、列はばらばらである、と言ったのである。歯はもう役に立たないのである。」

備考：マーザンダラーン方言が分からないため、ファルザード・ヴァファーハーハ氏（アーモル出身）に聞いてもらって、アリー・モウサヴィー氏（アーモル出身）に標準ペルシア語で語りなおしてもらった。

073

題　　名：داستان پدر و زنبیل ／ 父親とかご
分　　類：笑話と小話
ＡＴ番号：-
録音箇所［収録時間］：004-057［01分29秒］
調 査 日：1998年11月05日
調 査 地：مازندران، آمل ／ マーザンダラーン州アーモル

名　　前：زهرا عظیمی ／ ザフラー・アズィーミー
年齢性別：67才、女性
職　　業：خانه دار ／ 主婦
住　　所：مازندران، خ. طالب آملی
出 身 地：آمل ／ マーザンダラーン州アーモル
伝 承 者：-

翻字（ペルシア語）: یه پسری بود پدرش پیر شد. حالا زنش گفت من نمیدونم پدرتو نگهداری کنم. یا باید پدرتو یه طرف ببری گموگور کنی یا من این خونه باشم. پسره بلند شد و یه زنبیل گرفت و پدره رو گذاشت توی زنبیل. اینه کول کرد برد بالای، بالای کوه. این انداخت پایین و اومد. یه سال هایی گذشت و (پدره) پسره پیر شد. پسره پیر شد و (پدر) این (پدر پسر

پدر) پسرش بزرگ شد اینه کول کرد و برد بالای همون کوه. همون کوه که اینه باندازه پایین، پدره یه لبخندی زده. پسر گفت چرا لبخند میزنی؟ چیزی نگفت. موقعی برگشتن، زنبیلی که بابا ر انداخت زنبیل رو ورنداشت نیاوورد. پسر کوچکش دنبالش بود گف بابا چرا زنبیل ر نیووردی خونه. گفت (من) میخوای چه کار کنی. گف تو وقتی پیر شدی، باید منو ترو بیارم همینجا که تو بابا بزرگه انداختی، من تو رو باید بیارم همینجا باندازم. (پسره پدره پسره پدر) پسره چه کار کرد. رفت سر بابا ر باز ماچ کرد و بابا ر انداخت تو زنبیل و آورد خونه. دیگه اونجا اینه نئداخت.

翻字（ローマ字）：ye pesarī būd pedaraš pīr šod. hālā zaneš goft man nemīdūnam pedarto negahdārī konam. yā bāyad pedar-e to ye taraf bebarī gomgūr konī yā man īn xūne bāšam. pesare boland šod o ye zanbīl gereft o pedare ro gozašt tūye zanbīl. ine kūl kard bord bālāye, bālāye kūh. īn andāxt pāīn o ūmad. ye sāl hāī gozašt o pedare pesare pīr šod. pesare pīr šod o pedar īn pedar pesar-e pedar pesareš bozorg šod īne kūl kard o bord bālāye hamūn kūh. hamūn kūh ke ine bandāze pāīn, pearer ye labxandī zade. pesar goft čerā labxand mizanī? čīzī nagoft. mouqeī bargaštan, zanbīlī ke bābā re andāxt zanbīl ro varnadāšt nayōvord. pesare kūčekeš donbāleš būd goft bābā čerā zanbīle ra nayāvordī xūne. gof man mixāī če kār konī. gof to vaqtī pīr šodī, bāyad mano toro biyāram hamīnjā ke to bābā bozorge andāxtī, man to ro bāyad biyāram haminjā beandāzam. pesare pedare pesare pedare pesare čekār kard. raft sar-e bānā re bāz māč kard o bābā re andāxt tū zanbīl o āvord xūne. dīge unjā ine nandāxt.

日本語訳：年老いた父をもつ息子がいた。息子の妻は言った。

「私はあなたのお父さんの面倒を見ることはできません。私はここにいるから、あなたのお父さんをどこかへ連れていって棄ててきて下さい。」

息子は、立ち上がって、籠を持ち、その中に父親を入れた。籠を担いで、山を登っていった。そして、（父親を）投げ落として帰ってきた。時が経ち、その息子も年寄りになった。子供も大きくなっていた。ある時、子供は、父

親を担いで、同じ山へ行った。そして、同じように投げようとしたとき、父親は微笑んだ。息子は言った。

「どうして笑うのですか。」

父親は何も言わなかった。そして、帰り際に父親を投げ棄てたが、籠は持って帰らなかった。さて、この息子にもまた子供がいて、その子供も（父棄てに）ついてきていたのであるが、こう尋ねた。

「どうして籠を家に持って帰らないの。」

子供の父親は答えた。

「（籠を持って帰って）どうするのだい。」

子供が言った。

「お父さんが年寄りになったら、お爺ちゃんのようにお父さんをここで投げ棄てるのです。」

子供の父親はどうしたかというと、もう一度父親の元に戻って口づけをして、籠に入れて家に連れて帰った。それ以来、誰も棄てられることはなくなった。

　備考：老人を棄てる習慣があったのかは不明。話者によると、「これはお話だ。」とのことである。棄老という発想がある限り、習慣に基づく説話である可能性はある。

074

題　　名：عالم و طلبه ／ 神学者と神学生

分　　類：笑話と小話

ＡＴ番号：-

録音箇所［収録時間］：005-005［02分06秒］

調 査 日：1998年11月13日

調 査 地：استان تهران، شهر ری، روستای ده خیر ／ テヘラン州レイ市ダヘイル村

名　　前：علی اکبر صفری ／ アリーアクバル・サファリー

年齢性別：89才、男性

職　　業：کناره گیری ／ 無職（隠居）

住　　所：استان تهران، شهر ری، روستای ده خیر

出 身 地：استان تهران، شهرستان ورامین، روستای خاتون آباد ／ テヘラン州ヴァラーミーン地方ハートゥーンアーバード村

伝 承 者：قدیمی ها ／ 昔の人たち

翻字（ペルシア語）：یه عالم بود این مرد خوبی بود. این پسر داشت دید پسرش چند وقت پیدا نیست. این پرس و جو کرد بعد از سی چل[1] روز پسر آمد. کجا بودی؟ گف رفتم علم جفر[2] یاد بگیرم. گف که علم جفر چی یاد

گرفتی؟ گف دو تا جنه به فرمان من کردن. خوب هر چی بگی جنا میکنن. گ اره. گف خوب بگو که پای من بذارن تو فلک. گف بابا شما بابای منی پدر منی. گف بابا من باباتم من میگم بگو پای منو بذارن تو فلک. تو چی کار داری؟ مگه تو ضامنی. گف آخه نمیشه شما عالم، پدر منی. (نچ)[۳]نمیشه. گف نمیشه باید بگی. اینه به جنا گفتو گف که با[۴]چرا نمیین[۵]. گف که من بهشون میگم بابام بذارین پاش تو فلک اما نمیان. گف چرا نمیان. تو میگی اینا فرمان منن. این دو تا جنا به فرمان منن[۶] من درس خوندم. گف که من میگم بهشون بابام پاش بذارین تو فلک نمیکنن. گف خوب حالا من میگم. گف که پای حسن بذارین تو فلک. یه وقت دیدن حسن خوابید و صدای چوب میاد. های بزن های بزن. گف چیه؟ گف بزنین. زدن کف پای این پسره. یه قدری کتک زد گف ولش کنین. ولش کردن این بلند شد. ها چیه. گف مرا خوابوندن و پامو گذاشتن تو فلک بنا کردن زدن شما گفتی. گف ها برو یه چیزی یاد بگیر که همه به فرمان تو باشن. نه دو تا جن بفرمان تو باشن. این بفرمان تو نیست که یه درسی بخون که همه به فرمان تو باشند. دو تا جن دادن. گوش به حرف تو ندادن که. این پس عالم باباشه. علم داره. گف حسن بخوابانین در وسط اتاق خوابید و چوب هم کشید بنا کرد پاشه زدن. گف باباجان یه درسی بخون که همه بفرمان تو باشن چیه رفتی درسی خوندی عمر خود تو تلف کردی هیچی.

۱. چل = چهل ۲. علم جفر = مثلاً «خط و نقطه» است. ۳. نچ را به صدا در آورد ۴. با = پس ۵ نمیین =نمیایید ۶. منن = من هستم

翻字（ローマ字）：ye ālem būd īn mard-e xūbī būd. īn pesar dāšt dīd pesareš čand vaqt peidā nīst. īn pors o jū kard ba‘ad az sī čal rūz pesar āmad. kojā būdī? gof raftam elm-e jafr yād begīram. gof ke elm-e jafr čī yād gereftī? gof do tā jenne be farmān-e man kardan. xob har čī begī jennā mikonan. go are. gof xob bogū ke pāye man bezāran tū falak. gof bābā šomā bābāye manī pedar-e manī. gof bābā man bābātam man migam bogū pāye mano bezāran tū falak. to čī kār dārī? mage to zāmanī. gof āxe nemiše šomā ālem, pedar-e manī. (noč) nemiše. gof nemiše bād begī. ine be jennā gofto gof ke bā čerā nemiyan. gof ke man beheš migam bābā-am bezārīn pāš tū falak ammā nemiyān. gof čerā nemiyān. to migī inā farmān-e manan. īn do tā jennā be farmān-e manan man dars xūndam. gof ke man migam behešūn bābām pāš bezārīn tū falak nemikonan. gof xob hālā man migam. gof ke pāye hasan bezarīn tu falak. ye vaqt dīdan-e hasan xābīd o sedāye čūb miyād. hāī bezan hāī bezan. gof čī? gof bezānīn. zadan kaf pāye īn pesare. ye qadrī kotak zad gof veleš konīn. veleš kardan īn boland šod. hā čīe. gof marā xābūndan o pāmū gozāštan tū falak banā kardan zadan šomā goftī. gof hā borouye čīzī yād begīr ke hame be farmān-e to bāšan. na do tā jen befarmān-e to bāšan. īn befarmān-e to nīst ke ye darsī bexūn ke hame be farmān-e to bāšand. do tā jen dādan. gūš be harf-e to nadādan ke. īn pas ālem bābāše. elm dāre. gof hasn bexābanīn dar vasat-e otāq xābīd o čūb ham kešīd banā kard pāše zadan. gof bābā jān ye darsī bexūn ke hame befarmān-e to bāšan čīe raftī darsī xūndī omr-e xod-e to talaf kardī hīčī.

日本語訳：ある神学者がいた。彼は善良であった。息子がいたのだが、ある時、数日帰らないときがあった。神学者は息子を捜して、三、四十日後に見つかった。神学者は言った。

「どこにいたのか。」

息子は言った。

「呪文を覚えてきました。」

神学者は言った。

「どんな呪文を覚えてきたのか。」

息子は言った。

「二人のジンが私の言いなりになるのです。」

神学者は言った。

「何を言ってもジンが言うことをきくのだな。」

息子は言った。

「はい。」

神学者は言った。

「では、（ジンに命令して）私の足をむち打ち台に縛り付けろ。」

息子は言った。

「お父さん、あなたは私の（実の）父親でしょう。養父ではないでしょう。」

神学者は言った。

「そうだ、私はおまえの父親だ。その私が、私の足をむち打ち台に縛り付けよと言っているのだ。」

息子は言った。

「何を言うのですか。私の保護者でしょう。そんなこと言えません。お父さん。」

神学者は言った。

「だめだ。さあ、言え。」

息子は、ジンたちに言った。

「さあ、現れよ。」

息子は続けて言った。

「足をむち打ち台に縛り付けよと言ったけれど、現れませんでした。」

神学者は言った。

「どうして、現れないのだ。ジンたちが言うことをきく、と言ったではないか、二人のジンが命令に従うように勉強したと言ったではないか。」

息子は言った。

「足をむち打ち台に縛り付けよと言ったけれど、そうしないのです。」

神学者は言った。

「それでは、私が言ってやろう。ハサンの足をむち打ち台に乗せよ。」

そして、しばらくハサンを寝かせた。すると、棒の音が聞こえてきた。

「さあ、打て。さあ、打て。」

ジンは言った。

「何ですか。」

神学者は言った。

「息子の足の裏を打つのだ。」

しばらくジンは殴り続け、神学者は「やめろ。」と言った。ジンは殴るのをやめ、息子は起きて言った。

「私を眠らせてむち打ち台に足を乗せて打ち始めたのですね。」

神学者は言った。

「全てのジンに言うことを聞かせないとだめだ。二人だけではだめだ。こいつはおまえの言うことを聞かない。全てが言うことを聞くように勉強しなくてはな。二人は聞くが、こいつは父さんの言うことしか聞かないのだ。」

そう言ってハサンを部屋の真ん中に寝かせ、棒を持って殴り始めた。神学者は言った。

「息子よ、すべてのジンに言うことを聞かせるように学ばなくてはいけないのだ。それでしっかり学んできたとは何事か。無駄なことをするな。」

075

題　　名：شب سمور گذشت و لب تنور گذشت ／ カワウソの夜と暖炉の夜

分　　類：笑話と小話

ＡＴ番号：-

録音箇所［収録時間］：006-010［02分42秒］

調 査 日：1998年12月11日

調 査 地：استان اصفهان، شهرستان کاشان ／ エスファハン州カーシャーン

名　　前：مجید شعبانی ／ マジード・シャアバーニー

年齢性別：38才、男性

職　　業：بنا ／ 大工

住　　所：کاشان، کوی آزادگان، کوچهٔ صاحب الزمان

出 身 地：کاشان ／ カーシャーン

伝 承 者：استاد بنا ／ 大工の師匠

翻字（ペルシア語）：یه زمانی بود، یه پادشاهی زندگی میکرد تو یکی از جنگاش پیروز میشه. برای پیروزی خودش میگه جشن میگیریم امشب. یه مشت ازین وزیرا و درباریا و اطرافیانشو جمع میکندو میگه امشب تا صبح

خوش باشید. خوش گذرونی کنید، برایکه پیروز شدیم، شاد باشید. برقص و پای کوبی و بناهای تفریحی می پردازن. تو این برنامه یک گدایی میاد از اونجا رد شه. میبینه که میگن در بزم شاه، (خوش) بساط خوش گذرونی اینا به پاست. میگه منم برم اونجا یه غذایی چیزی بخورم یه چیزی بگیرم برم. میره اوجا و به نگهبانش میگوید که اگه اجازه بدید منم برم داخلو. اونجا یه غذایی چیزی بخورم. او نگهبان میگوید که نه. امشب شبِ وزیرا و وزرا و درباریاست که اینجا جمع باشنو خوش باشند. هی اصرار میکنه که اره منم گدام گشنه ام. به خاطر این پیروزی که شما داشتید منم راه بده. این نگهبان دلش می سوزد و میره پیش پادشاه. به پادشاه میگه اره یه گداییم اومده. هی اصرار داره که بیام تو اونجا حالا دم در وایستاده زشته یکی ببینه. میگه خاب[1]. بیاد تو بره اوجا، یه تنور بوده که قبلاً نون می پختن. پا اون تنور بشینه، تا صبح، صبح بشه بره. یه چیزیشم بدید بخوره. اونوقت اونا تو بساط عیّاشیِ خودشو شام میرسد و بنا میکنن غذا خوردن، مرغ و گوشتو اینا. این پادشاه دو تا هم سمور داشته. غذا هایی که می خورده مقداری گوشتشم میانداخته پیش همین سمورا که همین باعث خوشگذرانیش بوده و اینا تفریح میکرده، غذاها رو می داده به اونا. اونا هم میخوردن و میرقصیدن و شاد بودن. اونوق به این گدا باز چیزی نمیدن که بخوره. گدا پا تنور میخوابد و تا صبح. صبح که میشه نگهبانه میره میگه که خاب، دیشب خوش گذشت؟ میگه خوش که نگذشت. تا صبح شما این همه غذا خوردید به این سموره دادیدینو. اونا خوش بودن ولی یه لقمه به من ندادید من بخورم و، منم سیر شم. میگن خیلی خوب. حالا برو دیگه بیرونو برو. میگه خوب [میگم] من میرم ولی به پادشاه بگو شبِ سمور گذشت و لب تنور گذشت. دنیا وفا نکرده به شاه شاهان نمردند از گرسنگی گدایان. میاد و میره.

۱. خاب = خوب

翻字（ローマ字）：ye zamānī būd, ye pādešāhī zendegī mikard tū yekī az jangāš pīrūz miše. barāye pīrūzīye xodeš mige jašn migirīm emšab. ye mošt azīn vazīrā o darbāriyā o atrāfiyāšo jam mikonedo mige emšab tā sobh xoš bāšīd. xoš gozarūnī konīd, barīke pīrūz šodīm, šād bāšīd. beraqs o pāye kūbī o banā hāye tarfīhī mīpardāzan. tū ī barnāme yek gedāī miyād az ūnjā rad ša. mibine ke migan dar bazm-e šā, xoš besāt-e xoš gozarūnī īnā be pāst. mige man-am baram unjā ye qazāī čīzī boxoram ye čīzī begīram beram. mire ujā o be negahbāneš migūwad ke age ajāze bedīd manam beram dāxelo. unjā ye qezāī čīzī boxoram. ū negahbān migūwad na. emšab šab-e vezīrā o vozarā o darbāriyāst ke īnjā jam bāšano xoš bāšand. hei esrār mikone k eare man-am gedā-am gošne-am. be xātere īn pīrūzī ke šomā dāštīd man-am rā bede. īn negahbān deleš misūzed o mire pīše pādešā. be pādešā mige are ye gedāī-m ūmadah. hei esrār dāre ke biyām tū ūnjā hālā dam-e dar vāīstāde zešte yekī bebīne. mige xāb. biyād bere ūjā, ye tenūr būde ke qablān nūn mipoxtan. paūn tanūr bešīna, tā sobh, sobh baše bere. ye čīzīšam bedīd boxore. ūn waq unā tū basāt-e ayyāšī-e xodešo šām mirased o banā mikonan qazā xordan morq o gūšto innā. īn pādešā do tā semūr dāštah. qazā hāī ke mixorde meqdārī gūšteš-am miyāndāxte pīše hamīn semūrā ke hamīn bāes-e xošgozarānīš būde o īnā tafrīh mikardah, qazā hā ro mīdāde be ūnā. ūnā ham mixordean o miraqsīdan o šād būdan. ūnwaq be īn gedā bāz čīzī nemidan ke boxorah. gedā pā tanūr mixābedo tā sobh. sobh ke miše negahbāne mire migeke xāb, dīšab xoš gpzašt? mige xoš ke nagozašt. tā sobh šomā īn hame qazā xordīd be īn samūre dādīdīno. ūnā xoš būdan valī ye loqme be man nadādīd man boxoram o, man-am sīr šam. migan xeilī xob. hālā borou dīge bīrūno borou. mige xub man miram valī be pādešā begū šeb-e samūr gozašt o leb-e tenūr gozašt. donyā vafā nakarde be šāh-e šāhān nemordand az gorosnegī gedāyān. miyād o mira.

日本語訳：昔、ある王が戦争で勝った。そして、「今夜はお祝いをしよう。」と言った。王は大臣たちや宮廷の者たちや取りまきの者たちを集めて、「今夜は朝まで楽しくやりなさい。戦争に勝った。」と言った。皆は踊り、飛びはねて楽しみ始めた。すると、そこに乞食が通りかかった。乞食は、「王は宴会をやっているな、扉を叩いてみよう。私も食べ物をもらっておみやげでももらって帰ろう。」と言ってそこへ行った。乞食は衛兵に言った。

「私も中へ入れて下さいませんか。食べ物を分けて下さい。」

衛兵は言った。

「だめだ。今夜は大臣たちや宮廷の者たちが集まって楽しんでいるのだ。」

乞食があまりにも「腹を空かせた乞食です。勝利に免じて私も入れて下さい。」と言うので、衛兵はかわいそうになり、王のもとへ行って、こう言った。

「乞食が来ました。中へ入りたいと言っています。今は門の前で汚い格好をして立っていて、みっともないです。」

王は言った。

「よし、では中へ入れよ。昔、ナンを焼いていた竈があっただろう。そこで朝まで過ごして出ていってもらおう。食べ物も与えるがよい。」

そして、王は宴会へ戻っていって、鳥や肉などのご馳走を食べ始めた。この王は、二匹のカワウソを飼っていた。ご馳走を食べて、肉などを分けてはカワウソに投げてやっていた。喜びの場だったのでカワウソたちにも食べ物を与えてやった。でも、乞食には何もやらなかった。乞食は、朝まで竈で寝た。朝になり、衛兵が竈へ来て言った。

「昨晩は楽しくすごしたかい。」

乞食は言った。

「楽しいわけがないだろう。あなた方は朝までご馳走を食べて、カワウソにまで食べ物をあげていた。そりゃあ、楽しかっただろう。しかし、私には満足に食べ物をくれなかったではないか。」

衛兵は言った。

「では、もう出て行け。」

乞食は言った。

「出ていきます。王にこう伝えてください。カワウソ（サムール）の夜を過ごした。竈（タヌール）の縁で過ごした。この世に誠実さはない。王たちは乞食の空腹で死ぬことはないのだから。」

こう言って、乞食は去っていった。

076

題　　名：شجأعت انسان ／人の勇敢さ

分　　類：笑話と小話

ＡＴ番号：-

録音箇所［収録時間］：006-014［01分23秒］

調 査 日：1998年12月11日

調 査 地：استان اصفهان، شهرستان کاشان ／エスファハン州カーシャーン

名　　前：مجید شعبانی ／マジード・シャアバーニー

年齢性別：38才、男性

職　　業：بنا ／大工

住　　所：کاشان، کوی آزادگان، کوچهٔ صاحب الزمان

出 身 地：کاشان ／カーシャーン

伝 承 者：استاد بنا ／大工の師匠

翻字（ペルシア語）：در زمان گذشته، صحبت از شجأعت انسان بوده که کی شجأترِ کی نمیترسه مثلاً یه آب انباری بوده، حدوداً حدود چهل تا پله میخورده که می رفتن به پایین آب می آوردن بالا. یه عده ای از مردا جمع شدن گفتن هر که نمیترسه شبم بوده، هوا تاریک. [اون] موقع ام مثل حالا

لامپ و برق نبوده که. تاریک بوده س آب انبار گفته هر که نمیترسه بره داخل آب انبار یه میخ که به آب انبار بکوبه بیا بالا ما صبح میریم میبینیمو. اگه میخه کوبیده باشه. یه نفر که قبا داشته لباس بلندی داشته میگه که خوب من میرم تو آب انبار میخو میکوبم میام. خیلی هم دلدار بوده س و نترس. میره پایین تو آب انبار میشینه، میخو میکوبه، که فردا برن ببینن میخ کوبیده است یا نه. این میخو رو لباس خودش می کوبه. رو اون لباس بلند. تا میره بلند شه بیاد، او لباس او جامه از بدنش در میاد این میترسه، فکر میکنه که ارواح یا جن در او آب انبار هست. فریاد میزنه آی جن آی جن فرار میکنه میاد بالا. میاد بالا. مردم میگن چی شده. میگه جن پایی[1] بود و لباسمو از تنِم در آورد. میگن خیلی خوب مردم می ترسن شب. صبح میرن تو آب انبارو میبینن که مثلاً لباسش هست تو آب انبار یا نه میرن میبینن که ای شخص رو لباس خودش او میخِ میکوبیده لباسشم از جا در آورده میفهمن که جنی در کار نبوده.

۱. پایی = پایین

翻字（ローマ字）: dar zamān-e gozašte, sohbat az šojā'at-e ensān būde ke kī šojātar kī nemitarse masalān. ye āb anbārī būdah. hodūdān hodūd-e čehl tā pelle mixorde ke miraftan be pāīn āb mīāvordan bālā. ye eddeī az mardā jam šodan goftan har ke nemitarse šab-am būde, havā tārīk. mouqe-am mesle hālā lāmp o barq nabūde ke. tārīk būdes āb anbār gofte har ke nemitarse bere dāxel-e āb anbār ye mīx ke be āb anbār bekūbe biyā bālā mā sobh mīrīm mibīnīmu. age mīxe kūbīde bāše. ye nafar ke qabā dāšte lebās-e bolandī dāšta mige ke xob man miram tū āb anbār mixū mikūbam miyām. xeilī ham deldGr būdes o natars. mire pāīn tū ābanbār mišīne, mīxo mikūbah, ke fardā beram bebīnan mīx kūbīde ast yā na. īn mīxū rū lebās-e xodešo mīkūbe. rū ūn labās-e boland. tā mire boland še biyād, ū lebās-e ū jāme az badaneš dar miyād īn mitarsa, fekr mikone ke arvāh yā jen dar ū āb anbār hast. faryād mizane āī jen āi jen farār mikone miyād bālā. miyād bālā. mardom migan čī šode. mige jen pāī būd olebāsemo az tanam dar āvord. migan xeilī xob mardom mitarsan šab. sobh miran tū āb anbāro mibīnan ke masalān lebāseš hast tū āb anbār yā na miran mibīnan ke masalān lebāseš hast tū āb anbār yā na miran mibīnan ke ī šaxs ro lebās-e xodaš ū mīxe mīkūbīde lebāsešam az jā dar āvorde mifahman ke jennī dar kār nabūda.

日本語訳：昔、（あるところで）人々は、誰が勇敢であるか、誰が怖いもの知らずかという話をしていた。貯水池があった。そこで、約四十段の階段を降りて行って、水を汲み上げるのである。数人の男が集まって、こういう話になった。もちろん、今のように明かりも電気もなかったのであるが、「夜の暗いときに貯水池に行って、釘を貯水池に打って帰ってきた者がいたらその者を怖いものなしとしよう。朝に釘が打たれているかを皆で見に行こう。」すると、丈の長い服を着た者が言った。

「私が貯水池に行って釘を打ってこよう。」

とても勇敢で怖いものなしであった。そして、降りていき、貯水池に釘を打った。次の日の朝に皆が見に来るのである。ところがこの男は、自分の服と一緒に釘を打ってしまった。長い服に打ち付けてしまった。起きあがろうとすると、服を引っ張る者がいるので怖くなった。幽霊かジンが貯水池にいると思った。そこで、「ジンだ、ジンだ。」と叫んで逃げて上がってきた。人々は「どうしたのか。」と言うと、男は言った。

「ジンが下にいるんだ。服をとられてしまった。」

人々は、夜は怖いので朝になってから、貯水池に服があるかどうか見に行くことにした。そして、そこに行ってみると、服があった。そして、男が自分で服を破って置いてきたのであって、ジンがやったのではないことがわかった。

077

題　　名：طوطی و تاجر／鸚鵡と商人（仮題）
分　　類：笑話と小話
ＡＴ番号：-
録音箇所［収録時間］：006-025［02分14秒］
調　査　日：1998年12月19日
調　査　地：اصفهان／イスファハン

名　　前：ابراهیم مهمان دوست／エブラーヒーム・メヘマンドゥースト
年齢性別：49才、男性
職　　業：کارشناس همکاریهای علمی و بین المللی اصفهان، دانشگاه اصفهان／
イスファハン大学学術国際部協力専門員
住　　所：اصفهان
出　身　地：کربلا (پدرش اصفهانی است، و مادرش یزدی است)／キャルバラ（父親がイスファハン出身、母親はヤズド出身）
伝　承　者：پدر／父親

翻字（ペルシア語）: داستان از این قرار است که گفته میشد که در روزگاران قدیم تاجری بود برای خود یک طوطی نگه میداشت. به این طوطی خیلی علاقه داشت. و طوطی دست آموزِ خود شده بود. و هرچه به او میگف فرمان بر میداشت و انجام میداد. روزی از این روز ها قرار شد تاجر به مسافرت تجارت بره آن هم به سمت هند. طوطیان معمولاً از هند آورده میشن. و چون به زادگاهش طوطی میخواست بره، از طوطی عزیز خود سوال کرد که چیزی نمیخواهی برات از هندوستان بیارم؟ طوطی گفت که من ازت خواهش میکنم که سلام مرا به طوطیان هند برسان. بازرگان یا تاجر به هنگام رسیدن خود در هندوستان، به نزد طوطیان رفت و به طوطی بزرگ گف که طوطی من سلام شما را میرساند. شما پیغامی، چیزی ندارید برای ایشون. ناگهان طوطی بزرگ خودش را به شکل مرده در آورد و از روی شاخهٔ درخت به زمین افتاد. و ایشون تعجب کرد و رفت وقتیکه برگشت به زادگاه خود و به شهر خود پیغام را که میخواست بدد[۱] به طوطی خود به طوطیش گف که من سلام ترا به طوطیان هند رسوندم، ولی ناگهان طوطی بزرگ از روی شاخهٔ درخت افتاد و مرد. او هم که این را گوش کرد، ناگهان همین کار را کرد و افتاد و خشک[۲] شد و مرد. تاجر بیچاره خیلی ناراحت شد و بالاخره دید طوطی مرده در آورد از قفس، و بیرونش کرد. طوطی که به حالت مرده بود ناگهان پر و بال در آورد، و رفت بالا و به تاجر گف این پیامی بود که تا اون طوطی بزرگ فرستاد که من هم خودم را به شکل مرده در بیارم تا از قفس رها بشم، و برم.

۱. بدد = بدهد ۲. خشک = از حرکت ماندن و مردن = مرگ ناگهانی

翻字（ローマ字）: dāstān az īn qarār ast ke gofte mišed ke dar rūzgārān-e qadīm tājerī būd barāye xod yek tūtī negah midāšt. be īn tūtī xeilī alāqe dāšt. va tūtī dast āmūz-e xod šode būd. va har če be ū migof farmān bar mīdāšt va anjām midād. rūzī az īn rūz hā qarār šod tājer be mosāferat-e tejārat bere ān ham be samt-e hend. tūtiyān ma'amūlān az hend āvorde mišan. va čun be zād gāheš tūtī mīxāst bere, az tūtīe azīz-e xod soāl kard ke čīzī nemīxāhī barāt az hendūstān biyāram? tūtī goft ke man azat xāheš mikonam ke salām-e marā be tūtiyān-e hend berasān. bāzar gān yā tājer be hengām-e rasīdan-e xod dar hendūstān, be nazd-e tūtoyān raft va be tūtīye bozorg gof ke tūtīe man salām-e šomā rā mirasānad. šomā peiqāmī, čīzī nadārīd barāye īšūn. nāgahān tūtīye bozorg xodeš ra be šekl-e morde dar āvord va az rūye šāxeye deraxt be zamīn oftād. va īšūn ta'ajjob kard va raft vaqtīke bargašt be zādgāh-e xod va be šahr-e xod peiqām rā ke mīxāst beded be tūtīye xod be tūtīš gof ke man salām-e to rā be tūtiyān-e hend rasūndam, valī nāgahān tūtīye bozorg az rūye šāxeye deraxt oftād va mord. ū ham ke īn rā gūš kard, nāgahān hamīn kār ra kard va oftād o xošk šod va mord. tājer-e bīčāre xeilī nārāhat šod va bālāxare dīd tūtīye morde dar āvord az qafas, va bīrūneš kard. tūtī ke be hālat-e morde būd nāgahān par o bāl dar āvord, va raft bālā va be tājer gof īn payāmī būd ke tā ūn tūtīye bozorg ferestād ke man ham xodam ra be šekl-e morde dar biyāram tā az qafas rahā bešam, va beram.

日本語訳：このような物語がある。昔、鸚鵡を飼っている商人がいて、とてもかわいがって、手なずけていた。鸚鵡は商人の言ったとおりに動いた。ある時、商人は仕事でインドへ行くことになった。鸚鵡はたいていインドから連れてこられるのだ。鸚鵡の故郷へ行くので、かわいがっている鸚鵡に「インドから何か持ってきてほしい物はないか。」と尋ねた。すると、鸚鵡は、「他の鸚鵡たちによろしく伝えておいてください。」と言った。商人はインドへ着いて、鸚鵡たちの近くに行って、大きな鸚鵡にこう言った。

「うちの鸚鵡がよろしくと言っていましたが、あなたは何か伝えてほしいことはないですか。」

すると、大きな鸚鵡は死んだようになり、木の枝から地面に落ちた。商人は驚いた。そして、自国に帰ったとき、自分の鸚鵡に言った。

「インドの鸚鵡によろしく言ったけれども、突然大きな鸚鵡は木の枝から落ちて死んでしまったよ。」

鸚鵡はこれを聞いて、突然、同じように落ちて、ぐったりして死んだ。可

哀想な商人はとても悲しみ、死んだ鸚鵡を籠から出した。すると、鸚鵡は突然羽を広げ、飛び上がった。鸚鵡は商人に言った。

「それは、死んだふりをして籠から逃げろという大きな鸚鵡からの伝言だったのです。」

備考：1996年3月8日に聞いたものを、再調査した（録音は初めて）。モウラヴィーの『マスナヴィー』に所収される。Cf. Mawlavī, Mawlānā Jalāl al-Dīn Muḥammad Balxī, Muḥammad Isti‘ilāmī, Vol.1, Maṯnavī. Tihrān [Tehran] : Zavār, 1996 bayt′hā-yi 1557-1612.

078

題　　名：طوطی و میهنش ／ 鸚鵡の里帰り（仮題）
分　　類：笑話と小話
ＡＴ番号：-
録音箇所［収録時間］：006-026［02分34秒］
調 査 日：1998年12月19日
調 査 地：اصفهان ／ イスファハン

名　　前：ابراهیم مهمان دوست ／ エブラーヒーム・メヘマンドゥースト
年齢性別：49才、男性
職　　業：کارشناس همکاریهای علمی و بین المللی اصفهان، دانشگاه اصفهان ／ イスファハン大学学術国際部協力専門員
住　　所：اصفهان
出 身 地：کربلا (پدرش اصفهانی است، و مادرش یزدی است) ／ キャルバラ（父親がイスファハン出身、母親はヤズド出身）
伝 承 者：پدر ／ 父親

翻字（ペルシア語）：این داستانی که حالا میخوام براتون بگم در واقع از پدر خودم شنیدم. در زمانی که من در خارج از ایران بودم و ایرانیانی که در اونجا یی که زندگی میکردیم و آزار اذیتشون میکردن. مردمان محلی بسیاری اونهارا آزار میدادن. و پدر من به من نصیحت میکرد که هیچ وقت ایران را فراموش نکنم. و ایران را دوست داشته باشم چون بسیاری از مردمونی که اونجا بودن تحت فشار بودن و گاهی هم میگفتن که ما ایرانی نیستیم. اما پدر من به من میگف که ما سرزمین مون ایران هست، و باید ایران را دوست داشته باشیم، و برای من مثال میزد. این قصه کوتاه را در کودکی از پدرم در مورد دوست داشتن میهن خود برای من تعریف کرد که انسان بایستی میهن خودش را دوست داشته باشد همان گونه که حتی حیوانات و جانوران هم میهن خودشون را هم دوست دارن. داستان از این قرار بود که بازرگانی طوطی داشت و این طوطی را خیلی بهش علاقه داشت. و روزی (از او) از طوطی خودش میپرسید که تو چه آرزویی داری؟ و او میگفت که من دوست دارم میهن خودم را ببینم. اگر به من اجازه بدی من سری به سرزمین خود بزنم و بر گردم. طوطی اجازه گرفت از صاحب خود چون دست آموز بود فرمان میبرد از صاحب خود که بازرگان بود سفر خودش را شروع کرد و رفت به سرزمین خود و به سرزمین خود که رسید خودش رو در آب وخاک اون سرزمینی که به دنیا آمده بود غلتاند و خیلی شاد و خوشحال شد و به هنگام برگشتن دو تا دانه از درخت ها و گیاهان اونجا را به عنوان هدیه و پیشکش به صاحب و بازرگانی که صاحبش بود و دست آموزش بود و همیشه ازش نگهداری میکرد، هدیه آورد. و همین نشانه ای هست که انسان میهن خودش را دوسته داشته باشد و ما مسلمان ها معمولاً حتی پیامبر مون میگه دوست داشتن میهن خود از ایمان انسان سرمنشاء گرفته.

翻字（ローマ字）：īn dāstānī ke hālā mīxām barātūn begam dar vāqe az pedar-e xodam šenīdam. dar zamānī ke man dar xārej az īrān būdam va īrāniyānī ke dar unjāī ke zendegī mīkardīm va āzār aziyatešūn mīkardan. mordmān-e mahallī besiyārī ūnhā rā āzār mīdādan. va pedar-e man be man nasīhat mīkard ke hīč vaqt īrān rā farāmūš nakonam. va īrān rā dūst dāšte bāšam čūn besiyārī az mardmūnī ke unjā būdan taht-e fešār būdan va gāhī ham mīgoftan ke mā īrānī nīstīm. ammā pedar-e man be man migof ke mā sarzamīn-e mūn īrān hast, va bāyad īrān rā dūst dāšte bāšīm, va barāye man misāl mizad. īn qesseye kūtāh ra dar moured-e dūst dāštan-e mīhan-e xod barāye man ta'arīf kard ke ensān bāyestī mīhan-e xod rā dūste dāšte bāšad hamān gūne ke hattā heivānāt va jānevarān ham mīhan-e xodešūn rā ham dūst dāran. dāstān az īn qarār būd ke bāzargānī tūtī dāšt va īn tūtī rā xeilī beheš alāqe dāšt. va rūzī az ū az tūtī xodeš miporsīd ke to če ārezūī dārī? va ū mīgoft ke man dūst dāram mīhan-e xodam rā bebīnam. agar be man ejāze bedī man sarī be sarzamīn-e xod bezanam va bargardam. tūtī ejāze gereft az sāheb-e xod čōn dast āmūz būd farmān mībord az sāheb-e xod ke bāzargān būd safar-e xodeš ra šrū kard va raft be sarzamīn-e xod va be sarzamīn-e xod ke resīd xodeš ro dar āb o xāk-e ūn sarzamīnī ke be donyā āmade būd qaltānd va xeilī šād o xošhāl šod va be hengām-e bargaštan do tā dāne az deraxt hā va giyāhān-e unjā ra be envān-e hedīe va pīškeš be sāhab va bāzargānī ke sāhebaš būd va dast āmūzeš būd va hamīše azaš negahdārī mikard, hedīe āvord. va hamīn nešāneī hast ke ensān mīhan-e xodeš ra dūst dāšte bāšad va mosalmān hā ma'amūlān hattā payānbar-e mūn mige dūst dāštan-e mīhan-e xod az īmān-e ensān sarmanšā gerefte.

日本語訳：これから話す物語は、父親から聞いたものである。私がイランから離れて外国にいた時、そこにいたイラン人は迫害されていた。その地の人々は我々をひどく虐げていた。父親は、よく「イランを決して忘れてはならない。イランを大切にしなさい。」と私に説き諭したものだった。というのも、虐げられていたイラン人の中にはまれに自分がイラン人ではない、と言う者もいたのである。しかし、父親はいつも、「我々の故郷はイランで、イランを大切にしなさい。」と言い、たとえ話をしてくれた。この話も子供の頃に父親から、故郷を大事にすることについて話してくれたものである。なぜなら、人は自分の故郷を大切にするべきだからである。動物でさえ、自分の故郷を大切にしているのだから。物語はこうである。ある商人が鸚鵡を飼って

いて、とてもかわいがっていた。そして、ある日、鸚鵡に尋ねた。

「何か望みはないか。」

鸚鵡は答えた。

「私は、自分の故郷を見たいです。もし、お許しいただけるのなら、里帰りをしたいのですが。」

鸚鵡はとても主人になついていて、従順であったので、主人から許しを得て、自分の故郷へ向かって旅を始めた。故郷へ着くと、生まれた土地の水や土に顔をつけて転げ回り、とても喜んだ。そして、帰りがけにおみやげに二つの木の実を面倒を見てくれている商人に持って帰ることにした。人は故郷を大切にしなくてはならないということを言いたかったのである。私たちイスラム教徒は、たいてい、我々の預言者（モハンマド）でさえ言うように、自分の故郷を大切にすることは、人間の信仰の基本であると考えている。

　備考：1996年3月8日に聞いたものを、再調査した（録音は初めて）。

079

題　　名：مسابقهٔ حرف نزدن ／ 話をしない競争

分　　類：笑話と小話

ＡＴ番号：-

録音箇所［収録時間］：007-001［04分16秒］

調 査 日：1999年01月01日

調 査 地：استان فارس، شیراز، محلهٔ دوکوهک ／ ファールス州シーラーズ、ドゥークーハク村

名　　前：میرزا دوکوهکی ／ ミールザー・ドゥークーハキー

年齢性別：65才、男性

職　　業：کشاورز ／ 農業

住　　所：فارس، شیراز، محلهٔ دوکوهک

出 身 地：فارس، شیراز، محلهٔ دوکوهک ／ ファールス州シーラーズ、ドゥークーハク村

伝 承 者：قدیمی ها ／ 昔の人たち

翻字（ペルシア語）：یه زن و شوهری بودن، با هم مقاسه[1] گذاشته بودن، بین شون که هر که حرف زد بره گوساله ر او بده. گوساله هم که گوار[2] یکی از ماده گاو های قدیم بوده. خلاصه این نه حرف زد نه او حرف زد. طولی

نکشید که یه سلمانی اومد در خونشونو سلام کرد و اینا جواب ندادن. چون گرو بسته بودن که جواب هر که داد بره گوساله ر آب بده اینا جواب ندادن. جواب ندادن سلمونی اومد سلام کرد و گف که اومدم خوب سر و صورتت بتراشم و این ها، جوابش ندادن. سلمانی لُنگ انداخت دور گردنشو شروع کرد سر صورت ایناشه تراش داد تمام شد، بهش گف که خوب حالا من سر وصورتتو تراشیدم مزد به من بده تا من مزدمو بستونم (بستانم) از خونت برم بیرون. جوابش ندادن. جوابش ندادن، هرچه اصرار کرد جوابش ندادن، سلمونی پا شد هرچه اثاث تو خونش بود جمعش کرد، کرد تو یه مفرشی و اینا گره زد و بهش گفتش که آقا من میخوام چیاتِ (چیز های تو) ببرم مزد منه بده. یاچیاتِ میبرم. جوابش ندادن. جوابش ندادن، سلمونی هم چیار برداشتو از در خونه رفت بیرون. رف بیرون، بعد طولی نکشید که یک گربه اومد و در خونه میو میو کرد و این ها باز اینا جوابش ندادن. گربه دید که یه شیر برنجی خوب وسط اینا کشیدن تو سینی اینا این ور اون ورش نشستن هیچی نمیگن. شروع کرد به شیر برنج خوردن. شیر برنجِ که خورد و گربه از در رفت بیرون، زنِ همون مرد بهش گف خوب حالا که شیر برنجه گربه خورد و رف تو نمیتونی یه پیشی[3] بکنی. گف حالا که گفت بیا حرف زده برو گوساله رو او بده تا بیو. بیو تا حرف بزنیم باهم دیگه. خلاصه، گربه هم شیر برنج خورد رفت و اینا او زنه پا شد گوساله ر او داد و اومد بست خونه. بعد، خوب اینجا قصه شون بعد قصه شون اون زن افتاد به دنبال همون شخص سلمونی. رفت دنبالش تو تا یه تو یه محلی پویینتر از این محل هست اینجا پرسید خونۀ سلمونی کجان. گفتن اینا خونش اینجا رفت و در حیاطش در زد. گف چه خبرته. گفت که هیچی من شب دربدرم اومدم. اینجا بمونم. فردام برم. منظورش این بود که بلکه هم پیداش کنه ازش بسونه[4] بیاره. بسونه بیاره، خلاصه این سلمونی هم گف با[5] ما دو تا اتاق داریم. یکیش برای تو امشب بیا بمون، فردام میخوای بری. بعد همون زن که رف موند و اینا شب شد، یه چند تا جاندار[6] اومدن، اون وقت میرفتن تو محل ها پُس[7] خونه کدخدا ر میکردن. خونه کدخدا یا کسی که خونش خالی بود پس میکردن. که شب بمونن. جاندارا رفتن و پرسیدن گفتن بابا خوب، خالی هیش[8] کی نداره غیر سلمونیو[9]. رفتن در خونه سلمونی، سلمونی بهشون

گف که چه خیرتون:[10] گف که ما آمدیم شب هست بمونیم. بمونیم گف ما یه اتاق دارم فقط یه زنی داخلش هست. اگه میتونی اینجا بمونین. خوب عیبی نداره بیاین بمونین. گفتن خوب میمونیم. میمونیم و رفتن موندن و اینا که موندن سوال کردن به این زنو که شما چه خیرتونه که اومدی اینجا تنا؟ گفت والله قضیه کار ما ایه ما یه گرو بسته بودیم با شوهرمون که هر که حرف زد گوساله ر او بده. آقای سلمونی هم اومد، هر چه بهمون اصرار که جوابش ندادیم، چیامون[11] ور داشته آورده. چیامون ور داشته آورده حالا اومدیم به یه عنوانی خونش پیدا کردیم که بلکم[12] چیامون باز ازش پس بگیریم، ببریم. ای یکی از قصه های قدیمی ما هست.

۱. مقاسه = مسابقه ۲. بچه ۳. پیشی = صوتی برای دور کردن گربه ۴. بسونه = بستانه
۵. با = بابا ۶. جاندار = پاسبان ۷. پُس = پاسبانی ۸. هیش = حیچ ۹. سلمونی هم
۱۰. خیرتون = خبرتان است ۱۱. چیامون = چیزهای مان ۱۲. بلکم = بلکه هم

翻字（ローマ字）：ye zan o šouhar būdan, bāham moqāse gozāšte būdan, beine šūn ke har ke harf zad bere gūsāle re ū bede. gūsāle ham ke gavār-e yek- az māde gāv hāye qadīm būde. xolāse īn na harf zad na ū harf zad. tūlī nakešīd ke ye salmānī ūmad dar-e xūnašūn o salām kard o īnā javāb nadādan. čūn gerū baste būdan ke javāb har ke dād bere gūsāle re āb bede īnā javāb nadādan. javāb nadādan salmūnī ūmad salām kard o gof ke ūmadam xūb sar o sūratat betarāšam o in hā, javābeš nadādan. salmānī long andāxt dour gardanešo šrū kard sar sūrat īnāše tarāš dād tamām šod, beheš gof ke xob hālā man sar o sūratateto tarāšīdam mozd be man bede tā man mozdamo bestūnam az xūnat beram bīrūn. javābeš nadādan. javābeš nadādan, har če esrār kard javābeš nadādan, salmūnī pāšod harče asās tū xūneš būd jam'eš kard, kard tū ye mafrašī o īnā gare zad o beheš gofteš ke āqā man mixām čiyāt-e bebaram mozd-e mane bede. yā čiyāte mibaram. javābeš nadādan. javābeš nadādan, salmūnī ham čiyār bardāšto az dar-e xūne raft bīrūn. raf bīrūn, ba'ad tūlī nakešīd ke yek gorbe ūmad o dar-e xūne meu meu kerd o īn hā bāz īnā javābeš nadādan. gorbe dīd ke ye šīr berenjī xūb vasat-e īnā kešīdan tū sīnī īnā īn var ūn vareš nešastan hīčī nemigan. šrū kerd be šīr berenj xordan. šīr berenje ke xord o gorbe az dar raft bīrūn, zan-e hamūn mard beheš gof xob hālā ke šīr berenje gorbe xord o raf tu nemītūnī ye pīšī bokonī. gof hālā ke goft biyā harf zade borou gūsāle ro ū bede tā biyū. biyū tā harf bezanīm bā ham dīge. xolāse, gorbe ham šīr berenj xord raft o īnā ū zane pā šod gūsāle ra ou dād o ūmad bast xūne. xob īnjā qesse šūn ba'ad qesse šūn ūn zan oftād be donbāl-e hamūn šaxs-e salmūnī. raft donbāleš to tā ye tū ye mahalī pūīntar az īn mahal hast injā porsīd xūneye salmūnī kojān. goftan īnā xūnaš injā raft o dar hayātaš dar zad. gof če xabarete. gof ke hīčī man šab darbedar-am ūmadam. injā bemūnam. fardām beram. mazūreš īn būd ke balke ham peidāš kone azaš besūne biyāre. bosūne biyāre, xolāse īn salmūnī ham gof bā mā do tā otāq dārīm. yekīš barāye to emšab biyā bemūn, fardā-am mixāi berī. ba'ad hamūn zan ke raf mūnd o īnā šab šod, ye čand tā jāndār ūmadan, ūn vaqt miraftan tū mahal hā pos xūne kadxodā re mikardan. xūne kadxodā yā kasī ke xūnaš xālī būd pas mikardan. ke šab bemūnan. jāndārā raftan o porsīdan goftan bābā xobm xālī hīš kī nadāre qeir-e salmūnīu. salmūnī ham raftan dar-e xūne salmūnī, salmūnī behešūn gof ke če xīretūn. gof ke mā āmadīm šab hast bemūnīm. gof mā ye otāq dāram faqat ye zanī dāxeleš hast. age mitūnī injā bemūnīn. xob eibī nadāre biyāin bemūnīn. goftan xob mimūnīm. mimūnīm o raftan mūndan o inā ke mūndan suāl kerdan be īn zanu ke šomā če xīretūne ke ūmadī injā tanā. goft vallā qazīe kār-e mā īe mā ye gerū baste būdīm bā šohar-e mūn ke har ke harf zad gūsāle re ou bede. āqāye sarmūnī ham ūmad, har če behemūn esrār ke javābeš nadādīm, čiyāmūn var dāšte āvorde. čiyāmūn var dāšte āvorde hālā ūmadīm be ye unvānī xūneš peidā kardīm ke balk-am miyāmūn bāz azaš pas begīrīm, bebarīm. ī yekī az qesse hāye qadīmī mā hast.

日本語訳：ある夫婦がいた。あるとき、しゃべった方が牛に水をやるという競争をした。昔は雌の牛のことをグーサーレと言った。さて、どちらもしゃべらずにいたが、床屋がやって来て扉を叩いた。しかし、返事がなかった。返事をしたら牛に水をやらないといけないので二人とも黙っていたのであった。それで、返事をしなかった。床屋はこう言った。

「頭を刈ります。顔も剃ります。」

返事はなかった。床屋は上がり込んで家の中を歩き回り、夫の髪を切り、髭を剃った。散髪が終わると言った。

「さて、散髪が終わりました。料金をいただきます。料金をいただかないと出ていきませんよ。」

夫婦は返事をしなかった。それだけ言っても返事をしなかった。床屋は立ち上がって家の家財を鞄に入れて言った。

「旦那、料金をください。この品々を持って帰りますよ。」

また、返事をしなかった。床屋は、それらを持って家から出た。今度は、猫が入ってきて、ニャーニャーと鳴いていたが、夫婦は何も言わなかった。お盆の上にシールベレンジ[1]が置いてあって、その周りをうろうろして、食べ始めた。そして、猫は扉から出ていった。妻の方が口を開いた。

「猫がシールベレンジを食べてしまったではないか。シッシッとも言えなかったのかい。」

夫が言った。

「さあ、口を開いたな。牛に水をやってきてもらおうか。もう、話しをしてもいいね。」

猫はシールベレンジを食べて行ってしまい、妻は、牛に水をやった。そして、家に入り扉を閉めた。さて、お話はこれからで、妻は、床屋を探しに行った。町に下りていき、「床屋の家はどこですか。」と尋ねた。床屋の家はどこどこです、というのを聞き、庭の扉を叩いた。床屋は言った。

「なんでしょうか。」

妻は答えた。

「夜に泊まり歩いています。ここに今夜泊めてもらえませんか。明日には出ていきます。」

妻は、取られたものを見つけだして取り戻そうという魂胆だった。床屋は言った。

「家には部屋が二つあります。その一つに泊まってください。そして、明日には出発してください。」

そして、妻はその晩、床屋の家に泊まった。警官が何人かやって来た。警官たちは村長のところへ行って、村長の家か空いている部屋のある家に泊まることにしていた。警官たちは床屋の家に行ってどこかいいところはないか尋ねた。床屋の家が床屋以外には誰もいないとのことだったので、床屋の家に行った。床屋は言った。

「なんでしょうか。」

警官たちは言った。

「私たちは泊めてもらいに来ました。」

床屋は言った。

「一つ空いている部屋がありますが、女性が泊まっています。かまわないならそこに泊まってください。」

警官たちは言った。

「そこに泊まります。」

そして、入っていき、先にいた女に尋ねた。

「あなたは何をしているのですか。一人で来たのですか。」

妻は答えた。

「こういうわけなんです。私たち夫婦は、口を開いたら牛に水をやるという賭をしていたのですが、床屋がやって来て、私たちが答えないと、家財を持っていってしまったのです。だから、それを見つけて取り戻すためにやって来たのです。」

これが古いお話の一つです。

注
1．ライスプディングのこと。

備考：話が最後まで終わっていないと考えられる。

080

題　　名：قصهٔ جن／ジンの物語
分　　類：笑話と小話
ＡＴ番号：−
録音箇所［収録時間］：007-003［01分29秒］
調 査 日：1999年01月01日
調 査 地：استان فارس، شیراز، محلهٔ دوکوهک／ファールス州シーラーズ、ドゥークーハク村

名　　前：میرزا دوکوهکی／ミールザー・ドゥークーハキー
年齢性別：65才、男性
職　　業：کشاورز／農業
住　　所：فارس، شیراز، محلهٔ دوکوهک
出 身 地：فارس، شیراز، محلهٔ دوکوهک／ファールス州シーラーズ、ドゥークーハク村
伝 承 者：−

翻字（ペルシア語）：یه خانواده بودن یه شیربرنجی گذاشته بودن، شب شیربرنج که خوردن یه مقداری از این شیربرنج زیاد اومد ریختن تو یه ظرفی گذاشتن تو تاقچه، برای فردا صبحشون. یه چند تا گربه اومدن وقتی

اومدن داخل خونه شدن به شکل جن، به شکل پریزاد بشکل پریزاد به هم دیگه گفتن، شما تو ای خونه ها گشتین چیزی گیرتون اومد بخورین؟ گف که نه ما چیزی گیرمون نیومد، فقط تو ای خونهو یه کاسه شیربرنجی تو تاقچه گذاشتن. یکیش گفت من میرم شیربرنجه میخورم. گف وقتی خوردی چی کار میکنی؟ گف غیش¹ میکنم سر جاش. غیش میکنم سر جاش گف که خوب اگه غیش کردی سر جاش فردا اینا خوردن چی میشه؟ هر کدومشون خوردن میمیرن. گف خوب دواش چی چیه؟ اگر که اینا شیربرنجو خوردن حالات مردن بهم زدن دواش چیه؟ گف دواش این میترسم بگم بنی آدمه بیدار باشن حرفمونه درک کنن، فردا بخورن خوب بشن. گف نه حالا تو بگو اینا همه شون خوابن. گف که یه خورده شیری و با مغز سر سیر. بیریزن² داخل این شیر و حل کنن بدن به این شخصی که شیربرنجو خورده خوب میشه. استفراغ میکنه خوب میشه. این هم قصهٔ ای.

۱. غیش = استفراغ   ۲. بیریزن = بریزن

翻字（ローマ字）: ye xānevāde būdan ye šīrberenjī gozāšte būdan, šab-e šīr berenj ke xordan ye meqdārī az īn šīr berenj ziyād ūmad rīxtan tū ye zarfī gozāštan tū tāqče, barāye fardā sobhešūn. ye čand tā gorbe ūmadan vaqtī ūmadan dāxel-e xūne šodan be šekl-e jen, be šekl-e parīzād be šekl-e parīzād be ham dīge goftan, šomā tu i xūne hā gaštīn čīzī gīretūn ūmad boxorīn? gof ke na mā čīzī gīremūn nayāmad, faqat tū ī xūneho ye kāse šīrberenjī tū tāqče gozāštan. yekīš goft man miram šīrberenje mixoram. gof vaqtī xordī čī kār mikonī? gof qeiš mikonam sar-e jāš. qeiš mikonam sar-e jāš gof ke xob age qeiš kardī sar-e jāš fardā īnā xordan čī miše? har kodūmeøūn xordan mīmīran. gof xob davāš čī čīe? agar ke īnā šīrberenjo xordan hālāt-e mordan beham zadan davāš čie? gof davāš īn mitarsam begam banī ādame bīdār bāšan harfemūne dark konan, fardā boxoran xūb bešan. gof na hālā to bogū īnā hamešūn xāban. gof ke ye xorde šīrī o bā maqz-e sar-e sīr. bīrīzan dāxel-e īn šīr o hal konan bedan be īn šaxsī ke šīrberenjo xorde xūb miše. estefrāq mikone xūb miše. īn-am qesseye ī.

日本語訳：ある家族がシールベレンジを置いておいて、夜に食べたが、少し多かったので、皿に入れて次の日の朝に食べようと壁龕に置いておいた。すると、猫が数匹やって来て、家の中に入った。そして、ジン、妖精の姿でお互いに言い合った。一人が言った。

「おまえはこのあたりの家で食べる物を見つけたのか。」

二人目が言った。

「いや、何もなかった。ただ、この家にはシールベレンジの皿があるよ。壁龕においてあるんだ。」

一人目が言った。

「では、それを食べるよ。」

また、二人目が言った。

「食べてどうするんだ。」

すると、一人目が答えた。

「その場で吐き戻すんだ。」

二人目が尋ねた。

「その場で吐いたら、それを食べた者はどうなるんだ。」

すると、一人目が答えた。

「食べた者は、死んでしまうよ。」

また、二人目が尋ねた。

「それに効く薬はなんだ。」

すると、一人目が答えた。

「それを言うのは怖いよ。もし、人間たちが起きて聞いていたらどうするんだい。明日食べても元気なままではないか。」

二人目が言った。

「言えよ。みんな寝ているさ。」

一人目が言った。

「少量のミルクに少しのニンニクを注いで解かす。それをシールベレンジ

を食べた者に与えると良くなる。吐き出して良くなる。」
　これもお話である。

　　備考：ニンニクが厄をとるという俗信がここに見られる。タマネギと似た効果がある
　　　　と考えられる。

081

題　　名：(گداز کردن پی (دوب کردن پیه حیوان　／熊の脂が燃えた話

分　　類：笑話と小話

ＡＴ番号：-

録音箇所［収録時間］：008-009［01分15秒］

調 査 日：1999年01月11日

調 査 地：استان هرمزگان، بندر عباس　／ホルモズガーン州バンダレアッバース

名　　前：فرخنده پیشداد　／ファルホンデ・ピーシュダード

年齢性別：50才、女性

職　　業：نویسنده　／作家

住　　所：بندر عباس پارک شهر جنب آتش نشانی درب چهارم

出 身 地：بندر عباس درتوجان　／バンダレ・アッバース、ダルトゥージャーン

伝 承 者：همه همسایگان　／（村の）隣人たち

翻字（ペルシア語）：گداز کردن پی، یا ذوب کردن چربی حیوان. یه چوپانی خرسی داشت. همیشه همراه خودش میبرد. گله ر بچرونه خرسم با خودش میبرد. یه روزی که زمستان بود، هوا سرد بود، خرس با همراه چوپان که

نشسته بود دید چوپان آتیش روشن کرده بعد یه چیزی رو ور میداره میماله به پاش، چوپان چربی حیوان را میمالید به پاش. تا پاش چرب بشه بعد یک شعله آتش قرمز ورمیداشت نزدیک پاش میریخت تا پاش گرم بشه، سرما اذیتش نکنه. این خرس یاد گرفته بود که این کار بکنه. یه روزی که چوپان هواسش نبود این رفت کنار آتش، شوره آتش ورداشت یه مشعلِ از چوب ورداشت، برد نزدیک پاش. چون موهای خرس زیاده فوری موهاش آتیش گرفت. خرس نادان بود نمیفهمید که شعله پاش و آتیش میده و انسان برای چه آتیش نمیگیره. چون رعایت میکنه. خرس پشم های خودشِ آتیش داد.

翻字（ローマ字）：godāz kardan-e pī, yā zouq kardan-e čarbī-e heivān. ye čūpānī xeisī dāšt. hamīše hamrāh-e xodeš mibord. galle re bečarūne xers-am bā xodeš mibord. ye rūzī ke zemestān būd, havā sard būd, xers bā hamrāh-e čūpān ke nešaste būd dīd čūpān ātīš roušan karde ba‘ad ye čīzī ro bar midāre mīmāle be pāš, čūpān čarbī-e heivān ra mimālīd be pāš. tā pāš čarb beše ba‘ad yek šo‘oleye ātiš-e qermez var mīdāšt nazdīk-e pāš mīrīxt tā pāš garm beše, sarmā aziyataš nakone. īn xers yād gerefte būd ke īn kār bokone. ye rūzī ke čūpān havāseš nabūd īn raft kenāre ātiš, šoure āteš vardāšt ye maš‘ale az čūb var dāšt, bord nazdīke pāš. čūn mūhāye xers diyāde fourī mūhāš ātiš gereft. xers nādā būd nemifahamīd ke šo‘ele pāš p ātiš mide va ensān barāye če ātiš nemigīre. čūn ra‘āyat mikone. xers pašm hāye xodeše ātiš dād.

日本語訳：熊の脂が燃えた話。ある羊飼いが熊を飼っていた。いつも一緒に連れて歩いていた。羊の群れを放牧しながら熊と一緒にいたのだった。ある冬のとても寒い日、羊飼いと一緒にいた熊は、羊飼いが明かりを点けて動物の脂を足に塗っているのを見た。足に油を塗って、風邪をひかないように真っ赤な炎を足に近づけて温めていた。熊は、それを覚えてある日、羊飼いが眠っているとき火に近づき、たいまつを持って足に近づけた。熊の足は毛が多いため、勢い良く燃えた。熊は知恵がないため、自分の足に火が点くことがわからず、人間が何のためにそうするのかもわからなかった。もちろん人間は

考えがあってするのである。その熊は、自分の毛に火を点けてしまったのである。

082

題　　名：کوسه و کچل ／ ヒゲのない男と禿
分　　類：笑話と小話
ＡＴ番号：-
録音箇所［収録時間］：008-010［03分00秒］
調　査　日：1999年01月11日
調　査　地：استان هرمزگان، بندر عباس ／ ホルモズガーン州バンダレアッバース

名　　前：فرخنده پیشداد ／ ファルホンデ・ピーシュダード
年齢性別：50才、女性
職　　業：نویسنده ／ 作家
住　　所：بندر عباس پارک شهر جنب آتش نشانی درب چهارم
出　身　地：بندر عباس درتوجان ／ バンダレ・アッバース、ダルトゥージャーン
伝　承　者：همه همسایگان ／ （村の）隣人たち

翻字（ペルシア語）：کچل و کوسه. کچل در زبان درتوجانی یعنی کسی که اصلاً مو نداشته باشه. کلش تاسِ تاس باشه. و کوسه به کسی میگن که ریش نداشته باشه. و پشمِ صورتش کم باشه. حالا این قصه کچل و کوسه است، در

زبان درتوجانی. ابراهیم کچل یه کاکایی داشت یک برادری داشت اسمش کوسه بود. کوسه زنی داشت بسیار کنس بسیار خسیس. بقدریکه وقتی خودش سعی میکرد زمانی غذا بخوره، (که کچل) که کچل نباشه. که ابراهیم نباشه. که بخورش شریکشون با اینا خودشون دزدکیه غذا می کردن با شوهر میخوردن به ابراهیم نمیدادن. ابراهیم کچلم که در زبان درتوجانی کچل یعنی آدم بسیار زیرک و زرنگ و بد جنس. یعنی کسی که عقلشو در راهای بد کار میندازه. خواست تلافی بگیره. یک بلایی سرشون بیاره، و اینا رو اذیتشون بکنه. یه روزی یک پالانِ خر پیدا کرد. پشت خانه گذاشت، زمانی که زن کوسه غذای بسیار قشنگی و خوشمزه ای درست کرده بودن مثلا خورش قیمه و قرمه سبزی با برنج، بعد بخورن یک دفعه کچل گرفت یه چوب برداشت زد به پالان تاه صدا کرد او جیغ زد. مثلاً تاه وای تاه وای مثلاً به پالان میزد که صدای عجیبی بده. و خودش جیغ میزد. و این مثل این برای مردم تداعی بشه که کسی ایرو داره میزنه و این داره جیغ میکشه. (کچل) کوسه و زنش فرار کردن. که مبادا کسی که میخواد اینا رو نباید بزنه. کچل وقتیکه جیغ میزد، میگفتش که بابا من کباب نمیخورم من غذا نمیخورم (اون) چرا منو میزنی اون کوسه با زنشه داره میخوره مرا نزنین. اینا همش دروغ میگفت. الکی میگفت. کوسه اینو که نمیدید فکر میکرد راستی کسی داره اینو میزنه. غذاشونو ول کردن و فرار کردن با زنشون. اونا که رفتن، از ترسشون که کتک نخورن، ابراهیم کچل اومد، خودش غذا رو خورد. بعدم رفت زیر پتو خوابید. و ناله کرد. وقتی که سر صدا خوابید که کوسه با زنشون برگشتن دیگه ببینن چه خبر بود، دیدن داره ناله میکنه. گفتن چته[۱] گف شما غذاهای خوشمزه میخورین. اومدن منو کتک زدن. غذارم خوردنو رفتن.

۱. چته = چه شده

翻字（ローマ字）: kačal va kūse. kačal dar zabān-e dartūjānī ya'anī kasī ke aslān mū nadāšte bāše. kalaš tās-e tās bāše. va kūse be kasī migan ke rīš nadāpte bāše. va pašm-e sūrateš kam bāše. hālā īn qesse kačal va kūse ast, dar zabān-e dartūjānī. ebrāhīm kačal yek barādarī dāšt esmeš kūse būd. kūse zanī dāšt besiyār kaniš besiyār xasīs. be qadrīke vaqtī xodeš sa'ī mikard zamānī qazā boxore, ke kačal ke kačal nabāše. ke ebrahīm nabāše. ke boxoraš šarīkešūn bā īnā xodešūn dozkie qazā mikardan bā šouhar mixordan be ebrahīm nemīdādan. ebrahīm kačal-am ke dar zabān-e dartūjānī kačal ya'anī ādam-e besiyār va zerang va bad jens. ya'anī kasī ke aqlešo dar rāhī bad kār miyandāze. xāst talāfī begīre. yek balāyī sarešūn biyāre, va īnā ro aziyatešūn bokone. ye rūzī yek pālān-e xar peidā kard. pošte xāne gozašt, zamānī kezan-e kūse qazāye besiyār qašangī o xošmazeī dorost karde būdan masalān xoreš qeime o qorme sabzī bā berenj, ba'ad boxoran yek daf'e kačal gereft ye čūb bardāšt zad be pālān tāh sedā kard ū jīq zad. masalān tā vāi tā vāi masalān be pālān mizad ke sedāye ajībī bede. va xodeš jīq mizad. va īn mesle īn barāye mardom tadā'ī beše ke kasī īro dāre mizane o īn dāre jīq mikeše. kačal kūse va zaneš farār kardan. ke mabādā kasī ke mixād īnā ro nabāyad bezane. kačal vaqtīke jīq mizad, migofteš ke bābā man kabāb nemixoram man qazā nemixoram ūn čerā mano mizanī ūn kūse bā zaneše dāre mixore marā nazanīn. īnā hamaš durūq migoft. alakī migoft. kūse ino ke nemidīd fekr mikard rāstī kasī dāre ino mizane. qazāšuno vel kardan o farār kardan bā zanešūn. ūnā ke raftan, az tarsešūn ke kotak naxoran, ebrāhīm kačal ūmad, xodeš qazā ro xord. ba'ad-am raft zīr-e patū xābīd. va nāle kard. vaqtīke sar sedā xābīd ke kūse bā zenešūn bargaštan dīge bebīnan če xabar būd, dīdan dāre nāle mikone. goftan čete? gof šomā qazāhāye xošmaze mixorīn. ūmadan o mano kotak zadan. qazār-am xordano raftan.

日本語訳：キャチャル（禿）とクーセ。キャチャルはダルトゥージャーンの言葉でも、全く髪の毛のない人のことをいう。クーセは、顎髭がなく、顔の毛も少ない（男の）人のことをいう。さて、禿とクーセの話である。ダルトゥージャーンの言葉で話をする。禿のエブラーヒームには、クーセと呼ばれる兄弟がいた。クーセにはとてもけちでとても卑しい妻がいた。禿のエブラーヒームのいないときをねらってご飯を食べるほどけちであった。夫と見計らって食べて、エブラーヒームには与えないのであった。キャチャルというのは、ダルトゥージャーンではとてもずる賢い男のことをいう。悪知恵で

もって人を騙すのである。そこで禿は仕返しをしてやろうと思った。二人に災難をふりかけて、いじめてやろうと思った。ある日、ロバの荷鞍を見つけてきて、家の裏においた。そして、クーセの妻がきれいで美味しそうな、ホレシュ・ゲイメやご飯付きのゴルメサブズィーなどを作っているときを見計らって、禿は棒を持って、荷鞍を叩いて、叫び声を上げた。「バン、痛い、バン、痛い。」というふうにである。荷鞍を叩いては、変な声を上げた。嘘の叫び声を上げた。人が聞くと、誰かが殴られて叫んでいるように聞こえた。自分たちも殴られないように、クーセと妻は逃げた。禿は叫びながら、「キャバーブは食べません。私は食べません。どうして殴るのですか。クーセと妻はご飯を食べています。私を殴らないでください。」と言った。嘘を言った。出まかせを言った。クーセは、本当に殴られていると思い、食べるのをやめて妻と一緒に逃げ出した。殴られるのを恐れて夫婦が逃げてから、禿は食事をした。そして、毛布にくるまって寝た。そして、うめき声を上げた。大声を出しながら寝ていると、夫婦が帰ってきた。うめき声が聞こえるので何事かと思い、「どうしたのか。」と尋ねた。すると、禿が言った。

　「あなた方が美味しいご飯を食べていると、奴らが来て、私を殴って、ご飯を食べて行ってしまったのだ。」

083

題　　名：یُخْ چُدْرْ(خوب)　／ そのとおり

分　　類：笑話と小話

ＡＴ番号：-

録音箇所［収録時間］：008-019［02分09秒］

調 査 日：1999年01月11日

調 査 地：استان هرمزگان، بندر عباس　／ ホルモズガーン州バンダレアッバース

名　　前：فرخنده پیشداد　／ ファルホンデ・ピーシュダード

年齢性別：50才、女性

職　　業：نویسنده　／ 作家

住　　所：بندر عباس پارک شهر جنب آتش نشانی درب چهارم

出 身 地：بندر عباس درتوجان　／ バンダレ・アッバース、ダルトゥージャーン

伝 承 者：همه همسایگان　／ （村の）隣人たち

翻字（ペルシア語）：یه عدّه ای قافله داشتن اینا شیّادی هم میکردن کلاه برداری هم میکردن، خرسی داشتن، این خرسو لباس آدمیزاد برش کردن، یک عمامهٔ قشنگی رو سرش گذاشتن، صورتشو اینطوری پوشوندند که اصلاً

مشخص نشه خرسه. بردن سر یه مغازه ای، و به اون صاحب مغازه گفتن این ارباب ماست. زبونم نمیفهمه. ها هر چی ما میخوام بخریم، این حساب میکنه. حالا ما میبریم. اون صاحب دکان دید خیلی میخوان همه چیز بخرن از خدا خواست خوشحال شد و گف اشکال نداره. اربابتون اینجا نشسته و شما ببرین اینجا حساب. جنسا ر مغاز ر ها خالی کردن و بردن هی خالی کردن و بردن که این حساب میکنه. بعد اونا رفتن. خرس و گذاشتنو رفتن. صاحب مغازه میبینه ظهر شد، اذان گف میخواد بره نماز میخواد دکون و تعطیل کنه، بره غذا بخوره، میگه ارباب آدمات کی میان حساب کنن. خرس یاد گرفته میگه یُخْ چُدُرْ. یُخْ چُدُرْ. اونا فکر میکنن زبانش نمیفهمه فکر میکنن میگه باشه الان. مثلاً یه چیزی رو میگه. یا الان میاین. بعد یه مدتی صبر میکنه. بعد میبینه نه کلافه شد (بیکار). میگه پس این (هیچ) نوکرای تو کی میان. خرس میگه یُخْ چُدُرْ. اونا یه مدتی صبر میکنن. از ظهر مرد از نمازش ول میشه. نمیره مسجد نماز. نهارشم ول میشه، منتظر میمونه که کار اینا راه بندازه. هر چی صبر میکنه میگه عصر شد عصر غروب شد، غروب داره شب میشه. همه جا تعطیله من کجا بشینم، میگه یقهٔ اون ارباب و میگیره میگه آی کجا رفتن من میزنمت. تا اینجوری که میکنه، خرس قلقلکش میاد. بهش بر میخوره. فوری چنگ میندازه، که اینا رو بگیر و صدای خرس میده گه گه گه گه. صدای خرس میده. اونا تازه متوجه میشن که چه کلاهی سرش رفته و جنساش شیادا بردن و این یه خرسه اربابشون نیست.

翻字（ローマ字） : ye eddeī qāfele dāštan īnā šāiyādī ham mīkardan kolāh bardāzī ham mīkardan, xersī dāštan, īn xerso lebās-e ādamīzād bareš kardan, yek ammāmeye qašangī rū sareš gozāštan, sūratešo īntourī pūšūndand ke aslān mošaxxas naše xerse. bordan sar-e ye maqāzeī, va be ūn sāheb maqāze goftan īn arbāb-e māst. zabūn-am nemifahme. hā har čī mā mixām bexarīm, īn hesāb mikone. hālā mā mibarīm. ūn sāheb dokkān dīd xeilī mixān hame čīz bexaran az xodā xāst xošhāl šod o gof eškāl nadāre. arbābetūn injā nešaste o šomā bebarīn injā hesāb. jensā re maqāz re hā xālī kardan o bordan hei xālī kardan o bordan ke īn hesāb mikone. ba‘ad ūnā raftan. xers o gozāštan o raftan. sāheb-e maqāze mibīne zohr šod, azān gof mixād bere namāz mixād dokūn o taʿatīl kone, bere qazā boxore, mige arbāb ādamāt kei miyān hesāb konan. xers yād gerefte mige yoh čodor. yoh čodor. ūnā fekr mikonan zabāneš nemifahme fekr mikonan mige bāše alān. masalān ye čīzī ro mige. yā alān miāyan. baʿad ye moddatī sabr mikone. baʿad mibine na kalāfe šod bīkār. mige pas īn hīč noukarāye to kei miyān. xers mige yoh čodor. ūnā ye moddatī sabr mikonan. az zohr mard az namāz vel miše. nemire masjed namāz. nahāreš-am vel miše, montazer mimune ke kār-e inā beandāze. har čī sabr mikone mige asr šod asr qorūb šod, qorūb dāre šab miše. hame jā taʿatīle man kojā bešīnam, mige yaqqeye ūn arbāb o migīre mige āī kojā raftan man mizanamet. tā injūrī ke mikone, xers qelqelekaš miyād. beheš bar mixore. fourī čang miandāze, ke īnā ro begīre va sedāye xers mide ge ge ge ge ge. sedāye xers mide. ūnā tāze motavajje mišan ke če kolāhī sareš rafte va jensāš šāyadā bordan va īn ye xerse arbābešūn nīst.

日本語訳：ペテンや詐欺もやっている隊商民がいた。隊商民は熊を飼っていた。熊に人間の服を着せて、きれいなターバンを頭に巻いて、顔も隠して、決して熊だとはわからないようにした。隊商民たちは、その熊をある店に連れていき、主人に言った。

「この方は、私たちの頭領です。この地の言葉が話せないのだが、私たちが買う物は彼がお金を支払ってくれます。私たちはとりあえず（商品を）運び出します。」

店主は、全て商品が売れたので嬉しかった。そして言った。

「どうぞ、どうぞ。あなた方の頭領がここにいるので、あなた方は運んで下さい。ゆっくり勘定を済ませます。」

隊商民たちは、店を空っぽにして、持っていってしまった。それから、店主は勘定をしようとした。隊商民たちは行ってしまった。熊を置いて行ってしまった。店主は、正午になったので、お祈りをするために店を閉めようとした。食事もしようとした。そして、言った。

「さあ、頭領さん、払ってもらいましょう。」

熊は、ある言葉を一つ覚えていた。
「そのとおり、そのとおり。」
店主は頭領が言葉がわからないと思ったので、「今はいい。」と言って、しばらく、待つことにした。（ところが、隊商民たちが戻って来ないので）困ってしまってこう言った。
「あなたの部下たちはいつもどってくるのですか。」
熊は言った。
「そのとおり。」
また、しばらく待つことにした。昼の礼拝もできず、モスクにも行けなかった。食事もできなかった。彼らがやってくるのを待つしかなかった。しかし、どんなに待っても、夕方になっても、夜になっても来ず、どこも閉まってしまい、どうしようもなくなった。店主は、頭領の襟を掴んで言った。
「やつらはどこへ行ったのだ。殴るぞ。」
こうすると（つかみかかると）、熊は声を上げて、立ち向かってきた。突然、爪を立てて、店主を掴んで、「ガガガガガオー」と熊の声で吠えた。そこで、はじめて店主は騙されたことに気がついた。頭領ではなく、熊であったことがわかった。

084

題　　名：پاکار دو دم ／ 両刃の代官

分　　類：笑話と小話

ＡＴ番号：-

録音箇所［収録時間］：008-021［02分37秒］

調　査　日：1999年01月11日

調　査　地：استان هرمزگان، بندر عباس ／ ホルモズガーン州バンダレアッバース

名　　前：فرخنده پیشداد ／ ファルホンデ・ピーシュダード

年齢性別：50才、女性

職　　業：نویسنده ／ 作家

住　　所：بندر عباس پارک شهر جنب آتش نشانی درب چهارم

出　身　地：بندر عباس درتوجان ／ バンダレ・アッバース、ダルトゥージャーン

伝　承　者：همه همسایگان ／（村の）隣人たち

翻字（ペルシア語）：«پاکار دو دمه» قصه این باره. پاکار دستیار کدخدا به حساب میاد تو ده. این پاکاری بوده که خیلی به مردم ظلم می کرده. مردم ازش بیزار میشن. همش می خواستن که این بمیره. وقتیکه حس میکنه که

موقع مردنشه. موقع مرگش فرا میرسه، یا بیمار شده فکر کنه دیگه میمیره، فکر کرده که بعد از من مردم خیلی خوشحال میکنن شادی میکنن، و ممکنه حتی جسدم آتیش بزنن، یک بلایی سرم در بیارن. پس من همین الان یک بلایی سر اینا در بیارم، که تلافی خودم گرفته باشم. مردمو جمع میکنه ای مردم من دارم میمیرم میخوام توبه کنم بیاین پیش من جمع بشین. مردم که شنیدن میخواد بمیره خوشحال شدن. ولی اومدن گوش بدن که چی میخواد بگه دیگه. این که همش ما را اذیت کرده. این شروع کرده به گریه کردن ای مردم به شما خیلی ظلم کردم اشتباه کردم حالا پشیمونم و دم مرگمه منا ببخشین. یه عده دلشون سوخته ناراحت شدن و گریه کردن. یه عده هم میگن اره خوب شد که الان گیر اومدی از دست ما پدر تو ما در میاریم صبر کن یک بلایی سرت در بیاریم که تلافی خودمون در بیاریم. این میگه، وصیت من اینه که وقتی من مردم، چون گناه من زیاده جسد من ببندین به دم گاو، اینجوری رو زمین بکشین تو خارا تو جنگلا تا تیکه پاره بشم گناه من پیش خدا بخشیده بشه. مردم که از خدا میخواستن گفتن چه بهتر که خودشم وصیت کرده، ما که میخواستیم تکه تکه اش کنیم. وقتیکه میمیره، میان همین کار میکنن. جسدشو میبندن به گاو و تو میبرنه تو همین خارا بیابونا که وصیتش را عمل کنن و دلشون خنک بشه. یک دفعه معمول ژندارم میبینه معمول و امنیتی میبینن، میگن چرا اینجوری میکنی؟ مرده رو کسی اینجوری میکنه. همه اینا را میگیره مجازات میکنه. جریمشون میکنه. اونا فهمیدن که این هنوز زنده اش بلا بوده وقتی هم مرده بلا ش سرما میاره. فهمیدن که این میگن دو دمه یعنی مثل شمشیری که دو طرفش ببره. میگن پاکار دو دمه. یعنی دو تا طرف میبره اذیت میکنه موقعی که زنده است بلا ست اذیتو مون میکنه وقتی هم مرده است ما را اذیت کرده.

۱. ژندارم = جاندار هم

翻字（ローマ字）：″pākār-e do dame″ qesseye īn bāre. pākār-edastiyār-e kadxodā be hesāb miyād tū deh. īn pākārī būde ke xeilī be mardom zolm mikarde. mardom azuš bīzār mišan. hamaš mīxāstan ke īn bemīre. vaqtī ke hes mikone ke mouqe mordaneše. mouqe margeš farā mirase, yā bīmār šode fekr kone dīge mīmīre, fekr karde ke ba'ad az man mardom xeilī xošhāl mikonan šādī mikonan, va momkene hatā jasad-am ātīš bezanan, yek balāī saram dar biyāran. pas man hamīn alān yek balāī sar-e īnā dar biyāram, ke ralāfī xodam gerefte bāšam. mardomo jam mikone ei mardom man dāram mīmīram mīxām toube konam biyāīn pīše man jam bešīn. mardom ke šonīdan mixād bemīre xošhāl šodan. valī ūmadan gūš bedan ke čī mīxād bege dīge. īn ke hamaš mā rā aziyat karde. īn šrū karde be gerie kardan ei mardom be šomā xeilī zolm kardam eštebāh kardam hālā pašīmūnam va dam-e margame manā bebaxšīn. ye edde delešūn sūxte nārāhat šodan va gerie kardan. ye edde ham migan are xūb šod ke alān gīr ūmadī az dast-e mā pedar-e to mā dar miyārīm sabr kon yek balāī saret dar biyārīm ke talāfī xodemūn dar biyārīm. īn mige, vasiyat-e man ine ke vaqtī man mordam, čūn gonāh-e man ziyāde jasad-e man bebandīn be dam-e gāv, injūrīn rū zamīn bekašīn tū xārā tū jangalā tā tīke pāre bešam gonāh-e man pīše xodā baxšīde beše. mardom ke az xodā mīxāstan goftan če behtar ke xodeš-am vasiyat karde, mā ke mīxāstīm tekke tekke aš konīm. vaqtīke mīmīre, miyān hamīn kār mikonan. jasadešo mibandan be gāv va tū mibarane tū hamīn xārā biyābūnā ke vasiyateš ra amal konan va delešūn xonak beše. yek daf'e ma'amūl žandār-am mībīne ma'amūl o amniyatī mībīnan, migan čerā injūrī mikonī? morde ro kasī injūrī mikone. hameye īnā ra migīre mojāzāt mikone. jarīmešūn mikone. ūnā fahmīdan ke īn hanūz zendaš balā būde vaqtī ham morde balāš saremā miyāre. fahmīdan ke īn migan do dame. ya'anī do tā taraf mibore aziyat mikone mouqeī ke zende ast balāst aziyato mūn mikone vaqtī ham morde ast mā ra aziyat karde.

日本語訳：両刃の代官という話である。代官は村で村長の下にいる者である。村民に暴虐の限りを尽くす代官がいた。人々はその代官にうんざりしており、死ねばいいと皆が思っていた。代官は死期を感じ取った。病気になってもうだめだと知り、こう思った。「もし私が死ぬと人々はとても喜ぶだろう。死体に火を放ちさえするかもしれない。不幸なことだ。では、奴らにも不幸の

仕返しをしてやろう。」代官は人々を集めて言った。

「者ども、私はもうすぐ死ぬだろう。さあ、集まれ。」

人々は、代官が死ぬと聞いて喜んだが、集まって何を言うか聞いていた。ずっと、代官は人々をいじめてきたのである。代官は泣きながら言った。

「人々よ、私はあなた方に暴虐の限りをつくしてきた。しかし、それは間違いだと後悔している。私はもう死ぬが、許してくれないか。」

何人かが、感動して泣いた。また、別の者たちは言った。

「あんなに暴虐の限りを尽くしたんだ。これまでの仕返ししてやろう。」

代官は言った。

「私が死んだら、私の罪は重いのだから死体を牛の尻尾にくくりつけて、ぼろぼろになるまで茨の森を引きずらせるがいい。そうやって、神に許しを乞いたいのである。」

人々は神にこう言いたいぐらいだった。

「なんて好都合なんだ。バラバラにしてやろうと思っていたが、自分でそう遺言しやがった。死んだら、言われたとおりにしよう。死体を牛にくくりつけて茨の砂漠を走らせて、遺言どおりにしよう。そうすれば、私たちの怒りも静まるというものだ。」

（代官が死んで、人々が恨みを晴らしているのを）警察の密偵が見ていて、こう言った。

「どうして、死体にそんなことをするのか。」

そう言って、人々を皆逮捕した。そこで、代官がまだ、生きていることがわかった。つまり、死んでもなお、人々に暴虐を働くことがわかった。そして、こう言った。

「代官は、両刃の剣のようだ。両刃の代官だ。両方の刃で我々を苦しめた。つまり、生きているときも、死んでからも私たちを苦しめるのだ。」

備考：پاکارを便宜上「代官」と訳したが、村長の下で働く「監督官」ぐらいの意味あいである。

085

題　　名：بپ حیدرو (پدر حیدر) ／ ヘイダルのお父さん
分　　類：笑話と小話
ＡＴ番号：‐
録音箇所［収録時間］：008-022［02分08秒］
調 査 日：1999年01月11日
調 査 地：استان هرمزگان، بندر عباس ／ ホルモズガーン州バンダレアッバース

名　　前：فرخنده پیشداد ／ ファルホンデ・ピーシュダード
年齢性別：50才、女性
職　　業：نویسنده ／ 作家
住　　所：بندر عباس پارک شهر جنب آتش نشانی درب چهارم
出 身 地：بندر عباس درتوجان ／ バンダレ・アッバース、ダルトゥージャーン
伝 承 者：همه همسایگان ／ (村の)隣人たち

翻字（ペルシア語）: قصه بپ حیدرو. بپ حیدرو یعنی پدر حیدرو. و این کلمه مال درتوجانیان نیست، و به فرهنگ درتوجان اضافه شده. یه عده ای شتر چران که در حاشیۀ درتوجان زندگی میکنن، کنار مسیر رودخونه ها،

شتر میچرانن، متعلق به درتوجان نیستن، ولی این قصه را از اون ها به یادگار مونده. این شتر چرانا اتفاقی شتری رو پیدا میکنن، مال خودشون نبوده، میکشن که بخورن. یک دفعه متوجه میشن که فردی داره میاد ایطرف که ممکنه صاحب شتر باشه. فوری یه فرش حصیری که اونجا خودشون میبافن، بلند میکنن میاندازن رو اون جسد شتر، و شروع میکنن دورش به گریه کردن. این یه حالت نمایشی داره. عمدی گریه کردن که ای بپ حیدرو روزو تو جنگلا ری امرو اینجا ختی (خوابیدی). این زبون دوباره مال درتوجان نیست متعلق به همون جدها هسّن[1] که شتر چرانن. ای پدر حیدر، هر روز توی جنگل ها بودی امروز اینجا خوابیدی، یعنی که وای مردی، یعنی که پدر حیدر مرده و هی دارن براش گریه میکنن. اون صاحب شتر، که وقتی که این صحنه میبینه فکر نمیکنه که شترشه. فکر میکنه که مصیبتی وارد شده، پدری این مرده و اینا دارن گریه میکنن. وا میسته. و نگاه میکنه و اینا متأثره. منتها، یک زن بسیار زیرکی اینا داشتن فوری متوجه میشه که پاهای شتر بیرونه. و مرد ممکنه متوجه بشه. فوری میگه تو سر خودش میزنو شروع میکنه به گریه کردن، که ای شما که مردمان عقل و هوشین، لَپون (سم) پهنش بپوشین. (ولی) یعنی که سم های شتر و بپوشونین. شما که اِقدر فهم و شعورتون زیاده میتونین کلک بزنین میتونین نمایش بدین که مرد متوجه نشه، خوب پاهای شترم بپوشونین. چون با گریه و زاری میگفته، اون مرد باز هم متوجه نشده. و بر میگرده.

۱. هسن = هستند

翻字（ローマ字） : qesseye bap heidarū. bap heidar ya‘anī pedar-e heidarū. va īn kalame māl-e dartūjaniyān nīst, va be farhang-e dartūjān ezāfe šode. ye eddeī šotor čerān ke dar hāšīeye dartūjān zendegī mikonan, kenār-e masīr-e rūdxūnehā, šotor mičarānan, mota‘aleq be dartūjān nīstan, valī īn qesse rā az ūn hā be yādegār mūnde. īn šotor čerānā ettefāqī šotorī ro peidā mikonan, māl-e xodešūn nabūde, mikošan ke boxoran. yek daf‘e motavajje mišan ke fardī dāre miyād ītaraf ke momkene sāheb-e šotor bāše. fourī ye farš-e hasīrī ke unjā xodešūn mībāfan, boland mikonan miandāzan rū ūn jasad-e šotor, va šrū mikonan doureš be gerie kardan. īn ye hālat-e namāyašī dāre. amdī gerie kardan ke ei bap heidarū rūzū tū jangalā rī emrū ījā xatī. īn zabūn dobāre māl-e dartūjān nīst mota'aleq be hamūn jadd hā hassan ke šotor čerānan. ei pedar-e heidar, har rūz tūye jangal hā būdī amrūz injā xābīdī, ya'anī ke vāi mordī, ya'anī ke pedar-e heidar morde ve hei dāran baraš gerie mikonan. ūn sāheb-e šotor, ke vaqtī ke īn sahne mībīne fekr nemikone ke šotoreše. fekr mikone ke mosībatī vāred šode, pedarī īn morde va īnā dāran gerie mikonan. vā mīste. va negāh mikone va īnā mota'assere. montahā, yek zan-e besiyār zīrakī īnā dāštan fourī motavajje miše ke pāhāye šotor bīrūne. va mard momkene motavajje beše. fourī mige tū sar-e xodeš mizano šrū mikone be gerie kardan, ke ei šomā ke mardmān-e aql o hūšīn, lappūn-e pahneš bepūšīn. valī ya'anī ke som hāye šotor o bepūšūnīn. šomā ke eqadr faham o ša'avoretūn ziyāde mītūnīn kalak bezanīn mitūnīn namāyaš bedīn ke mard motavajje naše, xub pāhāye šotor-am bepūšūnīn. čūn bā gerie va zārī migofte, ūn mard bāz ham motavajje našode. va bar migarde.

日本語訳：「バペ・ヘイダル」、ヘイダルのお父さんの話。この単語はダルトゥージャーンの言葉ではない。外来語である。ラクダ追いの一団がダルトゥージャーンの端に住んでいた。川沿いにラクダを追っていた。彼らはダルトゥージャーンの者達ではなかったが、彼らからこの話を教わった。このラクダ追いたちは偶然、自分たちのものでないラクダを見つけた。そこで、それを殺して食べることにした。ところが、ラクダの飼い主だと思われる人がやってきた。そこで、自分たちで編んだむしろをラクダの死体にかぶせて、皆で集まって泣き始めた。演技をしたのであった。わざと「バペ・ヘイダル、生きていた頃は森を駆けていたのに、ここで眠っているなんて。」と泣いた。これもダルトゥージャーンと違う言葉で言った。ラクダ追いたちの言葉で言ったのだ。

「ヘイダルのお父さん、生きていた頃は森を駆けていたのに、ここで眠っているなんて。死んでしまった。」

こう言って、ヘイダルのお父さんが死んだことにして、泣いていた。ラク

ダの持ち主は、その演技を見ていて、まさかそれがラクダだとは思わなかった。「不幸があったのだな、父親が死んで泣いているのだな。」と思った。見ているうちに、心を動かされた。賢い女がラクダの足がはみ出していることに気がついた。男にばれるかもしれないので、突然、頭を叩いて、泣きながら、（こっそり）こう言った。

　「ほら、よく見なさい。足を隠しなさい。」

　つまり、上手に演技をしながら足が出ていることを伝えて、隠させたのであった。泣きながらこう言ったので、男は気づかずに行ってしまった。

形式譚

通し番号：086－088

086

題　　名：عروسی خاله سوسکه ／ 黄金虫の娘の嫁入り

分　　類：形式譚

ＡＴ番号：AT2023「小さなありが一ペニー見つけて、新しい服を買って戸口にすわる」

録音箇所［収録時間］：001-006［03分29秒］

調 査 日：1998年9月4日

調 査 地：استان تهران، شهر ری، روستای طالب آباد ／ テヘラン州レイ市ターレバーバード村

名　　前：قاسم اکبری ／ ガーセム・アクバリー

年齢性別：34才、男性

職　　業：استاد دانشگاه ／ 大学教授

住　　所：استان تهران، شهر ری، روستای طالب آباد

出 身 地：روستای طالب آباد ／ ターレバーバード村

伝 承 者：مادر بزرگ ／ 祖母

翻字（ペルシア語）：یکی بود یکی نبود، غیر از خدا هیچ‌کس نبود. یه خاله سوسکه با باباش توی دهی زندگی میکردن. روز روزگاری خاله سوسکه با باباش دعواشون شد. بابای خاله سوسوکه، خاله سوسکه را از خونه اش

بیرونش کرد. خاله سوسکه رفت و رفت و رفت که بره به شهر همدان، پیش فامیلاش زندگی کنند. همینطوری که می رفت، سر راه بر خورد کرد با یه آقا قصابه. آقا قصابه گفت خاله سوسکه چادر زری لپ قرمزی، کجامیری کجامیری؟ گفت میرم در همدون. شو کنم با رمضون، نون گندم بخورم منت بابا نکشم. آقا قصابه به خاله سوسکه گفت خاله جون زن من میشی. پارهٔ تن من میشی. خاله سوسکه گفت اگه زنه تو بشم، پارهٔ تن تو بشم، با هم دیگه دعوا کنیم، منو با چی میزنی. آقا قصابه چاقوش در آورد گفت با این چاقوی تیزم سر تو من میبرم. خاله سوسکه گفت نه نه نه نه نه. من زن تو نمیشم. خاله سوسکه براهش ادامه داد. رفت و رفت و رفت، تا رسید به آقا بقاله. آقا بقاله گفت خاله سوسکه چادر زری لپ قرمزی، کجا میری کجا میری؟ گفت میرم در همدون. شو کنم با رمضون. نون گندم بخورم، منت بابا نکشم. آقا بقاله گفت خاله جون زن من میشی. پارهٔ تن من میشی. گفت اگه زن تو بشم، پارهٔ تن تو بشم، با هم دیگه دعوا کنیم، منو با چی میزنی؟ گفت با این سنگ ترازو میزنم توی سرت. گفت نه نه نه نه نه. من زن تو نمیشم. خاله سوسکه به راهش ادامه داد. رفت و رفت و رفت، تا رسید، به آقا موشه. آقا موشه سر راه خاله سوسکه را گرفت، گفت خاله سوسکه، چادر زری لپ قرمزی، کجا میری کجا میری؟ گفت میرم در همدون. شو کنم با رمضون. نون گندم بخورم، منت بابا نکشم. آقا موشه گفت خاله جون، زن من میشی، پارهٔ تن من میشی. خاله سوسکه گفت اگر زن تو بشم، پارهٔ تن تو بشم، با هم دیگه دعوا کنیم، منو با چی میزنی؟ گفت با این دم نرم و نازکم میزنم توی سرت. گفت خوب خوب خوب. من زن تو میشم. با هم دیگه عروسی کردند و شادی کردند، سالیان سال با هم خوش بودن.

翻字（ローマ字）: yekī būd yekī nabūd, qeir az xodā hīč kas nabūd. ye xāle sūske bā bābāš tūy dehī zendegī mīkardan. rūze rūzegārī xāle sūske bā bābāš da‘vāšūn šod. bābāye xāle sūske, xāle sūske rā az xūne bīrūneš kard. xāle sūske rafto rafto raft ke bere šahr-e hamedān, pīše fāmilāš zendegī konand. hamīntūrī ke mīraft, sar-e rāh bar xord kard bā ye āqā qasābe. āqā qassābe goft xāle sūske čādr zarī lop qermezī, kojā mirī kojā mirī. goft miram dar hamedūn. šou konam bā ramezūn, nun-e gandom boxoram mennat-e bābā nakešam. āqā qassābe be xālesūske goft xāle jūn zan-e man mišī. pāre-ye tan-e man mišī. xāle sūske goft age zan-e to bešam, pāre-ye tan-e to bešam, bā ham dīge da'vā konīm, mano bāčī mizanī. āqā qassābe čāqūš dar āvord go bā īn čāqūye tīzam sar-e to man miboram. xāle sūske gof na na na na na. man zan-e to nemišam. xāle sūske be rāš edāme dād. rafto rafto raft, tā rasīd be āqā baqqāle. āqā baqqāle goft xāle sūske čadōr zarī rop qermezī, kojā mirī kojā mirī? goft miram dar hamedūn. šou konam bā ramezūnnun-e gandom boxoram, mennat-e bābā nakešam. āqā baqqāle goft xāle jūn zan-e man mišī. pāreye tan-e man mišī. gof age tan-e to bešam, pāreye tan-e to bešam, bā ham dīge da'vā konīm, mano bā čī mizanī? gof bā īn sang-e tarāzū mizanam tūye saret. goft na na na na na. man zan-e to nemišam. xāle sūske be rāš edāme dād. rafto rafto raft, tā rasīd, be āqā mūše. āqā mūše sar-e rāe xāle sūske rā gereft, gof xāle sūske, čadōr zarī lop qermezī, kojā mirī kojā mirī? goft miran dar hamedūn. šou konam bā ramezūn. nun-e gandom boxoram, mennat-e bābā nakešam. āqā mūše gof xāle jūn, zan-e man mišī, pāreye tan-e man mišī. xāle sūske goft agar zan-e to bešam, pāreye tan-e to bešam, bā ham dīge da'vā konīm, mano bā čī mizanī? go bā īn dom-e narmo nāzokam mizanam tūye saret. gof xob xob xob xob. man zan-e to mišam. bā ham dīge arūsī kardando šādī kardand, sāliyān-e sāl bā ham xoš būdan.

日本語訳：昔、むかし、神様の他に誰もいなかたころ。黄金虫[1]の娘が、ある村に父親と一緒に住んでいた。ある日のこと、娘は父親と喧嘩をした。娘の父親は、娘を家から追い出してしまった。娘は、どんどん、どんどん歩いて、ハマダンまで行って、家族を持とうと思った。もっと、どんどん行くと、途中で肉屋に会った。肉屋はこう言った。

「お嬢さん、黄色いチャドルと赤い頬してどこ行くの、どこ行くの。」

娘はこう言った。

「ハマダンへ行くの。そして、ラマザーン[2]のお嫁さんになるのよ。麦のナンを食べるの。パパの言うことなんか聞かないのよ。」

肉屋は娘に言った。

「お嬢さん、僕のお嫁さんにならないかい。一緒に暮らさないかい。」

すると、娘はこう言った。

「もし、お嫁さんになって、一緒にくらしたら、喧嘩をしたとき私を何で殴るの。」

肉屋は、包丁を持ってきて言った。

「このよく切れる包丁で君の頭を殴るよ。」

娘は言った。

「いや、いや、いや、いや、いや。あなたのお嫁さんにならないわ。」

娘はまた歩き続けた。どんどん、どんどん歩いていくと、雑貨屋に会った。雑貨屋はこう言った。

「お嬢さん、黄色いチャドルに赤い頬して、どこいくの、どこいくの。」

娘はこう言った。

「ハマダンへ行って、ラマザーンのお嫁さんになるのよ。麦のナンを食べるの。パパの言うことなんか聞かないのよ。」

雑貨屋は言った。

「お嬢さん、僕のお嫁さんにならないかい。一緒に暮らさないかい。」

娘は言った。

「もし、お嫁さんになって、一緒に暮らしたら、喧嘩をしたとき私を何で殴るの。」

雑貨屋は言った。

「この秤石で殴るよ。」

娘は言った。

「いや、いや、いや、いや、いや。あなたのお嫁さんにはならないわ。」

娘は、また歩き続けた。どんどん歩いて、ネズミのところにやってきた。ネズミは道の途中で娘に会って、こう言った。

「お嬢さん、黄色いチャドルと赤い頬、どこ行くの、どこ行くの。」

娘は言った。

「ハマダンへ言ってね、ラマザーンのお嫁さんになるのよ。麦のナンを食べるのよ。パパの言うことなんか聞かないの。」

ネズミは言った。

「お嬢さん、私のお嫁さんにならないかい。一緒に暮らさないかい。」

娘は言った。

「もし、あなたのお嫁さんになって、一緒に暮らしたら、喧嘩をしたとき私を何で殴るの。」

ネズミは言いました。

「この柔らかい私の尻尾で頭を撫でてあげるよ。」

娘は言った。

「いいわよ、いいわよ、いいわよ、いいわよ。あなたのお嫁さんになるわ。」

そして、結婚式を挙げて、いつまでも幸せに暮らしたとさ。

注
1. سوسکは、黄金虫のほかにゴキブリという意味もある。
2. ここでは人名である。

087

題　　名：قصه خاله سوسکه ／黄金虫の娘の物語
分　　類：形式譚
ＡＴ番号：AT2023「小さなありが一ペニー見つけて、新しい服を買って戸口にすわる」
録音箇所［収録時間］：001-011［07分45秒］
調 査 日：1998年9月11日
調 査 地：استان تهران، شهر ری، روستای طالب آباد ／テヘラン州レイ市ターレバーバード村

名　　前：محمّد تقی کشاورزی ／モハンマド・タキー・ケシャーヴァルズィー
年齢性別：47才、男性
職　　業：کشاورز و کارمند ／農業と事務員（兼業）
住　　所：استان تهران، شهر ری، روستای طالب آباد
出 身 地：روستای طالب آباد ／ターレバーバード村
伝 承 者：پدر و مادر ／両親

翻字（ペルシア語）：یکی بود یکی نبود، غیر از خدای مهربون هیچ کس نبود. یه روز خاله سوسکه وقتی از در خونش اومد بیرون، دید چه قدر

پوست پیاز در خونش ریخته شده. پوست پیازا رو با خودش جمع کرد و برد تو خونش. با اونا یه جوراب درست کرد، کفش درست کرد، پیراهن درست کرد، دامن درست کرد، روسری درست کرد، چادری درست کرد و اینا رو همه رو پوشید و لباشو گلی کرد، لپاشو سرخابی کرد، خالی رو لبش گذاشت، سرمه به چشمهاش کشید، خلاصه، خودشو هفت قلم آرایش کرد و، با ناز و کرشمه [و] عور و ادا، اومد بیرون. همینطور که تو راه داشت می اومد، رسید به دکون قصابه. آقا قصاب گفت ای خاله سوسکه کجا میری؟ گفت خاله سوسکه درد پدرم، درد مادرم، من که از گل بهترم. خاله قزی لب قرمزی، شلواریزی پیراهن قرمزی، کجا میری؟ میروم در همدون شو کنم بر رمضون، نون گندم بخورم، قلیون بلور بکشم، منت بابا نکشم. گفت زن من میشی. گفت اگر زن تو شدم، روزی روزگاری با هم دعوامون شد، تو منو با چی میزنی؟ گفت با این ساتور قصابی میزنم. گفت نه نه نمیشم. اگر بشم، کشته میشم. اومد و اومد و اومد و اومد تا رسید در دکون بقاله. آقا بقاله از در دکانش اومد بیرون گفت خاله سوسکه کجا میری؟ گفت خاله سوسکه درد پدرم، درد مادرم، من که از گل بهترم. گفت خاله قزی لب قرمزی، چادریزی، پیراهن قرمزی، کجا میری؟ میروم در همدون، شو کنم بر رمضون، نون گندم بخورم، قلیون بلور بکشم، منت بابا نکشم. گفت زن من میشی. گفت اگر زن تو شدم، روزی روزگاری با هم دعوامون شد، تو منو با چی میزنی؟ گفت با این سنگ ترازو میزنم. گفت نه نه نمیشم. اگر بشم، کشته میشم. اومد و اومد و اومد و اومد تا رسید به در دکون لحاف دوزه، حلاجه، آقای حلاج اومد و گفتش خاله سوسکه، کجا میری؟ گفت خاله سوسکه، درد پدرم، درد مادرم، من که از گل بهترم. بگو خاله قزی لب قرمزی، چادریزی، پیراهن قرمزی، کجا میری؟ میروم در همدون، شو کنم بر رمضون، نون گندم بخورم، قلیون بلور بکشم، منت بابا نکشم. گفت زن من میشی. گفت اگه زن تو شدم، روزی روزگاری با هم دعوامون شد، تو منو با چی میزنی؟ گفت با این کمون حلاجیم لحاف دوزی. گفت نه نه نمیشم. اگر بشم، کشته میشم. اومد و اومد و اومد و اومد همین که خواست از در شهر خارج بشه بره بیرون، آقا موشه اومد سر راهش [را] گرفت. آقا موشه گفتش که ای خاله قزی لب قرمزی، پیراهن قرمزی، چادریزی، کجا میری؟ گفت میروم در

همدون، شو کنم بر رمضون، نون گندم بخورم، قلیون بلور بکشم، منت بابا نکشم. گفت زن من میشی. گفت اگه زن تو شدم، روز روزگاری با هم دعوامون شد، تو منو با چی میزنی؟ گفت ترا با این دم نرم [و] نازکم ناز میکنم. گفت میشم میشم، چرا نمیشم، خوبم میشم. اگر بشم، خوشبخت روزگار میشم. خلاصه، جشنی گرفتن و شهر [را] آیین بستن هفت شبانه هفت روز، هر چی سوسک و موش و عقرب و رتیل خلاصه هر چی حشره بود تو عروسیشون دعوت کردند. روزگاری از زندگی اینا گذشت یه روز از روزها وقتیکه خاله سوسکه برای شستن لباس های آقا موشه، رفته بود سر جوی آب، که لباس ها رو بشوره، یه جایی بود جای سم پای گاو بود که آب جمع شده بود توش همونجا نشست رختاشو گذاشت و تشتشو پر آب کرد که به حساب بشوره پاش سر خورد رفت افتاد توی اون جای سم پای گاو. هر کاری کرد که از اونجا بیاد بیرون، نتونست. داد و فریاد و از خیلی سرو صدا راه انداخت، دید نه، صداش به جایی نمیرسه نشست، منتظر شد، دید صدای سم اسبی میاد. گوش کرد دید داره نزدیک میشه. وقتیکه خوب نزدیک شد گفت سوار سوار یکه تو که میری به مکه. آقا موشه را بگو، همبونه توشه رو بگو. نازت افتاده تو آب. خانمت افتاده تو آب. نبردبون طلا بیار، درش بیار. گفت دستت بده به من بیا بالا. گفت طلاست میشکنه. گفت گردنت و بده بعد بیا بالا. گفت بلوره میشکنه. هرکاری کرد نیامد. اومد اومد و خونشون و مشغول غذا خوردن، اومد خونشون با خانمش خوش بش کرد و نشست [که] غذا بخوره، دید که یک موشی از این سمت خونش به اون رفت. به اون سمت رفت، یاد اون خاله سوسکه افتاد که گفت اگر رفتی به آقا موشه بگو. داستان را برای زنش تعریف کرد، گفت تو اون[1] میومدم یه همچین اتفاقی برای من افتاده بود. حالا من نمیدانم آقا موشه را (از) کجا پیدا کنم بهش بگم. آقا موشه وقتیکه شنید، اومد [و] رفت تو باغ و یک هویجی کند و این نو گاز گاز کرد و ازش یک نبردبون طلا ساخت گذاشت رو کولشو رفت کنار جو. اونجا که رفت، گذاشت و خاله سوسکه، این نبردبون [را] گرفت و اومد با خودش بالا. آقا موشه هم این [را] پیچیدش لای پتو و گذاشتش [روی] پشتش، روکولش آوردش تو خونه، کرسی رو درست کرد و آتیش کرد و منقل و گذاشت زیر کرسی اینو هم خوابوند پله کرسی و لحاف

[رو] کشید روش و، جاش گرم بشه اومد بیرون. رفت به هوای سور و ساتی جور کنه که برای این غذایی درست کنه. اومد و رفت دکون بقاله، لپه ای و نخودی و لوبیائی دزدید و اومد رفت، یک مقدار روغن و دکون قصابه رفت یه خورده گوشتی از قصابه کش رفت و یه خورده دکونِ حلاجه پنبه ای آورد و تشک نرمی درست کرد و خلاصه، خوابوند اینو و یه چند روزی از این پذیرائی کرد. یه روز از روزها وقتیکه آش رو درست کرد و غذائی و آشی درست بکنه، میرفت هم میزد و برمیگشت و میاومد، یهو[۲] پاش سر خورد و افتاد تو دیگ آش. دمبش سیخ شد [و] از دیگ آش اومد بیرون، و مرد. خاله سوسکه هر چی صبر کرد، که ببینه آقا موشه میاید غذایی به این بده آشی بده به این بده بخوره، پیداش نشد. تا خودش یواش یواش از زیر کرسی اومد، بیرون و رفت بهواش دید که اره (خاله)، آقا موشه افتاده تو دیگ آش و دمش هم سیخ شده آمده بیرون. خلاصه، ناراحت شد وداد و فریاد و ناله کرد و آمد و رفت رو پشت بوم خیلی ناله کرد، خیلی فریاد کرد، خیلی چیز کرد و بعد آسمون تیره و تار شد و ابری اومد و بارون شروع کرد به باریدن. از اون بارون های شدید، که خاله سوسکه رم از اون بالا، انداختش تو ناودون و قل قل قل اومد افتاد پایین و خاله سوسکه [هم] مرد. قصه ما به سر رسید، کلاغه به خونه اش نرسید. بالا رفتیم ماست بود. پایین اومدیم دوغ بود. قصه ما دروغ بود.

۱.تو اون = تو راه که آن ۲. یهو = یک هو

翻字（ローマ字）: yekī būd yekī nabūd, qeir az xodāye meherabūn hīč kas nabūd. ye rūz xāle sūske vawtī az dar-e xūne ūmad bīrūn, dīd če qadr pūst-e piyāz dar-e xūneš rīxte šode. pūst-e piyāzā ro bā xodeš jam kard o bord tu xūnaš. bā ūnā ye jūrāb dorost kard, kafš dorost kard, pīrāhan dorost kard, dāman dorost kard, rūsarī dorost kard, čādrī dorost kard o īnā ro hame ro pūšīd o lebāšo golī kard. loppāšo sorxābī kard, xārī ro labeš gozāšt, sorme be češmehāš kešīd, xolāse, xodašo haft qalam ārāyaš kard o, bā nāz o kerešme o ūr-e adā, ūmad bīrūn. hamīntourī ke tū rā dāšt miumad, resīd be dokkūn-e qassābe. āqā qassāb goft ei xāle sūske kojā mirī? goft xāle sūske dard-e pedaram, dard-e mādaram, man ke az gol behtaram. xāle qezī lab qermezī, šarvāriazī pīran qermezī, kojā mirī? miravam dar hamedūn šū konam bar ramezūn, nun-e gandom boxoram, qeliyūn-e bolūr bekešam, mennat-e bābā nakešam. goft zan-e man mišī. go agar zan-e tū šodam, rūze rūzgārī bā ham da'vāmūn šod, to mano bā čī mizanī? gof bā īn sātūr-e qassābī mizanam. gof na na nemišam. agar mišam košte mišam. ūmad o ūmad o ūmad o ūmad tā rasīd dar-e dokkūn-e baqqāle. āqā baqqāre az dar-e dokkānaš ūmad bīrūn goft xāle sūske kojā mirī?. goft xāle sūske dard-e pedaram, dard-e mādaram, man ke az gol-e behtaram. goft xāle qezī lab qermezī, čādoriyazī, pīran qermezī, kojā mirī? miravam dr hamedūn, šū konam bar ramezūn, nūn-e gandom boxoram, qeliyūn bulūr bekešam, mennat-e bābā nakešam. gof zan-e man mišī. gof agar zan-e to šodam, rūzi rūzgārī bā ham da'vāmūn šod, to mano bā čī mizanī? goft bā īn sang-e tarāzū mizanam. goft na na nemišam. agar bešam košte mišam. ūmad o ūmad o ūmad o ūmad o ūmad tā rasīd be dar-e dukkūn-e lehāf dūze, halāje, āqāye hallāj ūmad o gofteš xāle sūske, kojā mirī? goft xāle sūske, dard-e pedaram dard-e mādaram, man ke az gol behtaram. bogū xāle qezī lab qermezī, čādoriyazī, pīran qermezī, kojā mirī? miravam dar hamedūn, šū konam bar ramezūn, nun-e gandom boxoram, qeliyūn-e bolūr bekešam, mennat-e bābā nakešam. gof zan-e man mišī. go age zan-e to šodam, rūze rūzegārī bā ham da'vāmūn šod, to mano bā čī mizanī? gof bā īn kamūn-e halājīm lehāf dūzī. gof na na nemišam. agar bešam košte mišam. ūmad o ūmad o ūmad o ūmad hamīn ke xāst az dar-e šahr xārej beše bere bīrūn, āqā mūše ūmad sar-e rāheš gereft. āqā mūše gofteš ke ei xāle qezī lab qermezī, pīran qermezī, čādoriyazī, kojā mirī? goft miravan dar hamedūn, šo konam bā ramezūn, nun-e gandom boxoram, qeliyūn bulūr bekešam, mennat-e bā bā nakešam. gof zan-e man mišī. gof age zan-e to šodam, rūz-e rūzgārī bā ham da'vā mūn šod, to mano bā čī mizanī? gof torā bā īn dom-e narm-e nāzokam nāz mikonam. goft mišam mišam, čerā nemišam, xūbam mišam. agar bešam, xošbaxt-e rūzgār mišam. xolāse, jašnī goreftan o šahr-e āīn bastan haft šabāne haft rūz, har čī sūsk o mūš o aqrab o rotel xolāse har čī hašare būd tū arūsīšūn da'vat kardand. rūzgārī az zendegī īnā gozašt ye rūz az rūzhā vaqtīke xāle sūske barāye šostan-e lebās-e āqā mūše, rafte būd sar-e jūye āb, ke lebās hā ro bešūre, ye jāī būd jāye somm-e pāye gāv būd ke āb jam šode būd tūš hamūnja nešast raxtešō gozašt o taštešo por āb kard ke be hesāb bešūre pāš sar xord raft aftād tūye ūn jāye som-e pāye gāv. har kārī kard ke az unjā biyād bīrūn, natūnest. dād o faryād o az xeilī sar o sedā rāh endāxt, dīd nah, sedāš be jāī nemirase nešast, montazer šod, dīd sedāye somm-e asbī miyād. gūš kard dīd dāre nazdīk miše. vaqtīke xub nazd-k šod gof savār savāri ke to ke mirī be makkeh. āqā mūše ra begū, hambūne tūše ra begū. nāzet aftāde tu āb. xānomet oftāde tu āb. nabardebūn-e talā biyār, dareš biyār. goft dastet bede be man biyā bālā. goft talāst mišekane. goft gardanet o bede ba'd biyā bālā. gof bolūre mišekane. har kārī kard nayāmad. ūmad ūmad o xūnešūn o mašqūl-e qazā xordan, ūmad xūnešūn bā xānomaš xoš beš kard o nešasto qazā boxore, dīd ke yek mūšī az īn samte xūneš be ūn raft. be ūn samt raft, yād-e ūn xāle sūske oftād ke goft agar raftī be āqā mūše begū. dāstān rā barāye zanaš ta'rīf kard, gof to ūn miyūmadam ye hamčīn ettefāqī barāye man oftāde būd. hālā man nemīdānam āqā mūpe r az kojā peidā konam beheš begam. āqā mūše vaqtī šenīd, ūmad raft tū bāq o yek havījī kand o īno gāz gāz kard o azaš yek nabardebūn-e talā sāxt gozāšt ru kūlšū raft kenār-e jou. unjā ke raft, gozāšt o xāle sūske, īn nabardebūn gereft o ūmad bā xodeš bālā. āqā mūše ham īn pīčīdeš lāye patū o gozaštaš pošteš, rūkūleš āvordeš tū xūne, korsī ro dorost kard o ātīš kard o manqal o gozāšt o zīr-e korsī īno ham xābūnd pelleye korsī o lehāf kešīd rū šou, jāšgarm beše ūmad bīrūn. raft be havāye sūr o sātī jūr kone ke barāye īn qazāī dorost kone. ūmad o raft dukkūn-e baqqāle, lappeī o noxodī o lūbiyāī dozdīd o ūmad raft, yek meqdār rouqan o dokkūn-e qassābe raft ye xorde gūštī az qassābe keš raft o ye xorde dukkūne halāje panbeī āvord o tošek-e narmī dorost kard o xolāse, xābund īno va ye čand rūzī az īn pazīrāī kard. ye rūz az rūz hā vaqtīke āš ro dorost kard o qazāī o āšī dorost bokone, miraft ham mizad o barmīgašt o miyūmad, yuhō pāš sar xord o oftād tū dīg-e āš. dombeš sīx šod az dīg-e āš ūmad bīrūn, va mord. xāle sūske har čī sabr kard, ke bebīne āqā mūše miyād qazāī be īn bede āšī be de be īn bede boxore, peidāš našod. tā xodaš yavāš yavāš az zīr-e korsī ūmad, bīrūn o raft bahūš dīd ke are, āqā mūše oftāde tū dīg-e āš o dommeš ham sīx šode āmade bīrūn. holāse, nārāhat šod o dād o faryād o nāle kard o āmad o raft rū pošt būm xeilī nāle kard, xeilī faryād kard, xeilī čīz kard o ba'd āsemūn tīre o tār šod o abrī ūmad o bārūn šrū kard be bārīdan. az ūn bārūn hāye šadīd, ke xāle sūske ra-am az ūn bālā, endāxteš tū naudūn o qel qel qel ūmad oftād pāīn o xāle sūske mord. qesseye mā be sar rasīd, qalāqe be xūneaš narasīd. bālā raftīm māst būd. pāīn ūmadīm dūq būd. qesseye mā dorūq būd.

日本語訳：あったことか、なかったことか、慈悲深き神の他に誰もいなかったころのこと。ある日、黄金虫の娘が家から出ると、家の扉のところにタマネギの皮がたくさん落ちているのを見つけた。娘はタマネギの皮を集めて家に持って帰った。その皮で靴下と靴と服とスカートとスカーフとチャドルを作った。これらで着飾り、服をバラ色に染めて、頬を紅色にして、唇の上につけ黒子をつけて、ソルメ[(1)]を瞼につけて、盛装して流し目をして、魅力いっぱいになり、しなを作って表へ出た。どんどん歩いて肉屋に着いた。肉屋は、言った。

「黄金虫さん、どこへ行くの。」

黄金虫の娘は答えた。

「お父さんとお母さんは私を目に入れても痛くないのよ、私は花よりも綺麗なの。」

肉屋は言った。

「赤い唇のお嬢さん、ヤズドのズボンと赤い服きて、どこ行くの。」

黄金虫の娘は答えた。

「ハマダーンに行ってね、ラマザーンのお嫁さんになって小麦のナンを食べるのよ。ガラスの水パイプを吸ってね、お父さんの言うことなんか聞かないわ。」

肉屋は言った。

「私のお嫁さんになりませんか。」

黄金虫の娘は言った。

「もし、あなたに嫁いだら、喧嘩したとき私を何で殴るの。」

肉屋は言った。
「この肉切り包丁で殴るよ。」
黄金虫の娘は言った。
「いや、いや、お嫁さんにならないわ。もしなったら、死んでしまうわ。」
また、どんどん歩いて、雑貨店に着いた。雑貨屋は店から出てきて言った。
「黄金虫さん、どこへ行くの。」
黄金虫の娘は答えた。
「お父さんとお母さんは私を目に入れても痛くないのよ、私は花よりも綺麗なの。」
雑貨屋は言った。
「赤い唇のお嬢さん、ヤズドのチャドルと赤い服きて、どこ行くの。」
黄金虫の娘は答えた。
「ハマダーンに行ってね、ラマザーンのお嫁さんになって小麦のナンを食べるのよ。ガラスの水パイプを吸ってね、お父さんの言うことなんか聞かないわ。」
雑貨屋は言った。
「私のお嫁さんになりませんか。」
黄金虫の娘は言った。
「もし、あなたに嫁いだら、喧嘩したとき私を何で殴るの。」
雑貨屋は言った。
「この天秤の石で殴るよ。」
黄金虫の娘は言った。
「いや、いや、お嫁さんにならないわ。もしなったら、死んでしまうわ。」
また、どんどん歩いて、仕立屋店に着いた。仕立屋は店から出てきて言った。
「黄金虫さん、どこへ行くの。」

黄金虫の娘は答えた。
「お父さんとお母さんは私を目に入れても痛くないのよ、私は花よりも綺麗なの。」
仕立屋は言った。
「赤い唇のお嬢さん、ヤズドのチャドルと赤い服きて、どこ行くの。」
黄金虫の娘は答えた。
「ハマダーンに行ってね、ラマザーンのお嫁さんになって小麦のナンを食べるのよ。ガラスの水パイプを吸ってね、お父さんの言うことなんか聞かないわ。」
仕立屋は言った。
「私のお嫁さんになりませんか。」
黄金虫の娘は言った。
「もし、あなたに嫁いだら、喧嘩したとき私を何で殴るの。」
仕立屋は言った。
「この仕立て用の綿たたきの弓で殴るよ。」
黄金虫の娘は言った。
「いや、いや、お嫁さんにならないわ。もしなったら、死んでしまうわ。」
また、どんどん歩いて町から出ようとしたとき、ネズミが道の前にやって来て言った。
「赤い唇のお嬢さん、赤い服着てヤズドのチャドルでどこ行くの。」
黄金虫の娘は言った。
「ハマダーンに行ってね、ラマザーンのお嫁さんになって小麦のナンを食べるのよ。ガラスの水パイプを吸ってね、お父さんの言うことなんか聞かないわ。」
ネズミは言った。
「私のお嫁さんになりませんか。」
黄金虫の娘は言った。

「もし、あなたに嫁いだら、喧嘩したとき、私を何で殴るの。」

ネズミは言った。

「この柔らかくて細い尻尾で撫でてあげるよ。」

黄金虫の娘は言った。

「いいわ、いいわ、お嫁に行くわ。きっといいわ。あなたに嫁いだら幸せになるわ。」

そして、結婚式を挙げて、町を飾り付けた。七昼夜、黄金虫もネズミもサソリも舞踏グモも、あらゆる虫たちを結婚式に招いた。

こうして二人は一緒に暮らしはじめ、しばらくたったある日、黄金虫の娘がネズミの服を洗濯しに泉のほとりに行った。途中で、牛の蹄の足跡を見つけ、水がたまっていた。そこで座って洗濯物を置き、たらいに水をくみ、洗濯を始めようとしたとき、足を滑らせて、蹄の足跡に落ちてしまった。どうやってもそこから出ることができなかった。大声で叫んで、もがいても、誰も来る気配がなかったので、じっとしていた。しばらく待っていると、馬の駆ける音が聞こえ、近づいてくるのがわかった。近くまで来たとき、黄金虫の娘は言った。

「騎士の方、ネズミにこう伝えてください。きっと聖地メッカに行けますよ。革の箱に行って。大事な人が水に落ちたよ。妻が水に落ちたのよ。金色の梯子を持ってきて、ここから出して。手を貸してここから引き上げて。黄金が壊れるのよ。首を貸してここから引き上げて。ガラスが壊れるのよ。」

どんなに待ってもネズミは来なかった。騎士は、自分の家に帰って、ご飯を食べて、妻と楽しく過ごして、またご飯を食べていると、（別の）ネズミが見えて、黄金虫の娘が「ネズミに会ったら言ってくれ。」と言っていたことを思いだした。そして、出来事を妻に話した。騎士は言った。

「出来事を（目の前の）ネズミに話してやろう。（探している）ネズミをどうやって見つけたらいいのかわからないので、このネズミに言おう。」

ネズミは、騎士からそのことを聞くと、庭に行って、ニンジンを採ってきて、かじって金色の梯子を作って、肩に担いで水たまりに向かった。水たまりに着いて、梯子を置くと、黄金虫の娘はその梯子を伝って自分で登った。

ネズミは、黄金虫の娘を毛布にくるんで背負った。おんぶして家まで連れて帰った。こたつを用意して、火をつけ、火鉢をこたつの下に置いて、黄金虫の娘をこたつの段に寝かせ、掛け布団を掛けてやった。暖かくして、ネズミは部屋を出た。そして、材料を用意して、黄金虫の娘のためにご飯を作った。外へ出て、雑貨屋に行って、割り豆やエンドウ豆やインゲン豆を拝借して帰ってきた。油と一切れの肉を肉屋から拝借し、仕立屋に行って綿を拝借して柔らかい敷き布団を作った。そこに黄金虫の娘を寝かせ、数日の間、看病をした。しばらくしたある日、ネズミがスープを作っているとき、スープやおかずを作って、忙しく行ったり来たりしていると、足を滑らせてスープの鍋に落ちてしまった。尻尾はスープの鍋から外に出て固くなり、ネズミは死んでしまった。黄金虫の娘は、ネズミがやって来てご飯やスープを与えてくれるかとどんなに待っても、現れなかった。ゆっくり、布団から出てみると、ネズミはスープの鍋に落ちて、尻尾も固くなって外に出ていた。黄金虫の娘は悲しくて泣き叫び、屋根に登って泣き続けた。泣きすぎたので、空は暗くなり、雲が出てきて、雨が降り始めた。雨がとても激しく降ったので、黄金虫の娘は屋根から梯子に落ち、梯子から転がり落ちた。そして、黄金虫の娘も死んでしまった。私たちのお話はおしまいで、カラスも家には帰らなかった。上に行ったら凝乳（マースト）になって、下へ行ったら酸乳（ドゥーグ）になった。私たちの話も嘘であった。

注
1．眉やまつげを黒く染めるのに使うアンチモンの粉末のこと。

088

題　　名：خاله سوسکه ／黄金虫の娘

分　　類：形式譚

ＡＴ番号：AT2023「小さなありが一ペニー見つけて、新しい服を買って戸口にすわる」

録音箇所［収録時間］：002-022［02分31秒］

調 査 日：1998年10月09日

調 査 地：استان تهران، شهر ری، روستای طالب آباد ／テヘラン州レイ市ターレバーバード村

名　　前：خانم رستم مهابادی ／ロスタム・マハーバーディー夫人

年齢性別：57才、女性

職　　業：خانه دار ／主婦

住　　所：استان تهران، شهر ری، روستای طالب آباد

出 身 地：استان تهران، شهرستان ورامین ／テヘラン州ヴァラーミーン地区

伝 承 者：مادر بزرگ ／祖母

翻字（ペルシア語）：یکی بود یکی نبود، غیر از خدا هیچ کس نبود. یه دونه خاله سوسکه بود. این سوسکه همیشه با پدرش دعوا مرافه[1] داشتن. این

ا پدرش قهر کرد و گفت من میخوام برم. اون بار به حساب وسط راه رسید، یه چوپون بهش رسید. گفت خاله سوسکه کجامیری؟ گفت خاله سوسکه باباته، نه نه ته، من خاله قزی هستم تومون[۲] قرمزی هستم. میرم در همدون شوهر کنم به رمضون، نون گندم بخورم، منت بابام نکشم. گفت اگه اومدی (زن بشی) زن من بشو. گفت اگه من زن تو بشم با چی میزنی؟ گفت مثلاً فرض با این چوب چوپونی میزنم. گفت نه من دستام درد میکنه، پاهام درد میکنه. رد شد رفت رفت رسید به یه دونه قصاب. قصابه بهش گفت خاله سوسکه کجا میری؟ گفت خاله سوسکه بابات، نه نه ته، من خاله قزی تومون قرمزی. کجا میری؟ گفتش که من میرم در همدون، شوهر کنم به رمضون، نون گندم بخورم، منت بابام نکشم. گفت بیا زن من بشو. گفت اگه زن تو بشم تو با چی میزنی؟ گفت من با این ساطور قصابی میزنم. گفت وای وای دستام درد میکنه پاهام درد میکنه. رفت، رسید توی بیابونی دید یه دونه موش داره اونجا بازی میکنه. سلام حال و احوال کرد. گفت خاله سوسکه کجا میری. گفت خاله سوسکه من نیستم من خاله قزی تومون قرمزی[۲] میرم در همدون شوهر کنم به رمضون، نون گندم بخورم منت بابام نکشم. گفت خوب بیا زن من بشو. گفت اگه من زن تو بشم، تو باچی منو میزنی؟ گفت با این دم نرم و نازکم میزنه[۴]. هیچی، گفتش که خوب بیا من زن تو میشم. این زن این شد. یه شب، چیز، آقا موشه تب کرد. تب کرد و خاله سوسکه بلند شد یک دونه دیگ آش گذاشت و بنا کرد بار کردن و پخته کرد، داد آقا موشه خورد و ظرفها ر جمع کرد و رفت لب جوق[۵] آب بشوره، ظرف ها را که شست [خواست] دست و پاشو بشوره یک کوره بادی اومد و خاله سوسکه ر انداخت توی آب. یه دونه سوار اومد بره. گفت ای سوار سوار یکه سوار کجا میری؟ گفت مثلاً میرم به این طالب آباد. گفت اونجا میری به آقا موشه بگو نبردبون طلا ر بسازه بیاد منو از آب در بیاره. خوب، آقا موشه تو دکون داشت هویج میخورد هویج رو پله پله درست کرد و گذاشت کولشو. رفت لب جوق. رفت لب جوق، خاله سوسکه ر گذاشت رو نبردبون طلا، ظرفهاش هم بغل کرد و ور داشت آورد. اومد خاله سوسکه تب کرد. خاله سوسکه که تب کرد، آقا موشه واسه اون آش بار کرد. اون که آش و بار کرد رفت آش هم بزنه آقا موش افتاد تو دیگ آش.

۱. مـرافه = مـرافـعـه ۲. تومـون = لبـاس ۳. قـرمـزی هستم ۴. میـزنـه = میـزنم ۵. جـوق = جوی

翻字（ローマ字）: yekī būd yekī nabūd qeir az xodā hīč kas nabūd. ye dūne xāle sūske būd. in sūske hamīše bā pedareš da'avā morāfe dāštan. īn a pedareš qahr kard o goft man mixām beram. ūn bār be hesāb vasat-e rāh rasīd, ye čūpūn beheš rasīd. go xāle sūske kojā mirī? go xāle sūske bābāte, nanate man xāle qezī hastam tomūn qermezī hastam. miram dar hamedūn šouhar konam be rabezūn, nūn-e gandom boxoram, mennat-e bābām nakešam. gof age ūmadī zan-e man bešou. go age man zan-e to bešam bā čī mizanī? gof masalān farz bā īn čūb-e čūpūnī mizanam. go na man dastām dard mikone, pāhām dard mikone. rad šod raft raft rasīd be ye dūne qassāb. qassābe beheš gof xāle sūske kojā mirī? gof xāle sūske bābāte, nanate, man xāle qezī tomūn qermezī. kojā mirī? gofteš ke man miram dar hamedūn, šouhar konam be ramezūn, nun-e gandom boxoram, mennate bābām nakešam. gof biyā zan-e man bešou. gof age zan-e to bešam to bā čī mizanī? gof man bā īn sātūr-e qassābī mizanam. gof vāi vāi dastām dard mikone pāhām dard mikone. raft, rasīd tūye biyābūnī dīd ye dūne mūš dāre unjā bāzī mikone. salām hāl o ahvāl kard. gof xāle sūske kojā mirī. gof xāle sūske man nīstam man xāle qezī tomūn qermezī miram dar hamedūn šouhar konam be rabezūn, nūn-e gandom boxoram mennat-e bābām nakešam. gof xūb biyā zan-e man bešou. gof age man zan-e to bešam, to bā čī mano mizanī? gof bā īn dom-e narm o nāzokam mizane. hīčī gofteš ke xūb biyā man zan-e to mišam. īn zan īn šod. ye šab, čīz, āqā mūše tab kard. tab kard o xāle sūske boland šod yek dūne dīg-e āš gozašt o banā kard bār kardan o poxte kard, dād-e āqā mūše xord o zarfhā re jam kard o raft lab-e jūq āb bešūre, zarf hā rā ke šost dast o pāšou bešūre yek kūre bādī ūmad o xāle sūske re andāxt tūye āb. ye dūne savār ūmad bere. gof ei savār savār yeke savār kojā mirī be āqā mūše begū nabordebūn-e talā re besāze biyād mano az āb dar biyāre. xob āqā mūše tu dokūn dāšt havīj mixord havīj ro pelle pelle dorst kard o gozāšt kūlešou. raft lab-e jūb. raft lab-e jūq, xāle sūske ra gozašt rū nabardebūn-e talā, zarfhāš ham baqal kard o var dāšt āvord. ūmad xāle sūske tab kard. xāle sūske ke tab kard, āqā mūše vāse ūn āš bār kard. ūn ke āš o bār kard raft āš ham bezane āqā mūš oftād tū dīg-e āš.

日本語訳：あったことかなかったことか、神の他に誰もいなかった頃。黄金虫の娘がいた。彼女はいつも父親と喧嘩していた。とうとう父親に怒ってこう言った。

「出て行くわ。」

黄金虫の娘が歩いていくと、途中で羊飼いに出会った。羊飼いは言った。

「黄金虫さん、どこへ行くんだい。」

黄金虫の娘は言った。

「そんなふうに呼ばないで、私は乙女なのよ。ハマダンへ行ってね。ラマザーンのお嫁さんになるの。小麦のナンを食べるの。お父さんの言うことなんか聞かないわ。」

羊飼いは言った。

「私のお嫁さんにならないかい。」

黄金虫の娘は言った。

「もし、私があなたのお嫁さんになったら、私を何で殴るの。」

羊飼いは言った。

「そうだねえ、例えばこの羊飼いの杖で殴ろう。」

黄金虫の娘は言った。

「いやよ、手も足も怪我するわ。」

黄金虫の娘は、そこを去って、どんどん歩いていくと、肉屋に出会った。肉屋は黄金虫の娘に言った。

「黄金虫さん、どこへ行くの。」

黄金虫の娘は言った。

「そんなふうに呼ばないで、私は乙女なのよ。」

肉屋は言った。

「どこへ行くの。」

黄金虫の娘は言った。

「ハマダンへ行ってね、ラマザーンのお嫁さんになるの。小麦のナンを食べるの。お父さんの言うことなんか聞かないわよ。」

肉屋は言った。

「私のお嫁さんにならないかい。」

黄金虫の娘は言った。

「もし、あなたのお嫁さんになったら、私をいったい何で殴るの。」

肉屋は言った。

「この肉切り包丁で殴るよ。」

黄金虫の娘は言った。

「いやよ、いやよ、手も足も怪我するわ。」

黄金虫の娘はそこを去り、砂漠へ入っていくと、ネズミが一匹遊んでいるのを見た。娘は挨拶をした。ネズミは言った。

「黄金虫さん、どこへ行くの。」

黄金虫の娘は言った。

「そんなふうに呼ばないで、私は乙女なのよ。ハマダンへ行ってね、ラマザーンのお嫁さんになるのよ。小麦のナンを食べてね。お父さんの言うことなんか聞かないのよ。」

ネズミは言った。

「私のお嫁さんにならないかい。」

黄金虫の娘は言った。

「もし、あなたのお嫁さんになったら、私を何で殴るの。」

ネズミは言った。

「この柔らかくて細い尻尾で打つよ。」

黄金虫の娘は言った。

「それならいいわ。あなたのお嫁さんになるわ。」

黄金虫の娘はネズミと結婚した。ある晩、ネズミは熱を出した。黄金虫の

娘は起きあがって、スープ鍋を用意して、持ち上げて料理を始めた。そして、ネズミに食べさせた。お皿を集めて、洗い物をしようと泉のそばに行った。皿を洗おうと泉に乗り出したとき、突風が吹いて、黄金虫の娘は水に落ちてしまった。すると、馬に乗った人が通りかかった。黄金虫の娘は言った。

「馬上の方、どこへ行くのですか。」

馬に乗った人は言った。

「〈たとえば、この〉ターレバーバードだよ。」

黄金虫の娘は言った。

「そこに行くのなら、ネズミさんに伝えて下さい。金色の梯子を作って、ここへきて私を助けて、と。」

ネズミはちょうど、お店でニンジンを食べていたところだった。（知らせを聞いた）ネズミは、ニンジンに段を作って肩に担いだ。そして、泉まで行った。黄金虫の娘を金色の梯子に乗せて、お皿も抱えて助け上げたが、黄金虫の娘は、熱を出した。黄金虫の娘が熱を出したので、ネズミは彼女のためにスープの用意をした。ネズミはスープを混ぜていると、鍋の中に落ちてしまった。

伝　説

通し番号：089－134

089

題　　名：خربزه ／ ハルボゼ（メロン）の名前の由来
分　　類：伝説
AT番号：-
録音箇所［収録時間］：001-038［03分42秒］
調　査　日：1998年09月17日
調　査　地：تهران ／ テヘラン

名　　前：فرخنده پیشداد ／ ファルホンデ・ピーシュダード
年齢性別：50才、女性
職　　業：نویسنده ／ 作家
住　　所：بندر عبّاس پارک شهر جنب آتش نشانی درب چهارم
出　身　地：بندر عبّاس درتوجان ／ バンダレ・アッバース、ダルトゥージャーン
伝　承　者：اهل ده ／ 村人

翻字（ペルシア語）： روزی انوشیروان تصمیم گرفت که به عدالت رفتار کنه، برای همه مردم یکسان کار انجام بگیره که کسی گرفتاری نداشته باشه. و زنجیری در جلوی قصرش آویزان کرد و همه اعلام کرد که هر کس گرفتاری داره، بیا [1] این زنجیر را تکان بده و گرفتاریش را اینجا حل بکنند. یه روز

متوجه شد که زنجیر جلوی درش همش داره تکونی، یه جور ناجور، تکون میخوره. خودش دوید رفت ببینه که کیه که زنجیر اینطور تکون میده. خیلی لابد عجله داره. یه دفعه دید که اِ با نهایت تعجب یه اژدها داره زنجیر عدالت [را] تکون میده. و چون زبون اژدها نمیدونست، دستور داد که تمام کسائی که هر حرفه ای بلدند با ابزارکار شون حاضر بشند. مثلاً نجار با اره اش، قصاب با ساتورش اون آهنگر با چکشش و غیره همینطور. و مثلاً کشاورز با داسش تا اینکه اژدها انتخاب کنه [که] با کی کار داره. اژدها هم وقتیکه همه حاضر شدند، به طرف نجار رفت. و از نجار تقاضای کمک کرد. نجار در حالی که میترسید، مجبور شد دستور انوشیروان که گفت دنبال اژدها برو، قبول بکنه. اژدها نجار [را] با خودش بر داشت و برد. همینطور رفتند تا نزدیک یه کوهی. تو اینجا دیدن که اژدهائی ماده خوابیده، و یه قوچی که بلعیده توگلوش گیر کرده شاخاش نذاشته بره پایین. نجار متوجه شد که باید چکار بکنه. اره اش و بر داشت و شاخ قوچ و برید، و قوچ قولوسکی[۲] به راحتی رفت پایین اژدها زنده موند. و اژدهای نر به خاطر تشکر یه تخم گیاهی داد به اون نجار. نجار ندونست چه کار بکنه. این و بر داشت، و برد برای انو شیروان نشان داد. انوشیروان دستور داد [که] بکارن. وقتی کاشتن، با نهایت تعجب دیدن که این درخت سبز شده و تمام حیاط گرفته و میوه های بسیار قشنگی آورده. و برای اینکه بفهمن میوه مزه داره، تلخه، زهره یا نه، فکری کردند که چکار بکنن. چه کسی را پیدا بکنن میوه بخوره. به فکرشان رسید که یک پیر مردی رو پیدا کنن، که خودش با رضایت خودش این میوه (ها) رو بخوره. پیرمرد بی دندانی را پیدا کردند، و پول فراوانی بهش دادند. و گفتند اگر این میوه (ها) را خوردی، و مردی، این پول خونت، بهای خونت، و اگر نمردی که ما میفهمیم [که] این درخت چی است. پیر مرد پول را گرفت، حاضر شد بیاد اون میوه را بخوره. یک میوه رو که خوب رسیده بود کندن و آوردن، این پیرمرد با چاقو باز کرد، اومد بخوره، دید که چقدر خوشمزه و شیرینه. تند تند میخورد. ولی متوجه شد که حیوانا دارند این میوه رو میخورن. حیفش اومد که این میوه حیوونا بخورن. خیلی خوشمزه، برای انسان ها خوبه. همینطور که دندان نداشت، داد زد. آی خر بزو. یعنی که اون خر را بیرون کن تا این میوه را نخوره. از اون روز اسم اون میوه شد

خربزه.

۱. بیا = بیاد ۲. قولوسکی = صدای قورت

翻字（ローマ字）：rūzī anū šīravān tasmīm gerefte ke be edārat raftār kone, barāye hameye mardom yeksān kār anjām begīre ke kasī gereftār nadāšte bāše. va zanjīrī dar-e jelouye qasreš āvīzān kard va hame e'elām kard ke har kasī gereftārī dāre, biyā in zanjīr rā tekān bede va gereftārīš rā injā hal bekonand. ye rūz motavajje šod ke zanjīr-e jelouye daraš hamaš dāre takūn, ye jūr nājūr, takūn bexore. xodeš davīd raft bebīne ke kie ke zanjīr injūrī takūn mide. xeilī lābod ajale dāre. ye daf'e dīd ke e bā nahāyat ta'ajob ye eždehā dāre zanjīre-e edālat takūn mide. va čūn zabūn-e eždehā nemīdūnest, dastūr dād ke tamām-e kesānī ke har herfeī baladand bā abzār-e kār-e šūn hāzer bešand. masalān najjār bā araš, qassāb bā sātūreš ūne āgangar bā čakošeš va qeir-e hamīntour. va kešāvarz bā dāseš tā īnke aždahā entexāb kone bā kī kār dāre. aždahā ham vaqtīke hame hāzer šodand, be taraf-e najjār raft. va az najjār taqāzāī komak kard. najjār dar hālī ke mitarsīd, majbūr šod dastūr anūšīravān ke goft donbāl-e eždehā borou, qabūl bokone. aždahā najjār bā xodaš bar dāšt o bord. hamīntour raftand tā nazdīke ye kūhī. tū injā dīdan ke aždahāye māde xābīde, va ye qūčī ke bal'īde tū kalūš gīr karde šāxaš nazāšte bere pāīn. najjār motavajje šod ke bāyad čekār bokone. araš o bar dāšt va šāx-e kūč o borīd, va qūč qulūskī be rāhatī raft pāīn aždahā zende mūnd. va aždahāye nar be xāter-e barāye tašakor ye toxm giyāhī dād be un najjār. najjār nadūnest čekār bokone. īn o bar dāšt, va bord barāye anūšīravān nešān dād. anūšīravān dastūr dād bekāran. vaqtī kāštan, bā nahāyat-e ta'ajob dīdan ke īn deraxt sabz šode va tamām-e hayāt gerefte va mīve hāye besiyār qašangī āvorde. va barāye īnke befahman mīve maze dāre, talxe, zahre ya na, fakrī kardan čekār bokonan. če kasī ra peidā bokonan mīve boxore. be fekrešān rasīd ke yek pīre mardī ro peidā konan, ke xodeš bā rezāyat-e xodeš īn mīve hā ro boxore. pīr-e mard bī dandānī ra peidā kardand, va pūl-e farāvānī beheš dādand. va goftan d agar īn mīve hā rā xordī, va mordī, īn pūl-e xūnet, bahāye xūnet, va agar namordī ke mā mifahmīm īn deraxt čī ast. pīr mard pūl rā gereft, hāzer šod biyād ūn mīve rā boxore. yek mīve ro ke xūb rasīde būd kandan ba āvordan, īn pīre mard bā čāqū bāz kard, ūmad boxore, dīd ke čeqadr xošmaze va šīrīne. ton ton mixord. valī motavajje šod ke heivānā dārand īn mīve ro mixoran. heifeš ūmad ke īn mīve heivūnā boxoran. xeilī xošmaze, varāye ensān hā xube. hamīntour ke dandān nadāšt, dād zad. āi xar bozo. yaʿnī ke ūn xar rā bīrūn kon tā īn mīve ra naxore. az ūn rūz esm-e ūn mīve šod xarboze.

日本語訳：ある時、アヌーシーラヴァーンは、公正に行動し、全ての人々を同様に扱い、誰も悩むことのないようにしようと決めた。そして、宮殿の前に鎖を垂らし、悩みのある者は誰でも言いに来て、その鎖を揺らせば、悩みを解決するようにした。ある日、扉の前の鎖が全て、ぐらぐらと揺れていた。王は自ら走って、このような揺らし方をするのは誰か見に行った。とても急いで見に行った。すると、びっくり仰天したことに龍が公正の鎖を揺らしていたのだった。龍の言葉がわからないので、どんな技術でもいいので知っている者は、その道具と一緒に来るように命じた。例えば、大工はのこぎりを持って、肉屋は肉切り包丁を持って、鍛冶屋はかなづちを持って、という風にである。龍は皆が揃うと大工の方に行った。そして、大工に助けを望んだ。大工は龍を怖がったので、仕方なくアヌーシーラヴァーンは、「龍について行け、言うことを聞け。」と命じた。龍は大工を連れて行ってしまった。龍は山まで大工を連れていった。そこには、雌の龍が横たわっていた。雄山羊の角が喉にひっかかって飲み込めなかったのである。大工はどうしたらいいかすぐにわかった。のこぎりを取り出し、雄山羊の角を切った。すると、ゴックンと雄山羊を難なく飲み込むことができ、雌の龍は生き残ることができた。雄の龍は感謝の印にその大工に植物の種を与えた。大工はどうしたらいいかわからなかった。大工はそれを持ってアヌーシーラヴァーンのもとへ行った。アヌーシーラヴァーンは、それを植えるように命じた。植えると、驚いたことに青々とした木になり、庭中に広がり、とても綺麗な実が成った。その実が美味しいのか、苦いのか、毒を持つのか持たないのかを知るには、どうし

たらいいかと皆考えた。誰に実を食べさせるのがいいかを考えた。そこで、歯のない老人を見つけだし、お金をたくさん与えて言った。

「この実を食べて、もしもあなたが死んだらこのお金はあなたの家族のものにしてください、血の代償です。もし、死ななければ、この木が何であるか私たちに教えて下さい。」

老人はお金を受け取り、この実を食べる用意をした。よく熟れた実を摘みとった。老人は小刀でその実を開け、食べ始めた。すると、その実がいかに美味しく、甘いかがわかったので、どんどん食べた。しかし、ある動物がその実を食べようとしていた。老人はその実を動物が食べることを不快に思った。それほど美味しかったのである。これは人間にこそ相応しいと思った。歯がなかったのだが、こう叫んだ。「そのロバを叩け。（ハル・ボゾ）」

その実を食べないようにロバを追い払えと言いたかったのである。その日からその実の名前はハルボゼ（メロン）になった。

090

題　　名：(مسته کارت(دسته چاقو ／ナイフの取っ手

分　　類：伝説

ＡＴ番号：-

録音箇所［収録時間］：008-008［02分07秒］

調 査 日：1999年01月11日

調 査 地：استان هرمزگان، بندر عباس ／ホルモズガーン州バンダレアッバース

名　　前：فرخنده پیشداد ／ファルホンデ・ピーシュダード

年齢性別：50才、女性

職　　業：نویسنده ／作家

住　　所：بندر عباس پارک شهر جنب آتش نشانی درب چهارم

出 身 地：بندر عباس درتوجان ／バンダレ・アッバース、ダルトゥージャーン

伝 承 者：همه همسایگان ／（村の）隣人たち

翻字（ペルシア語）：مسته کارت، یعنی، دسته چاقو. یه آدم فقیر و بیچیزی بود. و یک زنبیل کوچک پر از خربزه کرد، تا برای انو شیروان ببره، هدیه. گف دلم میخواد که این شاه بخوره. شاه هم قبول کرد. خوشش

آمد. انوشیروان عادل بود با مردم می نشست، همه دوستش داشتن. انوشیروانم قبول کرد، و خواست که بخوره، دید چاقو نداره. به جمعیتی که دوروبر نشسته بودن، گفتش کسی چاقو نداره؟ که بده من خربزه بخورم. یکی از اون کسانی که اونجا نشسته بودن یه چاقو از پیراهنش در آورد و داد به انوشیروان. چاقو هم خیلی قشنگ بود. ولی همینکه زد به خربزه این چاقو از هم پاشید، و ذوب شد ریخت تموم شد مث¹ آب. (خربزه چی)، چاقو آب شد. انوشیروان پرسید تعجب کرد از صاحبش پرسید که علتشو به من بگی. راستش بگی اگه راستشو نگی میکشمت. باید بگی چطور شد که این چاقو که چه چاقویی بود که من زدم به خربزه ذوب بشه. اون آدم، نمیخواست بگه. ولی انوشیروان مجبورش کرد. گف می کشمت، اگه حقیقت نگی. اون آدم ور داشت و حقیقت گفت به انوشروان. گف من یه روزی داشتم خربزه می خوردم، یه آدم بیچیزه فقیر اومد به من گف خربزه به من بده که من مریضم بیمارم، من دلم رحم نیومد به اون خربزه ندادم. اون آدم همونجا مرد از استخونای او من چاقو درست کردم. انوشیروان ناراحت شد. دید که این چه قدر خسیسه، و چه قدر بی رحم، در جا دستور داد گف اینو برین بکشینش.

۱. مث = مثل

翻字（ローマ字）: mosteye kārt, ya'anī dasteye čāqū. ye ādam-e faqīr o bīčīzī būd. va yek zanbil-e kūček por az xarboze kard, tā barāye anūšīravān bebare, hedīe. gof delam mīxād ke īn šā boxore. šā ham qabūl kard. xošeš āmad. anūšīravān ādel būd bā mardom nešast, hame dūsteš dāštan. anūšīravān-am qabūl kard, va xāst ke boxore, dīd čāqū nadāre. be jam'iyatī ke dourbar nešaste būdan, gofteš kasī čāqū nadāre? ke bede be man xarboze boxoram. yekī az ūn kasānī ke unjā nešaste būdan ye čāqū az pīrāhaneš dar āvord o dād be anūšīravān. čāqū ham xeilī qašang būd. valī hamīn ke zad be xarboze īn čāqū az ham pāšīd, va zoub šod rīxt tamūm šod mes āb. xarboze čī, čāqū āb šod. anūšīravān porsīd ta'ajjob kard az sāhebeš porsīd ke ellatešū be man begī. rāstaš begī age rāstešo nagī mikošamet.

bāyad begī četour šod ke īn čāqū ke če čāqūī būd ke man zadam be xarboze zoub beše. ūn ādam nemīxāst bege. valī anū šīravān majbūreš kard. gof mikošamet, age haqīqat nagī. ūn ādam vardāšt va haqīqat goft be anūšīravān. gof ye rūzī dāptam xarboze mixordam, ye ādam-e bīčīze faqīr ūmad be man gof xarboze be man bede ke man marīzam bīmāram, man delam rahem nayūmad be ūn xarboze nadādam. ūn ādam hamūnjā mord az ostxūnāye ū man čāqū dorost kardam. anūšīravān nārāhat šod. dīd īn čeqadr xasīse, va če qadr bī rahm, dar jā dastūr dād gof ino berīn bekošīneš.

日本語訳：ナイフの取っ手。貧しくて可哀想な男がいた。小さな籠にメロンをいっぱい詰めて、アヌーシーラヴァーンに献上した。男は言った。

「これを王様に食べていただきたいのです。」

王も喜んで受け取った。アヌーシーラヴァーンは、公正だったので人々から好かれていた。アヌーシーラヴァーンは食べようとしたが、ナイフがなかったので、周りにいた人々に言った。

「誰かナイフを持っていませんか。メロンを食べるのです。」

その中にいた一人が服からナイフを取り出し、アヌーシーラヴァーンに渡した。とても綺麗なナイフであった。ところが、メロンを切ろうとすると、そのナイフはまるで水のように溶けてしまった。ナイフは水になった。アヌーシーラヴァーンは驚いて、ナイフを渡した者に尋ねた。

「これはどういうことなのか。本当のことを言わないと殺すぞ。さあ、言え。どうしてメロンを切ろうとするとナイフが溶けるのだ。」

その男は言おうとはしなかった。しかし、アヌーシーラヴァーンは無理に言った。

「本当のことを言わないと殺すぞ。」

その男は、アヌーシーラヴァーンに本当のことを語りだした。

「ある日、私がメロンを食べようとすると、貧しい男が来て私に、病気ですのでメロンを下さいと言ったのです。私は、慈悲を向けることなくメロンもあげませんでした。すると、その男がその場で死んだのです。その骨で私

はナイフを作りました。」

　アヌーシーラヴァーンは、「なんと卑しく、なんと無慈悲なのか。」と思い、不快になった。そして、その場で命じて言った。

　「この男を殺せ。」

091

題　　名：زمانه ／ 運命

分　　類：伝説

ＡＴ番号：（AT1645A「買われた宝の夢」）

録音箇所［収録時間］：003-017［04分32秒］

調 査 日：1998年10月21日

調 査 地：استان تهران، شهرستان ساوجبلاغ، شهر هشتگرد روستای برغان ／テヘラン州サーヴォジボラーグ地方ハシトゲルド地区バラガーン村

名　　前：ولی اللّه راستگو ／ ヴァリオッラー・ラーストグー

年齢性別：62才、男性

職　　業：کشاورز ／ 農業

住　　所：تهران، برغان

出 身 地：برغان ／ バラガーン

伝 承 者：پدر بزرگ، مادر بزرگ ／ 祖父、祖母

翻字（ペルシア語）：یه دو تا خار کن بودن، می رفتن این کوه خار بکنن. یک روزی یک گنجی پیدا می کنن، بعداً اون دو خار کن یکیش می گه وِ دوتا مال من، یکی مال تو. اون می گه می بینه که او رو می خواد بکشه. می گه

باشه. می گه سه تا مال من، یکی مال تو. می گه باشه. می گه نه این همش مال من. اون می گه با زم[1] باشه. می گه نشد. بیا بریم، دم این چاه کارت دارم. می رن دم چاه، بعداً می گه من اگر تو رو زنده بذارم، این گنجو خلاصه اش می گی از دست من می گیرن. پس من تو ر اینجا باید بکشم وصیتی داری بکن. بعداً وصیت می کنه اگه زن من حامله اس[2] زایید، اسم پسر شد اسم شو ور داری زمانه [امکان دارد که اشتباهی شرشور]. می گه باشه. این میاد و (به زنه) به زنه می گه شوهر من چی شد؟ می گه سر به بیابان زد و رفت و گفت دیگه بر نمی گردم. گفت هیچی، هیچی نگف، دیگه وصییتی هیچی نکرد؟ به چرا، وصیت کرد که اگر زن من زایید پسر اسمش ورداری شر شور. بعداً میاد و زنه می زاد و اسم پسرش ور می داره می ذاره شرشور. یک روزی شاه عباس میاد و از دم خونۀ اینا رد می شه، می گه این زنه [به بچه اش] ناز می داده به بچه اش [میگه] گریه نکن شرشور جان. پدرت یک روزی بر می گرده، یک روزی میاد. اون شاه عباس می بینه اینجا خبری هس[3]. (می گه) در می زنه می گه که خانم اجازه میدی یه ساعت من بیام اینجا استراحت کنم. می گه بفرما بیا شوهر من که سر بیابون شده رفته. تو بیا یه ساعت اینجا استراحت کن. میره می گو جریان شوهر تو چی شده که بچه تو اینجوری ناز می دادی. می گه بله دوتا خارکنی بودن رفتن خار (بکنه) [بکنن]، این خار کنه اومده، گفت شوهرت رفت سر به بیابون زد و رفت. بعداً شاه عباس می فهمه که اینا کارائی زیر سر هست. بعداً میره و فردا خار کنه ر می خواد. می گه که راستشو بگو چی شده؟ اگر دروغ بگی می کشمت. خارکنه راستشه می گه رفتیم یه گنج در آوردیم اینجوری شد (و اون بابای گفته) که من گفتم یکیش مال من، دوتاش مال تو. (گفته) [گفت] باشه. گفتم دَ[4] تاش مال من یکیش مال تو، گفت باشه. من دیدم که گفتم همه اش مال من. گفت باشه. دیدم که می ره به شاه عباس می گه شاه عباس از دست من می گیره. گفتم پس من باید تو رو بکشم که این گنج همه اش مال من باشه. بعداً می گه بریم سر اون چاه. می رن یه سر چاهی و خلاصه (می گه) [گفتم] وصیت تو بکن. می گه (گفت) من وصیتم اینه که اگر خانمِ من زایید، پسر اسمش وردار زمانه [امکان دارد که اشتباهی شرشور]. من هم اومدم و گفتم اونم اسمشو ورداشته زمانه [امکان دارد که اشتباهی شرشور].

شاه عباس می گه بریم ببینیم اون سر کدوم چاه بوده. نشون ما بده. می رن سر چاه. موقعی که رفتن سر چاه، شاه عباش می گه حالا تو وصیّتتو بکن. اون هم وصیت می کند. اگر خانم من حامله است، اگر زایید دختر اسمش ور دارید زمانه. بعداً شاه عباس میاد و با اون خانمه می گه اگر دختر زاییدی اسم دخترت وردار زمانه. اون هم ور می داره. اسمشو ور می داره زمانه. مدتی می گذره و اینا بزرگ می شن، شاه عباس می بینه که اگر این ارثو دوتا به پسره بده یکی به دختره ناجوره. اگر می خواد نصف کنه ناجوره. بعداً فکر می کن و می گه خوبه من این زمانه را برای شرشور درست کنم که این مالو با هم بخورن. بعداً درست می کنه اونو (با) برای شرشور رو اینا می رن. زمانه با شرشور نمی سازه. هر روز شرشور می ره پیش شاه عباس می گه بابا این به من فش[5] می ده. به من دعوا می کنه اینا [شاه عباس] می گه برو برو بازم درست می شه. نمی شه. یک روزی [شرشور] می ره می گه بابا این درست شدنی نیست. این با من نمی سازه. شاه عباس می گه برو. اگر زمانه با تو نمی سازد، تو با زمانه بساز. شرشور هم میاد خلاصه با زمانه می سازه.

۱. با زم = باز هم ۲. اس = است ۳. هس = هست ۴. ده = دو ۵. فش = فحش

翻字（ローマ字）：ye do tā xār kan būdan, miraftan īn kū xār bekanan. yek rūzī yek ganjī peidā mikonan, ba‘dān ūn do xār kan yekīš mige (ve) īn do tā māl-e man, yekī mal-e to. ūn mi ge mibine ke ū rō mixād bokoše. mige bāše. mige se tā māl-e man, yekī māl-e to, mige bāše. na īn hamaš māl-e man. ūn mige bāz-am bāše. mige našod. biyā berīm, dam-e īn čā kārat dāram. mīram dam-e čā, ba‘dān mige man agar to ro zende bezāram, īn ganjō xolāsaš migī az dast-e man migīran. pas man to rē īnjā bayad bekošam vasīyatī dārī bokon. ba‘dān vasīyat mikone age zan-e man hāmele as zāīd, esm-e šou var dārī zamāne. mige bāše. īn miyād o be zane, be zane mige šouhar-e man čī šod. mige sar be biyābān zad o raft o gof dīge bar nemī gardam. gof hīčī hīčī nagō dīge vesīyetī hīčī nakard. be čerā, vasīyat kard ke agar zan-e man zāīd pesar, esmeš var dārī šaršūr. ba‘dān miyād o zane mizād o esm-e pesaraš var midāre mizare šaršūr. yek rūzī šā abbāsī miyād o az dam-e xūne īnā rad miše, mige īn zane midāde be bačaš gerie nakon šaršūr jān pedarat yek rūzī bar migarde, yek rūzī miyād. ūn šā abbās mibīne injā xabarī has. (mige) dar mizane mige ke xānom ejāze midī ye sāʻat man biyām injā esterāhat konam. mige befarmā biyā šouhar man ke sar-e biyābūn šode rafte. to biyā ye sāʻat injā esterāhat kon. mire. migū jariyān-e šouhar-e to čī šode ke bače-ye to īnjūrī naz mīdādī. mige bale dotā xārkanī būdan raftan xār bekane, īn xār kane ūmade, goft šouharat rafte sar be biyābūn zad o raft. baʻdān ša abbās mifahme ke īnā kārā-ye zīr-e sar hast. baʻdān mire o fardā xār kane re mīxād. mige ke rāstašo begū čī šode. agar dorūq begī mikošamet. xārkane rāstaše mige raftīm ye ganj dar āvordīm īnjūrī šod o ūn bābāī gofte ke man goftam yekīš māl-e man, dotāš māl-e to. gofte bāše. goftam da tāš māl man yekīš māl-e to, goft bāše. man dīdam ke goftam hamaš māl-e man. goft bāše. dīdam ke mire be šā abbās az dast-e man mīgīre. goftam pas man bāyad to ro bokošam ke īn ganj hameaš māl-e man bāše. baʻdān mige berīn sar-e ūn čāh. miran ye sar-e čāī o xolāse mige vasiyat-eto bokon. mige man vasiyatam īnke agar xānom-e man zāīd, pesar esmaš var dār zamāne. man ham ūmadam o goftam ūnam esmešō var dāšte zamāne. šā abbās mige berīm bebīnam ūn sar-e kodūm čā būda. nešūn-e man bede. miran sar-e čāh. mouqeī ke raftan sar-e čāh, šā abbās mige hālā to vasiyat-e tō bokon. ūn ham vasiyat mikonad. agar xānom-e man hāmele ast, agar zāīd doxtar asmeš var dārīd zamāne. baʻdān šā abbās miyād o bā ūn xānome mige agar doxtar zāīdī esm-e doxtarat var dār zamāne. ūn ham var mīdāre. esm-ešo var mīdāre zamāne. moddatī mīgozāre o īnā bozorg mišan, šā abbās mībīne ke agar īn erso do tā be pesare bede yekī be doxtare nājūre. agar mīxād nesf kone nājūre. baʻdān fekr mikon o mige xube man īn zamāne rā barāye šaršūr dorost konam ke īn mālo bā ham boxoran. baʻdān dorost mikone ūnā bā barāye šaršūr ro īna miran. zamāne bā šaršūr nemisāze. har rūz šaršūr mire pīš-e šā abbās mige bābā īn be man foš mide. be man daʻavā mikone īnā mige borou bāz-am dorost miše. nemiše. yek rūzī mire mige bābā īn dorost šodanī nī. īn bā man nemisāze. šā abbās mige borou. agar zamāne bā tō nemisāzad, to bā zamāne besāz. šarašūr ham miyād xolāse bā zamāne misāze.

日本語訳： 二人の茨掘りがいた。いっしょに山に茨をとりにいっていた。ある日、二人は財宝を見つけた。そして、二人の茨掘りの兄貴分が、こう言った。

「3分の2が俺のもので、3分の1がおまえのものだ。」

もう一方は、逆らうと殺されるかもしれないので「はい。」と言った。すると、兄貴分はさらにこう言った。

「4分の3が俺のもので、4分の1がおまえのものだ。」

弟分の茨掘りは、「はい。」と言った。さらに、兄貴分はこう言った。

「いや、全部俺のものだ。」

弟分は、それでも「はい。」と言った。すると、兄貴分はこう言った。

「だめだ、そこの井戸の縁に来い。用がある。」

そして、二人で井戸の縁まで行き、兄貴分がこう言った。

「もし、おまえを生かしておいたら、この財宝のことをばらすだろう。そして、俺から取り分を奪うだろう。だから、俺はここでおまえを殺すのだ。遺言があったら言うがいい。」

弟分は遺言をした。

「もし、私の身重の妻が子供を生んだら、息子の名前をザマーネ（運命）と名付けてください。」

兄貴分は「よし、わかった」と言った。兄貴分の男は、弟分の妻のところに行った。弟分の妻は言った。

「私の夫はどうなったのですか。」

男は言った。

「砂漠に向かっていき、もう帰ってこないと言っていましたよ。」

弟分の妻は、言った。

「何も、何も言い残さなかったのですか。」

男は言った。

「言っていましたよ。もし、妻が息子を生んだらシャルシュール（邪悪な騒動）と名付けるように言い残しました。」

やがて、弟分の妻は息子を生み、その子をシャルシュールと名付けた。

ある日、シャー・アッバース(1)がやってきて、彼らの家の前を通ると、母親が赤子を撫でながらこう言っているのを聞いた。

「泣かないで、シャルシュールちゃん、お父さんはきっと帰ってくるよ。いつかきっと。」

シャー・アッバースは、それを見て、何かあると思った。そして、彼らの家の扉を叩き、こう言った。

「ご婦人、少しここで休ませて下さいませんか。」

母親は言った。

「どうぞ、私の夫は砂漠から帰ってこないのです。ここで少し休んで行ってください。」

シャー・アッバースは家に入り、こう言った。

「あなたは赤ちゃんをこんなにかわいがっているのに、旦那さんはいったいどうしたんですか。」

すると、母親はこう言った。

「実は、茨掘り二人で、茨をとりに行ったのです。もう一方の茨掘りがやってきて、私の夫は砂漠に行ってしまったと言ったんです。」

シャー・アッバースは、その男には、何かたくらみがあったに違いないと思った。そして、彼女の家から出ていった。そして、その次の日にこの茨掘りを呼びつけて、こう言った。

「本当のことを言え、何があったのか。もし、嘘を言ったら命はないぞ。」

茨掘りは、白状して言った。

「茨をとりに行くと、財宝を見つけ、こういうことになりました。」

そして、この男はこう続けた。

「私が１０でおまえが1だと言っても、はい、と言ったのですが、彼がシャー・アッバースのもとに行って、このことをばらすと、シャー・アッバー

スは私から取り分をとるとわかったので、彼を井戸に誘い出しました。井戸に行って、遺言はないかと聞きました。そうすると、彼は、もし妻に息子が生まれたらザマーネと名付けるように言ったので、そのとおり彼の妻に伝えました。」

シャー・アッバースは言った。

「その井戸はどれか、これから見に行こう。私に見せてくれないか。」

シャー・アッバースと茨掘りが井戸に着いたとき、シャー・アッバースは言った。

「今度はおまえが、遺言をするがよい。」

茨掘りの男は遺言をした。

「もし、私の妻が娘を生んだら、ザマーネと名付けるように言ってください。」

シャー・アッバースはそのようにして、生まれた娘はザマーネと名付けられた。

時が流れ、シャルシュールとザマーネの二人は大きくなった。シャー・アッバースは、こう考えた。「この財宝を少年に3分の2、娘に3分の1でわけたら娘に割が合わないし、もし、半分にわけても少年に割が合わない。」考えに考えて、こう思った。「そうだ、ザマーネとシャルシュールを結婚させよう。そして、この財産を一緒に使わせよう。」そして、ザマーネをシャルシュールに嫁がせた。

しかし、ザマーネは、シャルシュールとうまくやっていくことができなかった。シャルシュールは、毎日のようにシャー・アッバースのもとに行って、こう言った。

「ザマーネはいつも私に悪態をつくのです。私に喧嘩を売るのです。」

シャー・アッバースは、こう言った。

「さあ、さあ、もう一度なんとかしなさい。」

シャルシュールは言った。

「できません。」

また、別の日にはこう言った。

「もう、どうにもなりません。ザマーネは私と何とかうまくやっていこうとはしません。」

シャー・アッバースは言った。

「行きなさい。もしザマーネがおまえに合わせないなら、おまえがザマーネに合わせればいい。」

シャルシュールは帰り、ザマーネとうまくやっていくことができた(2)。

注

1．１７世紀のペルシアの王（サファヴィー朝時代）。托鉢僧の姿をして国内を旅し、民衆の様々な問題を解決したとされる。民話、伝説においてもシャー・アッバースは名君として描写される。

2．原文にある「bā zamāne misāze」(ザマーネとうまくやっていく)は「zamānesāz」（日和見主義者）とかけられた、洒落である。

備考：U. Marzolph : Typologie des persischen Volksmärchans によれば、AT1645Aに分類される民話であるが、歴史上の人物を題材とするものであり、伝説に分類した。

092

題　名：قصه شاه عباس و کچل ／シャー・アッバースと禿

分　類：伝説

AT番号：-

録音箇所［収録時間］：004-028［02分55秒］

調査日：1998年11月03日

調査地：استان مازندران، شهرستان آمل، محلّه چاکسر ／マーザンダラーン州アーモル地方チャークサル地区

名　前：طاهره قریب ／ターヘレ・ガリーブ

年齢性別：50才、女性

職　業：خانه دار ／主婦

住　所：آمل، خ. شهید بهشتی

出身地：آمل ／アーモル

伝承者：پدر ／父親

翻字（ペルシア語）：قصه شاه عباس و کچله. یه شاه عباسی بود. اون دورهٔ قدیم قدیما. اون وقت (اون خنده میاریم). اون وقت یه اطراف خودش (گفت که هر کی برف بود تا بالای زانو.) گفت هر کی امشب تا صبح اگر بره توی بیابون باشه، توی این برف باشه، من بهش جایزه میدم. همه گفتن ما

伝説 573

دستمون بر نمیاد و نمیتونیم. یه کچلی بود، این کچل گفت که من این کار میکنم. امشب این کچل لخت لخت شده. رفته تو حیاط. تا صبح از این ور خیابون رفته اون ور خیابون، از اون ور خیابون اومده این خیابون. توی این برف. صبح شد و کارش تموم شد و این اومد که جایزه خودش بگیره. اومد که جایزه خودش بگیره. شاه عباس بهش گفت تو هیچی ندیدی؟ گفت نه. گفت تو هیچی نوری ندیدی؟ گفت نه. گفت هیچی ندیدی؟ گفت چرا، بالای کوه دماوند یک کور سویی بود. یعنی یه روشنایی کوری بود. اون وقت گفت خوب همون ترو گرم کرده. احتیاج به جایزه دادانت نیست. من به تو نمیتونم جایزه بدم. این خیلی ناراحت شد و اومد خونه و گفت مادر. گفت بله. گفت این شاه عباس امروز سرم همچین بلایی آوورد. من تا صبح (با) توی برف بودم که از این جایزه بگیرم، این به من جایزه نداد، همچین حرفی زده. منم کار دارم اینا. گف خوب، چی کا میخوای بکنی. گف تو غذا درست کن. گف ما هیچی نداریم. گف هرچی میخواهی من برات فراهم میکنم. تو غذای شاه عباس و دور اطرافش درست کن. غذای دور اطراف و با کارگرا شاه عباس و درست کردن و گرفتن تو یه انباری گذاشتن و قایم کردن. یه درختی بود خیلی بلند بود. بالاش یه قابلمه بزرگ گذاشتن و زیرش آتیش کردن، یه آتیش کم. اون وقت، شاه عباس دعوت کردن و شاه عباس هم اومد و چایی آوردن و بعداً گفتن هی ناهارچی شد. ناهار بیارین، اینا گف میاریم. دو بعد از ظهر شد، سه بعد از ظهر شد، شاه عباس بهش گف کچل تو به من گول زدی ناهار چی شد. گفت آقا، ناهار در دست اقدامه درست بشه من بیارم. گف چی جوری میخواهی درست کنی؟ گفت اون قابلمه اون بالا هست میبینی. گفت اره. گفت اون قابلمه هست واین آتیش. داره برنج میپزه. گفت کچل این آتیش اون قابلمه چه تاثیر داره. گفتش که من توی برف بودم بالای کوه دماوند یک نور کوچیکی بود با من چه آشنایی داشت. که تو جایزه منو ندادی. گفت ا کچل بد ریخت بیارین. جایزه ش بیارین. جایزه رو آوردن بهش دادن و اینم غذا رو در کرد توی انبار و داد اینا خوردنو تموم شد.

翻字（ローマ字）: qesseye šā abbās o kačale. ye šā abbāsī būd. ūn doureye qadīm qadīmā. ūn vaqt ūn xande miyārīm. ūn vaqt ye atrāf-e xodeš goft ke har kī barf būd tā bālāye zānū. goft har kī emšab tā sobh agar bere tūye boyābūn bāše, tūye īn barf bāše, man beheš jāyeze midam. hame goftan mā dastemūn bar nemiyād o nemītūnīm. ye qačalī būd, īn kačal goft ke man īn kār mikonam. emšab īn kačal lpxt loxt šode. rate tū haiyāt. tā sobh az īn var xiyābūn rafte ūn var xiyābūn, az ūn var xiyābūn ūmade īn xiyābūn. tūye īn barf. sobh šod o kāreš tamām šod o īn ūmad ke jāyeze xodešo begīre. ūmad ke jāyeze xodešo begīre. šā abbās beheš goft to hīčī nadīdī? goft nah. goft to hīčī nūrī nadīdī? goft nah. goft hīčī nadīdī? goft čerā, bālāye kūh-e damāvand yek-e sūī būd. ya'anī ye roušanāī-e kūrī būd. ūn vaqt goft xūb hamūn toro garm karde. ahteyāj be jāyeze dādānat nīst. man be to nemītūnam jāyeze bedam. īn xeilī nārāhat šod o ūmad xūne o goft mādar. goft bale. goft īn šāh-e abbās amrūz saram hamčīn balāī āvord. man tā sobh bā tūye barf būdam ke az īn jāyeze begīram, īn be man jāyeze nadād, hamčīn harfī zade. man-am kār dāram īnā. gof xob, čī kā mixāī bokonī. gof to qazā dorost kon. gof mā hīčī nadārīm gof harčī mīxāhī man barāt farāham mikonam. to qazāye šā abbās o dour atlāfeš dorost kon. qazāye dour-e atrāf o bā kārgarā šā abbās o dorost kardan o gereftan to ye anbārī gozāštan o qāyem kardan. ye deraxtī būd xeilī boland būd. bālāš ye aābelme bozorg gozāštan o zīreš ātiš kardan, ye ātiš-i kam. ūn vaqt, šā abbās da'avat kardan o šā abbās ham ūmad o čāī āvordan o ba'adān goftan hei nāhār čī šod. nāhār biyārīn, īnā gof miyārīm. do ba'ad az zohr šod o se ba'ad az zohr šod, šā abās beheš gof kačal to be man gūl zadī nāhār čī šod. goft āqā, nāhār dar dast-e eqdāme dorost beše man biyāram. gof čī jūrī mīxāhī dorost konī? goft ūn qābelme ūn bālā hast mībīnī. goft are. goft ūn qābelme hast vāin ātīš. dāre berenj mipaze. goft kačal īn ātīš ūn qābelme če tāsīrī dāre. gofteš ke man tūye barf būdam bālāye kūh-e damāvand yek nūr-e kūčekī būd bā man če āšenāī dāšt. ke to jāyeze mano nadādī. goft a kačal bad rīxt biyārīn. jāyezeaš biyārīn. jāyeze ro āvordan beheš dādan o īnam qazā ro dar kard tūye anbār o dād īnā īnā xordanō tamūm šod.

日本語訳：シャー・アッバースと禿の話。シャー・アッバースがいた。昔々

のことである。ある時、シャー・アッバースは周りの者に言った。

「今夜、雪の降る中に外で朝までいた者があれば褒美をやろう。」

皆が言った。

「そんなことはできません。」

そこに、禿がいた。その禿は言った。

「私がやりましょう。」

その晩、禿は裸になって中庭に行き、朝まで通りを行ったり来たりしていた。雪の中をうろうろとしていた。朝になって、試練を終えると、シャー・アッバースから褒美をもらおうとした。シャー・アッバースは禿にこう言った。

「何か見なかったか。」

禿は言った。

「いいえ。」

シャー・アッバースが言った。

「何か光を見なかったか。」

禿は言った。

「いいえ。」

シャー・アッバースは言った。

「何も見なかったのか。」

禿は言った。

「実は見ました。ダマーヴァンド山の上に小さな光がありました。小さな光です。」

シャー・アッバースは言った。

「それがおまえを温めたのであろう。褒美をやる必要はないな。褒美をやるわけにはいかない。」

禿は、とても腹が立って、家に帰るとこう言った。

「お母さん。」

母親は答えた。

「なんだい。」

禿は言った。

「私は今日、シャー・アッバースのせいでとんでもない目にあいました。褒美を貰おうと朝まで雪の中で立っていたのに、何もくれなかったんです。そして、これこれこういうことを言ったのです。それなら、私にも考えがあります。」

母親は言った。

「いったい、どうしたいのだい。」

禿は言った。

「ごちそうを作って下さい。」

母親は言った。

「我々には何もありません。」

禿は言った。

「必要なものがあれば用意するから、シャー・アッバースとお付きの者たちのためにごちそうを作って下さい。」

そして、母親はシャー・アッバースとお付きの者たちのためのごちそうを作って、物置に置いて隠しておいた。ところで、とても高い木があった。その木の上に大きな鍋を置いて、下で火を焚いた。小さな火である。そして、シャー・アッバースを招いた。シャー・アッバースがやって来て、お茶を出した。そして、シャー・アッバースは言った。

「昼ご飯はどうした。昼ご飯を持ってきてくれないか。」

禿は言った。

「今、持ってきます。」

昼の二時になり、三時になり、シャー・アッバースは禿に言った。

「禿め、私を騙したな。昼ご飯はどうした。」

禿は言った。

「昼ご飯は、今、作っていますので持ってきます。」

シャー・アッバースは言った。

「どのように作っているのか。」

禿は言った。

「上にあるあの鍋が見えませんか。」

シャー・アッバースは言った。

「見えるぞ。」

禿は言った。

「鍋と火が見えますね。米を炊いているのです。」

シャー・アッバースは言った。

「あの火が鍋をあたためると思うのか。」

禿は言った。

「私が雪の中にいたとき、ダマーヴァンド山の上に小さな光を見ましたが、それが私に褒美を出さない理由になるのでしょうか。」

シャー・アッバースは言った。

「醜い禿め。持ってこい。褒美を持ってこい。」

褒美が持ってこられると、禿に渡された。そして、物置に入れてあったごちそうを出してきた。そして、彼らはごちそうを食べた。おしまい。

093

題　　名：قصه شاه عباس و سه درویش ／ シャー・アッバースと三人の
　　　　　托鉢僧
分　　類：伝説
ＡＴ番号：-
録音箇所［収録時間］：004-035(004-045)［02分39秒(03分26秒)］
調　査　日：1998年11月04日
調　査　地：استان مازندران، شهرستان آمل، محله چمستان، روستای عرب
　　　　　　خیل　　　　　　　　　　　　　　　　　　　／
　　　　　マーザンダラーン州アーモル地方チャマスターン地区アラブヘイ
　　　　　ル村

名　　前：علی حسین پور ／ アリー・ホセインプール
年齢性別：78才、男性
職　　業：کشاورز و دامدار ／ 農業、牧畜業
住　　所：مازندران، چمستان، روستای عرب خیل
出　身　地：روستای عرب خیل ／ アラブヘイル村
伝　承　者：درویش های قدیمی ／ 昔の托鉢僧

翻字（ペルシア語）：یه روزی شاه عباس در حال رفتن به مسافرت بود که

سه تا درویشو میبینه. بعد این سه تا درویش رفیق راش میشن. با هم در حال رفتن بودن که این به درویشه رو میکنه و میگه شما سه نفرین منم یک نفر چهار نفر. تو این چند سالی که زندگی کردیم چی یاد گرفتیم؟ چه هنری بلدیم؟ یکی از درویش ها گفت که من زبون حیبونات حالیم میشه. زبون حیبوناتو میفهمم. یکی دیگه از درویشا میگه که من دروازه ای که، در بزرگی که بسته باشه، یه اشاره بکنم این در خودش بازمیشه. درویش سومم میگه که من اگه امشب یه بچه به دنیا بیاد، اینو ببینم، اگه بیست سال بعد اینو ببینم، چهرشو میشناسم. بعد، بعد، خودِ، خودِ اون شاه عباس خودشو معرفی نمیکنه نمیگه من شاه هستم. اینم میگه خوب به این میگن تو چه هنری بلدی. این میگه منم اگه یک طرفه سیبیلامو[1] اگه بکنم تو دهنم، چی، این ور دنیا رو خراب میکنم. اگه اون ور سیبیلامو گاز بگیرم، چی، یک کار خیلی بزرگ دیگه انجام میدم. یعنی که هر کاری که بخوام میتونم انجام بدم. بعد، یکی از این سه نفر میگه خوب پس امشب یعنی خودِ شاه عباس بهشون میگه که چی، امشب ما میریم چی، خزونه شاه عباس و می زنیم. یعنی اونجایکه پول و ثروت شاه عباس را اونجا رو چی، میدزدیم همه رو بگیریم برای خودمون. بعد، راه میافتن میرن اونجا. میرن درِ قصر شاه عباس و اونی که گفت که من با یه اشاره در و باز میکنم با یه اشاره چی، درو باز میکنه و بعد میرن داخل. میرن داخل یه دفعه چند تا سگ اینا رو میبینن. چند تا سگ اینا رو میبیننو شروع میکننو پارس کردن. پارس کردن یکی از سگا با پارسش مثلاً میگه که چی، آقا اینا مثلاً صاحب اون چی ثروت همراه ایناست، یعنی شاه عباس و میشناسه مثلاً میگه صاحب چیزا همونه. شاه عباس اینجا خودشو مثلاً دست پا چه بعد میگه چی، آقا صاحب خدا است. صاحب همچی خداست دیگه با ماست دیگه. دست پا چه میشه و بعد میرن داخل. میرن داخل و تمام ثروتو می دزدن میان بیرون. میان بیرون و بعد، پولا رو میشمرن، ثروت و همه رو میشمرن تقسیم میکنن بین این چهار نفر. چهار نفر هر کسی میره دنبال کار خودش. درویشام میان شاه عباس هم میاد فردا میاد سر تختش میشینو به پلیساش دستور میده به مأموراش دستور میده برین این سه تا درویشو از فلون جاها پیدا کنین ور دارین بیارین واسه من. بعد هر موقع اونا نزدیک قصرم، شدن، به من اطلاع بدین که اینا نزدیک قصر شدن.

اونا هم ميرنو درويشيا رو، درويشا رو ميگيرنو دارن ميرن شاه عباس هم
سريع ميره چی، يه چادر سرش ميكنه چادری كه زنا ميزنن سرشون. چادر
سرش ميكنه ميره دم در قصر ميشينه. دم در قصر ميشينه بعد ميگه يه
دفعه اينا رو ميبينه و نزديک ميشن ميگه وا ای خدا اين درويشيا مثلاً چه
گناهی كردن دولت اينا رو خواسته شاه اينا رو خواسته ميخواد ببره. بعد
اونی كه، اونی كه گفته بود كه من بچه را از كوچكی تشخيص بدم، كوچكی
ببينم بيست سال بعد اينه تشخيص بدم گفت كه هر چی ما ميكشيم از دست
تو يه پتياره ميكشيم.

۱. سيبيلامو = سيبل های من را

翻字（ローマ字）: ye rūzī šā abbās dar hāl-e raftan be mosāferat būd ke se tā
darvīšo mībīne. ba'ad īn se tā darvīš rafīq rāš mišan. bā ham dar hāl-e raftam
būdan ke īn be darvīš ro mikone o mige šomā se nafarīn man-am yek nafar čahār
nafar. tū īn čand sālī ke zendegī kardīm čī yād gereftīm? če honarī baladīm? yekī
az darvīšhā goft ke man zabūn-e heivanāt hālīm miše. zabūn-e heivānāto mifahmam.
yekī dīge az darvīšā mige ke man darvāzeī ke, dar-e bozorgī ke baste bāše, ye
ešāre bokonam īn dar-e xodeš bāz miše. darvīš-e sevvom mige ke man age emšab
ye bačče be donyā biyād, ino bebīnam, age bīst sāl ba'ad ino bebīnam, čehrašo
mišenasam. ba'ad, ba'ad, xod-e, xod-e ūn šāh abbās xodešo mo'arafī nemikone
nemige man šāh hastam. inam mige xob be īn migan to če honarī baladī. īn mige
manam age yek talafe sībīlāmu age bokonam tu dahanam, čī, īn var donyā ro
xarāb mikonam. age ūn var sībīlāmu gāz begīram, čī, yek kār-e xeilī bozorg dīge
anjām midam. ya'anī ke har kārī ke bexām mītūnam anjām bedam. ba'ad, yekī az
īn se nafar mige xob pas emšab ya'anī xod-e šā abbās behešūn mige ke čī, emšab
mā mirīm čī, xazūne šā abbās o mizanīm. ya'anī unjāīke pūl o servat-e šā abbās
ra unjā ro čī, midozdīm hamero begīrīm narāye xodemūn. ba'ad rāh miyoftan
miran unjā. miran dar-e qasr-e šā abbās o ūnī ke goft ke man bā ye ešāre dar o bāz
mikonam bā ye ešāre čī, daro bāz mikone o ba'ad miran dāxel. miran dāxel ye

dafʿe čand tā sag īnā ro mībīnan. čand tā sag inā ro mībīnan o šrū mikonan o pārs kardan. pārs kardan yekī az sagā bā pārseš masalān mige ke čī, āqā īnā masalān sāheb-e ūn čī servat hamrāh-e īnāst, yaʿanī šā abbās o mišenase maslān mige sāheb čīzā hamūne. šā abbās injā xodešo masalān dast pā če baʿad mige čī, āqā sāheb-e xodā ast. sāheb-e hamečī xodāst dīge bā māst dīge. dast pā če miše o baʿad miran dāxel. miran dāxel o tamām servat mizodan miyān bīrūn. miyān bīrūn o baʿad, pūlā ro mišomoran, servat o hame ro mišomoran taqsīm mikonan bein-e īn čahār nafar. čahār nafar har kasī mire donbāl-e kār-e xodeš. darvīšā-am miyān šā abbās ham miyād fardā miyād sar-e taxtaš mišīno be polīsāš dastūr mide be maʿmūrāš dastūr mide berīn īn se tā darvīšo az felūn jāhā peidā konīn var dārīm biyārīn vāse man. baʿad har mouqe ūnā nazdīk-e qasaram šodan, be man ettelā bedīn ke īnā nazdīk-e qasr šodan. ūnā mirano darvīšiyā ro, darvīšā ro migīran o dāran miran šā abbās ham sarī mire čī, ye čādor sareš mikone čādorī ke zanā mizanan sarešūn. čādor sareš mikone mire dam-e dar qasr mišne. dam-e dar qasr mišīne baʿad mige ye dafʿe inā ro mibīne o nazdīk mišan mige vā ei xodā īn darvīšiyā masalān če gonāhī kardan doulat-e īnā ro xāste šāh īnā ro xāste mixād bebare. bad ūnī ke, ūnī ke gofte būd ke man bačče rā az kūčekī tašxīs bedam, kūčekī bebīnam bīst sāl baʿad ine tašxīs bedam goft ke har čī mā mikešīm az dast-e to ye patiyāre mikešīm.

日本語訳：ある日、シャー・アッバースが旅をしているとき、三人の托鉢僧に会った。そして、この三人と友達になった。一緒に旅をすることになった。シャー・アッバースは托鉢僧たちに向かって、言った。

「あなた方は三人で、私は一人です。合わせて四人です。我々は、この数年何を学んできたのでしょう。我々に何か特技はありますか。」

托鉢僧の一人が言った。

「私は動物の言葉がわかります。」

別の托鉢僧が言った。

「閉まっている大きな扉を、呪文一つで開けることができます。」

三人目の托鉢僧が言った。

「もし、今夜生まれた赤ん坊の顔を見たら、二十年後もその赤ん坊だとわかります。」

ところが、シャー・アッバースは自分が王であることを言わなかった。托鉢僧たちは、シャー・アッバースに「どんな特技をもっているのか。」と尋ねた。シャー・アッバースは答えた。

「口髭の一方を口に入れると、その方角の世界を破壊する事がでる。また、別の方向の口髭を口に入れても、同じような大仕事ができる。なんでもしたいことができるのである。」

一人が残りの三人の托鉢僧に言った。つまり、シャー・アッバース自身が托鉢僧たちに言った。

「よし、今夜シャー・アッバースの宝物庫を襲おう。そこにあるシャー・アッバースのお金や財宝を盗もう。全部盗って我々のものにしてしまおう。」

そして、宮殿へ向かった。シャー・アッバースの王宮の門の前で、呪文一つで扉を開ける者が、扉を開けて、中へ入っていった。中には番犬が数匹いた。犬は彼らを見ると、吠え始めた。ところが、犬たちの中の一匹は、吠えている時、宝物庫の持ち主が一緒であることがわかった。つまり、シャー・アッバースが一緒であることがわかった。シャー・アッバースはあわてて言った。

「ご主人は神様だぞ。」

急いで、中に入っていった。そして、財宝をすべて奪って逃げた。お金や財宝を数えて、四人で分けることにした。四人はそれぞれの仕事に戻った。シャー・アッバースは次の日、王座に座って衛兵にこう命じた。

「三人の托鉢僧を見つけ出して、連れてくるように。そして、宮殿の近くまで来たら知らせるように。」

衛兵たちは三人の托鉢僧を捕まえて連行した。シャー・アッバースは急いで女性用のチャドルをかぶって、宮殿の門の前に座った。彼らを見つけると近づいて、こう言った。

「ああ神様、この托鉢僧は何をしたのだろう。国からお尋ね者にされ、王からお尋ね者にされ、連行されるのだね。」

そして、子供を見て二十年後も識別できると言った托鉢僧が言った。

「すべての苦労はおまえのせいだ。」

備考：マーザンダラーン方言が分からないため、アリー・モウサヴィー氏（アーモル出身）に書いてもらって、同氏に標準ペルシア語で語りなおしてもらった。

094

題　　名 : نمد مالی شاه عباس ／ シャー・アッバースのフェルト

分　　類 : 伝説

ＡＴ番号 : -

録音箇所［収録時間］ : 008-006［05分17秒］

調 査 日 : 1999年01月11日

調 査 地 : استان هرمزگان، بندر عباس ／ ホルモズガーン州バンダレアッバース

名　　前 : راشد انصاری ／ ラーシャド・アンサーリー

年齢性別 : 27才、男性

職　　業 : شاعر و روزنامه نگار ／ 詩人、新聞記者

住　　所 : بندر عباس

出 身 地 : لارستان ／ ロレスターン

伝 承 者 : پدر بزرگ ／ 祖父

翻字（ペルシア語） : یکی بود یکی نبود. در روزگارای قدیم یک پادشاهی بود به نام شاه عباس. این پادشاه البته من این قصه از پدربزرگم شنیدم وقتی کوچیک بودم برای من میخوند شبا اکثراً خونه پدربزرگ میرفتم. هر وقتی این قصه میخون من به خواب میرفتم. همونجا میموندم. یک پادشاهی

بوده به نام شاه عباس، شبا شب لباس درویشی میپوشیده میرفته تو شهر. میخواسته بفهمه ببینه مردم مشکلشون چیه؟ مشکلات مردم چیه؟ مردم چه کار میکنن. اوضاع چه طوریه؟ این شبا میرفته تو شهر، یک شب میره در یک خانهٔ یک نفر میزنه. در میزنه تق تق تق تق در میزنه. بعد این میگه کیه میگه منم. در باز کنید من درویشم. میگه چه کار داری؟ میگه در باز کنید؟ یک لیوان آب میخوام به من بدید. اون در باز میکنه میره داخل که آب بدن به این درویش، که حالا پادشاه بوده در اصل. در از داخل قفل میکنه. گف چرا در قفل کردی؟ میگه ساکت هیچی نگو. بریم داخل. میرن داخل این و میکنن تو یه اتاق زندانی میکنن. زندانی میکنن بعد میبینه اونجا آدم زیاد است. چند نفر آدمای چاق بسیار بزرگ قوی هیکل اونجا نشستن. میگه شما چرا اینقدر چاقید اینقدر قویی؟ من اینقدر ضعیفم میگه اینجا میان آدم قوی میکنن غذا های خوب خوشمزه گوشت، ماهی این ها میدن آدم چاق که شد، مومیائی از آدم میگیرن. مومیائی یه چیزی بوده که آدم وارونه یعنی سرش پایین آویزن میکردن. بعد از نک بیبی اون یک روغن مثل روغن بیرون میومده، اینو تو یک ظرف میکردن برای یک دوای برای دوای مثل دارو، تو شهر میفروختن با قیمت گران. زیاد گران. مثل الانم ضرب المثل هست تو ایران هر وقت یک چیزی مثلاً میخواهی از کسی بگیری، نمیده به شما، میگی اوه مگر مومیائیه که نمیدی. این ارزش نداره. اینطوری یعنی چیز گران بوده. میگه خوب این چه قدر میفروشن میگن فکر کنم مثلاً پنجاه تومن میفروشن مثلاً فرض مثال. میگه خوب من یک کار دیگر میکنم که از این بیشتر سود گیرشون بیاد. این فایده نداره. اینقدر مثلاً ده تمان چیه پنجاه تمان چیه. من یه کار میکنم که هزار تمان گیرشون بیاد. میگه چی کاری بلدی؟ میگه به رئیس این مجموعه این قسمت بگی[1] بیاد من کار دارم. میره به رئیسشون میگه، میگه تو چی میگی فردا نوبت خودته میخوام اینکار بکنیم. میگه نه چرا اینکار میکنی من یک کار دیگه یه شغل بلدم که از این خیلی بهتر گیر شما میاد. اگر شما مثلاً پنجاه تومن[2] رو این مسئله گیرت میاد من یه کاری میکنم دو هزار تومن گیر تون بیاد این میگه خوب کارت چیه؟ میگه من نمد مالی میکنم، نمد. زمانای قدیم یک چیزی بوده نمد درست میکردن. اسمش نمد بوده. میگه نمد درست میکنم به صورت قالیچه

مثلاً . دستگاهاش بیارید وسایلش بیارید من براتون درست میکنم قیمت گران بفروشین. (اینا) اینا میرن اونجا بعد وسایلاش جمع میکنن برای این میارن، این نمد درست میکنه اینا میبرن نمد تو بازار میفروشن با قیمتی گران. مثلاً دو هزار تومن. اینا میبینن خیلی خوبه سودش خوبه حتماً پس اینو نمیکشیم اینو مومیائی ازش نمیگیریم تا همیشه برای ما نمد درست کنه. یک روز میاد بهش میگه که یه نمد خوب میخوام برای شما درست کنم این فقط پادشاه میخره. فقط ببرید جلو قصر پادشاه. دیگه آدمای عامی نمیخرن، چون پولش ندارن. این جنسش خیلی خوبه. میاد اونجا اون روز میاد اون قالیچه اون نمدو درست میکنه بعد تو گوشه این قالیچه. گوشه همون نمد، با زبان پهلوی زبان مخصوص پادشاه و وزیر و همسرش ملکه. مینویسه که من یک جایی هستم زندانی هستم منو گرفتن تو فلان محله تو فلان کوچه آدرس دقیق مینویسه اونجا بعد (میگه که میگه اینو ببره اینو) میگه اینو ببرید جلوی قصر پادشاه، بفروشید. میگه خاب[3] اینا میان میاد پنج تا اینا درست میکنه ده تا درست میکنه سوار قاطر یا اسب یا استر هرچی داشتن. سوار میشن اینو میبرن جلو قصر پادشاه میفروشن. بعد ملکه که زن پادشاه باشه یکی از اینا میخره. میخره میبره داخل یهو نگاه میکنه میبینه اِ شوهرش که چند ماست[4] نیست، مفقود شده نیست. اینجا نوشته که من فلان جا هستم آدرس داده من زندانیم اینا. این ملکه هم میاد دستور میده به رئیس ارتش، ارتش پادشاه سپاه، اینا میرن اونجا خونه را تفتیش میکنن خونه رو پاک سازی میکنن اینا ر میگیرن اونا که قبلاً میخواستن اعدامشون کنن یعنی مومیایی ازشون بگیرنم. آزاد میکنن خونه را خراب میکنن همش بعد پادشاه هم آزاد میشه میاد.

۱. یکی = بگویید ۲. تومن = تومان ۳. خاب = خوب ۴. ماست = ماه است

翻字（ローマ字）：yekī būd yekī nabūd. dar rūzgārāye qadīm yek pādešāhī būd be nām-e šā abbās. īn pādešā albatte man īn qesse az pedarbozorgam šenīdam vaqtī kūček būdam barāye man mixūnd šabā aksarān xūne pedarbozorg miraftam. har vaqtī in qesse mixūn man be xāb miraftam. hamūjā mīmūndam. yek pādešāhī būde be nām-e šā abbās, šabā šab lebās-e darvīšī mīpūšīde mirafte tū šahr. mixāste befahme bebīne mardom moškelešūn čie? moškelāt-e mardom čie? mardom če kār mikonan. ouzā e tourie? īn šabā mirafte tū šahr, yek šab mire dar yek xāneye yek nafar mizane. dar mizane taq taq taq taq da mizane. ba'ad īn mige kie mige manam. dar bāz konīd man darvīšam. mige če kār dārī? mige dar bāz konīd? yek līvān āb mixām be man bedīd. ūn dar bāz mikone mire dāxel ke āb bedan be īn darvīš, ke hālā pādešā būde dar asl. dar az dāxel qofl mikone. gof čerā dar qofl kardī? mige sāket hīčī nagū. berīm dāxel. miran dāxel īno mikonan tū ye otāqī zendānī mikonan. zendānī mikonan ba'ad mibīne unjā ādam ziyād ast. čand nafar ādamī čāq besiyār bozorg qavī heikal unjā nešastan. mige šomā čerā īnqadr čāqī īnqadr qavī? man īnqadr zaīfam mige injā miyān ādam qavī mikonan qazā hāye xūb xošmaze gūšt, māhī īn hā midan ādam čāq ke šod, mūmiyāī az ādam mīgīran. mūmiyāī ye čīzī būde ke ādam vārūne ya'anī saraš pāīn āvīzan mīkardan. ba'ad az nok-e bīnīe ūn yek rouqan mesle rouqan bīrūn miyūmade, ino tū yek zarf mīkardan barāye yek davāi barāye davāi mesl-e dārū, tū šahr mifrūxtan bā qeimat-e gerān. ziyād gerān. mesl-e alān-am zarb olmasal hast tū īrān har vaqt yek čīzī masalān mīxāhī az kasī begīrī, nemide be šomā, migī oh magar mūmiyāīe ke nemidī. īn arzaš nadāre. intourīe ya'anī čīz-e gerān bude. mige xub īn čeqadr mifrūšan migan fekr konam masalān panjāh tomān mifrūšan masalān farz-e mesāl. mige xob man yek kār-e dīgar mikonan ke az īn bīštar sūd gīrešūn biyād. īn fāyede nadāre. īn qadr masalān dah tomān čie panjā tomān čie. man ye kār mikonam ke hezār tomān gīrešūn biyād. mige čī kār baladī? mige be reīs-e īn majmū'e īn qesmat begī biyād man kār dāram. mire be raīsešūn mige, mige to či migī fardā toubat-e xodete mixām īnkār bokonīm. mige na čerā īnkār mikonī man yek kār-e dīge ye šoql baladam ke az īn xeilī behrar gīr-e šomā miyād. agar šomā masalān panjā tomān ro īn masīle gīrat miyād man ye kārī mikonam do hezār toman gīrerūn biyād īn mige xob kārat čie? mige man namad mālī mikonam, namad. zamānāye qadīm yek čīzī būda namad dorost mikardan. esmeš namad būde. mige namad dorost mikonan be sūrat-e qālīče masalān. dastgāheš biyārīd vasāyeleš biyārīd man barātūn dorost mikonam qeimat gerān befrūšīn. inā inā

miran unjā baʻad vasāyelāš jam mikonan barāye īn miyāran, īn namad dorost
mikone īnā mibaran namad tū bāzār mifrūšan bā qeimatī gerān. masalān do hezār
tomān. īnā mībīnan xeilī xūbe sūdeš xūbe hatmān pas īno nemikošīm īno mūmiyāī
azaš nemīgīrī, tā hamīše barāye mā nabad dorost kone. yek rūz miyād beheš mige
ke ye namad-e xūb mixām barāye šomā dorost konam īn faqat pādešā mixare.
faqat bebarīd jelou qasr-e pādešā. dīge ādamāye āmī nemixaran, čūn pūleš nadāran.
īn jenseš xeilī xūbe. miyād unjā ūn rūz miyād ūn qālīče ūn namado dorost mikone
baʻad tu gūšeye īn qārīče. gūšeye hamūn namad, bā zabān-e pahlavī zabān-e
maxsūs-e pādešā o vazīre va hamsareš maleke. minevīse ke man yek jāī hastam
zendānī hastam mano gereftan tū folān mahalle tū felān kūče ādres daqīq minevise
unjā baʻad mige ke mige ino bebare ino mige ino bebarīd jelouye qasr-e pādešā,
befrūšīd. mige xāb īnā miyān panj tā īnā dorost mikone dah tā dorost mikone
savār-e qāter yā asb yā estar harčī dāštan. savār mišan īno mibaran jelou qasr-e
pādešā mifrūšan. baʻad maleke ke zan-e pādešā bāše yekī az īnā mixare. mixare
mibare dāxel-e yahū negāh mikone mibine e šouhareš ke čand māst nīst, mafqūt
šode nīst. injā nevešte ke man felān jā hastam ādres dāde man zandānīyam īnā. īn
maleke ham miyād dastūr mide be reīs-e arteš, arteš-e pādešā sepā, īnā miran unjā
xūne ra taftīš mikonan xūne ro pāk sāzī mikonan īnā re migīran ūnā ke qablān
mixāstan eʻedāmešūn konan yaʻanī mūmiyāī azšūn begīranam. āzād mikonan
xūne ra xarāb mikonan hamaš baʻad pādešā ham āzād miše miyād.

日本語訳：あったことか、なかったことか。昔々、シャー・アッバースとい
う王がいた。この話は、子供の頃によく祖父の家に行ったときに夜に祖父か
ら聞いたのであるが、この話を聞くと、私は眠ってしまったものであった。
祖父の家で泊まったのである。さて、シャー・アッバースという王がいて、
夜な夜な托鉢僧の服を着て、町を歩いた。人々の間にどんな問題があるか、
人々は何をしているか、どんな具合なのかを知りたかったからである。ある
夜、王は町に行き、ある家をノックした。コンコン、コンコンとドアを叩く
と、「何の用でしょうか。」と声がした。王は、「扉を開けてください。コッ
プ一杯の水をください。」と言った。すると、この托鉢僧に扮した王は中に

招き入れられ、水を与えられた。そして、鍵が中から閉められた。王は言った。

「どうして、鍵を閉めるのですか。」

すると、その家の人は言った。

「だまれ、何も言うな。中へ入れ。」

中へ入ると、牢屋に閉じこめられた。牢屋には閉じこめられている人がたくさんいた。体格のいいとても大きな男たちが数人いたのである。王は言った。

「あなた方はどうしてそんなに体格がよく、強そうなのですか。私はこんなに弱いのに。」

男たちの一人が言った。

「ここに閉じこめられて、太らせるのです。美味しい肉や魚の食事を与えられて、太らされるのです。そして、ミイラにするのです。人間を逆さ吊りにして、鼻の先から油のようなものが出てくると、それを容器に入れてとって薬として、町で高額で売るのです。とても高く売るのです。」

今日でもイランのことわざに「他人のものが欲しくてもくれないとき、ミイラほど価値のあるものでもないだろうと言え。」と言うが、このように高価なものであった。王は尋ねた。

「どのくらいの値段で売るのですか。」

すると、男たちは言った。

「おそらく五十トマンてとこだろうかね。」

王は言った。

「それでは、それよりもっと利益の上がる別のことをしよう。十トマンや五十トマンなど何の利益があるのか。千トマンぐらい稼いで見せましょう。」

男が尋ねた。

「何を知っているというのかね。」

王は言った。

「ここの頭領に用があると伝えてください。」

男は、頭領に伝えた。頭領は言った。

「おまえは何を言っているのか。明日はおまえの番だ。」

王は言った。

「どうしてそんなことをするのか。私はもっと儲けることのできる別の仕事を知っています。あなたはこれで五十トマンを稼ぐでしょうが、二千トマンを稼がせてあげましょう。」

頭領は言った。

「何をするというのだ。」

王は言った。

「フェルトを作ります。」

昔はフェルトを作っていたのである。フェルトというものである。王は続けた。

「小さな絨毯のようなフェルトを作ります。道具を持ってきてください。私がフェルトを作りますので、あなた方は高く売ってきてください。」

手下たちは道具を集めてきた。王はフェルトを作って、手下たちがバザールで高く売ったのである。たとえば二千トマンぐらいである。とても高く売れたので、悪党たちはこの托鉢僧をミイラにするのはやめてフェルトを作らせ続けることにした。ある日、王は頭領に言った。

「王室が買うような良質のフェルトを作りましょう。王宮の前にだけ持って行ってください。貧乏な庶民には売らないようにしてください。これはとても上質のものです。」

王は、この小さな絨毯の縁に、王家や大臣や王妃だけがわかるパフラヴィー語で「私はある場所で捕らわれている」と書き、正確な住所も書いて、それを、王宮の前に持って行って、売るように言った。頭領は言った。

「よかろう。」

王は、五枚、十枚と作り、悪党たちはそれを持っていたロバか馬かラバに乗せて王宮の前に売りに行った。王の妻の王妃がその一枚を買った。そして、中へ持って入った。夫は数ヶ月音信不通だったが、そこに「どこどこにいる。」と書いてあり、詳しい場所も書いてあり、捕らわれているとのことな

ので、王妃は将軍に命令した。王の軍隊に命令したのである。軍隊は、王が捕らわれている家を捜索して、隅から隅まで調べて、悪党を捕らえ、ミイラにされて殺されるところであった人々を解放し、家を壊した。そして、王も助けた。

095

題　　名：شاه عباس نمد مالی می کرد ／フェルトを作るシャー・アッバース

分　　類：伝説

ＡＴ番号：-

録音箇所［収録時間］：008-018［04分10秒］

調 査 日：1999年01月11日

調 査 地：استان هرمزگان، بندر عباس ／ホルモズガーン州バンダレアッバース

名　　前：فرخنده پیشداد ／ファルホンデ・ピーシュダード

年齢性別：50才、女性

職　　業：نویسنده ／作家

住　　所：بندر عباس پارک شهر جنب آتش نشانی درب چهارم

出 身 地：بندر عباس درتوجان ／バンダレ・アッバース、ダルトゥージャーン

伝 承 者：همه همسایگان ／（村の）隣人たち

翻字（ペルシア語）：برای شاه عباس خبر دادن که در شهر روزی یک نفر گم میشون و اثری از او پیدا نمیشود. و شاه عباس برای پیدا کردن دزد، دزد

آدم ربا شب ها لباس گدایی بر تن میکرد و در شهر می گشت. تا از وضعیت شهر با خبر شود. یک شب وقتی شاه عباس با لباس درویشی یا گدایی- اون زمان برای گدا میگفتن درویش احترام میذاشتند به درویش یعنی کسی که بسیار با شخصیت است و به کسی گدایی نمیکنه مردم خودشون به او چیزی میدن میگفتن درویش- و در حالی که با اون لباس درویشیش رد میشد، مردی جلوش اومد و گفت که گدا کجا میری؟ بیا برای من کار بکن و مزد بگیر. شاه عباس یا همون گدا گفت برای من فرقی که نمیکنه گدایی کنم یا برای تو کار کنم. اشکالی نداره من برای تو کار میکنم، مزد هم که میگیرم. من میخوام نون به دست بیارم برای من فرق نمیکنه که گدایی بکنم یا کار بکنم و همراه اون مرد رفت. (مرد گدا) مرد گدا رو به داخل خونه ای برد و فوراً درشو بست. (قصه آقای انصاری از اینجا، تا اینجا ناقصه. از اینجا شروع میشه). و در قفل کرد، و گفتش که میخوام تو رو مومیایی کنم. مومیایی عملیه که شیرهٔ بدن آدمیزاد و می گرفتن، و ازش یه دارویی مثل مومیایی می ساختن. این مومیایی داروی همه درد ها میشد. و به قدری گران بود که ثروتمندان میتونستن از مومیایی استفاده کنن. گدا پرسید از این مومیایی من چه قدر پول گیرت میاد که میخوای منو مومیایی کنی. گف مثلاً صد تومن[1]. گدا به او گفت اگر به من مومیایی نکنی، من هر روز به تو صد تومان منفعت میرسونم. اون مرد گف چه طور میتونی روزی صد تومان استفاده برسونی. گف من نمد مالی بلدم. یه کلاهی میدوزم که هر روز بری بفروشی و صد تومان صد تومان گیر بیاد. تو برای من پشم فراهم کن. من برات کلاه نمدی درست می کنم. مرد قبول کرد. گدا رو زندان کرد. تو اون اتاق و رفت مقداری پشم فراهم کرد و آورد. شاه شروع کرد به دوختن کلاه و کلاه نمدی درست کرد. اما خیلی زیرکانه یه طوری علامت مخصوص خودش تو اون کلاه بکار برد که مرد طمّاع نفهمه. و بعد بهش گفتش که این کلاه من ببر پیش فلان مغازه که مشتری منه. اون شاه عباس میخواست اینو پیش ماموران امدادی خودش بفرستە که اونا اینو می دونستن. و آن مرد رفت سر اون دکون که کلاه بفروشه. وقتیکه اون صاحب اون دکان که مرد اطلاعاتی بود، کلاه دید، مهر مخصوص شاه، علامت مخصوص شاه رو روی اون کلاه دید فوری اون مرد کلاه به دستو گرفت و زندان کرد. گف یالّا منو ببر همون

دکونی که همون جایی که کلاه دوخته. اون صاحب نفهمیده که برای چی میبره اونجا. نگو که خبر نداشت که مامور های امنیتی شاه عباس بود. وقتی رفتن اونجا شاه عباس آزاد کردن اون مردم دستگیر شد، و فهمیدن که آدمایی که گم میشده این مردمو میکشته و مومیایی می کرده.

۱. تومن = تومان

翻字（ローマ字）: barāye šā abbās xabar dādan ke dar šahr rūzī yek nafar gom mišavan va asarī az ū peidā nemišavad. va šā abbās barāye peidā kardan-e dozd, dozd-e ādam robā šab hā lebās-e gedāī bar tan mikard va dar šahr mīgašt. tā az vaz'iyat-e šahr bā xabar šavad. yek šab vaqtī šā abbās bā lebās-e darvīšī yā gedāī ūn zamān barāye gedā mīgoftan darvīš ehterām mīzāštand be darvīš ya'anī kasī ke besiyār bā šaxsiyat ast va be kasī gedāī nemikone mardom xodešūn be ū čīzī midan migoftan darvīš va dar hālī ke bā ūn lebās-e darvīšīš rad mišod, mardī jelouš ūmad o goft ke gedā kojā mirī? biyā barāye man kār bokon va mozd begīr. šā abbās yā hamūn gedā goft barāye man farqī ke nemikone gedāī konam yā barāye to kār konam. eškālī nadāre man barāye to kār mikonam, mozd ham ke mīgīram. man mixām nūn be dast biyāram barāye man farq nemikone ke gedāī bokonam yā kār bokonam va hamrāh-e ūn mard raft. mard-e gedā mard gedā ro be dāxel-e xūneī bord va fourān darešo bast. qesseye āqāye ansārī az injā, tā injā nāqese. az injā šrū miše. va dar qofl kard, va gofteš ke mīxām to ro mūmīyāī konam. mūmiyāī emalīe ke šīreye badan-e ādamīzād o mīgereftan, va azaš ye dārūī mesle mūmiyāī mīsāxtan. īn mūmiyāī dārūye hame dard hā mišod. va be qadrī gerān būd ke servatmandān mītūnestan az mūmiyāī estefāde konan. gedā porsīd az īn mūmiyāīe man če qadr pūl gīrat miyād ke mīxāī mano mūmiyāī konī. gof masalān sad tomān. gedā be ū goft agar be man mūmiyāī nakonī, man har rūz be to sad tomān manfa'at mirasūnam. ūn mard gof če tou mitavānī rūzī sad tomān estefāde barasūnī. gof man namad mālī baladam. ye kolāhī mīdūzam ke har rūz berī befurūšī o sad tomān sad tomān gīret biyād. to barāye man pašm farāham kon. man barāt kolāh namadī dorost mikonam. mard qabūl kard. gedā ro zendān kard. tū ūn otāq o raft meqdārī pašm farāham kard o āvord. šāh šrū kard be dūxtan-e kolāh va kolāh namadī dorost kard. ammā xeilī zīrakāne ye tūrī alāmat-e maxsūs-e xodeš tū ūn kolāh be kār bord ke mard-e tammā nafahme. va ba'ad beheš gofteš ke īn kolāh-e man bebar pīš-e felān maqāze ke moštarīe mane. ūn šā abbās mīxāst ino pīše māmūrān amdādī xodeš befereste ke ūnā īno midūnestan. va ān mard raft sar-e ūn dokkūn ke kolāh befurūše. vaqtīke ūn sāheb-e ūn dokkān ke mard-e ettelā'ātī būd, kolāh dīd, mohr-e maxsūs-e šā, alāmat-e maxsūs-e šā ro rūye ūn kolāh dīd fourī ūn mard-e kolāh be dasto gereft o zendān kard. gof yallāh mano bebar hamūn dokkūnī ke hamūn jāī ke kolāh dūxte. ūn sāhab nafahmīde ke barāye čī mibare unjā. nagū ke xabar nadāšt ke māmūr hāye amniyatī šā abbās būd. vaqtī raftan unjā šā abbās āzād kardan ūn mard-am dastgīr šod, va fahmīdan ke ādamāī ke gom mišode īn mardmo mikošte va mūmiyāī mikarde.

日本語訳：毎日、町から一人ずついなくなり、手がかりもつかめないという知らせがシャー・アッバースのもとに入った。シャー・アッバースは、悪人を捜すために乞食の服を着て町を歩いた。町から情報を得るためである。ある晩、シャー・アッバースが乞食か托鉢僧の格好をした。当時、乞食は托鉢僧と言われて尊敬されていた。托鉢僧はとても人格者であり、物乞いをしなくても人々が自発的に物を与えたものである。シャー・アッバースが托鉢僧の格好をして歩いていると、ある男が出てきて言った。

「何処へ行くのですか。給料をあげますので働きませんか。」

シャー・アッバース、つまりその乞食は答えた。

「乞食をしても、あなたのために働いても変わりはありません。かまいません。働きましょう。給料をください。ナンをくれたら、乞食をするのも、あなたのところで働くのも変わりはありません。」

こう言って、その男についていった。男は乞食を家に連れていき、突然扉を閉めた。そして、鍵を閉めてこう言った。

「おまえをミイラにしてやろう。ミイラにして、出てきた人体液をとるの

である。薬を取り出すのである。この薬は、あらゆる痛みを治す。金持ちだけが使うことができる高いものだ。」

乞食は尋ねた。

「その、私のミイラからどれくらい儲かるのか。」

男は言った。

「百トマンぐらいだろう。」

乞食は、男に言った。

「もし私をミイラにしないのなら、毎日、百トマンを稼がせてあげましょう。」

その男は言った。

「どうやって日に百トマンも手に入れることができるのか。」

乞食は言った。

「私は、フェルト作りを知っています。毎日、帽子を作りますので、それを売れば、毎日百トマンずつにはなるでしょう。羊毛を準備してください。フェルトの帽子を作ります。」

男は承知した。そして、乞食を閉じこめた。男は羊毛を用意してその部屋に持ってきた。王はフェルトの帽子を縫い始めた。王は、どん欲な男には気づかないであろう、とても巧妙な特別な印を帽子につけた。王は言った。

「この帽子を私の顧客である店に持っていって下さい。」

シャー・アッバースは前もってその印について知っている救援の官吏を送ってあった。その密偵が帽子を見ると、王の特別な印があったので、持ってきた男を捕まえて閉じこめた。そして、こう言った。

「さあ、この帽子を作ったところへ連れて行け。」

男は何のために連れて行かれるのか、わからなかった。まさか、シャー・アッバースの密偵だとは気づかなかった。さて、そこでシャー・アッバースは解放され、悪党たちは捕まった。そして、行方不明者たちは、彼らが殺してミイラにしていたことがわかった。

096
題　　名：ناف زمین کجاست／大地のへそはどこ
分　　類：伝説
ＡＴ番号：-
録音箇所［収録時間］：008-023［16分00秒］
調査日：1999年01月11日
調査地：استان هرمزگان، بندر عباس／ホルモズガーン州バンダレアッバース

名　　前：فرخنده پیشداد／ファルホンデ・ピーシュダード
年齢性別：50才、女性
職　　業：نویسنده／作家
住　　所：بندر عباس پارک شهر جنب آتش نشانی درب چهارم
出身地：بندر عباس درتوجان／バンダレ・アッバース、ダルトゥージャーン
伝承者：همه همسایگان／（村の）隣人たち

翻字（ペルシア語）: ناف زمین کجاست. یک داستان دیگیه مال درتوجان، راجع به شاه عباس درست کردن. روزی شاه عباس برای شکار رفته بود، ولی هرچه تاخت شکاری گیر نیاوورد. خسته شد، و چون دور از شهر خونه بود

برای استراحت به یه کلبه ای از این دامدارا رفت که در پناه کوه کلبه دارن. پیر مرد مال دار[1]که صاحب کلبه بود، شاه را نمیشناخت، ولی چون مهمان بود او را پذیرفت، احترامش گذاشت، و به بچش گف برو اون گوسفند و بیار سر ببر، تا غذایی درستی برای این مهمان خودمون بکنیم. شاه عباس که خودشو معرفی نکرده بود، دلش نمیخواست این همه زحمت برای پیر مرد فراهم کنه. میگف من دوست ندارم شما حیوون و بکشین گناه داره. این کارا نکن. شاه عباس[2] میگف تو چه کار داری؟ من میخوام بکشم، برو بچم بردار بیار. هی به بچش میگف برو گوسفند و بردار بیار بکش. شاه عباس هر چی اصرار میکرد پیر مرد ناراحت شد. گف تو چه کار داری که من دوست دارم گوسفند را بکشم. تو برای چی نمیذاری بکشم. به شاه نهیب زد. شاه دید پیر مرد اینجوری بد اخلاقه و به زیان خودش داره کار میکنه. گف خوب بذار بکشه. من چه قدر بهش بگم نکش نکش. پذیرایی مفصلی از شاه عباس کرد، شاه عباس فردای صبح که میخواست بره، سحر زود بلند شد، به پیر مرد گف من راه رو بلد نیستم، به من راه رو نشون بده تا من برم. که راه را گم کردم پرت افتادم[3]. پیر مرد رفت که راه نشون بده، طلایه آفتاب که اومد، نور روی درجه ها و طلا های شاه عباس افتاد، متوجه شد که ای داد و بیداد، مهمان دیشب من یه آدم معمولی نبوده، و شاه بوده. ویا مقام مهم مملکتیه و من اشتباه کردم سرش داد زدم. این حتماً تلافیش سر من در میاره. پیر مرد بسیار زرنگی بود، زیرک بود. بعد، و پادشاه از پیر مرد خواست که به قصرش بره، همراه این بره تو قصرش، و ولش نکرد. پیر مرد میترسید که حالا اونجا حتماً دستور قتل من میده. ولی وقتی شاه عباس رفت اونجا تو قصرش روی تخت نشست، به وزیرش دستور داد که برو به بهای پول آن زمان مثلاً صد تومن[4] بدش. وزیر با تعجب گف که صد تومان یعنی که خیلی زیاده. شاه عباس ناراحت شد گف چی زیاده؟ دویست تومانش کن. وزیر گف بابا دویست تومان؟ گف سیصد تومانش کن. همینطور همینطور تا وزیر تعجب کرد رسید به هزار تومان. وزیر مجبور شد که دیگه چیزی نگه گف من هی بگم و یه دفعه ممکنه سر ملیاردها برسه. رفت هزار تومان رو داد به پیر مرد. پیر مرد رفت تو ده خودش. بعد از اینکه پیر مرد رفت، شاه عباس وزیرشو خواست. گفت نه صد تومان دیگه تو باید بدی. من صد تومان به پیر

مرد دادم. تو منو بارگردن کردی؟ نه صد تومان دیگه از جیبم رفت. یا الله نه صد تومانو میدی. وزیر فکر میکنه میگه حالا میرم ازش پس میگیرم. میگه به شرطی که با دل خودش یه سوال جواب بکنی اون محکومش کنی، پول ازش بگیری. نکه با زور وادارش کنی پول و بهت پس بده، به این شرط. وزیر شرط می بنده که به راحتی بره پول پیر مردو برای پادشاه پس بیاره. سوار اسب میشه لباس نظامی و شکار میپوشه، با تفنگی که داشته و هی میره دنبال پیر مرد. میره همین که به پیر مرد میرسه، یه حالتی ایجاد میکنه که پیر مرد بترسه. همون طرف که میره میگه پیر مرد، ناف زمین کجاست؟ پیر مرد که بسیار عاقل بوده، فوری [؟][با مشت] میزنه زمین. میگه ناف زمین همینجاست قربان. وزیر متوجه میشه که اِ از کجا میدونی که ناف زمین اینجاست. میگه اگر میخوای بدونی که من اشتباه میکنم یا راست میگم، از اینجا گز کن اندازه بگیر برو تا غرب. از این همینجا اندازه بگیر برو تا شرق. دو تاش یه اندازه است. وزیر دید اِ خیلی راه مشکلیه مگه من میتونم از اینجا متر کنم برم شرق و غرب. پس این جواب من خیلی محکم داد من نمیتونم. یه سوال دیگه کرد. گف یا الله بگو، خدا در چه کاره؟ خدا الان مشغول چه کاریه؟ پیر مرد فکر کرد (گف) این دلش دنبال بهانه میگرده. بر گشت گف ای بنده، ای عالی جناب، تو اون بالا سوار اسبی تفنگ داری لباس نظامی داری، تو اون بالا زودتر میفهمی خدا در چه کاره. من که این پایینم. نه اسب دارم، نه تفنگ دارم، نه لباس خوبی دارم، بفهمم خدا در چه کاره؟ وزیر گف اگر بجای من سوار اسب بشی، لباس منو بپوشی، میتونی بگی خدا در چه کار داره؟ پیر مرد گف اره که میتونم. بیا امتحان کن. وزیر گف به خوب شد الان گیرش انداختم. اومد پایینو اسبشو داد به این و لباسش و تفنگ داد (مرد) پیر مرد سوار اسب شد، ولی پیر مرد نقشه داره میخواد فرار کنه. ولی چون به وزیر میگه که من میترسم سوار اسب بشم تکون ندی اسبا، هی نکنیا من میخورم زمین پیر مردم دست و پام میشکنه. وزیر فکر کرد به به خوب بهانه ای گیرم اومد پس اسبا هی میکنم، تا بیفته بمیره من پولا ر ور دارم ببرم پیش پادشاه. تا میاد به اسب یه ترک بزنه، یه چوب به اسب بزنه هی بکنه، پیر مردم خودشم یه هی میزنه اسب از جا کنده میشه. وزیر اینقدر سوار به ای[5] خوبی ندیده تا اون موقع. مثل[6]

پرواز میکنه، پیر مرد میره. پیر مرد همینطور داد میزنه همینطور که داشته میرفته میگه خدا مشغول این کاریه، که از بار تو ور داره بده به من. یعنی به وزیر طعنه میزنه که آنچه که تو داشتی من بردم، باهوشو زیرکی خودم و اینم کار خداست. وزیر حسرت به دل شد، پشیمون شد، چه اشتباهی کردم. الان من لختم، لباس ندارم، اسب ندارم، تفنگ ندارم، روم نمیشه برم تو ولایت، من وزیرم الان روز برم مردم منو با اون لباس دیدن حالا با این لباس برم نمیخندن به من. صبر میکنه تا غروب بشه. بر میگرده به شهر، پادشاه هم منتظرش بوده که پول رو چه طوری پس بگیره میاره. وقتی میبینه که وزیر، لخته اومده، هیچ نداره. میخنده میگه من بهت گفتم که حریف این پیر مرد نمیشی. بعد، وزیرش رنگ پریده و خجالت و ناچار میشه ناراحت بوده. بعد روزی این قصه تمام میشه. ولی روزی شاه عباس همراه همین وزیرش میره کنار دریا که تفریح بکنه تو ساحل قدم بزنه. میبینه که دختر زیبایی سوار یک قایق داره میاد به طرف اینا، وقتی نزدیک اومد به شاه عباس، دست گذاشت روی مچ دست خودش دختر اینطوری کرد دست گذاشت روی مچ دست خودش، بعد هم به دندانش اشاره کرد و بعد هم دست گذاشت روی چشماش. و فرار کرد. هر چی شاه عباس با قایق دستور داد دنبال این دختر بکنن نتونستن بهش بگیرن[7]. هرچی فکر کرد، دید نتونست معنی این در بیاره که اینجوری اینجوری یعنی چی. گفت فکر کرد یاد اون پیر مرد افتاد به وزیر گف برو اون پیر مرد بردار بیار اگر بفهمه نفهمه، کار خودمون به دست اون گره باز میشه. اون پیر مرد عاقلیه. وزیر رفت دنبال پیر مرد بیاره، پیر مردم ترسید که نکنه که دو باره شاه خواستش تلافی بگیره. ولی وقتیکه به حضور شاه رسید و احترام گذاشت، شاه اونو تعارف کرد کنار خودش کرسی بذاره، و قصه خودشو به پیر مرد گفت. پیر مرد گف تعبیرش اینه که اون دختر عاشق شما شده. و به تو نشونی داده که بیا شهر بنگلی ساز شهر خودشه، بنگلی یعنی النگو که چیزی که دست میکنن، و بعد شهری که دندان میسازن و بعد اونجا قدمت روی چشم، من اونجا هستم. و اسمشم نورالعینه. وقتی اینجا گفته یعنی من نورالعین اسممه. شاه اون پیر مرد و بر داشت، و با خودش رفت که خواستگاری کنه از اون دختر. وقتیکه به اون شهر النگو ساز رفتن، شهر بنگلی ساز رفتن، بعد رفتن به

شهر دندون ساز، در یک باغ بزرگی خونه گرفتن. منزل گرفتن یعنی اونجا ماندن. وقتیکه ته، توی قضیه را در آوردن، دیدن این باغ مال همون نورالعینه. خوشحال شدن. دیدن که کنیزا هر روز گل میچینن دسته های گل درست میکنن برای کاخ میبرن تو. شاه عباس گول شون زد، گفتش که بدین من براتون، کمکتون درست کنم، بعد خودش چیزی مینوشت توی اون دسته گل میذاشت. وقتیکه نورالعین گلا رو نگاه میکرد دید یکی یه یادداشه توشه. وقتی نگاه میکرد یادداشت شاه عباس و میشناخت. و چوب انار و بر داشت با چوب انار اون کنیز و زد. گفت برای چی دسته گل خراب بستی؟ درست (باز) نبستی. کنیز اومد اونجا تعریف کرد که شما گلا رو بد بسته بودین با چوب انار به من زد. پیر مرد متوجه شد. به شاه عباس گفت برو زیر سایه انار منتظرش باش که با چوب انار زده، گفته که من زیر سایهٔ انار ترو میخوام، اونجا ببینمت. شاه عباس میره شب اونجا منتظر میمونه ولی خوابش میبره. وقتی نورالعین میاد، میبینه که خوابه. بعد یه مقداری، مقداری استخونای کوچک مال بند، بندای انگشت استخونه اینجا بهش میگن "مجول" استخانه کوچولو کوچولو مال دست پا میگن مجول. یه مقداری استخونه مال حیوانی که خورده بوده گوشت خورده استخوناش تو جیب شاه عباس میریزه میره. شاه عباس خواب بوده. یعنی که یه نوع بازی میکردن با اون. یعنی که تو برو بچه ای با این بازی بکن، تو چه به عشق و عاشقی. طعنه بهش میزنه و میره. شاه عباس وقتی بیدار میشه متوجه میشه که این هم چیزی شده ناراحت میشه. دوباره یاد داشت مینویسه تو دسته گلای کنیزا میکنه و که بره. معذرت خواهی میکنه. اون کنیز بر می داره، با چوب بادام این دفعه میزنه که چرا بد بستی. البته اون بدم نبسته بوده و دسته گلو بد درست نکرده بوده ولی عمدی اورو کتک میزده تا خبر بره. بعد پیر مرد[8] میره میگه که شما دو باره گلا را خراب بستی. منو با چوب بادام زده، من دردم گرفته و اینا. پیر مرد بهش میگه که برو زیر درخت بادام منتظرش باش. دو باره این دفعه که وقتیکه نورالعین میاد سر قرار میبینه دوباره شاه عباس خوابه. دو باره این یه مقداری نخود و کیشمیش[9] تو جیبش میریزه میره. وقتی صبح بیدار میشه میبینه که نخود کشمش تو جیبشه. خوابش برده بوده. به پیر مرد میگه، پیرمرد میگه بهت

گفته نخود کشمش بخور تا خوابت نبره. بعد روز سوم دو باره یاد داشت مینویسه و معذرت خواهی میکنه و گل میپیچه و التماس با هزار التماس، میگه که کنیز ببر. بعد این دفعه، این دفعه با ترک بید میزنه، کنیزو که تو اصلاً من میگم چقدر گلو خراب میبندی. چه شده الان همش دسته گلا رو خراب میبندی. درست میکنی اینا. وقتی میاد به پیر مرد میگه، پیر مرد متوجه میشه که باید کنار درخت بید وایسّه[10]. این دفعه به شاه عباس میگه که هر طوری شده امشب بیدار بمون که دیگه این دفعه اگر رفت، دیگه نمیاد. شاه عباس بالاخره بیدار میمونه اون شب. سر قرارش با دختر صحبت میکنن، با دختر دوست میشه. همین موقع، از قضا وزیر اون دختر، دختر یه پادشاه بوده. وزیر اون پادشاه متوجه میشه که اینا دختر پادشاه با یکی دوست شده. میره به پدرش خبر میده، (پدر دختر) پدر دخترشو میخواد. ازش میپرسه دختر حاشا میکنه. قرار میشه قسم بخوره. میگه باشه قسم میخورم. قسم اون زمان اینطوری بوده که روغن داغ میکردن تو یه دیگ بزرگ، یه چیز رو مینداختن مثلاً انگشتر، مینداختن ته دیگ اون کسی که قسم میخواد بخوره که بی گناه دستشو باید فرو کنه تو اون روغن داغ، و اون شیئ و بر داره. اون انگشترو بر داره، اگر بی گناه باشه، دستش نمیسوزه. پادشاه دید که خیلی مشکله. به پیر مرد گف چه کار بکنم. گف راه دیگه غیر از این نداری که یه ادا در بیاری. خود تو شبیه دیوونه ها بکنی لباس دیوانه ها بپوشی مو هاتو پریشان بکنی تا همه فکر کنن دیوانه ای. یه چوب هم سوار بشو مثلاً این چوبه شاه عباس اینطوری سوار بشه، اینطوری برو وسط جمعیت. جمعیت تمام میدان و گرفتن، منتظرن که دختر پادشاه قسم بخوره. از مردم از قوم خویشا از وزیر و وکلا همه. شاه عباس به دستور پیر مرد، خودشو به حالت دیوانه در میاره، و با همین جوری که چوبی سوار بوده، تمام میدان دور میزنه. مسخره بازی در میاره. قهقه الکی میزنه. نمایش میده که دیوانه است. بعد به همه دست میزنه آخر سرم به دختر دست میزنه و میره. دختر متوجه میشه که همون شاه عباسه. دیوانه نیست. متوجه میشه (که با)، دختر عاقلی هم بوده. میاد به راحتی قسم میخوره میگه من بیگناهم به جز این دیوانه کسی تا حالا به من دست نزده. و دست میکنه انگشترو در میاره دستشم نمیسوزه. قسمش راست بوده دیگه.

همین دیوونه بهش دست زده بوده جز او هیچ کس دیگه دست نزده بوده. و شاه وزیرشو میکشه که دختر بیگناهه نسوخت دستش. تو تهمت زدی به دختر من. آبروی دختر منو میخوای ببری (دخترو میکشه) چیز وزیر و میکشه. وزیرش که میکشه اون دخترم شب با شاه عباس فرار میکنه. پادشاه پشیمون میشه که بنده خدا یه حقی داشت من کشتمش دید دختر من فرار کرد. و اینجا قصه تمام میشه.

۱. مال دار = گله دار ۲. شاه عباس = پیر مرد [اشتباهی گفت] ۳. پرت افتادم= دور افتادم ۴. تومن= تومان ۵. ای = این ۶. مثل= مثل اینکه ۷. بگیرن = برسن ۸. پیر مرد= کنیز ۹. کیشمیش= کشمش ۱۰. وایسّه= وا ایستاد

翻字（ローマ字）：nāf-e zamīn kojāst. yek dāstān-e dīgarīe māl-e dartūkān, rāje be šā abbās dorost kardan. rūzī šā abbās barāye šikār rafte būd, valī harčī tāxt šikārī gīr nayōvord. xaste šod, va čūn dūr az šahr xūne būd barāye esterāhat be ye kolbeī az īn dāmdārā raft ke dar pānāh-e kūh kolbe dāran. pīr-e mard māl dār ke sāhab-e kolbe būd, šā ra nemišenāxt, valī čūn mehmān būd ū rā pazīroft, ehterāmeš gozāšt, va be baččaš gof borou ūn gūsfand o biyār sar bebor, tā qazāī dorostī barāye īn mehmānīe xodemūn bokonīm. šā abbās ke xodeš mo'arafī nakarde būd, deleš nemixāst īn hame zahmat barāye pīr-e mard farāham kone. mīgof man dūst nadāram šomā heivūn o bokošīn gonāh dāre. īn kārā nakon. šā abbās migof to če kār dārī. man mixām bokošam, borou baččam bardār miyār. hei be baččaš migof borou gūsfand o bardār biyār bokoš. šā abbās har čī esrār mikard pīr-e mard nārāhat šod. gof to če kār dārī ke man dūst dāram gūsfand ra bokošam. to barāye čī nemizarī bokošam. be šā nehīb zad. šā dīd pīr mard injūrī bad axlāqe va be ziyān-e xodeš dāre kār mikone. gof xob bezār bekoše. man če qadr beheš begam nakoš nakoš. pazīraī mofassalī az šā abbās kard, šā abbās fardāye sobh ke mixāst bere, sahar zūd boland šod, be pīr mard gof man rāh ro balad nīstam, be man rā ro nešūn bede tā man beram. ke rā ra gom kardam part oftādam. pīr mard raft ke rāh nešūn bede, talāīe āftāb ke ūmad, nūr rūye daraje hā o talā hāye šā abbās oftād, motavajje šod ke ei dād o bīdād, mehmān-e dīšab-e man ye ādam-e ma'amūlī nabūde, va šāh būde. va yā maqām-e mohemme mamlekatīe va man eštebāh kardam saraš dād zadam. īn hatmān talāfīš sar-e man dar miyāre. pīr mard besiyār zerangī būd, zīrak būd. baʿad va pādešā az pīr-e mard xāst ke be qasraš bere, hamrāh-e īn bere tū qasreš, va veleš nakard. pīr mard mitarsīd ke hālā unjā hatmān dastūr-e qatl-e man mide. valī vaqtī šā abbās raft unjā tū qasreš rūi taxt nešast, be vazīraš dastūr dād ke borou be bahāye pūl-e ān zamān masalān sad tomān bedeš. vazīr bā taʿajjob kard gof ke sad tomān yaʿanī ke xeilī ziyāde. šā abbās nārāhat šod gof čī ziyāde? devīst tomāneš kon. vazīr go bābā devīst tomān? gof sīsad tomāneš kon. hamīntour hamīntour tā vazīr taʿajjob kard resīd be hezār tomān. vazīr majbūr šod ke dīge čīzī nage gof man hei begam o ye dafʿe momkene sar-e meliyārdhā berase. raft hezār ro dād be pīr mard. pīr mard raft tū deh-e xodeš. baʿad az īnke pīr mard raft, šā abbās vazīrešo xāst. goft noh sad tomān dīge to bāyad bedī. man sad tomān be pīr mard dādam. to mano bārgardan kardī? noh sad tomān dīge az jībam raft. yallā noh sad tomāno midī. vazīr fekr mikone mige hālā miram azaš pas migīram. mige be šartī ke bā del-e xodeš ye soāl javāb bokonī ūn mahkūmeš konī, pūl azaš begīrī. nake bā zūr vādāreš konī pūl o behet pas bede, be īn šart. vazīr šart mibande ke be rāhatī bere pūl-e pīr mardo barāye pādešā pas biyāre. savār-e asb miše lebās-e nezāmī o šekār mipūše, bā tofangī dāšte o hei mire donbāl-e pīr-e mard. mire hamīn ke be pīr mard mirase, ye hālatī ījā mikone ke pīr mard betarse. hamūn taraf ke mire mige pīr-e mard, nāf-e zamīn kojāst? pīr-e mard besiyār āqel būde, fourī [?] mizane zamīn. nāf-e zamīn hamīnjāst qorbān. vazīr motavajje miše ke e az kojā mīdūnī ke nāf-e zamīn injāst. mige agar mīxāī bedūnī ke man eštebāh mikonam yā rāst migam, az injā gaz kon andāze begīr borou tā qarb. az haminjā andāze begīr borou tā šarq. do tāš ye andāze ast. vazīr dīd e xeilī rāh-e moškelīe mage man mītūnam az injā metr konam beram šarq o qarb. pas īn javāb-e man xeilī mohkam dād man nemitūnam. ye soāl-e dīge kard. gof ya allā begū, xodā dar če kāre? xodā alān mašqūl-e če kārie? pīr mard fekr kard gof īn deleš donbāl-e bahāne bigarde. bar gašt gof ei bande, ei ālī jenāb, tō ūn bālā savār-e asbī tofang dārī lebās-e nazāmī dārī, to ūn bālā zūdtar migahmī xodā če kāre. man ke īn pāīnam. na asb dāram, na tofang dāram, na lebās-e xūbī dāram, befahmam xodā dar če kāre? vazīr gof agar bejāye man savār-e asb bešī, lebās-e mano bepūšī, mītūnī begī xodā dar če kār dāre? pīr mard gof are ke mītūnam. biyā emtehān kon. vazīr gof be xūb šod alān gīreš andāxtam. ūmad pāīno asbešo dād be īn o lebāseš o tofang dād mard pīr-e mard savār-e asb šod, valī pīr-e mard naqše dāre mixād farār kone. valī čūn be vazīr mige ke man mitarsam savār-e asb bešam takūn nadī asbā, hei nakoniyā man mixoram zamīn pīr mardam dast o pām mišekane. vazīr fekr kard bah bah xub bahāneī gīr-am ūmad pas asbā hei mikonam, tā biyofte bemīre man pūlā re var dāram bebaram pīše pādešā. tā miyād be asb ye tark bezane, ye čūb be asb bezane hei bokone, pīr mard-am xodeš-am ye hei mizane asb az jā kande miše. vazīr īn qadr savār be ī xūbī nadīde tā ūn mouqe. masle parvāz mikone, pīr mard mire. pīr-e mard hamīntour dād mizane hamīntour ke dāšte mirafte mige xodā mašqūl-e īn kārīe, ke az bār-e to var dāre bede be man. ya'anī be vazīr ta'ane mizane ke ānče ke to dāštī man bordam, bāhūš o zīrakīe xodam va īn-am kār-e xodāst. vazīr hasrat be del šod, pašīmūn šod, če eštebāhī kardam. alān man loxtam, lebās nadāram, asb nadāram, tofang nadāram. rūm nemiše beram tū velāyat, man vazīram alān rūz beram mardom mano bā ūn lebās dīdan hālā bā īn lebās beram nemixandan be man. sabr mikone tā qerūb beše. bar mīgarde be šahr, pādešā ham montazereš būde ke pūl ro če tourī pas begīre miyāre. vaqtī mibine ke vazīr, loxte ūmade, hīč nadāre. mixande mige man behet goftam ke harīf-e īn pīr mard nemišī. ba'ad, vazīreš rang parīde o xejālat o načār miše nārāhat būde. ba'ad rūzī īn qesse tamām miše. valī rūzī šā abbās hemrāh-e hamīn vazīreš mire kenār-e daryā ke tafrīh bekone tū sāhel-e qadam bezane. mibine ke doxtar-e zībāī savār-e yek qāyeq dāre miyād be taraf-e īnā, vaqtī nazdīk ūmad be šā abbās, dast gozašt rūye moč-e dast-e xodeš doxtar īntourī kard dast gozašt rūye moč-e dast-e xodeš, ba'ad ham be dandūneš ešāre kard va ba'ad ham ham dast gozāšt rūye češmāš. va farār kard. har čī šā abbās bā qāyeq dastūr dād donbāl-e īn doxtar bokonan natūnestan beheš begīran. harčī fekr kard, dīd natūnest ma'anī īn dar biyāre ke injūrī injūrī injūrī ya'anī čī. goft fekr kard yād-e ūn pīr-e mard oftād be vazīr gof borou ūn pīr mard bardār biyār agar befahme nafahme, kār-e xodemūn be dast-e ūn gere bāz miše. ūn pīr mard āqerīe.

vazīr raft donbāle pīr-e mard biyāre, pīr mard-am tarsīd ke nakone ke do bāre šā xāsteš talāfī begīre. valī vaqtīke be hozūr-e šā rasīd o ehterām gozāšt, šā ūno ta'ārof kard kenāre xodeš korsī bezare, va qesseye xodešo be pīr mard goft. pīr-e mard gof ta'abīreš ine ke ūn doxtar āšeq-e šomā šode. va be to nešūnī dāde ke biyā šahr-e bangelī sāz šahr-e xodeše, bangelī ya'anī alangū ke čīzī ke dast mikonan, va ba'ad šahrī ke dandān mīsāzan va ba'ad unjā qadamet rūye češm, man unjā hastam. va esmeš-am nūrāl'eine. vaqtī injā gofte ya'anī man nūral'eine esmame. šā ūn pīr-e mard o bardāšt, va bā xodeš raft ke xāstgārī kone az ūn doxtar. vaqtīke be ūn šahr-e alangū sāz raftan, šahr-e bangelī sāz raftan, ba'ad raftan be šahr-e dandūn sāz, dar yek bāq-e bozorgī xūne gereftan. manzel gereftan ya'anī unjā māndan. vaqtīke ta, tūye qazīe ra dar āvordan, dīdan īn bāq māl-e hamūn nūral'eine. xošhāl šodan. dīdan ke kanīzā har rūz gol mīčīnan daste hāye gol dorost mikanan barāye kāx mibaran tū. šā abbās gūl-e šūn zad, gofteš ke bedīn man barātūn, komaketūn dorost konam, ba'ad xodeš čīzī minevešt tūye ūn daste gol mīzāšt. vaqtīke nūrol'ein gokā to negāh mikard dīd yekī ye yād dāšte tūše. vaqtī negāh mikard yād dāšt šā abbās o mišenāxt. va čūb-e anār o bardāšt bā čūb-e anār ūn kanīz o zad. goft brāye čī daste gol xarāb bastī? dorost bāz nabastī. kanīz ūmad unjā ta'arīf kard ke šomā golā ro bad baste būdīn bā čūb-e anār be man zad. pīr-e mard motavajje šod. be šā abbās goft borou zīre sāyeye anār mantazeraš bāš ke bā čūb-e anār zade, gofte ke man zīr-e sāyeye anār toro mixām. unjā bebīnamet. šā abbās mire šab unjā montazer mīmūne valī xābeš mibare. vaqtī nūrol'ein miyād, mibine ke xābe. ba'ad ye meqdārī, meqdārī ostxūnāye kūček māl-e band, bandāye angošt ostxūne injā beheš migan majūl ostxūne kūčūlū kūčūlū māl-e dast pā migan majūl. ye meqdārī ostxūne māl-e heivānī ke xorde būde gūpt xorde ostxānāš tū jīb-e šā abbās mirize mire. šā abbās xāb būde. ya'anī ke ye nou bāzī mikardan bā ūn. ya'anī ke to borou baččeī bā īn bāzī bokon, to če be ešq o āšeqī. ta'ane beheš mizane o mire. šā abbās vaqtī bīdār miše motavajje miše ke īn ham čīzī šode nārāhat miše. do bāre yād dāšt minevīse tū dast-e golāye kanīzā mikone o ke bere. ma'azrat xāhī mikone. ūn kanīz barmīdāre, bā čūb-e bādām indaf'e mizane ke čerā bad bastī. albatte ūn bad-am nabaste būde o daste golo bad dorost nakarde būde valī amdī ūn ro kotak mizade tā xabar bere. ba'ad pīr-e mard mire mige ke šomā do bāre golā ra xarāb bastī. mano bā čūb-e bādām zade, man dardam gerefte o īnā. pīr-e mard beheš mige ke morou zīre deraxt-e bādām montazereš bāš. do bāre īn daf'e ke vaqtī nūrol'ein miyād sar-e qarār mibīne dobāre šā abbās xābe. do bāre īn ye meqdārī noxod o kīšmiš tū jībeš mirīze mire. vaqtī sobh bīdār miše mibine ke naxod kišmiš tū jībeše. xābeš borde būde. be pīr mard mige , pīr mard mige behet gofte noxod kišmiš boxor tā xābet nabare. ba'ad rūz-e sevvom do bāre yād dāšt minevīse o ma'azrat xāhī mikone o gol mipiče o eltemās bā hezār eltemās, mige ke kanīz bebar. ba'ad in daf'e īn daf'e bā tark-e bīd mizane, kanīzō ke to aslān man migam čeqadr golo xarāb mibandī. če šode alān hamaš daste golā ro xarāb mibandī. dorost mikonī īnā. vaqtī miyād be pīr mard mige, pīr mard motavajje miše ke bāyad kenāre deraxt-e bīd vāisse. īn daf'e be šā abbās mige ke har tourī šode emšab bīdār bemūn ke dīge īn daf'e agar raft, dīge nemiyād. šā abbās bālāxare bīdār mimūne ūn šab. sar-e qarāreš bā doxtar sohbat mikonan, bā doxtar dūst miše. hamīn mouqe, az qazā vazīr-e ūn doxtar, doxtar ye pādešā būde. vazīr-e ūn pādešā motavajje miše ke īnā doxtar-e pādešā bā yekī dūst šode. mire be pedareš xabar mide, pedar-e doxtare pedar-e doxtarešo mixād. azaš miborse doxtar hāšā mikone. qarār miše qasam boxore. mige bāše qasam mixoram. qasam-e ūn zamān īntourī būde ke rouqan dāq mikardan tū ye dīg-e bozorg, ye čīz ro miadāxtan masalān angoštar, miandāxtan tah-e dīg ūn kasī ke qasam mixād boxore ke bī gonāhe dasteše bāyad furū kone tū ūn rouqan-e dāq, va ūn šei o bardāre. ūn angoštar o bardāre, agar bīgonāh bāše, dastešo nemisūze. pādešā dīd ke xeilī moškele. be pīr mard gof če kār bokonam. gof rāh-e dīge qeir az īn nadārī ke ye adā dar biyārī. xod-e to šabīh-e dīvūne hā bokonī lebās-e dīvūne hā bepūšī mūhāto perīšān bokonī tā hame fekr konan dīvāneī. ye čūb ham savār bešo masalān īn čūbe šā abbās intourī savār beše, intourī borou vasat-e jam'iyat. jam'iyat tamām-e meidān o gereftan, montazeran ke doxtar-e pādešā qasam boxore. az mardom az qoum-e xīšā az vazīr o vokalā hame. šā abbās be dastūr-e pīr-e mard, xodešo be hālāt-e dīvāne dar miyāre, va bā hamīn jūrī ke čūbī savār būde, tamām-e meidān dour mizane. masxare bāzī dar miyāre. qahqe alakī mizane. namāyeš mide ke dīvāne ast. ba'ad be hame dast mizane āxer-e sar-am be doxtar dast mizane o mire. doxtar motavajje miše ke hamūn šā abbāse. dīvāne nīst. motavajje miše ke bā, doxtar-e āqelī ham būde. miyād be rāhatī qasam mixore mige man bīgonāh-am be joz īn dīvāne kasī tā hālā be man dast nazade. va dast mikone angoštaro dar miyāre dasteš-am nemisūze. qasameš rāstast dīge. hamīn dīvūne beheš dast zade būde joz ū hīč kas dīge dast nazade būde. va šā vazīrešo mikoše ke doxtar bīgonāhe nasūxt dasteš. to tohmat zadī be doxtar-e man. ābrūye doxtar-e mano mixāi bebarī doxtaro mikoše čīz vazīr o mikoše. vazīreš ke mikoše ūn doxtar-am šab bā šā abbās farār mikone. pādešā pašīmūn miše ke bande xodā ye haqqī dāšt man man koštameš dīd doxtar-e man farār kard. va injā qesse tamām miše.

日本語訳：大地の臍はどこ。ダルトゥージャーンに伝わるシャー・アッバースを題材にした別の話である。ある日、シャー・アッバースは狩りに行ったが、どんなに走っても獲物を捕ることができなかった。やがて、疲れて、町からも離れてしまったので、休もうと山に隠れた羊飼いの小屋に行った。老いた羊飼いがその小屋の持ち主であった。老人は、彼が王であることに気づかなかったが、客であったので丁重にもてなした。老人は（子供に）言った。

「さあ、羊を一匹屠りなさい。そして、客人に食べさせよう。」

シャー・アッバースは正体を明かしていなかったし、老人の手をわずらわせたくなかっので、こう言った。

「殺生をするのは罪です。おやめください。」

老人は言った。

「何を言っているのですか。私は殺すのです。さあ、子供よ羊を連れてきなさい。」

老人は子供に向かって言った。

「さあ、羊を連れてきなさい。殺しましょう。」

シャー・アッバースが強く言い張るので、老人は気を悪くして言った。

「私は羊を殺したいのです。どうして、殺させてくれないのですか。」

そして、王に掴みかかった。王は老人がそんなにも品を落としてまで自分の羊を屠ろうとしたのでこう言った。

「では、殺させなさい。私は、殺すな、殺すなと言っているのに。」

老人は盛大なご馳走をシャー・アッバースに出した。シャー・アッバースは次の日の朝、早くに起きて、老人に言った。

「道がわかりません。帰り方を教えて下さい。道に迷ってしまったのです。」

老人が道を示すと、太陽が昇ってきた。日光がシャー・アッバースの宝石や金に当たった。そこで、「なんということか、昨晩の客は尋常でなかった。王であった。もしくは政府の高官だろう。大変なことをしてしまった。その方の頭を叩いてしまった。きっと仕返しがあるだろう。」

ところが、この老人はとても賢かったのである。王は、老人に一緒に宮殿へ行くように言って放さなかったが、老人は、きっと宮殿で死刑にされるに違いないと思って恐れた。しかし、（老人を連れて行き）シャー・アッバースは宮殿の王座に座り、大臣にこう命じた。

「（当時のお金で）百トマンを老人に渡しなさい。」

大臣は驚いて言った。

「百トマンもの大金をですか。」

シャー・アッバースは、気を悪くして言った。

「どこが大金なのか。二百トマンにしなさい。」

大臣は言った。

「えっ、二百トマンですか。」

シャー・アッバースは言った。

「では、三百トマンにしなさい。」

同じように、大臣は驚いて、とうとう千トマンにまでなった。大臣は何も文句を言えなくなった。「次、何かを言ったら数十億になるかもしれない。」と思い、千トマンを老人に与えた。そして、老人は自分の村に帰っていった。老人が帰ると、シャー・アッバースは大臣を呼び、こう言った。

「九百トマンを私に渡しなさい。私は、百トマンを老人に与えるつもりだっ

たのに、あなたのせいで九百トマン余分に与えたではないか。さあ、九百トマンを渡せ。」

大臣は考えて言った。

「それでは、私が老人から取り戻してきます。」

シャー・アッバースは言った。

「老人と問答をして、勝った上でお金を取り戻すがよい。無理矢理取り上げてはいけない。必ずこの条件で取り戻してきなさい。」

大臣は、簡単に老人からお金を王のために取り戻すことができるだろうと思った。馬に乗り、軍服と狩猟用の服を着て、鉄砲を持って、老人のもとへ向かった。老人のところへ着くと、老人を脅かして言った。

「老人よ、大地の臍はどこだ。」

老人はとても賢かったので、その場で地面を指さし、こう言った。

「大地の臍はここでございます。」

大臣は言った。

「えっ。いったいどうしてここが大地の臍だとわかるのだ。」

老人は言った。

「私が嘘を言っているか本当のこと言っているか知りたいのなら、ここから測ってみて下さい。西へ行って測り、東へ行って測るといい。どちらも同じ長さであろう。」

大臣は、「なんて無茶なことなんだ。東西に行って長さを測るなんてできるわけがない。これには、言い返すことができない。」と思った。そこで、次の質問をした。

「さあ、神様はどうしているか。神様は今、何をしているか。」

老人はなんと言おうかと考えて、そして、こう言った。

「閣下、あなたは馬に乗って鉄砲も持っています。軍服も着ています。そんな高いところからだと、きっとあなたの方が、神様が何をしているかよくわかるでしょう。」

大臣は言った。

「私の代わりに馬に乗って、私の服を着たなら、神が何をしているかわかるというのかね。」

老人は言った。

「はい、わかります。」

大臣は言った。

「それなら、試してみるがよい。それはよい。今すぐそうしなさい。」

大臣は馬から下りて、馬も服も鉄砲も与えた。老人は馬に乗ったが、逃げるつもりであった。しかし、大臣にはこう言った。

「馬に乗るのは怖いです。揺らさないで下さい。落ちてしまいます。私は老人なのですから、落ちたら手足を折ってしまいます。」

大臣は（独り言を）言った。

「良い考えがある。馬を煽ってやろう。そして、老人を落として殺して、金を取って王に持って帰ろう。」

そして、大臣は馬の尻を叩いた。棒で馬の尻を叩いたら、老人は自分でも馬を駆り立てて、馬は駆けだした。大臣が、これまで見たことがない程の腕前であった。まるで飛んでいるかのようであった。老人は行ってしまった。老人は走り去りながら叫んだ。

「神様は、あなたの持ち物を下さった。」

さらに、嘲笑して言った。

「あなたが持っていた物は、私が貰った。賢いのは私の方だ。これも神様の思し召し。」

大臣は悔しがった。そして、こう言った。

「失敗した。私は丸裸だ。服も馬も鉄砲もない。これでは、国に帰れない。私は大臣なのだ。出てきたとき、人々は軍服の姿を見ているのに、この姿だと笑わないはずがあろうか。」

大臣は夕方になるまで待って、町へ帰った。王は大臣を待っていたが、裸で何も持たずに帰ってきたので、笑って言った。

「あの老人にはかなわないと言ったであろう。」

大臣は、青ざめて恥じ入り、ふさぎ込むしかなかった。一旦、ここで話は

終わりであるが、別のある日、シャー・アッバースは、同じ大臣を連れて海へ行った。海岸で遊んでいた。すると、綺麗な娘が小舟に乗ってやってきた。シャー・アッバースに近づいて、（このように：話者の動作とともに）片手をもう一方の手首に乗せて、歯を指さし、さらに手を目の上に乗せた。そして、行ってしまった。シャー・アッバースは部下の小舟に娘を追わせたが、追いつかなかった。どれだけ考えても、こうやって、こうやって、こうやって（話者は動作をしながら言った。）の意味が分からなかった。そこで老人のことを思いだし、大臣に言った。

「あの老人を連れてきなさい。わかろうがわかるまいが、あの羊飼いの老人の知恵で道が見えてくるだろう。」

老人は、また仕返しをされないかと恐れた。しかし、王の前に行って敬意を払うと、王も挨拶して、自分の横に炬燵を置いて、自分に起こったことを話し始めた。老人は言った。

「娘はあなたを愛しているという解釈になります。では、説明しましょう。その娘はバンゲリー・サーズの者ですね。バンゲリーとは、手にする腕輪（アラングー）のことです。そこは入れ歯を作っている町ですね。おいでください、私はそこにいますという意味でしょう。彼女の名前は、ヌーラルエイネです。」

「彼女の名前はヌーラルエイネ」と言ったところで、老人を立ちあがらせて、一緒に彼女へ求婚しにいくことにした。アラングー・サーズ、つまりバンゲリー・サーズに行き、入れ歯作りの町へ行った。そして、大きな庭園にとどまることにした。そこで、その庭園がまさにヌーラルエイネのものだとわかり、喜んだ。女官たちが毎日花を摘んで花束を作って宮殿へ持って行っていた。シャー・アッバースは、女官たちを言いくるめて言った。

「お手伝いしましょう。」

シャー・アッバースは、手紙を書いて花束に入れた。ヌーラルエイネが花を見ると、紙が一枚入っていた。見ると、シャー・アッバースからの手紙であった。そして、ザクロの木でできた棒で（女官を）殴り、こう言った。

「どうして花束を雑に作ったの。ちゃんと結ばないの。」

女官はシャー・アッバースのところへ行き、このことを話した。

「花束を雑に作ったのですか。ザクロの木でできた棒で殴られました。」

老人はこれを理解して、シャー・アッバースに言った。

「ザクロの木の棒で殴ったということは、『私はザクロの木の陰で待っています。そこで会いましょう。』という意味でしょう。」

シャー・アッバースは、そこで待っていたが、寝てしまった。ヌーラルエイネが来たときは、シャー・アッバースは眠ってしまっていた。そこで、紐で束ねた小骨[1]、これを「マジュール」と言うが、小さな骨のことである。食べられたあとに残る動物の小さな骨をシャー・アッバースのポケットに入れて、行ってしまった。シャー・アッバースは眠っていた。ちょっとした遊びであった。「お子さまはこれで遊んでなさい、恋愛なんて早いわ。」という意味であった。皮肉を言って去ったのだった。シャー・アッバースは起きたとき、それに気づいて、悔しがった。再び、女官の花束に手紙を入れて、持って行かせた。お詫びを書いたのである。その女官が帰ってきて言った。

「今度はアーモンドの木でできた棒で殴られました。どうして下手に結んだのですか。」

もちろん、きちんと結んだのであり、花束を雑に作ったわけでもなかったのであるが、女官が殴られたわけは、返事を知らせるためである。老人は、今度はこう言った。

「アーモンドの木の下で待ってみてください。」

ヌーラルエイネがやってきたとき、またシャー・アッバースはちょうどその時、ぐっすりと眠っていた。今度は、（ヌーラルエイネは）エンドウ豆と干しぶどうをシャー・アッバースのポケットに入れた。眠っていたのであった。老人は言った。

「エンドウ豆と干しぶどうを食べて眠らないようにしなさいという意味です。」

三日目。もう一度、手紙を書いて、謝って、花を摘んで、嘆願しながら、女官に持っていってもらった。今度は、柳の棒の背で女官を殴った。女官は言った。

「どうして雑に花束を作るのですか。これまで全てそうでしたよ。」

シャー・アッバースは、老人のところへ行くと、老人はまた「柳の木の下で立っているように。」と言った。老人は続けて言った。

「今度は、なんとしてでも起きているようしてください。今度、逃したらもう次はありませんよ。」

シャー・アッバースは、その晩は起きていて、ちょうど娘と話をすることができた。娘と友達になった。ところが、娘の（父王の）大臣、娘はある王女であったが、その王の大臣が、王女が誰かと仲良くなったことに気がついた。それを王に報告すると、王は王女を呼んで尋ねた。王女は否定した。誓って否定した。「誓います。」と言ったのであった。その当時の誓いとは、大きな釜の油を熱し、指輪かなにかを底にしずめ、誓いを立てた者が無罪であれば、熱い油の中に手を沈めても、指輪を取り出すことができる、というものであった。無罪であれば手も焼けないのである。王（シャー・アッバース）には、それがとても難しいことであることがわかっていた。そこで、老人に尋ねた。

「どうしたらいいだろう。」

老人は言った。

「もう、これしか方法がないでしょう。演技をするのです。気が触れたふりをし、気が触れたような服を着て、髪も乱し、皆が気違いだと思うようにするのです。棒にまたがって、観衆の中に入るのです。」

民衆は、王女が誓いを立てるのを待っていた。王族の者たちや貴族たちもいた。シャー・アッバースは、老人の言ったように気違いのふりをし、棒にまたがって、広場中を走り回った。おどけて、意味もなく笑った。気違いであることを見せて回った。そして、人々の手を叩いていき、最後に王女の手に触れて去って行った。王女はそれが気違いではなく、シャー・アッバースであることに気がついた。賢い娘であったので、わかったのである。そして、難なく誓いをして言った。

「私は無罪です。あの気違いの他に私に触れた者はいません。」

手を突っ込んで指輪を取り出した。手も焼けていなかった。誓いは確かに本当であった。その気違いの他に誰も王女に触れた者はいなかったのである。王女が無罪で手も焼けていなかったので、王は大臣を引き出して言った。

「おまえは私の娘を中傷したな。娘の名誉を傷つけたのだ。」

大臣は殺された。王女はというと、その夜、シャー・アッバースと逃げた。王は、誠実な大臣を殺してしまったことと、娘が逃げたことに後悔した。これで、物語は終わりである。

注

1．この骨は、２本のロープなどをつなげるときに使う。

097

題　　名：مال حضرت سليمان ／ スレイマンの財産
分　　類：伝説
ＡＴ番号：-
録音箇所［収録時間］：003-018 ［00分54秒］
調　査　日：1998年10月21日
調　査　地：استان تهران، شهرستان ساوجبلاغ، شهر هشتگرد روستای برغان
　　　　　　／テヘラン州サーヴォジボラーグ地方ハシトゲルド地区バラガーン村

名　　前：ميرزا رئيسى ／ ミールザー・レイースィー
年齢性別：70才、男性
職　　業：كشاورز ／ 農業
住　　所：تهران، برغان
出　身　地：برغان ／ バラガーン
伝　承　者：مادر بزرگ ／ 祖母

翻字（ペルシア語）：حضرت سليمان شاخدارا رو دعوت کرد. دعوت کرد برای انعام. همه راه افتادن. یه خر چسونه¹ هم از عقب راه افتاد. راه افتاد برگشت شاه، چی، گاو میشه گفت که کجا حضرت سليمان دعوت کرده برای

انعام. اون هم شاخدار بود دو تا نازک مو تو صورتش بود. راه میشه برگشته یه تاپاله انداخت روی خر چسونه. وقتیکه افتاد روش، دیگه نمیتونست دراد[۲]. رفت و انعامش گرفتنو از حضرت سلیمان با اینها صحبتاشنو کردنو برگشتنو دیدن که تازه از زیر تاپاله در آمده. گفت داداش یه کوه دماوند زیره کوه دماوند گیر کرده بودم. نتونستم. گف برگرد. برگرد دیگه سفره تمام شد. شاخدار ها انعام را گرفتن.

۱. خر چسونه = خرچسنه = سوسک ۲. دارد = در بیاد

翻字（ローマ字）：hazrat-e soleimān šāxdārā ro daʻavat kard. daʻavat kard barāye anʻām. hame rā oftādan. ye xar časūne ham az aqab-e rāh oftād. rāh oftād bargašt šāh, čī, gāv miše goft ke kojā hazrat-e soleimān daʻavat karde barāye anʻām. ūn ham šāxdār būd do tā nāzok mū tū sūrateš būd. rāh miše bargašt ye tāpūle andāxt rūye xar časūne. vaqtīke aftād rūš, dīge nemītūnest darād. raft o anʻāmeš gereftano az hazrat-e soleimān bā īnhā sohbatāšno kardan o bargaštano dīdan ke tāze az zīre tāpūle dar āmade. dādāš ye kūh-e damāvand zīre kūh-e damāvand gīr karde būdan. natūnestam. gof bargard. bargard dīge sofre tamām šod. šāxdār hā anʻām rā gereftan.

日本語訳：ソレイマンが、角を持つ動物たちを招いた。ご祝儀のために招いたのである。あらゆる（角を持つ）ものたちが出発した。黄金虫も後ろから付いていった。すると、牛が言った。

「ソレイマンは誰までを招待したのだろう。まあ、こいつも二本の細い毛（触覚）が顔の前に付いているわいな。」

こう言うと、牛は黄金虫の上に糞をした。上から落ちてきたので、這い出ることができなかった。みんながソレイマンからご祝儀をもらって話しながら帰ってきたとき、黄金虫はやっと糞から出てきた。そして言った。

「みんな、私はダマーヴァンド山の下で身動きがとれなかったよ。」

すると、みんなが言った。

「もう、饗応の席は終わったよ。角のある動物たちはご祝儀を受け取った

よ。」

備考：«خرچسنه»は「ゴミムシダマシ」の意であるが、話者によると«سوسک»「黄金虫またはゴキブリ」のことだという。

098

題　　名 : ضرب المثل دو قورت و نیم باقی است ／二口半残っている

分　　類 : 伝説

ＡＴ番号 : -

録音箇所［収録時間］: 008-020［02分10秒］

調 査 日 : 1999年01月11日

調 査 地 : استان هرمزگان، بندر عباس ／ホルモズガーン州バンダレアッバース

名　　前 : فرخنده پیشداد ／ファルホンデ・ピーシュダード

年齢性別 : 50才、女性

職　　業 : نویسنده ／作家

住　　所 : بندر عباس پارک شهر جنب آتش نشانی درب چهارم

出 身 地 : بندر عباس درتوجان ／バンダレ・アッバース、ダルトゥージャーン

伝 承 者 : همه همسایگان ／（村の）隣人たち

翻字（ペルシア語） ضرب المثل دو قورت و نیمم باقیه، ضرب المثلی که میگن نقل از حضرت سلیمان که کمی به پادشاهیش انکار مغرور میشه و از خداوند میخواد که یک روز همه مخلوقات و موجودات عالم و به ناهار مهمان

کنه. خداوند در جوابش میفرماید که نمیتونی. این من خدا هستم که میتونم همه را روزی همه را برسونم. تو نمیتونی به کسی نهار بدی. گف نه من میتونم. خداوند بفرمود که اگر میتونی، یک امتحان کن. من ببینم که چطوری ناهار همه موجودات عالم و بدی. حضرت سلیمان به هدهد دستور میده که برو همه مخلوقات عالم و به ناهار دعوت کن. بگو حضرت سلیمان، شما را به ناهار دعوت کرده. هدهدم میره همه را خبر میده. ناهار بساط ناهاره به اندازه همه موجودات عالم به فکر حضرت سلیمان حاضر بوده. و قرار بوده سفره (بکنن) بندازن و موجودات شروع کنن به خوردن غذا، که یک بار نهنگ از توی دریا میاد ساحل، و به حضرت سلیمان میگه، حضرت سلیمان، این شنیدم که شما همه را به ناهار دعوت کردین آیا من هم دعوت کردین. حضرت سلیمان میگه اِ مگه نشنیدی؟ همه را دعوت کردم. تو هم بیا. یک دفعه میگه که من گشنمه. و دهانشو واز میکنه و همه رو فوت میکنه به عقب. همّهٔ غذا هایی که حضرت سلیمان حاضر کرده بوده برای ناهار همه مخلوقات همه را یه جا میبلعه. حضرت سلیمان میگه اِ چرا این کار کردی؟ من ناهار برای همه گذاشته بودم تو همشو خوردی که من جواب اونا رو چی بدم. میگه بابا تازه این نیم قورت منه من سه قورت سیر میشم. دو قورت و نیمِ دیگم به جا است، و طلب کارم. حضرت سلیمان میگه خدا یا بارالها!. دانستنم که چه چه گونه نمیتوانم به مردم غذا بدم، به مخلوقات عالم. و تویی که به همه غذا میدی و روزی میرسونی.

翻字（ローマ字）：zarbolmasal do qout o nīm-am bāqīe, zarbolmasalīe ke migan naqle az hazrat-e soleimān ke kamī be pādešāhīš engār maqrūr miše va az xodāvand mīxād ke yek rūz hame maxlūqāto moujūdāt-e ālam o be nahār mehmān kone. xodāvand dar javābeš mifarmāyad ke nemitūnī. īn man xodā hastam ke mītūnam hama rā rūzī hama rā berasūnam. to nemītūni be kasī nahār bedī. gof na man mītūnam. xodāvand befarmūd ke agar mitūnī, yek amtehān kon. man bebīnam ke četourī nāhār heme moujūdāt-e eālam o bedī. hazrat-e soleimān be hodhod dastūr mide ke borou hameye maxloqāt-e ālam o be nāhār da‘avat kon. begū hazrat-e soleimān, šomā ra be nāhār da‘avat karde. hodhod-am mire hama ra xabar mide.

nāhār basāt-e nāhāre be andāzeye hameye moujūdāt-e ālam be fekr-e hazrat-e soleimān hāzer būde. va qarār būde softe bekanan bendāzan va moujūdāt šrū konan be xordan-e qazā, ke yek bār nahang az tūye daryā miyād sāhel, va be hazrat-e soleimān mige, hazrat-e soleimān, in šanīdam ke šomā hame ra be nāhār da'avat kardīn āyā man ham da'avat kardīn. hazrat-e soleimān mige e mage našenīdī? hama ra da'avat kardam. to ham biyā. yek daf'e mige ke man gošname. va dahānešo vāz mikone va hama ro fūt mikone be aqab. hammeye qazā hāī ke hazrat-e soleimān hāzer karde būde barāye nāhār hameye maxloqāt hama ra ye jā mibal'e. hazrat-e soleimān mige e čerā īn kār kardī? man nāhār barāye hame gozāšte būdam to hamešo xordī ke man ūnā to čī bedam. mige bābā tāze īn nīm qourt-e mane man se qourt sīr mišam. do qourt o nīm dīg-am be jāst, va talab kāram. hazrat-e soleimān mige xodāyā bārālhā. dānestam ke če če gūne nemītavānam be mardom qazā bedam, be maxlūqāt-e ālam. va tūī ke be hame qazā midī o rūzī mirasūnī.

日本語訳：「二口半残っている」ということわざについて。少し傲慢になったソレイマンを題材にしたことわざがある。ある日、ソレイマンは、すべての生き物を昼ご飯に招く許しを神に求めた。神は返事した。

「それはできない。神である私なら一日に全てを集めることができるが、おまえはできない。」

ソレイマンは言った。

「いいえ、できます。」

神は言った。

「もしできるのであれば、やってみなさい。私は、どうやって全ての生き物を昼ご飯に招くかを見てみよう。」

ソレイマンは、やつがしらに命じた。

「全ての生き物を昼ご飯に招きに行きなさい。ソレイマンがあなたを昼ご飯に招待している、と言うのだぞ。」

やつがしらは、皆に知らせた。あらゆる生き物がソレイマンの命に従って

集まって昼食の席についた。食布を敷いてご飯を食べ始めようとした。すると、ワニが海岸からやって来てソレイマンに言った。

「あなたは皆を昼ご飯に招いているというではありませんか。私も招かれていますか。」

ソレイマンは言った。

「えっ、もしや聞いていないのか。皆を招待した。君も来るがいい。」

ワニは言った。

「私は腹が減っています。」

そして、口を開けて皆を後ろに吹き飛ばした。ソレイマンが生き物たちのために用意していた食べ物を全部一口で飲み込んでしまった。ソレイマンは言った。

「どうしてそんなことをするのか。私は皆のために昼ご飯を用意してあったのに、全部食べてしまって、他の者たちになんて言ったらいいんだ。」

ワニは言った。

「私は三口で満腹になりますが、半口しか食べていません。二口と半食べないと満足しません。」

ソレイマンは言った。

「神様。生き物全てを食事に招くことなどできないことがわかりました。一日にあらゆるものに食べさせることができるのはあなただけです。」

備考：ここでいうワニを意味するペルシア語nehangは、鯨と言う意味もある。広義には海の怪物を指すと考えられる。

099

題　　名： داستان اژدها از حضرت علی (اژدها و حضرت علی) ／預言者アリーと龍

分　　類：伝説

ＡＴ番号：-

録音箇所［収録時間］：003-008［02分51秒］

調　査　日：1998年10月16日

調　査　地： استان تهران، شهر ری، روستای طالب آباد ／テヘラン州レイ市ターレバーバード村

名　　前： ولی الله تکلدانی ／ヴァリオッラー・タキラダーニー

年齢性別：26才、男性

職　　業： راننده ／運転手

住　　所： استان تهران، شهر ری، روستای طالب آباد

出 身 地： روستای طالب آباد ／ターレバーバード村

伝 承 者： مادر بزرگ ／祖母

翻字（ペルシア語）： روزی یک اژدهائی خیلی بزرگ که در زمان حضرت آدم بوده. خیلی مردم و آزار میداده و اذیت میکرده و این ها. بعد، حضرت آدم میگه خدا یا، من چی کار کنم از این اژدها لااقل راحت بشم. شما که من رو از

آسـمـون بـه زمـیـن آوردی. لااقل منو از این اژدها راحت کن. بـعـد، یـه بچـه کوچکی میاد و دست های این اژدها رو میبنده، که دیگه این اژدها با حضرت آدم و دوره اطرافیاش کاری نداره. این میگذره. همینطوری تا زمان حضرت سلیمان. این اژدها هی عذاب میکشیده. پیش هر پیغمبری که میرفته نمیتونسته دستشو باز کنه. میاد پیش حضرت سلیمان، خوب حضرت سلیمان خیلی پهلوون بوده زمان خودش. بقول خودش، با یک اشاره تخت سلیمان را از یونان به روم می برده، از نمیدونم کجا به کجا می برده. دست های این اژدها رو نمیتونسته باز کنه. میگه این دست ها همون کسی که این دست ها رو بسته همون باید باز کنه. تا میگذاره چند مدتی به زمان حضرت عیسی مسیح میرسه باز هم نمیتونه کسی دستهای این اژدها رو باز کنه. حضرت ابراهیم، اسماعیل، اینها هیچ کدوم نمیتونند دست های این اژدها رو باز کنند، تا زمان پیغمبر ما که حضرت محمّد میرسه. بعد، زمان حضرت محمّد، این اژدها از کوه داخل کوه زندگی میکرده. میاد، به طرف شهر مدینه. اونجا تموم مردم وحشت میکنن میرن پیش پیغمبر. میگن یا پیغمبر، یه چنین چیزی هستش اژدهایی از طرف کوه داره میاد همه چی ر داره به هم میریزه و میاد. بعد پیغمبر میگه که اون با هیچ کس کاری نداره. بیاریدش اینجا. بعد این اژدها میاد پیش پیغمبر. میاد پیش پیغمبر، پیغمبر میگه که برید به حضرت علی بگید بیاد. میان به حضرت علی میگن میاد بعد حضرت علی مـیـگـه خـوب این کـاری نداره کـه دست های این اژدها چه طور تو این چندین سـال کسی نتـونستـه دست های این اژدها رو باز کنه. این گره رو میگیره دست اژدها رو باز میکنه و اژدها میره دیگه.

翻字（ローマ字）: rūzī yek eždehāī xeilī boxorg ke dar zamān-e hazrat-e ādam būde. xeilī mardom o āzār midāde o aziyat mikarde o īn hā. ba'ad, hazrat-e ādam mige xodā yā, man čī kār konam az īn eždehā laqal rāhat bešam. šomā ke man ro az āsemūn be zamīn āvordī. lāqal mano az īn eždehā rāhat kon. ba'ad, ye bačče kūčikī miyād o dast hāye īn eždehā ro mibande , ke dīge īn eždehā bā hazrat-e ādam o doure atrāfiyāš kārī nadāre. īn migozare. hamīntourī tā zamān-e hazrat-e soleimān. īn eždehā hī ezāb mikešīde. pīše har peiqambarī ke mirafte nemītūneste dastešo bāz kone. miyād pīše hazrat-e soleimān, xūb hazrat-e soleimān xeilī pahlavūn būde zamān-e xodeš. be qoul-e xodeš, bāyek ešāre taxt-e soleimān ra az yūnān be rūm miborde, az nemidūnam kojā be kojā miborde. dast hāye īn eždehā ro nemītūneste bāz kone. mige īn dast hā hamūn kasī ke īn dast hā ro baste hamūn bāyad bāz kone. tā migozare čand moddatī be zamān-e hazrat-e īsā masī mirese bāz ham nemītūne kasī dasthāye īn eždehā ro bāz kone. hazrat-e ebrahīm, esmā'īl, īnhā hīč kodūm nemītūnand dast hāye īn eždehā ro bāz konand, tā zamān-e peiqambar mā ke hazrat-e mohammad mirese. ba'ad zamāne hazrat-e mohammad, īn eždehā az kūh xāxel-e kūh zandegī mikarde. miyād, be taraf-e šahr madīne. ūnjā tamūm mardom vahšat mikonan miran pīše peiqambar. migan yā peiqambar, ye čonān čīzī hasteš eždehāī az taraf-e kūh dāre miyād hame čī re dāre be ham mirīze o miyād. ba'ad peiqambar mige ke ūn bā hīč kas kārī nadāre. biyārīdeš īnjā. ba'ad īn eždehā miyād pīše peiqambar. miyād pīše peiqambar, peoqambar mige ke berīd be hazrat-e alī begīd biyād. miyān be hazrat-e alī migan miyād ba'ad hazrat-e alī mige xūb īn kārī nadāre ke dast hāye īn eždehā če tour to īn čandīn sāl kasī natūneste dast hāye īn eždehā ro bāz kone. īn gera ro migīre dast-e eždehā ro bāz mikone o ečdehā mire dīge.

日本語訳：アダムの時代にとても大きな龍がいた。人々をとても虐げて苦しめた。アダムは言った。

「神様、どうしたらいいのでしょう。少しでもあの龍が鎮まらないものでしょうか。あなたが私を天からこの世に送ったのですから、少しでも龍を鎮めてもらえないでしょうか。」

すると、小さな子供が現れて、龍の手を縛った。その後、この龍はアダムや人々に何もしなくなった。その後、ソレイマンの時代までその龍はそのまま縛られたままであった。龍は預言者たちに助けを求めたが、その手を解くことはできなかった。そして、ソレイマンのところにやってきた。ソレイマンの時代にはとても強い勇者がいた。指先ひとつでソレイマンの王座を、たとえばギリシャからローマまで動かす程であった。彼も、龍の手を解くことはできなかった。ソレイマンは言った。

「龍の手を縛った者だけが解くことができるのであろう。」

時は経ち、イエス・キリストさえもこの龍の手を解くことができなかった。エブラーヒームもエスマーイールも誰も龍の手を解くことができなかった。やがて、我々の預言者モハンマドの時代になった。この龍は山の中に住んでいたのだが、メディナの町までやってきた。人々を驚かせながら預言者の方へ行った。人々は言った。

「預言者様、龍が山の方からやって来てこちらへ向かってきます。」

モハンマドは言った。

「他の誰に用があるわけではない。ここへ連れてきなさい。」

龍はモハンマドの前にやって来た。モハンマドは言った。

「アリーを呼びなさい。」

アリーがやって来て言った。

「長年この龍の手を解く者がいなかったが、簡単なことである。」

そして、結び目を引っ張り、龍の手を解いた。龍は去って行った。

100

題　　名：داستان سیب بهشت ／ 天国のリンゴ
分　　類：伝説
ＡＴ番号：-
録音箇所［収録時間］：003-009［02分30秒］
調　査　日：1998年10月16日
調　査　地：استان تهران، شهر ری، روستای طالب آباد ／ テヘラン州レイ市ターレバーバード村

名　　前：ولی الله تکلدانی ／ ヴァリオッラー・タキラダーニー
年齢性別：26才、男性
職　　業：راننده ／ 運転手
住　　所：استان تهران، شهر ری، روستای طالب آباد
出　身　地：روستای طالب آباد ／ ターレバーバード村
伝承者：پدر ／ 父親

翻字（ペルシア語）：روزی روزگاری، زمان حضرت علی، علیه السلام، پیغمبر میره کلاس بعد، در اولین کلاس ر باز میکنه، میبینه که حضرت علی داره درس میده اونجا، تو اون کلاس. در دومین کلاس ر باز میکنه، باز هم میبینه حضرت علی داره درس میده. در سومین کلاس ر باز میکنه، باز هم

میبینه حضرت علی داره درس میده. بعد، نزدیک صد تا کلاس بوده دیگه. این صد تا کلاس همش حضرت علی داشته درس میداده. بعد، میاد خونه، پیغمبر، میاد خونه بار[1] فاطمه زهرا تعریف میکنه. میگه یا فاطمه، من چنین چیزی ر دیدم، از حضرت علی. بعد، فاطمه زهرا چیزی به پیغمبر نمیگه. میگه شاید بنظر شما اینجوری اومده. بعد، پیغمبر میره به معراج. پیغمبر میره به معراج، یه دستی از تو بهشت میاد، نصف سیبی به پیغمبر میده. نصفه سیبی به پیغمبر میده بعد، پیغمبر که میاد، میاد دو باره پیش فاطمه زهرا دخترش. میگه یا فاطمه زهرا من نصف سیبی از بهشت آوردم، صبر کنیم حضرت علی بیاد، با هم این سیب ر بخوریم. بعد، فاطمه زهرا میگه اشکالی نداره من صبر میکنم تا حضرت علی بیاد، بعد نصف سیب ر باهم بخوریم. حضرت علی که میاد، پیغمبر این نصف سیب ر میده، میذاره جلو بعد میگه که یا علی، ما تا الان صبر [کردیم] که شما بیای، تا این سیب ر با هم بخوریم. بعد، حضرت علی هم دست میکنه، تو جیبش یک نصفهٔ سیب دیگری در میاره، میگه خوب من هم این نصفه سیب ر آوردم اینجا شما مطابقت کنید ببینید با هم یکی هستش یه دونه سیب بشه با هم بخوریم. بعد، پیغمبر سیب رو میچسبونه بهم میبینه همون سیبه. نصفه همون سیبه که حضرت علی داده. بعد، حضرت علی میگه اون دستی که از تو بهشت اون سیبه ر به شما داد همین دست بود دست من بود. و این نصفه سیب اون نصف سیبی (اون نصب دیگه اون سیبه) که تو دست شماست.

۱. بار = برای

翻字（ローマ字）：rūzī rūzgārī, zamān-e hazrat-e alī, alaihe salām, peoqambar mire kelās ba'ad, dar-e avvalīn kelās ra bāz mikone, mibine ke hazrat-e alī dāre dars mide ūnjā, tū ūn kelās. dar-e dovvomīn kelās ra bāz mikone, bāz ham mibine hazrat-e alī dāre dars mide. dar-e sevvomīn kelās re bāz mikone bāz ham mibine hazrat-e alī dāre dars mide. ba'ad, nazdīk-e sad tā kelās būde dīge. īn sad tā kelās hamaš hazrat-e alī dāpte dars midāde. ba'ad miyād xūne, peiqambar, miyād xūne bār fāteme zahrā ta'arīf mikone. mige yā fāteme, man čenīn čīz ro dīdam, az hazrat-e alī. ba'ad, fāteme zahrā čīzī be peiqambar nemige. mige šāyad benazare šomā īnjūrī ūmade. ba'ad, peiqambar mire be me'erāj. peiqambar mire be me'erāj, ye dastī az to behešt miyād, nesf-e sībī be peiqambar mide. nesf-e sībī be peiqambar mide ba'ad, peiqambar ke miyād, miyād do bāre pīše fāteme zahrā doxtaraš. mige yā fāteme zahrā man nesf-e sībī az behšt āvordam, sabr konīm hazrat-e alī biyād, bā ham īn sīb re boxorīm. fāteme zahrā mige eškālī nadāre man sabr mikonam tā hazrat-e alī biyād, ba'ad nesfe sīb ro bā ham bozorīm. hazrat-e alī ke miyād, peiqambar īn nesfe sīb ro mide, mizare jelou ba'ad mige ke yā alī, mā tā alān sabr ke šomā biyāī, tā īn sīb ra bāham boxorīm. ba'ad hazrat-e alī ham dast mikone, to jībeš yek nesfeye sīb dīgarī dar miyāre, mige xob man ham in nesfe sīb ro āvordam injā šomā motābeqat konīd bebīnīd bā ham yekī hasteš ye dūne sīb beše bā ham boxorīm. ba'ad, peiqambar sīb ro mičasbūne beham mibine hamūn sībe. nesfe hamūn sībe ke hazrat-e alī dāde. ba'ad, hazrat-e alī mige ūn dastī ke az tū behešt ūn sībe ro be šomā dād hamīn dast būd dast-e man būd. va īn nesfe sīb ūn nesfe sībī ūn nesfe dīge ūn sībe ke to dast-e šomāst.

日本語訳：昔々、アリーの時代のことである。預言者（モハンマド）が教室に行くと、最初の扉を開けるとアリーが教室で教えていた。二つ目の扉を開けるとまたアリーが教えていた。三つ目の扉を開けても、またアリーが教えていた。百ほどの教室の扉を開けたが、百とも同じようにアリーが教えていた。モハンマドは家に帰り、ファーテメ・ザフラー[1]にこのことを話した。

「ファーテメよ、アリーについて、このようなことを見ました。」

ファーテメはモハンマドには何も言わなかった。ただ、「あなたにはそう見えたのでしょう。」とだけ言った。その後、モハンマドは天界飛行をした。天界飛行をしていると、一本の手が天国から出てきて、リンゴを半分モハンマドに与えた。半分のリンゴをモハンマドに与え、モハンマドは再び娘のファーテメのもとへ帰って言った。

「ファーテメ・ザフラー、半分のリンゴを天国から持ってきました。アリーが来るのを待ちましょう。一緒にこのリンゴを食べましょう。」

ファーテメ・ザフラーは言った。

「そうしましょう。アリーが来るまで待ちましょう。一緒にこの半分のリンゴを食べましょう。」

アリーが来ると、モハンマドはリンゴをアリーに渡した。前へ置き、こう言った。

「アリーよ、あなたが来るのを待っていました。このリンゴを一緒に食べましょう。」

すると、アリーもポケットから半分のリンゴを取り出した。そして言った。

「私も半分のリンゴを持ってきました。さあ、同じリンゴかどうか照合してみましょう。」

モハンマドがリンゴを合わせてみると、同じリンゴであることがわかった。片方をアリーが持っていたのである。アリーは言った。

「天国から出てあなたにリンゴを渡した手は、私の手だったのです。この半分のリンゴは、あなたの手にある半分のリンゴと同じものなのです。」

注
1. ザフラーはファーテメの異名。

101

題　　名：تخمی که نشکست ／ 割れない卵
分　　類：伝説
ＡＴ番号：-
録音箇所［収録時間］：006-041［00分42秒］
調　査　日：1998年12月31日
調　査　地：استان فارس، شهرستان فسا، بخش شیبکوه، روستای میانده ／
　　　　　　ファールス州ファサー地方シーブクー地区ミヤーンデ村

名　　前：خداداد روستایی ／ ホダーダード・ルースターイー
年齢性別：42才、男性
職　　業：راننده ／ 運転手
住　　所：فارس، شهرستان فسا، بخش شیبکوه، میانده
出　身　地：روستای میانده ／ ミヤーンデ村
伝承者：-

翻字（ペルシア語）: یه موقعی حضرت علی دعوتش کرد یه نفر خونش. دعوتش کرد خونش، یه نفر به حساب همراهوه به حساب حضرت علی گف که این بنده خدا نگاه کن. یا علی این مرغی بلندیو تخم گذاشت از بلندی افتید پایین نشکست. از بلندی افتید پایین نشکست، از این خونواده سوال گرفتن

که آیا شما از خونوادتون گاهی مریضم میشین. گف که نه ما تا هنوزه اون چی که یاد میدیم[۱] جد در جد[۲] مون گاهی مریض نشده. گف که شما مسلمون نیستین. اگر مسلمون بودین بنده خدا ذلت داشت. شما ذلت نمیبینین مسلمون نیستین من غذایی که حالا باید اینجا بخورم نمیخورم.

۱. میدیم = داریم ۲. جد در جد = نثل در نثل

翻字（ローマ字）：ye mouqeī hazrat-e alī da‘avataš kard ye nafar xūnaš. da‘avataš kard xūnaš, ye nafar be hesāb hamrāhūve be hesāb-e hazrat-e alī gof ke īn bandeye xodā negā kon. yā alī īn morqī bplandīo toxm goāšt az bolandī oftād pāīn našekast. az bolandī oftīd pāīn našekast, az bolandī oftīd pāīn našekast, az īn xūnevāde soāl gereftan ke āyā šomā az xūnevādetūn gāhī marīz-am mišīn. gof ke na mā tā hanūze ūn čī ke yād midīm jadd dar jadd mūn gāhī marīz našode. gof ke šomā mosalmūnn nīstīn. agar musalmūn būdīn bande xodā zellat dāpt. šomā zallat nemibīnīn mosalmūn nīstīn man qazāī ke hālā bāyad īnjā boxptam nemixoram.

日本語訳：ある日、アリーはある人の家に招かれた。アリーと一緒に招かれた人がアリーに言った。

「これを見てください。高いところにいるニワトリが卵を産んで落ちたが、割れなかった。高いところから落ちたのに割れなかった。」

そして、（アリーは）招いた家族に尋ねた。

「あなた方は時々病気になりませんか。」

すると、（その家の者が）答えた。

「私の知る限り、代々病気にはなりません。」

するとアリーは言った。

「あなた方はイスラム教徒ではありません。もし、イスラム教徒なら苦労をしなければいけません。あなた方は苦労をしていないので、ここでは食事をしません。」

102

題　　名：گردنبند／首飾り
分　　類：伝説
ＡＴ番号：-
録音箇所［収録時間］：004-033［04分35秒］
調　査　日：1998年11月04日
調　査　地：استان مازندران، شهرستان آمل، محلّه چاکسر／マーザンダラーン州アーモル地方チャークサル地区

名　　前：طاهره قریب／ターヘレ・ガリーブ
年齢性別：50才、女性
職　　業：خانه دار／主婦
住　　所：آمل، خ. شهید بهشتی
出　身　地：آمل／アーモル
伝　承　者：مادر／母親

翻字（ペルシア語）：یه مردِ بود یه مغازه نونوائی داشت. این مرد مسلمون نبود. به فکر خدا و امام و پیغمبر نبود. این یه گدایی اومد در خونشون و بهش گفتش که یا محمّد یا علی من یه کمک به من بکنید و یه خیری به من بدی. این مرد که نونوا بود بهش گفت که بگو در راه عمر من

بهت بدم بگو در راه ابو بکر من بهت بدم، در راه علی من بهت چیزی نمیدم. این یه دو تا حرفم به اینا زده و از در مغازه اومد بیرون. یه خانمی بالای ساختمون نشسته بود. به این مرد داشت نگاه میکرد. اون خانمه زن این نونوا بود. صدا زد ای آقا آقا بیا کارت دارم. این اومد و گفت که تو رفتی در اون مغازه چی گفتی؟ گفت من گفتم در راه علی یک به من کمک من بکنین، اون بمن کمک نکرد. گفت بیا خونه من. این اومد خونه این زنه. این زنه دست آورد گردنبند خودش و بگیره این مرد بهش گفت تو داری منو مسخره میکنی؟ تو داری گردنبند به من میدی؟ گفت اره، من گردنبند و در راه علی به تو میدم. این گردنبند خودش باز کرد و در راه علی داده به این مرد. داده به این مرد و مرد گرفته باز دوباره رفته در مغازه نونوائی. گفت من به تو گفتم یه مثلاً پنج هزار یه تومن به من خیری بده، راه علی تو به من ندادی. ولی اون زنی که بالای اون ساختمون نشسته بود، این گردنبند و در راه علی و در راه خدا به من داده. این مرده گردنبند از دست مرده گرفته نگاه کرده دید گردنبند مال زنشه. داد و باز دوباره دست گداها، گداه گرفته رفت. رفت و اومد خونه به زنه گفت گردنبندت چی شد؟ گفت که ندارم. گف چی کار کردی؟ گف بخشیدم به یه نفر. گف چرا به یه نفر بخشیدی؟ گف در راه علی در راه خدا به یه نفر بخشیدم. زنه مسلمون بود. گفت حالا حاضری در راه علی یا در راه خدا دستتم بدی؟ گفت اره من در راه خدا در راه علی جان خودمم میدم. این چی کار کرد. دست خودش و در راه علی این مرد ساطور گرفت داد دست این زنه رو قطع کرده. قطع کرد و این زنه دست خودش گرفته و اومد سر خیابون نشسته. نشسته بعداً، باز دوباره پادشاهی میخواست زن بگیره. زن بگیره بهش گفتن که تو حتماً بیا یه دختری ر انتخاب کن بگیر. گفت نه من دختری نمیخوام و من اون زنه که دستش قطع شده، اون زنه ر میخوام. حالا پدرش مادرش دوروریاش همش بهش دعوا کردن اون یه زن و شوهر دار بوده اون یه زن دست نداره. اون گفت نه من همون زنه میخوام حالا شما هرجوری میدونین اینو برام درست کنین. درست کنید و اینا ر تهیه عروسی دیدن و تدارک دیدن و این زنه رو برای پادشاه درست کردن. پسر پادشاه. درست کردن و این شب اول شد و این توی اتاق نشسته بودن و پدر پسر پادشاه گفت من برم در این اتاق ببینم اینا چی

میکن. اومد در اتاق وایساده ببینه ایبا چی میکن. گفتش که من یه آب بده من بخورم. خوب چون زنه دست راست و نداشت با دست چپ آب داده به این. با دست چپ آب داده به این. گفت که زن گرفتم که دست چپ و راست و فرق نمیده، دست راست به من آب نمیده دست چپ به من آب میده. این گف خدا یا من که دست راست رو ندارم، دست راست در راه تو دادم این خودش میدونست که من دست راست و ندارم. چرا منو گرفته که حالا داره این حرف و میزنه. همینجوری ناراحت بود و گریه میکرد و چیز میکرد دید در اتاق باز شد و سه تا خانم اومدن تو اتاق. سه تا خانم اومدن تو اتاق و گفت یکی به یکی گفت این دست خودش و در راه شوهر تو داده. بیا دستشو درست کن. حضرت فاطمه بود اون خانما و با دو تا دیگر حضرت مریم بود و نمیدونم یکی کی بود دیگه سه تا خانم بودن. این رفت رختخواب گذاشتن حضرت فاطمه با این خانم رفتن توی رختخواب خوابیدن. خوابیدن گفت خانم کدوم دستت بود که در راه علی دادی؟ این دست خودش و در آورد دید دستش سالمه. گفت دستت سالم. گفت دست راستم بود در راه علی دادم قطع کردن من مدتی دستم قطع بود. گفت حالا این دستتو سالمه و هیچی اینام ناپدید شدن.

翻字（ローマ字）: ye marde būd ye maqāze nūnvāī dāšt. īn mard-e mosalmūn nabūd. be fekr-e xodā o emām o peiqambar nabūd. īn ye gedāī ūmad dar-e xūnašūn o beheš gofteš ke yā mohammad yā alī man ye komak be man bokonīd o ye xeirī be man bedī. īn marde ke nūnvā būd beheš goft ke begū dar rāh-e omar man behet bedam begū dar rāh-e abū bakr man behet bedam, dar rāh-e alī man behet čīzī nemidam. īn ye do tā harf-am be īnā zade ū az dar-e maqāze ūmad bīrūn. ye xānome bālāye sāxtemūn nešaste būd. be īn marde dāšte negāh mikard. ūn xānome zan-e īn nūnvā būd. sedā zad ei āqā āqā biyā kāret dāram. īn ūmad o goft ke to raftī dar-e ūn maqāze čī goftī? goft man goftam dar rāh-e arlī yek be man komak-e man bokonīn, ūn be man komak nakard. goft biyā xūneye man. īn ūmad xūneye īn zane. īn zane dast āvord gardanband-e xodeš o begīre īn mard beheš goft go dārī mano masxare mikonī? to dārī gardanband be man midī? goft are, man gardanband o dar rāh-e alī be to midam. īn gardanband xodaš bāz kard o dar rāh-e alī dāde be īn marde. dāde be īn mard o mard gerefte bāz dobāre rafte dar-e maqāzeye nūnvāī. goft man be to goftam ye masalān panj hezār ye tōman be man bede, rāh-e alī to be man nadādī. valī ūn zanī ke bālāye ūn sāxtemūn nešaste būd, īn gardanband o dar rāh-e alī o dar rāh-e xodā be man dāde. īn marde gardanband az dast-e marde gerefte negāh karde dīd gardanband māl-e zaneš. dād o bāz dobāre dast-e gedā ā, gedāhe gerefte raft. raft o ūmad xūne be zane goft gardanbandet čī šod? goft ke nadāram. gof či kār kardī? gof baxšīdam be ye nafar. gof čerā be ye nafar baxšīdī? gof dar rāh-e alī dar rāh-e xodā be ye nafar baxšīdam. zane mosalmūn būd. goft hālā hāzerī dar rāh-e alī yā dar rāh-e xodā dastetam bedī? goft are man dar rāh-e xodā dar rāh-e alī jān-e xodemam midam. īn či kār kard. dast-e xodeš o dar rāh-e alī īn mard-e sātūr gerefto dād dast-e zane ro qat karde. qat kard o īn zane dast-e xodešo gerefte o ūmad sar-e xiyābūn nešaste. nešaste ba'dān, bāz dobāre pādešāhī mixāst zan begīre. zan begīre beheš goftan ke to hatmān biyā ye doxtarī entexāb kon begīr. goft nah man doxtarī nemixām o man ūn zane ke dasteš qat šode, ūn zane re mixām. hālā pedareš mādareš durūdiyāš hame beheš da'avā kardan ūn ye zan o šouhar dār būde ūn ye zan dast nadāre. ūn goft na man hamūn zane mixām hālā šomā har jūrī mīdūnīn īno barām dorost konīn. dorost konīd o īnā re tahīya arūsī dīdan o tadārak dīdan o īn zane ro barāye pādešāh dorost kardan. pesar-e pādešāh. dorost kardan o īn šab-e avval šod o īn tūye otāq nešaste būdan o pedare pesar-e pādešā goft man beram dar īn otāq bebīnam īnā čī migan. ūmad dar-e otāq vāīstāde bebīne čī migan. gofteš ke man ye āb bede man boxoram. čūn zane dast-e rāst o nadāšt bā dast-e čap āb dāde be īn. bā dast-e čap āb dāde be īn. goft ke zan gereftam ke dast-e čap o rāst o farq nemide, dast-e rāst be man āb nemide dast-e čap be man āb mide. īn gof xodā yā man ke dast-e rāst ro nadāram, dast-e rāst dar rāh-e to dādam īn xodeš nīdūnest ke man dast-e rāst o nadāram. čerā mano gerefte ke hālā dāre īn harf o mizane. hamīnjūrī nārāhat būd o gerie mikard o čīz mikard dīd dar-e otāq bāz šod o se tā xānom ūmadan tū otāq. se tā xānom ūmadan tū otāq o goft yekī be yekī goft īn dast-e xodeš o dar rāh-e šouhar-e to dāde. biyā dastešo dorost kon. hazrat-e fāteme būd ūn xānomā o do tā dīgar hazrat-e maryam būd o nemīdūnam yekī kī būd dīge se tā xānom būdan. īn raft raxtexāb gozaštan xazrat-e fāteme bā īn xānom raftan tūye raxtexāb xābīdan. xāvīdan goft xānom kodūm dastet būd ke dar rāh-e alī dādī? īn dast-e xodešo dar āvord dīd dastaš sāleme. goft dastet sālem. goft dast rāstam būd dar rāh-e alī dādam qat kardan man moddatī dastam qat būd. goft hālā īn dastetš saleme o hīčī īnām nāpadīd šodan.

日本語訳：パン屋の男がいた。この男はイスラム教徒ではなかった。［シーア派ではなかった。］神やイマームや預言者を信じていなかった。乞食がこの男の家にやって来て、こう言った。

「ムハンマドの名において、アリーの名において、僅かでいいので施しを下さい。助けて下さい。」

パン屋の男は言った。

「ウマル(1)の名において、と言え。そうすれば助けてやろう。アブーバクル(2)の名において、と言え。そうすれば助けてやろう。アリーの名のもとには助けてやらない。」

一、二度こう言うと、乞食は店から出た。一人の女が建物の上に座って、この男を見ていた。この女は、パン屋の男の妻であった。女が言った。

「そこの旦那さん、用があります。」

乞食がやって来ると、女は言った。

「あの店で何と言ったのですか。」

乞食は言った。

「アリーの名のもとに施しを下さいと言いましたが、何もくれませんでした。」

女は言った。

「私の家に来なさい。」

乞食は女の家に行った。女は自分の首飾りをはずして渡した。

「人を馬鹿にして。首飾りをくれるとでもいうのですか。」

女は言った。

「そうです。アリーの名においてこの首飾りをさしあげます。」

女は首飾りをはずして、乞食にアリーの名において与えたのだった。乞食は、首飾りを受け取り、再びパン屋へ行って、こう言った。

「これで半トマンか１トマンください。あなたはアリーの名のもとに何もくれませんでしたが、あの建物の上に座っていた女は、アリーの名において首飾りをくれました。」

パン屋の男は、首飾りを乞食の手からとり、よく見ると、その首飾りは妻のものであることがわかった。そして、パン屋は乞食の手を掴んで、家に帰って妻に言った。

「首飾りはどうした。」

妻は言った。

「ありません。」

パン屋は言った。

「どこへやったんだ。」

妻は言った。

「ある人に施してやりました。」

パン屋は言った。

「どうして施したんだ。」

妻は言った。

「アリーの名のもとに、神の名のもとに施したのです。」

妻は、イスラム教徒（シーア派）であった。パン屋は言った。

「それでは、アリーの名のもとに、神の名のもとに、手を切れ。」

妻は言った。

「はい、私は、アリーの名のもとに、神の名のもとに、命さえも差し出します。」

こう言って、妻は何をしたかというと、アリーの名のもとに（自分の右手を）差し出し、男は肉切り包丁をもって妻の手を切った。手が切られて、女

は自分の手を持って通りに出て座っていた。ちょうどそのころ、王（後で王子と言い直される）は嫁をもらおうとしていた。王（王子）の周りの者たちは、「（ふさわしい）娘を選びなさい。」と言っていた。しかし、王（王子）は、言った。

「私はあの手を切られた女と結婚したい。」

王（王子）の父親も母親も周りの者たちも、夫のいた手のない女と結婚することを叱った。王（王子）は言った。

「いいえ、私はあの人と結婚したいのです。さあ、つべこべ言わず結婚の準備をするように。」

結婚の準備や花嫁の衣装の準備も王、つまり王子のために整えられた。そして、最初の晩、（新郎新婦は）部屋で座っていた。王子の父親は言った。

「私は、二人の部屋に行って彼らが何を話すか聞いてきます。」

父親は、部屋の扉の前に立って、話を聞いていた。王子は言った。

「水を飲みたいので、水をとってください。」

ところが、女は右手がなかったので、左手で水を渡した。王子は言った。

「（私たちは）夫婦です。左手も右手も変わりありません。右手で渡せなくても左手で渡せるではないですか。」

女は言った。

「ああ、私は右手がないのです。神の名において右手を失ったのです。神だけが知っています。どうして私と結婚して、そんな話をするのですか。」

女は泣き出した。すると、部屋に三人の女性が現れた。三人の女性は部屋に入ってきて一人が別の一人に言った。

「この女は手をあなたの夫の名において差し出しました。手を治してあげなさい。」

三人の夫人の一人はファーテメ[3]でもう一人はマルヤム[4]ともう一人誰かであった。ファーテメは、女をベッドに寝かせて言った。

「アリーの名において差し出した手はどれですか。」

女は、手を見せようと持ち上げた。すると、手は治っていた。ファーテメは言った。

「あなたの手は治りました。」

女は言った。

「アリーの名において右手が切られて、しばらくそのままだったのです。」

ファーテメは言った。

「もう、あなたの手は治りました。」

そして、三人の女性たちは消えていなくなった。

注
1．イスラム第二代カリフのことである。
2．初代カリフのことである。
3．第四代カリフのアリーの妻で、ムハンマドの娘のことである。
4．イエス・キリストの母、マリアのことである。

103

題　　名：قصاب و امیر المومنین／肉屋とカリフ
分　　類：伝説
ＡＴ番号：-
録音箇所［収録時間］：004-034［02分59秒］
調　査　日：1998年11月04日
調　査　地：استان مازندران، شهرستان آمل، محلّه چاکسر／マーザンダラーン州アーモル地方チャークサル地区

名　　前：طاهره قریب／ターヘレ・ガリーブ
年齢性別：50才、女性
職　　業：خانه دار／主婦
住　　所：آمل، خ. شهید بهشتی
出　身　地：آمل／アーモル
伝　承　者：مادر／母親

翻字（ペルシア語）: یه خانمی بود یه کارگر داشت، بهش پول داد گفت تو برو گوشت بخر. گوشته بخر این دختره اومد کارگره اومد در قصابی گوشت گرفت و اون وقت رفت خونه. خانمه گفت این گوشت بدرد نمیخوره ببر به قصاب بده. دختره گوشت آورد و یه گوشت دیگه داد و باز رفت خونه.

باز خانمه گفت این گوشت به درد نمیخوره بده یه گوشت دیگه بگیر. شد دور سوم این گوشت گرفت و آورد و حالا قصاب هم این گوشت قبول نمیکرد، خانمه هم این گوشت قبول نمیکرد. خانمه هم میگفت این گوشت بدرد نمیخوره. قصاب هم میگفت من سه دور باسه و عوض کردم دیگه عوض نمیکنم. این گوشته گرفت و اومد سر خیابون نشست. سر خیابون نشست امیر المومنین داشت میرفت نماز. ظهر بود و همه رفتن مسجد نماز امیر المومنین هم داشت میرفت نماز. دید دختره گوشت دستشه و تو خیابون نشسته گریه میکنه. گف دختر چی شده. گفت اره. این گوشت و من گرفتم سه بار آوردم قصاب عوض کرد و خانمه هم الان قبول نمیکنه دور سوم قصاب هم قبول نمیکنه. گفت بیا. این قصابه سر خیابونه امیر المومنین قصابی زده که امیر المومنینه ببینه. ولی نمیشناخت اون کیه. این گوشته گرفت آورد. گفت آقای قصاب. گفت بله. گفت حالا بیا به خاطر من این گوشت و ببخش. به این دختر این گوشته بگیر عوض کن و یه گوشت خوب بده. این دست آورد و زده رو سینه امیر المومنین گفت تو کی هستی که من به خاطر تو این گوشت و باز دو باره ازش عوض کنم الان سه بار این گوشته عوض میکنم. برو کنار تو کی هستی و؟ دست زده رو سینه امیر المومنین، امیر المومنینم پرت شده رو زمینو بلند شد رفت پیش خانمم. گفت خواهر من. گفت بله. گفت این گوشتو محض خاطر من به این کنیز ببخش. گفت من این گوشتم تو میبخشم و کنیزم به تو میبخشم و هیچی، هر چی جانم فدای تو آقا. این کنیزه گرفت اومد حالا این زنا ومردا که داشتن میرفتن مسجد، اومدن و قصاب پرسیدن که آقای قصاب. گفت بله. گفتن این امیر المومنین که در مغازت بود کو. گفت امیر المومنین من در راه امیر المومنین اومدم اینجا مغازه زدم ولی امیر المومنینه ندیدن. شما میگی امیر المومنین در مغازت بود گفت اره همون دختر که گوشت سه بار آورد و عوض کردی امیر المومنین اینه آورد، این امیر المومنین بود. گفت این امیر المومنین بود که گوشت آورد و من ازش نگرفتم. دستم زدم به سینش. (گفت اره). گفتن اره. این اومد گفت دستی که در راه علی بلند میشود، اینه گذاشت رو ساطور و قطعه قطعه کرد. قطعه قطعه کرد و مردم اومدن دورش جمع شدنو این اینجا نشسته بود، گریه میکرد و مردم دورش جمع شدن. جمع شدن امیر المومنین

伝 説 643

اومـد. اومـد ديد اين قـصـاب اينـه نـشنـاخت و مـردم داد كنار و گـرفت دسـتـشـو معلاجه كرد.

翻字（ローマ字）： ye xānomī būd ye kārgar dāšt, beheš pūl dād goft to borou gūšt bexar. gūšt bexar īn doxtare ūmad kārgare ūmad dar-e qassābī gūšt gereft o ūn vaqt raft xūne. xānome goft īn gūšt bedard nemixore bebar be qassāb bede. doxtare gūšt āvord o ye gūšt-e dīge dād o bāz raft xūne. bāz xānome goft īn gūšt be dard nemixore bede ye gūšt-e dīge begīr. šod dūr-e sevvom īn gūšt gereft o āvord o hālā qassāb ham īn gūšt o qabūl nemikard, xānome ham īn gūšt qabūl nemikard. xānome ham migoft īn gūšt be dard nemixore. qassāb ham migoft man se dūr bāse o avaz kardam dīge avaz nemikonam. īn gūšte gereft o ūmad sar-e xiyābūn nešast. sar-e xiyābūn nešast amīralmo'menīn dāšt miraft namāz. zohr būd o hame raftan masjed namāz amīralmo'menīn ham dāšt miraft namāz. dīd doxtare gūšt dāšte o tu xiyābūn nešaste gerie mikone. gof doxtar čī šode. goft are. īn gūšt o man gereftam se bār āvordam qassāb avaz kard o xānome ham alān qabūl nemikone dour-e sevvom qassāb ham qabūl nemikone. goft biyā. īn qassābe sar-e xiyābūne amīralmo'menīn qassābī zade ke amīralmo'menīne bebīne. valī nemīšenaxt ūn kie. īn gūšte gereft āvord. goft āqāye qassāb. goft bale. goft hālā biyā be xāter-e man īn gūšt o bebaxš. be īn doxtar īn gūšte begīr avaz kon o ye gūšt-e xūb bede. īn dast āvord o zade rū sīne amīralmo'menīn goft to kī hastī ke man be xāter-e to īn gūšt o bāz do bāre azaš avaz konam alān se bār īn gūšt avaz mikonam. borou kenār to kī hastī o? dast zade rū amīralmo'menīn, amīralmo'menīn-am part šode rū zamīno boland šod raft pīš-e xānom-am. goft xāhar-e man. goft bale. goft man īn gūšt o mahz-e xāter-e man be īn kanīz bebaxš. goft man īn gūštam to mibaxšam o kanīzam be to mibaxšam o hīčī, harčī jānam fadāye to āqā. īn kanīze gereft ūmad hālā īn zanā o mardā ke dāštan miraftan masjed, ūmadan o qassāb porsīdan ke āqāye qassāb. goft bale. goftan īn amīralmo'menīn ke dar-e maqāzat būd kū? goft amīralmo'menīn man dar rāh-e amīralmo'menīn ūmadam injā maqāze zadam valī amīralmo'menīne nadīdan.

šomā migī amīralmo'menīn dar maqāzat būd goft are hamūn doxtar ke gūšt se bār āvord o avaz kardī amīralmo'menīn ine āvord. īn amīralmo'menīn būd. goft īn amīralmo'menīn būd ke gūšt āvord o man azaš nagereftam. dast-am zadam be sīnaš. goft are. goftan are. īn ūmad goft dastī ke dar rāh-e arlī boland mišavad, īne gozāšt rū sātūr qate qate kard. qate qate kard o mardom ūmadan doureš jam šodano īn injā nešaste būd, gerie mikard o mardom doureš jam šodan. jam šodan amīralmo'menīn ūmad. ūmad dīd īn qassāb īne našenāxt o mardom dād kenār o gereft dastešo ma'līje kard.

日本語訳：召使いをもつ娘がいた。女主人は召使いに金を渡して言った。

「肉を買いに行きなさい。」

召使いの娘は、肉屋で肉を買って帰ってきた。女主人は言った。

「この肉じゃだめだ。肉屋に返してきなさい。」

娘は肉を持って行って、別の肉と替えてもらって帰ってきた。すると、また女主人は言った。

「この肉もだめだ。もう一度肉屋に行って替えてもらいなさい。」

三度目肉を替えてもらうように言うと、とうとう肉屋も替えてくれなかった。女主人もその肉に納得しなかった。その肉ではだめだと言うのであった。肉屋も「三度替えたからもう替えない。」と言った。娘は、肉を持ったまま道ばたで座り込んでしまった。すると、ちょうど、カリフがお祈りに行こうと通りかかった。昼になり、皆モスクにお祈りに行くところであった。カリフもお祈りに行くところであったが、娘が肉を持って道ばたで泣いているので、声をかけた。

「娘さん、どうしたのですか。」

娘は言った。

「はい、この肉を買ったのですが、三度肉屋に行って替えようとしました。女主人はこの肉に納得しないのですが、肉屋も三度目なので替えてくれないのです。」

カリフは言った。

「来なさい。」
　肉屋は通りの角にあり、カリフが入って行った。肉屋はカリフを見たが、カリフだとは気が付かなかった。肉を持って「肉屋さん」と呼びかけた。肉屋が返事すると、カリフが言った。
　「私に免じてこの肉を替えてやってくれないか。この娘の肉を受け取って、もっといい肉を下さい。」
　肉屋は、手を振り上げ、カリフの胸を叩いて言った。
　「あんたは誰だ。この肉はもう二回も替えて、これで三度目だ。あんたは誰だ、消え失せろ。」
　カリフは地面に倒れた。起きあがり、女主人のところにも行って、「ご婦人」と呼びかけると、女主人は「はい」と返事した。カリフは言った。
　「この肉のことは、私に免じて召使いを許して上げて下さい。」
　女は言った。
　「あなたを許しましょう。また、あなたに免じてこの召使いも許しましょう。心からあなたに仕えます。」
　召使いは戻ってきた。さて、男たちも女たちもモスクへ向かっていった。人々は肉屋に尋ねた。肉屋は「はい。」と返事した。
　「店にいたカリフはどこへ行ったのだろう。」
　一人が言った。
　「道でカリフを見かけて、ここで店に入ったのだが、いなくなってしまった。」
　肉屋は言った。
　「カリフが私の店にいたというのですか。」
　同じ人が言った。
　「そうです。肉を三度替えようとした娘をカリフが連れてきただろう。それがカリフです。」
　肉屋は言った。
　「三度目の肉を替えようとして私は受け取らなかったのだが、カリフだっ

たのですか。手で胸を叩いてしまった。」
　人々は言った。
　「きっとそれですよ。」
　肉屋は「アリーの名において。」と言って、手を持ち上げ、肉切り包丁で刻んだ。手を切り刻んでいると人々が周りに集まってきた。肉屋はしゃがみ込み、泣いた。人々は周りで集まっていた。そこにカリフがやって来た。カリフは肉屋を見た。肉屋はカリフに気が付かなかった。カリフは人々を遠ざけ、肉屋の手を取り、治療してやった。

104

題　　名：امامزاده زین العابدین／ゼイノルアーベディーン
分　　類：伝説
AT番号：-
録音箇所［収録時間］：005-003［01分37秒］
調　査　日：1998年11月12日
調　査　地：تهران／テヘラン

名　　前：علی اسدی／アリー・アサディー
年齢性別：24才、男性
職　　業：راننده／運転手
住　　所：تهران، تهران پارس
出　身　地：آذربایجان، جلفا، روستای زاویه／アゼルバイジャン州ジョルファ、ザーヴィーエ村
伝承者：پدر بزرگ／祖父

翻字（ペルシア語）: در روزگاران قدیم که بابای ما می گفتن این قصه را به ما تعریف کردن اینطوری بوده که یه پسر بچه ای بوده (به اسمس) سیزده ساله به نام زین العابدین که از ازاد[1] پیغمبران بوده این. اینو چند نفر دنبال میکنن که کافر بودن دنبال میکن و اینو بگیرن بکشنش. فهمیده بودن که این

از ازداد پیغمبره. بعداً این میاد پناه میاره به یه خونه ای که یه پیر زن اونجا زندگی می چرد[۲]. میاد به پیر زن میگه که اره این فلانیان مثلاً میان منو میخوان بکشن. اینم میگه که در زمان قدیم یه تنوری بود، توش خالی بود میره اینو میذاره تو تنور درشو میبنده. تا اینکه این چند نفر میان این ور اون ور همه جا ر نگاه میکنن اونجا را نگاه نمیکنن. بعداً میرن. میرن بعد از یه ساعت این پیر زنه میاد که در تنور رو باز کنه تا این پسر رو بیاد بیرون، میبینه که از پسر خبری نیستش. تنهاف چیزیکه اونزا[۳] میبینه فقط نور میبینه، مثل ماه، نور ماه. تعجب میکنه این ور اون ور میره همسایه رو خبر میکنه نگاه میکنه که هیچی فقط اونجا که نشسته بود تنها نور وجود داره یعنی غیب شده کلاً. بعداً همونجا رو به اسم همون پسر سیزده ساله امام زاده میکنن. الاً همون امام زاده الان هم هستش میان زیارت میکنن. همین بود.

۱. ازاد = اجداد ۲. چرد= کرد ۳. اونزا =اونجا

翻字（ローマ字） : dar rūzgārān-e qadīm ke bābāye mā mīgoftan īn qesse ra be mā ta'arīf kardan intourī būde ke ye pesar baččeī būde be esmes sīzda sāle be nām-e zeinol'ābedīn ke az azdād-e peiqambarān būde īn. inō čand nafar donbāl mikonan ke kāfer būdan donbāl mikonan o ino begīran bokošaneš. fahmīde būdan ke īn az azdād-e peiqambare. ba'adān īn miyād panā miyāre be ye xūneī ke ye pīr zan unjā zendegī mi kard. miyād be pīr zan mige ke are īn felāniyān masalān miyān mano mixān bokošan. īn-am mige ke dar zamān-e qadīm ye tanūrī būd, tūš xālī būd mire ino mizāre tū tanūre darešo mibande. tā īnke īn čand nafar miyān īn var ūn var hame jā re negāh mikonan unjā rā negāh nemikonan. ba'adān miran. miran ba'ad az ye sā'ate īn pīr zane miyād ke dar-e tanūr ro bāz kone tā īn pesare ro biyād bīrūn, mībīne ke az pesar xabarī nīsteš. tanhā čīzī ke unzā mībīne faqat nūr mibīne, masle māh, nūro māh. ta'ajjob mikone īn var ūn var mire hamsāye ro xabar mikone negāh mikone ke hīčī faqat unjā ke nešaste būd tanhā nūr vojūd dāre ya'anī qeib šode kollān. ba'adān hamūnjā ro be esm-e hamūn pesar sīzdah sāleh emām zāde mikonan. allān hamūn emām zāde alān ham hasteš miyān ziyārat mikonan. hamīn būd o.

日本語訳：昔、私の父親が語ってくれた話は、このようなものである。十三才ぐらいのゼイノルアーベディーン[1]という名の少年がいた。預言者たちを祖先に持つ子供であった。この少年を数人が追っていた。追っ手は異教徒であった。捕まえて殺そうとしていたのであった。預言者を祖先に持つということがわかっていたからであった。少年は老女が住んでいる家に逃げてきた。少年は老女に言った。

「追っ手が来て、私を殺そうとしています。」

老女は言った。

「古い竈があります。中は空なのでそこに入りなさい。私が扉を閉めましょう。」

数人の追っ手が老女の家にやって来て、隅から隅まで調べた。しかし、竈は見なかった。追っ手たちは去っていった。一時間ほど経って、老女は竈を開けに行った。少年を出してやろうとしたのであった。ところが、少年はいなくなっていた。光だけがあった。月光のように光っていた。老女は驚いて、隣人を呼んだ。隣人たちが見ても光があるだけで、誰もいなかった。消えてしまったのである。後に、その場所を十三才の少年の名前をとってイマーム・ザーデとした。今でもそのイマーム・ザーデはあり、人々が巡礼している。

注

1．このゼイノルアーベディーンは、第４代イマーム・ゼイノルアーベディーン（イマーム・ホセインの息子）自身ではなく、その子孫の一人を指す。

105

題　　名：در مورد شیخ بهائی ／シェイフ・バハーイーの話

分　　類：伝説

ＡＴ番号：-

録音箇所［収録時間］：006-021［02分16秒］

調 査 日：1998年12月18日

調 査 地：اصفهان ／イスファハン

名　　前：ابراهیم مهمان دوست ／エブラーヒーム・メヘマンドゥースト

年齢性別：49才、男性

職　　業：کارشناس همکاریهای علمی و بین المللی اصفهان، دانشگاه اصفهان ／

イスファハン大学学術国際部協力専門員

住　　所：اصفهان

出 身 地：کربلا (پدرش اصفهانی است، و مادرش یزدی است) ／キャルバラ（父親がイスファハン出身、母親はヤズド出身）

伝 承 者：معلوم نیست ولی همه میدانند ／わからない。でも誰でも（イスファハンでは）知っている

翻字（ペルシア語）：در مـورد شـیخ بهـائی، دانشـمند مـعروف اصـفهـان داسـتـان هـای بـسـیـاری نـقل مـیکـنـن. گـفـتـه مـیشـود کـه ایـشـون هـم دانـشـمـنـد بـوده، هـم مـهـنـدس بـوده، و اطـلاعـات روز را داشـتـه و مـذهـبی را بـسـیـار خـوب داشـتـه و در دوره صـفـویـه بـرای عـبـاس اول شـاه صـفـوی بـه صـدارت یـا وزارت مـیکـرده. ایـشـون شـب هـا پـا مـیشـده، و راه مـیـافـتـاده بـه کـوچـه و بـازار. و عـمـال حـکـومـت یـا مـأمـوریـن حـکـومـت را کـارهـاشـونـا گـاه بـه گـاه رسـیـدگی مـیکـرده. مـثـلاً اگـر نـگـهـبـانی خـواب بـاشـد، نـگـاه مـیکـنـه کـه ایـن خـوابـه از خـواب بـیـدارش بـکـنـه. هـمـیـنـطـور کـه مـیـومـده س. مـیـرسـد بـه یـکی از نـگـهـبـانـا، کـه سـرش رو روی چـمـاق خـود گـذاشـتـه و داشـت چـرت مـیـزد. در ایـن لـحـظـه کـه داشـتـه مـیـومـده، بـوی کـبـاب و گـوشـت و غـذای لـذیـذ بـه مـشـامـش مـیـخـوره، خـود شـیـخ احـسـاس مـیکـنـد کـه چـه غـذای لـذیـذی هـسـتـش. و مـیـاد مـیـرسـد، بـه اون نـگـهـبـان و مـیـخـواسـتـه نـگـهـبـان را از خـواب بـیـدار بـکـنـه. بـا پـایـش مـیـزنـد (بـه چـمـاقِ) بـه چـمـاق نـگـهـبـان. نـگـهـبـان سـرش رو از روی چـمـاق بـر مـیـدارد و بـه شـیـخ بـهـائی مـیـگـویـد شـیـخ تـو دلـت را بـوی کـبـاب و مـشـامـت را لـذت بـرده. مـردم آزاری (چـه مـیکـنی). چـرا مـیکـنی. و مـیـفـهـمـد کـه آن نـگـهـبـان اِنـقـدر هـوشـمـنـد و بـاهـوش و ذکـاوت بـوده کـه فـکـر آقـای شـیـخ بـهـائی را هـم مـیـخـونـد و قـبـل از ایـن کـه او بـه زبـان بـیـارد فـکـر او را خـوانـده و مـیـفـهـمـد کـه اون نـگـهـبـان از او خـیـلی بـاهـوشـتـر اسـت.

翻字（ローマ字）：dar moured-e šeix-e bahāī, dānešmand-e ma'arūf-e esfahān dāstānhāye besiyārī naql mikonan. gofte mišavad ke īšūn ham dānešmand būde, ham mohandes būde, ettelā'āt-e rūz rā dāšte va mazhabī rā besiyār xūb dāpte va dar doureye safavīye barāye abbās-e avval-e šāh-e safavī be sedārat yā vezārat mīkarde. īšūn šab hā pā mišode, va rāh mioftāde be kūče va bāzār. va ommāl-e hokūmat yā ma'amūrīn-e hokūmat rā kār hāšūnā gāh be gāh resīdegī mīkarde. masalān agar negahbānī xāb bāšad, negāh mikone ke īn xābe az xāb bīdāreš bokone. hamīntour ke miūmades. mīrasad be yekī az negahbānā, ke sareš ro rūye čamāq-e xodeš gozašte va dāšt čort mizad. dar īn lahze ke dāpte miūmade, būye kabāb va gūšt va qazāye lazīz be mašāmeš mixore, xod-e šeix ehsās mikonad ke če qazāye lazīzī hasteš. va miyād miresad , be ūn negahbān va mīxāst negahbān ra az xāb bīdār bokone. bā pāyaš mizanad be čamāq-e be čamāq-e negahbān. negahbān saraš ro az rūye čamāq bar mīdārad va be šeix bahāī mīgūyad šeix tō delet rā būye kabāb va mešāmat rā lezzat borde. mardom āzārī če mikonī. čerā mikonī. va mifahmad ke ān negahbān enqadr hūšmand va bāhūš o zekābat būde ke fekr-e āqāye šeix bahāī rā ham mīxūnad va qabl az īn ke ū be zabān biyārad fekr-e ū rā xūnde va mifahmad ke ūn negahbān az ū xeilī bāhūš tar ast.

日本語訳：シェイフ・バハーイーについて。彼は有名なイスファハンの学者であり、たくさんの逸話がある。学者であり、技師であり、日々、知識を得て、信仰心も厚く、サファヴィー朝ではアッバース一世（シャー・アッバース）の大臣でもあった。夜になると、下町やバザールへ足を運んだ。公務や官吏を視察してまわった。たとえば、衛視が居眠りをしていたら、起こしてやったりした。このように回っていたのであった。ある衛視が杖に頭を乗せて居眠りをしていた。そのとき、（シェイフ・バハーイーは）キャバーブの匂いをさせていた。シェイフも「ああ美味しかった。」と思っていた。さて、衛視も起こしてやろうと足で杖を蹴った。衛視は杖から顔を上げてこう言った。

「シェイフさん、キャバーブのいい匂いがしますね。人々は苦しんでいるのに。」

そこで、その衛視はシェイフ・バハーイーが口を開く前に考えていることを読めるほど賢いことがわかった。衛視がシェイフ・バハーイーより賢いことがわかったのである。

106

題　　名：شیخ بهائی وطلبه ／シェイフ・バハーイーと神学僧

分　　類：伝説

ＡＴ番号：-

録音箇所［収録時間］：006-021［01分12秒］

調 査 日：1998年12月18日

調 査 地：اصفهان ／イスファハン

名　　前：ابراهیم مهمان دوست ／エブラーヒーム・メヘマンドゥースト

年齢性別：49才、男性

職　　業：کارشناس همکاریهای علمی و بین المللی اصفهان، دانشگاه اصفهان ／

イスファハン大学学術国際部協力専門員

住　　所：اصفهان

出 身 地：کربلا (پدرش اصفهانی است، و مادرش یزدی است) ／キャルバラ（父親がイスファハン出身、母親はヤズド出身）

伝 承 者：معلوم نیست ولی همه میدانند ／わからない。でも誰でも（イスファハンでは）知っている

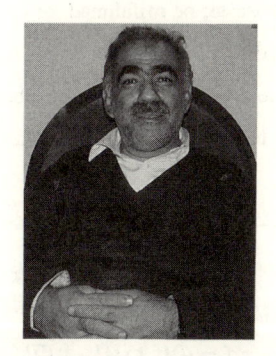

翻字（ペルシア語）: و یک روزی دیگر گفته میشود که یک طلبه ای داشته س کشک می سابیده. و (پلوی[۱] خودش فکر میکنه وقتی شیخ بهائی میاد میگوید این شیخ بهائی) اون طلبه فکر می کرده در ذهنش که این شیخ بهائی چیزی سرش نمیشود. اگر من بجای او وزیر بشم، چه کار هائی که نخواهم کرد. و پلو[۲] خودش فکر میکند که وزیر میشود، چه کار میکند کار های مهمی انجام میدهد میدهد میدهد. و شیخ بهائی را از کار بر کنار میکنه. شیخ بهائی وقتی به او میرسد، آنچه که در ذهن آن طلبه میگذشته، (به) میفهمد که چه دارد فکر میکند، بهش میگه وقتی که دستش روی کشک همینطور مونده بوده و دیگر حرکت نمیکرده بهش میگد ای طلبه ای شیخ برو کشکت را بساب. نمیخواد وزیر بشی. و اون طلبه میفهمد که شیخ بهائی اِنقدر هوش دارد که فکر این را هم به خوبی خوانده است.

۱. پلوی = پهلوی ۲. پلو = پهلوی

翻字（ローマ字）: va yek rūzī dīgar gofte mišavad ke yek talabeī dāštes kašk mīsābīde. va palūye xodeš fekr mikone vaqtī šeix-e bahāī miyād mīgūyad īn šeix-e bahāī ūn talabehe fekr mikarde dar zehneš ke īn šeix-e bahāī čīzī sareš nemišavad. agar man bejāye ū vazīr bešam, če kār hāī ke naxāham kard. va palū xodeš fekr mikonad ke vazīr mišavad, če kār mikonad kār hāye mohemmī anjām midahad midahad midahad. va šeix-e bahāī rā az kār bar kenār mikone. šeix bahāī vaqtī be ū marasad, ānče ke dar zehn-e ān talabe migozašte, be mifahmad ke če dārad fekr mikonad, beheš mige vaqtīke dasteš rūye kašk hamīntour mūnde būde va dīgar harkat nemikarde beheš migad ei talabe ei šeix borou kaškat ra besāb. nemīxād vazīr bešī. va ūn talabe mifahmad ke šeix-e bahāī enqadr hūš dāred ke fekr-e īn rā ham be xūbī xānde ast.

日本語訳：別の日には、こんな話も聞いた。ある神学僧がキャシュク（乾燥乳漿）を削っていた。この神学僧は、シェイフ・バハーイーが無知であると思っていた。そして、「もし、私がシェイフ・バハーイーの代わりに大臣に

なったら、何をやめようか。またどのような重要なことを行おうか。そしてシェイフ・バハーイーを失脚させよう。」と思っていた。シェイフ・バハーイーは、神学僧のそばにやって来て、神学僧が考えていることが分かった。シェイフ・バハーイーは、キャシュクの上に手を乗せたままじっとしている神学僧に言った。

「おい、神学僧よ、しっかり、キャシュクを削りなさい。大臣になりたくないのか。」

そこで、神学僧は、シェイフ・バハーイーが人の考えていることが分かるほど賢いということが分かった。

　　備考：「キャシュクを削れ」は、諺で「人のことにかまうな」である。当伝説は、この諺の由来譚の面もある。

107
題　　名：پوریای ولی／プーリヤーイェヴァリー
分　　類：伝説
ＡＴ番号：−
録音箇所［収録時間］：003-006［02分51秒］
調査日：1998年10月16日
調査地：استان تهران، شهر ری، روستای طالب آباد／テヘラン州レイ市ターレバーバード村

名　　前：ولی الله تکلدانی／ヴァリオッラー・タキラダーニー
年齢性別：26才、男性
職　　業：راننده／運転手
住　　所：استان تهران، شهر ری، روستای طالب آباد
出身地：روستای طالب آباد／ターレバーバード村
伝承者：دوست قدیمی／昔の友人

翻字（ペルシア語）: یکی بود یکی نبود. یه جوونی بود در زمان پوریای ولی که عاشق یه دختری میشه. بعد، میره خواستگاری دختره، و به دختره میگه که اره من عاشق شما شدم میخوام با شما ازدواج کنم. دختره برمی گرده به این جوون میگه که اگر میخوای با من ازدواج کنی، باید پوریا ولی

رو شکست بدی. چون پوریا ولی هم از من خواستگاری کرده. بعد، میره پسره، جوون میره به مادرش چیز رو تعریف میکنه و میگه اره (پوریاولی اینجوری به من گفته). دختره به من گفته که باید با پوریا ولی بجنگی. پوریاولی هم یه پهلوانیه که اصلاً نمیشه باهاش در بی افتی. چه جوری من با این کشتی بگیرم وسط میدون و این ها نمیدونم، خدا میدونه. مادر پسر که این پسر و خیلی دوست داشته، میره تو مسجد. دعا میکنه. بعد، روز اول میره دعا، گریه، زاری، ناله خدا یا کمک کن که این پسرم بتونه پوریاولی رو شکست بده. روز دوم باز همونطور، روز سوم تا چند روز میره مسجد دعا میکنه. بعد، پوریاولی یه روز میاد مسجد. میاد مسجد میبینه، زنی نشسته، داره گریه میکنه و اینا میگه مادره چیه، چرا گریه میکنی؟ میگه اره حقیقتش اینجوریه، من یه پسری دارم. عاشق یه دختری شده. بعد، دختره بهش گفته که اگر میخوای منو (و شکشت بدی)، باید با پوریاولی بجنگی. اونرو شکست بدی. بعد میگه که باشه. برو انشاءالله که خدا درست میکنه. پوریاولی به مادر پسره میگه تا روز موعود فرار میرسه. روز موعود فرار میرسه. و میرن پسر جوونی میره و پوریاولی هم میره توی میدون و دختره هم حالا نشسته تماشا میکنه. بعد، اینا شروع میکنن به کشتیگیری و اینا، وسط میدون، پوریاولی پسر ر میگیره و بلندش میکنه، یه دفعه یاد حرف مادر پسره میفته، پسر ر میذاره زمین. خودشو شل میکنه و خلاصه، به هر جوری هستش پوریاولی از این پسره میخوره. میخوره زمین. شکست میخوره. بعد، پوریاولی همونجا این شعر میگه که پوریای ولی گفت که صیدم به کمند است، از بخت داوود نبی، بختم بلند است. افتادگی اموز اگر طالب فیضی، هرگز نخورد آب زمینی که بلند است. (میگه غصه دیوانه را یک مرد عاقل میخورد، هر که با ناکس نشیند، عاقبت پا میخورد. مرد عاقل کی فریب مال دنیا میخورد.)

翻字（ローマ字）: yekī būd yekiī nabūd. ye javūnī būd dar zamān-e pūriyāevalī ke āšeqe ye doxtar miše. ba'ad mire xāstgārīye doxtare, va be doxare mige ke are man āšeq-e šomā šodam mixām bā šomā ezdevāj konam. doxtare barmī garde be īn javūn mige ke agar mīxāī bā man ezdevāj konī, bāyad pūriyāvalī ro šekast bedī. čūn pūriyāvalī ham az man xāstgārī karde. ba'ad mire pesare, javūn mire be mādaraš čīz ro ta'arīf mikone o mige are pūriyāvalī īnjūrī be man gofte. doxtare be man gofte ke bāyad bā pūriyāvalī bejangī. pūriyāvalī ham ye pahlevānī ke aslān nemiše bāhāš dar biyoftī. če jūrī man bā īn koštī begīram vasate meidūn o īn hā nemīdūnam, xodā midūne. mādar pesar ke īn pesar o xeilī dūst dāšte, mire tū masjed. do'ā mikone. rūz-e avval mire do'ā, gerie, zārī, nāle xodā yā komak kon ke īn pesaram betūne pūriyāvalī ro šekast bede. rūzīe dovvom bāz hamūntour, rūz-e sevvom tā čand rūz mire masjed do'ā mikone. ba'ad pūriyāvalī ye rūz miyād masjed. miyād masjed mibīne, zanī nešaste, dāre gerie mikone o inā mige mādare čie, čerā gerie mikonī? mige are haqīqateš injūrie, man ye pesarī dāram. āšeq-e ye doxtarī šode. ba'ad doxtare beheš gofte ke agar mixāī mano šekast bedī, bāyad bā pūriyāvalī bejangī. ūnāro šekast bedī. ba'ad mige ke bāše. borou enšāllāh ke xodā dorost mikone. pūriyāvalī be mādar-e pesare mige tā rūz-e mo'ūd farār mirese. rūz-e mo'ūd farār mirase. o miran pesar-e javūnī mire o pūriyāvalī ham mire tūye meidūn o doxtare ham hālā nešaste tamāšā mikone. ba'ad īnā šrū mikonan be koštīgīrī o īnā, vasat-e meidūn, pūriyāvalī pesar re migīre o bolandaš mikone. ye daf'e yād-e harf-e mādar-e pesare miyofte, pesare re mizare zamīn. xodešō šol mikone o xolāse, be har jūrī hasteš pūriyāvalī az īn pesare mixore. mixore zamīn šekast mixore. ba'ad pūriyāvalī hamūnjā īn še'er mige ke pūriyāyevalī goft ke seidam be kamand ast, az baxt-e dāūd nabī, baxtam boland ast. oftādegī amūz agar tāleb feizī, hargez naxorad āb zamīnī ke boland ast. mige qosseye dīvāne ra yek mard āqel mixore, har ke bā nākas nešīnad, āqebat pā mixorad. mard-e āqelī kī farīb-e māl-e donyā mixorad.

日本語訳：あったことか、なかったことか。プーリヤーイェヴァリー(1)のいた時代に一人の娘に恋をした若者がいた。若者が求婚に行って、こう言った。

「私はあなたに恋をしています。結婚しましょう。」

すると、娘は若者に返事をした。

「私と結婚したいのなら、プーリヤーイェヴァリーを倒して下さい。とい

うのはプーリヤーイェヴァリーも私に求婚しているからです。」
　若者は、母親のもとへ行き、このことを話した。
　「娘は、プーリヤーイェヴァリーと戦うようにと言いました。」
　プーリヤーイェヴァリーというのは、誰にも倒すことのできない勇士であった。広場の真ん中でどうやってこの勇士とレスリングをすればいいのかわからなかった。神のみぞ知ることであった。若者の母親は、息子がとてもかわいかったので、モスクに行ってお祈りをすることにした。最初の日、「神様、息子がプーリヤーイェヴァリーを倒すことができますように。」と泣き叫んでお祈りをした。二日目も、三日目も、ずっとモスクへ行って、お祈りをしていた。ある日、プーリヤーイェヴァリーがモスクに来た。中では、婦人が座って泣いているので、声をかけた。
　「おばさん、どうしたのですか、どうして泣いているのですか。」
　すると、婦人は答えた。
　「実はこういうことなんです。私の息子がある娘に恋をしたのですが、その娘は、結婚したければプーリヤーイェヴァリーと戦って倒しなさい、と言ったのです。そして、息子はそれを受け入れたのです。神の思し召しがあればどうにかなるでしょうに。」
　プーリヤーイェヴァリーは、婦人に言った。
　「約束の日になればわかる。」
　そして、約束の日、若者もプーリヤーイェヴァリーも広場へやってきて、娘も決闘を見ていた。そして、二人は広場の真ん中でレスリングを始めた。プーリヤーイェヴァリーは若者を掴んで持ち上げた。そこで、若者の母親のことを思いだした。そして、若者を地面に置き、うなだれた。結局若者がプーリヤーイェヴァリーを倒したのだった。勝ったのであった。プーリヤーイェヴァリーはその場で詩を詠んだ。
　「獲物は狩ることができた。おかげで運がよかった。もし、勝ちたいのであれば、謙虚さをおぼえるがいい。頭を高くしていては水を飲むことはできない。」

注
1．プーリヤーイェヴァリーは、実在の人物とされる。

備考：最後の詩は、003-007に収録される。

108

題　　名：مرگ سعدی ／ サーディーの死

分　　類：伝説

ＡＴ番号：-

録音箇所［収録時間］：004-035(004-047)［02分39秒(00分37秒)］

調 査 日：1998年11月04日

調 査 地：استان مازندران، شهرستان آمل، محله چمستان، روستای عرب خیل ／

マーザンダラーン州アーモル地方チャマスターン地区アラブヘイル村

名　　前：علی حسین پور ／ アリー・ホセインプール

年齢性別：78才、男性

職　　業：کشاورز و دامدار ／ 農業、牧畜業

住　　所：مازندران، چمستان، روستای عرب خیل

出 身 地：روستای عرب خیل ／ アラブヘイル村

伝 承 者：درویش های قدیمی ／ 昔の托鉢僧

翻字（ペルシア語）：یک روزی سعدی با چند نفر در راهی در حال رفتن بودن، سعدی وقتی خسته شد، خودش رو به مردن زد. و مثلاً مرد. بعد او را

در داخل تابوتی انداختن و می‌بردن. وقتی به وسط راه رسیدند، به جایی رسیدن که می بایست از رودی عبور کنند. بعد در این هنگام سعدی بلند شد و گفت قبلاً که من از اینجا می‌رفتم پل مقداری بالاتر بود. شما چرا از این ور میروید.

翻字（ローマ字）：yek rūz saʻadī bā čand nafar dar rāhī dar hāl-e raftan būdan, saʻadī vaqtī xaste šod, xodaš rū mordan zad. va masalān mord. baʻad ū rā dar dāxel-e tābūtī antāxtan va mibordan. vaqtī be vasat-e rāh rasīdand, be jāī rasīdan ke mībāyest az rūdī obūr konand. baʻad dar īn hengām saʻadī boland šod va goft qablān ke man az injā miraftam pol meqdārī bālātar būd. šomā čerā az īn var miravīd.

日本語訳：ある日、サーディーは、何人かと一緒に歩いていた。サーディーは疲れて、死んだふりをした。残った者たちは、サーディーを棺に入れて、運んだ。道の途中で、川を渡らなければならなかった。すると、サーディーは起きあがり、こう言った。

　「むかしここを通ったとき、もう少し上に橋があったぞ。そこを通るがよい。」

備考：マーザンダラーン方言が分からないため、ファルザード・ヴァファーハーハ氏（アーモル出身）に聞いてもらって、アリー・モウサヴィー氏（アーモル出身）に標準ペルシア語で語りなおしてもらった。

109

題　　名：داستان بهلول ／ボホルールの物語
分　　類：伝説
AT番号：-
録音箇所［収録時間］：004-039(004-051)［02分08秒(01分37秒)］
調 査 日：1998年11月04日
調 査 地：استان مازندران، شهرستان آمل، محله چمستان، روستای عرب خیل ／
マーザンダラーン州アーモル地方チャマスターン地区アラブヘイル村

名　　前：علی حسین پور ／アリー・ホセインプール
年齢性別：78才、男性
職　　業：کشاورز و دامدار ／農業、牧畜業
住　　所：مازندران، چمستان، روستای عرب خیل
出 身 地：روستای عرب خیل ／アラブヘイル村
伝 承 者：درویش ／托鉢僧

翻字（ペルシア語）：روزی بهلول می‌خواست برود بغداد. چون بهلول به دیوانگی مشهور است بچه ها نیز او را دنبال میکردن. به فرار کرد به طرف

یکی از شهر های عرب به نام ربضه. در راه شب شده بود که در جنگلی خواست بخوابد. در همان شب، چوپانی را در جنگل کشتند. صبح که شد حاکمه پلیس بهلول را به جرم قتل آن چوپان گرفت. و قرار شد در میدان شهر او را اعدام کنند. حاکم اون شهر دوست داشت همیشه بهلول را ببیند. و میخواست ببیند که آنقدر از زرنگی بهلول میگویند، ببیند او کیست. میخواستند او را اعدام کنند که فردی از داخل جمعیت داد زد که او را نکشید قاتل اون چوپان من هستم. و مرا بکشید. او بیگناهه. و خبر به شاه رسوندن که قاتل اصلی پیدا شده. قاتل اصلی پیدا شده و بهلول را نباید بکشی. پادشاه گفت پس او بهلول است؟ اویی که قرار بود اعدام بشد بهلول است؟ گفتند بله اونیکه قرار بود اعدام بشه بهلول است. پادشاه چون خیلی دوست داشت بهلول را ببیند، گفت تو بجای من به تخت بشین و پادشاهی کن. و از این به بعد تو از مرگ نجات پیدا کردی. بهلول گفت اگر میخواهید مرا آزاد کنید باید این مرد را هم آزاد کنید. اگه میخواهید او را بکشید باید مرا هم بکشید. پادشاه از این حرف بهلول خوش آمد و هر دو را آزاد کرد.

翻字（ローマ字）：rūzī bohlūl mixāst beravad baqdād. čūn bohlūl be dīvānegī mašhūr ast bačče hā nīz ū rā donbāl mīkardan. be farār kard be taraf-e yekī az šahr hāye arab be nām-e rabazeh. dar rāh šab šode būd ke dar jangalī xāst bexābad. dar hamān šab, čūpānī rā dar jangal koštand. sobh ke šod hākeme polīs bohlūl rā be jorm-e qatl-e ān čūpan gereft. va qarār šod dar meidān-e šahr ūrā e‘edām konand. hākem-e ūn šahar dūst dāšt hamīše bohlūl ra bebīnad. va mīxāst bebīnad ke enqadr az zerangī bohlūl migūyand, bebīnad ū kīst. mīxāsntand ū rā e‘edām konand ke fardī az dāxel-e jam‘iyat dād zad ke ū rā nakošīd qātel-e ūn čūpān man hastam. va marā bokošīd. ū bīgonāhe. va xabar be šā rasūndan ke qātel-e aslī peidā šode. qātel-e aslī peidā šode va bohlūl rā nabāyad bokošī. pādešā goft pas ū bohlūl ast? ūī ke qarār būd e‘edām bešad bohlūl ast? goftand bale ūnīke qarār būd e‘edām bešad bohlūl ast. pādešā čūn xeilī dūst dāšt bohlūl rā bebīnad, goft tō bejāye man be taxt bešīn va pādešāhī kon. va az īn be ba‘ad to az marg-e nejāt peidā kardī. bohlūl goft agar mixāhīd marā āzād konīd bāyad īn mard rā ham āzād konīd. age mīxāhīd ū rā bokošīd bāyad marā ham bokošīd. pādešā az īn harf-e bohlūl xoš āmad va har do rā āzād kard.

日本語訳：ある日、ボホルール[1]はバグダードへ行こうとした。ボホルールは、気が触れていたので、子供たちがよくついて歩いたものだった。ラバゼというアラブにある町の方へ逃げていくことにした。途中で夜になったので、森の中で眠ることにした。その晩、一人の羊飼いが森の中で殺された。朝になり、法官の兵隊はボホルールを羊飼いを殺した罪で捕まえた。そして、広場で処刑することにした。町の法官はボホルールに会うのを楽しみにしていた。人々があんなにもずる賢いやつだというボホルールがどんな者か見るのをかねてから楽しみにしていた。さて、処刑が行われようとすると、群衆の中から一人が出てきて、叫んだ。

「彼を殺すのはやめて下さい。羊飼いを殺したのは私です。私を処刑してください。彼に罪はありません。」

真犯人が見つかったとの知らせが王のもとに入った。「真犯人が見つかったので、ボホルールを殺す必要はありません。」というものであった。王は言った。

「彼が、ボホルールだったのか。処刑しようとしていた者がボホルールだったのか。」

（お付きが）答えた。

「そうです。処刑しようとしていたのはボホルールです。」

王は、ボホルールにとても会いたかったので、ボホルールに言った。

「私の代わりに王座に座るがいい。王になりなさい。」

そういって、処刑から助けたのだが、ボホルールは言った。

「私を釈放したいのなら、その犯人も釈放してください。もし、彼を殺すのなら、私も殺して下さい。」

王は、この返事がとても気に入ったので、二人とも釈放した。

注
1. ボホルールは八世紀後半クーファの歴史上の知識人。

備考：マーザンダラーン方言が分からないため、ファルザード・ヴァファーハーハ氏（アーモル出身）に聞いてもらって、標準ペルシア語で語りなおしてもらった。

110

題　　名：در مورد چگونگی ازدواج مرحوم علّامه مجلسی ／賢者マジュレスィーの結婚

分　　類：伝説

ＡＴ番号：-

録音箇所［収録時間］：006-019［06分01秒］

調 査 日：1998年12月18日

調 査 地：اصفهان ／イスファハン

名　　前：ابراهیم مهمان دوست ／エブラーヒーム・メヘマンドゥースト

年齢性別：49才、男性

職　　業：کارشناس همکاریهای علمی و بین المللی اصفهان، دانشگاه اصفهان ／
イスファハン大学学術国際部協力専門員

住　　所：اصفهان

出 身 地：کربلا (پدرش اصفهانی است، و مادرش یزدی است) ／キャルバラ（父親がイスファハン出身、母親はヤズド出身）

伝 承 者：یک روحانی اصفهان ／イスファハンの僧侶の一人

翻字（ペルシア語）: در میان مشاهیر شهر اصفهان، یک مجتهد معروفی داریم. اسم این مجتهد علّامه مجلسی است. ایشون داستان ازدواجش را در میان مردم این گونه نقل شده است که در یکی از روز ها در کوچه باغ ها در حال راه رفتن بودس[1]. ناگهان، چشم او به یک سیب سرخی روی جوی آب می افته. و این سیب را ناگهان بر میداره، و گاز میزند. وقتیکه گاز میزند، بعد به فکرش می آید که این سیب حرام س من بخورم. و شاید صاحبش راضی نیست. دنبال آب را میگیرد، و میرسد، به باغی دیوار باغ را میرد جلو، در باغ را میزند، و سوال میکند، صاحب باغ کی هستش. کسی که در باغ بوده، ادرس ادرس صاحب باغ را به ایشون میده و راهنماییش میکند که بره به اصفهان، و صاحب باغ را پیدا بکنه. میاید به در مغازه (مغازه، دکان) صاحب باغ و از او سوال میکند که من گازی (باغ) به سیبی که از باغ شما آمده س گاز زدم. شما راضی هستید که من این سیب رو خوردم یا نه. و اگر راضی نیستی، بفرمایید، چه بکنم چه بدهم که شما راضی بشی. صاحب باغ که میبیند این مرد این جوان بسیار خوب است و شخص امین هست، میخواسته س که او را به جزو[2]خانواده خود بکند. و او میگوید من نمیتوانم از خوردن سیب من بگذریم. مگر این که با دختر من ازدواج کنی. دختره این، گفته بود دختره که هست چه هست. میگوید که دختر من کور است، شل است لال است، و گوشش نمیشنود، و اگر شما راضی باشی میتوانیم به ایشون (به ایشون) را به شما بدهیم. و، و بعد، که این داستان میگوید مرحوم مجلسی به فکر می افته که این چگونه معامله ای است و نمی شَد، و یا بایستی لقمه حرام را خورده باشد، و بگذرد، یا این که نه تا به خاطر این که لقمه حلالی بخورد، از جهنم و از کار بد چش پوشی کرده باشد، باید برد به یک دختر، این گونه ازدواج بکند. به هرحال بعد از این که با خودش فکر میکند، برای این که مبادا چیزه پول مردم یا سیب مرد کسی دیگه رو به حرام خورده باشد، رضایت میدهد که با دختر آن مرد ازدواج بکند. و ما ایرانی ها وقتیکه در گذشته میخواستیم ازدواج بکنیم، یک خواهر و مادرمون را میفرستادیم به خواستگاری. و عملاً عروس را نمیدیدیم تا قبل از ازدواج. حتی عقدِ عروسی را وقتیکه میخواستیم شرایط را بگوییم، اون کسی که میومد قرارداد ازدواج را که ما بهش میگوییم عقد، انجام بدهد، از زن از پشت در

سـوال مـیکرد. و ایشـون چون دیگه دخـتـر را ندیده بود. بـرای شب عـروسی میرود در خانـه، وقتی که وارد خانـه میشود در اتاق وارد میشود، چشم اون بـه دختر بسیار زیبایی می افتد. و به صاحب باغ میگوید این دختر شمان[3]. او میگوید، بله، و دختر من هم کور هس هم شل هس هم... و ایشون میگد ایشون هیچ عـیـبی ندارد و شـمـا چرا این چیـز ها را (به) در مـورد دخـتـرتون می گوییـد؟ در پاسح می گـوید دخـتـر من چون گـوشش به جایی نرفـتـه کـه با گـوشش، حـرف بد و یا غـیـبت یعنی بد گـویی از دیگران را بشنود، من می گویم کر است. و چون پای او هم او را به جایی نبرد س که کار خلاف قانون و بد انجام بشه من میکویم شل است. و چون چشم او بـه کار بد ندید س، اون هم همـین طور و زبان او تا کنون هیچ وقت برای کار بد گـشوده نشد س. و بـه همـین دلیل این دختـر، من مـیکویم لال س. به هرحال ازدواج مـیکند، و ثمـره ازدواج این ها یک دانشمند دیگری بود که اون هم مـعـروف بـه علّامـه مـجلسی که در اصفهان فعلاً زیارتگاه و خواستگاه بسیاری از مردم هست که آنها هم دوست دارند که هیچ وقت دروغ نکن، حـرف بد نزنن و بدی نکنن، و چـون این الگوی (روش) خوبی هست میرن به زیارتش.

۱. بودس = بوده است ۲. جزو = جزء ۳. شمان = شما هست

翻字（ローマ字）：dar miyān-e mašāhīr-e šahr-e esfahān, yek mojtahed-e ma'arūfī dārīm. esm-e īn mojtahed ellāmeye majlasī ast. īšūn dāstān-e ezdevāješ rā dar miyāne mardom īngūne naql šode ast ke dar yekī az rūz hā dar kūče bāq hā dar hāl-e rāh raftan būdes. nāgehān, češm-e ū be yek sīb-e sorxī rūye jūye āb miofte. va īn sīb rā nāgahān bar mīdāre, va gāz mizanad. vaqtīke gāz mizanad, ba'ad be fekreš miayad ke īn sīb harāmes man boxoram. va šāyad sāhebeš rāzī nīst. donbāl-e āb rā mīgīrad, va mirasad, be bāqī dīvārīe bāq rā mirad jelou, dar-e bāq ra mizanad, va soāl mikonad, sāheb-e bāq kī hasteš. kasī ke dar bāq būde, adres adres-e sāheb-e bāq ra be īšūn mida va rāhanemāīš mikonad ke bere be esfahān, va sāheb-e bāq rā peidā bokone. miyāyad be dar-e moqāzeye sāhab-e bāq va az ū soāl mikonad ke man gāzī bāq be sībī ke az bāq-e šomā āmades gāz zadam. šomā rāzī hastīd ke man īn sīb ro xordam yā na. va agar rāzī nīstī, befarmāīd, če bekonam če bedaham ke šomā rāzī bešī. sāheb-e bāq ke mībīnad īn mard īn javān besiyār xūb ast va šaxs-e amīn hast, mīxāstes ke ū rā be jozve xānevādeye xod bokonad. va ū mīgūyad man nemītavānam az xordan-e sīb-e man begozārīm. magar īn ke bā doxtar-e man ezdevāj konī. doxtare in, gofte būd doxtare ke hast če hast. mīgūyad ke doxtar-e man kūr ast, šal ast lāl ast, va gūšeš nemīšenavad, va agar šomā rāzī bāšī mītavānīm be īšūn be īšūn ra be šomā bedahīm. va, va baʿad, īn dāstāne mīgūyad marhūm-e majlesī be fekr miyofte ke īn če gūne moʿāmeleī ast va nemišad, va yā bāyestī loqmeye harām rā xorde bāšad, va begozarad, yā īn ke na tā be xāter-e īn ke loqme halālī boxorad, az jahannam va az kār-e bad češ-e pūšī karde bāšad, bāyad berad be yek doxtar, īn gūne ezdevāj bokonad. be harhāl baʿad az īn ke bā xodeš fekr mikonad, barāye īn ke mabādā čīze pūl-e mardom yā sīb-e mard kasī dīge ro ba harām xorde bāšad, rezāyad midahad ke bā doxtar-e ān mard ezdevāj bokonad. va mā īrānī hā vaqtīke dar gozašteh mīxāstīm ezdevāj bokonīm, yek xāhar o mādaremūn rā miferestādīm be xāstegārī. va amalān arūs ra nemīdīdīm tā qabl az ezdevāj. hattā aqd-e arūsī rā vaqtīke mīxāstīm šarāyet rā begūīm, ūn kasī ke miūmad qarār dād-e ezdevāj rā ke mā beheš mīgūīm, aqd, anjām bedahad, az zan az pošt-e dar soāl mīkard. va īšūn čūn dīge doxtar rā nadīde būd. barāye šab-e arūsī miravad dar xāne, vaqtīke vāred-e xāne mišavad dar otāq vāred mišavad, češm-e ūn be doxtar-e besiyār zībāī mioftad. va ba sāheb-e bāq mīgūyad īn doxtar-e šomān. ū mīgūyad baleh, va doxtar-e man ham kūr has ham šal has ham... va īšūn mīgad īšūn hīč eibī nadārad va šomā čerā īn čīz hā rā be dar moured-e doxtar-e tūn mīgūīd? dar pāsoh mīgūyad doxtar-e man čōn gūšaš be jāī narafte ke bā gūšeš, harf-e bad va yā qeibat yaʿanī bad gūī az dīgarān ra bešenavad, man mīgūyam kar ast. va čūn pāye ū ham ūrā be jāī nabordes ke kār-e xelāf-e qānūn va bad anjām beše man mīgūyam šal ast. va čōn češm-e ū be kār-e bad nadīdes, ūn ham hamīntour va zabān-e ū tā konūn hīč vaqt barāye kār-e bad gošūde našodes. va be hamīn dalīl īn doxtar, man mīgūyam lāles. ba harhāl ezdevāj mikonad, va samareye ezdevāj-e īn hā yek dānešmand-e dīgarī būd ku ūn ham maʿarūf be allāmeye majlesī ke dar esfahān fe‘elān ziyāratgāh va xāstegāh-e besiyārī az mardom hast ke anhā ham dūst dārand ke hīč vaqt dorūq nagan, harf-e bad nazanan va badī nakonan, va čūn īn olgūye xūbī hast miran be ziyārateš.

日本語訳：イスファハンの名士の中に、有名な僧侶がいる。その僧侶は、アッラーメ・マジュレスィー(1)という名前であった。彼の結婚に関する逸話が次のように語られている。ある日、アッラーメ・マジュレスィーが庭園の小道を歩いていると、ふと小川にリンゴが落ちるのが目に入った。そして、そのリンゴを取り上げてかじった。このリンゴを食べることはハラーム（イスラム法で禁じられたこと）であると感じた。庭園の持ち主は、いい気はしないだろうと思った。水の流れを伝って庭園の壁を過ぎて、門を叩いた。「庭園の持ち主は誰ですか。」と尋ねた。そこにいた人は、庭園の主の住所を教えて、イスファハンに行くように言った。アッラーメ・マジュレスィーは庭園の主の家を見つけた。そして、庭園の主の店で尋ねた。

「私は、あなたの庭園のリンゴを食べてしまいました。気になさいますか、それともなさいませんか。もし、気分を害されたなら、どうしたら、許していただけますか。」

庭園の主人は、この若者がとても好青年で誠実であったので、自分の一族に入れたいと思った。そして、こう言った。

「リンゴを食べたことを見過ごすわけにはいかない。もし、私の娘と結婚するのであれば別だが。私の娘は、盲目で、びっこで唖で、耳も聞こえません。もし、それでいいのなら、結婚してやってくれないか。」

この話を聞いて、マジュレスィーは「僅かのハラームを犯したことにするか、もしくはハラール（イスラム法にかなったこと）であることにするかを選ばせるとは、なんという仕打ちだろう。ものすごく悪いことをしたのなら、そのような娘と結婚しなくてはならないのもわかるのだが。」と思った。しかし、結局、「他人のお金やリンゴを僅かでも盗ったのなら、主人の娘と結婚するのにふさわしいのだろう。」と思った。イラン人は、昔、結婚をするとき、姉か母親に求婚に行ってもらったものだ。新郎は新婦を結婚まで実際に見ることはなかった。結婚の契約で条件を言うときでさえ、その結婚の契

約、これをアグドというのだが、をするときも、新婦は扉の後ろで尋ねたものである。だから、新郎は新婦を見ることがなかったのである。さて、アッラーメ・マジュレスィーは、結婚式の晩に家に入って、部屋に入って初めて見たのであるが、それは美しい娘であった。

　アッラーメ・マジュレスィーは、庭園の主人に言った。

　「これがあなたの娘ですか。」

　庭園の主人は言った。

　「はい。私の娘は盲目でびっこで・・・。」

　アッラーメ・マジュレスィーは言った。

　「どこにも問題ないじゃないですか。どうして、そのようなことを言うのですか。」

　庭園の主人は答えた。

　「娘は、人の悪口を聞いたりしません。だから、聾だと言いました。また、どこにも出歩いていないので、悪いこともしていません。だから、びっこだと言ったのです。目も、悪いことを見ていません。同様に、悪いことに関して口を開いたこともありません。」

　そして、結婚した。この結婚の後、彼はアッラーメ・マジュレスィーという有名な学者となった。イスファハンには彼を巡礼に人々がたくさんいる。この者たちも嘘を言わず、悪行をせずということを美徳としている。これは、いい習慣である。だから、巡礼に行くのである。

　注
　1．サファヴィー朝時代のイスファハンの学者。

111

題　　名：داستان تیمور لنگ و حافظ ／ ティムール・ラングとハーフェズ

分　　類：伝説

ＡＴ番号：-

録音箇所［収録時間］：006-036［02分20秒］

調 査 日：1998年12月31日

調 査 地：استان فارس، شهرستان فسا، بخش شیبکوه، روستای میانده ／ ファールス州ファサー地方シーブクー地区ミヤーンデ村

名　　前：رضا ایرانبان ／ レザー・イーラーンバーン

年齢性別：47才、男性

職　　業：آزاد ／ 自由業

住　　所：شیراز

出 身 地：فارس، شیراز ／ ファールス州シーラーズ

伝 承 者：خانواده ／ 家族

翻字（ペルシア語）：زمان مغول البته بعد از مغول (نوه تیمور) نوه مغول تیمور لنگ حمله اون به شیراز به شیراز اتفاق میافته، ایشون میرن تو باغ دلگشا، در باغ دلگشا شیراز. تیمور هم یک آدم دانایی بوده. واقعاً بایست یه

همچین آدمی بوده که تمام جاها ر فتح کرده، از نظر همه مهیا بوده براش. بزرگ همه چیز بزرگی براش مهیا بوده. بزرگا واقعاً به حق بزرگ هستن بهشون میگن. میگه کتاب هایی از حافظ یا که رو پوست و این چیز ها بوده، میبینه حافظ خیلی آدم دانشمندی بوده مثل خودش. میگه ای حافظ کیه؟ شعر های زیبا گفته و اینا. بهش میگن، میا تو باغ دلگشا. میشینن همون لحظه که حافظ میبینه خیلی خوشش میاد. میگه شما یه شعری گفتید اگر آن ترک شیرازی بدست آرد دل ما را به خال هندیَش۱ بخشم سمرقند و بخارا را. من خیلی از نظر نیروی انسانی و تجهیزات تلفات زیاد دادم تا این دو جا ر گرفتم. شما به یه خال چیز ردش میکنی؟ میبخشی؟ حافظم اون چیزش میزنه پس عباشه میزنه پسو میگه، یه خرده زیر پوشش اینا مناسب نبوده حالت پارگی داشته. میگه من همین بخششا کردم به ای روز در اومدم. خیلی خوشش میا تو اینا از او انتقامیایی که جاهای دیگه میگرفته خرابی میرسونده به شیراز آسیبی نمیرسونه. و به هم دوست میشنو بعد هم مدت ها که دیگه فرمانده ها و اینا میذاره برای شیراز همینجور شیراز آباد میمونه.

۱. هندیَش = هندویش

翻字（ローマ字）: zamān-e moqōl albatte ba‘ad az moqōl naveye teimūr naveye moqōl teimūr lang hamle ūn be šīrāz be šīrāz ettefāq miofte, īšūn miran tū bāq-e delgošā, dar bāq-e del gošā šīrāz. teimūr ham yek ādam-e dānāī būde. vāq‘eān bāyest ye hamčīn ādamī būde ke tamām-e jāhā re fath karde, az nazar-e hame mohayyā būde barāš. bozorg hame čīz bozorgī barāš mohayyā būde. bozorgā vaq‘eān be haqq bozorg hastan behešūn migan. mige ketāb hāī az hāfez yā ke rū pūst va īn čīz hā būde, mibīne hāfez xeilī ādam-e dānešmandī būde mesle xodeš. mige ei hāfez kie? še‘er hāye zībā gofte o īnā. beheš migan, miyā tū bāq-e dergošā. mīšīnan hamūn lahze ke hāfez mībīne xeilī xošeš miyād. mige šomā ye še‘erī goftīd agar ān tork šīrāzī be dast ārad del-e mā rā be xāl-e hendīyaš baxšam samarqand o boxārā rā. man xeilī az nazar-e nīrūye ensānī va tajhīzāt-e talafāt-e ziyād dādam tā īn do jā re gereftam. šomā be ye xāl-e čīz radeš mikonī? mibaxšī? hāfez-am ūn čīzeš mizane pas abāše mizane pasu mige, ye xorde zīr pūšeš īnā monāseb nabūde hālat-e pārgī dāšte. mige man hamīn baxšešā kardam be ī rūz dar ūmadam. xeilī xošeš miyā tū īnā az ū enteqāmiyāī ke jāhāī dīge migarefte xarābī mirasūnde be šīrāz āsībī nemirasūne. va be ham dūst mišano ba'ad ham moddat hā ke dīge farmānde hā o īnā mizare barāye šīrāz haminjūr šīrāz ābād mimūne.

日本語訳：モンゴル時代、いやこれはモンゴルの後の時代だが、モンゴル系のティムール・ラングがシーラーズに攻めてきたことがあった。彼がデルゴシャー庭園に行ったことがあった。ティムールも教養のある者であった。そのような者でなければ、あらゆるところで勝利することなどできなかったであろう。あらゆることを身につけていたのであった。ところで、ハーフェズが羊皮紙に書いた本を見て、ティムールには、ハーフェズが自分のように学識ある者であることがわかった。そして、「ハーフェズとは誰か。多くの美しい詩を詠んでいる。」と言い、ハーフェズをデルゴシャー庭園へ呼んだ。そして、ハーフェズに会うととても喜んだ。ティムールは言った。

「あなたはこのような詩を詠んだ。『もし、かのシーラーズの乙女を手に入れることができたなら、黒い黒子に変えてサマルカンドとブハラを与えよう』私は、かの二つの地を得るために、戦力と損害の面でかなりを費やした。あなたは、たった一つの黒子のためにかの二つの地を手放すことができるというのか。与えることができるのか。」

ハーフェズは服を開いた。肌着はぼろぼろであった、こう言った。

「ええ、私は与えますね。だから、このように貧しくなりました。」

ティムールは喜び、他のところは復讐を避けるために徹底的に破壊するのであるが、シーラーズは破壊せずにおいた。二人は、お互い友人となった。しばらくして、ティムールはシーラーズに総督をおいた。こういうわけで、シーラーズは栄えたまま残ったのである。

備考：イランでは非常に有名な逸話である。Cf. 黒柳恒男訳『ハーフィズ詩集』平凡社. 1989. p. 376.

112

題　　名：دانا شدن لقمان ／ 賢人ロクマーン
分　　類：伝説
ＡＴ番号：-
録音箇所［収録時間］：008-007［11分24秒］
調　査　日：1999年01月11日
調　査　地：استان هرمزگان، بندر عباس ／ ホルモズガーン州バンダレアッバース

名　　前：فرخنده پیشداد ／ ファルホンデ・ピーシュダード
年齢性別：50才、女性
職　　業：نویسنده ／ 作家
住　　所：بندر عباس پارک شهر جنب آتش نشانی درب چهارم
出　身　地：بندر عباس درتوجان ／ バンダレ・アッバース、ダルトゥージャーン
伝　承　者：همه همسایگان ／ （村の）隣人たち

翻字（ペルシア語）：دانا شدن لقمان. لقمان یه خربنده فقیری بید که هیزم می‌چید و به نانوایی شاه می‌برد تا (شاه نونوا) نون بپزه. روزی پادشاهی از یک کشور دیگه ای برای این پادشاه یه هدیه ای فرستاد. مقداری

آرد بود، چند دونه تخم مرغ. شاه نفهمید که منظورش چیه، من هم آرد تو مملکت من زیاده هم تخم مرغ. چیزی مردم هدیه میدن که نباشه اینجا. برای چی آرد و تخم مرغ برای من داده. با خودش فکر کرد گفتش که باید حتماً یه رازی تو این کار باشه. داد به آشپز گف بپز من این بخورم. آشپز که اومد بپزه. خمیرا ر که درست کرد آرد درست کرد خمیر خراب شد، سوخت. نانوا از ترسش که شاه دعواش بکنه، داد (به) به لقمان که خربنده بود، خر داشت هیزم می آورد، این بخوره. برای پادشاه از اول درست کرد. دوباره آرد از خودشو تخم مرغ از خودشو به شاه هم هیچی نگو برد شاه خورد. شاه خورد دید مزه ای نداره، معنی نداره نمیدونم تخم مرغ ما و تخم مرغ های اون که فرستاده برای ما فرقی نداشته، برای چی تخم مرغ برام فرستاده. رفت و به آشپز گفتش که تو راست بگو تو همون آرد و تخم مرغ هایی که برای من سوغات آورده بودن درست کردی و دادی به من خوردم؟ آشپز ناچار شد حقیقت بگه. گف من اون آرد میخواستم بپزم سوخت، روم نشد برای تو بگم. ناچار دادم به اون که هیزم برای مون می آورد، به لقمان دادم خورده. پادشاه افسوس خورد که خودش مزه اون آرد و اون تخم مرغ رو نفهمیده. گف لقمان را بیارین ازش سوال کنم. لقمان و آورد ازش سوال کرد که اینای که تو خوردی چه مزه ای داشت. گف نمیدونم مزه خاصی نداشت مثل تخم مرغ های خودمون مثل آردای خودمون. نونش هم همون شکلی مزه میداد. ولی من میبینم که از وقتی من این غذا را خوردم، دنیا برام روشن شده. فکرم باز شده. همه چیزو می فهمم. مثلاً من میتونم چه طوری بیمار رو شفا بدم. مداوا کنم. مثل طبیب شدم، حکیم شدم. بعد از اون وقت پادشاه اونو دکتر[1] خودش کرد. و این لقمان کم کم شاگرد برای خودش درست می کرد، کم کم شاگرد میپذیرفت که براش کمکش بده. بعد شاگردای که براش کار میکردن بعد از یه سال میمردن. به طور مرموزی هیچ که نمیفهمید که برای چی مردن. شاگرداش کشته میشدن میمردن. بعد تا هیچ کی شاگرد دیگه نمیشد. ولی لقمان خودش تنها پیش شاه درجه ای گرفته بود مقامی گرفته بود برای این که تک تنها بود رقیب نداشت. یه روزی ارسطو یک پسر جوانی بود در اون دهکده به مادرش گف من میخوام برم شاگرد لقمان بشم. مادر، مادرش گف نه این کار نمیکنم، هر که رفته شاگردش شده کشته شده.

تو میخوای کشته بشی. من غیر از تو کسی دیگه رو ندارم. گف نه من یه کاری میکنم که کشته نشم ولی تو باید کمکم کنی. مادرش قبول کرد. و نقشه خودشو به مادرش گفت. و مادرش ارسطورو ور داشت برد پیش لقمان که اینو شاگردی قبول کنه. و به لقمان گف که پسر من کر و لاله. کر و لاله و هوش درستی نداره یعنی کم هوشه کند ذهنه. لقمان گفت به به به، چه از این بهتر. آدم، آدمی که هیچ سرش نمیشه خوبه برای من که از کار من سردر[۲] نیاره. این که کند ذهنه خوبه برای من. قبولش کرد که شاگرد بشه. (تا اینجا فهمیدی) بعد ارسطور همینطوری که خودشو به کند ذهنی و نفهمی زده بود به روی خودش نمی آورد، همهٔ کارای لقمان را یاد گرفت، که چگونه طبابت میکنه. یه مدتی گذشت، یک بیمار آوردن که (یک) هزار پا رفته بود تو گوشش. هزار پا یک جانواریه مثل حلزون ولی پاهای زیادی داره باریک توی گوش هم میره توی بیابان. این هزار پا میره تو گوش و اون صاحاب گوش جیغ میکشه، درد میکشه و ارسطو میخواست با انبر (با انبر) این چیز را در بیاره، هزار پا ازگوشی بیماری در بیاره هزار پا میرفت جلوتر، و بیشتر میرفت به مغز بیمار صدمه میزد. ارسطو که میدید دلش برای بیمار سوخت، و به ارسطو[۳] گفت. برای اولین بار (ارسطو) ناچار شد زبان باز کنه، و به لقمان بگه که انبر داغ بکن با آتش حرارت بده داغ بکن. و اون هزار پا را دمشو بگیر. وقتی دم هزار پا گرفتی هزار پا دمش میسوزه، مجبور برگرد به طرف تو از گوش میاد بیرون. لقمان وقتی متوجه شد که ا این زبان داره، کند ذهنم نیست خیلی قشنگ طبابت میکنه، من بودم که نفهمیدم ارسطو اینقدر دانا ست. پس یه بلایی سرت میارم که تو دفعه دیگه به من کلک نزنی. بگی من کند ذهنم همه کار من یاد بگیری. لقمان کینه به دل گرفت که ارسطو رو بکشد. ارسطو فهمید که دیگه رفته یعنی باید کشته بشه. به مادرش اول دستوری داد گف مادر کمکم کن که دیگه من بعد از این که لقمان مرا کشت دو باره زنده بشم. و معده خودش و بر عکس کرد. به جایی که این بر بالا باشه، گذاشت پایین که گشنه نشه. لقمان رفت شکایت کرد پیش پادشاه، گف من یک مقداری مار دارم و مار من خیلی خطرناکه، ارسطو رقیب من شده علم من یاد گرفته مار میذارم توی میدان ارسطو باید مار مار بگیره. ارسطو ناچار شد بره مار بگیره. همه جمع شدن پادشاهم

بود مردم بودن که ارسطو بره مار رو بگیره. ناچار شد ارسطو. گفت یا باید مار من بگیره یا باید پادشاه اون را بکشد. ارسطو گف مار میگیرم. ارسطو مار گرفت و مار اومد نیش زد. ارسطو سمی شد و افتاد به حال بیهوش. او قبلاً به مادرش گفته بود که وقتیکه مار نیش زد، چه کار بکند که اون زنده بماند. چند تا ظرف های بزرگ پر از شیر کرد، مادرش و مرتب ارسطو تو اینا شست و شو میداد که سم باطل بشه. بالاخره ارسطو زنده ماند. و رفت پیش پادشاه گف پادشاه علم من از لقمان بیشتره. حالا اگر که لقمان قبول نداره، من عقرب میارم اونجا، عقرب منو جلو مردم بگیره. اگر تونست عقرب منو بگیره. اومد ارسطو چهل عقرب کرد تو یک ظرف بسیار بزرگی مثل شیشه درشو بست عقربا همدیگر نیش زدن. همدیگر را بلعیدن تا موند یک عقرب. این یک عقرب خیلی سم داشت. زیاد، سمش زیاد کشنده بود. اونجا رفت، میدان حاضر شد مردم همه نگاه میکنن که ارسطو بیاد عقربو بذاره، لقمان بیاد عقرب بگیره، و از عقرب نترسه که بکشتش. باوجودی این لقمان حاضر شد که عقرب بگیره ولی ارسطو میدانست که این عقرب نیش میزنه و خیلی خطرناکه. با خودش فکر کرد که لقمان استاد من بوده، من طبابت از اون یاد گرفتم پس حیف است که من استادم را بکشم. باشه، که به من بد کرده. رفت پیش پادشاه گف من دیگه بخشیدم لقمان و عقرب نمیذارم بگیره، و عقرب رو جمع کرد، لقمان زنده ماند. باوجودی این لقمان کوچک شد احساس کرد که شاگردش نسبت به او برتری داره. انسانیت داره. کینه گرفت که اونه هر طوری شده بکشه. به پادشاه گفت نخیر یا باید ارسطو رو بکشی یا من دیگه طبابت نمیکنم. پادشاه مجبور شد ارسطو رو زنده به گور کنه. (زنده به گور زمین میکنن آدم زنده تو اون چاه می اندازن درش میبندن). ارسطو من اینجا یک ذره جلو گفتم، حالا اونجا وقتشه. معده خودش بر عکس کرد، تا گشنش نشه. تو اون چاه که انداختن خاک ریختن روش، ارسطو چون گشنش نمیشد، همونجور کم کم کم زنده ماند. رمق داشت. پادشاه مریض شد. مدتی گذشت لقمان مرد. پسر پادشاه مریض شد. کسی نبود که پسر پادشاه معالجه کنه. پادشاه پشیمان شد، که کاش ارسطو زنده بود و بعد از لقمان پسر منو معالجه میکرد، مردم معالجه میکرد. فکر کرد گف ارسطو با این دانایی فکر نمیکنم زیر خاک مرده باشه. دستور داد

گف چار را بکنین. اون زمین رو بکنین تا شاید ارسطو ببینیم زنده است یا مرده. وقتیکه خاک ها را ور داشتن، ارسطو زنده بود. رمقی داشت اشاره کرد به خود اشاره کرد مردم که به من دست نزنین که من میپوسم از هم میپاشه بدنم. شما هندوانه بکارین بالای سر من هندوانه کم کم رشد میکنه میا طرف من، من برگ های اینو کم کم می مکم و انرژی خودم از اون میگیرم و دوباره جان تازه پیدا می کنم. مردم همین کار کردن و ارسطو زنده شد.

۱. دکتر = دکتر طبعیب ۲. سردر = سردرد ۳. ارسطو = لقمان [اشتباهی گفت]

翻字（ローマ字） : dānā šosan-e loqmān. loqmān ye xarbandeye faqīrī bīd ke hīzom mīčīd va be nānvāie šāh mībord tā šā nūnvā nūn bepaze. rūzī pādešāī az yek kešvar-e dīgeī barāye īn pādešā ye hedīeī ferestād. meqdārī ārd būd, čan dūne toxm-e morq. šā nafahmīd ke manzūreš čīe, man ham ārd-e tū mamlekat-e man ziyād ham toxm-e morq. čīzī mardom hedīe midan ke nabāše injā. barāye čī ārd o toxm-e morq barāye man dāde. bā xodeš fekr kard gofteš ke bāyad hatmān ye rāzī tū īn kār bāše. dād be āšpaz gof bepaz man īn boxoram. āšpaz ke ūmad bepaze. xamīrā re ke dorost kard ārd dorost kard xamīr xarāb šod, sūxt. nānvā az tarseš ke šā da‘avāš bekone, dād be be loqmān ke xarbande būd, xar dāšt hīzom miāvord, īn boxore. barāye pādešā az avval dorost kard. do bāre ārd az xodešo toxm-e morq az xodešo be šā ham hīčī nagū bord šā xord. šā xord dīd mazeī nadāre, ma‘anī nadāre nemīdūnam toxm-e morq-e mā va toxm-e borq hāye ūn ke ferestāde barāye mā farqī nadāšte, barāye čī toxm-e morq barām ferestāde. raft o be āšpaz gofteš ke to rāst begū to hamūn ārd o toxm-e morq hāī ke barāye man souqāt āvorde būdan dorost kardī o dādī be man xordam? āšpaz nāčār šod haqīqat bege. gof man ūn ārd mīxāstam bepazam sūxt, rūm našod barāye to begam. nāčār dādam be ūn hīzom barāye mūn mīāvord, be loqmān dādam xorde. pādešā afsūs xord ke xodeš maze ūn ārd o ūn toxm-e morq ro nafahmīde. gof loqmān ra biyārīn azaš soāl konam. loqmān o āvord azaš soāl kard ke īnāī ke to xordī če mazeī dāšt. gof nemīdūnam mazeye xāsī nadāšt mesle toxm-e morq hāye xodemūn mesle ārdāye xodemūn. nūneš ham hamūn šeklī maze midād. valī man mībīnam ke az vaqtī man īn qazā ra xordam, donyā barām roušan šode. fekr-am bāz šode. hame čīzo mifahmam. masalān man mītūnam če tourī bīmār ro šefā bedam. modāvā konam. mesle tabīb šodam, hakīm šodam. ba'ad az ūn vaqt pādešā uno doktor-e xodeš kard. va īn loqmān kam kam šāgerd barāye xodaš dorost mikard, kam kam šāgerd mipazīroft ke barāš komakeš bede. ba'a šāgerdāī ke barāš kār mīkardan ba'ad az ye sāl mīmordan. be tour-e marmūzī hīč kī nemifahamīd ke barāye čī mordan. šāgerdāš košte mišodan mīmordan. ba'ad tā hīč kī šāgerdīe dīge nemišod. valī loqmān xodeš tanhā pīše šā darajeī gerefte būd maqāmī gerefte būd barāye īn ke tak-e tanhā būd raqīb nadāšt. ye rūzī arastū yek pesar-e javānī būd dar ūn dehkade be mādareš gof ke man mīxām beram šāgerd-e loqmān bešam. mādar, mādareš go na īn kār nemikonam, har ke rafte šāgerdaš šode košte šode. to mixāī košte mišī. man qeir az to kasī dīge ro nadāram. gof na man ye kārī mikonam ke košte našam valī to bāyad komakam konī. mādareš qabūl kard. va naqšeye xodešo be mādareš goft. va mādareš arastūr o var dāšt bord pīše loqmān ke īno šāgerdī qabūl kone. va be loqmān gof ke pesar-e man kar va lāle. kar va lāle va hūš dorostī nadāre y'anī kam hūše kond zehne. loqmān gof bah bah bah, če az īn behtar. ādam-e, ādamī ke hīč saraš nemiše xūbe barāye man ke az kār-e man sardar nayāre. īn ke kond zehne xūbe barāye man. qabūleš kard ke šāgerd beše. (tā injā fahmidī) ba'ad arastūr hamīntourī ke xodešo be kond zehnī o nafahmī zade būd be rūye xodeš nemīāvord, hameye kārāye loqmān ra yād gereft, ke čegūne tabābat mikone. ye moddatī gozašt, yek bīmār ābordan ke hezār pā rafte būd tū gūšeš. hezār pā yek jānevarīe mesle halezūn valī pāhāye ziyādī dāre bārīke tūye gūš ham mire tūye biyābān. īn hezār pā mire tū gūš va ūn sāhāb-e gūš jīq mikeše, dard mikeše va arastū mixāst bā anbar-e bā anbar-e īn čīz rā dar biyāre, hezār pā az gūšīye bīmārī dar biyāre hezār pā miraft jeloutar, va bīštar miraft be maqz-e bīmār sadame mizad. arastū ki mīdīd deleš barāye bīmār sūxt, va be arastū goft. barāye avvalīn bār nāčār šod zabān bāz kone, va be loqmān bege ke anbār dāq bekon bā ātaš harārat bede dāq bekon. va ūn hezār pā rā domešo begīr. vaqtī dom-e hezār pā gereftī, hezār pā domeš mīsūze, majbūr-e bargard be taraf-e tū az gūš miyād bīrūn. loqmān vaqtī motavajje šod ke e īn zabān dāre, kond zehn-am nīst xeilī qašang tabābat mikone, man būdam ke nafahmīdam arastū īnqadr dānāst. pas ye balāī sarat miyāram ke to dafʻe dīge be man kalak nazanī. begī man kond zehnam hameye kār-e man yād begīrī. loqmān kīne be del gereft ke arastū ro bokošad. arastū fahmīd ke dīge rafte ya[ānī bāyad košte bepe. be mādareš avval dastūrī dād gof mādar komakam kon ke dīge man baʻad az īn ke loqmān marā košt dobāre zende bešam. va meʻedeye xodaš o bar aks kard. be jāī ke īn bar bālā bāše, gozašte pāīn ke gošne naše. loqmān raft šekāyat kard pīše pādešā, gof man yek meqdārī mār dāram mār-e man xeilī xatarnāke, arastūr raqīb-e man pode elm-e man yād gerefte mār mizaram tūye meidān arastū bāyad mār-e mā ro begīre. arastū nāčār šod bere mār ro begīre. hame jam šodan pādešāham būd mardom būdan ke ke arastū bere mār ro begīre. nāčār šod arastū. goft yā bāyad mār-e man begīre yā bāyad pādešā ūn ra bokošad. arastū gof mār migīram. arastū mār gereft o mār ūmad nīš zad. arastū sammī šod va oftād be hāl-e bīhūš. ū qablān be mādareš gofte būd ke vaqtī ke mār nīš zad, če kār bokonad ke ū zende bemānad. čand tā zarf hāye bozorg por az šīr kard, mādareš va morattab arastū tū īnā šost o šū midād ke sam bātel beše. bālāxare arastū zende mānd. va raft pīše pādešā gof pādešā elm-e man az loqmān bīštare. hālā agar ke loqmān qabūl nadāre, man aqarab miyāram unjā, aqrab-e mano jelou mardom begīre. agar tūnest aqrab-e mano begīre. ūmad arastū čehl aqrab kard tū yek zarf-e besiyār bozorgī mesle šīše darešo bast aqrabā hamdīger nīš zadan. hamdīgar rā balʻīdan tā mūnd yek aqrab. īn yek aqrab xeilī sam dāšt. ziyād zammeš ziyād košande būd. unjā raft, meidān-e xāzer šod mardom hame negāh mikonan ke arastū biyād aqrabo bezāre, loqmān biyād aqrab begīre, va az aqrab natarse ke bokošateš. bāvojūdī īn loqmān hāzer šod ke aqrab begīre valī arastū midānest ke īn qarab nīš mizane o xeilī xatar nāke. bā xodeš fekr kard ke loqmān ostād-e man būde, man tabābat az ūn yād gereftam pas heif ast ke man ostādam ra bokošam. bāše, ke man bad karde. raft pīše pādešā gof man dīge baxšīdam loqmā o aqrab nemizaram begīre, va aqrab ro jam kard, loqmān zende mānd. bāvojūdī īn loqmān kūčik šod ehsās kard ke šāgerdaš nesbat be ū bartarī dāre. ensāniyat dāre. kīne gereft ke ūne har tourī šode bokoše. be pādešā goft naxeir yā bāyad arastū ro bokošī yā man dīge tabābat nemikonam. pādešā majbūr šod arastū ro zende be gūr kone. zende be gūr zamīn mikanan ādam-e zende tū ūn čāh miandāzan daraš mibandan. arastū man injā yek zarre jelou goftam, hālā unjā vaqteše. me‘edeye xodaš bar aks kard, tā gošnaš naše. tū ūn čā ke endāxtan xāk rīxtan rūš, arastū čūn gošnaš nemišod, hamūnjūr kam kam kam kam zende mānd. ramaq dāšt. pādešā marīz šod. moddatī gozašt loqmān mord. pesar-e pādešā marīz šod. kasī nabūd ke pesar-e pādešā mo‘āleje kone. pādešā pašīmān šod, ke kāš arastū zende būd va ba‘ad az loqmān pesar-e mano mo‘āleje mikard, mardom mo‘āleje mikard. fekr kard gof arastū bā īn dānāī fekr nemikonam zīre xāk morde bāše. dastūr dād gof čār ra bekanīn. ūn zamīn ro bekanīn tā šāyad arastū bebīnīm zende ast yā morde. vaqtīke xāk hā rā vardāštan, arastū zende būd. ramaqī dāšt ešāre kard be xod ešāre kard mardom ke be man dast nazanīn ke man mīpūsam az ham mīpāše badanam. šomā hendavāne bekārīn balāye sar-e man hendevāne kam kam rošd mikone miyā taraf-e man, man barg hāī īno mimakam va eneržī-e xodam az ūn mīgīram va do bāre jān-e tāze peidā mikonam. mardom hamīn kār kardan va arastū zende šod.

日本語訳：ロクマーンの知恵の獲得について。ロクマーンは貧しいロバ飼いで、薪を刈って王のナン焼き場に持っていく仕事をしていた。ある日、外国の王がその王に贈り物を届けてきた。少しの小麦といくつかの卵であった。王は、わけがわからなかった。「普通は珍しいものを贈り物にするのに、小麦も卵もこの国にたくさんある。何のために小麦や卵を私に贈ったのか。」と考えたが、「きっと何か秘密があるにちがいない。」と言って、料理人を呼んで言った。

「これを食べるから、料理してくれないか。」

料理人は料理することになった。生焼けパンを作ろうとしたが、失敗して焦げてしまった。料理人は王に怒られるのが怖かったので、ロバ飼いのロクマーンに与えた。薪を運ぶためにロバを連れたロクマーンは、それを食べた。料理人は最初から作り直した。もう一度、その国の小麦と卵で作り、王には何も言わずに持っていって、食べさせた。王は食べたが、美味しくはなかっ

た。なんてことはなかったのである。その国の卵を使っているとは知らなかったのであるが、「贈ってきた卵は普通の卵だ。何のために贈ってきたのか。」と思い、料理人のところに行き、こう言った。

「本当のことを言いなさい。私が食べたものは、贈ってきた小麦と卵を使って料理したものなのか。」

料理人は仕方なく、本当のことを言った。

「その小麦で作ろうとしたのですが、焦げてしまいました。王様に言うことができませんでした。仕方なしに薪運びのロクマーンに食べさせました。」

王はその小麦と卵の味を自分で確かめられなかったので残念がった。そして言った。

「ロクマーンを呼んできなさい。彼に聞こう。」

ロクマーンが連れてこられ、王は彼にどんな味だったかと尋ねた。ロクマーンは言った。

「特別な味ではありませんでした。我々が食べている小麦や卵と同じようでした。パンも同じような味でした。ところが、それを食べてから、世界が明るくなりました。頭脳も明晰になりました。世の中がわかるようになりました。例えば、病気の治療もわかるようになりました。医者になりました。学者になりました。」

王は、その後、ロクマーンを自分の侍医にした。やがて、ロクマーンは自分の弟子をとるようになった。だんだん、彼の手伝いをする弟子も増えていった。ところが、ロクマーンの弟子は、働いて一年後に死ぬのであった。死因は謎であった。その後、誰もロクマーンの弟子になろうとはしなくなった。ロクマーンは、王から地位と身分を与えられていたが、孤独で友達もいなかった。そのころ、アリストテレスという若者がいた。田舎で母親に言った。

「私はロクマーンの弟子になりたいです。」

母親は言った。

「だめです。許しません。弟子は皆殺されているではありませんか。殺されたいのかい。おまえは一人息子なんだよ。」

アリストテレスは言った。

「殺されないように策をねります。手伝ってください。」

母親は認めた。アリストテレスは、自分の計画を母親に教えた。母親は、アリストテレスをロクマーンのところへ連れていくと、ロクマーンは弟子入りを認めた。母親はロクマーンに言った。

「耳が聞こえず、口も利けないのです。そして、頭も正常でないのです。愚鈍なのです。」

ロクマーンは言った。

「そいつはいい。利口でない奴が一番いい。煩わしくなくて良い。愚鈍がいいのだ。」

ロクマーンは、弟子入りを認めた。アリストテレスは、愚鈍でまぬけで通した。そして、ロクマーンの医術を全て覚えた。しばらくして、ある時、耳にムカデが入った患者がきた。患者の耳は痛んでいた。ロクマーンがピンセットで患者の耳からムカデを取り除こうとすると、ムカデはもっと奥へ行き、脳を傷つけた。アリストテレスは、患者のために心を痛め、ロクマーンに言った。仕方なく、初めて口を開いたのであった。

「ピンセットを火であぶってください。熱してください。そして、ムカデの尻尾を掴むのです。尻尾を焼かれたムカデは、入ってきた耳から出てくるしかない。」

ロクマーンは、アリストテレスが話すことができ、愚鈍でもなく、上手に治療もできることを知った。ロクマーンはアリストテレスがそんなに賢いとは思わなかった。もう騙されない、愚鈍と言っていながら私の医術をすべて覚えてしまったと思い、アリストテレスを殺すことにした。アリストテレスも、もう殺されるに違いないと思った。そして、母親に言った。

「母さん、私を助けてください。ロクマーンが私を殺しても、生き返ろうと思います。」

そして、空腹にならないように、自分の胃袋を裏返した。上下を入れ替えたのである。

さて、ロクマーンはというと王の前に行って不平を言った。

「アリストテレスは私のライバルとなりました。私の医術を全て体得したのです。蛇を広場においてアリストテレスに捕まえさせましょう。」

アリストテレスは、蛇を捕まえないといけないことになった。そうでなければ王はアリストテレスを死刑にしないといけないことになった。アリストテレスは、「蛇を捕まえます。」と言い、蛇を掴んだが、蛇は噛みついた。アリストテレスは毒を受け、倒れて気を失ってしまった。アリストテレスは、事前に母親に蛇に噛まれたときの処置を言ってあった。母親は、乳でいっぱいの大きな桶を用意して、順序よくアリストテレスを洗い、毒を抜いていった。アリストテレスは生き返った。そして、アリストテレスは王の前に行き、こう言った。

「私の知識の方がロクマーンを上回っています。もし、ロクマーンがそれを認めないのなら、私はサソリを持ってきます。ロクマーンは広場で人々の前でサソリを捕まえるがいいでしょう。」

アリストテレスは、四十匹のサソリを瓶状のとても大きな容器に入れて蓋を閉めて、お互いに噛ませた。そして、最後に一匹が残った。この一匹が強い毒を持つのである。とても強い毒を持つのである。広場では人々が集まり、アリストテレスがサソリを持ってくるのを見ていた。ロクマーンは、サソリを掴もうとやってきた。ロクマーンはサソリを殺すのが怖くはなかった。ロクマーンの用意は整ったが、アリストテレスは、そのサソリが刺すととても危ないことを知っていた。アリストテレスは考えた。「ロクマーンは私の師匠なのだ。彼から医術を教わった。師匠を殺すのは心苦しい。もちろん、私に悪いことをしたのだが。」

アリストテレスは王の前に行って、こう言った。

「私はもう彼を許します。ロクマーンにサソリを掴ませないでください。」

そして、アリストテレスはサソリを片づけた。こうして、ロクマーンは生き残った。ロクマーンは、自分の弟子の方ができがよく、慈悲深いことに面目を失い、王に言った。

「いいえ、アリストテレスを殺してください。そうでないと私は治療をしません。」

仕方なく、アリストテレスは生きたまま埋められることになった。（間違えて）前で言ってしまったが、ここで空腹にならないよう胃袋を逆さにした。アリストテレスは、穴に入れられ、土をかけられた。アリストテレスは、空腹にならないので、そのまま、ずっとずっと生きながらえた。細々と生きていたのである。そして、王子（原文は王と言い間違えている）が病気になった。しばらくして、ロクマーンは死んだ。王子が病気になったが、治すことのできるものは誰もいなかった。王は考えて言った。

「アリストテレスはあんなに利口だったから、生きているかもしれない。」

そして、穴を掘り起こすように命じた。アリストテレスが生きているか死んでいるかを確認させた。土を取り除いてみると、アリストテレスは生きていた。わずかの息で、自分を指して「私の体は腐っていて、それをまき散らすといけないから触るな。」と言った。さらに、「私の頭の上の方にメロンを植えてください。だんだんと大きくなってくると、私の方に向けてください。その葉から力を得て、新しい命を得ます。」人々は言われたとおりにして、アリストテレスは生き残った。

113

題　　名：چوپان و گنج　/　羊飼いと財宝
分　　類：伝説
AT番号：−
録音箇所［収録時間］：002-013［01分40秒］
調 査 日：1998年10月02日
調 査 地：استان تهران، شهر ری، روستای طالب آباد　/　テヘラン州レイ市ターレバーバード村

名　　前：علی موسوی　/　アリー・モウサヴィー
年齢性別：26才、男性
職　　業：افسر وظیفه [سروان]　/　陸軍将校（大尉）
住　　所：آمل خیابان شهید بهشتی خیابان وزرات راه کوچه شهید افتاده
出 身 地：استان مازندران، شهرستان آمل محلّه چاکسر　/　マーザンダラーン州アーモル地方チャークサル地区
伝 承 者：پدر　/　父親

(翻字（ペルシア語）: تو یکی از روستا های اطراف آمل، بعد، در حدود صد سال قبل. یه تپه ای میگویند وجود داشته اونجا بعد روش پر درخت و سبزه این چیز ها که معمولاً چوپونا گوسفنداشو نو می آوردن اونجا برای چی؟

برای اینکه چرا بکنند. بعد یه چوپونی از قضا یه روزی میره اونجا برای چرای گوسفنداش (و) این برنامه ها که بر میخوره به یه چاله همینجور از روی کنجکاوی میره تو چاله میبینه سر یه خم، از این خم های قدیمی مشخصه که توش پره مثلاً سکه و جواهر این چیزهاست، [دست] میکنه میبینه که چند تا (گهواره) از این ظرف های قدیمی طلا. از این چیز است. بعد، میبینه خیلی زیاده میخواد ببره خونه اش. آدم فقیری هم بوده. بعد میخواد ببره خونه اش. میگه خوب اینجوری که نمیتونم ببرم. باید برم کیسه ای چیزی بیارم. بالاخره ظرفی جایی بیارم همه رو بریزم توش ببرم. برمیگرده میره خونه یک نشونی هم میذار اونجا مثلاً مشخص بشه کجا بوده. میره خونه و برمیگرده میاد، می گرده هرچی میگرده رو تپه پیدا نمیکنه کجا ست. هر چه دنبال چوبدستیش میگرده پیدا نمیکنه. که بعداً مشخص میشه که اونجا طلسم بوده. اون تپه هرجائی که گنج داره طلسم و جادوه یعنی نمیشه به راحتی [به دست آورد] مگه اینکه یک رمز و قانون خاصی داره. میگویند توی کتاب هائی نوشته که مثلاً رمز و طلسمش چه جوری میشکنه که بتونه چی؟ این طلا ها رو بگیره.

翻字（ローマ字）：tū yekī az rūstā hāye atrāf-e āmol, ba'ad, dar hodūde sad sāl qabl. ye tappeī migūyand vojūd dāšte unjā bad rūš por-e deraxt o sabze īn čīz hā ke ma'amūlān čūpūnā gūsfandāšo no miāvordan unjā barāye čī? barāye īnke čerā bokonand. ba'ad ye čūpūnī az qazā ye rūzī mire unjā barāye čerāye gūsfandāš o īn barnāme hā ke bar mixore be ye čāle hamīnjūr az rūye konjkāvī mire tu čāle mibine sar ye xom, az īn xomāye qadīmī mošaxxase ke tūš masalān sekke o javāher īn čīz hāst, mikane mibīne ke čand tā gahvāre az īn zarf hāye qadīmī talā. az īn čīz ast. ba'ad mibine xeilī ziyāde mixād bebare xūneaš. ādam-e faqīrī ham būde. bad mixād bebare xūnaš. mige xūb īnjūrī ke nemītūnam bebaram. bāyad beram kīseī čīzī biyāram. bālāxare zarfī jāī biyāram hame ro berīzam tūš bebaram. barmīgarde mire xūne yek nešūnī ham mizār unjā masalān mošaxxas beše kojā būde. mire xūne o barmīgarde miyād, mīgarde harčī migīre rū tappe peidā nemikone kojāst. har čī donbāl-e čūbdastīš migarde peidā nemikone. ke ba'adān mošaxxas miše ke unjā telesm būde. un tappe har jāī ke ganj dāre telesm o jādū ya'anī nemīše be rāhatī mage īnke yek ramz o qānūn xāsī dāre. migūyand tūye ketāb hāī nevešte ke masalān ramz o telesmeš če jūrī mišekane ke betūne čī? īn talā hā ro begīre.

日本語訳：約百年前、アーモル郊外の村の一つでのことである。丘があり、木々が生い茂っていたので、よく羊飼いたちが羊を放牧しに来ていた。偶然、ある日、ある羊飼いが羊を放牧していた。穴があったので、興味がわき、中に入っていった。すると、中には桶があった。古いもので、中は貨幣か宝石であることは明らかであった。よく見ると、その中には古い金も入っていた。持って帰ろうとしたが、とても量が多かった。そのままだと、持って帰れないので、籠か何かを持ってこようと思った。そこで、その場所に印を付けて、帰った。家に帰って、また戻ってくると、どんなに丘を歩き回ってもその場所を見つけることができなかった。杖をもって捜しても見つけることができなかった。そして、それが魔法であったことがわかった。その丘で財宝が隠されているところは魔法がかけられていて、簡単には見つけることができなかったのである。人々は、どこかの本に金を得るための呪文が書かれているとは言うが、呪文などの特別の方法があるのだろう。

114

題　　名：مار و گنج درتپه طالب آباد ／ ターレバーバードの遺跡の蛇と財宝

分　　類：伝説

ＡＴ番号：−

録音箇所［収録時間］：002-014［01分18秒］

調　査　日：1998年10月02日

調　査　地：استان تهران، شهر ری، روستای طالب آباد ／ テヘラン州レイ市ターレバーバード村

名　　前：مهدی اکبری ／ メフディー・アクバリー

年齢性別：25才、男性

職　　業：معلم ／ 教師（中学校）

住　　所：استان تهران، شهر ری، روستای طالب آباد

出　身　地：روستای طالب آباد ／ ターレバーバード村

伝承者：عمو ／ おじ

翻字（ペルシア語）: اینطور نقل کردند که در زمان های خیلی قدیم، در روستای طالب آباد که در اون زمان ها اسم دیگری داشته، یک قلعه بزرگی بوده که بعد ها خراب میشه و براثر زلزله یا طوفانی که میاد، به صورت یک

تپه خاک درمیامد. و این تپه خاک، داخلش یکه گنج خیلی بزرگی بوده، یک گنج خیلی بزرگی بوده که خیلی با ارزش بوده و تشکیل شده بوده از سکه ها و گنجینه های طلائی. وبعد ها روی اون یک اژدها یا ماری میگرفته میخوابیده و ازش مواظبت میکرده از اون گنج، که هیچ کس نره به سراغ به اون گنج و اون گنج را از داخل اون تپه و اون خاک های بزرگی که زیرش گنج بوده در بیاره. به همین خاطر سال های سال این گنج در زیر اون تپه محفوظ مونده و هیچ کسی نتونست این جرأت رو به خودش بده که وارد این تپه بشه و این گنج رو، همون طلا ها رو از داخل اون بیرون بیاره.

翻字（ローマ字）：īntour naql kardand ke dar zamān hāye xeilī qadīm, dar rūstūye tālebābād ke dar ūn zamān hā esm-e dīgarī dāšte, yek qalae bozorgī būde ke ba'ad hā xarāb miše va barāsar-e zelzele yā tūfānī ke miyād, be sūrat-e yek tappeye xāk dar miāmad. va īn tappeye xāk, dāxeleš yeke ganj-e xeilī bozorgī būde, yek ganj xeilī bozorgī būde ke xeilī bā arzeš būde ba taškīl šode būde az sekke hā o ganjīne hāye talāī. va ba'ad hā rūye ūn yek eždehā ya mārī mīgerefte mīxābīde ba azaš movāsebat mikarde az ūn ganj, ke hīč kas nare be sorāq-e be ūn ganj o ūn ganj rā az dāxel-e ūn tappe va ūn xāk hāye bozorgī ke zīreš ganj būde dar biyāre. be hamīn xāter sāl hāye sāl īn ganj dar zīr-e ūn tappe mahfūz mūnde ba hīč kasī natūnest īn jor'at ru be xodeš bede ke vāred-e īn tappe beše ba īn ganj ro, hamūn talā hā ro az dāxel-e ūn bīrūn biyāre.

日本語訳：とても古い時代には、ターレバーバードがまだ別の名前だったころ、後にはつぶれたが、大きな城壁があった。地震か台風かで丘のようになったと言い伝えられている。この土の丘の中には、財宝があるという。とてつもない量の財宝で、その価値も計り知れなく、金貨や金などの財宝であるという。その上には龍蛇が座っていて、誰かが探したり、その土の丘の中に入ったりしたときのために、その財宝を守っているという。そういうわけで、長年、丘の中に置かれたままになっていて、だれもその中に入って、その財宝、金などを取り出そうとする者はいないのである。

115

題　　名：اژدها در چاه ／ 井戸の龍
分　　類：伝説
ＡＴ番号：-
録音箇所［収録時間］：003-004［00分45秒］
調 査 日：1998年10月16日
調 査 地：استان تهران، شهر ری، روستای طالب آباد ／ テヘラン州レイ市ターレバーバード村

名　　前：محمّد رضا شیرازی ／ モハンマドレザー・シーラーズィー
年齢性別：38才、男性
職　　業：آزاد ／ 自由業
住　　所：تهران
出 身 地：روستای طالب آباد ／ ターレバーバード村
伝 承 者：همسایه های قدیمی ／ 昔の隣人

翻字（ペルシア語）：یکی بود یکی نبود. غیر از خدا هیچ کس نبود. یکی از همسایه های قدیمی ما که الان هم حضور دارن، تعریف کرد واسه ما قدیم که من داشتم از بیابون، از تو صحرا میامدم دیدم که یه چیز سرخی داره. به طرف من میاد. میگفت خوب که تو بهرش رفتم، دیدم یه اژدهائیه خودش

سرخ و از دهنش هم آتیش میزنه بیرون. گفت من وحشت کردم فرار کردم ولی مواظب بودم که این کجا میره چی هست چه جوریه. بعد میگفت اومد رفت به سمت چاه های قنات طالب آباد. بعد دیگه من ندیدم که کجا رفت.

翻字（ローマ字）：yekī būd yekī nabūd. qeir az xodā hīč ... yekī az hamsāye hāye qadīmīye mā alān ham hozūr dāran, taʻarīf kard vāse mā qadīm ke man dāštam az biyābūn, az to sahrā miāmadam dīdam ke ye čīz sorxī dāre. be tarafe man miyād. migoft xub ke tū behareš raftam, dīdam ye eždehāye xodeš sorx o az dahaniš ham ātiš mizane bīrūn. goft man vahšat kardam farār kardam valī movāzeb būdam ke īn kojā mire čī hast če jūrie. baʻad migoft ūmad raft be samte čāh hāye qanāt-e tālebābād. baʻad dīge man nadīdam ke kojā raft.

日本語訳：あったことか、なかったことか。神の他に誰もいなかったころ。今もまだいるが、古い隣人からこう聞いた。

「昔、砂漠を歩いていると、何か赤いものがやってきた。我々の方にやって来た。そして、よく見ると、それが龍であることがわかった。体は赤く、口からは火を吐き出していた。怖くて逃げたけれども、龍がどんなで、どこへ行くかを見ていると、ターレバーバードのカナートの方へ行った。その後、どこへ行ったかはわからない。」

備考：イランのカナートはこの世とあの世の境界とされると考えられる。龍が井戸にいるという民話はあるが、この事例では、具体的な場所を指定した上で、伝説として龍とカナートが関連づけられており、貴重なものである。

116

題　　名：قصه برقان [برغان] ／バラガーンの名前の由来
分　　類：伝説
AT番号：-
録音箇所［収録時間］：002-033［00分24秒］
調 査 日：1998年10月12日
調 査 地：استان تهران، شهرستان ساوجبلاغ، شهر هشتگرد، دهستان برغان ／
テヘラン州サーヴォジボラーグ地方ハシトゲルド地区バラガーン村

名　　前：عزیز الله کیا ／アズィーゾッラー・キヤー
年齢性別：70才、男性
職　　業：کشاورز ／農業
住　　所：استان تهران، شهرستان ساوجبلاغ، شهر هشتگرد، دهستان برغان
出 身 地：دهستان برغان، روستای برغان ／バラガーン村
伝 承 者：پدربزرگ ／祖父

翻字（ペルシア語）: گفتن قدیم اینجا برقسو بوده. یعنی برق میخورده به این کوه ها، میگفتن برقسو. به مرور زمان این برقسو شده برقان. حالا ما به نام برغان را استفاده میکنه[1]. اسم دیگه هم برایم نداره به نام برغان. برغان هم ترکی، غان یعنی خون. پارسی یعنی برغان.

۱. میکنه = میکنیم

翻字（ローマ字）: goftan qadīm injā barqsū būde. ya‘anī barq mixore be īn kūhā, migoftan barqsū. be murūr zamān īn barqsū šode baraqān. hālā mā be nām-e baraqān ra estefāde mikone. esm-e dīge ham barāyam nadāre be nāme baraqān. baraqān ham torkī, qān ya‘anī xūn. pārsī ya‘anī baraqān.

日本語訳：昔、ここはバルグスーと言っていた。というのも、雷（バルグ）がこの山々に落ちたから、バルグスーとなったんだ。それが、時の経過とともにバラガーンとなったんだ。そして、我々はバラガーンという名前を使っているのだ。バラガーンには、他に呼び方もなかったしね。また、バラガーンはトルコ語とも言われる。ガーンとは、「血」の意味で、ペルシア語になってバラガーンになった。

117

題　　名：پیر زن ／老女

分　　類：伝説

ＡＴ番号：-

録音箇所［収録時間］：002-020［00分40秒］

調 査 日：1998年10月05日

調 査 地：استان تهران، شهرستان ساوجبلاغ، هشتگرد، دهستان برغان ／テヘラン州サーヴォジボラーグ地方ハシトゲルド地区バラガーン村

名　　前：رحمت الله ودودی ／ラフマトッラー・ヴァドゥーディー

年齢性別：70才、男性

職　　業：راننده ／運転手

住　　所：استان تهران، شهرستان ساوجبلاغ، هشتگرد، دهستان برغان

出 身 地：روستای برغان ／バラガーン村

伝 承 者：پدر بزرگ، و بزرگان ／祖父や年上の人

翻字（ペルシア語）：یه پیرزن بود، یه خونه کوچیک داشت قد یه غربیل. (یه چیزی هم داشت قد چوب)، یه درخت سنجت داشت، قد چوب کبریت. اون وقت اینه برد بالا. برد بالای کوه گذاشت و خلاصه مدت زمانی گذشت سنجت

آورد. سنجت¹ آورد و پیرزن رفت و سنجت بچینه دید کلاغه خورده. کلاغه خورده خلاصه کلاغه خورده بوده دیگه چیزی واسش²نمونده [بود] همون زندگیش بود. با همون یه سنجت زندگی میکرد.

۱. سنجت = سنجد   ۲. واسش = برایش

翻字（ローマ字）：ye pīrezane būd, ye xūneye kūčekī dāšt qad ye qarbīl. ye čīzī ham dāšt qad-e čūb, ye deraxt-e senjed dāšt, qad-e čūb kebrīt. ūn vaq ine bord bālā. bord bālāye kūh gozāšt o xolāse moddat zamānī gozašt senjet āvord. senjet āvord o pīrzan raft o senjet bečīne dīd kalāqe xorde. kalāqe xorde xolāse kalāqe xorde būde dīge čīzī vāseš namūnde hamūn zendegīš būd. bā hamūn ye senjet zendegī mikard.

日本語訳：一人の老女がいた。篩（ふるい）ほどの小さな家に住んでいた。そして、マッチ棒ほどのホソバグミの木を持っていた。ある時、ホソバグミの木を山に持って登って植えた。しばらくして、ホソバグミの実が成った。実が成ったとき、老女がやって来てみると、カラスが食べてしまっていた。カラスが食べてしまったので、老女にはもう何も残っていなかった。そのような生活であった。そのホソバグミだけで生活していたのだった。

118

題　　名：دیدن اژدها در تپه قدیمی ／ 遺跡で龍を見た話

分　　類：伝説

ＡＴ番号：-

録音箇所［収録時間］：003-028［00分35秒］

調 査 日：1998年10月22日

調 査 地：استان تهران، شهر ری، روستای طالب آباد ／ テヘラン州レイ市ターレバーバード村

名　　前：علی اصغر اکبری ／ アリーアスガル・アクバリー

年齢性別：50才、男性

職　　業：کارمند ارتش باز نشسته، کشاورز ／ 元軍人、農業

住　　所：استان تهران، شهر ری، روستای طالب آباد

出 身 地：روستای طالب آباد ／ ターレバーバード村

伝 承 者：یکی از دوستان ／ 友人の一人

翻字（ペルシア語）：[در یکی] از روستا های ورامین، یک روز من رفتم، یکی از دوستان تعریف کرد، یه تپه ای بود. یه تپه ای بود گفتن این تپه خیلی خیلی قدیمی است. و می گن گنج هم توش هست. ولی گنجش مشخص نیست، ولی یه نفر قدیمی دیده بوده اونجا. یه اژدهایی. بعضی از روزها از

تو اون تپه میاد بیرون میره تو جوی آب، آب میخوره دوباره میره تو تپه استراحت می کنه. هنوز نتوانستن اون اژدها رو بگیرن. همونجور پنهان شده.

翻字（ローマ字）：az rūstā hāye varāmīn, yek rūz man raftam, yekī az dūstān ta'arīf kard, ye tappeī būd. ye tappeī būd goftan īn tappe xeilī xeilī qadīmī ast. va migan ganj ham tūš hast. valī ganjaš mošaxas nīst, valī ye nafar qadīmī dīde būde ūnjā. ye eždehāī. ba'azī az rūz hā az to ūn tappe miyād bīrūn mire tū gūye āb, āb mixore dobāre mire tū tappe esterāhat mikone. hanūz natvānestan ūn eždehā ro begīran. hamūnjūr penhān šode.

日本語訳：ある日、私がヴァラーミーンの村の一つに行ったとき、友人の一人が話してくれた。遺跡があって、それはとても古いものであるという。その中には財宝があると言われている。もちろん、どんな宝かわからない。しかし、昔、ある人がそこで龍を見たという。何日かに一回遺跡の中から出てきて、水を飲みに小川へ行き、再び遺跡に戻ってくるのだという。まだ、その龍を捕まえた者はいない。そうこうしているうちに隠れてしまった。

119

題　　名：در مورد کاروانی که شامگاه جمعه به اصفهان رسیده بود ／ 金曜の夕方にイスファハンに到着した隊商の話

分　　類：伝説

ＡＴ番号：-

録音箇所［収録時間］：006-020［05分36秒］

調 査 日：1998年12月18日

調 査 地：اصفهان ／ イスファハン

名　　前：ابراهیم مهمان دوست ／ エブラーヒーム・メヘマンドゥースト

年齢性別：49才、男性

職　　業：کارشناس همکاریهای علمی و بین المللی اصفهان، دانشگاه اصفهان ／ イスファハン大学学術国際部協力専門員

住　　所：اصفهان

出 身 地：کربلا (پدرش اصفهانی است، و مادرش یزدی است) ／ キャルバラ（父親がイスファハン出身、母親はヤズド出身）

伝 承 者：قدیمی ها ／ 昔の人たち

(ペルシア語) 翻字 : داستانی را که حضورتون میگویم، در مورد مردم شهر اصفهان است. در گذشتهٔ بسیار دور مردم ایران (به صورت کاروانسرا)، به صورت کاروان، از این شهر به اون شهر رفت و آمد میکردن و مسافرت می کردن. معمولاً در هر یک کاروانی، یک مرد پیر مرد که فکر خوب و تجربه بسیار خوبی بود به عنوان راهنمای کاروان قرار می گرفت. در یک روز از روز ها، کاروانی به شهر اصفهان رسید هنگام ورود این کاروان به شهر اصفهان غروب روز جمعه بود که اغلب مغازه ها بسته بود. چون روز تعطیلی بود. راهنمای پیر کاروون به یکی از مسافران گفت که برو غذایی پیدا کن و بیار تا همراهای ما بخورن. البته این کار را بعد از اینکه در یکی از کاروانسرا های شهر جا گرفتن و اقامت یا سکونت کردن. این مرد رفت در شهر گشت و غذایی پیدا نکرد. و برای اینکه چیزی با خودش به برای کاروانیان بیاره، به سراغ آجیل فروشی رفت که به تنهایی در بازار اصفهان نشسته بود منتظر مشتریانی بود. وقتیکه رسید او یک کمی آجیل خرید که جدا بود یک کمی پسته و چیز هایی که آجیل را تشکیل میده خرید. پسته فندق بادوم و این طور چیز هایی خرید و همه را قاطی کرد در یک پاکت و برد به سمت کاروانسرا. به کاروانسرا که رسید ناگهان پیر مرد و راهنمای کاروان، (کاروانه) کاروان به او گف که من فکر کردم که در این شهر دیدم که اینجا شهری اس که فساد زیادی درش در اول شب میشود. و (قرار) بهش گف که ما ایرانی ها معمولاً در جایی که فساد زیاد باشه یا لقمه حرام باشد، نمیخوریم که دیگران هم نخورن. و برو این را پس بده به آجیل فروش. وقتیکه برگشت مسافر به آجیل فروش، گف که این ها را پس بگیر. آجیل فروش بی اینکه از او سوال بکنه که چرا اینها را به من پس میدی، همه آجیل ها را در یک چارک، چارک چیزی هست که آجیر فروش ها معمولاً برای وزن کردن توش آجیل را میریزن و میریزن روی ترازو و وزن چیزی که میخوان بفروشن معین میشه. همه آجیل ها را ریخت در چارک خودش و ریخت روی همه چیز هایی که داشت. و (هر دید) اون مرد مسافر دید که همه اینها هر چیزی به جای خود برگشتند، پسته روی کیسه پسته بر گشت فندق رفت روی کیسه فندق و به همین ترتیب تقسیم شد به جای اولیه ای که خریده بود. پول را که پس داد به مسافر گف برو به راهنما و پیر شما

بگویید که شما سر شب اصفهان را دیدید. لطفاً در این شهر بمانید و دم صبحش را هم ببینید. (پیر مرد وقتیکه) مسافر وقتیکه برگشت، به پیرمرد و راهنمای کاروان گف او خیلی تعجب کرد که همچین آدمای بسیار خوبی وجود دارن که اونها هم انقدر قلبشون خوب هست که وقتیکه فکر میکنن میتونن که فکرِ بخونن یا حد اقّل اینقدر فکرِ قریحه خوبی دارن که وقتیکه آجیل ها را پس فرستاد هرچیزی به جای خودش رفت. و این تصور پهلوی ما ایرانیا هست که اگر کسی کار نیک بکنه و ارتباط خوب با خدا داشته باشه، میتونه کار خوب هم انجام بده و فکر خوب داشته باشه. و در نتیجه اون پیر مرد ماندگار شد و دم صبح دید که بر خلاف سر شب که فساد به راه میدیده در اصفهان زیاد هست، دید در دم صبح دختران دم بخت که همگی راز و نیاز به سمت خدای خود میکردن و آرزوی نیکی و جامع سالم را در میان مردم داشتن در اونها همه دم صبح دارن دعا و نیایش میکنن و فهمید که در این شهر خوب ها هم بسیار هستن و بیشتر (از) اینکه با خدای خودشون ارتباط دارن.

翻字（ローマ字）：dāstānī ke hozūretūn mīgūyam, dar moured-e mardom-e šahr-e esfahān ast. dar gozašteye besiyār dūr mardom-e īrān be sūrat-e kārvānsarā, be sūrat-e kārvān, az īn šahr be ūn šahr raft o āmad mikardan va mosāferat mīkardan. ma‘amūrān dar har yek kārvānī, yek mard-e pīr mard ke fekr-e xūb va tajrobeye besiyār xūbī būd be envān-e rāhanemāye kārevān qarār migereft. dar yek rūz az rūz hā, kārevānī be šahr-e esfahān resīd hengām-e vorūd-e īn kārevān be šahr-e esfahān qorūb-e rūz-e jom‘e būd ke aqlab-e moqāze hā baste būd. čūn rūz-e ta‘atīlī būd. rāhanemāye pīr-e kārevān be yekī az mosāferān goft ke borou qazāī peidā kon va biyār tā hamrāhāye mā boxoran. albatte īn kār rā ba‘ad az īn ke dar yekī az kārevānsarāhāye šahr jā gereftan va eqāmat yā sekūnat kardan. īn mard raft dar šahr gašt. va qazāī peidā nakard. va barāye īnke čīzī bā xodeš be barāye kārvāniyān biyāre, be sorāq-e ājīl furūšī raft ke be tanhāī dar bāzār-e esfahān nešaste būd montazar-e moštariyānī būd. vaqtīke rasīd-e ū yek kamī ājīl xarīd ke jodā būd yek kamī peste o čīz hāī ke ājīl rā taškīr mide xarīd. pesteye fandoq bādōm va īn tour čīz hāī xarīd va hame rā qātī kard dar yek pākat va bord be samt-e kārvānsarā. be kārvānsarā ke resīd nāgahān pīr-e mard va rāhanemāye kāravān, kārevāne kārevān be ū gof ke man fekr kardam ke dar īn šahr dīdam ke injā šahrīes ke fasād-e ziyādī daraš dar avval-e šab mišavad. va qarār beheš gof ke mā īrānī hā ma'amūlān dar jāī ke fasād ziyād bāše yā loqmeye harām bāšad, nemixorīm ke dīgarān ham naxoran. va borou īn rā pas bede be ājīl furūš. vaqtīke vargašt mosāfer be ājīr furūš, gof ke īn hā rā pas begīr. ājīl furūš bī īnke az ū soāl bokone ke čerā īnhā rā be man pas midī, hameye ājīl hā rā dar yek čārak, čārak čīzī hast ke ājīl furūš hā ma'amūlān barāye vazn kardan tūš ājīl rā mīrīzan o mīrīzan rūye tarāzū va vazn-e čīzī ke mīxān befurūšan mo'ayyan miše. hameye ājīl hā rā rīxt dar čārak-e xodeš va rīxt rūye hameye čīz hāī ke dāšt. va har dīd ūn mard-e mosāfer dīd ke hameye īnhā har čīzī be jāye xod bargaštand, peste rūye kīseye peste bargašt fandaq raft rūye kīseye fandoq va be hamīn tartīb taqsīm šod be jāye avvalīeī ke xarīde būd. pūl rā ke pas dād be mosāfer gof borou be rāhanemā va pīr-e šomā begūīd ke šomā sar-e šab-e esfahān rā dīdīd. lotfān dar īn šahr bemānīd va dam-e sobheš rā ham bebīnīd. pīrmard vaqtīke mosāfer vaqtīke vargašt, be pīr mard va rāhanemāye kārvān gof ū xeilī ta'ajjob kard ke hamčīn ādamāye besiyār xūbī vojūd dāran ke ūnhā ham enqadr qalbešūn xūb hast ke vaqtīke fekr mikonan mītūnan fekr-e boxūnan yā hadd-e aqal ēnqadr fekr-e qarīheye xūbī dāran ke vaqtīke ājīl hā rā pas ferestād har čīzī be jāye xodeš raft. va īn tasavvor-e pahlūye mā īrāniyān hast ke agar kasī kār-e nīk bokone va ertebāt-e xūb bā xodā dāšte bāše, mītūne kār-e xūb ham anjām bede va fekr-e xūb dāšte bāše. va dar natīje ūn pīr-e mard-e māndegār šod va dam-e sobh dīd ke bar xelāf-e sar-e šab ke fasād be rā mīdīde dar esfahān ziyād hast, dīd dar dam-e sobh doxtarān-e dam-e baxt ke hamegī rāz o niyāz be samt-e xodāye xod mīkardan va ārezūye nīkī va jāme sālem rā dar miyān-e mardom dāštan dar ūnhā hame dam-e sobh dāran do'ā va niyāyeš mikonan va fahmīd ke dar īn šahr xūb hā ham besiyār hastan va bīštar enke bā xodāye xodešūn ertebāt dāran.

日本語訳：これからする話はイスファハンの人々についての話だ。昔々、イラン人たちは、隊商として町から町へ旅をしていた。たいていの隊商には、思慮と経験のある年をとった男がいて、道案内をしていた。ある日、金曜の夕方に、ある隊商がイスファハンに着いた。休日で店の大部分は閉まっていた。隊商の年寄りの案内人は、隊商の一人に言った。

「我々皆のために食べ物を見つけて持ってきなさい。」

もちろん、町のある隊商宿に場所をとって落ち着いた後のことであった。命じられた男は、町を歩き回ったが、食べ物を見つけることはできなかった。隊商民たちに何か持って帰るために、イスファハンのバザールで開いている乾物屋を探した。そして、少しの乾燥果物とピスタチオなどを買った。ピスタチオ、ハシバミ、アーモンドなどを買って、それらを一緒に混ぜて袋に入れて隊商宿に向かった。隊商宿に戻ると、隊商の年寄り案内人が言った。

「この町はどうやら宵の口は堕落しているようだ。」

我々イラン人は、治安の悪いところやハラームのあるところでは、食べないという習慣がある。そして、続けて同じ者に言った。

「それを乾物屋に返してきなさい。」

その者はもう一度、乾物屋に行き、こう言った。

「これを受け取って下さい。」

乾物屋は、「どうして返すのか。」と聞くことなしに、すべての乾物をチャールク[1]で、チャールクというのは乾物屋が売るときにたいてい使う、重さを掬って量るための道具なのだが、もとの場所にもどした。乾物屋はピスタチオはピスタチオの上に、ハシバミはハシバミの上にというふうに一つずつもとの場所に戻していった。そして、お金も返してくれた。乾物屋は旅人の男に言った。

「さあ、年寄りの案内人に言うがよい。あなた方はイスファハンの夕方を見ただけである。この町に泊まって朝も見て下さい。」

この旅人が隊商宿に戻って、道案内の老人にこのことを伝えると、一度買った乾物を戻しても、一つ一つ元の場所へ返すようないい人がいるのか、そんなに人間のできた者がいるのかと驚いた。イラン人は、善行を行う者は、神と良い関係にあるから、良き行動と考えを持つのだと考える。この老人は、

一晩イスファハンに泊まってみることにした。夜には不穏さを感じたのだが、次の日の朝、イスファハンにはたくさんの人々がいた。乙女たちは扉の前で神に向かって皆お祈りをしており、良き望みをもっており、人々の間には平和があった。朝は皆お祈りをしていたのである。そこで、イスファハンには、良いことがたくさんあること、神との良い関係があることがわかった。

注

1．チャールクは度量衡の単位でもある。1チャールクは約７５０グラム

120
題　　名：قابله و جن ／ 産婆とジン
分　　類：伝説
AT番号：-
録音箇所［収録時間］：002-019［03分14秒］
調　査　日：1998年10月02日
調　査　地：استان تهران، شهر ری، روستای طالب آباد ／ テヘラン州レイ市ターレバーバード村

名　　前：علی موسوی ／ アリー・モウサヴィー
年齢性別：26才、男性
職　　業：افسر وظیفه [سروان] ／ 陸軍将校（大尉）
住　　所：آمل خیابان شهید بهشتی خیابان وزرات راه کوچه شهید افتاده
出　身　地：استان مازندران، شهرستان آمل محلّه چاکسر ／ マーザンダラーン州アーモル地方チャークサル地区
伝承者：مادر ／ 母親

（ペルシア語）**翻字**：[در] یکی از روستاهای اطراف آمل، یه قابله ای بود. قدیما به اسم بانو. و تو کارشون خیلی ماهر بود. سن و سالی هم ازش گذشته بود و بعد، هر کس مثلاً برای به دنیا آوردن بچه مثلا به مشکل بر

میخورد مثلاً چی میرفتند دنبال این. یک شبی از شب ها، آقا، این میبینه نصف شب دو، دو و نیم شب، در میزنن خونش. و تنها هم بوده. میگه خدا یا کیه؟ بلند میشه میره درو باز میکنه میبینه یه آقایی دم در ایستاده و با ریش های بلند و بعد میگه من خانمم میخواد بچه دار بشه و مشکل بر خوردیم و شما باید همراه من بیایید. بعد، اینو میبینه میگه حتماً شما باید بیاید و، این برنامه ها، یه الاغی هم میاره دم در میذاره که اینو ببره. بعد این میگه باشه. وسایلش میگیره به همراه آقا میره و میره توی خونه ای بعد میره تو خونه (میبینه) دود اسفند و [از این] چیزها میاد بعد [و] زن ها نشستند و همه ناراحت بعد یه خانمی هم داره درد میکشه، ایشون میره کارش انجام میده و بالاخره این بچه سالم به دنیا [آمد] بعد قبل از اینکه بره کارش انجام بده، یعنی شروع کنه چی؟ [بچه را به دنیا بیاورد] یه لحظه چشمش افتاد به پای زنه. پای زنه میبینه پای زنه بر عکس پاشنه هاش جلوی پاشه. تازه میفهمه که اومده خونه جن. یعنی اینا جنن. بعد، یک کمی هم میترسه و میگه خدا یا اینا دیگه [کیین]من اگه بخوام ، الان بگم بسم الله رو بگم. اینا مثلاً محو بشن بعداً منو اذیّت میکنند. اگه نگم چی؟ بعد بالاخره مجبور میشه کارش انجام بده دیگه. کارش انجام میده بچه به دنیا میاد و دیگه بسم الله نمیگه که مثلاً اینا چون به اعتقاد مثلاً ایرانیها، اغلب ایرانیها چی؟مثلاً بسم الله باعث میشه که جن چی؟ محو بشه دیگه. جن از بین بره. کارشو انجام میده و بعد کارش تمام میشه تشکر میکنن ازشو بعد، یکی از خانم های اون خونه یه مشت اسفند میاره و میگه اینو بگیر میریزه تو دستشو بعد دو باره با اینو با خر سوار میارن دم در خونه اش. دم در خونه شو اینجا پیادش میکنن و خداحافظی میکنن. تا اینجا ترسیده بود دیگه هیچی نگفت. بعد اینجا اسفند نگاه میکنه میگه عجب آدم های خری بودن عجب جنای واقعاً خری بودن. این چیه؟ اسفند دادند به من چه درد من میخوره. یه مشت اسفند. اسفند که اینجا فراوونه. میگیره همینجوری میریزه اسفند هم یک خاصیتی داره میچسبه به لباس معمولاً یه جور چیزی داره، یه مقدار هم میچسبه به دامنش متوجه نمیشه. میاد میخواب و صبح بلند میشه، میبینه تو دامنش پر تیکه های طلاست. اِ خدا یا این چیه؟ بعد یادش میاد آ دیشب که رفته بوده این اسفندا رو ریخته چند تا گیر کرده به

این دامنش. (دامنش بعد سریع، آقا، میره وضعیت زیاد خوبی هم نداشته.) سریع میره دم در که مثلاً، ببینه آقا، چیزی هست میبینه، نه هیچ خبری از طلا و ملای دیشبی نیست.

۱. کارشون = کارش

翻字（ローマ字）：dar yekī az rūstāhāye atrāf-e āmol, ye qābeleī būd. qadīmā be esm-e bānū. va to kār-e šūn xeilī māher būd. sen o sālī ham azaš gozašte būd o bad, har kas masalān barāye be donyā āvordan bačče masalān be moškel bar mīxord masalān čī miraftand donbāle īn. yek šabī az šab hā, āqā, īn mībīne nesf-e šab do, do vo nīm-e šab, dar mizanan xūnaš. va tanhā ham būde. mige xodāyā kie? boland miše mire dar o bāa mikone mibīne ye āqāī dam-e dar īstāde o bā rīš hāye boland o ba'ad mige man xānomam mixād baččedār beše o moškel bar xordīm o šomā bāyad hamrāh-e man biyāīd. ba'ad, ino mibīne mige hatmān šomā bāyad biyāyad o, īn barnāme hā, ye olāqī ham miyāre dam-e dar mizāre keino bebare. ba'ad īn mige bāše. vasāyelaš migire be hamrāh-e āqā mire o mire tūye xūneī ba'ad mire tū xūne. dūd-e esfand o čīz hā miyād bad zan hā nešastand o hame nārāhat ba'ad ye xānomī ham dāre dard mikone. īšūn mire kāreš anjām mide o bālāxare īn bačče salām be donyā, ba'ad qabl az īnke bere kāreš anjām dāde, ya'anī šrū none čī? ye lahze češmeš oftād be pāye zane. pāye zane mibīne pāye zane bar akse pāšne hāš jelouye pāše. tāze mifahme ke ūmade xūne jen. ya'nī jenne. ba'ad, yek kamī ham mitarse o mige xodāyā īnā dīge man age bexām, alān begam besmellāh ro begam. īnā masalān mahū bešan ba'adān mano aziyat mikonand. age nagam čī? ba'ad bālāxare majbūr miše kāreš anjām bede dīge. kāreš anjām mide bačče be donyā miyād o dīge besmellāh nemige ke masalān īnā čūn be e'eteqāt-e masalān īrānīhā, aqlab-e īrānīhā čī? masalān besmellāh bā'es miše ke jen čī? mahu beše dīge. jen az bein bere. kārešū anjām mide o ba'ad kāreš tamām miše tašakor mikonan azašo ba'ad, yekī az xānom hāye ūn xūne ye mošt esfand miyāre o mige ino begīr mirize tū dastešo ba'd do bāre bā ino bā xar savār miyāran dam-e dar-e xūneaš. dam-e dar-e xūnašo īnjā piyādeš mikonan o xodājāfezī mikonan. tā īnjā tarsīde būd dīge hīčī nagoft. ba'ad injā esfand negāh mikone mige ajab ādam hāye xarī būdan ajab jenāye vāqe'ān xarī būdan. in čīe? esfand dādand be man če dard-e man mixore. ye mošt esfand. esfand ke injā farāvūne. migire hamīnjūrī mirīze esfand ham yek xāsiyatī dāre mičasbe be lebās ma'mūlān ye jūr čīzī dāre. ye meqdār ham mičasbe be dāmaneš motavajje nemiše. miyād mixāb o sobh boland miše, mibīne tū dāmaneš por tīke hāye talāst. e xodā yā īn čie? ba'ad yādaš miyād ā dīšab ke rafte būde īn esfand ro rīxte čand tā gīr karde be īn dāmaneš. dāmaneš ba'ad sarī, āqā, mire vaziyat ziyād xūbī ham nadāšte. sarī mire dam-e dar ke masalān, bebīne āqā, čīzī hast mibīne, na hīč xabarī az talā o malāye dīšabī nīst.

日本語訳：アーモル近郊の村の一つに、産婆がいた。昔のことであるが、その産婆はこの仕事に熟練した者であった。とても年をとっていて、赤子が生まれる時、難産であれば、皆、その産婆に助けを求めた。ある夜、夜中の二時半に、この産婆の家の扉を叩く者があった。この産婆は一人暮らしであった。産婆は言った。

「いったい、誰だい。」

起きあがって扉を開けると、一人のあごひげの長い男が立っていて、こう言った。

「私の妻に子供が産まれそうなんですが、難産なんです。手伝ってくれませんか。」

男を続けてこう言った。

「どうか、来て下さい。」

男はロバを用意してきており、老婆を乗せるつもりであった。老婆は言った。

「わかりました。」

老婆は、道具を手に取り、男に付いていた。男の家に入ると、エスファンド[(1)]の煙のようなものが漂い、女たちが座っていた。妊婦のまわりでみんな

心配そうにしていた。老婆は、妊婦から無事、赤子を出産させた。ところが、分娩を始める前から、妊婦の足が前後逆向きであることに気づいていた。そして、ジンの家に来たことがわかった。つまり、彼らはジンであったのである。老婆は怖くなり、「ああ、神様、もしここでベスメッラー(「神の御名のもとに」の意味)と言ったら、きっと彼らは消えて、そのあと私に意地悪をするだろう。もし、言わなければ、分娩を続けなければいけないだろう。」作業を続けて、赤子が生まれた。ベスメッラーと言ったらジンが消えるというのはイラン人の信仰なんだ。とにかく、老婆は作業を続けて子供が産まれた。子供が産まれると皆礼を言った。女たちのうちの一人が、エスファンドを一握り老婆に与えた。そして、老婆は、またロバに乗せられて家まで送られた。家の前で降りて、そこで別れた。老婆は怖かったので何も言わなかった。そこで、エスファンドを眺めて言った。

「わけがわからない。なんていう人たちなんだろう。一握りのエスファンドなんかを渡して、こんなどこにでもあるようなもの、いったい何の役に立つのでしょう。」

エスファンドをその辺にまいた。ところがそのエスファンドは特別のもので、少し老婆の服やスカートに付いていたのだが、朝起きてみると、それが金になっていた。老婆は言った。

「これはいったいなんだ。」

そこで、昨晩エスファンドをまいた際に、すこしスカートに付いたことを思い出した。そこで、急いで扉の前まで行ったが、そこには昨晩の金はなかった。

注
1. イランではエスファンド(芸香、ヘンルーダ)をお香やまじないに使用する。

121

題　　名：اسب و جن ／ 馬とジン
分　　類：伝説
ＡＴ番号：-
録音箇所［収録時間］：004-002［00分46秒］
調 査 日：1998年10月25日
調 査 地：تهران ／ テヘラン

名　　前：مهدی اکبری ／ メフディー・アクバリー
年齢性別：25才、男性
職　　業：معلم ／ 教師（中学校）
住　　所：استان تهران، شهر ری، روستای طالب آباد
出 身 地：استان تهران، شهر ری، روستای طالب آباد ／ テヘラン州レイ市ターレバーバード村
伝 承 者：پدر و شوهر عمه ／ 父親とおじ（おばの夫）

翻字（ペルシア語）: پدر بزرگم برای پدرم چنین نقل کرده که در زمان های خیلی قدیم در طالب آباد، روستای طالب آباد، که یک دری داشته در بر سر اون بر سر قلعه ش یک دری داشته، یک شب میبینن که یک اسبی بدون سوار، بدون اینکه کسی روی این اسب سوار شده باشه. به انتهای قلعه میره

و به ابتدائی قلعه میاد. و مرتب شیهه کنان از این طرف قلعه به اون طرف و از اون طرف به این طرف میاد. هر چه قدر نگاه میکنن، میبینن کسی نیست که این اسب رو کنترل کنه. و هدایتش کنه به این طرف و اون طرف. بعد متوجه میشن که حتماً روی این اسب بجای انسان یک جنی نشسته بوده و این اسب رو به این طرف اون طرف میبرده.

翻字（ローマ字）： pedar bozorgam barāye pedaram čonīn naql karde ke dar zamān hāye xeilī qadīm dar tālebābād, rūstāye tālebābād, ke yek darī dāšte dar bar sar-e ūn bar sar-e qala'eš yek darī dāšte, yek šab mibīne ke yek asbī bedūne savār, bedūne īnke kasī rūye īn asb savār šode bāše. be antehāye qala'e mire o be ebtedāī qala'e miyād. va morattab šehīe konān az īn taraf qala'e be ūn taraf o az ūn taraf be īn taraf miyād. har če qadr negāh mikonan, mibīnan kasī nīst ke īn asb ro kontorol kone. va hedāyateš kone be īn taraf o ūn taraf. ba'ad motavajje mišan ke hatmān rūye īn asb bejāye ensān yek jennī nešaste būde va īn asb ro be īn taraf ūn taraf miborde.

日本語訳：祖父が、父にこのように言っていたという。昔々、ターレバーバード村には、村の壁の正面に門があった。ある晩、乗り手のいない馬が、つまり誰も乗っていない馬が、壁の端から端まで走っていた。片方の端から、もう片方の端まで、規則的に嘶きながら走っていた。どんなに見ても、この馬を制御して、（規則的に壁の）両端へと操っている者はいなかった。後になって、この馬には人間の代わりにジンが乗っていて、（壁の）両端に操っていると気がついた。

122

題　　名：تعارف به جن ／ ジンへの挨拶
分　　類：伝説
ＡＴ番号：-
録音箇所［収録時間］：004-003［00分45秒］
調 査 日：1998年10月25日
調 査 地：تهران ／ テヘラン

名　　前：مهدی اکبری ／ メフディー・アクバリー
年齢性別：25才、男性
職　　業：معلم ／ 教師（中学校）
住　　所：استان تهران، شهر ری، روستای طالب آباد
出 身 地：استان تهران، شهر ری، روستای طالب آباد ／ テヘラン州レイ
　　　　　市ターレバーバード村
伝 承 者：شوهر عمه ／ おじ（おばの夫）

翻字（ペルシア語）：در روستای چهار ترخان که مجاور روستای طالب آباد هست، و خیلی هم قدیمی هست، در سال های گذشته، یک شخصی زندگی میکرده که قد بلندی داشته و مردم این روستا فکر می کردن که این شخص دیوانه است. چون این شخص بعضی اوقات به صحرا می رفته و اون

چپق[1] خودش رو روشن می کرده، و بدون این که کسی در کنارش باشه اون چپق رو به این طرف اون طرف تعارف می کرده. و اصرار می کرد که اون چپق رو بکشن. بعد ها متوجه میشن که حتماً این جنها رو میدیده و این چپق رو تعارف میکرده که جن ها اون رو بر دارن و بکشن.

۱. چپق = پیپ بلند

翻字（ローマ字）：dar rūstāye čahār tarxān ke mojāvere rūstāye tālebābād hast, ba xeilīham qadīmī hast, dar sāl hāye gozašte, yek šaxsī zendegī mikarde ke qad-e bolandī dāšte va mardom-e īn rūstā fekr kardan ke īn šaxs dīvāne ast. čūn īn šaxs ba'zī ouqāt be sahrā mirafte va ūn čopoq-e xodeš ro roušan mīkarde, va bedūne īn ke kasī dar kenāreš bāpe ūn čopoq ro be īn taraf ūn taraf ta'ārof mīkarde. va esrār mīkarde ke ūn čopoq ro bekešan. ba'ad hā motavajje mišan ke hatmān īn jenhā ro mīdīde va īn čopoq ro ta'ārof mīkarde ke jen hā ūn ro bar dāran va bekešan.

日本語訳：ターレバーバード村の近くにあるチャハールタルハーンというとても古い村で、昔、ある人が住んでいた。背が高くて、この村の人々はこの男は気がふれていると考えていた。というのも、この男はよく砂漠へ行っては、長煙管に火を点けて、周りに誰もいないのに、その長煙管をすすめるのであった。長煙管を吸うようにすすめるのであった。そして、きっと彼にはジンが見えていて、長煙管をすすめるとジンたちが吸うのであろうということがわかった。

123

題　　名：قصه جن ／ ジンの話
分　　類：伝説
ＡＴ番号：-
録音箇所［収録時間］：004-018［01分42秒］
調　査　日：1998年10月30日
調　査　地：استان تهران، شهر ری، روستای طالب آباد ／ テヘラン州レイ市ターレバーバード村

名　　前：مهدیه اکبری ／ マフディエ・アクバリー
年齢性別：20才、女性
職　　業：محصّل ／ 学生
住　　所：استان تهران، شهر ری، روستای طالب آباد
出　身　地：روستای طالب آباد ／ ターレバーバード村
伝　承　者：استاد خیاطی ／ 洋裁教室の先生

翻字（ペルシア語）：یکی از دوستان تعریف میکردن که پدرشون در زمان قدیم، درشکه داشتن با اسب. یه روزی در قهوه خانه نشسته بودن، دوستشون میگن اگه میخوای به من ثابت کنی که شجاع هستی، یک شب برو سر چشمه از آب انبار اونجا آب بخور یک مشت هم شن برای ما بردار بیار که برای ما

ثابت شه که تو اونجا رفتی. بعد ایشون (که) شب که میشه، با درشکشون میرن اونجا بعد وارد اون سر چشمه که میشن میبینن سر صدا میاد. صدای شادی میاد. دورو اطراف شون و که نگاه میکنن میبینن بالای درخت، (چند) یه عده زیادی جن هستند و دارن اونجا شادی میکنن، عروسی دارن. اونم این منظره رو میبینه بعد چون ترسیده بوده سریع میره آب انبار. آب میخوره یک مشت از شن اونجا رو بر میداره، داشته بر میگشته، بین راه میبینه یکی از جیباش سنگینه. دست میکنه داخل جیبش میبینه نقله. بعد اطرافشو نگاه میکنه هیچ کس و نمیبینه. بعد با صدای بلند میگه تو کی هستی؟ اگه هر کی هستی من از خودتونم. تو بگو اینا رو برای چی به من دادی. این میگه هیچی نگو. (من) ما عروسی داشتیم، اینو من با عنوان چون شادی داشتیم میخواستیم تو تو شادی ما شریک باشی، و این نقل رو داخل جیبت گذاشتیم. فقط هم از این نقلا باید خودت بخوری. این هم از ترس سریع سوار درشکه میشه و بر میگرده داخل اون قهوه خونه ای که قبلاً بوده. شنا رو نشون دوستاش میدن، دوستاش متوجه میشن این رفته آب خورده اومده. بعد نقل رم بین همه تقسیم می کنه. چون این جن ها گفته بودن بهش، باید از این نقلا فقط خودت بخوری، از اون ببعد مال و ثروتشو از دست میده.

翻字（ローマ字）：yekī az dūstān ta'arīf mikardan ke pedarešūn dar zamān-e qadīm, doroške dāštan bā asb. ye rūzī dar qahve xāne nešaste būdan, dūstešūn migan age mixāī be man sābet konī ke šojā hastī, yek šab borou sar-e češme az āb anbār unjā āb boxor yek mošt ham šen barāye mā bardār biyār ke barāye mā sābet še ke to ū jā raftī. ba'd īšūn ke šab ke miše, bā daršakešūn miran ūnjā ba'ad vāred-e ūn sar-e češme ke mišan mībīnan sar sedā miyād. sedāye šādī miyād. dūro atrāfešūn o ke negāh mikonan mībīnan bālāye deraxt, čand ye eddeh ziyādī jen hastand o dāran ūnjā šādī mikonan, arūsī dāran. ūn-am īn manzere ro mībīnae ba'ad čūn tarsīde būde sarī mire āb anbār. āb mixore yek mošt az šen ūn jā ro bar mīdāre, dāšte bar mīgašte, biene rāh mībīne yekī az jībāš sangīne. dast mikone dāxel-e jībeš mibīne noqle. ba'ad atrāfešūn negāh mikone hīč kas o nemībīne. ba'ad bā sedāye boland mige to kīhastī? age har kī hastī man az xodetūnam. to begū īnā ro barāye čī be man dādī. īn mige hīčī nagū. man mā arūsī dāštīm, īno man bā anvān čūn šādī dāštīm mīxāstīm tu to šādī mā šarīk bāšī, va īn noql ro dāxel-e jībat gozaštīm. faqat ham az īn noqalā bāyad xodet boxorī. īn ham az tars-e sarī savār-e doroške miše va bar mīgarde dāxel-e ūn qafve xūne ī ke qablān būde. šenā ro nešūn-e dūstāš midan, dūstāš mnotavajje mišan īn rafte āb xorde ūmade. ba'ad noql ram bein-e hame taqsīm mikone čūn īn jen hā gofte būdan beheš, bāyad az īn noqle faqat xodet boxorī, az ūn beba'ad māl o servatešo az dast mide.

日本語訳：友人の一人が話してくれた。友人の父親は昔、馬と共に馬車を持っていた。ある日、コーヒー店で座っていると、父親の友人が言った。

「もし、勇敢であることを証明してほしいなら、夜に泉まで行き、貯水池の水を飲み、そこに行った証拠に一握りの砂を持ってくるがいい。」

友人の父親は、夜になると、馬車に乗ってそこに行き、泉に近づくと、声がするのがわかった。笑い声がするのであった。遠くから見ていると、木の上にたくさんのジンがいるのがわかった。そして、喜びながら結婚式をしていた。その光景を見て怖くなってきた。急いで貯水池まで行って、水を飲み、一握りの砂を掴んで、戻ってきた。帰ってくる途中、ポケットの一つが重いのに気づいた。そのポケットに手を突っ込むと、砂糖菓子であった。辺りを見回したが、誰もいなかった。そして、大きな声で言った。

「あなたは誰ですか。あなたが何者であっても私は敵ではありません。何のためにこれをくれたのですか。」

すると、声がした。

「このことを誰にも言ってはいけない。我々は結婚式をしていた。おまえにも一緒に仲間になって喜んで欲しかったので、砂糖菓子をポケットに入れたんだ。おまえ一人でその砂糖菓子を食べるのだぞ。」

友人の父親は、怖いのでまっすぐに馬車に乗り、最初にいたコーヒー店に戻った。砂を周りの者たちに見せて、彼が水を飲んできたことを示した。そして、その砂糖菓子も皆で分けた。ジンたちは、砂糖菓子を一人で食べるよ

うにと言っていたので、（約束を破った）彼はせっかくの財産を失った。

124

題　　名：عروسی جن ها ／ ジンたちの結婚式
分　　類：伝説
ＡＴ番号：‐
録音箇所［収録時間］：004-021［01分13秒］
調　査　日：1998年10月30日
調　査　地：استان تهران، شهر ری، روستای طالب آباد ／ テヘラン州レイ市ターレバーバード村

名　　前：صغری سیف الهی ／ ソフラー・セイフォッラヒー
年齢性別：70才、女性
職　　業：خانه دار ／ 主婦
住　　所：استان تهران، شهر ری، روستای طالب آباد
出　身　地：استان تهران، شهرستان ورامین، شهر پیشوا، روستای قلعه نو ／ テヘラン州ヴァラーミーン地方ピーシュヴァー地区ガラエノウ村
伝承者：پدربزرگ ／ 祖父

翻字（ペルシア語）：ما پدر بزرگم، صحبت میکرد. میگفتش که این تو یه باغ شیراز، تو باغ اینا باغ داشتن. میره تو باغ که آب بگیره، میبینه که اون

عقب باغ، چند تا دیگ قطاری[۱] گذاشتن. چند تا دیگ قطاری گذاشتن، میبینه تمام اینا نگاه میکنه ا دور میبینه همه اینا سم دارن اینجا های چشمشون مثلاً چاک داره و اینا، بعداً هرچی فکر میکنه خدایا اینا، مثل یه جور دیگه هستن، از این آدمها شخصی نیستن. هیچی میرسه و میگه بسم الله الرحمن الرحیم این بیلش و میذاره تو این دیگ. یه وقت نگاه میکنه میبینه هیچی نیستش. اینا همه رفتن. وقتیکه ا سر آب بر میگرده میاد خونه، بعد دو رو[۲] دیگه میبینه همسادش میگه دزد اومده دیگ های ما رو برده. میگه بابا دزد نیامده ببره از اونا اومدن دیگ های شما ر بردن عروسی داشتن. ته باغ. دیگاتون همه ته باغ هستش. برین دیگاتون و بر دارین بیارین، اونا رفته بودن. (میکف) پدر بزرگم میکف رفتن دیگا رو برداشتن آوردن.

۱. قطاری = پشت سر هم و مرتب ۲. رو = روز

翻字（ローマ字）：mā pedar bozorgam, sohbat mikard. mīgofteš ke īn tū ye bāq-e šīrāz, tū bāq īnā bāq dāštan. mire tū bāq ke āb begīre, mibīne ke ūn aqab-e bāq, čand tā dīg qatārī gozāštan. čand tā dīg qatārī gozāptan, mibīne tamām īnā negāh mikone a dūr mibīne hame īnā somm dāran īnjā hāye čašmešūn masalān čāk dāre o īnā, ba'dām harčī fekr mikone xodāyā īnā, mesl-e ye jūr-e dīge hasntan, az īn ādamhā šaxzī nīstan. hīčī mirese o mige besmellāhe rahmane rahīm īn bīleš o mizāre tū īn dīg. ye vaqt negāh mikone mibīne hīčī nīsteš. īnā hame raftan. vaqtīke a sar-e āb bar mīgarde miyād xūne, ba'ad do rū dīge mibīne hamsādeš mige dozd ūmade dīg hāye mā ro morde. mige bābā dozd nayāmade bebare az ūnā ūmadan dīg hāye šomā re bordan arūsī dāštan. tah-e bāq. dīgātūn hame tah-e bāq hasteš. berīn dīgātūn o bar dārīn biyārīn, ūnā rafte būdan. migo pedar bozorgam migo raftan dīgā ro bardaštan āvordan

---

日本語訳：祖父がこのように語っていた。彼はシーラーズに果樹園を持っていたのであるが、その果樹園に水をくみに行くと、庭の後ろにいくつかの釜が並んで置いてあった。その並べて置いてある釜を、遠くからよく見

ると、皆、蹄があった。そして、裂け目のようなところに目もあった。いくら考えても、それは釜であって、人ではなかった。ついに、「慈悲深きあまねく神の御名のもとに」（ベスメッラーヘラフマネラヒーム）と言って鍬を釜に刺した。しばらく見ていると、誰もいないことがわかった。皆、どこかへ言ってしまった。水辺から家に帰ってきて、二日経って、隣人が、「泥棒が来て釜を持っていった。」と言った。祖父は言った。

「何を言っているんだ。泥棒じゃないよ。彼ら（ジン）がやって来て、釜を持って行き、結婚式をやっていたんだ。果樹園の下の方で。釜はみな果樹園の下にあるよ。行って、釜を取ってくればいい。」

妻が行ってみると、そこに釜があった。そして、釜を持って帰ってきたということである。

125

題　　名：در حمام جن ／ ハンマームのジン（1）
分　　類：伝説
AT番号：-
録音箇所［収録時間］：004-60［01分07秒］
調　査　日：1998年11月11日
調　査　地：استان تهران، شهرستان ساوجبلاغ، شهر هشتگرد روستای برغان ／ テヘラン州サーヴォジボラーグ地方ハシトゲルド地区バラガーン村

名　　前：فتح الله طالبی ／ ファットッラー・ターレビー
年齢性別：45才、男性
職　　業：کاسب ／ 商人（チャイハネ店主）
住　　所：تهران، برغان
出　身　地：تهران، برغان ／ テヘラン州バラガーン村
伝　承　者：قدیمیان ／ 昔の人たち

翻字（ペルシア語）: یک نفر بود رفته بود در حمام، (حمامی که) حمامی که کسی اونجا نبود، بعداً رفته بود که صابون میزد و سرشو میشست، یک نفر رو دیده بود که پاش همچون دو شاخه ترسیده بود. بعد از اون آمده بود

بیرون. خودش و شسته بود و آمد بیرون. (این) این آمده بود که لباس بپوشه اینا دیده بود که یه نفر اونجا پشته (پوس) حمام پول میگرفت. اینو پولش که داد گفتش که من میخوام برم. گف هیچی نگو گف بسم الله الرحمن الرحیم یه دفعه زدن پشت گردنشو این بیهوش شد، بیهوش شد بعداً کسی اومد که صبح بیاد حمام دید این بیهوشه. بعد از اون دیگه حالیش نشد.

翻字（ローマ字）: yek nafar būd rafte būd dar hammām, hammāmī ke hammāmī ke kasī unjā nabūd, ba'adān rafte būd ke sābūn mizad va sarašo mišost. yek nafar ro dīde būd ke pāš hamčūn do šāxe tarīde būd. ba'ad az ūn āmade būd bīrūn. xodeš o šoste būd o āmad bīrūn. īn īn āmade būd ke labās bepūše īnā dīde būd ke ye nafar unjā pošte hammām pūl migereft. ino pūleš ke dād gofteš ke man mixām beram. gof hīčī nagū gof besmellāhe rahmane rahīm ye daf'e zadan pošte gardanešo īn bīhūš šod, bīhūš šod ba'adān kasī ūmad ke sobh biyād hammām dīd īn bīhūše. ba'ad az ūn dīge hālīš našod.

日本語訳：ある人がハンマームに行った。風呂屋がいなかったが、石鹸を使って頭を洗っていた。その時、足が蹄になっている者を見て、とても恐れた。体を洗って出てきた。服を着て出ようとすると、ハンマームの裏でお金をとっている者がいたので、お金を渡して言った。

　「私は出ます。」

　ところが、「慈悲深くあまねき神の名のもとに。」（ベスメッラーヘラフマネラヒーム）と言ってしまった。すると、後ろから首を殴られて、気絶してしまった。そして、朝が来て、誰かが見つけてくれて気がついた。

126

題　　名：جنی در حمام ／ハンマームのジン（2）

分　　類：伝説

ＡＴ番号：-

録音箇所［収録時間］：005-024［01分32秒］

調 査 日：1998年12月10日

調 査 地：استان اصفهان، شهرستان کاشان ／エスファハン州カーシャーン

名　　前：مجید شعبانی ／マジード・シャアバーニー

年齢性別：38才、男性

職　　業：بنا ／大工

住　　所：کاشان، کوی آزادگان، کوچهٔ صاحب الزمان

出 身 地：کاشان ／カーシャーン

伝 承 者：شاطر (نانوا) در کاشان ／カーシャーンのパン焼き職人

翻字（ペルシア語）：یه شخصی بود من خونشون کار می کردم. کهن سال بود سال خورده حدوداً هفتاد، هفتاد و پنج ساله شه. من به او گفتم که میکن که جن و پری هست آیا راست هست یا نه؟. یا همینجوری بیخودی دروغ میگواند. گف نه. من حدوداً بیست سال پیش شاطره هنوز هم شاطره قبلاً

هم شاطر نونوایی سنگکی بود. گف من بیست سال پیش، یه زمستو بود. رفتم دکو، یه حمون[1] قدیمی هم نزدیکه خونه بود نزدیک منزلمون. رفتم از بغل همون حمام برم نونوایی که شاطری کنم. دیدم که تو حمام صدای رقص و آواز و بزن و بکوب میاد. گف وایستم رفتن جلو گوش بدم ببینم چه خبره تو حمام یه دفعه دیدم یه چند تای بشم (بمن) چسبیدن و بردن تو حمام داخل حمام. دیدم که تعدادی از اینا لخت هستن و میزننو میرقصنو میکوبنو اینا هی بنا کردیم به التماس کردن که وا الله بالله، من همینجوری اومدم برم من کار به کار شما ها ندارم. یه کاری کنین من برم و اینا، هیچی با خواهش و تمنا اونا دو واره[2] ما ر آوردن بیرونو ما رو ولمون کردن. اون وقت تقریباً بدنشون مثل انسان بود ولی پاهاشو مثل حیوان.

۱. حمون= حمام ۲. واره =باره

翻字（ローマ字）：ye šaxsī būd man xūnešūn kār mīkardam. kohan sāl būd sāl xorde hodūdān haftād, haftād o panj sāle še. man be ū goftam ke migan ke jen o perī hast āyā rāst hast yā na. yā hamīnjūrī bīxod drūq migūwand. gof na. man hodūdān bīst sāl pīš šātere hanūz ham šātere qablān ham šāter-e nūnvāī sangakī būd. gof man bīst sāl pīš, ye zemestū būd. raftam dokkū, ye hamūn-e qadīmī ham nazdīke xūne būd. nazdīke manzelemūn. raftam az baqale hamūn hammūm beram nūnvāī ke šāterī konam. dīdam ke tū hammūm sedāye raqs o āvāz o bezan o bekūb miyād. gof vāīstam raftan jelou gūš bedam bebīnam če xabare tū hammām ye daf'e dīdam ye čand tāī bešam časbīdan o bordan tū hammām dāxel-e hammām. didam ke te'edādī az īnā loxt hastan o mizanano miraqseno mikūbeno inā hei banā kardīm be eltemās kardan ke vallāh bellāh, man hemīnjūrī ūmadam beram man kār be kār šomā hā nadāram. ye kārī konīn man beram o īnā, hīči bā xāheš o tamānā ūnā do vāre mā re āvordan bīrūno mā ro valmūn kardan. ūn waqt taqrībān badanešūn mesle ensān būd valī pāhāšo mesle heivān.

日本語訳：ある人がいた。私はその人の家で作業をしていた。老人で、だい

たい八十、または八十五才だった。私はその老人にこう尋ねた。

「ジンや妖精がいると言われるが、本当ですか。それとも、みんな嘘を言っているのですか。」

老人は言った。

「本当だよ。二十年前、そのころは私はナン工場の石焼きナン職人だったのだが、そのころのある冬のことである。家の近くに古いハンマームがあって、そのハンマームの横を通って、職人をしていたナン工場へ行こうとしていた。すると、ハンマームの中から踊り、歌い、手を叩き、足を鳴らす音がしているのがわかった。ハンマームで何が起こっているのかを知ろうと耳をすましていると、何人かが私に張り付いて、私はハンマームの中に連れて行かれた。何人かが裸で、手を叩いて踊って足を鳴らしているのを見た。私は、じゃまするつもりはなかった、と言って嘆願し始めた。逃がしてくれるようにお願いして、やっと外へ出ることができた。彼らは、ほとんど人間と同じ体をしていたが、足が動物のようであった。」

127

題　　名：جن در حمام ／ハンマームのジン（3）

分　　類：伝説

ＡＴ番号：-

録音箇所［収録時間］：006-012［01分17秒］

調 査 日：1998年12月11日

調 査 地：استان اصفهان، شهرستان کاشان ／エスファハン州カーシャーン

名　　前：مجید شعبانی ／マジード・シャアバーニー

年齢性別：38才、男性

職　　業：بنا ／大工

住　　所：کاشان، کوی آزادگان، کوچهٔ صاحب الزمان

出 身 地：کاشان ／カーシャーン

伝 承 者：همسایه ／近所の人

翻字（ペルシア語）：یکی از همسایه ها مسنّه سال خورده است. یه بار من ازش سوال کردن که آیا جن و پری راست هست یانه. حدودن هشتاد سالشه الان. او ایجوری توضیح داد که یه روز صبح زود میرفتم برم حمام. برای آداب روزانه که نماز بخونمو اونا غسل کنیم و اینا. گف رفتم حمام، صبح

زود هوا خیلی گرگومیشی بود یعنی تاریک بود. روشن نشده بود. رفتم دیدم که در داخل حمام صدا میاد. صدا آب میاد و صدای سر صدا میاد. گفتم خاب حتماً زودتر از من کسی اومده حمام. خوشحال شدم و رفتم حمام. گف رفتم حمام دیدم که یه چند تا ظرفی خود به خود در داخل حمام جا به جا میشن و آب و جا به جا میکنن و آب از ظرف ها میریزه. اونوقت تا اینو دیدم ترسیدم چون میدونستم که میگن در حمام جن هم دیده میشه. یا مثلاً کار هایی که میکنن، پیداست. اون وق زود ترسیدمو از حمام اومدم بیرون. هوا که روشن شد، دو باره رفتم داخل حمام دیدم که از هیچیز خبری نیست. بعد به مردم که گفتم، گفتن همون جن بوده در اوجا اومدن برای شستشوی بدن خودشان.

翻字（ローマ字）：yekī az hamsāye hā mosenne sāl xorde ast. ye bār man azaš soāl kardan ke āyā jenn o perī rāst hast yā na. hodūdān haštād sāleše alān . ū ījūrī touzīh dād ke ye rūz sobh-e zūd miraftam beram hamām. barāye ādāb-e rūzāne ke namāz bexūnemo ūnā qosl konīm o īnā. gof raftam hammām, sobh-e zūd havā xeilī gorgūmīšī būd ya‘anī tārīk būd. roušan našode būd. raftam dīdam ke dar dāxel-e hammām sedā miyād. sedā āb miyād o sedāye sersedā miyād. goftam xāb hatmān zūdtar az man kasī ūmade hammām. xošhāl šodam o raftam hamām. gof raftam hammām dīdam ke ye čand tā zarfī xod be xod dar dāxel-e hammām jā be jā mišan o āb o jā be jā mikonan o āb az zarf hā mirīza. ūnvaqt tā īno dīdam tarsīdam čūn mīdūnestam ke migan dar hammām jen ham dīde miše. yā masalān kār hāī ke mikonan, peidāst. umwaq zūd tarsīdemo az hammām ūmadam bīrūn. havā ke roušan šod, do bāre raftam dāxel-e hamām dīdam ke az hīčīz xeberī nīst. ba‘ad be mardom ke goftam, goftam hamūn jen būda dar unjā dar unjā ūmadan barāye šostšūye badan-e xodešān.

日本語訳：近所に老人がいた。その老人に「ジンや妖精は、本当にいるのか。」と尋ねたことがある。今は八十才である。すると、老人はこのように説明してくれた。

「ある日、朝早くにハンマームに行った。お祈りをするために体を清める

のが毎日の習慣であった。早朝だったのでとても暗かった。まだ、明るくなっていなかった。ハンマームに行ってみると、中から声がした。水の音がして、話し声もした。誰か自分より早く来たのだろうと喜んで入っていった。中に入ってみると、いくつかの桶だけがハンマームにあって、湯をくんでは勝手にかけていた。ハンマームにはジンが出ると聞いていたので怖くなった。ジンを見てしまったと思って、怖くなってハンマームから出てきた。すると、辺りは明るくなっていた。そして、もう一度ハンマームに入ってみたけれど、何もなかった。人々は、それはジンで、体を洗うためにハンマームに来たのだと言った。」

128

題　　名：ازدواج با ملکه (پری) ／妖精の王女の嫁入り
分　　類：伝説
AT番号：-
録音箇所［収録時間］：003-031［01分53秒］
調　査　日：1998年10月22日
調　査　地：استان تهران، شهر ری ／テヘラン州レイ市

名　　前：مصطفی علیپور ／ムスタファー・アリープール
年齢性別：37才、男性
職　　業：نجّار ／家具職人
住　　所：تهران شهر ری
出　身　地：استان لرستان، خرّم آباد ／ロレスターン州ホッラムアーバード
伝　承　者：پدر و پدربزرگ ／父親と祖父

翻字（ペルシア語）: پدربزرگم تعریف میکنه که یک موقعی، پدربزرگش به سر یک چشمه میرود، و برای آب خوردن. در اون موقع متوجه چیزی میشود. و چون فرد دانایی میدونه که آن چیز، آن چیز نورانی چی هست. در اون موقع، معمولاً، افراد همیشه یه سنجاق با شونه. برای خار در آوردن،

فلانی. خلاصه، اینه در میاره، سنجاقه می زنه به بدن همون، ملایک، به قول معروف. خلاصه اونه به همسریه خودش در میاوره. تا مدت ها زنشه. زندگی روالش طی میکنه. تا صاحب یک بچه میشن. خلاصه، بعد، مدت ها یکی اقوامشون فوت میکنه. و وقتی سر قبر می رن تموم مردم شیون و زاری میکنن، ولی او به حالت خنده، به همه مردم می خنده، وقتی ازش سؤال میکنن چرا میخندی؟ میگه شما متوجه نمیشین الان داره خون مرده به شما میپاشه. ولی شما نمیبینین. خلاصه میخنده. بعد، مدت ها همون روال زنا شویی طی میشه. تا یه موقع که همه میرن سر کار کسی خونه نیست، (یکی ا بچه ها اونجا بهش میگه)، به یکی ا بچه ها بهش میگه بیا اینو یه چی ا بدن من در بیار بالاخره یه چیزی بهت میدم. خلاصه پسره بچه رو گول میزنه اونو ا بدنش در میاره. در حین همون بچه خودشو نصف میکنه از وسط نصف میکنه، و در همون لحظه غیبش میشه.

翻字（ローマ字）: pedar bozorgam ta'arīf mikone ke yek mouqeī, pedar bozorgeš be sar-e yek češme miravad, va barāye āb xordan. dar ūn mouqe motavajje čīzī mišavad. va čūn fard-e dānāī midūne ke ān čīz, ān čīz nūrānī čī hast. dar ūn mouqe, ma'amūlān, afrād-e hamīše ye sanjāq bā šūne. barāye xār dar āvordan, felānī. xolāse ine dar miyāre, sanjāqe mizane be badan-e hamūn, malāel, be qoul-e ma'arūf. xolāse ūne be hamsarie xodeš dar miāvare. tā moddat hā zaneše. zendegī ravāleš tei mikone. tā sāheb-e ye bačče mišan. xolāse, ba'ad moddat hā yekī aqvāmešūn fout mikone. va vaqtī sar qabr miran tamūn mardom šīvan o zārī mikonan, valī ū be hālat-e xande, be hame mardom mixande, vaqtī azeš soāl mikonan čerā mixandī? mige šomā motavajje nemišīn alān dāre xūn-e morde be šomā mīpāše. valī šomā nemībīnīn. xolāse mixande. ba'ad, moddat hā hamūn ravāl zanā šūī tei miše. tā ye mouqe ke hame miran sar-e kār kasī xūne nīst, yekī a bačče hā ūnjā behep mige, be yekī a bačče hā beheš mige biyā ino ye čī a badan-e man dar biyār bālā xare yečīzī behet midam. xolāse pesare bačče ro gūl mizane ūno a badaneš dar miyāre. dar hein hamūn bačče xodešo nesf mikone az vasat nesf mikone, va dar hamūn lahze qeibeš miše.

日本語訳：私のお祖父さんがこのように話してくれた。お祖父さんのお祖父さんが水を飲もうと泉の側に行ったときのことである。その時、何か（光）に気がついた。賢い男であったのでその光が何であるかわかった。当時は、普通、櫛と一緒に、棘を抜くための針を持っていたのであるが、私の先祖は針を取り出し、光（妖精王女）に突き刺した。先祖は妖精王女と結婚して、しばらくが過ぎた。平穏な生活が続いた。やがて、子供ができた。ある日、彼の親類の一人が亡くなった。墓地では、皆嘆き悲しんでいた。ところが、妻だけが皆に向かって笑っていた。「どうして笑っているのか。」と問われると、「死人の血があなた達に注がれています。あなた方には見えないでしょうが。だから笑っているのです。」と答えた。そして、さらにしばらく、夫婦は平穏に暮らした。ある時、皆が用事で家にいないとき、妻は自分の子供たちの一人に「代わりに何かあげるから、私の体からある物をとりだしてくれないか。」と言って、息子を騙し、息子はそれ（針）を体からとりだした。その時、女は自分の息子を真っ二つに切り、その場で消えてしまった。

129

題　　名：امانت گوسفندان شاه پریان در دست عشایر　/　遊牧民が妖精の王から羊をもらった話

分　　類：伝説

ＡＴ番号：−

録音箇所［収録時間］：006-040［01分20秒］

調 査 日：1998年12月31日

調 査 地：استان فارس، شهرستان فسا، بخش شیبکوه، روستای میانده　/
　　　　　ファールス州ファサー地方シーブクー地区ミヤーンデ村

名　　前：خداداد روستایی　/　ホダーダード・ルースターイー

年齢性別：42才、男性

職　　業：راننده　/　運転手

住　　所：فارس، شهرستان فسا، بخش شیبکوه، میانده

出 身 地：روستای میانده　/　ミヤーンデ村

伝 承 者：عشایر　/　遊牧民

翻字（ペルシア語）：یه زمانی آقا، یه عشایری بود، خیلی زنش آرمو (آرزو) می کرد برای کلّه پاچه. یه کلّه پاچه ای میخواست، هرچی میرفت براش نمیگرفت. نمیگرفت تا یه روزی اومد و روزی رفت با اسبش داشت

میومد، وقتی میومد، تو راه دید که یه مار سیاهی هست یه مار سفیدی به حساب دختر پادشاه مار سفیدی بود او هم کاکا سیاه بود دنبالش بود. اینه برده بود به حساب برن بگردن تفریح. این طمع از دختر (کاکا) به حساب پادشاه میکنه کاکا سیاه موقعی که طمع میکنه میپیچه سر همدیگه و اینا به شکل مار در میان. موقعی که به شکل مار در میان، این ها میزنه خوب سنگ از اسبش میچکَه پایین عشایرو میزنه کله مار سیاه می چلکونه (میشکنه). کله مار سیاه می چلکونه. مار سفید میچکه[1] او سر (طرف) میگه من دختر شاه پریون هستم. این گله بابام که دست تو هست، یه امانت دستت هست اگر اونوقت تا حالا امانت نه میگه مال خودم بوده، میگه نه. اگر اونوقت تا حالا مال خودت بود، جلوتر که اون چیز خانمت میگف مثلاً برم (برایم) کله و پاچه ای بگیر بیاو براش میگرفتی میومدی. موقعی که دیگه میره خونه شون میگه ای زن اووقت (آن وقت) تا حالا این گله ما که دستمون بوده هزار تا دو هزار تا گوسفند داشتیم، اینا همش امانت بوده. امانت بیده حالا دیگه بیار تا بکشیم و بخوریم میگه اووقت تا حالا مال مردم بوده حالا مال خود مون هست.

۱. میچکه = می پیچه

翻字（ローマ字）：ye zamānī āqā, ye ašāyerī būd, xeilī zaneš ārmū mī kard barāye kalle pāče. ye kalle pāče moxāst, harčī miraft barāš nemigereft. nemigereft tā ye rūzī ūmad o rūzī raft bā asbeš dāšt miumad, vaqtī miumad, tū rā dīd ke ya mār-e siyāhī hast ye mār-e sefīdī be hesāb-e doxtar-e pādešā mār-e sefīdī būd ū ham kākā siyāh būd donbāleš būd. ine borde būd be hesāb beran begardan tafrīh. īn tam‘e az doxtar-e kākā be hesāb pādešā mikone kākā siyā mouqe ī ke tam‘e mikone mipīče sar-e hamdīge o īnā be šekl-e mār dar miyān. mouqeī ke be šekl-e mār dar miyān, īn hā mizane xob sang az asbeš mičake pāīn ašāyero mizane kale mār-e siyā mičalkūne. kale mār-e siyā mičalkūne. mār-e siyā mičeke ū sar mige man doxtar-e šā pariyūn hastam. īn gale bābām ke dast-e to hast, ye amānat dastet hast agar ūnvaqt tā hālā amānat na mige māl-e xodam būde, mige na. agar ūnvaqt tā hālā māl-e xodet būd, jeloutar ke ūn čīz xānomet migof masalān beram kale o pāčeī begīr biyā o barāp migerftī miyūmadī. mouqeī ke dīge mire xūnešūn mige ei zan ūvaqt tā hālā īn gale mā ke dastemūn būde hezār tā do hezār tā gūsfand dāštīm, īnā hamaš amānat būde. amānat bīde hālā dīge biyār tā bokošīm o boxorīm mige ūn vaqt tāhālā māl-e mardom būde hālā māl-e xodemūn hast.

日本語訳：昔、遊牧民がいて、その妻がキャレパーチェをとても食べたがった。夫は、（羊を）狩りに行ったが、捕まらなかった。ある日、馬を持っていたので、馬に乗っていくことにした。すると、途中で黒い蛇と白い蛇を見た。白い蛇は王女で、追いかけている黒い蛇は黒人奴隷のようだった。二人は散歩をしていたのであった。ところが、黒人奴隷は王女と近づきたいと思ったために二人とも蛇になってしまったのであった。遊牧民の男は馬の上から石を黒い蛇の頭の上めがけて落とした。白い蛇は身をよじって言った。

「私は妖精の王女です。あなたの羊の群れは、これまでずっと借り物なのですか。」

遊牧民は言った。

「いいえ。私のです。」

妖精は言った。

「もし、羊の群れがあなたのものなら、奥さんがキャレパーチェを食べたいと言ったら融通してあげればいいのに。」

それを聞いた遊牧民は家に帰り、妻に言った。

「この千、二千の羊の群れには手を付けなかったが、殺して食べよう。これまで、人様のためのものだと思っていたが、我々も食べようではないか。」

130

題　名：آل و زائو ／アールと赤子

分　類：伝説

ＡＴ番号：-

録音箇所［収録時間］：004-021［01分49秒］

調 査 日：1998年10月30日

調 査 地：استان تهران، شهر ری، روستای طالب آباد ／テヘラン州レイ市ターレバーバード村

名　前：صغری سیف الهی ／ソフラー・セイフォッラヒー

年齢性別：70才、女性

職　業：خانه دار ／主婦

住　所：استان تهران، شهر ری، روستای طالب آباد

出 身 地：استان تهران، شهرستان ورامین، شهر پیشوا، روستای قلعه نو ／テヘラン州ヴァラーミーン地方ピーシュヴァー地区ガラエノウ村

伝 承 者：پدر ／父親（文中では祖父母）

翻字（ペルシア語）：(یه جایم) پدر خودم میگف شیراز میگف ما شیراز باغ داشتیم کشاورز بودیم. میگف وقتیکه من رفتم از چیز اومدم از سر آب

اومدم، دیدم که یه زنی یه لگن رو سرش یه لگن رو سرش داره میاد. گفتم اینو از کجا آوردی، هر کجا آوردی. میگف فهمیدم که اینا از ما بهترونن. گفتم هر کجایی اینو آوردی، باید ببری بذاری سر جاش. میگف بعداً گفتش که خوب میبرم میذارم. گف نه باید یه لنگه از گیسات به من بدی تا من ببرم اینجا وای میستم نمیذارم بریم، میگف یه لنگه از گیساش برید، از موش برید، این قدرک، حالایم من گذشتم تو متکا. هیچی بعداً میگف یه ذره ا موش برید گرو داد به من، گف این باشه، واسه این که مثلاً پشت در پشت شما، دیگه کسی چیز نمیکنه مثلاً اذیت به بهش نمیرسونه. هیچی میگف اون وقت بعداً یه تار موش من یه گلال از موش گرفتم، بعداً این جیگر اون زنی که زاییده بود، اون زن همزاد برد گذشت سر جاشو اون زن خوب شد. اگه اون زن میخواست مثلاً مردم شیون واویلا می کردن، گریه میکردن، میگفتن که الان این زن میمیره نمیدونستن که جیگرش آل اومده میخواد ببره. بعداً جیگر رو میبرن میذرن سر جاش، زائو حالش خوب میشه. ما این داستانی ر بالاخره بلد بودیم اما خوب حالا این داستانا خیلی کار داریم که آدم مثلاً صحبت ها را کنه. این هم سرگذشته اینای که ما قدیم ا پدربزرگ و مادر بزرگ شنوفتیم.

翻字（ローマ字）：ye jāyam pedar-e xodam migof šīrāz migof mā šīrāz bāq dāštīm kešābarz būdīm. migo vaqtīke man raftam az čīz ūmadam az sar-e āb ūmadam, dīdam ke ye zanī ye lagan rū sareše ye lagan ro rū sareš dāre miyād. goftam ino az kojā āvordī, har kojā āvordī. migof fahmīdam ke īnā az mā behetarūnan. goftam har kojāī ino āvordī, bāyad bebarī bezārī sar-e jāš. migo ba‘adān gofteš ke xob mibaram mizāram. gof na bāyad ye lenge. az gīsāt be man bedī tā man bebaram injā vāī mīstam nemīzāram berīm, migof ye lenge az gīsāš borīd, az mūš borīd, īn qadarak, hālāyam man gozaštam tū motakā. ba‘dān migof ye zare a mūš borīd gerou dād be man, gof īn bāše, vāse īn ke masalān pošt dar pošt-e šomā, dīge kasī čīz nemikone masalān aziyat be beheš nemirasūne. hīčī migof ūn vaq ba‘adān ye tār-e mūš man ye gelāl az mūš gereftam, ba‘adān īn jīgar-e ūn zanī ke zāīde būd, ūn zan-e hamzād bord gozašt sar-e jāšo ūn zan xūb šod. age ūn zan mīxāstan masalān mardom šīvan vāvīlā mīkardan, gerie mikardan, migoftan ke alān īn zan mīmīre nemīdūnestan ke jīgareš āl ūmade mīxād bebare. baʻadān jīgar ro mibaran mizaran sar-e jāš, zāū hāleš xūb miše. mā īn dāstānī re bālāxare balad būdīm ammā xūb hālā īn dāstānā xeilī kār dārīm ke ādam masalān sohbat hā rā kone. īn ham sargozašte īnāye ke mā qadīm a pedarbozorg o mādar bozorg šenouftīm.

日本語訳：父がこう言っていた。

　我々はシーラーズに果樹園を持っていた。農家であった。私が水辺から帰ってきたとき、頭にたらいを乗せた女が来た。私が、「どこから持ってきたか。どこからにしろ、返しなさい。」と聞いたが、アズマーベヘタラーンだとわかったのだ。すると、女は言った。

「わかりました。返してきます。」

　父親は言った。

「いや、だめだ。片方のお下げをください。私が切ります。ここを通しません。」

　女はお下げを片方、少しだけ切った。そのお下げは、今でも私が枕に入れて持っている。女は、お下げを父に預けたのであった。

　女は言った。

「これを代々伝えなさい。そうすれば、厄はやってこないだろう。」

　結局、私は巻き毛を得た。その後、父の妻が出産して後産のとき、その女は、ハムザード(1)を枕元に連れてきた。すると、父の妻は産後すぐに回復した。また、父の妻の子供がいなくなった時、人々はアールがやって来てさらったと言ったものだが、父の妻は死のうとして、周囲の人々も大声で泣いていたら、その女が子供を取り戻してきてくれて、父の妻の枕元に置いてくれたという。今となっては話すのは大変だ。これも、私の祖父母から聞いた話である。

注
1. 子供が産まれてくる時、同時に生まれてくると考えられる精霊のこと。いつも子供を見守ってくれるという。

131

題　　名：حسنک اویار ／ 灌漑人のハサナク

分　　類：伝説

ＡＴ番号：－

録音箇所［収録時間］：004-012［01分00秒］

調 査 日：1998年10月26日

調 査 地：استان تهران، شهرستان ساوجبلاغ، شهر هشتگرد روستای برغان ／テヘラン州サーヴォジボラーグ地方ハシトゲルド地区バラガーン村

名　　前：رضا سخائی ／ レザー・サハーイー

年齢性別：50才、男性

職　　業：کاسب قصاب ／ 肉屋

住　　所：تهران، برغان

出 身 地：برغان ／ バラガーン

伝 承 者：قدیمیان ／ 昔の人たち

翻字（ペルシア語）：یکی بوده به نام حسنک اویار[1]. میره تو کوه، میبینه که یه یارو یه سایه بانی درست کرده بود، زیرش سایه خوابیدن. بعد سایه بان رو خراب میکنه، یارو ر بلند میکنه. یارو میبینه ناراحته یه مار میاد

قشنگ رو زمین سیخ وای میسه. مار چوب. یه دونه حیوانی هم هست به نام دال(کرکس). میاد رو سایه میکنو سایه میزنو یارو خوابش میبره. بعد، بلند میشه میبینه، اویار، حسنک اویار اومده، این سایه بانی که درست کرده برداشته برده، که این زمین مال منه چرا. بعد بلند میشه میگه صد سال عمر بکنی دال. تا نکشنت مار خیر نبینی حسنک گویار(گاویار)[۲]. ول میکنه و میره حسنک میافته، بدبختی اون مار به خاطر اون دعای اون مرد عمرت زیاد میشه، دال هم تا صد سال عمر میکنه. به خاطر این میگن صد سال عمر میکنه مار (دال). تا نکشن دال (مار)، خیر نبینه حسنک اویار.

۱. اویار = آبیار ۲. گاویار = آبیار

翻字（ローマ字）：yek būde be nām hasanak ouyār. mire tū kūh, mibīne ke ye yārū ye sāye bānī dorost karde būd, zīreš sāye xābīdan. ba‘ad sāye bān ro xarāb mikone, yārū re boland mikone. yārū mibime nārāxate ye mār miyād qašang rū zamīn sīx vāī mīse. mār-e čūb. ye dūne heivānī ham hast be nām-e dāl. miyād rū sāye mikanō sāye mizano yārū xābeš mibare. ba‘ad boland miše mibine, ouyār, hasanak ouyāre ūmade, īn sāye bānī ke dorost karde bardāšte borde, ke īn zamīn māl-e mane čerā. ba‘ad boland miše mige sad sāl omr bokonī dāl. tā nakošanet mār xīr nabīnī hasanak gouyār. vel mikone o mire hasanak miyofte, badbaxtī ūn mār be xāter-e ūn do‘āye ūn marde omret ziyād miše, dāl ham tā sad sāl omr mikone. be xāter-e īn migan sad sāl omr mikone mār. tā nakošan dāl, xeir nabīne hasanak ouyār.

日本語訳：あったことか、灌漑人のハサナクと呼ばれる者がいた。山に行くと、男がテントを張って下で寝ていた。ハサナクはテントを壊した。すると男は起きあがった。男は腹が立った。すると、蛇がやってきて垂直に立った。蛇が棒になった。そこにハゲタカがやって来て、蛇の上に乗って陰を作った。男はそこで寝た。今度起きると、ハサナクが来て、テントを持っていってしまった。そして、ハサナクはこう言った。

「ここは私の土地だ。何をしているのだ。」
　男は起きあがり、こう言った。
　「蛇がハゲタカを殺さないかぎり、ハゲタカに百年の命がありますように。蛇も死にませんように。あのハサナクには不幸がもたらされるように。」
　その男の祈りのおかげで、蛇の寿命は長くなり、蛇を殺さないかぎり、ハゲタカも百年生きるようになった。ハサナクは不幸になった。

132

題　　名：احمدیل و محمّدیل ／アフマドとモハンマド

分　　類：伝説

ＡＴ番号：-

録音箇所［収録時間］：006-31［02分02秒］

調 査 日：1998年12月20日

調 査 地：اصفهان ／イスファハン

名　　前：علی منصوری (قوام) ／アリー・マンスーリー（別名ガヴァーム）

年齢性別：39才、男性

職　　業：دانشجوی دکتری ／大学院生

住　　所：کازرون، بخش کوهمرۀ نودان، روستای گرگدان

出 身 地：کازرون، روستای گرگدان ／カーゼルーン、ゴルグダーン村

伝 承 者：مادر بزرگ ／祖母

翻字（ペルシア語）：اول چله زمستون بده. احمد بچه (به حساب) برادر محمّد، ا خونه میشو در. میشو هیمه[1]بره. هوا ابری بده، بارونی بده، وانمی گرده، احمد. دیشو[2] نگران وام بو ناراحتم بو. مجبورم بو تاشو صبر میکن. محمّد میفرسته دنبال احمد. منتظر ویمیسته[3]. منتظر ویمیسته. هر چی

ویمیسته. دو تایش وا نمیگرده. دوتایش وا نمیگرده، بعد پشت چاله[۴] نشسته بوده. هیمه هم تو چاله روشن بده. ناراختم بو، از بس انتظار میکشه، ناراحتم بود. دست میکنه دوتا کته[۵] تشی[۶]. ا سر ناراحتی یه شعر میخونه یه شعر میخونه. میگو احمدیلم ره نیومه، محمّدیلم ره نیومه، دس کنم کته تشی دنیا زنم تش. دو تا کته تشی سرشو میزد هم جرقه ر روشنم بود. جرقه به وجود میا، همو اون د منتصب میکنن به رعد و برق تو آسمون.

۱. هیمه = هیزم ۲. دی = مادر ۳. ویمیسته = او را منتظر میماند ۴. چاله = رجاق ۵. کته = فقط سرش سوخته ۶. تشی = آتش

翻字（ローマ字）：avval-e čelleye zemestūn bede. ahmad bačče be hesāb-e barādar-e mohammad, a xūne mīšū dar. mīršū hīme bere. havā abrī bede, borūnī bede, vānī migarde, ahmad. deišū begerān vām bū nārāhat-am bū. majmūr-am bū tāšū sabr mikon. momamad mifereste donbāl-e ahmad. montazer veimīste. montazer veīmīste. har čī veimīste. dotāīš vā nemigarde. dotāīš va nemigarde, ba‘ad pošt-e čāle nešaste būde. hīme ham tū čāle roušan bede. nārāxatam bu, az bas entezār mikeše, nārāhat-am būd. dast mikone dotā kone tešī. a sar-e nārāhatī ye še‘er mīxūne ye še‘er mixūne, migū ahmadīlom ra neyūme, mohamadīlom re neyūme, das konom koteh tešī donyā zanam taš. do tā kote tašī sarešū mizad ham jaraqa re roušanam būd. jaraqa be vojūd miyā, hamu ūn da montasab mikonan be ra‘ad o barq-e tū āsemūn.

日本語訳：冬のチェッレ(1)の初めのことだった。アフマドは、兄弟のモハンマド思いであった。薪を採りに外へ出た。空は曇って、雨が降り、アフマドは帰ってこなかった。母親は心配で不安であった。待つより仕方がなかった。モハンマドにアフマドを探しに行かせた。そして、待っていた。待ちに待ったけれども、二人は帰らなかった。母親は暖炉の前で座っていた。薪は暖炉で燃えていた。薪を暖炉にかざしながら心配していた。そして、望みを託して詩を詠んだ。一編の詩を詠んだ。「アフマドは帰ってこない。モハンマドは帰ってこない。燃えかけの薪を両手で持って叩く。火花は散る。空の稲妻

と雷鳴はこの火花から生まれるのか。」

注
1．イランでは、デイ月の1日（西暦12月21日）から正月のノウルーズ（春分の日）までの冬の90日を、40日と20日と30日というように（地域によって日数の違いがある。）分けて考える風習がある。特に最初の40日をチェッレイェ・ボゾルグ（大チェッレ）と呼び、次の20日をチェッレイェ・クーチェク（小チェッレ）という。ここでは、以後一段と寒さが増す冬至の頃を指すと考えられる。

備考：話者の住む村に伝わる伝説であるということである。

133

題　　名：قصه دختر خان ／ ある娘の話
分　　類：伝説
AT番号：-
録音箇所［収録時間］：006-037［00分28秒］
調査　日：1998年12月31日
調 査 地：استان فارس، شهرستان فسا، بخش شیبکوه، روستای میانده ／
　　　　　ファールス州ファサー地方シーブクー地区ミヤーンデ村

名　　前：عوض روستا ／ エヴァズ・ルースター
年齢性別：70才、男性
職　　業：کشاورز ／ 農業
住　　所：فارس، شهرستان فسا، بخش شیبکوه، میانده
出 身 地：روستای میانده ／ ミヤーンデ村
伝 承 者：قدیمی ها ／ 昔の人たち

翻字（ペルシア語）: یک روزی فضل علی بید، عرض کنم رو کو قلعه تبر. این رو قلعه تبر یه دختری داشت دخترو نگاه کرد، گف نمیدونم چش من کم سو شده، یا چنار شست کوه یک شاخه ای بریدن. آدم فرستادن رفت معین کرد دیدن شاخش بریدن. اومد اینجا کو؟ پدر چشم دخترو ر در آورد.

翻字（ローマ字）：yak rūzī fazl alī bīd, arz konam rū kū qalaʻe tabar. īn rū qalaʻe tabar ye doxtarī dāšte doxtarū negā kard, gof nemīdūnam češ-e man kam sū šode, yā čenār-e šost kū yek šāxeī borīdan. ādam farestādan raft moʻayyan kard dīdan šāxeš borīdan. ūmad injā kū? pedar-e češm-e doxtarū re dar āvord.

日本語訳：昔、ファズル・アリーという者がいた。山のタブル砦に住んでいた。彼には娘がいた。娘が言った。

「私の目が悪くなったようです。ショストクー村のすずかけの木の枝が折れている。」

人を送って確かめさせたが、その枝が折れていた。父親は、娘の目をくり抜いた。

134

題　　名：ارمغان گربه ها برای خانواده ／ 猫の恩返し

分　　類：伝説

ＡＴ番号：-

録音箇所［収録時間］：006-038［01分02秒］

調 査 日：1998年12月31日

調 査 地：استان فارس، شهرستان فسا، بخش شیبکوه، روستای میانده ／ ファールス州ファサー地方シーブクー地区ミヤーンデ村

名　　前：خداداد روستایی ／ ホダーダード・ルースターイー

年齢性別：42才、男性

職　　業：راننده ／ 運転手

住　　所：فارس، شهرستان فسا، بخش شیبکوه، میانده

出 身 地：روستای میانده ／ ミヤーンデ村

伝 承 者：مادر ／ 母親

翻字（ペルシア語）：میگه یه زمانی یه چند تا گربه بود، گربهو[1] کلش شکسته بود. گربهو کلش شکسته بود، گربهو کلش شکسته بود، اومده بود به حسابی یه مشتی پشم ترزونده بودن سوزونده بودن کرده بودن تو سر گربهو این گفته بود که گربهو اومدن به حساب گربه های دیگش ببرن. وقتی

که اومده بودنش ببرن، گفته بود که من با اینطور نمیام اینا یه مشت بچه یتیم دارن و فلان دارنو اینچیا نمیام ببرن. من باید یه چی بدم به خونواده این یتیمو که من به حساب اینا راضی باشن که من از تو خونهو در برم. اینام بلند میشن میرن میگه برو یه خورده نار (انار) پوست وردار بیار که بریزه برای تو این جوقنشون[۲]. که اینام بنده های خدا که خو (خواب) هستند صبح که بیدار میشن هرچی میخوان ببرن. صبح که بلند میشن به حساب اینا گربهو خداحافظی میکنه میره صبح که بلند میشن میان میبینن که ا توش پر طلا آلات و بساطو اینا کردن تو جوقدون؟

۱. "و" پسوند لهجه شیرازی ۲. جوقن = هاون

翻字（ローマ字）：mige ye zamānī ye čan tā gorbe būd, gorbehū kallaš šekaste būd. gorbehu kallaš šekaste būd, gorbehu kallaš šekaste būd, ūmade būd be hesābī moštī pašm terzūnde būdan sūzūnde būdan karde būdan tū sar-e gorbehū īn gofte būd ke gorbehu ūmadan be hesāb-e gorbe hāī dīgaš bebaran. vaqtī ke ūmade būdaneš bebaran, gofte būd ke man baā īntour nemiyām īnā ye mošt bačče yatīm dāran o felān dārano īnčīyā nemiyām bebaran. man bāyad ye či bedam be xanevāde īn yatīmū ke man be hesāb-e īnā rāzī bāšan ke man az to xūneho dar beram. īnam boland mišan miran mige borou ye xorde nār pūst vardār biyār ke berīze barāye tū īn jūqanešūn. ke īnam bande hāye xodā ke xo hastand sobh ke bīdār mišan harčī mixān bebaran. sobh ke boland mišan be hesāb-e īnā gorbeho xodā hāfezī mikone mire sobh ke boland mišan miyān mibinan ke a tūš por telā ālāt o besātū īnā kardan tū jūqedūn?

日本語訳：昔、数匹の猫がいた。そのなかに頭に怪我をした猫がいた。頭に焦がした羊毛を乗せていた。ある日、他の猫たちがやってきて、「ここを出ていこう。」と言った。その猫を連れていこうとすると、怪我をした猫は言った。

「この家の孤児たちにお礼をしたい。私をかわいがってくれたのです。そ

れから出ていこうと思います。」
　猫たちは、起きあがって言った。
　「さあ、ザクロの皮を臼に集めよう。」
　家族たちが眠っている間に、ザクロの皮を集めた。猫は朝にそこを去った。家族が起きてくると、臼にたくさんの金（きん）が置いてあるのを見た。

現代伝説

通し番号：135−158

135

題　　名：جن در حمام ／ ハンマームのジン（1）
分　　類：現代伝説
AT番号：－
録音箇所［収録時間］：003-002［01分39秒］
調 査 日：1998年10月16日
調 査 地：استان تهران، شهر ری، روستای طالب آباد ／ テヘラン州レイ市ターレバーバード村

名　　前：محمّد رضا شیرازی ／ モハンマドレザー・シーラーズィー
年齢性別：38才、男性
職　　業：آزاد ／ 自由業
住　　所：تهران
出 身 地：روستای طالب آباد ／ ターレバーバード村
伝 承 者：پدر ／ 父親

翻字（ペルシア語）：یکی بود یکی نبود، پدر پدر ما تعریف میکرد که تا زمان قدیم یک حمام قدیمی داشتیم، حمام خزینه بود. بعد، گفت ما رفتیم حمام، موقعی که رفتیم حمام دیدیم که تو حمام، صبح زود ساعت مثلاً چهار صبح اون موقع، رفته بوده حمام دیده بوده که تو حمام به زن و برقصه به

زن بکوبه، میگه ا یعنی چه این موقع، نباید یه همچین چیزی باشه. میره تو، میبینه که جنم به هر صورتیکه بخواد در میاد. مثلاً مثل رفقای آدم در میاد. بعد میره تو میبینه که مثلاً فلانی مثلاً یکی بوده به نام حیدر، حیدر بوده با این آشنا بوده میبینه، ا، قاتی اینا (داره) نشسته و لختن دارن بزن و بکوب میکنن. بعد جریانه کار نمیدونسته چیه. میره میشینو خلاصه، به حیدره میگه حیدر خان بیا پشت تو بمالم اون میگه بیا پشت تو رو بمالم، تو حمام. بعد که شروع میکنن به مشت و مال دادن هم دیگه، یه دفعه (پاش) چشمش میافته به پای اینا. پای اینا هم به صورت سم گوسفند بوده. بعد، تا اینا رو میبینه، دیگه از خود بیخود میشه. میترسه. میترسه و دیگه نمیدونه به چه طریقی از حمام فرار کنه. خلاصه یواش یواش یواش یواش میاد دم در و در باز میکنه فرار میکنه.

翻字（ローマ字）: yekī būd yekī nabūd, pedar-e pedar-e mā ta'arīf mīkard ke tā zamān-e qadīm yek hammām-e qadīmī dāštīm, hammām-e xazīne būd. ba'ad goft mā raftīm hammām, mouqe'ī ke raftīm hammām dīdīm ke tū hammām, sobh-e zūd sā'at-e masalān čahār sobh ūn mouqe, rafte būde hammām dīde būde ke tū hammām be zan o barazse be zan bekūbe, mige e ya'anī če īn mouqe, nabāyad ye hamčīn čīzī bāše. mire tū, mibine ke jenn-am be har sūratīke bexād dar miyād. masalān mesl-e rofāqāye ādam dar miyād. ba'ad mire tū mibīne ke masalān felānī masalān yekī būde be nām-e heidar, heidar būde bā īn āšenā būde mibine, e, qātī īnā dāre nešaste o loxtan dāran bezan o bekūb mikonan. ba'ad jariyāne kār nemīdūneste čie. mire mīšīnō xolāse, be heidare mige heidar xān biyā pošte to bemālm ūn mige biyā pošte to ro bemālam, tū hammām. ba'ad ke šrū mikonan be mošt o māl-e dāran ham dīge, ye daf'e pāš češmeš miyofte be pāye īnā. pāye īnā ham be sūrat-e som-e gūsfand būde. ba'ad tā īnā ro mibīne, az xod bīxod miše. mitarse. mitarse o dīge nemīdūne be če tarīqī az hammām farār kone. xolāse yavāš yavāš yavāš yavāš miyād damīe dar o dar bāz mikone farār mikone.

日本語訳：あったことか、なかったことか。祖父がこのようなことを言っていた。

「昔、古い有料ハンマームがあった。ハンマームへ行って、ハンマームの中に、それは、早朝４時ごろだったが、誰かが手を叩きながら踊っているのがわかった。そのような時間に誰もいるはずがなかったので、入って見ると、ジンがいろいろな姿に化けていた。たとえば、人間のような格好をしていた。それを見ていると、ヘイダルという者であったが、祖父と知り合いで、そのヘイダルが、混ざって一緒に手を叩いて踊り出した。何をやっていたかはわからなかったが、とにかく行って混ざっていると、ジンはハンマームでヘイダルに言った。ヘイダルさん、背中をさすりましょう。さあ、背中をさすりましょう、と。そして、手でさすり始めた。その時、私はヘイダルの足を見た。その足は、羊の蹄のようであった。それを見て、我を忘れてしまった。怖かったのである。怖くてどうやって逃げて帰ればいいのかわからなかった。だから、ゆっくりゆっくり、ゆっくりゆっくり、扉まで行き、扉を開けて逃げたのである。」

136

題　　名：جن در حمام ／ ハンマームのジン（2）
分　　類：現代伝説
AT番号：-
録音箇所［収録時間］：003-003［00分56秒］
調 査 日：1998年10月16日
調 査 地：استان تهران، شهر ری، روستای طالب آباد ／ テヘラン州レイ市ターレバーバード村

名　　前：محمّد رضا شیرازی ／ モハンマドレザー・シーラーズィー
年齢性別：38才、男性
職　　業：آزاد ／ 自由業
住　　所：تهران
出 身 地：روستای طالب آباد ／ ターレバーバード村
伝 承 者：دوست (پسر آخوند طالب آباد) ／ 友人（ターレバーバードの僧侶の息子）

翻字（ペルシア語）：(یکی بود) یکی نبود. یکی از دوستان ما تعریف میکرد که در زمان قدیم، ما رفتیم در حمام، همین وارد حمام شدیم، دیدیم که یه نفر جلوتر از ما وارد شد. ما لباس ها رو در آوردیم، آمدین رفتیم حمام

دیدیم که تو حمام ما سه تا دوش داشت. سه تا دوش، دوتاش خراب بود، یکی سالم. بعد، ما آمدیم تو که بریم، زیر دوش این جلوتر از ما رفت، زیر دوش. یه (یا) روبی¹نیم ساعتی نشستیم دیدیم نمیاد بیرون. آب هم باز و این نمیاد بیرون. دیگه داشت آفتاب نیز است [می زد]. صبح رفت و صبح زود. بعد می گفتیش که ما دیدیم نمیاد بسم الله الرحمن الرحیم گفتیم و در باز کردیم. در باز کردیم دیدیم دوش بازه، ولی کسی زیرش نیست. ما دیگه خود مون شستیم آمدیم بیرون.

۱. روبی = ربعی

翻字（ローマ字）：yekī nabūd. yekī az dūstān-e mā ta'arīf mikard ke dar zamān-e qadīm, mā raftīm dar hammām, hamīn vāred-e hammām šodīm, dīdīm ke ye nafar jeloutar az mā vāred šod. mā lebās hā ro dar āvordīm, āmadīn raftīm hammām dīdīm ke tū hammām-e mā se tā dūš dāšt. se tā dūš, dotāš xarāb būd, yekī sālem. ba'ad mā āmadīm tū ke berīm, zīre dūš īn jeloutar az mā raft, zīre dūš. ye yā robbī nīm sā'atī nešastīm dīdīm nemiyād bīrūn. āb ham bāz o īn nemiyād bīrūn. dīge dāšt āftāb nīz ast. sobh raft sobh-e zūd. ba'ad migoftīš ke mā dīdīm nemiyād besmellāhe rahmane rahīm goftīm o dar bāz kardīm. dar bāz kardīm dīdīm dūš bāze, valī kasī zīreš nīst. mā dīge xodemūn šostīm āmadīm bīrūn.

日本語訳：あったことか、なかったことか。友人の一人がこう語ってくれた。

「昔、ハンマームに行って、ハンマームに入ろうとしたとき、誰かが自分よりも先に入っているのに気づいた。服を脱いで、入る用意をした。ハンマームにはシャワーが三つあった。その時は、三つのうち、二つが壊れていて、一つだけが使えた。シャワーの前で、先に入っている者を待つことになった。ところが、十五分待っても三十分待っても出てこなかった。だんだん日が照ってきた。朝の早くに来たのだった。そして、もう出てこないと思って、慈悲深き神の御名においてと言いながら扉を開けた。扉を開けるとシャワーは空であった。誰もいなかった。仕方がないので、体を洗って出てきたのである。」

137

題　　名：حمام و جن／ハンマームとジン
分　　類：現代伝説
ＡＴ番号：-
録音箇所［収録時間］：004-038(004-050) [00分24秒(00分57秒)]
調 査 日：1998年11月04日
調 査 地：استان مازندران، شهرستان آمل، محله چمستان، روستای عرب خیل／
マーザンダラーン州アーモル地方チャマスターン地区アラブヘイル村

名　　前：علی حسین پور／アリー・ホセインプール
年齢性別：78才、男性
職　　業：کشاورز و دامدار／農業、牧畜業
住　　所：مازندران، چمستان، روستای عرب خیل
出身地：روستای عرب خیل／アラブヘイル村
伝承者：دوست (مهدی تو گّلی)／友人

翻字（ペルシア語）: همین دوستمون تعریف میکنه یکی از دوستاش، تو محله تلار سر، یکی از ییلاق های مازندران، اونجا داشته میرفته حمام. حمام

صبح زود ساعت چهار صبح هوا تاریک بوده داشته میرفته حمام وسط راش دیده وسط اون درّه ای که نزدیک حمام بوده، چی یک، یه آدمی نشسته با یه سر خیلی بزرگ سری داره اندازه مثلاً یه دیگ خیلی بزرگ یه آدم خیلی بزرگ نشسته بعد این هم میبینه ا خدا یا این چیه؟ بعد میترسه خم میشه که یه سنگ ورداره بزنه، بزنه به این چی ببینه این چیه؟ بلند که میشه تا سنگ ور داره بلند که میشه میبینه هیچی نیست. بعد میفهمه که چی این جنّه. فرار میکنه حمومم نمیره فرار میکنه میاد خونش.

翻字（ローマ字）：hamīn dūstemūn ta'arīf mikone yekī az dūstāš, tū mahalle talār sar, yekī az īlāq hāye māzandarān, unjā dāšte mirafte hammām. hammām sobh-e zūd sā'at-e čahār-e sobh havā tārīk būde dāšte mirafte hammām vasat-e rāš dīde vasat-e ūn darreī ke nazdīk-e hammām būde, čī, yek, ye ādamī nešasete bā ye sa-e xeilī bozorg zarī dāre andāze masalān ye dīg-e xeilī bozorg ye ādam-e xeilī bozorg nešaste ba'ad īn ham mibine a xodā yā īn čīe? ba'ad mitarse xamm miše ke ye sang vardāre bezane, bezane be īn čī mībīne īn čīe? boland ke miše tā sang var dāre boland ke miše mibine hīčī nīst. ba'ad mifahame ke čī in jenne. farār mikone hammūm nemire farār mikone miyād xūnaš.

日本語訳：（ジンの話を語ったのと）同じ友人が語った。友人の一人が、マーザンダラーンの農村のタラーレ・サルというところでハンマームに行こうとした。朝早くて、四時であったが、まだ暗かった。ハンマームに行く途中、ハンマームの側に谷間があった。そこに大鍋ぐらいの大きさのとても大きな頭を持つ、とても大きな男が座っていた。その友人はそれを見て、「これはいったい何だ。」と言って、恐れた。屈んで石をとって、大男目がけて投げようとした。すると、大男は起きあがった。友人が石を持ち上げて起きあがったとき、大男はいなくなっていた。そこで、それがジンであったことがわかった。ハンマームにも行かず、家に逃げ帰ってきたということである。

備考：マーザンダラーン方言が分からないため、ファルザード・ヴァファーハーハ氏（アーモル出身）に聞いてもらって、アリー・モウサヴィー氏（アーモル出身）に標準ペルシア語で語りなおしてもらった。

138

題　　名：عروسی از ما بهتران در حمام／ハンマームの妖怪の結婚
分　　類：現代伝説
ＡＴ番号：‐
録音箇所［収録時間］：007-007［02分13秒］
調　査　日：1998年12月31日
調　査　地：استان فارس، شیراز／ファールス州シーラーズ

名　　前：رضا ایرانبان／レザー・イーラーンバーン
年齢性別：47才、男性
職　　業：آزاد／自由業
住　　所：شیراز
出　身　地：فارس، شیراز／ファールス州シーラーズ
伝　承　者：یکی از دوستان／友人の一人

翻字（ペルシア語）：یک دوست داشتم که بعد از سالیانه طولانی او ر دیدم. یه شب تعریف کرد گف من موقع که بچه بودم با دوستانم چیش بگیرک١ بازی در میاوردیم، چیش میگرفتیم اونا می رفتن قایم میشدم. یا من میرفتم قایم می شدم، ما می رفتیم، یک دفعه از این وقت ها که بازی می کردیم، ناگهان تو این محله ما حمام خرابه بود، که کسی نمی رفت توش می

ترسیدن، حتی نزدیک درش هم رد نمی شدن. یه در نیمه وازی داشت و پله می خورد می رفت پایین و اینجور چیزا. خلاصه من همو موقع که بچه بودم به اصطلاح دویدم قایم بشم، که اون دوستمون چشمش گرفته بود، رفتم از این در تو از پله ها رفتم پایین دیدم (یه) مثل یه جشن عروسی روشن هم هست اونجا. روشنایه میزنن، میکوبن و این چیزا پاشون مثل پای سم اسب است و پر داره و این چیزا. یه وحشت وروم داشت. یهو اینجور منو گرفتن بردن، وسط خودشون. هی یه حالت چیزی بهم مثل پیش خودم فکر کنم هی اهانت بهم می کردن. هی دستم می گرفتن زنم زیاد بود زنم بود که صورتش ماتیک کرده بود و اینا. هی دستم می گرفتن می انداختنم جلو اون میانداختن جلو اون و چیزا حدوده پن[2] شیش[3]ساعت من همونجا نگه داشتن. نمی ذاشتن که من بیام بیرون. دیگه گیج شده بودم. نمیدونستم راه خروجم کدومه. من شنیده بودم که اون موقع ها می گفتن اسم بسم الله که بیاریم اینا پراکنده میشن. من نا خدا گاه گفتم خدا یا کمکم کن بسم الله اون وقت همه اینا رفتن غیب شدن.

۱. چیش بگیرک = قایم موشک ۲. پن = پنج ۳. شیش = شش

翻字（ローマ字）：yek dūst dāštam ke ba‘ad az sāliyāne tūlānī ū re dīdam. ye šab-e ta‘arīf kerd gof man mouqe ke bačče būdam bā dūstānam čīš begīrak bāzī dar miyāvordīm, čīš migereftīm ūnā miraftan qāyem mišodam. yā man miraftam qāyem mišodam, mā miraftīm, yek daf‘e az īn vaqt hā ke bāzī mīkardīm, nāgahān tū īn mahhale mā hammām-e xarābe būd, ke kasī nemiraft tūš mitarsīdan, hattā nazdīk-e dareš ham rad nemišodan. ye dar-e nīme vāzī dāšt va pelle mixord miraft pāīn o īn čīzā. xolāse man hamū mouqe ke bačče būdam be estelāh davīdam qāyem bešam, ke ūn dūstemūn češmeš gerefte būd, raftam az īn dar tū az pelle hā raftam pāīn dīdam ye mesle ye jašn-e arūsīe roušan ham hast unjā. roušanāīe mizanan, mikūwan o īn čīzā pāšūn mesle pāye somm-e asb ast o par dāre o īn čīzā. ye vahšat varūm dāpt. yahu injūr mano gereftan bordan, vasat-e xodešūn. hei ye hālat-e čīzī behem mesle pīše xodam fekr konam hei ahānat-e beham mikardan.

hei dastam migereftan zanam ziyād būd zanam būd ke sūrateš ke mātīk karde būd o īnā. hei dastam migereftan miandāxtam jelou ūn miandāxtan jelou ūn o čīzā hodūde pan šīš sā'at man hamūn jā negah dāštan. nemizāštan ke man biyām bīrūn. dīge gīč šode būdam. nemīdūnestam rāh-e xorūjp-om kodūme. man panīde būdam ke ūn mouqe hā migoftan esm-e besmellā ke biyārīm īnā parākande mišan. man nā xodā gāh goftam xodāyā komakam kon besmellā ūn vaqt hame īnā raftan qeib šodan.

日本語訳：久しぶりに友達に会い、晩にこんな話を語った。「私が子供の頃、友達とかくれんぼうをして、私も隠れて遊んでいた。私たちの村にはもう使われていないハンマームがあった。怖くて誰も入ろうとしなかった。扉にさえ近づかなかった。ところが、その時、扉が少し開いていた。階段が下にのびていた。私は、子供だったので、そこに走っていって友人に見つからないように隠れた。階段を下りて行くと、結婚式のような明かりがあった。明るくして、足を鳴らして踊っていた。ところが、彼らの足は馬の蹄であり、羽が生えていた。そこで怖くなったのであるが、彼らは私を捕らえ、私は彼らの真ん中へ連れて行かれた。そして、なにか私を侮っているようであった。口紅をつけた女性たちが私の手をとって、私の手を上へ上げたり下へ下ろしたりして、五、六時間がたった。私を外へ出してくれなかったのである。やがて、目が回ってきて、出口もどこかわからなかった。神の名において（ベスメッラー）と言えば散り散りになる、と聞いていたので、神様助けてください、神の名において、と言うと、彼らはどこかへ消えてしまった。」

139

題　　名：از ما بهتران پا پر ／ 鳥の足の妖怪
分　　類：現代伝説
ＡＴ番号：-
録音箇所［収録時間］：006-035［04分40秒］
調　査　日：1998年12月31日
調　査　地：استان فارس، شهرستان فسا، بخش شیبکوه، روستای میانده ／
　　　　　　ファールス州ファサー地方シーブクー地区ミヤーンデ村

名　　前：رضا ایرانبان ／ レザー・イーラーンバーン
年齢性別：47才、男性
職　　業：آزاد ／ 自由業
住　　所：شیراز
出　身　地：فارس، شیراز ／ ファールス州シーラーズ
伝承者：پدر ／ 父親

翻字（ペルシア語）：پدر من یک روز که ضمن خرید البته تعریف می که[1] مثلی که یکی از دوستانش روز قبل این اتفاق براش افتیده بوده که پدرم همپاشینا[2] بوده. میومدن شیراز خرید میکردن برای اهالی محلّه های بیرون. داهاتای اطراف شیراز. قند و شکر و چای و این چیزا می گرفتن

میبردن. یکی از اون روزا گویا اتفاقی میافته بین راه. اینا با اسب هم بودن. برای حمل این آذوقه توی خرجین. اتفاقی بین راه میافته (یک بچه) یک زن میدوه جلوی اسب اون شخص یا پدرم. میگه بچه من گرگ الان برد. برد اون پشت تپه. اینه برین نجات بدید. این در جا اسبِ بر میگردونه میره پشت تپه میبینه بچه دارن چند تا حالت مثل گرگ یا اینکه سگ مثل گراز وحشی یا همچیزی دقیقاً نمیدونم ولی احتمالاً گرگ بوده. پشت بچه ر گرفته لباس بچه یک ساله کمتر یک سالم کمتر بوده. اینه به تاخت میره این بچه ر از دست اینا که حدود سه یا چهار تا بودن نجات میده. با اسب میدُو وسطشون اونا فرار میکنن بچه ر میذارن بچه ر میاره. تحویل این زن بوده بین راه که میومده، میبینه پای بچه هم پر داره. و قبلاً هم پای مادرش مشاهده کرده بود که این پای مادرش هم پر داشته. بعد (چیز) میون بر میگشته حدس میزنه که میگه اینا از ما بهترون بودن. از ما بهترون بوده از ما خواست و پسرش هم همچنین هست. پاشه میبینه ساقِ پاش. و یه کمی هم موهای بلند اون زنه، زنی که بهش گفته بود موهای بلند هم تا تو پشتش داشته. میده میاره به زن خیلی خوشحال میشه. و یه حالت رقصای جالبی جلوی این میکنه و دعوتش میکنه اونجا یک حالت مثل خرابه بوده. مثل خشته که نیمه ویران خانهٔ نیمه ویرانِ خشتی. میبرن اون تو میبینه روشنِ روشن هست. روشن هست یه (پا) رقصو پای کوبی و این چیز ها دور این حلقه میزنن هی پر میخورن میرقصن یه پارچه سفید مثل تور میندازن رو سر اون. بعد این وحشت زده میشه. میگه که عجیبه نکشنُم حالو[۲]. میبینه نه خیلی احترام میذارن اون بزرگتر اون جریانات که سر چیز اینا بوده. بزرگتر از مابهترون بوده میاد خیلی تشکر میکنه و خیلی ازش تشکر میکه هرچی میخوای که من برات تهیه میکنم و هرچی میخوای بُگو. شما هر موقع چیزی خواستی میای اینجا یا. میگه نه. یک مو اون زن یک مو میکنه میده دست پدر من. میگه هر وقت که شما اراده کردید. جایی که آهن نباشه. این مو یه خردش آتیش میزنید ما میایم پهلوت یه موقع کاری داشته باشی از اینجا عبور میکنی در ضمن ما هر روز شما ر میبینیم. اگه (خواست) دوست داشتی، میایم ظاهر میشیم میبینیمت. اگر هم که نه، بالاخره خودت اصرار این هم به خاطر یه چند در صد ترس ورش داشته باشه. میگه نه چیزی

نمیخوام. و این دیگه تموم میشه.

۱. که = کرد ۲. همپا = دوست ۳. حالو = حالا

翻字（ローマ字）：pedar-e mā yek rūz ke zemn-e xarīd albatte ta'arīf mike meslī ke yekī az dūstānaš rūz-e qabl īn ettefāq barāš oftāde būde ke pedaram hampāšīnā būde. miūmadan šīrāz xarīd mīkerdan barāye ahālīe mahallah hāye bīrūn. dahātāye atrāf-e šīrāz. qand o šekar o čāī o īn čīzā migereftan mibaran. yekī az ūn rūzā gūyā ettefāqī miyofte beine rā. īnā bā asb ham būdan. barāye haml-e īn āzūqe tūye xorjīn. ettefāqī bein-e rā miyofte yek bačče yek zan midove jelouye asb-e ūn šaxs yā pedaram. mige baččeye man gorg alān bord. bord ūn pošte tappe. īne berīn nejāt bedīd. īn dar jā asb-e bar mīgardūne mire pošt-e tappe mibīne bačče dāran čand tā hālat mesle gorg yā īnke sag mesle gorāz vahšī yā hamčīzī daqīqān nemīdūnam valī ehtemālān gorg būde. pošte bačče re gerefte lebās-e bačče yek sāle kamtar yek sāl-am kamtar būde. ine be tāxt mire īn bačča re az dast-e īnā ke hodūd-e se yā čahār tā būdan nejāt mide. bā asb midov vasatešūn unā farār mikonan bačča re mizaran bačča re miyāre. tahvīl-e īn zan būde bein rā ke miūmade, mibīne poye bačče ham par dāre. va qablān ham pāye mādareš mošāhede kerde būde ke īn pāye mādareš ham par dāšte. ba'ad čīs miun bar migašte hadas mizane ke mige az mā behtarūn mūdan. az mā behtarūn būde az mā xāst o pesareš ham hamčonīn hast. pāše mībīne sāq-e pāš. va ye kamī ham mūhāye boland ūn zane, zanī ke beheš gofte būd mūhāye boland ham tā tū pošteš dāšte. mide miyāre be zan xeilī xošhāl miše. va ye hālat-e raqsāye jālebī jelouye īn mikone o da'avateš mikone unjā yek hālat-e mesle xarābe būde. mesle xešte ke nīme vīrān xāneye nīme vīrān-e xeštī. mibaran ūn tū mibīne roušan-e roušan hast. roušan hast ye pā raqsū pāye kūbī o īn čīz hā dūr-e īn halqe mizanan hei per mixoran miraqsan ye pārče sefīd mesle tūr miandāzan rū sar-e ūn. ba'ad īn vahšat zade miše. mige ke ajībe nakošanom hālo mībīnan na xeilī ehterām mizaran ūn bozorgtar-e ūn jariyānāt ke sar-e čīz īnā būde. bozorgtar az mā behtarūn būde miyād xeilī tašakor mikone o xeilī azaš tašakor mige harčī mixāi ke man barāt tahīe mikonam o harčī mixāi begū. šomā har mouqe čīzī xāstī miyāi injā yā. mige na. yek mū ūn zan yek mū mikane mide dast-e pedar-e man. mige har vaqt ke šomā erāde kerdīd. jāī ke āhen nabāše. īn mū ye xordeš ātiš mizanīd mā miyāyam pahlūt-e ye mouqe kārī dāšte bāšī az injā obūr mikonī dar zemn mā har rūz šomā ra mībīnīm. age xāst dūst dāštī, miyāyam zāher mišīm mibinimet. agar ham ke na, balāxare xodet esrār in ham be xāter ye čand dar sad tars varaš dāšte bāše. mige na čīzī nemixām. va īn dīge tamūm miše.

日本語訳：昔、私の父親は、友人の一人と買い出しに行った時の話をしてくれたことがある。当時、父はシーラーズにやって来て、シーラーズの周辺に住んでいた村の住民のために買い物をしていた。角砂糖、砂糖、お茶などを買って持って帰るのであった。そんなある日、道の途中で起こった話である。鞍袋に旅の糧食を入れて運ぶために彼らは馬を持っていた。突然、父親かその友人の馬の前に女性が出てきて言った。

　「私の子供をオオカミが連れていきました。あの丘の向こうです。助けてください。」

　そして、二人は丘の向こうに向かった。すると、オオカミかイノシシのような、いや、犬か、よくわからなかったが、おそらくオオカミだろう、一才に満たない子供の服の背の部分をくわえていた。三匹か四匹がいたが、馬を走らせて、子供を救った。馬でオオカミの真ん中へ駆け込むと、子供を置いて逃げだしたのだった。そして、その女性に子供を渡した。子供の足を見ると羽が生えていた。母親の足にも羽が生えていた。彼らは妖怪（アズマーベヘタラーン）であろう。助けを求めたのは妖怪だから、その子も妖怪だったのである。足でわかったのである。その女性は背中にかかる長い髪を持っていた。子供を渡すととても喜んだ。彼らの前で不思議な踊りをして見せ、廃屋に招いた。荒れかけた煉瓦造りの廃屋であった。そこに連れて行かれると中は明るく、（母子の）仲間たちは足を鳴らして踊っていた。羽を広げて踊った。すると、網のような白い布が（二人の上に）投げられた。恐れていたが、ある声が「殺しません。」と言った。長老のような者が敬意を払っていた。

その妖怪の長老がやってきて、感謝の意を述べた。

「欲しいものは何でも差し上げます。言って下さい。何か望みのあるときはいつでも来てください。」

（二人は）言った。

「いいえ。何もありません。」

すると、その女性が髪を一本抜いて、私の父親に渡した。

（そして言った。）

「望みがある時は、鉄のないところでこの髪を燃やしなさい。すると、私たちが参上いたします。あなた方がここから帰ってもいつでもあなた方を見ています。お望みの時に参上いたします。」

ところが、怖かったので、全て断り、「何もいりません。」と言って、終わってしまった。

140

題　　名：اعتقات مردم نسبت به جن ／ ジンに関する人々の信仰
分　　類：現代伝説
ＡＴ番号：-
録音箇所［収録時間］：008-011［02分07秒］
調　査　日：1999年01月11日
調　査　地：استان هرمزگان، بندر عباس ／ ホルモズガーン州バンダレアッバース

名　　前：فرخنده پیشداد ／ ファルホンデ・ピーシュダード
年齢性別：50才、女性
職　　業：نویسنده ／ 作家
住　　所：بندر عباس پارک شهر جنب آتش نشانی درب چهارم
出　身　地：بندر عباس درتوجان ／ バンダレ・アッバース、ダルトゥージャーン
伝承者：پدر ／ 父親

翻字（ペルシア語）：حکایتی که الان نقر می‌کنم از پدرم شنیدم و او اعتقات زیادی به جن داشت. و فکر می‌کرد که جن را می‌بینه و این چیز هایی که اتفاق می‌افته، همون جنا هستن. و از جن هم وحشت خیلی داشت. پدرم

اغلب توی بیابان سفر میکرد و از این شهر به اون شهر، (با) و وسیلهٔ حمل و نقل اونم فقط الاغ بود که تو این منطقه فراوون بود. و اسب و ماشین وجود نداشت، او تعریف میکنه که شبی بیدار میشه، که بره الاغاشو پیدا کنه. میبینه که تو راهش، تو اون بیابان یک روباه پیدا میشه و جلوش شروع میکنه به یه حرکاتی موزون و دل فریب. چمیدن. این اول فکر میکنه که روباه رو رم بده با تبرش. یک دفعه یادش میاد که مبادا جن باش. من اذیتش بکنم جن به خشم بیاد و بیشتر آزار برسونه. میاد شروع میکنه به سورهٔ حمد و قل هوَ اللّه خوندن. و او میدانسته که قرآن جّنو فراری میده. وقتی سورهٔ حمد و قل هوَ اللّه چندین بار میخونه، روباه خمیازه ای میکنه و کلاغی از دهانش میاد بیرون، و کم کم روباه محو میشه. و کلاغ شروع میکنه به چمیدن و خرامیدن. او دیگه به حقیقتاً متوجّه میشه و یقین میکنه که دیگه جن بوده. و اشتباه نمیکرده و شروع کرده و ادامه داده قرآن خوندن خودشو. بعد میبینه که کلاغ کم کم کم کم از دمش تبدیل به یه مار بزرگی شد و کلاغ کم کم محو میشه و اون مار میمونه. او همینطور به قرآن خوندن خودش ادامه میده تا مارم کم کم محو میشه. در اون زمان بوده که پدر من بیشتر میترسیده. اون موقع دیگه جنم نمیدیده که رو در رو. به خاطر اون، و ما فکر میکردیم که اون خیال میکند میدانستیم که پدر من راست میگوید. فکر میکردیم همون خیال خودش برای ما راست میگوید. چون ما خود مون به جن اعتقادی نداشتیم.

翻字（ローマ字）：hekāyatī ke alān naqr mikonam az pedaram šenīdam va ū e‘eteqāt-e ziyādī be jen dāšt. va fekr mikard ke jen ra mibīne ve īn čīz hāī ke ettefāq miyofte, hamūn jennā hastan. va az jen ham vahšat xeilī dāšt. pedaram aqlab tūye biyābān safar mikard va az īn šahr be ūn šahr, bā va vasīleye haml o naql ūn-am faqat olāq būd ke tū īn mantaqe farāvūn būd. va asb va māšīn bojūd nadāšt, ū ta‘arīf mikone ke šabī bīdār miše, ke bere olāqāšo peidā kone. mibine ke tū rāheš, tū ūn biyābān yek rūbāh peidā miše va jelouš šrū mikone be ye harkātī mouzūn va del farīb. čamīdan. īn avval fekr mikone ke rūbāh ro ram bede bā tabareš. yek daf‘e yādaš miyād ke mabādā jen bāš. man aziyataš bokonam jen be xašm biyād va bīštar āzār berasūne. miyād šrū mikone be sūreye hamd o qol hvalla xūndan. va ū mīdāneste ke qorān jenno farārī mide. vaqtī sūreye hamd o qol havalla čandīn bār mixūne, rūbāh xamiyāzeī mikone o kalāqī az dahāneš miyād bīrūn, va kam kam rūbāh mahū miše. va kalāq šrū mikone be čamīdan va xarāmīdan. ū dīge haqīqatān motavajje miše va yaqīn mikone ke dīge jen būde. va eštebāh nemikarde va šrū karde va edāme dāde qorān xūndan-e xodešo. ba'ad mibine ke kalāq kam kam kam kam az domeš tabdīl be ye mār-e bozorgī šod va kalāq kam kam mahu miše va ūn mār mimūne. ūm hamīntour be qorān xūndan-e xodeš edāme mide tā mār-am kam kam mahu miše. dar ūn zamān būde ke pedar-e man bīštar mitarsīde. ūn mouqe dīge jenn-am nemidīde ke rū dar rū. be xāter-e ūn, va mā fekr mikardīm ke ūn xuyāl mikonad mīdānestīm ke pedar-e man rāst mīgūyad. fekr mikardīm hamūn xiyāl-e xodeš barāye mā rāst mīgūyad. čūn mā xod-e mūn be jen e'eteqādī nadāšte.

日本語訳：これからする話は、父親から聞いたものである。私の父親はジンに関する多くの信仰を持っていた。ジンを見たとも思っていて、いろいろなことがジンによって引き起こされていると考えていた。それで、ジンをとても恐れていた。父親はよく、ある町から別の町へと砂漠を旅した。その地域でよく使われていた輸送の手段はロバだけであった。馬も車もなかった。父の言うには、ある夜、起きて、ロバを確認しに行くと、途中で砂漠からキツネが出てきて、うっとりとするほど均整のとれた方法で歩いた。父親は最初、斧でキツネを脅かしてやろうと思った。しかし、ジンではないかと思った。ジンなら、もしいじめて怒らせると、もっと仕返しされるのである。コーラン（の２つの句）[1]を詠んだ。父親は、コーランがジンを退散させると知っていた。数度詠むと、キツネはあくびをしてカラスが口から出てきた。キツネはゆっくりと消えた。カラスは優雅に歩き始めた。そこで、それがジンであることを確信した。間違っていなかったことに気づき、コーランを続けて詠み始めた。すると、カラスは尻尾からゆっくりゆっくりと大きな蛇に変身していった。カラスもゆっくりと消えていき、蛇が残った。父親は、続けてコーランを詠んだ。すると、蛇もゆっくりと消えた。そのころ、父親はジン

を一番恐れていた。私たちは、父親は本当のことを言っていたと思う。私はそのような迷信を信じていないのであるが、父親の考えでは本当だったと思う。

注

1．コーランの最初の一節«فاتحه»と、最後の方の一節«اخلاص»。

141

題　　名：داستان رابط با جن ／ ジンの話
分　　類：現代伝説
ＡＴ番号：-
録音箇所［収録時間］：003-024［01分04秒］
調　査　日：1998年10月22日
調　査　地：استان تهران، شهر ری، روستای طالب آباد ／ テヘラン州レイ市ターレバーバード村

名　　前：علی اصغر اکبری ／ アリーアスガル・アクバリー
年齢性別：50才、男性
職　　業：کارمند ارتش باز نشسته، کشاورز ／ 元軍人、農業
住　　所：استان تهران، شهر ری، روستای طالب آباد
出　身　地：روستای طالب آباد ／ ターレバーバード村
伝　承　者：دوستان ／ 友人

翻字（ペルシア語）：یک پیر زنی، یه مشک آب، یه ظرف آب به دوشش بوده، داشته میاورده طرف های خونش. بین راه، یه نفر میاد می گه بذار کمکت کنم. مشکتو بیارم. مشکش بگیره به دوشش، میارش. بعد، می گه خونه ما اینجا است. بریم ما استراحت کن جشن ما گرفتیم. می برش تو یه

چاه. یه چاه بزرگی بوده، میبینه اونجا میزن میکوبن خواننده ها میخونن، رقاصه ها میرقصن، این هم سر گرم می شه. سر گرم می شه و همونجاهم خوابش می بره. یه وقت از خواب بیدار میشه میبینه، ا، این تو یه چاهه. هیچ کس هم نیست. بعد یه دفعه، از خواب که بیدار میشه، وحشت میکنه. می گه آه، این که کمک من بوده، جن بوده. منو دعوت کرده اینجا عروسی داشتن، حالا هماشون رفتن من تنها موندم بعد بلند میشه ظرف آبشو بر میداره، به طرف خونش میاد.

翻字（ローマ字）：yek pīrezanī, ye mašk-e āb, ye zarf-e āb be dūšeš būdeh, dāšte miāvorde taraf hāye xūnaš. beine rāh, ye nafar miyād mige bezār komakat konam. mašketo biyāram. maškeš begīre be dūšeš, miyāraš. ba'ad mige xūneye mā injāst. berīm mā esterāhat kon ješn-e mā gereftīm. mibareš tū ye čāh. ye čāh-e bozorgī būde, mibīne ūnjā mizan mikūban xānde hā mixūnan, raqqāse hā miraqsan, īn-am sargarm miše. sargarm miše o hamūnjā-am xābeš mibare. ye vaqt az xāb bīdār miše mibine, e, īn ye tūye čāhe. hīč kas ham nīst. ba'ad ye daf'e az xāb ke bīdār miše, vahšat mikone. mige āh, īn ke komak-e man būdeh, jen būdeh. mano da'vat karde injā arūsī dāštan, hālā hamašūn raftan man tanhā mūndam ba'ad boland miše zarf-e ābešo bar mīdāre, be taraf-e xūnaš miyād.

日本語訳：一人の老女が、水の入った皮袋を肩に担いで家の方へ向かっていた。その途中、ある者がやって来て言った。

「手伝いましょうか。皮袋を持ちましょう。」

そして、皮袋を肩に持ち上げた。その者が言った。

「ここが私の家です。休んで行きませんか。お祭りをやっているところです。」

そういって、井戸の中に連れて行った。大きな井戸であった。そこでは手を叩き、足を鳴らしている者がいた。歌い手は歌を歌い、踊り手は踊っていた。老女も嬉しくなり、熱中していると、やがて眠くなってきた。しばらくして、目が覚めると、ただの井戸の中で、誰もいなかった。目が覚めてくる

に連れて怖くなってきた。そしてこう言った。
　「おお、私を助けてくれたのは、ジンだったんだ。私を招いて、ここで結婚式をしたんだな。彼らは行ってしまい、私だけが残されたのだ。」
　老女は起き上がって、水を持ち上げ、また、家へ向かっていった。

142

題　　名：شادی جنها ／ジンの宴会

分　　類：現代伝説

ＡＴ番号：-

録音箇所［収録時間］：004-001［01分00秒］

調 査 日：1998年10月25日

調 査 地：تهران ／テヘラン

名　　前：مهدی اکبری ／メフディー・アクバリー

年齢性別：25才、男性

職　　業：معلم ／教師（中学校）

住　　所：استان تهران، شهر ری، روستای طالب آباد

出 身 地：استان تهران، شهر ری، روستای طالب آباد ／テヘラン州レイ市ターレバーバード村

伝 承 者：شوهر عمه ／おじ（おばの夫）

翻字（ペルシア語）：من اینجوری شنیدم که در روستای مجاور روستای طالب آباد به نام چهار ترخان، پدر یکی از اقوام و خویشاوندانمان از صحرا یک شبی میاد به طرف خود روستا. بعد در نیم های شب می بینه که صدای موسیقی و شادی میاد. صدای پای کوبی میاد. هر چه قدر نگاه می کنه این

طرف و اونطرف، کسی رو نمی‌بینه که صداها از اون ها بیاد و صدا متعلق به اونا باشه. بعد که از دوچرخه ای که سوار بر اون بوده پایین میاد و درست نگاه می کنه می بینه که در یک جایی در یک چاله و چاهی، یک چراغی روشن هست و یک موجودات شبیه به انسان های کوچک درحال رقصیدن و پای کوبی هستن. بعد که به ده میاد متوجه میشه که اونها جن بودن.

翻字（ローマ字） : man injūrī šenīdam ke dar rūstāye mojār rūstāye tālebābād be nām-e čahār tarxān, pedar-e yekī az aqbām o xīšāvandānemān az sahrā yek šabī miyād be tarafe xod-e rūstā. ba'ad dar nīm hāye šab mibīne ke sedāye mūsīqī va šādī miyād. sedāye pāye kūbī miyād. har če qadr negā mikone īn taraf o ūn taraf, kasī ro nemibīne ke sedā hā az ūn hā biyād va sedā mota'aleq be ūnā bāše. ba'ad ke az dočarxeī ke savār bar ūn būde pāīn miyād o dorost negā mikone mibīne ke dar yeke jāī dar yeke čāle o čāhī, yek čerāqī roušan hast va yek moujūdāt-e šabīhe be ensān hāye kūček dar hāl raqsīdan va pāye kūbī hastan. ba'ad ke be deh miyād motavajje miše ke ūnhā jen būdan.

日本語訳：こういう話を聞いた。ターレバーバード村の近くのチャハールタルハーンという村で親類の一人の父親が、ある夜、砂漠から自分の村の方へ向かっていた。夜中であったが、音楽と笑い声がするのがわかった。足を鳴らす音が聞こえた。声のする方にどんなにあちこち目を凝らしても誰もいなかった。乗っていた自転車を降りてよく見ると、井戸の穴があり、明かりがついていて、小さな人間に似たものが踊って、足を鳴らしていた。そして、村に帰り、それがジンであることがわかった。

143

題　　名：قصهٔ جن／ジンの物語
分　　類：現代伝説
ＡＴ番号：-
録音箇所［収録時間］：007-005 ［01分24秒］
調 査 日：1999年01月01日
調 査 地：استان فارس، شیراز، محلهٔ دوکوهک／ファールス州シーラーズ、ドゥークーハク村

名　　前：محمّد رحیم دوکوهکی／モハンマドラヒーム・ドゥークーハキー
年齢性別：50才、男性
職　　業：کشاورز／農業
住　　所：فارس، شیراز، محلهٔ دوکوهک
出 身 地：فارس، شیراز، محلهٔ دوکوهک／ファールス州シーラーズ、ドゥークーハク村
伝承者：پدر／父親

翻字（ペルシア語）：خونه رفتیم بیرون. تو راه که می رفتیم، بریم برای شیراز تو راه دیدیم یه جا مُشینکه[1] عروسیه. عروسی هم عروسیه همو او

ازخودمون بهترون بود. مام یک کمی که نگاشون کردیم و اینا، شب تاریک بود، دیدم پاشون مثل همو حال گوسفند، سم داره از این تیزه پاهاشون. سم داره، یه مقداری که پهلوشون وا ایسادیم² اینا، یه دو سه ساعت، میرقصیدن ومیزدن و عین مثل خودمون. عروسی داشتن. بعد موقع شام خوردنم یه مقداری شامی ام آوردن من پهلوشون شام خوردم، یه دفه³ بعد از شام اینا خوابم بردم به خواب رفتم. بعد دیدم مثیکه⁴ یه دونه از شلوار خودمونیم،ً که داریم تو خونمون هست، پای یکی از همو جنا هست. من همو دستم که چرب بود شام خورده بودم نموشتم⁵ به شلواره. نگرش داشتم گفتم تا بینی⁶ همو شلواریه که تو خونمون بوده، خلاصه دیگه همون موقع خوابم برد. صبحگاه بلند شدم تا دیگه اصلا هیچ کدوم از اونا نیستن. اونا رفتن ما هم اومدیم محل موقعی که اومدیم محل اومدیم خونه دیدیم همو شلوار چربی که دست گاشته بودم بهش تا تو خونمون گذاشتن.

۱، ۴. مثیکه = مثل اینکه   ۲. ایسادیم = ایستادیم   ۳. دفه = دفعه   ۵. نموشتم = گذاشتم   ۶. تا بینی = تا ببینم

翻字（ローマ字）: xūne raftīm bīrūn. tū rā ke miraftīm, berīm barāye šīrāz tū rā dīdīm ye jā mesīnke arūsīe. arūsīe ham arūsīe hamū ū az xodemūn behetarūn būd. mām yek kamī ke negāšūn kardīm o īnā, šab tārīk būd, dīdam pāšūn mesle hamū hāl-e gūsfand, som dāre az īn tīze pāhāšūn. som dāre, ye meqdārī ke pahlūšūn vā īstādīm īnā, ye do se sāʻat, miraqsīdan o mizadan o ein-e mesle xodemūn. arūsī dāštan. baʻad mouqe šām xordanam ye meqdārī šāmī am āvordan man pahlūšūn šām xordam, ye dafe baʻad az šām īnā xāvbam bordam be xā raftam. baʻad dīdam mesīke ye dūne az šalvār-e xodemunī-am, ke dārīm tū xūnemūn hast, pāye yekī az hamū jennā hast. man hamū dastam ke čarb būd šām xorde būdam nemūštam be šalvāre. negereš dāštam goftam tā bīnī hamū šarvārie ke tū xūnemūn būde, xorāse dīge hamūn mouqe xābam bord. sobhgāh boland šodam tā dīge aslān hīč kodūm az ūnā nīstan. ūnā raftan mā ham ūmadīm mahal mouqeī ke ūmadīm mahal ūmadīm xūne dīdīm hamū šalvār čarbī ke dast gāšte būdam beheš tā tū xūnemūn gozāštan.

日本語訳：家から外へ出て道を歩いていると、シーラーズへの道の途中だったが、結婚式のようなものを見た。結婚式と言っても妖怪（アズマーベヘタラーン）の結婚式のようであった。辺りは暗かったが、私はそれを少し眺めていた。彼らの足は羊のように蹄があり、尖っていた。蹄があったのである。側に行って、一時間、二時間、三時間と踊っていた。我々と同じように踊っていた。結婚式であったのである。そして、晩ご飯を食べるときになった。ご飯が運ばれてきたので、彼らと一緒にそれを食べた。食べ終わった後、眠くなってきたので、眠った。すると、そこで自分のもののようなズボンを見た。自分の家にあるものであった。ジンたちの一人が履いていたのである。証拠のために付けた油の汚れもそのままであった。それを眺めて、「家にあるズボンと同じだ。」と言ったが、眠ってしまった。朝に起きてみると、誰もいなかった。彼らは行ってしまっていた。私も家に帰ったが、油をつけたズボンは家にあった。

144

題　　名：داستان عروسی جنی در قنات آب ／カナートの中でジンが結婚式をする物語

分　　類：現代伝説

ＡＴ番号：-

録音箇所［収録時間］：006-039［00分55秒］

調 査 日：1998年12月31日

調 査 地：استان فارس، شهرستان فسا، بخش شیبکوه، روستای میانده ／ファールス州ファサー地方シーブクー地区ミヤーンデ村

名　　前：مهدی روستایی ／メフディー・ルースターイー

年齢性別：17才、男性

職　　業：شاگرد راننده ／運転手見習い

住　　所：فارس، شهرستان فسا، بخش شیبکوه، میانده

出 身 地：روستای میانده ／ミヤーンデ村

伝 承 者：عشایر ／遊牧民

翻字（ペルシア語）：در زمانای قدیم، یه نفر بوده، میرن (برای عروسی) برای هیزم. میرن برای هیزم، وقتی میره تو بیابونی تو کوه، تو کوهستان، میبینه که میره هیزم بزنه با تُبَر. میبینه توی قناتی تو چاه، همین چه او[1]

(آب) بخوره میبینه که صدا ساز میو تیمپو[۲] میبینه عروسیه. میبینه عروسیه میره میبینه همین جنه ام. همین جنم دعوتش میکنن تا یه هفته اونجا دعوت بیده[۳] و اونا، نکو[۴] پاهاشونم مثل گوسفند سم داشت. مثل گوسفند سم داشت میگفت تا یه هفته نمیذاشتن من بیام نمیذاشتن بیام می گف وقتیکه بعد یه هفته که شد، میگف اومدیم میکف خودشون آوردن وتو کنار روستا مون همین گذاشتن و برفتن.

۱. او = آب ۲. تیمپو=نوعی ساز ضربی مثل تمبک ۳. بیده = بوده ۴. نکو = واژه ای برای ادای تعجب

翻字（ローマ字）：dar zamānāye qadīm, ye nafar būdeh, miran barāye arūsī barāye hīzom. miran barāye hīzom, vaqtī mire tū biyābūnī tū kū, tū kūhestān, mibine ke mire hīzom bezane bā tabar. mibīne tūye qanātī tūye čā, hamīn če au boxore mibine ke sedā sāz miyo tīnpou mibine arūsia. mibine arūsī mire mibine hamīn jenne am. hamīn jenn-am da'avataš mikonan tāye hafte unjā da'avat bīde o ūnā, nagū pāhāšūn-am mesle gūsfand somm dāšt. mesle gūsfand somm dāšt migoft tā ya hafte nemizāštan man biyām nemīzāštan biyām migof vaqtīke ba'ad ye hafte ke šod, migof ūmadīm migo xodešūn āvordan o tū kenāre rūstā mūn hamīn gozāštan o beraftan.

日本語訳：昔、ある人が薪を採りに行った。山地の中の荒野を通った。斧で薪を刈った。そして、水を飲もうとカナートの井戸へいくと、太鼓の音がした。結婚式のようであった。それは、ジンの結婚式であることがわかった。その人は、一週間の間、結婚式に招かれた。ジンたちの足は蹄であった。羊のような蹄であった。その人は言った。

「一週間が経ったのでそろそろ帰らせてください」

すると、ジンが言った。

「さあ、着きました。」

ジンたちが、村の近くまで連れてきてくれて、帰らせてくれたのであった。

145

題　　名：دیدن جن در محّل نجّاری ／家具作り場でジンを見た話（1）

分　　類：現代伝説

AT番号：-

録音箇所［収録時間］：003-032［01分15秒］

調 査 日：1998年10月22日

調 査 地：استان تهران، شهر ری ／テヘラン州レイ市

名　　前：مصطفی علیپور ／ムスタファー・アリープール

年齢性別：37才、男性

職　　業：نجّار ／家具職人

住　　所：تهران شهر ری

出 身 地：استان لرستان، خرّم آباد ／ロレスターン州ホッラムアーバード

伝 承 者：خودش ／本人（これを経験したという同僚）

翻字（ペルシア語）：چون شبا ما در آستانه حضرت عبد العظیم کار می کردیم، درنجاری، چون نجاری هم در زیر زمین واقع شده، شبا معمولاً به خاطر فشورده کار تا سه و چهار، صبح کار میکردیم. خلاصه، شاهد یه، یه چیزهای عجیب و غریب میشدیم. یه موقع می دیدی مثلاً یه کارا میذاشتیم

رو هم خود به خود داره حرکت می کنه. یا به قول معروف پیترنگ یه دفعه میبینی جابجا میشد. اصان[۱] عجیب غریب. خلاصه، یه طوری شده بود که کسی جرأت نمیکرد شبا وایسته کار کنه. یه سری بچه ها بودن که وایستادیم خلاصه یه یکی ا بچه ها یه شبا اینه دیده بود. ناظر این، ناظر این اتفاق شده، که دیده بود تو معرق کاری اتاق های کارگاه معرق کاری میز کار دیده بود همین طور، اره مویی خود به خود داره. چی. داره کار میکنه. اصان[۲] وحشت زده، ا اتاق فرار کرده بود.

۱، ۲. اصان = اصلاً

翻字（ローマ字）：čūn šabā mā dar āstāne hazrat-e abdl‘azīm kār mīkardīm, dar najjārī, čūn najjārī ham dar zīr zamx̃n vāqe šode, šabā ma‘amūlān be xāter-e fošoude kār tāse o čahār, sobh kār mikardīm. xolāse šāhed-e ye, ye čīz hāye ejīb o qarīb mīšodīm. ye mouqe mīdīd masalān ye kārā mīzāštīm rū ham xod be xod dāre harkat mikone. yā be qoul ma‘arūf pitārang ye daf‘e mībīnī jābejā mišod. asān ajīb qarīb. xolāse, ye tourī šode būd ke kasī jorat nemikard šabā vāīsete kār kone. ye sarī bačče hā būdan ke vāīstādīm xolāse ye yekī a bačče hā ye šabā ine dīde būd. nāzer-e īn, nāzer-e īn ettefāq šode, ke dīde būd tū mo‘araq kārī otāq hāye kārga mo‘araq kārī mīz kār dīde būd hamīntour, are mūī xod be xod dāre. čī, kār mikone. asān vahšat zade, a otāq farār karde būd.

日本語訳：私たちは夜もアブドル・アズィーム廟(1)の中で仕事をしていた。その家具作り場の中でである。家具作り場は地下にあり、よく夜は仕事を減らすために、朝の三時や四時まで働いていた。そして、不思議なものを見たのだった。それを見て、皆仕事を放り出して逃げた。缶が勝手に動いていたのだった。全く不思議なものだった。それから、夜は敢えて残らないことになっていた。ところが、何人かがまた夜に残っていると、そのうちの一人が見てしまった。偶然、その家具作り職人の部屋でのこぎりが勝手に動いて何かを切っているのを見てしまった。彼も恐ろしくなって、部屋から逃げ出し

た。

注
1．テヘラン南部にあるアブドル・アズィーム廟のこと。

146

題　　名：دیدن جن در محل نجاری ／家具作り場でジンを見た話（2）

分　　類：現代伝説

ＡＴ番号：-

録音箇所［収録時間］：003-033［00分27秒］

調 査 日：1998年10月22日

調 査 地：استان تهران، شهر ری ／テヘラン州レイ市

名　　前：مصطفی علیپور ／ムスタファー・アリープール

年齢性別：37才、男性

職　　業：نجار ／家具職人

住　　所：تهران شهر ری

出 身 地：خرم آباد ／ロレスターン州ホッラムアーバード

伝 承 者：خودش ／本人（これを経験したという同僚）

翻字（ペルシア語）：بعد، یک شبش هم یک باز یکی بچه ها (به این چیز دیده بود) که دیده بود پایین خوابیده بود دیده رو میز کارش یه نفر داره راه میره، با سم حالت سم گوسفند. ولی ا پا معلومه فقط پاش معلومه ولی ا کمر به بالا معلوم نبود. کو اون هم در حال چی فرار میکنه.

翻字（ローマ字）：ba'ad, yek šabaš ham yek bāz yekī bačče hā be īn čīz dīde būd ke dīde būd pāīn xābīde būd dīde rū mīz-e kāreš ye nafar dāre rā mire, bā somm-e hālat-e somm-e gūsfand. valī a pā ma'alūme faqat pāš ma'alūme valī a kamar be bālā ma'alūm nabūd. ku ūn ham dar hāl čī farār mikone.

日本語訳：また、ある晩、職人の一人が机で仕事をして、居眠りをしていたら、何者かが降りてきた。その者の足は羊の蹄であった。足だけがはっきりしていて、腰より上はわからなかった。その職人は、すぐに逃げ出した。

147

題　　名：ديدن جن در زير قبرستان ／ 墓場の地下の家具作り場でジンを見た話

分　　類：現代伝説

ＡＴ番号：-

録音箇所［収録時間］：003-034［00分29秒］

調　査　日：1998年10月22日

調　査　地：استان تهران، شهر ری ／ テヘラン州レイ市

名　　前：مصطفى علیپور ／ ムスタファー・アリープール

年齢性別：37才、男性

職　　業：نجّار ／ 家具職人

住　　所：تهران شهر ری

出　身　地：استان لرستان، خرّم آباد ／ ロレスターン州ホッラムアーバード

伝承者：همکار ／ 同僚

翻字（ペルシア語）：یک شب باز هم یک بچه ها کنار بخاری خوابیده بوده، یه نفر افتاده روش، با هزار مکافات ا دستش در رفته بود. من شبا خودم اونجا میخوابیدم، مثلاً میدیدم رو پله ها همینطور قشنگ آدم میاومد

یه صدا مثلاً آدم می‌اومد بالا صدا هلهله، صدا سر صدا ولی بلند میشد مثلاً چیز نمی دیدی. خلاصه واقعات زیادی افتاد.

翻字（ローマ字）：yek šab bāz ham yek bačče hā kenār-e boxārī xābīde būdeh, ye nafar oftāde rūš, bā hezār mokāfāt a dasteš dar rafte būd. man šabā xodam ūnjā mīxābīdam, masalān midīdam rū pelle hā hamīntour qašang ādam miūmad ye sedā masalān ādam miyāmad bālā sedā helhele, sedā sarsedā valī boland mišod masalān čīz nemidīdī. xolāse vāqe'at ziyādī oftād.

日本語訳：ある晩、これも家具職人の話であるが、一人がストーブの側で眠っていると、その上に別の職人が倒れてきた。何とか押しのけた。私も夜そこで眠っていたのだ。階段に男が整然とやって来て、高笑いをしながらやって来て、大きな声でやってくるのである。起きあがってみると、誰もいないのである。このようなことがよく起こった。

148

題　　名：داستان واقعی رابط با جن ／ジンについての実話

分　　類：現代伝説

ＡＴ番号：-

録音箇所［収録時間］：003-023［01分31秒］

調 査 日：1998年10月22日

調 査 地：استان تهران، شهر ری، روستای طالب آباد ／テヘラン州レイ市ターレバーバード村

名　　前：علی اصغر اکبری ／アリーアスガル・アクバリー

年齢性別：50才、男性

職　　業：کارمند ارتش باز نشسته، کشاورز ／元軍人、農業

住　　所：استان تهران، شهر ری، روستای طالب آباد

出 身 地：روستای طالب آباد ／ターレバーバード村

伝 承 者：مشهدی ／マシュハドの人

翻字（ペルシア語）：پیره مردی هست در یکی از شهرستان های مشهد. ایشون خودش، با خود جن رابطه داره. هر کسی مشکلی داره، گرفتاریی داره، یا ماشینشو دزد سرقت می کنه، می گن می رن پهلوی اون، کمکش می کنن. بهش میگن، که پولم نمیگیره. می گه که ماشین منه دزدیدن، شما بگین این

ماشین من کجاست. اون با جن چون در رابطه هست، از جن کمک می گیره، جن بهش میگه. یه بندهٔ خدایی تعریف میکرد. می گف ماشین منو دزدیدن، بردن. یک سال دویدم این ور اون ور ماشینو پیدا نکردم. به من ادرس دادن که فلانی هست، برو شهرستان، اونجا ازش کمک بگیر. می گف وقتیکه من رفتم، بهش جریانه گفتم، گفتن ماشین شما فلان شهرستانه. دزد از در خونت در فلان تاریخ دزدیده، الان هم فلان جاست. رنگش زدن. شما میتونی بری ماشین تو فلان شهرستان بگیری. میگف همون ادرسی که به من داد، رفتم دیدم درسته. ماشینمه دزدیدن فلان شهرستان بوده به کمک اون که جن راهنمایش کرده بود من ماشینمو پیدا کردم.

翻字（ローマ字）: pīre mardī hast dar yekī az šahrestān hāye mašhad. īšūn xodeš, bā xod-e jen rābete dāre. har kasī moškelī dāre, gereftārī dāre, yā māšīnešou dozd serqat mikone, migan miran pahlūye ūn, komakeš mikonan. beheš migan, ke pūl-am nemigīre. mige ke māšīn-e mane dozdīdan, šomā begīn īn māšīn-e man kojāst. ūn bā jen čūn dar rābete hast, az jen komak mīgīre, jen beheš mige. ye bandeye xodāī ta'arīf mikard. mi gof māšīn-e mano dozdīdan, bordan. yek sāl dovīdam īn var ūn var māšīno peidā nakardam. be man adres dādan ke felānī hast, borou šahrestān, unjā azaš komak begīr. migof vaqtīke man raftam, beheš jariyāne goftam, goftan māšīn-e šomā felān šahrestāne. dozd az dar-e xūnat dar felān tārīx dozdīde, alān ham felān jāst. rangeš zadan. šomā mītūnī berī māšīn-e to felān šahrestān begīrī. migof hamūn adresī ke be man dād, raftan dīdam doroste. māšīname dozdīdan felān šahrestān būde be komak-e ūn ke jen rāhnemāyaš karde būd man māšīnamo peidā kardam.

日本語訳：マシュハド地方に一人の老人がいた。この老人はジンと関わるものであった。問題をかかえたり、悩みがあったり、車を盗まれたりしたら、この老人のところへ行って助けを求めるといいと言う。また、お金も取らないという。「車を盗まれました。私の車がどこにあるか、教えて下さい。」と言うと、その老人は、ジンとつながりがあるので、ジンに助けを求めると、

ジンが老人に答えるというのである。ある者がこう述べた。

「車が盗まれて、持って行かれたんだ。あちこち一年も探して走り回ったけれども見つからなかった。すると、ある人から、その地方にこういう者がいるから助けてもらうようにといって老人の住所をもらったんだ。そこへ行って、起こったことを話した。すると、老人は、『あなたの車はどこどこの地方にある。泥棒がいついつあなたの家から盗んだのだ。今もそこにある。いっぱい食わされたね。その地方へ行って、車を取ってくるがいい。』と言った。そして、その住所を私に渡し、見に行ってみると、その通りであった。盗まれた私の車はそこにあったのである。老人はジンの助けで、私の車を見つけてくれたのだ。」

149

題　　名：رابطهٔ جن و انسان ／ジンの話
分　　類：現代伝説
ＡＴ番号：‐
録音箇所［収録時間］：004-019［00分36秒］
調　査　日：1998年10月30日
調　査　地：استان تهران، شهر ری، روستای طالب آباد ／テヘラン州レイ市ターレバーバード村

名　　前：مهدیه اکبری ／マフディエ・アクバリー
年齢性別：20才、女性
職　　業：محصّل ／学生
住　　所：استان تهران، شهر ری، روستای طالب آباد
出　身　地：روستای طالب آباد ／ターレバーバード村
伝　承　者：دوست ／友人

翻字（ペルシア語）: یکی از دوستان تعریف میکردن که در زمان قدیم یه آقایی بودن که جز ایلات کشور ایران بودن. و ورامین زندگی میکردن. این آقا با جن ها رابطه داشتن و این جنها ازش مخافظت میکردنو هرجا که این میرفته دنبال این می رفتن آسیبی بهش نرسه. یه روزی یکی از این جنها

بهش چند تا ر موی بلند میده. میگه اگه اینو داشته باشی هیچ وقت آسیبی از طرف ما بتو نمیرسه. این آقام تا زمان مرگش این تار مو ها رو داشته بعد از این که فوت میکنه، اقوامش هرچی دنبال این تار موها میگردن پیدا نمیکنن. متوجه میشین که جنا خودشون باز این تار موها رو بردن.

翻字（ローマ字）：yekī az dūstān-e man taʿarīf kardan ke dar zamān-e qadīm ye āqāyī būdan ke joz īlāt-e kešvar-e īrān būdan. va varāmīn zendegī mīkardan. īn āqā bā jen jā rābete dāštan va īn jenhā azaš mohāfezat mīkardano harjā ke īn mirafte donbāl-e īn miraftan āsībī beheš narase. ye rūzī yekī az īn jenhā beheš čand tā re mūye boland mide. mige age īno dāšte bāšī hīč vaqt āsībī az taraf-e mā meto nemirase. īn āqām tā zamān-e margeš īn tār mū hā ro dāšte baʿad az īn ke fout mikone, aqvāmeš harčī donbāl-e īn tār-e mūhā migardan peidā nemikonan. motavajje mišīn ke jennā xodešūn bāz īn tār-e mū hā rū bordan.

日本語訳：友人の一人が語ってくれた。昔、イラン系ではない男がいて、ヴァラーミーンに住んでいた。この男は、ジンと関係があり、ジンたちも彼を守っていた。ジンたちは彼が行くところにはどこでもついて行ったので、彼は危害を被ることはなかった。ある日、ジンたちの一人が長い髪の毛を数本彼に与えた。そして、こう言った。

「この髪の毛を持っていると、私たちの側から危害は及びません。」

この男は、死ぬまでこの髪の毛を持っていた。彼の死後、親類がその髪の毛を探したが、どうしても見つけることはできなかった。そこで、ジンたちが、自らその髪の毛を再び持ち帰ったのだと言うことがわかった。

　　備考：イラン系でない男が具体的にどこの者かはわからないが、外国人が異界の者と
　　　　関係があると認識されうるという一例である。

150

題　　名：جن ／ジン

分　　類：現代伝説

ＡＴ番号：－

録音箇所［収録時間］：008-027［04分51秒］

調 査 日：1999年01月11日

調 査 地：استان هرمزگان، بندر عباس ／ホルモズガーン州バンダレアッバース

名　　前：علی اکبر پیشکاری ／アリーアクバル・ピーシュカーリー

年齢性別：63才、男性

職　　業：کارمند بازنشسته دولت ／元公務員

住　　所：بندر عباس

出 身 地：مازندران ／マーザンダラーン

伝 承 者：پدر ／父親

翻字（ペルシア語）：همینطوری که ما میدونیم خداوند دو نوع خلقت کرده. یکی انسان و دیگری جنه. در قرآن ما، ما مسلمونا آمده که اول جن (برای) به دنیا آمد بعد انسان. در یکی از (این) دهات اطراف رامسر به نام خُمِیر محله که از توابع ییلاقات جواهرده هستش، یه عدهٔ کوزه گر اونجا

زندگی میکردن. همینطوری که میدونید در اطراف خونه های، خونه های کوزه ساز، کوزه های فلاوانی وجود داشت. دختری زندگی میکرد که از، از بیرون آمدن در شب، وحشت داشت. در نتیجه بعد از اینکه شوهر کرد به شوهرش استدعا میکرد که موقعی که من میام بیرون، منه مواضبت بکن که من میترسم. بعد چند مرتبه شوهر خواست با این، با این زنش شوخی بکنه. برگشت گفتش که خم بگیر، خم منظورش اون کوزه هایی بود که در اطراف خونه، خونهٔ همین دختره بودش. در بعد از مدتی دید که دختره وجود نداره. هرچی این ور صدا کرد فلان کرد بهمدون کرد. نشد رفت منزل خودشون منزل پدرشون منزل عموشون و دید نه نیستش. تمام افراد ده ر بسیج کرد اومدن بیرون با فانوس اطراف ده ر نگاه کردن توی ده نگاه کردن دیدن نیستش. اون شب بالاخره تا صبح موند و صبح رفت در نزدیکی رامسر یه ملایی بود اونجا که کتاب داشت و از این موضوع ها خبر. آمد به اون صحبت کرد که جریان من اینطوریه. من میخوام اومدن که ببینم تو میتونی راهنمایی کنی منه. اون با کتابی که داشتش گف والله، از دست من چیزی بر نمیاد یه آقایی هست در قزوین به نام آقای سید حسن ولدآبادی. و اگر شما اونجا رفتی گرهٔ تو به دست اون باز میشه. اون آمد و اون موقع رفت پیش آقای سید حسن ولدآبادی این موضوع ر با آقا گفت. (جان) آقای ولدآبادی اول این بنده خدا ر چیز کرد که تو از این دختر بگذر. بله، اون موقعی که تو گفتی خم بگیر، شب جنی که (خاطر) مدت ها خاطر خواه این دختر بود و در اطراف این دختره زندگی میکرد، در همون فرصتی که تو گفتی بگیر و این گرفت با خودش برد. و الانم در فصل تابستون اینا رفتن ییلاق، در (ییلاق) ییلاق خودشون و اونجا هستن. تو الان دسترسی به اون نمی تونی پیدا کنی، مگر این که در پاییز اینا از ییلاق میان برای قشلاق، اون موقع بیای به من مراجعه کنی، و من بهت میگم چه کار بکنی. بالاخره پاییز شد و این رفت پیش آقا و آقای ولدآبادی و آقای ولدآبادی یه نامه ای نوشت، برای پادشاه (این) این گروه. و گف در فلان جا اینا میان و نامهٔ منه که تو دادی اینا ر به وضوح همه را می بینی. در نتیجه، این حرکت میکنه میره اونجا وای می سّه[1] و میبینه اینا دارن میان. نشون صفتی که آقای ولدآبادی در مورد پادشاه اون گروه گفته بود، یک سواری به اسب هست فلان

و نشونی داره و بهمدونی داره فهمید که این پادشاه ست. نامه آقای ولد آبادی رو عده ای میارن میگیرن و، بهش میدن و به اون آقای پادشاه به اون میدن و بعد از اینکه نامه ر میخونه، میگه که، در جواب بر می گرده میگه که من از دست آقای سید حسن ولدآبادی از شهر و آبادی دور شدم و اومدم تو این مغاری اینجام منو ول نمی کنی که اومدم، گف خیلی خوب با من بیا پایین، اینا میشینن ناهار بخورن، من اونجا میام زنتو بشناس. اومد و نشستن موقعیکه ناهار که خوردن دستور داد که هرکسی با زن خودش بشینه. نشسته بود اونجا با زن خودش، این آمد زن خودش شناختو و آمد دست زنشو بگیره، زنیکه دیگه علاقه به این نداشت، به اون جنه داشتش. با دعایی که آقای سید حسن ولدآبادی نوشته بود دستش بود به بازوش میبنده و این دختر میاره خونه. این داستان جنی بود که ...

۱. وای می سه = وا می ایستد

翻字（ローマ字）：hamīntourī ke mā mīdūnīm xodāvand do nou xelqat karde. yekī ensāne va dīgarī jenne. dar qorān-e mā, mā mosalmūnā āmade ke avval jen barāye be donyā āmad ba‘ad ensān. dar yekī az īn dehāt-e atrāf-e rāmsar be nām-e xomeir mahalle ke az tavābe‘e yeilāqāt-e javāherde hasteš, ye eddeye kūzegar unjā zendegī mīkardan. hamīntourīd ke mīdūnīd dar atrāf-e xūne hāye, xūne hāye kūze sāz, kūze hāye farāvānī vojūd dāšt. doxtarī zendegī mīkard ke az, az bīrūn āmadan-e dar šab, vahšat dāšt. dar natīje ba‘ad az īnke šouhar kard be šouhareš estedo‘ā mikard ke mouqeī ke man miyām bīrūn, mane movāzebat bokon ke man mitarsam. ba‘ad čand martabe šouhar xāst bā īn, bā īn zaneš šūxī bokone. bargašt gofteš ke xom begīr, xom manzūreš ūn kūze hāī būd ke dar atrāf-e xūne, xūneye hamīn doxtare būdeš. dar ba‘ad az moddatī dīd ke doxtare vojūd nadāre. hačī īn var sedā kard felān kard behamdūn kard. našod raft manzel-e xodešūn manzel-e pedarešūn manzel-e amūšūn va dīd na nīsteš. tamām-e atrāf-e deh re basīj kard ūmadan bīrūn bā fānūs atrāf-e de re negā kardan tūye deh negā kardan dīdan nīsteš. ūn šab bālāxare tā sobh mūnd o sobh raft dar nazdīkīe rāmsar ye mollāī būd unjā ke ketāb dāšt va az īn mouzū hā xabar. āmad be ūn sohbat kard ke jariyān-e man intourie. man mixām ūmadan ke bebīnam to mitūnī rāhanemāī konī mane. ūn bā ketābī ke dāšteš gof valla, az dast-e man čīzī bar nemiyād ya āqāī hast dar qazvīn be nām-e āqāye seyed hasan-e valdābādī. va agar šomā unjā raftī gareye to be dast-e ūn bāz miše. ūn āmad o ūn mouqe raft pīše āqāye veldābādī īn mouzū re bā āqā goft. jān āqāye valadābādī avval īn bande xodā re čīs kard ke tā az īn doxtar begzar. bale, ūn mouqeī ke to goftī xom begīr, šab jennī ke xāter moddat hā xāter xāh-e īn doxtar būd va dar atrāf-e īn doxtar zendegī mikard, dar hamūn forsatī ke to goftī begīr va īn gereft bā xodeš bord. va al ān-am dar fasl-e tābestān īnā raftan īlāq, dar īlāq-e īlāq-e xodešon va unjā hastan. to alān dastrasī be ūn nemi tūnī peidā konī, magar īn ke dar pāīz īnā az īlāq miyān barāye qošlāq, ūn mouqe biyāi be man morāje'e konī, va man behet migam če kār bokonī. balāxare pāīz šod o īn raft pīš-e āqā o āqāye valadābādī o āqāye valadābādī ye nāmeī nevešt, barāye pādešāh-e īn īn gorūh. va gof dar felān jā īnā miyān va nāmeye mane ke to dārī īnā re be vozūh heme ra mibīnī. dar natīje, īn harkat mikone mire unjā vāy misse va mībīne īnā dāran miyān. nešūn sefatī ke āqāye valadābādī dar moured-e pādešāh-e ūn gorūh gofte būd, yek savārī be asb hast felān o nešūnī dāre o behemdūnī dāre fahmīd ke īn pādešā ast. nāmeye āqāye valadābādī ro eddeī miyāran migīran va, beheš midan o be ūn āqāye pādešā be ūn midan o ba'ad az īnke nāme re mīxūne, mige ke, dar javāb bar mīgarde bīge ke man az dast-e āqāye seid hasan valadābādī az šahr o ābādī dūr šodam o ūmadam tū īn maqqārī injām mano vel nemikonī ke ūmadam, gof xeilī xob bā man biyā pāīn, īnā mišīnan nāhār boxoran, man unjā miyām zaneto bešenās. ūmad o nešastan mouqeīke nāhār ke xordan dastūr dād ke har kasī bā zan-e xodeš bešīne. nešaste būd unjā bā zan-e xodeš, īn āmad zan-e xodeš šenāxt o va āmad dast zanešo begīre, zanīke dīge alāqe be īn nadāšt, be ūn jenne dāšteš. bā do'āī ke āqāye seid hasan valadābādī nevešte būd dasteš būd be bāzūš miband o īn doxtare miyāre xūne. īn dāstān-e jennī būd ke...

日本語訳：神は、二種類のものを創ったと我々は考えている。一つは人間であり、もう一つはジンである。我々のコーランには、はじめにジンがいて、その後に人間ができたと書かれていて、イスラム教徒はそのように考えている。ラームサル（地名）の近郊の村にホマイルという村があって、その村の外れにジャヴァーヘルデという所がある。そこに壺作りの職人たちが住んでいた。想像できることだが、壺作りの家の周りには、いろいろな壺が置いてあった。娘がいたが、夜に外へ出るのを怖がっていた。結婚してからも、「夜に外に行くときは、怖いので付いてきてください。」と言っていた。夫はある時、脅かしてやろうと思った。帰ってきて言った。

「壺を取ってきて。家の周りの壺を取ってきてよ。」

その家は、娘の家であった。しばらく経ったが、娘がいなくなっていた。どんなに呼んでも、出てこなかった。家に帰っても、父親の家に行っても、おじの家に行ってもいなかった。村人全員で村中を捜したが、見つからなかった。その夜は、朝まで待っていたが、朝にラームサルのある僧侶のところへ行った。その僧侶は、そういう出来事を解決してくれる本を持っていた。その僧侶に事件を話した。僧侶は言った。

「そこを見てみたいから、案内してくれないか。」

僧侶は、本を持ったまま答えた。

「私の手には負えない。ところで、ガズヴィーンにセイエド・ハサン・ヴォルダーバーディーという人がいます。そこへ行けば、難問は解決するかもしれない。」

夫は、そこへいき、セイエド・ハサン・ヴォルダーバーディーという人に事件のことを話した。セイエド・ハサン・ヴォルダーバーディー氏は言った。

「あなたは、娘に壺を取りに行かせたのですね。」

夫は言った。

「はい、壺を取ってくるように言ったのです。」

ヴォルダーバーディー氏が言った。

「その夜は、ジンが娘をねらっていたのだろう。娘の近くにいたのだろう。

あなたが壺を取ってくるように言ったとき、ジンが連れ去ったのであろう。夏にはジン達も避暑地に行っており、今はそこにいる。手だてはない。ただ、秋には、冬営地に戻るだろう。その時、もう一度私に相談しに来なさい。どうすべきか教えよう。」

秋になり、夫はまたヴォルダーバーディー氏のところへ行った。すると、ジンの王へ宛てた手紙を書いてくれた。そして、こう言った。

「あるところへ行くと彼らが集まっているだろう。そして、全てが明らかになるだろう。」

そして、夫はその場所へ行って、ジンたちが来るのを待っていた。ジン達がいる場所をヴォルダーバーディー氏が教えてくれたのである。馬に乗った者がそこにやって来た。それが王であることがわかった。ヴォルダーバーディー氏の手紙を手下の者が受け取り、王に渡した。ジンの王は手紙を読み終わると、返事をした。

「私は、ヴォルダーバーディーのおかげで、町からも村からも遠ざけられてしまった。そして、この洞穴に住んでいるのだ。よし、降りてきなさい。昼食を食べよう。おまえの妻にも会わせてやろう。」

王は、昼食の席で命じた。

「皆の者、自分の妻と一緒に座れ。」

ジン達は、それぞれ妻と一緒に座った。夫は、自分の妻を見つけ、手を掴んだ。しかし、妻に夫への愛情はなかった。ジンの夫を愛していたのである。そこで、ヴォルダーバーディー氏が書いてくれた呪文を妻の腕に巻いて、家へ連れて帰った。これが、ジンの話である。

151

題　　名：گربه و جن ／ 猫とジン

分　　類：現代伝説

ＡＴ番号：-

録音箇所［収録時間］：003-005［01分04秒］

調 査 日：1998年10月16日

調 査 地：استان تهران، شهر ری، روستای طالب آباد ／ テヘラン州レイ市ターレバーバード村

名　　前：محمّد رضا شیرازی ／ モハンマドレザー・シーラーズィー

年齢性別：38才、男性

職　　業：آزاد ／ 自由業

住　　所：تهران

出 身 地：روستای طالب آباد ／ ターレバーバード村

伝 承 者：هم رزمان در جبهه جنگ ／ 戦友

翻字（ペルシア語）:یکی از دوستانمون در جبهه تعریف می کرد که من یک پدر بزرگی داشتم. بعد یه گربه ای بوده، این پدر بزرگم گربه رو خیلی دوست داشته، گربه ای خیلی خوشکل و قشنگی بوده. همیشه دنبال این گربه میذاشته که این گربه رو بگیره. گربه ام [تا این که] پدربزرگم دنبال این

گربه میذاره یه روزی که این گربه رو بگیره از بس که گربه خوشگل بوده. گربه میره توی چاهی. چاهی که به هم دیگه راه داره. [مثل چاه زهکش که بهم راه داره.] دنبال گربه میره. یه چاه و رد میشه از تو آب دو تا چاه و رد میشه، سه تا رد میشه، چهار میش یه موقع یهو میبینه گربه داره. گربه بر میگرده، میبینه هنوز که این پیر مرده داره میاد. بعد بر میگرده به پیرمرده میگه عجب رویی داری یا روت وبرم هنوز داری میای. بعد دیگه پیر مرده، میفهمه که این گربه نیست. این جنه. از همونجا دیگه بر میگرده دیگه دنبال گربه نمیره.

翻字（ローマ字）: yekī az dūstānemūn dar jebhe taʿarīf mikard ke man yek pedar bozorgī dāštam. baʿad ye gorbeī būde, īn pedar bozorgam gorbe ro xeilī dūst dāpte, gorbeī xeilī xošgel o qašangī būde. hamīše donbāle īn gorbe mizāšte ke īn gorbe ro begīre. gorbe-am pedarbozorgam donbāle īn gorbe mizare ye rūzī ke īn gorbe ro begīre az bas ke gorbe xošgel būde. gorbe mire tūye čāī. čāī ke be ham dīge rāh dāre. mesle čāhe zahekeš ke beham rāh dāre. donbāl-e gorbe mire. ye čāh o rad miše az tū āb rāh dāre. donbāl-e gorbe mire. ye čāh o rad miše az to āb do tā čā o rad miše, se tā rad miše, čahār miš ye mouqe yahū mibīne gorbe dāre. gorbe bar mīgarde, mibīne hanūz ke īn pīr marde dāre miyād. baʿad bar mīgarde be pīr marde mige ajab rūī dārī yā rūt va beram hanūz dārī miyāi. baʿad dīge pīr marde, mifahme ke īn gorbe nīst. īn jenne. az hamūnjā dīge bar migarde dīge donbāle gorbe nemire.

日本語訳：友人の一人が（戦場の）前線でこう語った。

「私には祖父がいて、（近くに）猫がいた。祖父は猫をとても気に入っていた。綺麗なかわいい猫であった。祖父はいつも捕まえようと猫の後を追いかけていた。猫も祖父に追いかけられるままであった。ある日、祖父は猫がかわいいので本当に捕まえようと思った。猫は井戸に逃げ込んだ。両方に道のある井戸であった。猫を追いかけて行った。井戸を一つ通り、水の中で二つ井戸を通りこし、三つ通り越した。四つ目まで行って、猫が引き返そうと

思ったら老人がまだ追いかけてくるではないか。そして、戻ってきて老人に向かって、『なんてしつこい奴だ。まだ追ってきやがる。』と猫が言った。それで、老人はそれが猫でないことがわかった。ジンだったのだ。そして、帰ってきて、二度と猫を追いかけることがなかったということである。」

152

題　　名：ماجرای جن و بزغاله ／ジンと子山羊のこと
分　　類：現代伝説
ＡＴ番号：-
録音箇所［収録時間］：003-022［01分06秒］
調　査　日：1998年10月22日
調　査　地：استان تهران، شهر ری، روستای طالب آباد ／テヘラン州レイ市ターレバーバード村

名　　前：علی اصغر اکبری ／アリーアスガル・アクバリー
年齢性別：50才、男性
職　　業：کارمند ارتش باز نشسته، کشاورز ／元軍人、農業
住　　所：استان تهران، شهر ری، روستای طالب آباد
出 身 地：روستای طالب آباد ／ターレバーバード村
伝 承 者：-

翻字（ペルシア語）: یک رهگذری از کنار این تپهٔ طالب آباد، حدود سی و پنج سال پیش، می گذشته. همینجوری می گذشته، چشمش به یه بزغاله می افته، بز کوچیک. می بینه خیلی قشنگ بر بر میکنه بر بر[1]. این خوشش میاد. این بزغاله ر بر میداره، میذاره رو دوشش. میگه ببرمش خونه. این

مادرش اینجا نیست. چوپون هم نیست. به دادش برسه. یه مقدار که میاد، این دستش میره زیره شکم این بزغالهه. تا دستش میره زیر شکم بزغالهه، یهو بزغالهه به زبون میاد، میگه منو ول کن، فشار نده. این وحشت میکنه بزغاله ر رهاش میکنه رو زمین. یهو میبینه یه تیکه نخ شد. از ترسش دیگه نگاه نمیکنه، به این نخ یا نخو برداره. فرار میکنه، به طرف خونه. بعد گفتن که این جن بوده، تو بزغاله نبوده به صورت بزغاله در اومده. این جن بوده.

۱. بربر = بع بع

翻字（ローマ字）：yek rahgozarī az kenār-e īn tappeye tālebābād, hodūde sīo panj sāl pīš, mīgozašte. hamīnjūrī migozašte, češmeš be ye bozqāle miyofte, boz-e kūčīk. mibīne xeilī qašang bar bar mikone bār bār. īn xošeš miyād. īn bozqāle ro bar midāre, mizāre rū dūšeš. mige bebarameš xūne. īn mādareš īnjā nīst. čūpūn ham nīst. be dādeš berase. ye meqdār ke miyād, īn dasteš mire zīre šekam-e bozqālehe. tā dasteš mire zīr-e šekam-e bozqālehe, yahū bozqālehe be zabūn miyād, mige mano vel kon, fešār nade. īn vahšat mikone bozqālehe re rahāš mikone rū zamīn. yahu mibīne ye tīke nax šod. az tarseš dīge negāh nemikone, be īn nax yā naxō bardāre. farār mikone, be taraf-e xūne. ba'ad goftan ke īn jen būdeh, tō bozqāle nabūde be sūrat-e bozqāle dar ūmade. īn jen būdeh.

日本語訳：約三十五年程前にターレバーバードの遺跡の側をある人が通った。通り過ぎようとすると、子山羊が目に入った。小さな山羊である。かわいい声で、メエメエ、メエメエと鳴いていた。メエメエとね。旅人はこの山羊が気に入り、子山羊を持ち上げ、肩に担いでこう言った。

「さあ、こいつを家に連れて帰ろう。母山羊がいないんだな。山羊飼いもいないな。」

そして、子山羊を助け上げた。しばらく歩いて、手を子山羊のお腹の下にやった。手を子山羊のお腹の下にやると、驚いたことに子山羊が口をきいた。

「私を放して下さい。押さえつけないで。」

この人は、驚いて子山羊を放して、地面に落とした。すると、なんと一本の縄になった。怖くて、見ることができず、縄をそこに置いたまま、家に向かった。そして言った。
　「あれは、ジンだ。あれは子山羊ではない。子山羊の姿になっていたのだ。あれはジンだったんだ。」

153

題　　名：گوسفند و جن ／羊とジン
分　　類：現代伝説
ＡＴ番号：-
録音箇所［収録時間］：004-037(004-049) [00分39秒(01分07秒)]
調　査　日：1998年11月04日
調　査　地：استان مازندران، شهرستان آمل، محله چمستان، روستای عرب خیل ／
マーザンダラーン州アーモル地方チャマスターン地区アラブヘイル村

名　　前：علی حسین پور ／アリー・ホセインプール
年齢性別：78才、男性
職　　業：کشاورز و دامدار ／農業、牧畜業
住　　所：مازندران، چمستان، روستای عرب خیل
出　身　地：روستای عرب خیل ／アラブヘイル村
伝　承　者：دوست، مهدی توکّلی ／友人のメフディー・タヴァッコリー氏

翻字（ペルシア語）：یکی از دوستان ما تعریف میکرد که یکی از دوستانش و آشنایانش برای جمع آوری هیزم، به یک محله ای در سور دار،

اسم محله ای ست در مازندران، به آنجا رفت و آدمِ خیلی ناترس و شجاعی
بود. و اسبی هم با خود داشت. بعد، در هنگام جمع کردن هیزم دیگر هوا
تاریک شده بود. هوا شب شده بود و غروب شده بود یک دفعه یک گوسفند را
میبیند. گوسفند را میبیند، و تعجب میکند از این که در جنگل گوسفند
دیده بوده به دنبال گوسفند میدود، میدود و هر چه سعی میکند او را بگیرد،
نمیتواند. در این موقع یک دفعه میبیند که گوسفند غیب شده. محو شده
دیگر اثری از گوسفند نیست. بعد، تازه متوجه میشود در آنجا گوسفند
امکان ندارد باشد و آن جن بوده است. و سریع خیلی زود اسبش را سوار
میشود و به طرف محله خود تاخ میکند تا زودتر به محله خانه خود برساند.

翻字（ローマ字）：yekī az dūstān-e mā ta‘arīf mīkard ke yekī az dūstānaš va āšenāyaš barāye jam āvarīye hīzom, be yek mahaleī dar sūr dār, esm-e mahalleī st dar māzandarān, be anjā raft va ādam-e xeilī nātars va šojāī būd. va asbī ham bā xod dāšt. ba‘ad dar hengām-e jam kardan-e hīzom dīgar havā tārīk šode būd. havā šab šode būd o qorūb šode būd yek daf‘e yek gūsfand rā mībīnad. gūsfand ra mībīnad, va ta‘ajjob mikard az īn ke dar jangal gūsfand dīde būde be donbāl-e gūsfand midavad, miravad o har če sa‘ī mikard ū ra begīrad, nemītavānad. dar īn mouqe yek daf‘e mibinad ke gūsfand qeib šode. mahu šode dīgar asarī az gūsfand nīst. ba‘ad tāze motavajje mišavad dar anjā gūsfand emkān nadārad bāšad va ān jen būde ast. sarī xeilī zūd asbaš ra savār mišavad o be taraf-e mohalleye xod tāx mikonad tā zūdtar be mahalle xāneye xod berasānad.

日本語訳：友人の一人から聞いた。ある人が、薪を集めようとマーザンダラーン州のスールダール地区にある、ストという名前の村に行った。とても、恐れ知らずで勇敢な者であった。自分の馬も持っていた。薪を集めていると、あたりが暗くなってきた。夜になり、つまり、夕方になってしまった。その時、一匹の羊を見た。森の中で羊を見たので驚いて、羊を追いかけていった。捕まえようとしたが、捕まらなかった。すると、羊は消えてしまった。影も形もなかった。よく考えると、そこには羊がいるはずがなく、ジンであるこ

とがわかった。とても急いで、馬を走らせて村に、家のある村に駆け戻ってきた。

備考：マーザンダラーン方言が分からないため、ファルザード・ヴァファーハーハ氏（アーモル出身）に聞いてもらって、アリー・モウサヴィー氏（アーモル出身）に標準ペルシア語で語りなおしてもらった。

154

題　　名：قصه جن و آل ／ジンとアールの話

分　　類：現代伝説

ＡＴ番号：-

録音箇所［収録時間］：004-011［00分58秒］

調 査 日：1998年10月26日

調 査 地：استان تهران، شهرستان ساوجبلاغ، شهر هشتگرد روستای برغان ／テヘラン州サーヴォジボラーグ地方ハシトゲルド地区バラガーン村

名　　前：رضا سخائی ／レザー・サハーイー

年齢性別：50才、男性

職　　業：کاسب قصّاب ／肉屋

住　　所：تهران، برغان

出 身 地：برغان ／バラガーン

伝 承 者：مادر بزرگ، پدر بزرگ ／祖母、祖父

翻字（ペルシア語）：اون زمان قدیم، که بچه هارا بترسونم، نرن بیرون، یه مثلی بود می گفتن جن میاد. فلان بچه را، بچه، بچه ها که دوست داشتن، مادرشون بچه به دنیا میاورد، میگفتن نه که تنهاش بذاری. تنها بذاری، مج[1]

جگر مامانو آل میاد در میاره. اگر بچه را تنها بذاری، جن میاد، عوض میکنه. یه بچه خوشکل رو میبری یه بچه زشته میاره میذاره اینجا به ایستا آدم ببینه، میترسه، به خاطر این، به عنوانی که اگر مامان تنها بذاری جن میاد جگرش رو در میاره و نمیدونم، آل میاد و جگرش و درمیاد و بچه را عوض میکنه، یه مثلی بود که بچه هارا میترسودند تو خونه نکر[۲]می داشتن. جن میاد جن میاد جگر زائو رو در میاره و آل میاد بچه را عوض میکنه. از این برنامه ها بوده. به خاطر این میکن که قصه جن که زن و بچه ها نرن بیرون مادرشون و تنها نذارن.

۱. مج = آل ۲. نکر = نکه

翻字（ローマ字）：ūn zamān-e qadīm, ke bačče hā rā betarsūnam, naran bīrūn, ye masalī būd migoftan jen miyād. felān bačče rā, bačče hā ke dūst dāštan, mādarešūn bačče be donyā miāvord, migoftan na ke tanhāš bezarī. tanhā bezarī, moj jegar māmāno āl miyād dar miyāre. agar bačče ra tanhā bezarī, jen miyād, avaz mikone. ye bačče xošgel ro mibarī ye bačče zešte miyāre mizaāre īnjā be īstā ādam bebīne, mitarse, be xāter-e īn, be onvānī ke agar māmān tanhā bezārī jen miyād jegareš ro dar miyāre o nemīdūnam, āl miyād o jegareš o dar miyād o bačče rā avaz mikone, ye masalī būd ke bačče hārā mitarsūdand tū xūne negar midāptan. jen miyād jen miyād jigar-e zāhū ro dar miāre o āl miyād bačče ra avaz mikone. az īn barnāme hā būde. be xāter-e īn migan ke qesseye jen ke zan o bačče hā naran bīrūn mādarešūn o tanhā nazāran.

日本語訳：昔は、かわいがっている子供たちが外に出ないようにするために、ジンが来るという話をして怖がらせたものである。また、母親は子供が生まれると、子供を一人にしてはいけない、と言ったものである。一人にしておくと、モジ（アール）がやって来てさらわれるというのである。また、もし子供を一人にしておいたら、ジンがやって来て、入れ替えてしまうというのである。かわいい子供をさらって、醜い子供を入れ替えて残し、人々を恐れ

させるのである。つまり、母親が子供を一人で置いておくと、ジンがやって来て、愛児をさらってしまったり、アールがやって来て、子供を入れ替えてしまうというのである。こういう話をして子供を怖がらせて外に出さないようにしたものである。「ジンが来るぞ、ジンが来るぞ、産婦の肝臓をとってしまうぞ。アールが来て、子供を入れ替えてしまうぞ。」もちろん、子供を一人にさせないためであるが。ジンの話をするので、女子供は外に出なくなり、母親も子供を一人にさせなくなったと言う。

備考：この話ではアールとジンの区別が曖昧である。

155

題　　名：آل ／アール

分　　類：現代伝説

AT番号：-

録音箇所［収録時間］：008-028［02分03秒］

調 査 日：1999年01月11日

調 査 地：استان هرمزگان، بندر عباس ／ホルモズガーン州バンダレアッバース

名　　前：علی اکبر پیشکاری ／アリーアクバル・ピーシュカーリー

年齢性別：63才、男性

職　　業：کارمند بازنشسته دولت ／元公務員

住　　所：بندر عباس

出 身 地：مازندران ／マーザンダラーン

伝 承 者：پدر ／父親

翻字（ペルシア語）：والله، مخلوقاتی که خداوند خلق کرده، یکی به نام آل در مازندران گفته میشه که این آل بنا به گفته اونها اشخاصی خیلی بلند قد و غول پیکر، و در مغار[1] ها به صورت گروهی یا به صورت خانوادگی یا زندگی میکردن. شخصی میگفت یکی از اون ها ر در حالیکه سوار بر اسب

من شده بود، و من روانه معموریتی بودم که از یه دهی به دهی دیگه برم، در ییلاقات سوار به اسب من شد. و من متوجه شدم که این بر پشت من سواره. فهمیدم که اینه ناخدا گاه سنجاقی که قبلاً مادرم به من برای این موضو داده بود من سنجاقمو به یقه این وصل کردم. این با سنجاق وصل کردن این برای همیشه نوکر ما شد یعنی تا من هر حرفی که میزدم بلا درنگ انجام میداد. کاری که برای ما انجام داده بود. این گفتش که من روزانه برای شما هیزم میکنم. می اومد درختی ر میبرید هر برای هر خانواده ای یک روز نوبت داشتش که هیزم بیاره هیزم هم که میاورد به اندازه یک دانه گاری دو اسبه هیزم درست میکرد و بار میکرد ومیاورد. تا یه روزی از روزها که رفته بود درخت ببرو برگرده بیاد چیز بکنه درخت یکی از اعضای بدن بین لای درخت گیر میکنه و همون جا میمیره خفه میشو میمیره.

۱. مغار = غار

翻字（ローマ字）：vallah, maxlūqātī ke xodāvand xalq karde, yekī be nām-e āl dar māzandarān gofte miše ke īn āl benā be gofte ūnhā ašxāsī xeilī boland qad o qūl peokar, dar maqar hā be sūrat-e gorūhī yā be sūrat-e xānevādegī yā zendegī mīkardan. šaxsī migoft yekī az ūn hā re dar hālīnke savār-e bar asb-e man šode būd, va man ravānehe ma'amūriyatī būdam ke az ye dehī be dehī dīge beram, dar īlāqāt savār be asb-e man šod. va man motavajje šodam ke īn bar pošte man savāre. fahmīdam ke īne nāxodā gāh sanjāqī ke qablān mādaram be man barāye īn mouzū dāde būd man sanjāqemū be yaqe īn vasl kardam. īn bā sanjāq vasl kardan-e īn barāye hamīše noukar-e mā šod ya'anī tā man har harfī ke mizandam balā derang anjām midād. kārī ke barāye mā anjām dāde būd. īn gofteš ke man rūzāne barāye šomā hīzom mikonam. mīūmad deraxtī re miborīd har barāye har xānevādeī yek rūz noubat dāšteš ke hīzom biyāre hīzom har ke miāvord be andāzeye yek dāne gārīe do asbe hīzom dorost mikard o bār mikard o miāvord. tā ye rūz az rūz hā ke rafte būd deraxt beboro bargarde biyād čīz bokone deraxt yekī az e'ezāye badan-e beine lāye deraxt gīr mikone va hamūn jā mīmīre xaffe mišo mīmīre.

日本語訳：神が創造したものの中に、マーザンダラーンではアールと呼ばれるものがある。このアールは、背がとても高くて巨人のようだと言われる。洞穴などに群れをなして、または家族で住んでいるという。ある者がこう言っていた。

　私が馬に乗ってある村から別の村へいつもどおり移動していると、田舎で（何者かが）私の馬に乗ってきた。私は、後ろに誰かが乗ったのに気がついた。母親がこのようなときのために針を私に持たせていたので、針を（アールの）襟元に刺してやった。こいつは針を刺されたものだから、私の言いなりになった。私の言ったことは、なんでもすぐに言うとおりにした。私のために働いたのである。ある時、アールが言った。
　「あなたのために薪をとってきます。」
　毎日、アールがすべての家族のために、荷馬車一台分と馬二頭分の薪を順番に集めてくることになっていた。そして、アールは木を伐って、運んできた。ところが、ある日、木を伐って持ち帰ろうとすると、アールの体の手足の一部に木が引っかかって、死んでしまった。

156

題　　名：گردنبند گم شده ／ なくなった首飾り
分　　類：現代伝説
ＡＴ番号：-
録音箇所［収録時間］：008-002［01分13秒］
調　査　日：1999年01月08日
調　査　地：استان تهران، شهر ری، روستای طالب آباد ／ テヘラン州レイ市ターレバーバード村

名　　前：فاطمه غفوری ／ ファーテメ・ゴフーリー
年齢性別：42才、女性
職　　業：خانه دار ／ 主婦
住　　所：-
出　身　地：استان تهران، شهر ری، روستای قلعه نو ／ テヘラン州レイ市ガラエノウ村
伝　承　者：-

翻字（ペルシア語）: در زمانای خیلی قدیم یه مادری بچه کوچکی داشته تو حیاط خوابونده بوده. یه دونه غربیلم روسر بچه گذاشته که مواظبت بشه از جونوری مرغی چیزی چشمش در امان باشه. بعد این مادر یه دونه

گردنبند داشته. یه دونه کلاغ میاد این گردنبند رو بچه میدیده. با این که سنشم خیلی کم بوده میدیده که این گرفت به منقارو برد گذاشت تو لونش. هرچی مادر میادو بعداً میگرده میبینه این گردنبند نیست. دیگه میگه گم شده دیگه. لابد یه جوری شده (که من) بعد دیگه چند سال که میگذاره این بچه بزرگ میشه مادر میگه (این گردنبند) من یه گردنبندی داشتم و اینجوری بوده و گردنبند و گم کردم. بچه میگه من میدونم کجاست. مادر میگه شما از کجا میدونی؟ میگه من اون موقع که کوچیک بودم، آسمون سوراخ سوراخ بود. دیگه نمیتونه توضیح بده که چی بود چی جوری بود. میگه که من دیدم کلاغه گردنبندِ به منقار گرفت برد گذاشت تو لونه وقتی میرن میبینن گردنبندِ مادر تو لونه کلاغه. قصه ما به سر رسید کلاغه به خونش نرسید.

翻字（ローマ字）：dar zamānāye xeilī qadīm ye mādarī bačče kūčikī dāšte tū hayāt xābunde būde. ye dūne qarbīl-am rū sar-e bačče gozašte ke movāzevat beše az jūnevarī morqī čīzī češmeš dar amān bāše. ba'ad īn mādar ye dūne gardanband dāšte. ye dūn ekalāq miyād īn gardanbande ro bačče mīdīde. bāīn ke sennešam xeilī kam būde mīdīde ke īn gereft be menqāro bord gozāšt tū lūnaš. harčī mādar miyādo ba'adān mīgarde mibine īn gardanband nīst. dīge mige gom šode dīge. lābod ye jūrī šode ke man ba'ad dīge čand sāl ke migozare īn bačče bozorg miše mādar mige in gardanband man ye gardanandī dāštam o injūrī būde o gardanband o gom kardam. bačče mige man midūnam kojāst. mādar mige šomā az kojā midūnī? mige man ūn mouqe ke kūčīk būdam, āsemūn sūrāx sūrāx būd. dīge nemītūne touzīh bede ke čī būd čī jūrī būd. mige ke man dīdam kalāqe gardanband be menqār gereft bord gozāšt tū lūne vaqtī miran mibīnan gardanband-e mādar tū kūneye kalāqe. qesseye mā be xūne rasīd kalāqe be xūneš narasīd.

日本語訳：昔々、小さな子供をもつ母親がいて、庭で寝かせていた。動物やニワトリたちから守るために籠の中に入れていた。母親は首飾りを持っていた。カラスがやって来た。首飾りは子供が見ていたが、とても幼かったのでカラスは首飾りをくちばしでくわえて巣に持って帰った。母親が戻ってくる

と、首飾りはなかった。無くしたと思っていた。ところが、数年が経ち、子供が大きくなってから、母親が偶然こう言った。

「首飾りを持っていたのですが、無くしてしまったのです。」

すると、子供は言った。

「私はどこにあるか知っています。」

母親は言った。

「なぜわかるのですか。」

子供が言った。

「私は幼かったが、その時は空が網の目のようだった。カラスが来て、首飾りをくちばしでくわえて巣に持っていきました。」

そして、一緒に見に行ってみると、カラスの巣から母親の首飾りが出てきた。私たちのお話はお終いである。カラスは家に帰らなかった。

備考：話者の息子（メフディー・アクバリー氏）によると、偉人伝（ブー・アリー・スィーナー等）の一部ではないかという。

157

題　　名：داستان عشور／アシュールの話
分　　類：現代伝説
ＡＴ番号：−
録音箇所［収録時間］：004-014［01分56秒］
調 査 日：1998年10月26日
調 査 地：استان تهران، شهرستان ساوجبلاغ، شهر هشتگرد روستای برغان
　　　　　／テヘラン州サーヴォジボラーグ地方ハシトゲルド地区バラガーン村

名　　前：هادی کمالی زاده／ハーディー・キャマールザーデ
年齢性別：18才、男性
職　　業：دامدار／牧畜業
住　　所：تهران، برغان
出 身 地：تهران／テヘラン
伝 承 者：پدر بزرگ／祖父

翻字（ペルシア語）: یه روزی تو برغون میخواستن حسینیّه درست کنن، بعد این حسینه یه چوب میخواستن. یه چوب بزرگ بعد رفته بودن از باغای

بالا این چوبو بریده بودن درستش کرده بودن چوبم سنگین بود. میخواستن این چوب سنگین بیارن بعد ده نفر میخواست این چوب بیاره. یه نفر هم بود اسمش عشور بود. بعد این عشور با این ده نفر قرار گذشته بودن که صبح برن این چوب و بر دارن بیارن. خونشون خوابیده بوده که میبینن نصف شب عشور میبینه نصف شب در میزنن. میره درو باز میکنه میبینه دوستاش اومدن. حالا نگو این[1] دوستاش جن و پری بودن، به شکل دوستای عشور در آمده بودن. میاد، عشور صدا میکنن و میرن چوب میارن. چوب میارن، چوب میذارن رو دوششون، عشور میذارن رو چوب. عشور میشینه روی چوب و داشتن میاوردن اون جن و پریا تو خودشون میگفتن عشور عشور اون چیزی که تو دلت نگو. یعنی بسم الله الرحمن الرحیم نگو. اون چیزی که تو دلتِ نگو. بعد، یه دفعه عشور نگاه میکنه پاشونو میبینه پاشون غیر از آدمیزاده. بعد یه دفه[2] میگه بسم الله الرحمن الرحیم، این جنا ولش میکنن. ولش میکننو میوفته پایین. میوفته پایین، (میزنن میره) میترسه یه دفه. میترسه میگه خوب تا اینجا که منو آوردم بذا[3] بیان ببرن. بعد یه دفه جن و پریا دو باره جمع میشن عشور میذارن رو چوب میذارن رو دوششون و حرکت میکنن. حرکت میکنن داشتن میومدن نزدیک حسینیه که میرسن عشور یه دفه میگه بسم الله الرحمن الرحیم، دوباره. میگه بسم الله الرحمن الرحیم از اون بالا ولش می کنن میوفته پایین. میوفته پایین و دیگه صبح میشه. بعد ملت بیان برغونیا میان جمع میشن میگن چی شده عشور چرا چوب اینجاست. قرار بود صبح با هم دیگه بریم. چرا نیومدی اینا. میگه اره شب بود جن و پریا در زدن منم ترسیده بودم ولی با اینا رفتیم چوبو ور داشتیم آوردیم. اینم یه داستانیه از جن و پریا بود که من یادم تعریف کردم.

۱. نگو این=نمی دونسته این ۲. دفه = دفعه ۳. بذا = بگذار

翻字（ローマ字）：ye rūzī tū baraqūn mixāstan hoseine dorost konan, ba‘ad īn hoseine ye čūb mīxāstan. ye čūb-e bozorg ba‘ad rafte būdan az bāqāye bālā īn čūbo borīde būdan dorosteš karde būdan čūbam sangīn būd. mīxāstan īn čūb-e sangīn biyāran ba‘d dah nafar mīxāst īn čūb biyāre. ye nafar būd esmeš ašūr būd.

ba'd īn ašūr bā īn dah nafar qarār gozašte būdan ke xobh beran īn čūb o bar dāran biyāran. xūnašūn xābīde būde ke mibīnan nesf-e šab ašūr mibīne nesf-e šab dar mizanan. mire daro bāz mikone mibīne dūstāš ūmadan. hālā nagūīn dūstāš jen o parī būdan, be šekl-e dūstāye ašūr dar āmade būdan. miyād, ašūr sedā mikonan o miran čūb miyāran. čūb miyāran, čūb mizāran rū dūšešūn, ašūr mizāran rū čūb. ašūr mīšīne rūye čūb o dāštan miāvordan ūn jen o parī yā tū xodešūn mīgoftan ašūr ašūr ūn čīzī ke to delet nagū. ya'nī besmellāhe rahmane rahīm nagū. ūn čīz ke tū delet nagū. ba'ad, ye daf'e ašūr negāh mikone pāšūnō mībīne pāšūn qeir az ādamīzāde. ba'ad ye daf'e mige besmellāhe rafmane rahīm, īn jennā veleš mikonan. veleš mikonano miyofte pāīn. miyofte pāīn, mizanan mire mitare ye dafe. mitarese mige xūb tā injā ke mano āvordam bezā biyān bebaran. ba'ad ye dafe jen o pariyā do bāre jam mišan ašūr mizāran tū čūb mizaran rū dūšešūn o harkat mikonan. harkat mikonan dāštan miūmadan nazdīk-e hoseinī ke mirasan ašūr ye dafe mige besmellāhe rahmane rahīm, dobāre. mige besmellāhe rahmane rahīm az ūn bālā veleš mikonan miofte pāīn. miofte pāīn o dīge sobh miše. ba'ad mellat biyān baraqūniyā miyān jam mišan migan čī šode ašūr čerā čūb īnjāst. qarār būd sobh bā ham berīm. čerā nayūmadī īnā. mige are šab būd jenno parīyā dar zadan man-nam tasīde būdan valī bā īnā raftīm čūbō var dāštīm āvordīm. īnam ye dāstānīe az jen o pariyā būd ke man yādam ta'arīf kardam.

日本語訳：ある時、バラガーン村でホセイン殉教劇をしようとしていた。この殉教劇のために棒が必要であった。大きな棒である。上の方の畑で切ってきて、その棒を作った。重い棒である。重い棒を持ってきた。十人がかりで持ってこようとした。そのうちの一人にアシュール(1)という名前の者がいた。朝にその棒を十人で持ってくることにしていたのであるが、アシュールが家で寝ていると、夜中に彼の家の扉を叩く者がいた。扉を開けると、友人たちであった。それがジンか妖精であったことなどわからなかった。アシュールの友人たちの姿で現れたのであった。そして、アシュールも声を上げて、棒を取りに行った。棒を取り、皆の肩に乗せ、アシュールは棒の上に乗った。アシュールは棒の上に座って皆が担いだ。ジンや妖精たちは、口々に言った。

「アシュール、アシュール、心の中で考えていることを口に出すな。」

つまり、「慈悲深くあまねきアッラーの御名において。」（ベスメッラーヘラフマネラヒーム）と言うなということであった。「心の中で考えていることを口に出すな。」と言われて、アシュールが彼らの足を見てみると、それは人間のものではなかった。そして、「慈悲深くあまねきアッラーの御名において。」と言った。すると、ジンたちは消えてしまった。消えてしまって、アシュールは落ちてしまった。落ちて、怖くなった。恐れながらも言った。

「私をここまで連れてきたんだから、最後まで運ばせてやろう。」

すると、ジンと妖精たちはもう一度集まって、アシュールを棒に乗せて肩に担いで歩き始めた。そして、劇場の近くまで来たとき、アシュールは再び言った。

「慈悲深くあまねきアッラーの御名において。」

そういうとまたジンたちが消え、下に落ちてしまった。下に落ちたときは、朝になっていた。そして、村人たちがやって来た。バラガーンの人々がやってきて、集まって言った。

「どうしたんだい、アシュール。どうして、ここに棒があるのだ。朝に一緒の運ぶことになっていたじゃないか。どうして、来なかったのだ。」

アシュールは言った。

「夜中にジンと妖精が扉を叩いたんだ。私も怖かったけれど、彼らと行って棒をとって持ってきたというわけさ。」

これも、私が覚えているジンと妖精の話である。

注
1．アシュールは、ここでは人名である。

158

題　　名：روخ／幽霊（仮題）
分　　類：現代伝説
ＡＴ番号：-
録音箇所［収録時間］：006-034［01分20秒］
調 査 日：1998年12月31日
調 査 地：استان فارس، شهرستان فسا، بخش شیبکوه، روستای میانده／
　　　　　ファールス州ファサー地方シーブクー地区ミヤーンデ村

名　　前：الماس روستا／アルマース・ルースター
年齢性別：35才、男性
職　　業：برق کش ساختمان／電気工
住　　所：فارس، شهرستان فسا، بخش شیبکوه، میانده
出 身 地：روستای میانده／ミヤーンデ村
伝 承 者：خانواده／家族

翻字（ペルシア語）：تقریباً در زمان سال هزار و سی صد و هفتاد و چهار، که ما در فسا بودیم، یه ساختمونی از یک شهید کرایمون بود. وقتی شبا میخوابیدیم، این یه حالت روحی شب میومد تو خونه. که حتی یک شب

برادرم ای روح دیده بود گفته بود او کسیه دزدی چی اومده تو خونه. به دنبالشم رفته بود چند ولی روح غیب شده بود. بعد از مدت یه تعدادی مستعجر[۱] نشستن اونجا، اونا هم همین چی و دیدن. همین روح رو دیده بودن که حتی هر کدوم یک ماهی، بیست روزی بیشتر تو خونه، مستقر نشدن. و الان هم همین خونه هستش چون زن شهید و مادر شهید اختلاف داشتن، اینطور چی که گفتن ما سر دعا هم که بر داشتیم، گفتن که ها شهیده روحش میاد، کسی نمیخواد تو خونه مستقر باشه.

۱. مستعجر = کسی که اجاره میکند

翻字（ローマ字）：taqrībān dar zamān-e sāl-e hezār o sīsad o haftād o čahār, ke mā dar fasā būdīm, ye sāxtemūnī az yek šahīd karāyemūn būd. vaqtī šabā mīxābīdīm, īn ye hālat-e rūhī šab miumad tū xūneh. he hattā barādaram ī rūh dīde būd gofte būd ū kasīe dozdī čī ūmade tū xūne. be donbāleš-am rafte būd čand valī rūh qeib šode būd. ba'ad az moddat ye te'edādī mosta'ajer nešastan unjā, unā ham hamīn čī o dīdan. hamīn rūh ro dīde būdan ke hattā har kodūn yek māhī, bīst rūzī bīštar tū xūne, mostaqar našodan. va alān ham hamīn xūne hasteš čūn zan-e šehīd o mādar-e šehīd extelāf dāštan, īntour čī ke goftan mā sar-e do'ā ham ke bar dāštīm, goftan ke hā šehīd rūheš miyād, kasī nemīxād tū xūne mostaqar bāše.

日本語訳：一三七四年（西暦1995年3月21日からの一年間）だったか、我々はファサー（地名）にいた。殉教者の家の部屋を借りていた。夜に眠っていると、幽霊のような者が家に現れた。ある晩など、弟がその幽霊を見て、泥棒だと騒いだりした。後を少し追いかけたが、消えてしまった。しばらくして、家を借りている人たちも見たという。その幽霊を見たという。ひと月に二十日以上も騒動があったことがある。殉教者の妻と母親が喧嘩をするので、まだその家にいるという。我々は護符を持っていた。殉教者の幽霊は、家に諍いがあるときに現れるといわれる。

歌　謡

通し番号：159－171

159

題　　名：دویدم و دویدم ／ どんどん走った

分　　類：歌謡

ＡＴ番号：－

録音箇所［収録時間］：002-008［01分03秒］

調 査 日：1998年09月25日

調 査 地：استان تهران، شهر ری، روستای طالب آباد ／ テヘラン州レイ市ターレバーバード村

名　　前：محمّد تقی کشاورزی ／ モハンマド・タキー・ケシャーヴァルズィー

年齢性別：47才、男性

職　　業：کشاورز و کارمند ／ 農業と事務員（兼業）

住　　所：استان تهران، شهر ری، روستای طالب آباد

出 身 地：روستای طالب آباد ／ ターレバーバード村

伝 承 者：－

翻字（ペルシア語）：دویدم و دویدم، سر کوهی رسیدم، دو تا خاتونی[1] دیدم، یکیش به من نون داد، یکیش به من آب داد. نون و خودم خوردم، آب و دادم به زمین، زمین به من علف داد، علفه دادم به بزی، بزی به من شیر داد،

شیر و دادم به نونوا، نونوا به من نون داد، نونه دادم به بابام، بابام به من قیچی داد، قیچی ر دادم به خیاط، خیاط به من قبا داد، قبا را دادم به ملا، ملا به من قرآن داد، قرآنه دادم به بابام، بابا به من خرما داد، یکیش خوردم، تلخ بود، یکیش خوردم شیرین بود، گفتم یکی دیگه بده، زد تو کلام رفت خونهٔ قاضی، رفتم کلامه را بیارم، گنجیشکا ریختن دور کلام، گفتم کیش کیش کیش کیش[۲]، گفت برات میارم نخوچی کیشمیش.

۱. خاتونی = اسم خانم ۲. کیش کیش کیش کیش = صدای برای دور کردن پرندگان

翻字（ローマ字）：davīdam o davīdam, sar-e kūhī resīdam, do tā xātūnī dīdam, yekiš be man nūn dād yekiš be man āb dād. nūn o xodam xordam, āb o dādam be zamīn, zamīn be man alaf dād, alafe dādam be bozī, bozī be man šīr dād, šīr o dādam be nūnvā, nūnvā be man nūn dād, nūne dādam be bābām, bābām be man qeičī dād, qeičī re dadam be xaiyāt, xaiyāt be man qabā dād, qabā ra dādam be mollā, mollā be man qorān dād, qorāne dādam be bābām, bābām be man xormā dād, yekīš xordam, talx būd, yekīš xordam šīrīn būd, goftam yeki dīge bede, zad tū kolām raft xūneye qāzī, raftam kolāme ra biyāram, gonješkā rīxtan dūr-e kolām, goftam kīš kīš kīš kīš, goft barāt miyāram naxočī kišmīš.

日本語訳：どんどん走って、山のてっぺんに着いた。二人の婦人に会った。一人はナンをくれ、一人は水をくれた。ナンは自分で食べて、水は地面に流した。地面は草をくれた。草を山羊に与えた。山羊は乳をくれた。乳をナン屋にあげた。ナン屋はナンをくれた。ナンを父親にあげた。父親ははさみをくれた。はさみを洋裁屋にあげた。洋裁屋は服をくれた。服を僧侶にあげた。僧侶はコーランをくれた。コーランを父親にあげた。父親はナツメヤシの実をくれた。一つ食べたら苦く、もう一つ食べたら甘かった。もう一つ下さいと言った。父は私の帽子を叩いて判事の家に行った。帽子を持って行った。帽子の周りに雀が集まり、シッシッシッシと言った。干しぶどうを持ってきたと言った。

160

題　　名：نون، پنیر و پسته／ナンとチーズとピスタチオ

分　　類：歌謡

ＡＴ番号：-

録音箇所［収録時間］：002-009［00分28秒］

調　査　日：1998年09月25日

調　査　地：استان تهران، شهر ری، روستای طالب آباد／テヘラン州レイ市ターレバーバード村

名　　前：محمّد تقی کشاورزی／モハンマド・タキー・ケシャーヴァルズィー

年齢性別：47才、男性

職　　業：کشاورز و کارمند／農業と事務員（兼業）

住　　所：استان تهران، شهر ری، روستای طالب آباد

出　身　地：روستای طالب آباد／ターレバーバード村

伝　承　者：-

翻字（ペルシア語）:نون و پنیر و پسته، ممدلیشاه[1] نشسته، این در و ا کن سلیمون، اون در و ا کن سلیمون، قالی رو بکش تو ایوون، گوشه قالی کبوده، اسم دائی محموده، محمود بالا بالا سر کردهٔ شغالا، گوشت رو بگیر کباب کن،

انکور و بکیر شراب کن، بشین و زهرمار کن[۲]، هر وقت رفتی به بازی، نکنی زبون درازی. بچه های بیرون دزدن. (یه وقت) عقلت و ازت میدزدن.

۱. ممدلیشاه = محمّدعلی شاه ۲. زهرمار کن = بگذارید بخورم

翻字（ローマ字）：nūn o panīr o peste, mamdališā nešaste, īn dare vā kon soleimūn, ūn dare vā kon soleimūn, qālī ro bekeš tu eivūn, gūšeye qālī kabūde, esm-e dāī mahmūde, mahmūde bālā bālā sar kardeye šoqālā, gūšt ro begīr kabāb kon, angūr o begīr šarāb kon, bešīn o zahr-e mār kon, har vaqt raft be bāzī, nakonī zabūn derāzī. bačče hāye bīrūn dozdan. ye vaqt eqlat va azat midozdan.

日本語訳：ナンとチーズとピスタチオ。モハンマド・アリー・シャー[(1)]が座っていた。この扉を開けろソレイマン、あの扉を開けろソレイマン。絨毯をベランダまで引いてこい。絨毯の端は紺色で、おじさんの名前はマフムード。背が高くジャッカルのよう。肉をとってキャバーブにしろ。ブドウを採って酒にしろ。座らせて、食わせろ。遊びに行ったときには、噂をするな。外の子供たちは泥棒だ。知性をとられるぞ。

注
1．カージャール朝第六代の王。

161

題　　名：دوتا خاتون ／ 二人の婦人（1）
分　　類：歌謡
AT番号：-
録音箇所［収録時間］：002-023［00分38秒］
調 査 日：1998年10月09日
調 査 地：استان تهران، شهر ری، روستای طالب آباد ／ テヘラン州レイ市ターレバーバード村

名　　前：خانم رستم مهابادی ／ ロスタム・マハーバーディー夫人
年齢性別：57才、女性
職　　業：خانه دار ／ 主婦
住　　所：استان تهران، شهر ری، روستای طالب آباد
出 身 地：استان تهران، شهرستان ورامین ／ テヘラン州ヴァラーミーン地区
伝承者：-

翻字（ペルシア語）：دویدم و دویدم، پشت کوها رسیدم، دوتا خاتون من دیدم. یکیش به من آب داد، یکیش به من نون داد. نونه خودم خوردم، آب دادم به زمین. زمین به من علف داد. علفه دادم به بزه، بزه به من شیر داد. شیره

دادم به تاقار[۱]. تاقار به من ماست داد. ماسته دادم به آخوند، آخوند به من دعا داد. دعا ر دادم به خدا. خدا به من خرما داد. یکیشه خوردم شیرین بود، یکیشه خوردم تلخ بود. همچین زده تو گوشم خودم پریدم تو طاقچه کلام پرید تو باغچه.

۱. تاقار = کیسه

翻字（ローマ字）：davīdam o davīdam, pošte kūhā rasīdam, dotā xātūn man dīdam. yek-š be man āb dād, yekīš be mā nūn dād. nūne xodam xordam, ābe dādam be zamīn. zamīn be man alaf dād. arafe dādam be boze, boze be man šīr dād. šīre dādam be tāqār. tāqār be man māst dād. māste dādam be āxond, āxond be man dahā dād. dahā re dādam be xodā. xodā be man xormā dād. yekiše xordam šīrīn būd, yekīš xordam talx būd. hamčīn zade tu gūšam xodam parīdam tū tāqče kolām parīd tū bāqče.

日本語訳：どんどん走って、山の裏に着いた。すると二人の婦人に合った。一人が水をくれて、もう一人がナンをくれた。ナンは自分で食べて、水は大地に与えた。大地は私に草を与え、草を山羊に与えた。山羊は私に乳をくれた。乳を箱に与えると、箱は私にヨーグルト（マースト）をくれた。ヨーグルトを僧侶に与えると、僧侶は私に呪文をくれた。呪文を神に与えると、神は私に椰子の実を与えた。一つ食べると甘かった。もう一つ食べると苦かった。強く顔を叩くと、壁龕に飛び上がり、帽子は庭に飛んでいった。

162

題　　名：دو تا خاتون ／二人の婦人（2）

分　　類：歌謡

ＡＴ番号：－

録音箇所［収録時間］：002-024［00分18秒］

調 査 日：1998年10月09日

調 査 地：استان تهران، شهر ری، روستای طالب آباد ／テヘラン州レイ市ターレバーバード村

名　　前：خانم رستم مهابادی ／ロスタム・マハーバーディー夫人

年齢性別：57才、女性

職　　業：خانه دار ／主婦

住　　所：استان تهران، شهر ری، روستای طالب آباد

出 身 地：استان تهران، شهرستان ورامین ／テヘラン州ヴァラーミーン地区

伝 承 者：－

翻字（ペルシア語）：(دوویدم دوویدم دوتا خاتون من دیدم.) دوویدم دوویدم پشت کوها رسیدم. دو تا اژان¹ من دیدم، همچین زده تو گوشم گوشواره هام رو دوشم آی گوشم، آی گوشم من دختر گوگوشم.

۱. اژان = پاسبان

翻字（ローマ字）：dovīdam dovīdam pošt-e kūhā rasīdam. dotā ažān man dīdam, hamčīn zade tūgūšam gūšvāre hām ro dūšam āi gūšam, āī gūšam man doxtar-e gūgūšam.

日本語訳：どんどん走って、山の裏についた。二人の警官に出会った。私の耳を殴ったので、耳輪が肩に落ちた。耳（グーシュ）が、耳が、私はグーグーシュ[1]の娘です。

注
1．グーグーシュは、１９６０～７０年代に一世を風靡したイランの女性歌手。

163

題　　名：قصه کلک کلک ／コレックコレック

分　　類：歌謡

ＡＴ番号：-

録音箇所［収録時間］：005-001［01分13秒］

調 査 日：1998年11月11日

調 査 地：استان تهران، شهرستان ساوجبلاغ، شهر هشتگرد، روستای برغان، سرخه ／
テヘラン州サーヴォジボラーグ地方ハシトゲルド地区バラガーン村ソルヘ

名　　前：محمّد ابراهیم رئیسی ／モハンマドエブラーヒーム・ライースィー

年齢性別：74才、男性

職　　業：کشاورز ／農業

住　　所：تهران، سرخه

出 身 地：تهران، سرخه ／テヘラン州ソルヘ村

伝 承 者：عمو ／おじ

翻字（ペルシア語）：کُلِک کُلِک[1] گردن کلک. کلک منه انگور دو. انگور دام

(گابه ر چی) باغبانه. باغبان منو علف و دو، علفو دام گوئکه[۲]. گوئک منه شیر داد. شیر دام ملا ر. ملا منه کتاب قرآن دا. کتاب قرآن دادم خدا. خدا منه خرما دا. خرما ر یکیش بخوردم و یکیش تلخ بود. گفتم ای خدا این تلخه، یه دونه شیرینتر بده. وقتیکه گفتم این یه چوب ور داشتو انداخت منو تو زرنگ چاله[۳]. رفتم کفشم ور دارم یه کیسه پول پیدا کردم رفتم کلامو وردارم یه کیسه پول پیدا کردم. گفتم خدا خوب به من دولت دادی. رفتم و اینه برنج و روغن خریدمو آوردم غذا درست کردم، یه خردشو خوردم. یه خردشو اونجا جا گذاشتم گفتم شب بخورم. رفتم دیدم گربه داره میخوره. گفتم که پیشت پیشت گف[۴] گف آقات تو ریش. گفتم که پیشت پیشت گف گف آقات تو ریش. او ر گرفتم و سرکونشو دوختم چشمش دوختم کونشو دوختم دست و پاش بستم و انداختم تو دریا.

۱. کُلک کُلک = کچل کوچک یا گوسفند ۲. گوئکه = بز ۳. زرنگ چاله = چاله کوچک ۴. گَف = گه من

翻字（ローマ字）: kolek kolek gārdan-e korek. kolek mane angūr dou. angūr dām gābe re čī bāqbāne. bāqbān-e mano alaf o dou, elafo dām goweke. gowek mane šīr dād, šīr dām mollā re. mollā mane ketāb-e qor ān dā. ketāb qor ān dādam xodā. xodā mane xormā dā. xormā re yekīš boxordam yekīš talx būd. goftam ei xodā īn talxe, ye dūne šīrīntar bede. vaqtīke goftam īn ye čūb var dāšto andāxt mano tū zereng-e čāle. raftam kafšam var dāram ye kīse pūl peidā kardam raftam kolāmū vardāram ye kīse pūl peidā kardam. goftam xodā xob be man doukat dādī. raftam o ine berenj o rouqan xarīdamo āvordam qazā dorost kardam, ye xordešo xordam. ye xordešo ūnjā jā gozāštam goftam šab boxoram. raftam dīdam gorbe dāre mixore. goftam ke pīšt pīšt gof gof aqāt-e to rīš. goftam ke pīšt pīšt gof gof aqāt-e to rīš. ū re gereftam o sarkūnešūn dūxtam češmeš dūxtam kūnešo dūxtam dast o pāš bastam o andāxtam tū daryā.

日本語訳：小さな禿(1)が散歩していた。禿が私にブドウをくれた。ブドウを

庭師にあげた。庭師は私に草をくれた。草を山羊にあげた。山羊は私に乳をくれた。乳を僧侶にあげた。僧侶はコーランの本をくれた。コーランの本を神様に捧げた。神様は私にナツメヤシの実をくれた。一つ食べると苦かった。神様に、「神様、これは苦い。別の甘いのを下さい。」と言うと、神様は棒を持って私を小さな穴に落とした。靴を持って歩いて行くと、お金の入った箱を見つけた。お金の箱を見つけたので帽子を脱いで、こう言った。「神様、いいものをくれました。」もどってきて、米と油を買って、ご飯を作った。少し食べて、残りは夜のために置いておいた。すると、猫がやって来て、食べていた。「シッシッ。」と私が言うと、猫は小便を髭にかけた。猫は小便を髭にかけた。そこで私は猫を捕らえて尻の穴を縫ってやった。目も縫ってやった。手と足をくくって海に投げ入れてやった。

注
1. كلك (kolek)は「小さな禿」の意味か、「羊」の意味か不明。ここでは、「小さな禿」の意味で訳した。

164

題　　名：لالائی ／子守歌（1）

分　　類：歌謡

ＡＴ番号：－

録音箇所［収録時間］：003-014［00分42秒］

調 査 日：1998年10月21日

調 査 地：استان تهران، شهرستان ساوجبلاغ، شهر هشتگرد روستای برغان ／テヘラン州サーヴォジボラーグ地方ハシトゲルド地区バラガーン村

名　　前：رضا سخائی ／レザー・サハーイー

年齢性別：50才、男性

職　　業：کاسب قصّاب ／肉屋

住　　所：تهران، برغان

出 身 地：برغان ／バラガーン

伝 承 者：－

（ペルシア語）**翻字**：لالای لالای گل پونه[1]، بچم آروم نمی [مـونه] گـیـره [نمـیـمـونه]، لالای لالای گل فندوق، بابات رفتـه سر صندوق، لالا لالا تو خو[2] داری، طمع بر شیر گو[3] داری؟ لالا لالای گل نعنا، بابات رفتـه یکّه وُ تنها. لالا

لالای گل فندوق بابات رفته سر صندوق، بخواب ای طفلکِ نازم بابات رفته بیاره بادوم.

۱. گل پونه = یک رو ۲. خو = خواب ۳. گو= گاو

翻字（ローマ字）：lalāi lalāi gol-e pūneh, baččam ārūm nemī gīre, lalāi lalāi gol-e fandūq, bābāt rafte sar-e sandūq, lalā lalā tū xū dārī, tame bar šīr gū dārī? lalāi lalāi gol-e naʻanā, bābāt rafte yekke o tanhā. lalā lalāi gol-e fandoq bābāt rafte sar-e sandūq, bexāb ei tofake nāzam bābāt rafte biyāre bādūm.

日本語訳：ラララー、メグサの花。私の子供は泣きやまない。ララララー、ハシバミの花。お父さんは倉を開けているよ。ラララー、お休みなさい。ミルクを飲みたいかい。ラララー、ハッカの花。お父さんは、一人で行ったよ。ラララー、ハシバミの花。お父さんは倉へ行ったよ。かわいい子よ、眠りなさい。お父さんは、アーモンドを持って帰ってくるよ。

165

題　　名：لالایی برای بچه ها ／ 子守歌（2）

分　　類：歌謡

ＡＴ番号：-

録音箇所［収録時間］：004-030［01分07秒］

調 査 日：1998年11月03日

調 査 地：استان مازندران، شهرستان آمل، محلّه چاکسر ／ マーザンダラーン州アーモル地方チャークサル地区

名　　前：طاهره قریب ／ ターへレ・ガリーブ

年齢性別：50才、女性

職　　業：خانه دار ／ 主婦

住　　所：آمل، خ. شهید بهشتی

出 身 地：آمل ／ アーモル

伝 承 者：شعر مازندران ／ マーザンダラーンに伝わる歌

翻字（ペルシア語）：لالالا، گلِ[1] لاله، مامان[2] گره. پسر دارنی[3]، اتا[4] خاله مامان گره. ته دائی جان دره دیرِ راه مامان گره. ته خاله جان داره نه چشم به راه مامان گره. پسر من ته سنه کمی مامان گره. پسر راه هسه[5] غریبی مامان گره. لالالا گل لاله مامان گره. پسر دارنی اتا خاله مامان گره. ته دائی

جان دره دیره راه مامان گره. ته خاله جان دارنه چشم به راه مامان گره.

ترجمه به فارسی : **لالالا، گله لالهٔ** من الهی، مامان به فدای تو. پسرم تو یک خاله داری مامان به فدای تو. پسرم دایی تو در جایی دور از ما زندگی کند مامان به فدای تو. پسرم خالهٔ عزیز تو چشم براه برادرش است مامان به فدای تو. پسرم الهی من فدای سن کم تو بشوم. پسرم راهش دور است الهی مامان به فدای تو.

۱. گِلِ = گُل ۲. مامان = مادر ۳. دارنی = داری ۴. اتا = یک تا ۵. راه هسه = راه هست

翻字（ローマ字）：lālālālā, gele lālē, māmān gērē. pēsar dānī, atā xālē māmān gērē. tē dai jān dāre dīr-e rā māmān gērē. tai xāle jān dāre nā čašm be rā māmān gērē. pēsar man tē senne kamī māmān gērē. pesar rā hase qarībī māmān gere. lālālālā gel-e lālē māmān gērē. pesar dārnī ātā xālē māmān gērē. tei dāī jān dāre dīre dā māmān gērē. te xāle jāne dārne čašm rā māmān gērē.

日本語訳：ラーラーラーラー、チューリップの花、私は願う。お母さんはおまえの味方だよ。息子よ、おまえにはおばさんがいる。お母さんはおまえの味方だよ。息子よ、おじさんは遠くに住んでいるのだよ。私はおまえの味方だよ。親愛なるおばさんは兄弟の帰りを待っている。私はおまえの味方だよ。息子よ、願わくば幼いおまえの味方でありたい。息子よ、道は長い。願わくば、お母さんはおまえの味方でありたい。

備考：マーザンダラーン方言から標準ペルシア語への訳は、ファルザード・ヴァファーハーハ氏による。

166

題　　名：شعر از قدیم ／ 昔からの歌（仮題）

分　　類：歌謡

ＡＴ番号：－

録音箇所［収録時間］：007-004［02分27秒］

調 査 日：1999年01月01日

調 査 地：استان فارس، شیراز، محلهٔ دوکوهک ／ ファールス州シーラーズ、ドゥークーハク村

名　　前：فتح الله دوکوهکی ／ ファットッラー・ドゥークーハキー

年齢性別：55才、男性

職　　業：کشاورز ／ 農業

住　　所：فارس، شیراز، محلهٔ دوکوهک

出 身 地：فارس، شیراز، محلهٔ دوکوهک ／ ファールス州シーラーズ、ドゥークーハク村

伝 承 者：قدیمی ها ／ 昔の人たち

翻字（ペルシア語）：راه بر و بیراه مرو هر چند که راه پیچان بود، زن بگیر بیزن مگر هر چند که زن شیطان بود. لذت دنیا زن و دندان بود، بی زن و دندان جهان زندان بود. زن نمیگیری مگر دیوانه ای، گر نگیری زن ز دین

بیگانه ای. زن بلا باشد به هر کاشانه ای، بی بلا هرگز نباشد خانه ای. زن ببر تا طالعت میمون[1] شود، هر خیالی از سرت بیرون شود. صد چو لیلی از غمت مجنون شود. ولی زن ترا در خانه یاری میکند، زن برایت خانه داری میکند. گر نیایی بی قراری میکند، گر بمیری آه و زاری میکند. وقت خواب چون رخت خوابت حاضره، در سر کوه بتان مسکن بگیر. یک زن خوشکل صاحب فن بگیر، این سخن را خوبه از من یاد بگیر، زن بگیر و زن بگیر و زن بگیر. زن ترا در خانه یاری میکنه. زن برایت خانه داری میکند. گر بمیری آه و زاری میکنه، در دهان سی و دو دندان گوهره، نام دندان کیمیای احمره. او ز هر چیز قیمتش بالاتره. پیر مردی دیدم از اهل غلات، گفته دندانم شکست با شکلات. سوی شیراز آمدم با طمتراق، چون مرا مینوی دندان سازدی، مبلغی بگرفت و دندانم کشید. بعد از آن بنها دو دندان جدید، نو جوان گشتم به این ریش سفید. حالا از لطف خدا نان می خورم، پالوده را سهل و آسان می خورم.

١. میمون = مبارک

翻字（ローマ字）：rā bar o bīrā maro har čand ke rā pīčan bovad, zan begīr bīzan magar har čand ke zan šeitān bovad. lezzat-e donyā zan o dandān bovad, bī zan o dandān jahān zendān bovad. zan nemīgīrī magar dīvāneī, gar nagīrī zan ze dīn bīgāneī. zan balā bāšad be har kāšāneī, bī balā hargez nabāšad xāneī. zan bebar tā tāla'at meimūn šavad, har xiyārī az sarat bīrūn šavad. sad čū leilī az qamat majnūn šavad. valī zan torā dar xāne yārī mikonad, zan barāyat xānedārī mikonad. gar nayāī bī qarārī mikonad, gar bemīrī āh o zārī mikonad. vaqt-e xāb čūn raxt xābet hāzere, dar sar-e kūh-e betān maskan begīr. yek zan-e xošgel-e sāheb-e fan begīr, īn sokhan ra xūbe az man yād begīr, zan begīr o zan begīr o zan begīr. zan torā dar xāne yārī mikone. zan barāyat xānedārī mikonad. gar bemīrī āh o zārī mikone. dar dahān sī o do dandān gouhare, nām-e dandān kīmiyāye ahmare. ū ze har čīz qeimateš bālātare. pīr mardī dīdam az ahl-e qalāt, gofte dandānam šekast bā šokolāt. sūye šīrāz āmadam bā tan tarāq, čūn marā mīnūye dandān sāzedī, mablaqī be gereft o dandānam kašīd. baʻad azān benhā do dandān-e jadīd, nou javān gaštam be īn rīš-e sefīd. hālā az lotf-e xodā nān mīxoram, pālūde ra sahl-e o āsān mīxoram.

日本語訳：たとえ、どんなに曲がっていたとしても、真っ直ぐな道を行け。どんなにやんちゃな女であっても妻をめとれ。この世の楽しみは妻と歯である。妻と歯がなかったらこの世は牢屋である。妻をめとらないのは気違いだ。妻をめとらないのは異教徒だ。妻は災難になるけれど、災難なしに家族はない。妻を持てば運が向く。何も考える必要はない。百人のライラはマジュヌーンになるだろう[1]。しかし、妻は家で助けてくれる。妻は家事をしてくれる。もし、あなたが帰ってこなければ、不安に思ってくれる。もし、あなたが死んだら、泣いて悲しんでくれる。寝るときは一緒に寝てくれる。山の上に家を持て。多才で綺麗な女性を妻としろ。私の言うことを良く聞きなさい。妻をめとれ、妻をめとれ、妻をめとれ。妻は家事をしてくれる。妻はあなたのために家事をしてくれる。もし、あなたが死んだら泣いて悲しんでくれる。口には三十二の宝の歯がある。歯の名前は赤い錬金術[2]。何よりも価値の高いもの。ガラート（地名か？）の老人が言っていた。「チョコレートで歯を悪くした。はでやかにシーラーズまで来た。歯医者が私の歯にかぶせものをしたり、お金を取って歯を抜いたら、白髪の髭だが、歯が新しくなって若くなった。今、神様のおかげでナンを食べている。パールーデ[3]を楽に飲み込んでいる。」

注
1. 「他の大勢のライラ（女性）が羨んで、マジュヌーン（狂気）になるだろう」の意。ニザーミー作の詩文学『ライラとマジュヌーン』と引っかけている。
2. 意味は不明。口の中で食べ物を栄養や幸福感に変えるからか。
3. パールーデとは、細い繊維状の澱粉製ゼリーの入った甘い飲み物。

167

題　　名：بسوی صحرا ／ 砂漠に向かって

分　　類：歌謡（アリーとモハンマドへの賛歌）

ＡＴ番号：-

録音箇所［収録時間］：004-006［00分49秒］

調 査 日：1998年10月26日

調 査 地：استان تهران، شهرستان ساوجبلاغ، شهر هشتگرد روستای برغان ／ テヘラン州サーヴォジボラーグ地方ハシトゲルド地区バラガーン村

名　　前：خانم جهانبخش ／ ジャハーンバフシュ夫人

年齢性別：不明、女性

職　　業：خانه دار ／ 主婦

住　　所：تهران، برغان

出 身 地：برغان ／ バラガーン

伝 承 者：پدر بزرگ ／ 祖父

翻字（ペルシア語）：رفتم به سوی صحرا، دیدم سوار تنها، گفتم سوار کیستی، گفتش سوار حیدرم، گفتم چی داری در بغل؟ گفتش کتاب پر غزل، گفتم بخوان تا گوش کنم. گفت ندارم سودای سر، طبل می زنیم طبل علا[1]،

می رویم پیش خدا، اون خدای خوش انام[۲]، صد و سی و یک انام، ما همه بندهٔ او، بندهٔ شرمندهٔ او، پا می ذاریم کهبه[۳] او. دست می ذاریم حَلقَهٔ او. جای درویشا کجاست. زیر تخت مصطفی. مصطفی در منبرِ تاج نورش بر سره بر محمّد و آل او صلوات.

۱. طبل علا = طبل بزرگ ۲.انام = نعمت دهنده ۳. کهبه = کعبه

翻字（ローマ字）：raftam be sūye sahrā, dīdam savār-e tanhā, goftam savār-e kīsetī, gofteš savār-e heidaram, goftam čī dārī darbaqal, gofteš ketāb-e por qazal, goftam bexān tā gūš konam. goft nadāram sūdāye sar, tabl mizanīm tabl-e alā, miravīm pīše xodā, ūn xodāye xoš anām, sad o sī o yek anām, mā hame bandaye ū, bandaye šarmandaye ū, pā mizarīm kahbaye ū. dast mizarīm halqaye ū. jāye darvīšā kojāst. zīr-e taxt-e mostafā. mostafā dar manbare tāj rūreš bar sare bar mohammad o āl-e ū sarvāt.

日本語訳：砂漠へ向かっていくと、馬に乗った人がいた。「あなたは誰ですか。」と私が言うと、「ヘイダル(1)です。」と言った。「何を抱えているのですか。」と私が言うと、ヘイダルは「抒情詩がいっぱい載っている本です。」と言った。「読んで聞かせてください。」と私が言うと、「そんな気になりません。太鼓を叩きましょう、大きな太鼓。神の御前に行きましょう。恩寵を授ける神の御前に。百三十一の恩寵。私たちは皆神の僕です。神の恥じ入るべき僕です。カーバの方へ向きましょう。神の周りで手を付きましょう。托鉢僧たちはどこにいますか。モスタファー(2)の寝台の下にいます。モスタファーは輝く冠と共に説教台にいます。」これでおしまい。

注
1．アリーのこと。
2．「モスタファー」はモハンマドの異名。

168

題　　名：حمد الله／ハムデ・アッラー
分　　類：歌謡（祈祷歌）
ＡＴ番号：-
録音箇所［収録時間］：004-007［00分33秒］
調　査　日：1998年10月26日
調　査　地：تهران، برغان／テヘラン州バラガーン村

名　　前：خانم جهانبخش／ジャハーンバフシュ夫人
年齢性別：不明、女性
職　　業：خانه دار／主婦
住　　所：تهران، برغان
出　身　地：برغان／バラガーン
伝　承　者：پدر بزرگ／祖父

翻字（ペルシア語）: حمد لله ذوالجلال[1] کبیر، سولم یا یضر سمیع و بصیر، بار الها بجای قُبر[2] نبی، به رسولش محمّد عربی، به علی زاده ابوطالب، اسدالله[3] سَرور[4] غالب، به حسن جرم نوش زهر علم[5]، طوطیِ سبزِ پوشِ گلشنِ[6] غم. و به زهرا وُسید ثقلین[7] تشنه کربلا امام حسین بر محمّد و آل او صلوات.

۱. ذوالجلال = بزرگ ۲. قُبر = قَبر ۳. اسدالله = شیر خدا ۴. سر ور = آقا ۵. علم = الم ۶. گلشن = باغ بهشت ۷. ثقلین = سرور دو عالم.

翻字（ローマ字）：hamde allāhe zoljalāle kabīr, savelam yā yezar samī o basīr, bāre lāhā bejāye qobre nabī, be rasūleš mohammade arabī, ba alī zādeye abūtāleb, asadollāhe sar bar qāleb, ba hasan jorme nūš zahre alam tūtīe sabze pūše golšane qam. va be zahrā vo seiyede saqalein tešneye karbalā emām hosein bar mohammad o ālū salavāt.

日本語訳： 神よ、あなたの偉大さに願を掛ける。あなたは（あらゆるものを）聞くことができ、見ることができる。預言者たちの墓へ向かって願を掛ける。預言者モハンマド。アサドッラー・ガーレブ(1)、アブーターレブの子、アリー。悲しみの毒を一気に飲み干し、鸚鵡のような緑の服を着ているが、まとっているのは悲しみの園であるハサン。セイエド・サクレイン(2)、カルバラの乾き(3)のホセイン。〈これで終わり。〉

注

1. アサドッラー・ガーレブはアリーの異名。
2. セイエド・サクレインはモハンマドの異名
3. カルバラの乾きはホセインの異名。

備考：この祈祷歌の後で、個人の願い事を言う。

169

題　　名：خواندن اشعار حافظ حین ／ 労作歌（ハーフェズの詩）

分　　類：歌謡

ＡＴ番号：－

録音箇所［収録時間］：001-013［00分42秒］

調 査 日：1998年09月11日

調 査 地：استان تهران، شهر ری، روستای طالب آباد ／ テヘラン州レイ市ターレバーバード村

名　　前：اسد الله ابراهیمی ／ アサドッラー・エブラーヒーミー

年齢性別：70才、男性

職　　業：کشاورز ／ 農業

住　　所：استان تهران، شهر ری، روستای طالب آباد

出 身 地：روستای طالب آباد ／ ターレバーバード村

伝 承 者：－

翻字（ペルシア語）：[خوش است] خلوت اگر یار یار من باشد نه من سوزم و او شمع انجمن باشد من آن نگین سلیمان بهیچ نستانم که گاه گاه بر انگشت[1] اهرمن باشد.

۱. بر انگشت = بر و دست [اشتباهی گفت.]

翻字（ローマ字）：xalvat gar yār yār-e man bāšad na man besūzam o ū šam'-e anjoman bāšad manan negīn-e soleimān behīč nastānām ke gāh gāh bar angošt-e ahremān bāšad.

日本語訳：かの方が私の恋人であれば、孤独も楽しみである。かの方が他の者たちの灯火であれば私は恋いこがれはしない。私はソレイマンの玉璽を決して受け取らない。なぜなら、時にそれはアフリマンの指にあることがあるからである。

備考：労作歌として、ハーフェズがメロディーを伴った歌として歌われる実例である。この事例では、一定のリズムで畑を耕す際などに歌われるというが、仕事の内容などによってヴァリエーションがあることが考えられる。

Cf. خانلری، پرویز ناتل. دیوان حافظ. تهران : انتشارات خورزمی ۱۳۶۲. ۳۲۸.

170

題　　名：گلّه دار ／ 羊飼い

分　　類：歌謡

ＡＴ番号：-

録音箇所［収録時間］：004-010［00分21秒］

調 査 日：1998年10月26日

調 査 地：استان تهران، شهرستان ساوجبلاغ، شهر هشتگرد روستای برغان ／テヘラン州サーヴォジボラーグ地方ハシトゲルド地区バラガーン村

名　　前：خانم جهانبخش ／ ジャハーンバフシュ夫人

年齢性別：不明、女性

職　　業：خانه دار ／ 主婦

住　　所：تهران، برغان

出 身 地：برغان ／ バラガーン

伝 承 者：پدر بزرگ ／ 祖父

翻字（ペルシア語）：گله داشتیم رمه[1] داشتیم پشت کوها کوزه میکاشتیم، سگ ما کلم می خورد خودمون حسرت دوغِ داشتیم، خودت گفتی که من تُرک یلونم زبان فاستی[2] به لله ندونم.

۱. رمه = احشام، بز و گوسفند ۲. فاستی = فارسی

翻字（ローマ字）：gale dāštīm rame dāštīm pošte kūhā kūze mikāštīm, sag-e mā kalam mixord xodemūn hasrat-e dūq dāštīm, xodet goftī ke man tork-e yalūnam zabān-e fāsetī bellāh nadūnam.

日本語訳：我々は（羊や山羊の）群れを持っていた。群れを持っていた。山々の裏で壷を割った。私たちの犬がキャベツを食べた。なのに私はドゥーグ(1)さえも食べられない。私は勇敢なトルコ人である。ペルシア語はわからない。

注
1．ヨーグルトを水で薄めた飲物のこと。

備考：リズムを伴うため、歌謡に分類した。内容の意味は不明であるが、古くから伝わるという。バラガーン村民の祖先はトルコ系と言われており、それと関係がある可能性がある。

171

題　　名：محلّه و شپش ／となり村と疑心

分　　類：歌謡

ＡＴ番号：-

録音箇所［収録時間］：006-024［01分06秒］

調 査 日：1998年12月19日

調 査 地：اصفهان ／イスファハン

名　　前：حسین صراحی ／ホセイン・ソラーヒー

年齢性別：65才、男性

職　　業：استاد دانشگاه ／大学教員

住　　所：اصفهان

出 身 地：اصفهان ／イスファハン

伝 承 者：قدیم ／昔の人

翻字（ペルシア語）：یکی بود یکی نبود غیر از خدا هیچ کی نبود. در یک روستایی بین دو محلّه اختلاف و رقابت بود. و این محلّه محلّه دیگر را تحقیر میکردن و محلّه دیگر محلّه اولی را کوچک میشمردن. بعد این محلّه ها شعری برای همدیگر سروده اند که نشان از تنبلی محلّه دیگری است. شعر این است که اون محلّه یا اون پشتند گرگ را دیدند نکشتند شپش و با

دندون کشتن. قصه ما به سر رسید کلاغه به خونش نرسید.

۱. محلّه یا = محلّه ای یا

翻字（ローマ字）：yekī būd yekī nabūd qeir az xodā hīč kī nabūd. dar yek rūstāī beine do mahalle extelāf va reqābat būd. va īn mahalle mahalleye dīgar rā tahqīr mīkardan va mahalleye dīgar mahalleye avvalī rā kūček mīšomordan. ba'ad īn mahalle hā še'erī barāye hamdīgar surūde and ke nešān-e az tanbalīe mahalleye dīgarī ast. še'er īn ast ke ūn mahalle yā ūn poštand gorg rā dīdand nakoštand šepeš p bā dandūn koštan. qesseye mā be sar rasīd kalāqe be xūne narasīd.

日本語訳：あったことか、なかったことか神の他に誰もいなかったころ。ある村で、二つの地区が喧嘩をしていた。一方の地区は、お互いにもう一方の地区を軽蔑し、軽視していた。お互いに相手がぐうたらであるという詩を詠んだ。例えば、「あの地区はオオカミを見ても退治せずにシラミをかみ殺している。」と言うものである。お話はお終いである。カラスは家に帰らなかった。

備考：愚か村的発想は、イランにもある。テヘラン南部のターレバーバード村でも確認しており、北方のガルエノウ村を愚か村としており、歌謡も存在するという。録音に至らなかったため、本稿には収録していない。

伝承遊戯

通し番号：172−174

172

題　　名：اتل متل توتوله ／ アタルマタルトゥトゥーレ

分　　類：伝承遊戯

AT番号：-

録音箇所［収録時間］：001-009［01分46秒］

調 査 日：1998年9月5日

調 査 地：تهران ／ テヘラン

名　　前：محمّد رضا جناب زاده ／ モハンマド・レザー・ジェナーブザーデ

年齢性別：45才、男性

職　　業：／ استاد مرکز بین المللی آموزش زبان فارسی دانشگاه تهران
テヘラン大学ペルシア語教育国際センター教授

住　　所：خیابان ولیعصر ایستگاه پسیان

出 身 地：تهران ／ テヘラン

伝 承 者：-

翻字（ペルシア語）：اتل متل توتوله، گاو حسن چه جوره، نه شیر داره نه پستون، شیرش [را] ببر به هندوستون، یک زن کردی بستون، اسمشو بذار عمو قزی، دور کلاش قرمزی، هاچین و واچین یک پا تو و چین.

翻字（ローマ字）：atal matal tutūle, gāv-e hasan čejūre, na šir dare na pestūn, širaš bebar be hendūstūn, yek zan-e kordī bestūn, esmešo bezar am qezī, dour-e kolāš qermezī, hačīn o wačīn yek pā tō wa čīn.

日本語訳：アタルマタルトゥトゥーレ、ハサンの牛はどんなだ。乳も出ないし、乳房もない。乳をインドに持っていけ。クルド人の女を娶れ。名前をアムゲズィーとしよう。帽子の周りには赤い線、ハチーンノヴァチン[1]、片足を曲げろ。

注
1. 「ハチーンノヴァチーン」には特別な意味はない。ペルシア語では後に続く「片足を曲げろ」と韻を踏んでいる。

備考：解説を同時に収録。

173

題　　名：عمو زنجیر باز／アムーザンジールの遊び
分　　類：伝承遊戯
ＡＴ番号：-
録音箇所［収録時間］：004-022［00分24秒］
調　査　日：1998年10月30日
調　査　地：استان تهران، شهر ری، روستای طالب آباد／テヘラン州レイ市ターレバーバード村

名　　前：حسن اکبری و غیره／ハサン・アクバリー他
年齢性別：14才、男性
職　　業：محصّل／学生
住　　所：استان تهران، شهر ری، روستای طالب آباد
出　身　地：روستای طالب آباد／ターレバーバード村
伝　承　者：-

翻字（ペルシア語）：عمو زنجیر باف، بله. زنجیر من و بافتی، بله. پشت کوه انداختی، بله. بابا اومده، چیچی، آورده. نخود چی کشمش، با صدای چی؟ اوه اوه.

翻字（ローマ字）：amū zanjīr bāf, bāleh. zanjīr-e man o bāftī, bāleh. pošte kūh andāxtī, bāleh. bābā ūmadeh, čīčī ūmadeh. noxod čī kešmeš, bā sedāye čī? ūh ūh.

日本語訳：アムーザンジールで手をつなごう。はい。私のザンジールをつないだか。はい。山の向こうにザンジールを落とした。はい。お父さんが来たよ。何を持ってきたのだろう。エンドウ豆と干しぶどうだ。何の音かな。オウオウ。

　　備考：輪になって、ぐるぐる回る遊び。ただ、回るだけの遊びである。参加者全員で
　　　　声を出す。

174

題　　名：بازی الک دولک ／アラク、ドラク

分　　類：伝承遊戯

ＡＴ番号：－

録音箇所［収録時間］：008-004［00分20秒］

調 査 日：1999年01月08日

調 査 地：استان تهران، شهر ری، روستای طالب آباد ／テヘラン州レイ市ターレバーバード村

名　　前：ابو الفضل عباسی ／アボルファズル・アッバースィー

年齢性別：15才、男性

職　　業：محصّل ／学生

住　　所：－

出 身 地：روستای طالب آباد ／ターレバーバード村

伝 承 者：－

翻字（ペルシア語）：الکم دولکم چرخو فلکم[1] علی میگه زووووو……

۱. چرخ فلک = چرخ آسمان

翻字（ローマ字）：alakam dolakam čarxō falakam ali mige zū...

日本語訳：アラキャム、ドラキャム[1]、大空、アリー[2]は言う、「ズー・・・[3]」

注

1．「アラキャム（アラク）、ドラキャム（アラク）」は、二つのチームの名前。
2．ここでは、少年の一般的な名前という意味しか持たない。第四代カリフ・アリーとは関係がないという。
3．「ズー」は、間投詞。«زود»（早く）などの意味は特にないという。

備考：二つの煉瓦の上に小さな木ぎれを置いて、それを長い棒ではたきあげ、木ぎれを長い棒で飛ばす遊び。はじめに攻める方と守る方の三人ずつの二つのチーム（アラクとドラク）に別れる。攻める方は、三人とも順番に長い棒で小さい木ぎれを落とさないように下から叩く。三人がそれぞれ木ぎれを落とすまでに叩くことのできた回数を足した分だけ、長い棒で木ぎれを決まった方向にできるだけ遠くに飛ばす。（木ぎれの落下点から繰り返し得た権利の回数分飛ばし続ける）飛ばした際、守る方がその木ぎれを受け取ると、受け取った分だけ攻める方が木ぎれを飛ばす回数が減る。三人ともそれぞれ最後に木ぎれが落ちたところから、上記の歌を歌いながら、戻ってくる。息が切れたところから、攻める方をおんぶして帰ってこなければならない。チームを変えて繰り返し。言葉の意味は本人達にもわからないという。写真は、最初に木ぎれをはたきあげるところ。

民間信仰

通し番号：175－202

175

題　　名：عقیده آب و جن ／ 水とジンの信仰

分　　類：民間信仰

AT番号：-

録音箇所［収録時間］：003-001［00分32秒］

調　査　日：1998年10月16日

調　査　地：استان تهران، شهر ری، روستای طالب آباد ／ テヘラン州レイ市ターレバーバード村

名　　前：علی اصغر حیدری ／ アリーアスガル・ヘイダリー

年齢性別：50才、男性

職　　業：صنعت کار ／ 工員

住　　所：استان تهران، شهر ری، روستای طالب آباد

出 身 地：روستای طالب آباد ／ ターレバーバード村

伝 承 者：قدیمی ها ／ 昔の人たち

翻字（ペルシア語）: تعریف میکردن که، می گفتن که اگر مثلاً آب جوش شب مثلاً بپاچی بیرون تو کوچه، ممکنه [که] بچه های جن اونجا باشن بسوزن بعداً آدمو اذیت کنن. این یکی از چیز هایی که بود عقیده های مردم بود مثلاً یا توی آتش مثلاً آتش میکردن، اگر آبی میریختیم که آتش خاموش

کنیم، می گفتن خوب نیست. ممکنه مثلاً جنی بشه آدم یه همچین چیز هایی[۱].

۱. بپاچی = بپاشی ۲. ممکنه مثلاً جنی بشه آدم یه همچین چیز هایی = آدم یه همچین چیز هایی ممکنه مثلاً جنی بشه (قلب)

翻字（ローマ字）：ta'arīf mikardan ke, mi goftan ke agar masalān āb-e jūš šab masalān bepāčī bīrūn tu kūče, momkene bačče hāye jen ūnjā bāšan besūzan ba'adān ādamo aziyat konan. īn yekī az čīz hāī ke būd aqīde hāye mardam būd masalān yā tūye āteš masalān āteš mikardan, agar ābī mirīxtīm ke āteš xāmūš konīm, migoftan xūb nīst. momkene masalān jennī beše ādam ye hamčīn čīzhāī.

日本語訳：このように言い伝えられている。もし、例えば夜に熱湯を、例えば外の小道に注いだなら、ジンたちがそこにいて火傷するかもしれない。そうしたら、きっと後で人間に仕返しするだろう。もう一つ他にも民衆の民間信仰がある。点いている火に水をかけて消すのはよくないことであるという。そこにジンがいるかもしれないと考えたのである。

176

題　　名：کمک جن به انسان ／ジンの御利益（1）

分　　類：民間信仰

ＡＴ番号：-

録音箇所［収録時間］：003-025［00分36秒］

調 査 日：1998年10月22日

調 査 地：استان تهران، شهر ری، روستای طالب آباد ／テヘラン州レイ市ターレバーバード村

名　　前：علی اصغر اکبری ／アリーアスガル・アクバリー

年齢性別：50才、男性

職　　業：کارمند ارتش باز نشسته، کشاورز ／元軍人、農業

住　　所：استان تهران، شهر ری، روستای طالب آباد

出 身 地：روستای طالب آباد ／ターレバーバード村

伝 承 者：قدیمیان ／昔の人たち

翻字（ペルシア語）：زمان قدیم تا به حال رسم بود. کسی اگر دختر خونش، دخترش، شوهر نمیکرد، بزرگ شده بود، خواستکار نمی اومد، تو خونه می موند، این رسم بود که یه پارچه ای گره میزدند، در حین گره زدن، می گفتن، بخت دختر شیطون بسته بشه، اون وقت اون پارچه رو می بردن،

میانداختن تو صحرا یه جا دور دست، بعد از چند مدت دیگه می گفتند که بخت اون دختر باز میشده، دختر شوهر می کرده. اعتقاد داشتن به این چیز ها.

翻字（ローマ字）：zamān-e qadīm tā be hāl rasm būd. kasī agar doxtar-e xūnaš, doxtareš, šouhar nemikard, bpzprg šode būd, xāstgār nemīūmad, tū xūne mīmūnd, īn rasm būd ke ye pārčeī gere mizadand, dar hein-e gere zadan, migoftan, baxt-e doxtar-e šeitūn basete beše, ūn vaqt ūn pārče ro mi bordan, mindāxtan tū sahrā ye jā dūr dast, ba'ad az čand moddat dīge migoftand ke baxt-e ūn doxtar bāz mišode, doxtar šouhar mikarde. e'eteqāt dāštan be īn čīz hā.

日本語訳：現在まで伝わる古い時代の習慣がある。家にいる娘がまだ嫁に行かないとき、つまり、大人になっても求婚者が来ずに、家にいるとき、布に結び目を作る習慣がある。結びながら、「娘のいたずらな運命よ、去れ。」という。そして、その布を荒野の遠いところに持っていって、投げる。しばらくすると、娘の運は開き、嫁に行くことができると言う。このような迷信がある。

備考：本文にはジンが出てこないが、運命にいたずらをするのはジンだという。

177

題　　名：کمک جن به انسان／ジンの御利益（2）（無くし物が出てくるまじない）

分　　類：民間信仰

ＡＴ番号：−

録音箇所［収録時間］：003-027［00分10秒］

調 査 日：1998年10月22日

調 査 地：استان تهران، شهر ری، روستای طالب آباد／テヘラン州レイ市ターレバーバード村

名　　前：علی اصغر اکبری／アリーアスガル・アクバリー

年齢性別：50才、男性

職　　業：کارمند ارتش باز نشسته، کشاورز／元軍人、農業

住　　所：استان تهران، شهر ری، روستای طالب آباد

出 身 地：روستای طالب آباد／ターレバーバード村

伝 承 者：−

翻字（ペルシア語）：اگه چیزی هم گم کردن، یه چیزی هم گم میکردن، به همین صورت میگفتن این شیئ که گم کردیم، بخت دختر شیطون بسته بشه، این شیئ ما گیر میاد. اونم پیدا میشه به این صورت هم بود.

翻字（ローマ字）：age čīzī ham gom mikardan, ye čīzī ham gom mikardan, be hamīn sūrat migoftan īn šeiī ke gom kardīm, baxt-e doxtar-e šeitūn baste beše, īn šeī mā gīr miyād. ūnam peidā miše be īn sūrat ham būd.

日本語訳：もし、無くし物をしたら、同じようにこう言う。「無くした物よ。いたずらな娘の運よ、去れ。」すると、無くし物が出てくる。このようなこともある。

備考：「いたずらな娘の運よ、去れ。」というまじないは、特に娘の不運の時だけに言うのではない。一般的な開運のまじないである。

178

題　　名：عقیده جن ／ジンの信仰（1）

分　　類：民間信仰

ＡＴ番号：－

録音箇所［収録時間］：005-025［00分40秒］

調 査 日：1998年12月10日

調 査 地：استان اصفهان، شهرستان کاشان ／エスファハン州カーシャーン

名　　前：مهدی مهندس ／メフディー・モハンデス

年齢性別：40才、男性

職　　業：نقّاش ساختمان ／建築画家

住　　所：کاشان، خیابان علوی کوچهٔ پنجال منزل مهدی مهدس کوچهٔ دوم

出 身 地：کاشان ／カーシャーン

伝 承 者：－

翻字（ペルシア語）：جن حیوونیست مثل انسان میمونه. ناخنای بلند داره. حالت پشم آلو هم هست. اگر شما مثلاً جایی که آب داغ بریزی بسم الله نگویی، اینو بهش میگویند ناپرهیزی. یعنی آب سر جنی ریخته، حالت غش دستت میده اذیتت میکنن، یعنی ترس حالت ترس ورت میداره. خودم به

چشمی که در حال مریضی بودم خوابیده بودم دیدم جنی اومد با ناخنای یکی
انقدر جن پشم آلو بود میخواست حالت خفم بکنه.

翻字（ローマ字）: jen haivūnīst mesle ensān mīmūna. nāxonāi boland dāra. hālāt-e pašm ālū ham hast. eger šomā masalān jāī ke āb-e dāq berīzī besmellāh nagūī, īnō beheš migūwand nāparhīzī. ya'anī āb sar-e jennī rīxte, hālat-e qaš dastet mide aziyat mikonan, ya'anī tars hālat-e tast varat midāre. xodem be čašmī ke dar hāl-e merīzī būdam xābīde būdam dīdam jennī ūmad bā nāxonāī yekī enqadr jen pašm ālū būd mīxāst hālat-e xaff-am bokone.

日本語訳：ジンは人間のような動物である。長い爪をもち、毛深くもある。もし、熱湯をこぼして「神の名のもとに（ベスメッラー）」と言わなければ、不信心者と言われる。つまり、ジンの頭に湯をこぼして、失神していれば、仕返しされるのである。怖い目にあわされるのである。私も目を患っていたとき、眠っていると長い爪の毛深いジンがやって来て、私を窒息させようとした。

179

題　　名：عقیده جن ／ジンの信仰（2）

分　　類：民間信仰

ＡＴ番号：-

録音箇所［収録時間］：005-026［00分16秒］

調 査 日：1998年12月10日

調 査 地：استان اصفهان، شهرستان کاشان ／エスファハン州カーシャーン

名　　前：مهدی مهندس ／メフディー・モハンデス

年齢性別：40才、男性

職　　業：نقّاش ساختمان ／建築画家

住　　所：کاشان، خیابان علوی کوچهٔ پنجال منزل مهدی مهدس کوچهٔ دوم

出 身 地：کاشان ／カーシャーン

伝 承 者：-

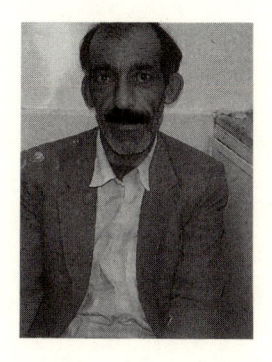

翻字（ペルシア語）：اگه شما سنگ بندازی توی خونه ای که مثلاً چیز باشه میگوون جنی. زمان های قدیم مثلاً تو هر خونه ای دو تا کفتری دو تا مرغی یه چیزی میگذاشتن به خاطر این که مثلاً جنی اذیت نکنه.

翻字（ローマ字）：age šomā sang beandāzī tūye xūneī ke masalān čīz bāše mīgūwan jennīe. zamān hāye qedīm masalān tū har xūneī do tā kaftarī do tā morqī ye čīzī migozaštan be xātel-e īn ke masalān jennī aziyat nakone.

日本語訳：家の中に石が飛んでくると、ジンの仕業だと言われた。また、昔は、家にはどこにも二羽のハトか二羽の鶏を飼っていた。そうすれば、ジンの厄はないのである。

　　備考：ハトか鶏を二羽飼うと、ジンがやってこないという。狛犬の思想と同様に、二羽のハトは、結界の印とされるのであろう。

180

題　　名：عقیده جن ／ジンの信仰（3）

分　　類：民間信仰

ＡＴ番号：-

録音箇所［収録時間］：005-027［00分25秒］

調 査 日：1998年12月10日

調 査 地：استان اصفهان، شهرستان کاشان ／エスファハン州カーシャーン

名　　前：مهدی مهندس ／メフディー・モハンデス

年齢性別：40才、男性

職　　業：نقّاش ساختمان ／建築画家

住　　所：کاشان، خیابان علوی کوچهٔ پنجال منزل مهدی مهدس کوچهٔ دوم

出 身 地：کاشان ／カーシャーン

伝 承 者：-

翻字（ペルシア語）：شخصیه محله ما حالت غش داره این شخص ناپرهیزی کرده بوده ولی حالاش هم هست. مثلاً غش میکنه سرش به زمین میخورد اینا، این مثلاً با جنیا حرف میزند. الان مثلاً شما اگر چیزیت گم شده باشد، مثلاً بشت میگوود کجاست. تا دستور اونا برس.

翻字（ローマ字）：šaxsīe mohaleye mā hālat-e qaš dāre īn šaxs nāparhīzī karde būde valī hālāš ham hast. masalān qaš mikone sareš be zamīn mixorad īnā, īn masalān bā jennīa harf mizanad. al ān masalān šomā agar čīzīyat gom šode bāšad, masalān bešat migūwad kojāst. tā dastūr-e ūnā beras.

日本語訳：我々の地域の人々で、不信心だと失神することがある。もちろん今でもそう信じている。たとえば、失神して頭を地面に打つと、ジンと話をしているというのである。また、もし、無くし物をしたら、失神した者に聞くと見つかることがある。

備考：ジンが地下にいるという俗信である。同じ話者が、赤子が笑うと地下のハムザードと話をしていると言っていたが、ハムザードはジンと同一視されている可能性がある。

181

題　　名：جن زیر درخت ／木の下のジン（仮題）

分　　類：民間信仰

ＡＴ番号：－

録音箇所［収録時間］：004-053［00分28秒］

調 査 日：1998年11月05日

調 査 地：مازندران، آمل ／マーザンダラーン州アーモル

名　　前：زهرا عظیمی ／ザフラー・アズィーミー

年齢性別：67才、女性

職　　業：خانه دار ／主婦

住　　所：مازندران، خ. طالب آملی

出 身 地：آمل ／マーザンダラーン州アーモル

伝 承 者：－

翻字（ペルシア語）：مردم شب ها که میرفتن تو بیابون، زیر درختا میخوابیدن. زیر درخت گردو. (زیر) درخت گردو، گاز زیاد گاز تولید میکرد. اینا شبا اینجا که می خوابیدن این گاز اینا ر خفه میکرد میکشت. اونوقت فردا صبح که مردمَ میرفتن، اینه میدیدن که این مرده، میگفتن این آل اومده یعنی جن اومده اینو کشت.

翻字（ローマ字）：mardom šab hā ke miraftan tū biyābūn, zīre deraxtā xābīdan. zīre deraxt-e gerdū. zīr-e deraxt-e gerdū, gāz ziyād gāz tūlīd mīkard. īnā šabā injā ke mīxābīdan īn gāz īnā re xaffe mikard mikošt. ūnvaqt fardā sobh ke mardom miraftan, ine mīdīdan ke īn mordeh, mīgoftan īn āl mūmade ya'anī jen ūmade īnō košt.

日本語訳：（旅の時など）人々は夜に砂漠へ行って、木の下で眠ったものだった。クルミの木の下で眠ったものだった。ところが、クルミの木からはガスがたくさん発生していて、そこで眠ると、そのガスのせいで息が詰まって死んでしまうことがあった。次の朝に、人々が死人を見つけたら、「アールが来て、つまり、ジンが来て、殺したんだ。」と言ったものである。

備考：アールとジンは混同されている。クルミの木の下のガスが毒であるということは確認していないが、木の下で死ぬというのは、木の下が異界へ通じるという発想が元になっていると考える。

182

題　　名：جن و مار／ジンと蛇
分　　類：民間信仰
AT番号：-
録音箇所［収録時間］：006-006［00分46秒］
調　査　日：1998年12月11日
調　査　地：استان اصفهان، شهرستان کاشان／エスファハン州カーシャーン

名　　前：مهدی مهندس／メフディー・モハンデス
年齢性別：40才、男性
職　　業：نقاش ساختمان／建築画家
住　　所：کاشان، خیابان علوی کوچهٔ پنجال منزل مهدی مهندس کوچهٔ دوم
出身地：کاشان／カーシャーン
伝承者：-

翻字（ペルシア語）: شخصی اینجا همسایه های ما بود. این مار کشته بود، ما بهش میگوییم ناپرهیزی. یعنی مار و کشته بود شب این جنی ها اذیتش میکردن. هی سنگ تو خونش می پروندند. تا آخرش کشتنش از بین رفتن[1]. در زمانی که مثلاً امام حسینم می خواسته با شمر بجنگد یعنی یکی

از این. امامای ما این جن رفته بودن برن کمکش که امام حسین نمیگذاره.
یعنی در کتابی آسمانی ما[2] درباره جن نوشته است.

۱. رفتن = رفت ۲. کتاب آسمان ما = قرآن

翻字（ローマ字）：šaxsī injā hamsāyehāye mā būd. īn mār košte būd, mā beheš migūīm nāparhīzī. ya'anī mār o košte būd šab in jenni hā eziyeteš mikardan. hei sang tū xūneš miparūndand. tā āxereš koštaneš az bein raftan. dar zamānī ke masalān emām hosein-am mīxāste bā šemr bejangad ya'anī yekī az īn. emāmāye mā īn jen rafte būdan beran komakeš ke emām hosein nemigozāre. ya'anī dar ketābī āsemānīye mā darbāreye jen nevešte ast.

日本語訳：ある隣人がいて、彼は蛇を殺した。我々は彼を不信心者と言う。蛇を殺すと、夜にジンたちが仕返しに来るのである。家に石を投げられ、最後には殺されて、ジンは死ぬのである。昔、ホセインがシェムル(1)と戦ったとき、ジンはホセインを助けることを申し出た。天空の書（コーランのこと）にもジンについて書かれているのである。

注
1．カルバラでホセインを殺害したウマイヤ朝側の将軍。

備考：蛇がジンと関係があるという事例。民話などには頻出するが、民間信仰としても定着している。

183

題　　名：پریان و خاکستر ／ 妖精と灰
分　　類：民間信仰
ＡＴ番号：-
録音箇所［収録時間］：006-032 ［00分21秒］
調　査　日：1998年12月31日
調　査　地：استان فارس، شهرستان فسا، بخش شیبکوه، روستای میانده ／
　　　　　　ファールス州ファサー地方シーブクー地区ミヤーンデ村

名　　前：ایران جیرانی ／ イーラーン・ジェイラーニー
年齢性別：60才、女性
職　　業：خانه دار ／ 主婦
住　　所：فارس، شهرستان فسا، بخش شیبکوه، میانده
出身地：روستای میانده ／ ミヤーンデ村
伝承者：-

翻字（ペルシア語）：اونوقتا قدیما خاکستر میریختن ا تو یهَ گودی یهَ چیزی. این وقتی که میریختن می گفتن آب جوش نریزین وقتی هم میریزین بسم الله بکین که بچه پریونا میسوزن اونوقت اذیت بچه های ما میکردن.

翻字（ローマ字）：ūnvaqtā qadīmā xākeštar mirīxtan a tū ya goudī ya čīzī. īn vaqtīke mirīxtan mīgoftan āb-e jūš narīzīn vaqtī ham mirīzīn besmellā begīn ke bečče periyūnā mīsūzan ūn vaqt-e aziyat-e bačče hāye mā mīkardan.

日本語訳：昔、灰をくぼみに注いでこう言ったものだ。
　「熱湯をこぼすな、もし熱湯をこぼしたら、妖精たちに火傷を負わせるかもしれないから、神の名のもとに（ベスメッラー）と言いなさい。」
　昔は、妖精が人間に悪さをしたのである。

　備考：熱湯と同じように灰を扱う時もジンを意識しているという例である。

184

題　　名：دعا نویس در شهر ری ／レイの護符書き
分　　類：民間信仰
ＡＴ番号：‐
録音箇所［収録時間］：004-023［01分45秒］
調 査 日：1998年11月01日
調 査 地：تهران／テヘラン

名　　前：مهدی اکبری／メフディー・アクバリー
年齢性別：25才、男性
職　　業：معلم／教師（中学校）
住　　所：استان تهران، شهر ری، روستای طالب آباد
出 身 地：استان تهران، شهر ری، روستای طالب آباد／テヘラン州レイ市ターレバーバード村
伝 承 者：تجربه خود／自分の経験

翻字（ペルシア語）：افرادی در ایران هستن که به اون ها دعا نویس گفته میشه. این افراد که معمولاً پیر مرد و یا پیر زن هستند. یک کتاب هایی دارن که اون کتاب ها به صورت رمزی نوشته شده. و این کار رو و فن این کار رو از پدرانشون یاد گرفتن که چه طور با این کتاب ها کار کنن. مردم

عامّه و تمام مردمی که دچار مشکل هستن، چه مشکل روحی، و چه مشکل مادی، به این افراد مراجعه میکنند، و مشکل خودشون رو به اینها میگن. و اینها داخل اون کتاب رو نگاه میکنن، و طلسم میاندازن، و دعا هایی برای اونها مینویسن، تا با انجام دادن اون دعا ها و دستور العمل ها، مشکل این افراد بر طرف بشه. به عنوان مثال من خودم در زمان نو جوانی دچار یک مشکلی شده بودم، که مادرم من رو پیش یکی از این دعا نویس ها برد، و اون هم گفتش که شما در روزگاران گذشته در روزه، چند روزه گذشته، شاید از کنار قبرستانی گذار کردی، و چون نزدیک شب بوده غروب بوده شما دچار ترس از روح های قبر شدی. و به همین خاطر این مشکل برا تون پیش اومده. پس باید شما یک دعایی ر که برای تون مینویسم همراهتون داشته باشین، تا دیگه این روح ها شما را اذیت نکنند.

翻字（ローマ字）：afrādī dar īrān hastan ke be ūn hā do‘ā nevīs gofte miše. īn afrād ke ma‘amūlān pīr-e mard yā pīrezan hastand. yek kitāb hāī dāran ke ūn ketāb hā be sūrat-e ramzī nevešte šode. va īn kār ro va fann-e īn kār ro az pedarānešūn yād gereftan ke če tour bā īn ketāb kār konan. mardom-e āmmeh va tamām-e mardomī ke dočār-e moškel hastan, če moškel-e rūhī, va če moškel-e māddī, be īn afrād-e morāje‘e mikonand, va moškel-e xodešūn ro be inhā migan. va dāxel-e ūn ketāb ro negāh mikonan, va telesm miandāzan, va do‘ā hāī barāye ūnhā mibevīsan, tā bā anjām dādan-e ūn do‘ā hā va dastūr ol‘amal hā, moškel-e īn afrād bar taraf beše. be onvān masāl man xodam dar zamān-e nou javānī do čār-e yek moškelī šode būdam, ke mādaram man ro pīše yekī az īn do‘ā nevīs hā bord, va ūn ham gofteš ke šomā dar rūzgārān-e gozašte dar rūze, čand rūze gozašte, šāyad az kenār-e qabrestānī gozār kardī, čūn nazdīke šab būde qurūb būdeh šomā dočār-e tars az rūh hāye qabr šodī. va be hamīn xāter īn moškel barā tūn pīš ūmadeh. pas bāyad šomā yek do‘āī re ke barāye tūn minevīsam hamrāhetūn dāšte bāšīn, tā dīge īn rūh hā aziyat nakonand.

日本語訳：イランには、護符書きと呼ばれる者がいる。そういった者は、通

常、年寄りの男性か女性である。暗号のようなものが書かれた本を持っている。このまじない、つまり、その本の使い方の技術を父親から学ぶのである。困難に出会った人々は、精神的な悩みであっても、物質的な悩みであっても、この護符書きに相談して、悩みごとをうち明ける。すると、護符書きはその本を見て、まじないを言って、相談した人に護符を書いてやる。護符を書くことと、どうしたらいいかを教えることによって、その人の悩みは消えるのである。私にもこういう例がある。私も子供の頃にある問題に出会ったのであるが、母親が護符書きの一人のもとへ連れて行った。その護符書きはこう言った。

「あなたは以前に、おそらく数日前のことであるが、墓地の側を通ったであろう。その時が、夜に近いとき、すなわち夕方であったので、墓の魂に対して恐怖の感情を持ったであろう。だから、今の困難が生じたのである。さあ、おまじないを書いてやろう。身につけているがよい。そうすれば、墓の魂があなたをいじめることはないであろう。」

備考：護符が死者の霊から身を守る事例である。

185

題　　名：دعا نویس ／ 護符書きについて
分　　類：民間信仰
ＡＴ番号：-
録音箇所［収録時間］：004-024［00分30秒］
調　査　日：1998年11月01日
調　査　地：تهران ／ テヘラン

名　　前：مهدی اکبری ／ メフディー・アクバリー
年齢性別：25才、男性
職　　業：معلم ／ 教師（中学校）
住　　所：استان تهران، شهر ری، روستای طالب آباد
出 身 地：استان تهران، شهر ری، روستای طالب آباد ／ テヘラン州レイ市ターレバーバード村
伝 承 者：-

翻字（ペルシア語）：دعا نویس ها در ایران به خیلی از مشکلات رسیدگی میکنن، به عنوان مثال اگر شخصی بخواهد خانه یا ماشین خود را بفروشد، و این خانه و ماشین فروش نرود و مشتری برای اون پیدا نشود، به این دعا نویسا مراجعه میکند، و اون ها برای این کار برای او دعایی مینویسن، تا

民間信仰　*889*

خانه و یا ماشین آنها زود فروش برود.

翻字（ローマ字）：do'ā nevīs hā dar īrān be xeilī az moškelāt rasīdegī mikonan, be onvān-e masāl agar šaxsī bexād xāne yā māšīn-e xod ra befrūšad, va īn xāne va māšīn frūš naravad va moštarī barā ūn peidā našavad, be īn do'ā nevīsā morāje'e mikonad, va ūn hā barāye īn kār barāye ū do'āī minevīsan, tā xāne va yā māšīn zūd frūš beravad.

日本語訳：イランの護符書きは、多くの人々の悩みを見てきている。たとえば、もし、家や車を売ろうとしている人がいて、その家や車が売れないとき、つまり買い手がいないとき、その人は護符書きのところへ相談しにいく。護符書きは、家や車が早く売れるように、その人のために護符を書いてやる。

　備考：現代の事例であるが、護符書きは比較的日常的な存在であることがわかる。

186

題　　名：دعای نزله برای رفع سردرد ／ 頭痛を治すまじない

分　　類：民間信仰

ＡＴ番号：-

録音箇所［収録時間］：004-056［00分28秒］

調 査 日：1998年11月05日

調 査 地：مازندران، آمل ／ マーザンダラーン州アーモル

名　　前：زهرا عظیمی ／ ザフラー・アズィーミー

年齢性別：67才、女性

職　　業：خانه دار ／ 主婦

住　　所：مازندران، خ. طالب آملی

出 身 地：آمل ／ マーザンダラーン州アーモル

伝 承 者：-

翻字（ペルシア語）：یه موقعی سر مون درد میومد، میگفتن این نزله کرده، (نزله کرد). ما میرفتیم پیش دعاگر. یه خط دعا براما مینوشت ما اینا میاوردیم، در خونه خودمون میخ میزدیم میگفتیم درد سر ما خوب میشه. که میشد به خاطر این که ما اعتقات داشتیم. این خرافات بود اما اون که ما اعتقات داشتیم، سر مون خوب میشد.

翻字（ローマ字）：ye mouqeī sar-e mūn dadr miūmad, migoftan īn nezle kardeh, nozle kard. mā miraftīm pīše doʿāgar. ye xat doʿā barāmā minevešt mā inā miāvordīm, dar-e xūne xodemūn mīx mizadīm migoftīm dard-e sar-e mā xūb miše. ke mišod be xāter-e īn ke mā eʿeteqāt dāštīm. īn xorāfāt būd ammā ūn ke mā eʿeteqāt dāštīm, sar-e mūn xūb mišod.

日本語訳：昔、頭痛がしたら、風邪だと言われ、護符書きのところへ連れて行かれたものである。護符書きは、まじないを書いてくれた。私たちはそれを家に持って帰り、釘で打ち付け、「頭痛よ、去れ。」と言ったものである。そうすると、我々は迷信を信じていたので頭痛は治った。もちろん、迷信なのだが、我々は信じていたので治ったものである。

187

題　　名：آئینه بین／鏡伺い
分　　類：民間信仰
ＡＴ番号：−
録音箇所［収録時間］：005-008［01分18秒］
調　査　日：1998年11月15日
調　査　地：تهران／テヘラン

名　　前：مهدی اکبری／メフディー・アクバリー
年齢性別：25才、男性
職　　業：معلم／教師（中学校）
住　　所：استان تهران، شهر ری، روستای طالب آباد
出　身　地：استان تهران، شهر ری، روستای طالب آباد／テヘラン州レイ市ターレバーバード村
伝　承　者：بزرگان／年長者たち

翻字（ペルシア語）: در ایران کسانی هستن به نام آئینه بین. اینا افرادی هستن که به وسیلهٔ آئینه میتونن که اشیاء و چیز هایی رو که قیمتی هست و اونها رو دزد برده و یا جایی گم شده اند رو پیدا کنن. این آئینه بین ها یک بچهٔ پسر نابالغ رو بچه کودک رو که معمولاً میگن باید چشم هاش به رنگ

آبی باشه، جلوی آئینه می نشونند، روی سر اون رو پارچه ای میاندازن و با
یک سری اعمال مخصوص اون اشخاصی که یک جنس و یا مثل یک ماشین و
یا چیزی از خونه رو دزدیده اند رو در داخل آئینه میارند. و اون بچهٔ کودک
در آئینه اون ها رو میبینه و دنبال اون ها میتونه بره، و جای اونها رو گیر
بیاره و بعداً به صاحب اون کسانی که اون اشیاء رو گم کردن بگه که دزد ها
به کجا رفتن و یا شیی کجا گم شده است.

翻字（ローマ字）：dar īrān kasānī hastan be nām-e āīne bīn. īnā afrādī hastan ke be vasīleye āīneh mītūnan ke ašiyā va čīz haī ro ke qeimatī hast va ūnhā ro dozd borde va yā jāī gom šodeand rō peidā konan. īn āīnebīn hā yek baččeye pesar-e nābāleq ro bačče kūdak ro ke ma‘amūlān migan bāyad češm hāš be rang-e ābī bāše, jelouye āīne minešūnand, rūye sar-e ūn rū pārčeī miandāzan bā yek serī a‘amāl-e maxsūs ūn ašxāsī ke yek jens va yā masl-e yek māšīn va yā čīzī az xūne ro dozdīdand ro dar dāxel-e āīne miyārand. va ūn bačče kūdak dar āīne ūnā ro mībīne va donbāl-e ūn hā mītūne bere, va jāye ūnhā ro gīr biyāre va ba‘adān be sāheb-e ūn kasānī ke ūn ašiyā ro gom kardan bege ke dozd hā be kojā raftan va yā šī kojā gom šode ast.

日本語訳：イランには「鏡占い師」と呼ばれる者たちがいる。鏡を使って昔あったものや盗まれたものや無くしものを見つける人たちである。この鏡占い師たちは普通は青い目を持つ未成年の少年を鏡の前に座らせて、頭の上から布をかぶせ、特別の秘密の行為でもって、品物や車など家から盗まれたものなどを鏡に映す。そして、その子供が、鏡の中を見て、それを探すのである。その場所がわかると、その品物を無くしたり、盗まれたりした人に、（品物が）どこへいったか、どこで無くしたかを告げるのである。

188

題　　名：دعا نویس ／護符書き（仮題）

分　　類：民間信仰

ＡＴ番号：-

録音箇所［収録時間］：006-009［00分31秒］

調 査 日：1998年12月11日

調 査 地：استان اصفهان، شهرستان کاشان ／エスファハン州カーシャーン

名　　前：زهرا صادق طاهری ／ザフラー・サーデグターヘリー

年齢性別：36才、女性

職　　業：خانه دار ／主婦

住　　所：کاشان، خ. علوی، کوچهٔ پنجال

出 身 地：کاشان ／カーシャーン

伝 承 者：-

翻字（ペルシア語）:فاطمهٔ بلور هستن اینجا همسایه ما هستن، وقتی ما
رفتیم پهلوش چیزی گم کرده بودیم، مثلاً این به ما ادرس داد که مثل هم چین
جایی هستش، تو جوبچه[1] حوضچه، وقتی برو انگشتریت هست و دو سه تا
مو بهش چسبید سو[2] (است و) برو[3] (بیار) وردار. ما رفتیم دیدیم اره حرفش

民間信仰 895

راسته ور داشتیم. از او زمان دیگه مردم عقیده به این پیدا کردن هر چی گم می کردن اومدن دنبالشو براش تعریف کرد که کجا هست کجا نیست. همش توضیح میده. حالا یه خُرده حوصلش نمیرسه اعصابش خورده.

۱. جویچه = جوی کوچک ۲. سو = است و ۳. برو = بیار

翻字（ローマ字）：fāteme bolūr hastan injā hamsāye mā hastan, vaqtī mā raftīm pahlūš čīzī gom karde būdīm, masalān īn be mā adres dād ke mesl-e ham čīn jāī hasteš, tū jūbče houzče, vaqtī borou angoštarit hast o do se tā mū beheš časbīd sō borou biyā bardār. mā raftīm dīdīm are harfešo rāste var dāštīm. az ū zamān-e dīge mardom aqīde be īn peidā kardan har čī gom mikardan ūmadan donbālešo barāš ta'arīf kard ke kojā hast kojā nīst. hamaš touzīh mide. hālā ye xorde houseleš nemirase a'asabeš xordah.

日本語訳：この近所にファーテメ・ボルールという人がいる。何か無くしものをして、彼女のところに行くと、何処にあるかを教えてくれる。どこどこの小川や小池に行ったら指輪があって毛が二、三本貼りついているね、とか言う。行ってみると、彼女の言ったとおりになっているのである。次第に、人々は無くしものをしたら彼女に何処にあるかを聞くという迷信ができた。彼女は全部当てた。さっきは、少し虫の居所が悪くて、機嫌が悪かったけれどもね。

備考：護符書きのことであろうと思われる。調査者は実際に本人に会ってみたが、何も話してもらえなかった。

189

題　　名：اعتقاد به دفع چشم زخم ／ 邪視の信仰（仮題）

分　　類：民間信仰

ＡＴ番号：－

録音箇所［収録時間］：004–055［00分54秒］

調 査 日：1998年11月05日

調 査 地：مازندران، آمل ／ マーザンダラーン州アーモル

名　　前：زهرا عظیمی ／ ザフラー・アズィーミー

年齢性別：67才、女性

職　　業：خانه دار ／ 主婦

住　　所：مازندران، خ. طالب آملی

出 身 地：آمل ／ マーザンダラーン州アーモル

伝 承 者：－

翻字（ペルシア語）：یه موقع تو جایی که ما جمع بودیم یه جلسه داشتیم نشسته بودیم یکی از بچه های ما اگر مریض میشد، میگفتیم این چشم خورده. یکی از این عضای[1] این مجلس اینه چشم زدن. اون وقت میرفتین یه تخم مرغ میگرفتیم یه دونه زغال اسم این عده ای که اینجا نشسته بودن همه رو رو این تخم مرغ یه خطی میکشیدیم. بعد از این اعتقاد ما بود، خط که

میکشیدیم، تمام میشد، باید دو تا دوزاری² میگرفتیم یکی زیرش یکی روش
نگه میداشتیم اینو فشار میدادیم، هر اسم یکی یکی از اینا رو میبردیم. اسم
هر یکی که میبردیم این تخم مرغ میشکست، میگفتیم این بچه من و چشم
زده. اونوقت خیال ما راحت میشد بچه مام خوب میشد.

۱. عضای = اعضای ۲. دوزاری = سکه دو ریالی

翻字（ローマ字）: ye mouqe tū jāī ke mā jam būdīm ye jalase dāštīm nešasete būdīm yekī az bačče hāye mā agar marīz mišod, mīgoftīm īn češm xordeh. yekī az īn azāye īn majles ine češm zadan. ūn vaqt miraftīn ye toxm-e morq migereftīm ye dune zoqāl esm-e īn eddeī ke injā nešaste būdan hame ro rū īn toxm-e borq ye xattī mikešīdīm. ba'ad az īn e'eteqād-e mā būd, xat ke mikešīdīm, tamām mišod, bāyad do tā douzārī migereftīm yekī zīreš yekī rūš negah mīdāštīm ino fešār mīdādīm, har esm-e yekī yekī az īnā ro mībordīm. esm-e har yekī ke mībordīm īn toxm-e morq mišekast, mīgoftīm īn bačče man o češm zade. ūn vaqt xiyāl-e mā rāhat mišod bačče mā-am xūb mišod.

日本語訳：一つの場所に集まって会合を開くことがあった。そのようなとき、そのうちの誰かが病気になったら、邪視にやられたと言ったものである。その集まりの中の誰かが邪視でもって見たというのである。そのようなときは、卵を持ってきて、その場にいる全員の名前を炭でその卵に書く。我々の迷信は、名前を書き終えた後、二リアル硬貨二枚で卵を上下から挟み、一人ずつ名前を呼んでいくのである。そして、卵が割れたときに名前を呼んだ者が、邪視を持っているのである。そして、我々の憂いは晴れ、病気になった者も治るのである。

備考：邪視をもつ者は、本人は自覚していない。また、邪視を持っていたからといって、罰せられたり、差別されたりということはない。青い目の者が邪視を持ちやすいというが、他の者も持ちうる。

190

題　　名：شکستن تحم مرغ برای خوب شدن مریض ／卵を割って病気を治すまじない

分　　類：民間信仰

ＡＴ番号：-

録音箇所［収録時間］：008-005［01分09秒］

調 査 日：1999年01月09日

調 査 地：تهران ／テヘラン

名　　前：مهدی اکبری ／メフディー・アクバリー

年齢性別：25才、男性

職　　業：معلم ／教師（中学校）

住　　所：استان تهران، شهر ری، روستای طالب آباد

出 身 地：استان تهران، شهر ری، روستای طالب آباد ／テヘラン州レイ市ターレバーバード村

伝 承 者：خودش دید ／自分で見た

翻字（ペルシア語）：در روستای طالب آباد عقیده است که اگر کسی مریض میشود، یک تخم مرغی رو بر میدارند و اسم کسانی رو که در خاطر شون هست و فکر میکنن اون کسی که مریض شده توسط چشم شور اونها

مریض شده رو نام میبرن و برای هر کدوم از اسم ها یک خطی رو روی تخم مرغ میکشن. بعد از این که اسم ها رو به صورت خط روی تخم مرغ نقش بستند و کشیدن، تخم مرغ رو داخل یک دستمالی قرار میدن. و دو باره اسم هایی رو که خط کشیده شده، یک بار با زبان میگوین و تخم مرغ رو فشار میدهن. اگر تخم مرغ هنگامی شکست، که اسم یکی از افراد برد شده بود، مشخص میشود که اون شخص این مریض رو چشم زده. و مریضیه شخص مریض هم همون موقع خوب میشده.

翻字（ローマ字）：dar rūstāye tālebābād aqīdeast ke agar kasī marīz mišavad, yek toxm-e morqī ro barmīdārand va esm-e kasānī ro ke dar xāterešūn hast va fekr mikonan ūn kasī ke marīz šode tavassot-e češm-e šūr ūnhā marīz šode ro nām mibaran va barāye har kodūm az esm hā yek hattī ro rūye toxm-e morq mikešan. ba‘ad az īn ke esm hā ro be sūrat-e xat rūye toxm-e morq naqš bastand o kešīdan, toxm-e morq ro dāxel-e yek dastmālī qarār midan. va do bāre esm hāī ro ke xat kešīde pode, yek bār bā zabān mīgūyan va toxm-e morq ro fešār midahan. agar toxm-e morq hemgāmī šekast, ke esm-e yekī az afrād borde šode būd, mošaxxas mišavad ke ūn šaxs īn marīz ro češm zade. va marīzīe šaxs marīz ham hamūn mouqe xūb mišode.

日本語訳：ターレバーバード村には、誰かが病気になったら卵を持ってきて、邪視でもって病気にしただろうと考えられる者の名前を言いながら、卵に線を付けていく。名前を（言いながら）卵に線を付けてから、紙に卵をくるんで、もう一度線を付けたときに言った名前を呼びながら卵を押さえつける。卵が壊れたときにちょうど言った名前の者が、邪視でもって病気にしたことがわかる。そして、病気になった者は、治るのである。

備考：夕方以降に行う習慣である。この例でも、邪視を持つ者は自覚していない。また、罰も差別も受けないという。

191

題　　名：(سفرهٔ بی بی خانم) بی بی سه شنبه ／ビービーセシャンベ

分　　類：民間信仰

ＡＴ番号：-

録音箇所［収録時間］：004-032［02分01秒］

調 査 日：1998年11月04日

調 査 地：استان مازندران، شهرستان آمل، محلّه چاکسر ／マーザンダラーン州アーモル地方チャークサル地区

名　　前：طاهره قریب ／ターヘレ・ガリーブ

年齢性別：50才、女性

職　　業：خانه دار ／主婦

住　　所：آمل، خ. شهید بهشتی

出 身 地：آمل ／アーモル

伝 承 者：مادر ／母親

翻字（ペルシア語）：ما ایرانیا یه سنتی داریم یه سفره ای نذر میکنیم به اسم بی بی خانم. این بی بی خانم همسر امام حسینه. اون وقت ما مثلاً یک مشکلی داشته باشیم، یک گرفتاری داشته باشیم، نذر اون میکنیم. الان مثلاً من نذر میکنیم که پسرم کار بگیره، من یه سفرهٔ بی بی خانم بذارم. سفره

بی بی خانم در حدود سی تا بیست تا پنجاه تا خانما ر دعوت میکنم، که بیان خونه ما. یه مداح ر میگم که بیاد به خانه. اون وقت آشی شیر هست و قوت هست یه قوت چیزی به اسم آرد نخودچی و شکر. قوت هست و کیک هست و اون وقت با دو جور سه جور میوه هست و خانمه هم میاد میخونه یا اون وقت بعد از خوندن، ما این هارو تقسیم میکنیم در بین این خانم ها اون وقت روی سفره شمع روشن میکنیم، با دو تا چراغ بادی، یعنی دوره قدیمی روشن میکردن فعلاً کمتر میکنن. نمیکنن، همون شمع و فقط روشن میکنن. دو تا چراغ بادی روشن میکنن، میکردن. میکردن نفت این چراغ بادیا رو میبردن توی رودخونه میریختن میگفتن که شب آقایون میان خونه نورش نبینن، اون سفره بی بی، نذری سفره بی بی رم به هیچ وجه به آقایون نمیدادن بخوره. میگفتن چشمشون کور میشه. الان همه میخورن. اون وقت زنی هم حامله بود، اونه دعوت نمیکردن میگفتن اگه بچش باز پسر باشه، چشمش کور میشه. اون رو سفره نبایست بشینه. این سنت قدیمیا بود ولی فعلاً همه هستن همه حامله هست هم مردم میخورن همه اینا ر استفاده میکنن. اون وقت این سفره بی بی خانم ما اینجوریه. روز سه شنبم بایست بذاریم. سفره ابوالفضل و روز پنج شنبه یا جمعه میذاریم ما (روز) سفرهٔ بی بی خانم ما روز سه شنبه میذاریم.

翻字（ローマ字）：mā īrāniyān ye sonnatī dārīm ye sofreī nazr mikonīm be esm-e bībī xānom. īn bībī xānom hamsar-e emām hoseine. ūn vaqt mā masalān yek moškelī dāšte bāšīm, yek gereftārī dāšte bāšīm, nazr-e ūn mikonīm. alān masalān man nazr mikonīm ke pesaram kār begīre, man ye sofreye bībī xānom bezāram. sofre bībī xānom dar hodūde sītā bīst tā panjāh tā xānomā ra da‘vat mikonam, ke biyām xūneye mā. ye maddāh re migem ke biyād be xāneh. ūn vaqt āšī šīr hast o qūt hast ye qūt čīzī be esm-e ārd-e naxodčī o šekar. qūt hast o keik hast o ūn vaqt bā do jūr se jūr mīve hast o xānome ham miyād mixūne yā ūn vaqt ba‘ad az xūndan, mā īn hāro taqsīm mikonīm dar bein-e īn xānom hā ūn vaqt rūye sofre šam roušan mikonīm, bā do tā čerāq bādī, ya‘anī doureye qadīmī roušan mīkardan fe‘elān kamtar mikonan. nemikonan, hamūn šam o faqat roušan mikonan.

dotā čerāq-e bādī roušan mikonan, mīkardan. mīkardan naft-e īn čerāq-e bādiyā ro mībordan tūye rūdxūne mirīxtan migoftan ke šab āqāyūn miyān xūne nūreš nabīnan, ūn sofre bībī, nazrī sofre bībī r-am be hīč vaj be āqāyūn nemīdādan boxore. migoftan češmešūn kūr miše. alān hame mixoran. ūn vaqt zanī ham hāmele būd, ūne da'avat nemikardan migoftan age baččaš bāz pesar bāše, češmeš kūr miše. ūn ru sofre nabāyest nešīneh. īn sonnat-e qadīmiyā būd valī fe'elān hame hastan hame hāmele hast ham mardom mixoran hame īnāre estefāde mikonan. ūn vaqt īn sofreye bībī xānom-e mā injūrīe. rūze se šanb-am bāyest bezārīm. sofreye abolfazl o rūz-e panj šanbe yā jom'e mizārīm mā rūz-e sofreye bībī xānom mā rūz-e se šanbe mizarīm.

日本語訳：私たちイラン人にはビービー夫人という名前の食布に願を掛ける習慣がある。ビービー夫人といのは、イマーム・ホセインの夫人のことである。例えば、問題に出会ったとき、または困難に出会ったりしたとき、これに願を掛ける。今なら、私は息子が仕事をもてますようにと願を掛ける。ビービー夫人の食布を敷くのである。ビービー夫人の食布を敷くときは、三十人、二十人、また五十人ぐらいのときもあるが、女性ばかりを家に招く。（ビービー夫人への）賞賛の言葉を唱えながら家に来る。そして、ミルクと具、エンドウ豆粉の具と砂糖の入ったスープを作る。おかずがあり、ケーキがあり、二、三種類の果物がある。女性たちはお祈りをして、それらを分ける。そして、女性たちは食布に蝋燭を灯す。二つの綺麗な明かりである。昔はこの明かりを灯したのだが、最近は少なくなっている。この綺麗な明かりの油を川に持っていき、注いだ。夜に男たちが帰ってきてこの明かりを見ないようにするためだと言われている。そのビービーの食布、またはビービーの食布の願掛け（の食べ物）を男たちに食べさせてはいけない。目が見えなくなるという。最近は皆食べるけれどもね。また、妊娠しているときには、この願掛けをしない。生まれた子供が男の子なら、その子は目が見えなくなると言われている。妊娠している女性は食布に座ることができない。これも古いしきたりで、今は皆いる。妊婦もいるし、男たちも食べたりしている。昔の、ビービー夫人の食布はこのようなものであった。火曜日にしなければならない。

アボルファズル[1]の食布は、木曜か金曜に敷く。ビービー夫人の食布は火曜日に敷く。

注
1．アリーの４番目の息子。カルバラで殉教した。

備考：女性だけで行われる講のような習俗である。地域の婦人会的な役割を兼ねている。

192

題　　名：خرافات اسفند ／ エスファンドの迷信
分　　類：民間信仰
ＡＴ番号：-
録音箇所［収録時間］：008-013(014)［00分56秒(00分22秒)］
調 査 日：1999年01月11日
調 査 地：استان هرمزگان، بندر عباس ／ ホルモズガーン州バンダレアッバース

名　　前：فرخنده پیشداد ／ ファルホンデ・ピーシュダード
年齢性別：50才、女性
職　　業：نویسنده ／ 作家
住　　所：بندر عباس پارک شهر جنب آتش نشانی درب چهارم
出 身 地：بندر عباس درتوجان ／ バンダレ・アッバース、ダルトゥージャーン
伝 承 者：-

翻字（ペルシア語）：اسفند هم همینطور مثلاِ روزای خاصّی میسوزوندن به خاطریکه حسود باطل بشه حسادتش تأثیر نکنه. جن و پریا برن کنار و یا میکروبا کشته بشن و مخصوصاً برای نوزادان و زنانی که تازه بچه را به

دنیا آوردن، تا ده روز پونزده روز چهل روز اسفند دود میکردن و همیشه دود میکردن مثلاً روزی دو سه بار. تا خاصیتِ این اسفند باعث بشه که اینا بیمار نشن. و آزار از کسی نبینن. تا زمانی که زن حالت بیمار داره تا زمانی که تازه زائو شده و سلامتی خودش باز پیدا نکرده اینکار میکنن. / (روز) روزی که معمول بیشتر اسفند دود میکنن، معمولا چهار شنبه است. (روز) کسانی که اغلب برای این دود میکنن که حسادت باطل بشه و سالم بمونن چشم نخورن اینجوریه ولی کسانی که بیمارن هر زمانی که خواستن هر چند روز غروبا بیشتر اسفند دود میکنن.

翻字（ローマ字）：esfand ham hamintour masalān rūzāi xāsī mīsūzūndan be xāterīke hasūd bātel beše hasādateš tāsīr nakone. jenn o pariyān beran kenār va yā mikrobā košte bešan va maxsūsān barāye nouzādān va zanānī ke tāze bačče rā be donyā āvordan, tā dah rūz pūnzda rūz čehl rūz esfand dūd mikardan va hamīše dūd mīkardan masalān rūzī do se bār. tā xāsiyat-e īn esfand bāes beše ke īnā bīmār našan. va āzār az kasī nabīnan. tā zamānī ke zan hālat-e bīmār dāre tā zamānī ke tāze zāū šode va salāmatī xodešo bāz peidā nakarde īnkār mikonan. rūz-e rūzī ke ma'amūl-e bīštar esfand dūd mikonan, ma'amūlān čahār šanbe ast. rūz-e kasānī ke aqlab barā īn dūd mikonan ke hesādat bātel beše sālem bemūnan češ-am naxoran injūrīe valī kasānī ke bīmāran har zamānī ke xāstan har čand rūz qorūbā bīštar esfand dūd mikonan.

日本語訳：エスファンドも、嫉妬を受けないためやその影響を受けないために特別な日に燃やす。ジンや妖精も退散し、ばい菌も死ぬ。特に新生児や子供を産んだばかりの産婦は、十日か十五日か四十日の間、エスファンドを燃やす。常に燃やしているのである。例えば、毎日二回か三回というふうにである。このときのエスファンドは、病気にならないためにするのである。女性が病気になったり、子供を産んだばかりで、回復しないときエスファンドを燃やす。また、エスファンドを燃やすのは、普通水曜日であることが多い。妬みを受けないためや、安泰に暮らすため、邪視を受けないためなどにエス

ファンドを燃やす人が多い。しかし、病気の人は、どんな日でも夕方にエスファンドを燃やすことが多い。

193

題　　名：خرافات زائو　／産婦の迷信

分　　類：民間信仰

ＡＴ番号：-

録音箇所［収録時間］：008-015［01分01秒］

調 査 日：1999年01月11日

調 査 地：استان هرمزگان، بندر عباس　／ホルモズガーン州バンダレアッバース

名　　前：فرخنده پیشداد　／ファルホンデ・ピーシュダード

年齢性別：50才、女性

職　　業：نویسنده　／作家

住　　所：بندر عباس پارک شهر جنب آتش نشانی درب چهارم

出 身 地：بندر عباس درتوجان　／バンダレ・アッバース、ダルトゥージャーン

伝 承 者：-

翻字（ペルシア語）：چیزایی که الان به عنوان خرافات حساب میشه و منسوخ شده و دیگه رایج نیست، چیزیه که به عنوان پاسبان زن زائو شمرده میشد. یک وسیلهٔ ابزار آهنی پولادی مثل داس، مثل چکش، مثل چاقو موقعی

که زن زائو بچشو به دنیا می آورد. دیگه اون بیماری بود که ا جنّه و شیاطین بهش آزار میرسوندن. زن ضعیفی می شد. و این آلت پولادی یا آهنی رو میذاشتن زیر گهواره بچش، ویا کنار خودش تو اون اتاقش تا از شرّ ا جنه و پری امان بمونه. و قبلاً زن و اصاً[1] تنها نمیذاشتن بچشو تنها نمیذاشتن، می گفتن کسی میاد آزاریش میکنه. و این کس همون جنّ و پری بود. ولی الان دیگه اصلاً منسوخ شده و کسی عقیده ای به این کارا نداره.

۱. اصا = اصلاً

翻字（ローマ字）：čīzāī ke alān be onvān xorāfāt-e hesāb miše va mansūx šode va dīge rāyej nīst, čīzīe ke be onvān-e pāsebān-e zan-e zāū šomorde mišod. yek vasīleye abzār āhanī pūlādī mesle dās, mesle čakoš, mesle čāqū mouqeī ke zan zāū baččešo be donyā miāvord. dīge ūn bīmārī būd ke a janne o šiyātin beheš āzār mirasūndan. zan-e za'īfī mišod. va īn ālat-e pūlādī yā āhanī ro mizāštan zīre gahvāreye baččaš, vayā kenāre xodeš tu ūn otāqeš tā az šar a jenne o parī amān bemūne. va qablān zan o asān tanhā nemizāštan beččešo tanhā nemizāštan, migoftan kasī miyād āzārīš mikone. va īn kas hamūn jennno parī būd. valī alān dīge aslān mansūx šode o kasī aqīdeī be īn kārā nadāre.

日本語訳：今は迷信とされて、消滅していて、もはや行われていないものとして、産後の産婦の警護に関するものがある。鎌やハンマーやナイフといった鉄や鋼の道具のことである。子供を産んだばかりの産婦や産後の肥立ちの悪い者は、ジンやシェイターン（鬼）に悪さをされる。（そのままだと）産婦は弱ってしまう。そこで、ジンや妖精から安全でいるために子供の揺りかごの下や脇、または部屋の中に鋼や鉄の道具を置いておく。昔は、産婦も赤子も決して一人にはさせなかった。何者かが来て悪さをすると言ったものである。それは、ジンと妖精のことである。しかし、今は全くこの信仰はなくなってしまい、なにもしなくなった。

194

題　　名：آل و زایو ／アールと赤子

分　　類：民間信仰

ＡＴ番号：-

録音箇所［収録時間］：004-052［02分43秒］

調 査 日：1998年11月05日

調 査 地：مازندران، آمل ／マーザンダラーン州アーモル

名　　前：زهرا عظیمی ／ザフラー・アズィーミー

年齢性別：67才、女性

職　　業：خانه دار ／主婦

住　　所：مازندران، خ. طالب آملی ۱۴ تن معصوم جنب باغ عباس پور

出 身 地：آمل ／マーザンダラーン州アーモル

伝 承 者：-

翻字（ペルシア語）：قدیما زنایی که بچه دار میشدن میگفتن زنه قابله یه سیخ میکرفت یه پیاز میذاشت لای این سیخ. دورِ این اتاق می چرخوند. بعد می گفت، این دیگه جون پری اینا نمیاد اذیت تون نمیکنه. این زائو خودش خاطر جمع بود که این حافظشه. دیگه کسی اذیتش نمیکنه. یا این یه زنه قلبش ناراحت میشد، از بین میرفت میگفتن این جن اومد قلبشو برد تا

زوده یه سیخ بگینین[۱]، تو آتیش بذارین، بذارین این قلبشو اگه ببره بیرون، بزنی تو آب، بزنه تو آب. این میمیره. این خرافات بود. ما هم همونه قبول داشتیم زنه خودش قلبش ناراخت بود و خودش ضعف داشت، کم خونی داشت میمرد. اما اونا میگفتن آل دلشو برد. حالا حالا جنه، اونا میگفتن آل. به گفته قدیمی ها. اون وقت آخه زنه آل اومد و دلشو برد. زنه غش میکرد. حالا این سیخ این قدر باید میموند تا روز ده که زنه ر ببرن حموم. روز ده که زنا رو میبردن حموم، این سیخه ر چی کار میکردن دم در حموم این پیاز ر میزدن زمین به زائو می گفتن اینه لقد کن. اینه لقد کن همه چی تمام میشه. مام اینه لقد میکردیم، اونی که ما رو نگاه میخواست داشته باشه بود. این پیاز نبود. حالا این بعداً تا چهل روز اگه بچه ما پسر بود، تا چهل روز ما نبایس آب میخوردیم. اگه آب میخوردیم، اون یکی آب اگه میخوردیم میگفتن مثل پسر باد فتق اینو میگیره. میگفت این باد فتق میگیره. تا چهل روز شما نباید آب بخورین. ما چهل روز آب نمیخوردیم. چیز هایی که باد داشت نمیخوردیم همش میخواستیم برنجه ساده بخوریم. حبوبات نبایس میخوردیم. اسفناج، تربچه چیزها اینا نبایست می خوردیم. تا بعد از چهل روز حالا بعد از چهل روز به ما آب میدادن.

۱. بگینین = بگیرید

翻字（ローマ字）：qadīmā zanāī ke bačče dār mišodan migoftan zane qābeleh ye sīx mīgereft ye piyāz mizāšt lāye īn sīx. dūr-e īn otāq mičarxūnd. ba'ad migoft, īn dīge jūn parī inā nemiyād aziyat-e tūn nemikone. īn zāū xodeš xāter jam būd ke īn hāfezeše. dīge kasī aziyateš nemikone. yā īn ye zane qalbeš nārāhat mišod, az bein miraft migoftan īn jen umad qalbeš bord tā zūdeh ye sīx begīnīn tū ātiš bezārīn, bezarīn īn qalbešo age bebare bīrūn, bezanī tū āb, bezane tū āb. īn mīmīre. in xarāfāt būd. mā ham hamūne qabūl dāštīm zane xodeš qalbeš nārāxat būd o xodeš za'af dāšt, kam xūnī dāšt mimord. ammā ūnā migoftan āl delešo bord. hālā hālā jenne, ūnā migoftan āl. be gofteye qadīmī hā. ūn vaqt āxe zane āl ūmad o delešo bord. zane qeš mikard. hālā īn sīx īn qadr bāyad mīmūnd tā rūz-e dah ke zane re bebaran hammūm. rūz-e dah ke zanā ro mibordan hammūm, īn sīxe ro čikār mikardan dam-e dar-e hammūm īn piyāz ro mizadan zamīn be zāū migoftan ine laqat kon. ine laqad kon hame čī tamām miše. mā-am ine laqad mīkardīm, ūnī ke mā ro negāh mixāst dpte bāše būd. īn piyāz nabūd. hālā īn ba'adān tā čehl rūz age bačče mā pesar būd tā čehel rūz mā nabāyes āb mīxordīm. age āb mīxordīm, ... ūn yekī āb age mīxordīm migoftan masal pesar bād-e qatq īnōmigīre. .... migoft īn bād-e qatq migire. tā čehl rūz šomā nabāyad āb boxorīn. mā čehl rūz āb nemixordīm. čīz hāī ke bād dāšt nemixordīm hamaš mixāstīm berenje sāde boxorīm. hobūbāt nabāyes mīxordīm. esfenāj, torobče čīz hā īnā nabāyest mīxordīm. tā ba'ad az čehl rūz hālā ba'ad az čehl rūz be mā āb mīdādan.

日本語訳：昔、女性に子供ができると、産婆は串でタマネギを串刺しにする。そして、部屋の周りを転がしてこう言う。

「これでジンも妖精も来ない。あなたに悪さをしないよ。」

産婦もこれを心強く思う。そうすれば、誰にも悪さをされないのである。また、女性の心臓が悪くなったら、人々は、「ジンがやって来て心臓を持っていこうとしている。早く釘を持ってこい。そして、火にかけろ。そして、心臓が出てきたら、水につけろ、水につけろ、そうすればジンは死んでしまう。」と言ったものだ。

これは迷信である。我々も昔からこう考えてきた。女性の心臓が悪くなったり、弱ったり、貧血で死んだりしたら、皆、アールが心臓を持って行ったと言ったものだ。ジンのことをアールと言ったのである。昔の人たちは、女性の心臓をアールが持っていくと言ったのである。女性（産婦）が失神したら、たくさんの釘を置いて、十日目までハンマームに連れていき、ハンマームの扉の前でタマネギの串刺しを地面に叩きつける。そして、産婦に「蹴れ。」と言う。産婦がそれを蹴ると、おしまいである。私たちもタマネギを蹴ったものである。ジンが私をねらっていたかもしれないからである。これは、タマネギではないが、生まれた子供が男の子であったら、四十日間水を飲んではならない。もし、水を飲んだら、子供はヘルニアにかかるという。四十日目まで水を飲んではいけないのである。我々は四十日目まで水を飲ま

ない。あっても飲んではいけないのである。皆、白い米のご飯を食べる。穀物も食べてはいけない。ほうれん草も大根も食べてはいけないのである。そして、四十日目に水がもらえるのである。

備考：タマネギを串刺しにするのは、ニンニクを吊すことと同じ意味をもつと思われる。アールは、ここではジンと混同されているが、産婦の心臓を持っていくという。地域によっては肝臓のこともある。河童が尻こだまをとるのと同じ思想であろう。タマネギを蹴るというのは、おそらく踏みつぶすことであろう。ハンマームの扉の前という場所は、異界への入り口とされる場所である。壺などの陶器等を境界とされる場所で割るという行為は、イランでは一般的な魔除けの儀式である。ニンニクを虫除けのために米櫃に入れておく習慣がイランにあるが、効果は不明であり、魔除けの意味合いが強いのではないか。

195

題　　名：بودن یک همتا زیر زمین و خندۀ نوزاد ／ 地下のかたわれと赤子の笑い

分　　類：民間信仰

ＡＴ番号：－

録音箇所［収録時間］：006-005［00分25秒］

調 査 日：1998年12月11日

調 査 地：استان اصفهان، شهرستان کاشان ／ エスファハン州カーシャーン

名　　前：مهدی مهندس ／ メフディー・モハンデス

年齢性別：40才、男性

職　　業：نقاش ساختمان ／ 建築画家

住　　所：کاشان، خیابان علوی کوچۀ پنجال منزل مهدی مهندس کوچۀ دوم

出 身 地：کاشان ／ カーシャーン

伝 承 者：－

翻字（ペルシア語）: جن موجودیست که مثل آدمیزاد. یعنی هر انسانی که روی زمین هست، یک همتا هم زیر زمین دارد. بچه ای که به دنیا میاید، نوزاد، نوزاد در حال مثلاً خندیدن که هست با هم تیبای خودش دارد، صحبت

میکند.

翻字（ローマ字）：jen moujūdīst ke mesl-e ādamīzād. ya'anī har ensānī ke rūye zamīn hast, yek hamtā ham zīre zamīn dārad. baččeī ke be donyā miyāyad, nouzād, nouzād dar hāl-e masalān xandīdan ke hast bā ham tībāye xodeš dārad, sohbat mikonad.

日本語訳：ジンは、人間のような存在である。地上にいる人間はだれでも、地下にもう一人の自分を持っている。生まれたばかりの赤子が笑ったら、それは片割れと話しているのである。

　　備考：ハムザードの俗信であるが、新生児は片割れを見ることができるという事例である。

196

題　　名：قصهٔ جن و نوزاد تازه به دنیا آمده ／ ジンと赤子の話
分　　類：民間信仰
ＡＴ番号：-
録音箇所［収録時間］：007-006［01分09秒］
調　査　日：1999年01月01日
調　査　地：استان فارس، شیراز، محلهٔ دوکوهک ／ ファールス州シーラーズ、ドゥークーハク村

名　　前：محمّد رحیم دوکوهکی ／ モハンマドラヒーム・ドゥークーハキー
年齢性別：50才、男性
職　　業：کشاورز ／ 農業
住　　所：فارس، شیراز، محلهٔ دوکوهک
出　身　地：فارس، شیراز، محلهٔ دوکوهک ／ ファールス州シーラーズ、ドゥークーハク村
伝　承　者：-

翻字（ペルシア語）：پنجاه سال قبل هم محل ما، موقعی که زنها می خواستن وضع حمل کنن، بچه گیرشون بیاد، بچه ر تو خونه دنیا می آوردن.

دکتر و اینا نبود که برن بیمارستان. همینجا تو خونه یه زنایی بود مخصوص میومدن، بچه ر میگرفتن. بعد همون بچه با زن باید یکی پهلوش باشه شب تا یه حدود هفت روز. می‌گفتن تا هفت روز که باید پهلوش باشه. حتماً باید قیچی هم پهلوش باشه که از خودمون بهترون نیاد، اذیتش کنه. این بنده خدا قیچی و اینا پهلوش نبوده کسی هم پهلوش نبوده تنها بوده، مثیکه[1] یکی ازخودمون بهترون اومده بود، زده بود تو سرش تو سر همون زنه. اینم مثیکه بیهوش میشه، بعد از یه سه چار[2] روز دیگه، میبرنش بیمارستان اینا خلاصه خودش باکیش[3] نمیشه اما اون بچهو از بین رفته بود. میگفتن این اومده بود بچه اش ببره. همو جنه. از خومون بهترون. یه مال قدیم.

۱. مثیکه = مثل اینکه ۲. چار = چهار ۳. باک = ترس = مریض با آسیب

翻字（ローマ字）: panjāh sāl qabl ham mahall-e mā, mouqeī ke zanhā mīxāstan vaze haml konan, baččegīrešūn biyād, bačče re tū xūne donyā mīāvordan. doktor o īnā nabūd ke beran bīmārestān. hamīnjā tū xūne ye zanāī būd maxsūs miumadan, bačče re migereftan. ba'ad hamūn bačče bā zan bāyad yekī pahlūš bāše šab tā ye hodūd-e haft rūz. migoftan tā haft rūz ke bāyad pahlūš bāše. hatmān bāyad qeičī ham pahlūš bāše ke az xodemūn behtarūn nayād, aziyataš kone. īn bandeye xodā qeičī o īnā pahlūš nabūde kasī ham pahlūš nabūde tanhā būde, mesīke yekī az xodemūn behtarūn ūmade būd, zade būd tū sareš tū sar-e hamūn zane. īn-am mesīke bīhūš miše, ba'ad az ye se čār rūz dīge, mibaraneš bīmārestān īnā xolāse xodeš bākīš nemiše ammā ūn baččeho az bein rafte būd. migoftan īn ūmade būd baččeaš bebare. hamū jenne. az xodemūn behtarūn. ye māl-e qadīm.

日本語訳：五十年前、我々の村では、女性が子供を産むとき、家で出産したものである。病院も医者もなかったのである。家に専門の女性がやって来て子供を取り上げたのであった。そして、七日の間、子供と母親は隣に寝なくてはいけない。七日は側で寝ないといけないと言ったものである。妖怪（ア

ズマーベヘタラーン）が来て悪さをしないように、鋏をおいたものである。ある時、鋏もなく、誰も側にいないで一人で寝かせていたら、妖怪がやってきて産婦の頭を殴って気絶させたのである。（その間に）子供はいなくなってしまっていたのである。三、四日経って、産婦は病院に連れていっても異常なかったのだが。それで、（子供は）妖怪たちがさらっていったと言われた。そのジンにである。妖怪にである。昔の話である。

197

題　　名：یک حکایت خواستگاری (مذهبی شعر گونه) ／ 求婚の話

分　　類：民間信仰

ＡＴ番号：－

録音箇所［収録時間］：004-009［00分44秒］

調 査 日：1998年10月26日

調 査 地：استان تهران، شهرستان ساوجبلاغ، شهر هشتگرد روستای برغان ／テヘラン州サーヴォジボラーグ地方ハシトゲルド地区バラガーン村

名　　前：خانم جهانبخش ／ジャハーンバフシュ夫人

年齢性別：不明、女性

職　　業：خانه دار ／主婦

住　　所：تهران، برغان

出 身 地：برغان ／バラガーン

伝 承 者：پدر بزرگ ／祖父

翻字（ペルシア語）：یک نفر میره خواستگاری برای یک نفر. خواستگاریای قدیم. خواستگاری میره و میارن اون فامیلا میان اونجا. وقتیکه فامیلا میان میگن این خانم کیه؟ اومده. میگه این ماه منوّر. میگه

این کیه؟ میکه این خورشید خاوره. میکه این کیه؟ میکه این جّده[1] جان آقاست. میکه این یکیش کیه؟ میکه بی بی شهربانو. میکه اون یکیش کیه؟ میکه خاله شاه زینب. اینا همه جمع میشن خونی اونجا جّد جان آقا، خاله شاه زینب. اینا جمع میشن خونی اونا اونوقت برای اینکه بیان اونجا یه مهمونی برن.

۱. جّده = مادر بزرگ

翻字（ローマ字）：yek nafar mire xāstgārī barāye yek nafar. xāstegāriyāye qadīm. xāstegārī mire o miyāran ūn fāmilā miyān unjā. vaqtīke fāmilā miyān migan īn xānome kie? ūmade. mige īn mah-e monavvare. mige in kie? mige īn xoršīd-e xāvare. mige īn kie? mige īn jadde jān āqāst. mige īn yekīš kie? mige bībī šahr bānū. mige ūn yekīš kie? mige xāle šā zeineb. īnā hame jem mišan unjā dadd-e jān āqā, hāle šā zeineb. inā jam mišan xūnie ūnā unvaqt barāye īnke biyān unjā ye mehmūnī beran.

日本語訳：求婚をしに行ったものである。昔の求婚である。求婚すると言っては、家族が別の家族の家に訪問するのであった。家族が来ると訪問された方が言ったものである。

「この女は誰だ。」

すると、訪問した方が答えて言った。

「これは、マーヘ・モナッヴァルである。」

訪問された方が訪ねた。

「では、この女は誰だ。」

すると、訪問した方が答えて言った。

「これは、ホルシーデ・ハーヴァレである。」

訪問された方が訪ねた。

「では、こちらは誰だ。」

すると、訪問した方が答えて言った。

「これは、ジャッデ・ジャーネ・アーガーである。」

訪問された方が訪ねた。

「では、その一人は誰だ。」

すると、訪問した方が答えて言った。

「これは、ビービー・シャハルバーヌーである。」

訪問された方が訪ねた。

「では、もう一人は誰だ。」

すると、訪問した方が答えて言った。

「ハーレ・シャー・セイナブである。」

こう言って、皆家に集まった。ジャッデ・ジャーネ・アーガーもハーレ・シャー・セイナブも集まるのである。こうして、求婚の名を借りてお呼ばれに行ったものである。

備考：求婚の風習を利用して、実際には求婚を頼まれた息子や弟がいないにもかかわらず、お呼ばれの口実として集まった。女性の習俗である。また、ホルシーデ・ハーヴァレもハーレ・シャー・セイナブもジャッデ・ジャーネ・アーガーもマーヘ・モナッヴァルもビービー・シャハルバーヌーも聖人であり、テヘラン近郊に墓があると言われる。

198

題　　名：اعتقاد به ماه گرفتگی ／月食の信仰（仮題）

分　　類：民間信仰

ＡＴ番号：-

録音箇所［収録時間］：004-054［00分35秒］

調 査 日：1998年11月05日

調 査 地：مازندران، آمل ／マーザンダラーン州アーモル

名　　前：زهرا عظیمی ／ザフラー・アズィーミー

年齢性別：67才、女性

職　　業：خانه دار ／主婦

住　　所：مازندران، خ. طالب آملی

出 身 地：آمل ／マーザンダラーン州アーモル

伝 承 者：-

翻字（ペルシア語）：قدیما وقتی (ماه رو کسوف بکن، اره؟ کسوف درسته؟) ماه گرفتگی یا آفتاب گرفتگی عقیدهٔ شون این بود که یه مرسی[1] که از پدربزرگ به آدم ارث رسیده این رو بیارین دو تا چوب بگیرین روشو اِنقدربکوبین این باعث میشه این سیاهی، ماه رو رها میکنه. آفتاب رو رها میکنه. عقیدهٔ شون اینجوری بود.

١ . مرسی = مسی = ظرف مسی

翻字（ローマ字）：qadīmā vaqtī māh rō kosūf began, kare? kosūf doroste? māh gereftegī yā āftāb gereftegī aqīdeye šūn īn būd ke ye mersī ke az pedar bozorg be ādam ers rasīdeh īn ro biyārīn do tā čūb begīrīn rūšo enqadr bekūbīn īn bāes miše īn siyāhī, māh ro rahā mikone. āftāb ro rahā mikone. aqīdeyešūn īnjūrī būd.

日本語訳：昔は、月食や日食の時は、このように信じていた。祖父から受け継いだ銅の鍋を持ってきて、二本の棒でそれを叩くのである。すると、暗くなっていた月や太陽が元に戻るのである。昔の人はこのように信じていたのであった。

199

題　　名：نوشتن اسم چهل کچل برای بند آمدن ／ 晴天祈願に四十人の禿の名前を書くこと

分　　類：民間信仰

ＡＴ番号：-

録音箇所［収録時間］：004-058［00分46秒］

調 査 日：1998年11月05日

調 査 地：مازندران، آمل ／ マーザンダラーン州アーモル

名　　前：زهرا عظیمی ／ ザフラー・アズィーミー

年齢性別：67才、女性

職　　業：خانه دار ／ 主婦

住　　所：مازندران، خ. طالب آملی

出 身 地：آمل ／ マーザンダラーン州アーモル

伝 承 者：-

翻字（ペルシア語）：یه موقع اینجا اگه بارون خیلی زیاد بشه، یکی یه هفته دو هفته بارون بند نیاد، جمع میشن میگن ما باید یه کاغذ بگیریم یه خودکار بگیریم اسم چهل تا کچلو بنویسیم. اسم چهل تا کچل مینویسن، میبرن روی یه درختی بزرگ اینو اون آویز میکنن، میگن هوا خوب میشه.

اینم چیه، خرافات قدیمیه. الان اینا مقیّد نیستن. هر کی را که ما میشناسیم که سرش کچله اسمشو مینویسیم. تا حتی اگه شاه عباس هم بود من اسمشو می نوشتم.

翻字（ローマ字）: ye mouqe injā age bārūn xeilī ziyād beše, yekī ye hafteh do hafteh bārūn band nayād, jam mišan migan mā bāyad ye kāqaz begīrīm ye xodkār begīrīm esm-e čahal tā kačalo benevisīm. esm-e čahal tā kačal minevīsan, mibaran rūye ye deraxtī bozorg ino ūn āvīz mikonan, migan havā xūb miše. īn-am čie, xorāfāt-e qadīmīe. alān īnā moqayyad nīstan. .... har kī rā ke mā mišenasīm ke sareš kačale esmešo minevīsīm. tā hatā age šā abbās ham būd man esmešo mineveštam.

日本語訳：この辺りでは、大雨になったり、一週間も二週間も雨が止まなかったりしたときは、人々が集まって、「紙にペンで四十人の禿の名前を書いて、大きな木に吊しておこう。そうすれば天気は良くなる。」と言ったものだ。これも古い迷信である。今日ではもうこの迷信はなくなった。頭が禿げている者なら誰でも、その名前を書いた。シャー・アッバースの名でさえも書いた。

備考：坊主頭（禿）の者の名前を書いた紙を吊すと晴れるという俗信であるが、てるてる坊主と同じ発想である。禿が特別の力を持つという信仰の一例である。

200

題　　名：عقیدهٔ درخت جزه (امام زاده احمد)／ジャゼ村の木の信仰（イマームザーデ・アフマド）

分　　類：民間信仰

ＡＴ番号：-

録音箇所［収録時間］：006-013［01分32秒］

調 査 日：1998年12月11日

調 査 地：استان اصفهان، شهرستان کاشان／エスファハン州カーシャーン

名　　前：مجید شعبانی／マジード・シャアバーニー

年齢性別：38才、男性

職　　業：بنا／大工

住　　所：کاشان، کوی آزادگان، کوچهٔ صاحب الزمان

出 身 地：کاشان／カーシャーン

伝 承 者：اهل روستا／村の人

翻字（ペルシア語）: یه درختی در یکی از روستاهای کاشان هست که مردم اون منطقه اعتقاد دارن که ای درخت خواسته های آنها را بر آورده میکنه. جز اینکه مثلاً به مذهب اسلام اعتقاد دارند. به او درخت هم اعتقاد دارن. میگن که او درخت مرادِ انسانِ میده. اگه چیزی ازش خواستی کمک میکنه. این درخت برنامش این بوده که در زمان قدیم یکی از بزرگان دینو میخواستان، بکشن دنبالش میکنن میاد اون منطقه. اون منطقه که میاد، شب میشه. اونا برایی که منطقه رو گم نکنند یه چوبی را در زمین فرود میکنن که صبح میان همو[1] منطقه رو شناسایی کنن. موقعی که صبح میان میبینند تمام اون منطقه پر از درخت شده. و درختی که بزرگتر است، برای حالا گذشتن و از همون سال تا حالا هزران سال شاید باشه. از او درخت مواظبت میکنن و درخت تنومندی شده. و مردم به او اعتقاد دارن که ای، کارش درستسو، مرادشونو بر آورده میکنه. و به او درخت بسیار بسیار احترام میذارن. و نمیذارن به او آسیبی پدید بیاد. اونوقت بعضی موقع ها برای اینکه مثلاً حاجتی دارن یه نخی رو به او گره میزنن. هر زمان که اون نخ خود به خود باز بشه، حاجت اونم براورده میشه.

۱. همو = همون = همان

翻字（ローマ字）: ye deraxtī dar yekī az rūstāhāye kāšān hast ke mardom-e ūn mantaqe e‘teqād dāran ke ī deraxt xāste hāye ānhā rā bar āvarde mikone. jozī ke masalān be mezheb-e eslām e‘teqāt dārand. be ū deraxt ham e‘teqād dāran.

migan ke ū deraxt morād-e ensān mide. age čīzī azaš xāstī komak mikone. īn barnāmaš īn būde ke dar zamān-e qadīm yekī az bozorgān dīno mīxāstan, bokošan donbāleš mikonan miyād ūn mantaqe. ūn mantaqe ke miyād, šab miša. ūnā barāī ke mantaqe ro gom nakonand ye čūbī ra dar zamīn frūd mikonan ke sobh miyān hamū mantaqe ro šenāsāī konan. mouqe'ī ke sobh miyān mībīnand tamām ūn mantaqe por az deraxt šode. va deraxtī ke bozorgtar ast, barāye hālā gozaštan o az hemūn sāl tā hālā hezarān sāl šāyad bāša. az ū deraxt movāzebat mikonan va deraxt-e tenūmandī šoda. va mardom be ū e'eteqād dāran ke ī, kāraš dorostesō, morādešūno bar āvarde mikone. va be ū deraxt besiyār besiyār eheterām mizāran. va nemīzāran be ū āsībī pedīd biyād. ūnvaqt ba'azī mouqe hā barāye īnke masalān hājatī dāran ye nexī ro be ū gere mizanan. har zamān ke ūn nax xod be xod bāz beše, hājet-e ūnam barāvarde miše.

日本語訳：カーシャーンの村の一つに一本の木がある。その地域の人々は、その木が願いをかなえてくれるという信仰を持っている。イスラム教以外にも信仰を持っているのである。その木への信仰も持っているのである。人々はこう言う。

「この木は人の願いをかなえてくれるのだ。何か願をかけると助けてくれるのである。」

この木のいわれは次のようなものである。昔、ある聖人が命をねらわれて追われてこの地域に来た。夜になった。そして、追っ手たちは、この場所を見失わないために棒きれを地面に埋めた。朝になってからその地域に行って調べようとしたのである。ところが、追っ手たちが朝来てみると、その場所は木でいっぱいであった。そして、一番大きな木を今日まで残したのである。それは、数千年前のことである。そして、この木を大事にして、大きくなった。人々は、彼の正しき行いが、願いをかなえたと信じている。そして、この木にとても敬意をはらい、木に危害を及ぼさせなかった。また、願い事があれば、紐を木にくくりつけ、自然にほどけた時に願いがかなうのである。

備考：カーシャーンから１８キロ離れたジャセ（جزه）という村（人口約五百人）に

あるイマームザーデ・アフマドにある。木（高さ、幅とも約６メートル）が信仰の対象となっている。写真は左が木で、右が結んである布きれ。調査時も老女がきて、布きれを結んでいた。イランでは一般的な信仰形態である。紐を結ぶ信仰は、モスク以外での大木でも行われることがある。926ページ写真（左）：木の全体、写真（右）：布きれの結び目。

201

題　　名：عقیده آتش کردن اسفند در شبهای چهار شنبه ／ 火曜の晩にエスファンドを燃やす信仰

分　　類：民間信仰

ＡＴ番号：－

録音箇所［収録時間］：006-033［00分18秒］

調 査 日：1998年12月31日

調 査 地：استان فارس، شهرستان فسا، بخش شیبکوه، روستای میانده ／ ファールス州ファサー地方シーブクー地区ミヤーンデ村

名　　前：ایران جیرانی ／ イーラーン・ジェイラーニー

年齢性別：60才、女性

職　　業：خانه دار ／ 主婦

住　　所：فارس، شهرستان فسا، بخش شیبکوه، میانده

出 身 地：روستای میانده ／ ミヤーンデ村

伝 承 者：－

翻字（ペルシア語）：[دود میکنم] نونَد از برای رفع گزند بو خوشیش برای امام حسن و امام حسین تندرستیشم برای بچه و برای ما. اسفند و دود میکنیم برای سلامتی بچه ها مون. شو[1]چهار شنبه.

١. شو = شب

翻字(ローマ字): navand az barāye raf gezand bū xošīš barāye emām hasan o emām hosein tandorostīšam barāye bačče o barāye mā. esfand o dūd mikonīm barā salāmatī bačče hā mūn. šou čahāl šanbeh.

日本語訳:災難を癒してくれる使者であるイマーム・ハサンとイマーム・ホセインに私たちの子供と私たちのために香を焚く。子供たちの平安のためにエスファンドを焚く。これは、水曜日の前の晩に行われる。

備考:エスファンドを火曜日の晩に燃やすと厄よけになるという。曜日は地域によって異なる。テヘラン南部のターレバーバード村でも火曜日である。バンダレアッバース北方のダルトゥージャーンでは、水曜日の夕方である。

202

題　　名：خرافات شنا کردن چهار شنبه ／水曜日に泳ぐ迷信
分　　類：民間信仰
ＡＴ番号：-
録音箇所［収録時間］：008-012［00分30秒］
調　査　日：1999年01月11日
調　査　地：استان هرمزگان، بندر عباس ／ホルモズガーン州バンダレアッバース

名　　前：فرخنده پیشداد ／ファルホンデ・ピーシュダード
年齢性別：50才、女性
職　　業：نویسنده ／作家
住　　所：بندر عباس پارک شهر جنب آتش نشانی درب چهارم
出　身　地：بندر عباس درتوجان ／バンダレ・アッバース、ダルトゥージャーン
伝　承　者：-

翻字（ペルシア語）: یه اعتقادات خاصّی دارن مردم که فقط مختص به خودشونه ولی کم کم داره منسوخ میشه. دیگه کم کم فراموش میشه. مثلاً اعتقاد داشتن که چهار شنبه ها اگر تو دریا شنا بکنیم، به دلیلی که آبِ تمام

دریاها مخلوط میشه و همه جا به هم ارتباط پیدا میکنه خاصیتش بیشتره و زودتر آدم معالجه میشه بیماریاش بهتر میشه. حتی مثلاً حسود هم باطل میشه. حسادتش.

翻字（ローマ字）：ye e‘eteqādāt-e xāsī dāran mardom ke faqat moxotas be xodešūne valī kam kam dāre mansūx miše. dīge kam kam farāmūš miše. masalān e‘eteqād dāštan ke čahār čanbe hā agar tū daryā šenā bokonīm, be dalīlī ke āb-e tamām-e daryā hā maxrūt miše va be ham ertebāt peidā mikone xāsiyateš bīštare va zūdtar ādam mo‘āleje miše bīmāriyāš behtar miše. hattā masalān hasūd ham bātel miše. hasādateš.

日本語訳：人々が自分たちだけで持つ特別な信仰がある。しかし、だんだん薄れてきている。だんだん忘れられつつある。例えば、水曜日に海で泳げば、海中の水が混ざって、あらゆるところと繋がり、特別のものとなるので、病気なども早く治るという。嫉妬などもなくなるという。

備考：火曜の夜も含めたイランでいういわゆる水曜日は、エスファンドを燃やす風習など迷信的儀式を行うことが多いようである。チャハールシャンベスーリーの例でも明白なことであるが、願掛けを行う日であることが多い。

参考文献

一次資料（原語で書かれた口承文芸資料）

Anjavī Shīrāzī, Sayyid Abū al-Qāsim. Bāzī'hā-yi namāyishī. Ganjīnah-i farhang-i mardum 4. Tihrān [Tehran] : Amīr Kabīr, 1973.

Anjavī Shīrāzī, Sayyid Abū al-Qāsim. Firdūsī nāmah Mardum va Firdūsī. Tihrān [Tehran] : Intishārāt-i 'Ilmī, 1979.

Anjavī Shīrāzī, Sayyid Abū al-Qāsim. Firdūsī nāmah Mardum va Shāhnāmah. 3rd ed. Tihrān [Tehran] : Intishārāt-i 'Ilmī, 1979.

Anjavī Shīrāzī, Sayyid Abū al-Qāsim. Jashn'hā va ādāb va mu'taqadāt-i zimistān. 2 vols. Ganjīnah-i farhang-i mardum 2 and 6. Tihrān [Tehran] : Amīr Kabīr, 1973-1974.

Anjavī Shīrāzī, Sayyid Abū al-Qāsim. Mardum va Firdūsī. Ganjīnah-i farhang-i mardum 9. 3rd ed. Tihrān [Tehran] : Intishārāt-i 'Ilmī, 1976.

Anjavī Shīrāzī, Sayyid Abū al-Qāsim. Qissah'hā-i Īrānī. 4 vols. Ganjīnah-i farhang-i mardum 3 [2nd ed.] , 5 and 8. Tihrān [Tehran] : Amīr Kabīr, 1973-1974.

Anjavī Shīrāzī, Sayyid Abū al-Qāsim. Tamsīl va masal. vol. 1. Ganjīnah-i farhang-i mardum 1. 2nd ed. Tihrān [Tehran] : Amīr Kabīr, 1973-1974.

Āl-i Aḥmad, Jalāl. Awrāzān. Tihrān [Tehran] : Jahān kitāb, 1973.

Āl-i Aḥmad, Jalāl. Tāt nishīn hā-yi Bulūk-i Zahrā. 5th ed. Tihrān [Tehran] : Amīr Kabīr, 1991.

Āriyānpūr, 'Abbās, and Manūchihr Āriyānpūr. Tarānah'hā-yi millī-i Īrān. Tihrān [Tehran] : Madrisah-'i 'Ālī-i Tarjumah, 1971.

Bakhshmand, Ḥamīd. Afsānah'hā-'i Āzarbāyjān. 2 vols. Tihrān [Tehran] : Nashr-i Mīnā, 1993.

Bihrangī, Ṣamad, and Bhirūz Dihqānī. Afsānah'hā-'i Āzarbāyjān. Tihrān [Tehran] : Intishārāt-i Dunyā ; Intishārāt-i Rūz Bahān, 1981.

Boulvin, A. , and E. Chocourzadeh. Contes Populaires Persans du Khorassan : Analyse thématique accompagnée de la traduction de 34 contes. Travaux de l'Institut d'études iraniennes de l'université de la Sorbonne nouvelle 6-7 . 2 vols. Paris : Librarie C. Klincksieck, 1975.

Christensen, Arthur. Contes Persans en Langue Populaire. København : Bianco Lunos , 1918.

Darvīshiyān, 'Alī Ashraf. Afsānah'hā va matal'hā-yi Kurdī. 3rd ed. Tihrān [Tehran] : Nashr-i Chishmah, 1997.

Dihkhudā, 'Alī Akbar. Amsāl va Hikam. 4 vols. 3rd ed. Tihrān [Tehran] : Amīr Kabīr, 1973.

Eilers, Wilhelm. Die Āl, ein persisches Kindbettgespenst. München : Verlag der bayerischen Akademie der Wissenschaften, 1979.

Eilers, Wilhelm, and Ulrich Schapka. Westiranische Mundarten. 4 vols. Wiesbaden : Franz Steiner Verlag GmbH, 1979.

Elwell-Sutton, L.P. , Ulrich Marzolph, and Ahmad Vakilian. Mashdī Gilīn khānum. Tihrān [Tehran] : Nashr-i Markaz, 1995.

Hidāyat, Ṣādiq. Nayrangistān. 3rd ed. Tihrān [Tehran] : Amīr Kabīr, 1963.

Humāyūnī, Sādiq. Farhang-i mardum-i Sarvistān. Daftarī-i Markaz-i Farhang-i Mardum 1. Tihrān [Tehran] : Daftarī-i Markaz-i Farhang-i Mardum, 1970.

Humāyūnī, Sādiq. Tarānah'hā-'i az junūb. Tihrān [Tehran] : Vizārat-i farhang-i va Hunar, n.d.

Hunarī, Murtiẕá. Awsūnahgūn : Afsānah'hā-yi mardum-i Khur. Intishārāt-i Vizārat-i Farhang va Hunar Markaz-i Pazhūhish'hā-yi Mardum Shināsī va farhang-i 'āmah 5. Tihrān [Tehran] : Vizārat-i Farhang va Hunar, 1973.

Katirāī, Mahmūd. Az khisht tā khisht. Intishārāt-i Mu'assisah-i Muṭāli'āt va Taḥqīqāt-i Ijtimā'ī 66. Tihrān [Tehran] : Dānishgāh-i Tihrān [Tehran UP], 1969.

Katirāī, Mahmūd, Āqā Jamāl. 'Aqāyad al-nisā va mar āt al-balhā (Kulṣūm nanah). Zabān va farhang-i Īrān 58. Tihrān [Tehran] : Ṭahūrī, 1970.

Khalīlī, Muḥammad. Afsānah'hā-'i Āẕarbāyjān. 2 vols. Tihrān [Tehran] : Nashr-i Mīnā, 1997.

Karīm Zādah, Manūchihr. Chihil qissah. Tihrān [Tehran] : Ṭarḥ-i Naw, 1997.

Lam'ah, Manūchihr. Farhang-i 'āmiyānah-'i 'ashāir-i Buyer Aḥmadī va Kuhgīluyah. 2nd ed. Tihrān : Sāzmān-i Intishārāt-i Ashrafī, 1974.

Lurīmir, D. L. , and Farīdūn Vahman. Farhang-i mardum-i Kirmān. Intishārāt-i Bunyād-i Farhang-i Īrān 194. Farhang-i 'āmih 8. Tihrān [Tehran] : Iranian Culture Foundation, 1974.

Mīhan Dūst, Muhsin. Samandar-i Chilgīs. Intishārāt-i Vizārat-i Farhang va Hunar Markaz-i pazhūhish'hā-yi Mardun Shināsī va farhang-i 'āmih 6. Tihrān [Tehran] : Vizārat-i Farhang va Hunar, 1973.

Morgenstierne, Georg. Indo-Iranian Frontire Languages. vol. 2 Iranian Pamir Languages. Oslo : H. Aschehoug, 1938.

Qāzī, Qādir Fattāḥī. Manẓūmah-'i Kurdī. Shor Mahmūd-o-Marzingān (Matn-i Kurdī va tarjumah'-i Fārsī). Tabrīz, 1969.

Rūdankū, M. P. , and Karīm Kishāvarz. Afsānah'hā-yi Kurdī. Tihrān [Tehran] : Intishārāt-i Āghāh, 1973.

Sādāt-i Ishkivarī, Kāẓim. Afsānah'hā-'i Ishkivar-i bālā. Tihrān [Tehran] : Intishārāt-i Vizārat-i Farhang va Hunar Markiz-i Pazhūhish'ha-i Mardumshinasī va Farhang-i 'ammih, 1974.

Sālimī, Nūr al-Dīn. Afsānah'hā-'i Āẕarbāyjān. vol. 1. Tihrān [Tehran] : Mīnā, 1993.

Sālimī, Nūr al-Dīn. Afsānah'hā-'i Āẕarbāyjān. vol.1. Tihrān [Tehran] : Mīnā, 1997.

Shāmlū, Aḥmad. Kitāb-i kūchah. 11 vols. Tihrān : Intishārāt-i māzyār, w1978-1999.

Shukūrzādah, Ibrāhīm. 'Aqāyad va rusūm-i mardum-i Khurāsān. 2nd ed. Tihrān [Tehran] : Surūsh, 1984.
Simnānī, Panāhī. Tarānah va Tarānah saṛāī dar Īrān : Sīrī dar tarānah´hā-yi millī-i Īrān. Tihrān [Tehran] : Surūsh, 1997.
Simnānī, Panāhī. Tarānah´hā-yi millī´i Īrān-Sīrī dar tarānah´hā-yi millī-i Īrān. n.p. : Zībā, 1985.
Ṣafīnizhād, javād. Ṭālib ābād : nimūnah-'i jām'eī az bar rasī-i yek dah. Dānishkadah-i 'ulūm-i ijtimā'ī va ta'āvun az intishārāt-i mu'assisah-i mutāla'āt va taḥqīqāt-i ijtimā'ī 84. Tihrān [Tehran] : Dānishgāh-i Tihrān [Tehran UP], 1976.
Ṣubḥī, Faẓl al-Allāh Muḥtadī. Afsānah´hā. 2 vols.Tihrān [Tehran] : Amīr Kabīr , 1959-1960.
Vakīliyān, Aḥmad. Tamṣīl va maṣal. vol.2. Tihrān [Tehran] : Surūsh, 1996.

二次資料

Aarne, Antti, and Stith Thompson. The Types of the Folktale. 3rd ed. Helsinki : Suomalainen Tiedeakatemia, 1973.
Bayhaqī, Ḥusayn 'Alī. Pazhūhish va barrasī-i farhang-i 'āmah-'i Īrān. n.p. : Idārah-'i mūzah´hā-yi Āstān-i Qudus-i Raẓvī, 1989.
Christensen, Arthur. Persische Märchen. Düsseldorf : Diederichs, 1958.
Elwell-Sutton, L. P. "The Influence of Folk-tale and Legend on Modern Persian Literature". Iran and Islam : in memory of the late Vladimir Minorsky. Ed.C.E.Bosworth. Edinburgh : Edinburgh UP, 1971.
Marzolph, Ulrich. Typologie des persischen Volksmärchens. Beirut : Orient-Institut der Deutschen Morgenländischen Gesellschaft, 1984.
Mārzolf, Awlrish, and Kaykāwūs Jahāndārī. Ṭabaqah-i bandī-'i qassah´hā-'i Īrānī. Tihrān [Tehran] : Surūsh, 1992.
Radhayrapetian, Juliet. Iranian Folk Narrative : A Survey of Scholarship. New York : Garland Pub., 1990.
Thompson, Stith. Motif Index of Folk Literature. 6 vols. Indiana : Indiana UP, 1955.

要　旨

　本稿は、筆者がイラン・イスラム共和国において実施した口承文芸調査の記録とその分析及び考察である。口承文芸を文化研究の題材として扱うためには、相当量の一次資料を蒐集し、整理と分析をする必要があることは言うまでもない。これまでの研究によって、イランにおいて民話という形で口承文芸が存在し、伝承文化として浸透してきたことが確認されている。しかし、最後に本格的な調査が行われたのは二十年以上前のことである。そこで、当研究分野では、基礎的研究としてイランで資料の蒐集及び整理を行い、当地域の口承文芸の現状を正確に把握することが望まれていた。

　本調査の目的は、イランにおいて口承によって伝承される文化の現状を包括的に把握することにある。また、イランの口承文芸資料を増やすだけでなく、伝承者であるイランの民衆の民俗の理解を通して、当地域の口承文芸の全体像を明らかにするように心がけた。これまでのイランの口承文芸研究は、著しく民話に偏っていたが、本研究においては、伝説、歌謡を含む口承文芸全般を扱った。さらに、関連する民俗資料として、伝承遊戯と民間信仰も調査対象とした。

　ところで、歴史的には幾度も大帝国を建設し、地理的にはシルクロードに沿うイランの口承文芸の研究は、他の領域の文化研究においても重要な意味を持つ。ところが、近代的な方法による調査に基づくイランの口承文芸の一次資料は非常に少ないと言える。このような状況の中、２００例余のイランの口承文芸を翻字して一次資料を作るということは、意義のあることである。

　イラン人の伝統的な考え方は、これまで主に文字化された文献資料によってしか理解する方法がなかった。ところが、これらの文献資料は、必然的に高度な教育を受けた者によって書かれたものであり、決して大多数の民衆をも含めたイラン人全体の考え方を代表したものではない。口承によって代々伝わる民話、伝説、民間信仰などには、時代に流されない伝統的な考え方が含まれているので、文献資料を補うことができる。従って、口承文芸の研究

は、口承文芸研究だけでなく、イラン地域文化研究にも大きく貢献すると考える。

このような経緯から、平成１０年７月より、８ヶ月間の日程でイラン・イスラム共和国内において口承文芸を中心に聞き取り調査を行った。平成１１年３月１５日現在で、８１人の話者から合計２０２例の事例を蒐集した。

調査方法は、半永久的に音声が劣化しないMDで録音したものを翻字するという方法を採った。調査項目としては、題名、分類、録音箇所、収録時間、調査日、調査地を整理上の項目とした。また、名前、年齢、性別、職業、住所、出身地、伝承者を話者情報としてペルシア語および日本語で記入している。加えて全ての事例において写真による話者の肖像を添付した。翻字は、ペルシア文字による保存とこれをローマ字に直した保存の両方を行った。さらに、全ての資料に日本語による対訳を付した。方言や口語の言い回し自体も伝承文化であるので、翻字に際しては、言い間違えもそのままにして、話者の語ったままの発音を書き留めている。採集者の意図的な改竄は一切行っていない。現時点で考えられる質的量的に最高のレヴェルの資料であると考えている。また、過去に２００例程度の資料を一つの基準に従って集めた調査例はない。イランの口承文芸を包括的に把握するために、調査地を一地点に限定せず、国内の１７地点において幅広く行った。８ヶ月という調査期間をかけてイランの主立った地方を回り、２００の事例を集めたのは、初めての試みである。

調査の成果として、動物寓話（１０例）、本格昔話（４０例）、笑話と小話（３５例）、形式譚（３例）、伝説（４６例）、現代伝説（２４例）、歌謡（１３例）、伝承遊戯（３例）、民間信仰（２８例）の事例を合わせて２０２例集めることができた。この結果、イランでは、現代でも口承文芸が幅広く伝承されていることが実証された。特に、伝説や現代伝説に関しても、十分存在が推測されるにもかかわらず、これまで体系的な蒐集はなされていなかったが、本研究で、相当量の資料と共にその存在を確認した。本稿では、各分類項目については、解説においてそれぞれの問題点を論じた。

年齢と性別の分析から、若年層が口承文芸を知っていることがわかった。これにより、イランの口承文芸がまだ文化として生きており、継続していることが明らかになった。また、伝承経路の傾向の分析から、伝承は主に家庭

内において行われていることも明らかになった。

　民話についてはAT方式による分類を試みたが、約半数が分類できなかった。他地域との伝播関係を指摘しうる事例が中心として見られるというより、固有のイラン文化に起因する民話が一般的に語られていることが明らかになった。

　以上のことから、イランにおける口承文芸の現状は、この研究によって概ね把握することができたと考える。

اصفهان، مازندران، فارس و هرمزگان هم رسیدگی کردم. چون تعداد قصه هایی که جمع کردم بالاتر از دویست شد، جمع آوری قصه را به انجام رساندم. به تجزیه، این هم روشن شد که بیشتر قصّه های ایران در خانواده سینه به سینه نقل شده است، و این رسم هنوز ادامه دارد. بیشتر قصّه ها را نمی توانم به شیوهٔ AT طبقه بندی بکنم. این می رساند که بیشتر قصّه های ایران که اکنون نقل می کنند ایرانی اصیل است.

با این پژوهش، قصّه های عامیانه و فولکلور ایران معاصر را به طور مقدّماتی فهمیدم. به همین خاطر یقین دارم که این پژوهش تا اندازهٔ زیاد به مقصود رسیده است. چنان که گفته شد قصّه های عامیانه و فولکلور بتدریج کم می شود. چون جاهایی که آخرین باردر آنجا قصّه جمع آوری کردم فقط بخشی از ایران است، فکر می کنم که لازم است که برنامهٔ پژوهشی وسیع تر را هر چه زودتر بریزیم و انجام بدهم. در آینده، هم به جمع آواری قصه خواهم پرداخت و هم با گستردن حوزهٔ بررسی شیوه رفتار و اندیشه مردم، در شناختن فرهنگ ایران کوشش خواهم کرد.

قصه های ایران بازماندهٔ فرهنگ قدیم ایران عظیم و میراثی مهم از تاریخ این سرزمین است. شوق دارم که نتیجه این پژوهشی را نه فقط در ایران بلکه به محافل علمی سراسر دنیا اعلام بکنم. در ژاپن تا این زمان پژوهشگری که قصه های ایرانی را به طور منظم جمع کرده باشد نبوده است. این پژوهش اولین تحقیق و کار از این گونه در ژاپن است. برای پایدار ماندن منابع بدست آمده آنها را به صورت دیجیتال همراه با صدا و عکس ضبط کرده ام. امیدوارم که این کار در پیشرفت مبادله فرهنگی میان ایران و ژاپن موثر باشد.

چشمگیر است، که همان وضعی است که در ژاپن می بینیم. انتظار این است که در منطقه های روستایی سنت قصه گویی بهتر باقی مانده باشد. هدف این تحقیق این است که قصه هائی که دارد از رواج می افتد با صوت حفظ شود، و ادبیات شفاهی و وضع موجود آن دانسته شود، و با انجام دادن این رسیدگی به احوال کنونی ادبیات شفاهی ایران پی برده شود. منابع صدائی را که گرفته ام همه با MD ضبط دیجتال شده و عکس های قصه گویان هم گرفته و ضبط شده است. این منابع همه روی کامپیوتر آمده است. برای اینکه پژوهشگران آینده بتوانند از این منابع به خوبی استفاده بکنند و این منابع از بین نرود، این قصه ها را هم به فارسی و هم به حروف لاتین نوشتم و علاوه بر این به ژاپنی نیز ترجمه کردم. همه داده ها و یافته ها شامل روز، جای جمع آوری، مدت ضبط، اسم و سن گوینده، جنس، شغل، نشانی، زادگاه او و راوی اصلی را ثبت کردم. نیز راه های جمع آوری قصه توسط پژوهشگران ایران و نوع جمع آوری قصه توسط پژوهشگران ژاپنی را مقایسه کردم. و سپس کوشیدم که نقطه قوت هر کدام را بیابم و نشان بدهم.

به وسیله کامپوتر سعی کردم که تمام اطلاعات مربوط به قصه ها را در مخزن رایانه ای جمع آوری کنم، و با این کار امکان دارد که راه جدیدی در این نوع تحقیق ها بدست آید. مثلاً قصه های گریم (Grimm) هم اکنون براساس مخزن رایانه آماده شده است، و این راه تحقیقی است که تا کنون از آن کمتر استفاده شده است.

در هر صورت، سعی می کنم قصه هائی را که در ایران معاصر روایت می شود جمع کنم، ولی این امر احتیاج به پژوهش بیشتری دارد.

آخرین اقامتم در ایران از تابستان سال ۱۳۷۷ به مدت هشت ماه بود، و برای کار تحقیقم از لغت نامه دهخدا (دانشگاه تهران) معرفی و توصیه نامه تحقیق در یافت کردم و به جمع آوری قصه ها پرداختم.

تا تاریخ اول اسفند ماه ۱۳۷۷، ۲۰۲ قصه، افسانه، افسانه معاصر (Moderne Sagen) و مَتَل از ادبیات شفاهی ایران و آداب و رسوم مردم ایران جمع کردم. به بیشتر روستاهای اطراف تهران برای جمع آوری قصه سفر کردم، از جملهٔ روستای طالب آباد در جنوب شهر تهران و روستای برقان در شمال شهر کرج و در دامنهٔ سلسله کوه البرز. در استان های

خلاصه

قصّه هایی که میان مردم دهان به دهان نقل می شود آئینه ای است که دل مردم را منعکس می کند. در قصّه ها می توانیم اندیشه و شیوه کردار مردم را پیدا بکنیم. در جریان تحقیق قصّه های عامیانه می توانیم زمینه اندیشه های مختلف اجتماعی را پیدا بکنیم. در فرهنگ ایران هم چنین است. البته، چنان که همه می دانند، ادبیات رسمی اسناد مهم است. اما فکر می کنم که برای درک اندیشه و رفتار مردم نه فقط اسناد ادبی یا تاریخی، بلکه ادبیات شفاهی هم اهمیت دارد.

ضمناً موضوع مقاله فوق لیسانسم بر رسی تک تک "قصه های ایرانی" که انجوی شیرازی آنها را گرد آوری کرده بوده است، و در آنها سمبل هارا مورد شناسایی قرار داده ام. علاقمند هستم که ایدهٔ مردم نسبت به مرز این دنیا و آن دنیا و سمبل های مربوط به آن را بشناسم. از این رو، مکانهایی را که حد و مرز این دنیا و آن دنیا به شمار می آیند و کسانی را که در حد و مرز این دنیا و آن دنیا قرار می گیرند مورد بررسی قرار داده ام. در نتیجه، چند فرضیه ساختم ولی بعضی از آنها را نتوانستم اثبات بکنم، چون برای اثبات فرضیه خود نمونهٔ کمی پیدا کردم. امیدوارم که این تحقیق در رسیدن به این هدف یاریم بکند.

اکنون، برای تحقیق راجع به قصّه یا فلکلور ایران، کتاب ها و نتیجه پژوهش های گوناگون در دست است. لیکن فکر می کنم که برای این تحقیق احتیاج به منابع کاملاً دقیق هست، چنان منابع که پیام مردم را مستقیم حفظ کرده و آن را با دقت و امانت ضبط کرده باشد. متأسفانه تا کنون منابع از اینگونه نبوده است. به همین خاطر، به فکرم رسید که سعی کنم منابع دقیق قصه هائی را که در ایران معاصر روایت می شود بی واسطه آماده بکنم.

در ایران هم، مثل ژاپن یا کشورهای دیگر، به علت مدرنیزه شدن شهر ها ادبیات شفاهی رو به افول است. در شهر های بزرگ مثل تهران، این جریان

《著者紹介》

竹原　新（たけはら　しん）

1971年　島根県に生まれる
1995年　大阪外国語大学外国語学部ペルシア語学科卒業
2000年　大阪外国語大学大学院言語社会研究科博士後期課程修了
（1998年～2000年日本学術振興会特別研究員）
現　在　大阪外国語大学外国語学部地域文化学科（ペルシア語専攻）助手、博士（言語・文化学）
専　攻　イラン民俗学

主な著書　『アンジャヴィー・シーラーズィー編『イランの民話』の話型分類とモチーフ一覧』（単著、2000年、東京外国語大学アジア・アフリカ言語文化研究所）、『世界の龍の話』（共著、1998年、三弥井書店）ほか

イランの口承文芸
――現地調査と研究――

平成13年12月27日　発行

著　者　竹　原　　新

発行所　株式会社　溪水社
広島市中区小町１－４（〒730-0041）
電　話（082）246-7909
ＦＡＸ（082）246-7876
E-mail: info@keisui.co.jp

© 2001 Shin Takehara

 ISBN4-87440-677-7 C3039
平成13年度日本学術振興会助成出版